suhrkamp taschenbuch
wissenschaft 1443

Die Konsequenzen von technischen Informationsassistenten deuten sich an: gedacht als Werkzeuge, unsere mentale Mobilität ähnlich zu erhöhen, wie es die technischen Maschinen der Eisenbahnen, Autos und Flugzeuge für unsere physische Mobilität getan haben, fangen sie an, stärker in unser Leben einzugreifen, als es uns vielleicht lieb ist. Als intelligente Agenten lösen sie nicht nur unsere professionellen und privaten Informationsprobleme, sondern definieren diese vielfach überhaupt erst, indem sie beobachten und auswerten, wie wir mit den Informationsdiensten des Internet interagieren. Die Informationsassistenten fangen an, in menschlicher Gestalt als virtuelle Figuren aufzutreten. Auf welcher Grundlage können wir ihnen vertrauen? Wer trägt zur Vertrauensbildung in Informationsleistungen elektronischer Märkte bei? Sind es staatliche Instanzen, weil der Staat, wie es beim Einsatz von Kryptographieverfahren deutlich wird, die letzte Kontrolle behalten will? Macht es die Wirtschaft selber, weil sich die Einsicht durchsetzt, daß nur Systeme, denen vertraut wird, benutzt werden? Oder müssen sich neutrale Vertrauensnetze bilden? Was von Anthony Giddens für die technischen und abstrakten Systeme der Moderne geleistet wurde, müssen wir für die Informationsgesellschaft noch lernen: wie im Zustand weitgehender informationeller Unsicherheit mit den Informationsassistenten auf elektronischen Märkten umzugehen ist.

Rainer Kuhlen ist Professor für Informationswissenschaft an der Universität Konstanz.

# Rainer Kuhlen

# Die Konsequenzen von Informationsassistenten

## Was bedeutet informationelle Autonomie oder wie kann Vertrauen in elektronische Dienste in offenen Informationsmärkten gesichert werden?

Suhrkamp

Die Deutsche Bibliothek – CIP-Einheitsaufnahme
*Kuhlen, Rainer:*
Die Konsequenzen von Informationsassistenten :
was bedeutet informationelle Autonomie oder
wie kann Vertrauen in elektronische Dienste
in offenen Informationsmärkten gesichert werden? /
Rainer Kuhlen. –
1. Aufl. – Frankfurt am Main :
Suhrkamp, 1999
(Suhrkamp-Taschenbuch Wissenschaft ; 1443)
ISBN 3-518-29043-6

suhrkamp taschenbuch wissenschaft 1443
Erste Auflage 1999

Satz: Wagner GmbH, Nördlingen
Druck: Nomos Verlagsgesellschaft, Baden-Baden
Printed in Germany
Umschlag nach Entwürfen von
Willy Fleckhaus und Rolf Staudt

1 2 3 4 5 6 – 04 03 02 01 00 99

# Inhalt

# Vorwort
## Die beiden Hauptthemen

Wir behandeln zwei Themen. Das eine betrifft die Konsequenzen von Informationsassistenten, die in ihrer technischen Ausprägung immer mehr unser professionelles, öffentliches und privates Dasein beeinflussen. Sie tun das, indem sie uns Informationsarbeit *abnehmen*, also die Arbeit, die – aus der Sicht der Anbieter – benötigt wird, um Informationsprodukte zu erstellen, bzw. die – aus der Sicht der Nutzer – erforderlich ist, um aus den immer komplexer werdenden (elektronischen) Informationsräumen Information zu erarbeiten[1]. Hier wird die zentrale Frage sein, was »Abnehmen von Informationsarbeit« bedeutet: Entlastung oder Entmündigung?

Bei dem anderen Thema steht die Rolle, aber auch die Grenze von Vertrauen im Vordergrund. Vertrauen ist nach Ansicht vieler Fachleute[2] erforderlich, damit wir auch im Zustand weitgehender informationeller Unsicherheit über die Funktionsweise der Informationsmaschinen bzw. technischen Informationsassistenten mit ihnen umgehen und leben können. Auch hier stellt sich im Grund die gleiche Frage: Wirkt Vertrauen entlastend oder schafft Vertrauen Unmündigkeit, indem es aus dem Interesse Dritter, vor allem der Anbieter der Informationswirtschaft, auch dort reklamiert wird, wo eigentlich höchstes Mißtrauen angebracht wäre. Dies sollte z.B. der Fall sein, wenn es um unsere persönlichen Datenspuren geht, die wir auf den elektronischen Märkten hinterlassen, oder wenn wir intelligente Software-Agenten in Anspruch

1 Wir bauen hier eine Informationswelt auf, in der Begriffe wie *Informationsräume*, *Informationsarbeit*, *Informationsmaschinen* oder *Informationsassistenten* eine zentrale Rolle spielen. Diese Begriffe werden an den nötigen Stellen systematisch eingeführt und diskutiert. Bis dahin können sie intuitiv verstanden bzw. kann das Glossar benutzt werden, um terminologische Unsicherheiten auszuräumen.

2 Hier ist vor allem Anthony Giddens angesprochen, der mit seiner Abhandlung *Consequences of modernity* von 1991 für diese Darstellung der Konsequenzen der Informationsassistenten sehr wichtig wurde, wenn auch Giddens die technischen und abstrakten Systeme allgemein im Blick hatte, weniger speziell die Informationssysteme der Gegenwart.

nehmen, die autonom und mobil in den elektronischen Informationsräumen sich bewegen und uns Informationen liefern oder sogar für uns auf deren Basis Entscheidungen treffen.
Beide Themen kommen dadurch zusammen, daß wir problematisieren wollen, ob wir mit den Konsequenzen der (technischen) Informationsassistenten auf der Grundlage von Vertrauen leben können. Wenn ja, wie dieses Vertrauen aufgebaut und gesichert werden kann. Wenn nein, was denn dann an die Stelle von Vertrauen gesetzt werden kann. Das Ziel – nehmen wir es vorweg – soll aufgeklärtes, d. h. informationell abgesichertes, auf Transparenz beruhendes Vertrauen sein. Das klingt zunächst für die Vertrauenstheoretiker paradox – wird doch Vertrauen gerade dann nötig, wenn informationelle Sicherheit nicht zu erlangen ist. Wir sehen aber auch in der gewissen Ambivalenz von Vertrauen und Transparenz das wesentliche Ziel gegenwärtiger informationeller Bildung: vertrauensvoll, aber nicht blind mit den Leistungen der Informationswirtschaft umgehen zu können.
Beide Themen können auch dadurch zusammenkommen, daß die personalen Informationsassistenten das reparieren helfen, was an Schäden durch die technischen Informationsassistenten angerichtet wird. In diesem Fall sicherten die personalen Informationsassistenten Vertrauen dort, wo Unsicherheit durch ihre technischen Entsprechungen entsteht. Auch das mag paradox klingen, ist es doch gerade Ziel der technischen Assistenten, informationelle Unsicherheit zu reduzieren oder gar zu beseitigen. Über diese Paradoxien werden wir immer wieder stolpern. Sie sind – wie es Beck mit seiner Theorie der reflexiven Modernisierung angedeutet hat – für die Moderne, für die Informationsmoderne, unvermeidbar.
Wir gehen mit unserer Analyse der Konsequenzen von Informationsassistenten weiter, als nur den Umgang mit ihnen auf der Basis informationeller Unsicherheit bzw. Unterbestimmtheit zu beschreiben. Wir wollen tatsächlich die Konsequenzen behandeln, die sich dadurch ergeben, daß wir zunehmend Informationsarbeit an Assistenten delegieren, schon länger an die personalen Assistenten, heute aber vermehrt an die Informationsmaschinen, an die technischen Assistenten. Informationsarbeit delegieren ist keine Kleinigkeit, ist doch Informationsarbeit die Bedingung dafür, daß wir Wissen überhaupt darstellen bzw. vermitteln und es aus den uns umgebenden Informationsräumen aufnehmen können.

Diese Delegation greift nach unserer Einschätzung weitergehend in unsere Kompetenz ein, als dies die bisherigen technischen Systeme, z. B. zur Erweiterung der physischen Mobilität oder zur Erweiterung der Verfügung über Energie, getan haben. Denn Informationsarbeit ist grundlegend für Menschsein. Die Fähigkeit, Wissen zu produzieren, es in solcher Form in Informationsprodukten darzustellen, daß es andere aufnehmen, verstehen und auf informationell abgesicherter Grundlage handeln können, kann als das Privileg von Menschen angesehen werden. Nun ist das so eine Sache mit den vermeintlichen anthropologischen Privilegien.

Seit dem Beginn der Moderne hat die Menschheit, mit den Einsichten von Galilei, Newton, Darwin und Freud – um dies nur an diesen Namen festzumachen –, einige dieser sogenannten Privilegien, Annahmen der Einzigartigkeit des Menschen, aufgeben müssen. Geht es nun der einzigartigen Fähigkeit des Menschen, Wissen zu produzieren, darzustellen, zu verteilen und zu nutzen, an den Kragen dadurch, daß wir die elektronischen Informationsräume und in ihnen die Informationsmaschinen und die Informationsassistenten geschaffen haben? Sie sollen uns zwar an sich nur als Werkzeuge unterstützen, tun dies aber inzwischen so weitgehend, daß wir sie hinsichtlich der Vollständigkeit, der Authentizität, der Wahrheit und der Relevanz für unser Handeln oft schon nicht mehr kontrollieren können. Die Informationsmaschinen greifen damit in unsere informationelle Autonomie ein. Wir halten das, wie gesagt, für weitergehender als das Eingreifen anderer bisheriger technischer Systeme in unsere Fähigkeit, uns physische Räume zu erschließen oder uns mit Energie zu versorgen.

Wir wollen uns hier nicht in die Kontroverse einschalten, ob in absehbarer Zeit die Informationsmaschinen alle *intellektuellen* Tätigkeiten, die Menschen bislang verrichtet haben, auch und vielleicht noch besser verrichten werden. Das ist weiterhin die feste Überzeugung von Personen wie Herbert Simon, die die Disziplin der Künstlichen Intelligenz auf den Weg gebracht haben. Wir können uns auch keine abschließende Meinung darüber bilden, ob wir gut daran tun sollten – und so hat es Herbert Simon jüngst Ende Oktober 1998 als eingeladener Vortragender auf der Jahrestagung der amerikanischen Gesellschaft für Informationswissenschaft (ASIS) in Pittsburgh vorgeschlagen –, nun endgültig unseren Einzigartigkeitsanspruch aufzugeben und besser nach

Wegen zu suchen, wie wir, genauso wie mit den Pflanzen, den Tieren und den Steinen unserer physischen Umwelt, nach Wegen eines vernünftigen Zusammenlebens mit den Informationsmaschinen Ausschau halten sollten.

Die Frage der Konsequenzen der Informationsassistenten ist für uns dramatisch genug. Sie ist auch deshalb weitergehender als bei den bisherigen technischen Systemen, weil Informationsassistenten in ihrem Universalitätsanspruch in alle Lebensbereiche eindringen, weil wir ihnen nicht mehr entgehen können. Sie werden als technische Assistenten, damit stimmen wir Simon zu, immer weiter selbstverständlicher Bestandteil unseres (informationellen) Daseins werden, und sie werden immer mehr Aufgaben auch unseres intellektuellen Daseins übernehmen (können). Es kann nicht darauf ankommen, Maßnahmen vorzuschlagen, durch die diese Assistenten verhindert werden könnten, selbst wenn wir davon überzeugt wären, daß die damit eingekauften Nachteile gewichtiger wären als deren Vorteile. Es kann nur darum gehen, Formen des Umgangs mit ihnen zu entwickeln, die für uns gleichermaßen nützlich und akzeptabel sind. Ob das allerdings eine gleichberechtigte Kooperation sein muß, bei der wir die wechselseitigen Interessen anerkennen, so wie es Simon vorschlägt, sind wir uns noch nicht sicher. Für uns bleiben Assistenten funktional menschlichen Interessen zugeordnet.

Der Umgang mit Informationsassistenten ist auch deshalb so leicht und zugleich in den Konsequenzen so kompliziert, weil wir uns ihnen gegenüber so verhalten, wie wir es bislang nur mit Menschen getan haben: Wir kommunizieren mit ihnen, sprechen mit ihnen, wenn auch bislang noch mit reichlich restringiertem Code oder unter Verwendung anderer, leichter kontrollierbarer (medialer) Zeichensysteme als der natürlichen Sprache. Dies begünstigt, was nach Ansicht vieler Theoretiker der Moderne auch erforderlich ist, den Vorschuß an Vertrauen, den wir ihnen bereitwillig schenken. Obwohl oder gerade weil wir sie als Laien in unseren Lebenswelten nicht durchschauen, vertrauen wir ihnen und uns ihnen an. Vertrauen ist, wie schon angesprochen, die Möglichkeit der Kompensation informationeller Unsicherheit.

Eine Darstellung der Konsequenzen der Informationsassistenten könnte sich damit begnügen, die Mechanismen der Vertrauensbildung aufzuzeigen, die wir in der Menschheitsgeschichte entwickelt haben, um Vertrauen in andere Personen aufzubauen, oder

die Mechanismen der Vertrauensbildung aufzuzeigen, die wir, auch schon seit einigen hundert Jahren, entwickelt haben, um mit den technischen und abstrakten Systemen der Moderne im Zustand weitgehender informationeller Unterbestimmtheit umgehen zu können. Sie aufzuzeigen und dann auf die neue Situation der technischen Informationssysteme, der Informationsmaschinen und technischen Informationsassistenten zu übertragen – das könnte das Programm eines vertrauensvollen Umgangs mit Informationsassistenten sein. Verbunden mit der vertrauensvollen Hoffnung, daß die Informationsassistenten, so wie es schon in den Roboter-Maximen von Asimov gefordert wurde, uns schon nicht enttäuschen oder gar mißbrauchen werden.
Und in der Tat ist dies auch das Programm der gegenwärtigen Informationswirtschaft, nämlich Vertrauen bei den Nutzern elektronischer Dienste zu gewinnen. Vertrauensmanagement wird das heute genannt, und es ist ja auch ein ganzes Bündel von Maßnahmen, die koordiniert werden müssen, damit der Prozeß zur Bildung von Vertrauen erfolgreich werden kann. Informationelles Vertrauensmanagement ist durchaus noch nicht beherrscht. Die Lektionen, die wir gelernt haben, zu anderen Menschen oder zu Systemen Vertrauen zu gewinnen, sind nur sehr unvollständig auf die Probleme gegenwärtiger elektronischer Informationsräume übertragbar.
Das könnte ein praktisches Ziel für ein Buch über die Konsequenzen von Informationsassistenten unter Berücksichtigung der Vertrauensproblematik sein: die Verfahren der Vertrauensbildung aufzuzeigen, damit sie von der Informationswirtschaft besser beherrscht werden. Dies mag auch aus diesem Buch abgelcitet werden können. Die Intentionen zur Ableitung von Wissen aus einem Buch mögen nicht immer identisch mit den Intentionen des Autors sein, dieses Wissen darzustellen. Wir haben Weitergehendes im Sinne, als der Informationswirtschaft Handlungsanweisungen zur Erzeugung von Vertrauen zu geben.
Vertrauen ist für einen Informationswissenschaftler – und aus der Perspektive der Informationswissenschaft ist dieses Buch geschrieben – zumindest ein ambivalentes Konzept. Vertrauen ist einerseits eine grundlegend soziale Angelegenheit. Ohne Vertrauen in die uns umgebenden Personen und Systeme können wir nicht leben. Wir können uns nicht laufend der Berechtigung vergewissern, daß Personen uns nicht enttäuschen oder daß Sy-

steme uns nicht Schaden zufügen werden. In der Regel haben wir auch gute Gründe dafür, wenn wir Personen oder Systemen Vertrauen schenken. Meistens beruht das auf guter Erfahrung aus der Vergangenheit und wird so in die Zukunft projiziert, oder es geschieht durch Übertragung von Einschätzungen uns bekannter und vertrauter Personen auf uns bislang nicht bekannte Personen oder Systeme. Auch von seiten der Informationswirtschaft hat man erkannt, daß die elektronischen Dienste, die verschiedenen und sich immer rascher entwickelnden Ausprägungen technischer Assistenz nur dann akzeptiert und genutzt werden, wenn man ihnen vertraut. Ohne Vertrauen kein Geschäft.

Und hier kommt die andere Seite der Ambivalenz ins Spiel. Vertrauen wird in vielen Situationen, vor allem der Wirtschaft und Politik, dafür verwendet, um einen Führungsanspruch durchzusetzen. Nicht umsonst spielt in den meisten gegenwärtigen Managementdarstellungen Vertrauen eine bedeutende Rolle, und in der Politik wird immer wieder mit dem Argument des Vertrauens in einen bekannten Politiker geworben. Vertrauen hat hier eine charismatisch legitimierende Funktion. Man darf das aufklärende, sich auf Informationen abstützende Denken ruhig aufgeben, man darf die eigene Urteilskraft verabschieden, wenn die Vertrauen reklamierende Person oder das Vertrauen reklamierende System diesen Anspruch plausibel machen kann.

Wir haben in der Gegenwart allen Grund, in allen Informationssituationen mißtrauisch zu sein, bei denen Vertrauen in Anspruch genommen wird, wo uns quasi objektive Vertrauenssiegel für die Güte und Vertraulichkeit von Informationsdienstleistungen angeboten werden, wo Vertrauenszentren Vertrauen quasi institutionalisieren wollen, wo Experten ihr Prestige einsetzen, um die Vertrauensübertragung geschehen zu lassen, oder wo uns einfach nur versichert wird, daß alles schon mit rechten Dingen zugeht und zu unserem Interesse geschieht. Information ist auf den elektronischen Märkten zu einer Ware geworden, die verkauft werden muß. Der Verkauf kann über das moralische Konzept des Vertrauens befördert werden, aber wohl kaum wird es beim Einlösen der Vertrauenszusicherung bleiben, wenn aus dem Vertrauensmißbrauch das größere Geschäft gemacht werden kann. Dafür gibt es in der gegenwärtigen Praxis der Informationswirtschaft genügend Beispiele. Es sieht so aus, als habe die Informationswirtschaft, kaum daß sie Zeit gehabt hat, sich Vertrauen redlich zu erwerben, ihren Vertrauenskredit schon gründlich verspielt. Also Mißtrauen ist besonders dort angesagt, wo auf Vertrauen gesetzt wird. Das kann natürlich keine langfristige Strategie sein.

Das Ziel, ohne Frage, sollte es schon sein, wieder in vertrauensvolle Beziehungen zu den uns umgebenden Informationsräumen mit ihren Informationsleistungen treten zu können. Aber das wird ein noch lange andauernder Weg. Was heute benötigt wird, ist, Mechanismen aufzubauen, durch die informationelle Transparenz bei den Informationsleistungen und informationelle Symmetrien zwischen Informationsanbietern bzw. Informationsangeboten (zu denen auch die Leistungen der technischen Informationsassistenten zählen) und Informationsnutzern erzeugt werden können. Das bedeutet kein naives aufklärerisches Programm. Wir sind uns bewußt, daß die Sachverhalte in den elektronischen Informationsräumen für das allgemeine Publikum, das davon betroffen ist, zu kompliziert sind, als daß sie vollständig informationell aufgeklärt und damit nachvollzogen werden können. Wir müssen *kritische* Verfahren der Aufklärung und Möglichkeiten informationeller Selbstbestimmung entwickeln. Wenn ich es nicht selber verstehe, dann soll aber ein anderer, dem ich aus guten Gründen vertraue, die Gelegenheit haben, es zu verstehen. Bevor der einen Einsicht vertraut wird, sollten möglichst viele andere konsultiert werden können. Was benötigt wird, ist ein reich verzweigtes, in der Öffentlichkeit operierendes referentielles System von Vertrauensversicherungen und Vertrauensargumenten. Wir werden dies als Vertrauensnetzwerk, *Web of trust*, wie der Ausdruck im Amerikanischen eingeführt ist, ansprechen. In diesem Kontext des Vertrauensnetzwerkes kommt den personalen Assistenten, den klassischen Bibliothekaren, Dokumentaren oder Informationsvermittlern, eine neue Aufgabe zu, nämlich die der Vertrauensbildung in elektronische Informationsleistungen und die der Bildung von Transparenz des informationellen Geschehens für das Publikum.

Wir haben es angedeutet – zu viel steht bei der Delegation von Informationsarbeit an technische Informationsassistenten auf dem Spiel, als daß wir vorschnell unsere kritische Urteilskraft aufgeben dürfen. Letztlich wird diese Frage zu einer ethischen und grundlegend anthropologischen. Noch mag man den Vergleich für überzogen halten – aber die fundamentale Frage der Bioethik, inwieweit die Erhaltung der Gattung Mensch der künstlichen Reproduktion überlassen werden kann, ist der fundamentalen Frage der Informationsethik vergleichbar, inwieweit wir unsere Informationsautonomie zugunsten der Informationsassistenten aufgeben sollen. Der Verlust informationeller Urteilskraft ist keine Nebensächlichkeit. Natürlich kann heute Urteilskraft nicht mehr im Sinne des Kantischen Programms der Aufklärung »sapere aude« bedeuten. Wir haben keine Chance mehr, durch eigenes Denken und über eigene Kompetenz vollständig Licht in die informationellen Sachverhalte zu bringen, die unser Leben zunehmend gestalten. Aber die Alternative ist auch nicht, vertrauensvoll aufzugeben und die Informationsarbeit, sowohl in ihren konstruktiven Teilen, nämlich Information zu erzeugen, als auch in ihren adaptiven Teilen, nämlich Information zu nutzen, an die maschinellen Assistenten abzugeben. Wie wir uns dazwischen bewegen können, zwischen blindem Vertrauen und aufgeklärtem, transparenten Vertrauen, um Informationsautonomie, und sei es in der Zusammenarbeit mit anderen, informationskompetenteren Personen, in einem unverzichtbarem Umfang zu behalten, das herauszufinden, ist Anliegen dieses Buches.

Noch eine Anmerkung zum Charakter der Darstellung: Das Geschehen auf den Informationsmärkten ist alles andere als stabil. Die aktuellsten Dienste können rasch zum unbrauchbaren Ladenhüter werden; elektronische Marktplätze, gerade noch als Speerspitze der Innovation gefeiert, existieren auf einmal nicht mehr, der Aufruf der Internet-Adresse führt zur Fehlermeldung; ganze Informationspolitiken werden mit einem Regierungswechsel obsolet ... Trotz des insgesamt eher theoretischen Anspruchs dieser Darstellung wollen wir jedoch nicht auf die konkreten Details verzichten, die sich auf den Stand Ende 1998, Anfang 1999 beziehen, aber zur Lesezeit vielfach nicht mehr stimmen oder zuweilen gar nicht aufzufinden sind. Mit dem Aufbewahren mancher flüchtiger Details trägt diese Darstellung auch zur Dokumentation des gegenwärtigen Geschehens auf den Informationsmärkten bei. Viele Belege stammen aus der US-amerikanischen Informationswirtschaft. Dafür ist objektiv der weitaus entwickeltere Stand der Informationsgesellschaft und der Informationswirtschaft in den USA verantwortlich, subjektiv sicher auch die Tatsache, daß größere Teile dieser Darstellung während zweier Aufenthalte des Autors in Kalifornien entstanden sind und entsprechend von der dortigen *Szene* beeinflußt wurden. Vielleicht deshalb, aber sicherlich auch objektiver, weil das gesamte Umfeld der Informationsassistenten im Internet durch die US-amerikanische Situation geprägt ist, konnte das englische Vokabular auch im deutschen Text nicht vermieden werden. Eine weitergehende Eindeutschung der eingeführten Fachausdrücke wurde nicht angestrebt. Der/die Leser/in möge das verzeihen. (Dieser letzte Satz soll eine Ausnahme bleiben, d.h wir haben auf die doppelte geschlechtsspezifische Auszeichnung verzichtet, einfach weil es zu mühsam wäre.) Der Text hat in der innovativen und kooperativen Atmosphäre der Konstanzer Informationswissenschaft seine endgültige Gestalt angenommen. Rolf Assfalg, Bernard Bekavac, Hans Nagel, Anja Odenthal, Marc Rittberger, Wolfgang Semar und Stephan Werner sei für die vielen Hinweise und Vorschläge gedankt, Dagmar Michels ganz besonders für ihre schon bei vielen Gelegenheiten bewährte Unterstützung bei der informationellen Absicherung und der Verifikation des Textes.

## Zusammenfassungen

Wir bearbeiten unseren beiden Hauptthemen der Konsequenzen von Informationsassistenten und der Möglichkeiten bzw. der Grenzen von Vertrauen in sie über die folgenden Stationen:

In *Kapitel 1* arbeiten wir das Informationsdilemma bzw. seine verschiedenen Ausprägungen in gegenwärtigen elektronischen Informationsräumen heraus, das allgemein darin besteht, daß Informationsdienste, an sich dafür konzipiert, Informationsarbeit für uns zu erleichtern, diese im elektronischen Medium häufig komplizierter und weniger beherrscht machen. Wenn wir nicht im Zustand informationeller Unsicherheit bleiben wollen, müssen wir uns Assistenz für die verschiedenen Formen von Informationsarbeit versichern. Assistenz ist immer auch Delegation von Kompetenz. Daher droht bei einer nicht mehr kontrollierbaren Delegation von Informationsarbeit an Informationsassistenten informationeller (vielleicht sogar irreversibler) Kompetenzverlust. Ob diese neue Unsicherheitssituation durch Vertrauen in die Leistungen von Assistenten zu kompensieren oder ob eher kritisches Mißtrauen in die uns immer mehr angetragenen Leistungen von Informationsmaschinen bzw. technischen Informationsassistenten angebracht ist – diesen gesamten Komplex strukturieren wir in diesem Anfangskapitel mehr durch Bündel an Fragen als schon durch Antworten.
In *Kapitel 2* verdeutlichen wir das Vertrauensthema an einem jüngst zu-

rückliegenden Fall der Produktions-/Automobilwirtschaft, durch den das Thema des Vertrauensmanagements auf die allgemeine Tagesordnung der Wirtschaft in allen Ausprägungen gekommen ist. Vertrauensbildende Reparaturmaßnahmen wurden nötig bei der Einführung der Mercedes-A-Klasse, als durch die Ergebnisse des sogenannten Elchtestes Zweifel an der technischen Sicherheit dieses neuen Autos aufkamen. Das Vertrauensmanagement von Mercedes hat nicht lange mit Schuldzuweisungen und Ablenkungsmanövern gearbeitet, sondern hat mit einer »Wahrheitsoffensive« reagiert, die Panne eingestanden und eine breite Palette an technischen, organisatorischen, Marketing- und Medien-/PR-Maßnahmen ausgeschöpft. Dem emotionalen Charakter von Vertrauen entsprechend müssen zusätzlich Formen der Vertrauensversicherung durch bekannte Personen geleistet werden, in der Erwartung, daß das Vertrauen in diese Personen auf die technischen Systeme übertragen wird. Bei einem konzertierten Vertrauensmanagement mit aufwendigen vertrauensbildenden Reparaturmaßnahmen können kurzfristige Imageverluste mehr als kompensiert werden. Bei fehlendem Vertrauensmanagement kann sich die Vertrauenskrise, wie am Beispiel der Krise der »Castor«-Behälter ersichtlich, schnell zu einem irreparablen VertrauensGAU, hier der Atomindustrie, ausweiten.

In *Kapitel 3* wird das von Anthony Giddens als zentral für die Einstellung der Menschen zu technischen und abstrakten Systemen eingeschätzte Thema des Vertrauens umfassend behandelt. Technische Systeme als Teil der Risikogesellschaft werden bei aller Anerkennung oder sogar Bewunderung ihrer hoch entwickelten Standards immer wieder als nicht perfekt erfahren. Erfahrung oder auch nur Vermutung von Imperfektion schafft Unsicherheit. Wenn man sich den Systemen dennoch anvertraut, gründet sich das nur geringfügig auf Wissen, sondern eher auf Vertrauen als Möglichkeit der Kompensation von fehlendem Wissen. Vertrauensbildung in Situationen informationeller Unsicherheit hängt von einer Vielzahl von Faktoren ab: Grundlage des Vertrauens sind Primärerfahrungen mit technischen Systemen (in der Kindheit) und die Vermittlung einer positiven Einstellung zu Technik und abstrakten Systemen im Ausbildungssystem, die durch positive, nicht enttäuschte persönliche Erfahrung bestärkt wird. Vertrauen wird weiter gebildet durch öffentlich dominante, medial und politisch vermittelte Wertesysteme bzw. Einstellungen und durch Offenlegung des den Systemen zugrundeliegenden technischen Wissens (Transparenzpostulat). Weiterhin ist Vertrauen abhängig von den Erfahrungen mit den Personen in den Zugangspunkten zu den Systemen, seien es die Experten selber oder die in der Öffentlichkeit in Erscheinung tretenden Repräsentanten. Die vertrauensbildende Transformationsleistung kann auch von neutralen Instanzen (*trusted third parties*) erbracht werden.

In *Kapitel 4* wird untersucht, inwieweit die erarbeitete Vertrauenskonzeption auf die Informationsmaschinen übertragen werden kann. Neben die technischen Systeme treten in der Informationsgesellschaft die informationstechnischen Systeme mit ihren verschiedenen Informationsmaschinen bzw. Informationsassistenten. Informationsmaschinen übernehmen intellektuelle Tätigkeiten, die wir bislang als genuin menschlich, sozusagen als unser Privileg gegenüber dem Rest der belebten Natur ansehen. Wir nennen diese Maschinen primäre Informationsmaschinen. Ihre Leistung ist, anders als bei den sekundären Informationsmaschinen, die z. B. als Roboter Information verarbeiten, um physische Produkte herzustellen, rein intellektuell, und ihre Leistung ist ein intellektuelles Produkt. Es wird beschrieben, wie wir mit den Informationsmaschinen in den Alltags- und professionellen Welten umgehen und welche Unsicherheitssituationen dabei entstehen. Bislang ist der Komplexitätsgrad von Informationsmaschinen (Assistenten) noch begrenzt, z. B. in der Ausprägung von *Online*-Systemen der Fachkommunikation oder von informationellen Mehrwertleistungen auf elektronischen Märkten im Umfeld des Internet. Informationsmaschinen entwickeln sich aber in ihren fortgeschrittenen Exemplaren (intelligenten Agenten) zu bewußt, vielleicht irgendwann einmal zu selbstbewußt agierenden Maschinen, die die Handlungskontexte und die Intentionen der sie einsetzenden Subjekte in Rechnung stellen können. Sie greifen damit in die bislang den Menschen vorbehaltene und somit anthropologisch bedeutsame Wissens- und Informationsarbeit ein. Es wird untersucht, ob für den Umgang mit ihnen im Zustand von Unsicherheit die bewährten und von der Informationswirtschaft intensiv eingesetzten Vertrauensmechanismen taugen oder ob vielleicht nicht vielmehr neue Formen konstruktiven informationellen Mißtrauens in der Tradition kritischer Aufklärung entwickelt werden müssen.

In *Kapitel 5* legen wir die informationswissenschaftlichen Grundlagen für die auch für die Informationsassistenten zentralen Begriffe wie Information, Wissen, Informationsarbeit, Informationsautonomie oder Informationsmarkt, Informationswirtschaft und elektronische Märkte. Durch Informationsarbeit gewinnen wir Zugang zum Wissen anderer und können mit unserem Wissen die Umwelt beeinflussen. Informationsarbeit ist konstitutiv für Menschsein und geschieht ununterbrochen in allen Lebenswelten, aber sie ist vor allem bestimmend für die sich entfaltenden Informationsgesellschaften, deren verschiedene Ausprägungen wir herausarbeiten. Informationsarbeit ist heute in der sich entwickelnden Informationswirtschaft Bestandteil industrieller Produktion geworden. Auf der Grundlage der Theorie informationeller Mehrwerte arbeiten wir eine Systematik von Informationsarbeit heraus und unterscheiden dabei generell zwischen redaptiver (rezeptiv-adaptiver) und konstruktiver Informationsarbeit. Deren konkrete Ausprägungen arbeiten wir an Beispielen der Informationswirtschaft bzw. der Fachkommunikation und der Publikumsmärkte heraus. Das Autonomieproblem bei der Delegation von Informationsarbeit wird unter den Aspekten von Referenzierung und Validität – wie können wir den Wahrheitswert und die Handlungsrelevanz der von Assistenten erarbeiteten Informationen einschätzen – behandelt. Wir leiten daraus Anforderungen an informationelle Autonomie und Bildung ab, die für jedermann erforderlich ist, um in der Informationsgesellschaft bestehen zu können. Abschließend werden noch Funktion und Transformation personaler Informationsassistenten auf elektronischen Märkten untersucht. Neben der technischen und informationsmethodischen Qualifikation werden für Informationsassistenten zunehmend Management- und kommunikative Fähigkeiten wichtig. Fortschritte in der Informationsmethodik und die Ausweitung der elektronischen Fachinformationsmärkte in allgemeine Publikumsmärkte lassen zunehmend endnutzerorientierte Systeme bzw. Systemkomponenten entstehen, die die Nachfrage nach personalen Assistenten mit Vermittlungsleistungen einschränken könnten. Zudem übernehmen schrittweise die technischen Informationsassistenten die Funktionen von personalen Assistenten. Es wird untersucht, inwieweit das bisherige Vertrauen zu personalen Informationsassistenten auf technische übertragen werden kann. Den personalen Informationsassistenten kann dabei eine neue Aufgabe der Qualitätssicherung und der Bildung von Vertrauen in technische Leistungen auf der Grundlage professioneller Sicherheit zukommen.

In *Kapitel 6* wird dargestellt, wie weit die Übernahme von Informationsarbeit durch technische Assistenten schon fortgeschritten ist. Wir beziehen in diese Diskussion auch die Mehrwert- und Metainformationsdienste des Internet und die Entwicklung der Software-Agenten/Service-Roboter mit ein. Nach einigen theoretischen Überlegungen zum Status der Assistenten (Werkzeuge oder verselbständigte »Zauberlehrlinge«), zur Berechtigung und zum Ausmaß von Vertrauen in Informationsmaschinen (in einer Diskussion der These der *Media equation*: wir behandeln Informationsmaschinen so wie Menschen) und nach einer Einschätzung des Assistentenparadigmas als Reaktion auf die Krise des gegenwärtig dominierenden Hypertextprinzips der direkten Manipulation arbeiten wir die verschiedenen Ausprägungen technischer Assistenten heraus und diskutieren Fragen der Intelligenz und Autonomie bei technischer Assistenz. Von den Informationsassistenten zur Lösung des allgemeinen Referenzproblems behandeln wir ausführlicher die Suchassistenten, die *Browsing*-Assistenten bzw. Surfmaschinen und die Orientierungs- bzw. Navigationsassistenten. Bezüglich der Assistenten zur Lösung des Validitätsproblems werden intensiver die Filter-Assistenten, die Assistenten für *Push*-Leistungen, *Quality-/Rating-/Blocking*-Assistenten, Transaktionsassistenten und Kommunikationsassistenten dargestellt. Auch dieses Kapitel schließt mit einer Diskussion des Vertrauens in technische Assistenz auf elektronischen Märkten (aus Nutzer- und Anbietersicht), wobei auch die Frage eine Rolle spielt, inwieweit die Anthropomorphisierung bzw. Personalisierung von technischer Assistenz für Vertrauen förderlich oder eher hinderlich bzw. überflüssig ist.

In *Kapitel 7* wird die Perspektive von den technischen Assistenten zu den elektronischen Märkten als die Orte ihres Handelns gewechselt. Wir arbeiten Situationen informationeller Verunsicherung auf seiten der Nutzer heraus, wobei hier besonders Unsicherheit über Qualität und Status der erarbeiteten Informationen sowie Unsicherheit über die Verwendung der in der Interaktion mit den Mehrwertdiensten (im Umfeld des Internet) zwangsläufig abgegebenen Interaktionsdaten besteht. Auch die Problematik des Überschwemmtwerdens mit unerwünschter *Information* (*Spamming*) wird hier behandelt. Alle diese Unsicherheiten bringen in die bisherige Datenschutzdiskussion unter dem Etikett *Verletzung von Privacy* eine neue Dimension (Vogts/Tauss 1998). *Privacy* kann konstruktiv als *Access control* bestimmt werden, als Kontrolle über die abgegebenen eigenen Daten und über einströmende Daten. Das Schutzbedürfnis der Nutzer auf Märkten konfligiert partiell mit dem Interesse der Anbieter, Profile ihrer Nutzer zu erarbeiten, um im Sinne einer »angepaßten Massenproduktion« (*Mass costumization*) individuelle Leistungen im Sinne des 1-to-1-Marketing erstellen zu können. Angesichts der Problematik, ob auf kommerziellen Märkten Situationen informationeller Symmetrie erzeugt werden können, zeichnen sich sowohl Tendenzen zur Anonymisierung von Transaktionen auf elektronischen und virtuellen Märkten ab (zum Schutz der Verbraucher) als auch Maßnahmen zur Reparatur verunsicherten Vertrauens durch Offenlegen der Informationssammlungspolitik von Unternehmen und durch die Delegation des Vertrauensmanagements an neutrale Instanzen (zur Interessenwahrnehmung der Anbieter). Da die Sicherheit und Vertraulichkeit von allen Transaktionen auf elektronischen Märkten weitgehend vom Einsatz von Verschlüsselungsverfahren abhängt, behandeln wir die methodischen und politischen Fragen des Einsatzes, der Kontrolle und der Absicherung von Kryptographie ausführlich. Die Frage, wer Vertrauen auf elektronischen Märkten absichern soll, wird alternativ an den beiden Modellen der (institutionalisierten) *Trust center* und der Vertrauensnetzwerke diskutiert. Hierbei erweist sich das Konzept der Vertrauensnetzwerke, über den Bezug zur Kryptographie hinaus, als grundlegend für jede Form der Qualitäts- bzw. Vertrauenssicherung in elektronischen Informationsräumen.

In *Kapitel 8* werden einige Antworten auf die Fragen gegeben, die sich im Zusammenhang der beiden Hauptthemen nach der Delegation von Informationsarbeit an technische Assistenten und den Möglichkeiten und Grenzen von Vertrauen in Vorgänge in elektronischen Informationsräumen gestellt haben. Ohne Vertrauen wird keine Delegation von Informationsarbeit an Assistenten möglich sein, aber ohne ausreichende informationelle Kompetenz und geschulte informationelle Urteilskraft ebenfalls nicht.

# 1 Einleitung
# Assistenz in Informationsräumen

## 1.1 Informationsdilemma in Informationsräumen

Wir haben ein Dilemma. Es ist ein Informationsdilemma. Es ist ein Dilemma in und mit den Informationsräumen. Informationsräume sind die Umgebungen, die uns zur Verfügung stehen, um die Informationen zu bekommen, die wir brauchen. Eine Familie kann auch als ein Informationsraum angesehen werden, ein Sportverein, eine Bibliothek – jede Institution. Der Erfolg eines Menschen hängt davon ab, welche Informationsräume er für sich erschließen kann. Oder unter einer politischen Perspektive formuliert: fortgeschrittene Informationsgesellschaften werden auch daran zu messen sein, inwieweit sie ihren Bürgern die Informationsräume offen und benutzbar halten, die sie benötigen.

Ein Informationsdilemma mag es immer schon gegeben haben, aber es wird durch die global sich entwickelnden elektronischen Informationsmärkte, die wir als die gegenwärtig dominierenden institutionellen und organisatorischen Realisierungen von Informationsräumen ansehen können, zu einem grundsätzlichen Problem moderner Gesellschaften: Auf der einen Seite verspricht die Informationsgesellschaft eine in der Menschheitsgeschichte bislang nicht gekannte Ausweitung der verfügbaren Informationsräume (*das Wissen der Welt auf Mausklick*), auf deren Grundlage im Prinzip jedermann sein Leben in all seinen professionellen, öffentlichen und privaten Belangen informationell abgesichert bestreiten können sollte. Auf der anderen Seite macht die Ausweitung der Informationsräume (konkret in der Ausgestaltung globaler Informationsmärkte) diese so komplex, daß niemand behaupten kann, sie auch nur annähernd zu beherrschen.

In welcher Hinsicht die gegenwärtigen Informationsräume komplex geworden sind, müssen wir näher herausarbeiten. Hier nur der Hinweis, daß Komplexität nicht identisch mit Umfang ist (obschon auch die Extension der elektronischen Informationsmärkte für sich eine gewaltige Herausforderung an die sie Nutzenden ist). Das Umfangsargument trifft sicher mit Rücksicht auf die

Wissensexplosion in modernen Gesellschaften zu, die eher eine Informationsexplosion ist; aber entscheidend für die Komplexität der gegenwärtigen Informationsräume ist die zunehmende (multimediale) Atomisierung von Wissenseinheiten und ihre damit einhergehende Vernetzung der Informationsräume im globalen Ausmaß. Das nennen wir Hypertextifizierung (Kuhlen 1991). Sie zwingt uns, in recht kurzer Zeit Verfahren der nicht-linearen Wissensorganisation und der nicht-linearen Erarbeitung von Information uns anzueignen. Für die linearen Entsprechungen mit den Büchern und Artikeln in Zeitungen und Zeitschriften haben wir uns mehr Zeit lassen können. Daß uns diese hypertextifizierende Gleichzeitigkeit von Atomisierung und Vernetzung auch die Gelassenheit raubt, uns mit einzelnen Wissensobjekten wie einem Buch geduldig auseinanderzusetzen, ohne sofort zum nächsten attraktiv aufscheinenden Objekt weiterzuspringen, gehört wohl auch zum Informationsdilemma. Vor lauter Informationen haben wir kaum noch Zeit, Wissen zu erwerben.

Das Gefühl einer nicht mehr beherrschten Komplexität schafft Unsicherheit. Unsicherheit entsteht in erster Linie durch die Erfahrung informationeller Defizite. Zugespitzt formuliert besteht das allgemeine Informationsdilemma darin, daß die Informationsräume der komplexen Informationsmärkte, dafür konzipiert, informationelle Unsicherheit zu beseitigen, diese eher erhöhen. Aus diesem allgemeinen Dilemma werden viele weitere folgen, z. B. daß das Überangebot an Information kaum mehr als unterstützend angesehen wird, ja eher als Belästigung, als *Data smog* (Shenk 1997) empfunden und häufig eher zurückgewiesen als nach seinem Nutzen untersucht wird.

Was ist daran neu, mag man fragen. Vollständig beherrscht haben wir unsere Informationsumwelt bzw. die sie referenzierenden Informationsräume nie. Wer war schon vor den elektronischen Informationsmärkten objektiv in der Lage, die gesamte Fachliteratur auch nur seines engeren Fachgebietes zu überschauen, geschweige denn verarbeitend zu lesen? Wer konnte sich schon mit all den Personen absprechen, deren Expertenmeinung für eine anstehende wichtige Entscheidung einschlägig wäre? Wer kann schon (oder will) sein freies Wochenende oder auch nur einen einzelnen Arbeitstag so durchplanen und dann auch konsequent verwirklichen, daß keine Abweichungen vorkämen?

Theoretisch ist diese defizitäre Situation der nicht beherrschten

Informationsräume von Herbert Simon als prinzipielle informationelle Unterdeterminiertheit von Handeln bezeichnet worden (Newell/Simon 1962). Jede Information, die man aktuell benötigt, beruht wieder auf einer anderen Information (oder mehreren), die wiederum von anderen abhängt, und so geht es ins Unendliche weiter. Jede Information ist zugleich eine Referenz auf andere. Die Leistungsfähigkeit von Wissenschaftlern, Geschäftsleuten und Politikern, jedes Menschen, beruht darauf, mit dieser informationellen Un- und Unterbestimmtheit umgehen zu können, d. h. die referentiellen Informationsverknüpfungen nicht vorschnell abzukappen, aber auch nicht so weit ausufern zu lassen, daß vor lauter informationeller Absicherung der richtige Zeitpunkt des Handelns verpaßt wird.

Vollständig beherrscht haben wir auch die bisherigen Informationsräume nicht. Wir werden sehen, daß sich das Informationsdilemma gegenwärtig verschärft. Wir haben es schon angedeutet: Immer mehr Information, die immer stärker untereinander vernetzt ist, steht im Prinzip zur Verfügung. Das gegenwärtige Informationsproblem ist wohl kaum Unterinformation, sondern Überinformation, besser wohl: zu viel nicht beurteilbare Information und damit im Ergebnis dann doch wieder Unterinformation. Aus der Hypertextwelt stammt der Ausdruck des *Lost in hyperspace*, das Gefühl, die Orientierung in den elektronischen Informationsräumen, wie sie sich heute mit dem Internet für jedermann erschließen, beim freien assoziierenden Navigieren zu verlieren[1].

Wer weiß schon, ob er beim *Browsing* durch die Netzangebote elektronischer Informationsdienste wirklich alles Einschlägige gefunden hat oder ob dies die Suchmaschinen getan haben (Catledge/Pitkow 1995). Erst recht nicht weiß er, wie authentisch oder wie richtig das Gefundene ist und ob es wirklich das ist, was aktuell gebraucht wird. Das Problem ist nicht einfach Überinformation, sondern die zunehmende Schwierigkeit, *Authentizität*, *Relevanz* und *Wahrheit* von Information aus elektronischen Diensten ab-

1 Wer mag, kann *Lost in hyperspace* auch als *Verlorenheit im Hyperraum* bezeichnen. Wir haben jedoch den Eindruck, daß das Englische, wie auch sonst bei manchen Fachausdrücken, z. B. *Privacy*, die dramatischen existentiellen Konnotationen der deutschen Übersetzungen neutralisierend ausspart.

schätzen zu können. Wir werden dies das Problem defizitärer informationeller Urteilskraft nennen (vgl. Abschnitt 5.4.2). Defizitär wird Urteilskraft dann, wenn die Fähigkeit, eine Information einschätzen zu können, sich nicht mehr durch die Fähigkeit schulen läßt, die Information überhaupt erst zu erarbeiten.

Dem aktuellen Informationsdilemma kann man nicht entgehen, weil wir den Informationsräumen, den global sich entwickelnden Informationsmärkten, nicht mehr entgehen können. Zumindest trifft das für die gegenwärtig fortgeschrittenen Informationsgesellschaften zu. Niemand in professionellen und absehbar auch in privaten Umgebungen wird es sich leisten wollen, auf die Ressourcen der Informationsmärkte zu verzichten, genausowenig wie niemand heute auf das Telefon oder das Fernsehen verzichtet. Gegenbeispiele individueller Verweigerung machen diese generelle Aussage nicht hinfällig. Die elektronischen Informationsräume sind schon seit einigen Jahren nicht mehr auf die Bereiche Wissenschaft, Wirtschaft und Verwaltung beschränkt, sondern durchdringen und bestimmen die allgemeinen informationellen Publikumsmärkte, sei es direkt durch die Informations- und Kommunikationsdienste des Internet und anderer Netzdienste wie *T-Online* oder *AOL*, oder sei es indirekt, indem diejenigen, die die Publikumsmärkte, z. B. in den Medien, gestalten, als Informations- oder Medienprofessionelle auf die elektronischen Informationsräume für ihre Arbeit und damit auf deren Informationen für das Publikum zurückgreifen.

Da wir mit diesen neuen Informationsräumen, mit den vielfältigen Ressourcen der Informationsmärkte, umgehen müssen und nicht die Konsequenz akzeptieren wollen, daß wir sie nicht beherrschen, versichern wir uns externer Kompetenz, externer Assistenz, nach Möglichkeit auf der Grundlage berechtigten Vertrauens. Das war schon immer das bewährte Mittel in vielen Lebenssituationen.

Niemand, trivial genug, kann sein Leben autonom bestreiten. Personale Assistenz ist durchgängig vonnöten: Lehrer als Assistenten zum Lernen, Ärzte als Assistenten zum Heilen, Rechtsanwälte als Assistenten zur Sicherung der eigenen Rechte. Organisieren sich die Assistenten, so entstehen die Unterstützung gebenden Institutionen, die Schulen, die Gerichte, die Verwaltungen. Die Geschichte der Menschheit ist aber auch die Geschichte der *technischen Assistenz*: der Pflug als Assistent zum Erschließen des Bodens; die Eisenbahn, das Auto, das Flugzeug, alle drei Assistenten zur Überwindung unserer physischen Mobilitätsbeschränkungen; die Kraftwerke als Assistenten, uns mehr Energie zu liefern, als wir mit Muskelkraft erzeugen können. Arbeit, in jeder Form, ist immer auf Assistenz angewiesen, personaler, institutioneller oder technischer Art. Also auch Informationsarbeit. Ein Hinweis schon, der uns beschäftigen wird, daß wir diese technische Assistenz häufig personalisieren, also nicht bei dem reinen Werkzeugcharakter bleiben, so wie wir es auch eben getan haben, wenn wir z. B. Autos als *Assistenten* angesprochen haben. Andere geben ihnen Namen. Auch Informationsarbeit wird von Assistenten oder Agenten geleistet, obwohl sie doch in den technischen Ausprägungen *nur* Software sind. Und sie bekommen häufig *Gesichter.*

## 1.2 Zur Industrialisierung von Informationsarbeit

Das Konzept der Informationsarbeit wird uns ausführlicher beschäftigen (vgl. Abschnitt 5.3). Informationsarbeit kann hier zu Beginn als die Arbeit bezeichnet werden, die nötig ist, Informationsräume produktiv zu erschließen. Nehmen wir dazu die *Nutzersicht* ein, so ist damit die Arbeit gemeint, die man aufbringen muß, um an vorhandene Informationen heranzukommen und sie, in Anpassung an erwartete oder aktuelle Problemsituationen, nutzen zu können. Wir werden das *redaptive Informationsarbeit* nennen (in der Zusammenfassung von *rezeptiv* und *adaptiv)* (vgl. Abschnitt 5.3.2.1). Dieser Typ wird uns als Herausforderung an und durch die Informationsassistenten bevorzugt beschäftigen. Informationsarbeit ist aber auch, und jetzt aus Autoren-/Produzenten- und *Anbietersicht*, die Arbeit, die nötig ist, um vorhandenes Wissen so zu repräsentieren und weiterzuverarbeiten (aufzubereiten, zu veredeln), daß daraus schließlich Informationsprodukte werden können, die von anderen, z. B. klassisch in Form von Büchern oder gegenwärtig in Form von *Online*-Datenbanken oder Mehrwertdiensten des Internet, aufgenommen werden können. Wir wollen diesen anderen Typ von Informationsarbeit, durch den Informationsprodukte produziert und aufbereitet werden, *konstruktive Informationsarbeit* nennen (vgl. Abschnitt 5.3.2.2). Was sich seit einigen Jahren ereignet, ist die Industrialisierung von Informationsarbeit. Informationsarbeit ist wie jede Arbeit auf den

Einsatz von Personal und Kapital angewiesen. Unbeschadet des erheblichen Kapitalaufwandes für die grundlegende Informations- und Kommunikationstechnik wird Informationsarbeit jedweden Typs bislang als ausgesprochen personalintensiv angesehen. Informationsberufe, so (noch) die allgemeine Einschätzung, können bezüglich der Informationsarbeit, wie wir sie im Sinne haben, kaum wegrationalisiert werden. Nur ein Beispiel aus dem Bereich konstruktiver Informationsarbeit soll das verdeutlichen:

Das Angebot der sich seit gut 30 Jahren immer weiter ausbauenden Fachinformationsmärkte beruht im wesentlichen auf den *Online*-Datenbanken[2]. Von ihnen existieren auf so gut wie allen Fachgebieten insgesamt über 10 000 (Williams 1998), viele von ihnen in Form von Literaturdatenbanken, die die Fachliteratur des jeweiligen Fachgebietes entweder nachweisen oder sogar als Volltexte enthalten. Recherchierbare Datenbanken können nur entstehen, wenn aus den Beständen des Wissens, im Falle der Literaturdatenbanken aus den Publikationen, maschinenverarbeitbare Informationseinheiten erstellt worden sind. Das bedeutet, daß jeder Text über die Vergabe von inhaltskennzeichnenden Deskriptoren indexiert und meistens noch über eine Zusammenfassung (*Abstract*) erschlossen und vielleicht noch über eine Übersetzung einem internationalen Publikum zugänglich gemacht werden muß. Das machen, bis auf wenige Ausnahmen, wo schon Programme zur automatischen Indexierung, zum automatischen *Abstracting* oder zur automatischen Übersetzung dafür eingesetzt werden, Menschen, Informationsspezialisten wie Bibliothekare, Dokumentare oder Informationswissenschaftler. In große Datenbanken wie z. B. *Chemical*

2 Die Bezeichnung *Fachinformation* hat sich unter dem Einfluß der deutschen Informationspolitik seit den 80er Jahren durchgesetzt und hat den in den 70er Jahren bestimmenden Begriff *IuD* (*Information und Dokumentation*) abgelöst. Gemeint ist mit *Fachinformation* zum einen der Teil der Information, der in professionellen, bevorzugt wissenschaftlich-technischen, medizinischen und wirtschaftlichen Bereichen produziert und vor allem für die Arbeit dort benötigt wird, zum andern auch das professionelle Gebiet, das dabei beteiligt ist: traditionell Archiv-, Bibliotheks- und Dokumentationswesen, neuer die Informationswissenschaft und die Informatik bzw. die Wirtschaftsinformatik, soweit letztere Methoden zur Erstellung und Verbreitung von Informationsprodukten entwickeln und dem Fachinformationsgebiet zur Verfügung stellen. Das für Fachinformation zuständige Forschungsministerium hat seit den 90er Jahren die Bezeichnung *Wissenschaftlich-technische Information* (WTI) bevorzugt, ebenso mit der Konsequenz der Ausgrenzung von Medien- oder allgemeiner Publikumsinformation. Ein Beispiel für erfolgreiche negative Koordination in der Politik.

*Abstracts* müssen jedes Jahr mehrere hunderttausend solcher Informationseinheiten neu eingearbeitet werden, die in strukturierter und inhaltserschlossener Form die datenbankinternen Substitute von realen, in diesem Fall textuellen Dokumenten, Veröffentlichungen auf dem Gebiet der Chemie, sind. Sie müssen alle weitgehend durch intellektuelle Leistung erstellt werden. D.h. es werden alleine für die große chemische Datenbank ca. 600.000 Indexate, Beschreibungen des Inhalts der Dokumente durch eine Menge von inhaltskennzeichnenden Ausdrücken (Deskriptoren) und noch andere inhaltserschließende Zuteilungen vorgenommen. Das ist die manuelle, intellektuelle Phase der Industrialisierung von Informationsarbeit.

Dieser ungeheure intellektuelle wertschaffende personale Aufwand an konstruktiver Informationsarbeit, der fortlaufend betrieben werden muß, wird häufig übersehen, wenn man sich unter den elektronischen Informationsräumen nur die Welt des Internet vorstellt, bei der jeder scheinbar mühelos seine Informationen in den Himmel des Internet schreibt und wo jeder ebenso scheinbar leicht durch Herumsurfen das findet, was er braucht. Die Informationsräume der *Online*-Datenbanken waren schon lange vor dem Siegeszug des *World Wide Web* aufgebaut. Bislang auf das Gebiet der Fachkommunikation beschränkt, müssen sie sich jetzt mit erneut erheblichem Aufwand an Informationsarbeit auf die Bedingungen der Endnutzer-Publikumsmärkte einstellen, neue Angebots- und Organisationsformen im *World Wide Web* finden, neue (multimediale) Benutzeroberflächen und vor allem aus den Beständen neue, auf das allgemeine Publikum ausgerichtete Informationsprodukte entwickeln.

### 1.2.1 Automatisierung konstruktiver Informationsarbeit

Es leuchtet angesichts dieses nur angedeuteten Aufwands für (humane) Informationsarbeit ein[3], daß hier von der Informationswirtschaft die Rationalisierungspotentiale gesehen werden. D.h. Informationsprodukte sollen so konzipiert und ihre Erstellung so organisiert werden, daß sie kostengünstig hergestellt werden und gleichzeitig so leistungsstark und endnutzerfreundlich sind, daß

3 Die Kosten für die Erstellung von Informationseinheiten (über Formalerfassung und Inhaltserschließung) schwanken, je nach Anwendungsgebiet und Auswertungsmethode, zwischen 30 und 150.- DM.

sie von den Benutzern nach Möglichkeit selber direkt oder durch Delegation an Informationsmaschinen genutzt werden können. In einer ersten Rationalisierungsphase wurden – nicht anders als in der Industrieproduktion – Teile der kostenintensiven Informationsarbeit in Billiglohnländer ausgelagert. Der besonders personalintensive Aufbau von Datenbasen, jedenfalls was die Dateneingabe oder die Erfassung formaler Elemente angeht, kann kaum noch in den Fachinformationszentren der fortgeschrittenen Gesellschaften finanziert werden. Entsprechendes ist sehr bald beim Aufbau von *Web sites* und elektronischen Marktplätzen zu erwarten, wo die Erstellung zumindest von professionellen Web-Angeboten ähnlich ausgelagert werden wird. Dann ist der Weg auch nicht mehr weit, daß solche Tätigkeiten, für die einfache HTML-Kenntnisse bzw. Können in vergleichbar formalen Techniken erforderlich ist, durch die Arbeit von Informationsmaschinen in Form von technischen Informationsassistenten ersetzt werden.
Dies ist der Einstieg in die automatisierte Phase der Industrialisierung von Informationsarbeit. Rationalisierungsanforderungen und, darauf reagierend, Automatisierungsformen haben wesentlich dazu geführt, daß Information zunehmend als Ware angesehen wird und daß sich die gegenwärtigen Informationsräume als kommerzielle Informationsmärkte organisieren[4]. Oder unter Verwen-

4 Information wurde natürlich auch vor dem Einsatz von Informations- und Kommunikationstechnologien als Ware gehandelt. Verlage, Drukkerei, Buchhandel, Medien in allen Ausprägungen sind Informationsproduzenten, die mit ihren Produkten Geld verdienen wollen und sie entsprechend als Ware wie auch andere Waren vermarkten. Hier haben die Potentiale der Informations- und Kommunikationstechnologien zusätzlich die Chance eröffnet, neue Produkte zu erstellen – jede Buchhandlung bietet heute Software- /Multimediaanwendungen an – und neue Vertriebsformen zu nutzen. Verlage und die Medien sehen zunehmend das Internet als die Plattform zur Bereitstellung von Informationsprodukten an. Welche Rolle dabei die Mittler, die Buchhändler vor allem, spielen können, ist durchaus noch unklar. Sicherlich sind die Mittler auf den Märkten am stärksten von dem Strukturwandel durch die Informatisierung betroffen (vgl. Abschnitt 5.6.2). Die Umwandlung der Informationsräume in kommerzielle Informationsmärkte hatte vor allem für das Gebiet der Fachkommunikation erhebliche Konsequenzen. Noch bis in die 60er Jahre hinein wurde die Versorgung mit Information zur Produktion neuen Wissens in den Universitäten und anderen Forschungseinrichtungen als öffentliche Aufgabe angesehen. Das hat

dung eines informationsökonomischen Vokabulars gesprochen: Es ist die Automatisierung von Informationsarbeit, die die informationellen Mehrwerte hat entstehen lassen, die es gestatten, die dafür aufzubringenden Kosten über entsprechende Preise auf den Märkten wieder (und mit Gewinn) einzuspielen. Software für konstruktive Informationsarbeit macht aus Roh- und Zwischenprodukten des Wissens die Informationsprodukte, die auf den Märkten gehandelt werden können.

Einfache, uns allen geläufige Beispiele für automatisierte konstruktive Informationsarbeit sind Text-/Graphikverarbeitungs- und Drucklegungsprogramme, auch *Scanner* und Zeichenerkennungsverfahren, durch die Wissen nicht mehr allein von Experten (Druckern, Verlegern), sondern im Prinzip von jedermann in die digitale Darstellung gebracht werden kann, so daß andere Maschinen diese weiterverarbeiten und vor allem verteilen können. Zur fortgeschrittenen automatisierten Informationsarbeit zählen Sprecherkennungssoftware; Programme zur graphischen Aufbereitung von Rohdaten, zur Visualisierung von Rechercheergebnissen; Programme zur automatischen Inhaltserschließung von Texten (automatisches Indexieren, Wissensrepräsentation, automatische Zusammenfassung) oder zum automatischen Übersetzen; aber auch Programme zum Aufbau von Datenbanken, Expertensystemen, Hypertextbasen (*Web sites*) oder ganzer elektronischer Marktplätze, usf. Alles Veredelungsleistungen, die bislang im wesentlichen von Menschen erbracht worden sind oder die

sich mit der Entwicklung der Informationsmärkte der *Online*-Datenbanken drastisch geändert und hat die erste Phase der Kommerzialisierung von Wissen eingeleitet. Das *Online*-Geschäft ist so gut wie vollständig in privaten Händen bzw. wird – so die bisherige Fachinformationspolitik in Ländern wie der Bundesrepublik Deutschland – sukzessive in private Träger überführt oder aber zumindest zu hohen Kostendeckungsgraden veranlaßt. Die zweite Phase der Kommerzialisierung von Wissen ist durch die Ausweitung des *Online*-Geschäftes in die allgemeinen Publikumsmärkte geschehen, in der die bis dahin strikte Trennung von Fach-, Geschäfts-, Verwaltungs- und Publikumsinformation (Freizeit, Unterhaltung) kaum noch eine Rolle spielt. Die *Online*-Informationsmärkte sind starke Konvergenzmärkte geworden.
In den etwa seit 1998 neu formulierten Informationspolitiken verschiedener Länder, bedingt durch den Wechsel zu sozialdemokratisch geführten Regierungen, deutet sich eine Modifikation der bis dahin neoliberalen Politik der exklusiven Marktorientierung auch von Fachinformation zugunsten einer stärkeren öffentlichen Verantwortung für die Fachinformationsmärkte an (Blair 1998; Jospin 1998; Canada 1997; EC 1997; Mosdorf 1998).

in ihrer neuen Komplexität von Menschen nicht geleistet werden konnten.

Die Automatisierung von intellektuell begründeten Leistungen, also die Delegation konstruktiver Informationsarbeit an Informationsmaschinen, ist trotz aller Detailerfolge bei weitem noch nicht als gelöst anzusehen und ist weiterhin eine große technische und methodische Herausforderung an Forschung und Entwicklung. Vor allem ist noch gar nicht absehbar, ob die Qualität der automatischen Informationsarbeit mit der der bisherigen menschlichen Leistung vergleichbar ist, ob z. B. das automatische Stichwort-Extraktionsverfahren der Suchroboter im *World Wide Web* (vgl. Abschnitt 6.6.1) zu ähnlichen Resultaten kommen kann wie das intellektuelle Indexieren von (textuellen) Dokumenten durch Informationsspezialisten oder ob jemals Hochqualitätsübersetzungen, zumal unter dem Anspruch des Simultan-Dolmetschens (Wahlster 1997)[5], durch Maschinen erreichbar sind. Allerdings ist auch nicht eindeutig geklärt, ob die Maschinen angesichts des bislang angestrebten Ziels von Informationsarbeit, nämlich einschlägige Objekte *nachzuweisen*, überhaupt das Qualitätsniveau menschlicher Informationsarbeit erreichen müssen. Wird das Ziel höher gesteckt, nämlich nicht nur Information nachzuweisen, sondern die Verarbeitung von Information bis zur anstehenden Entscheidungsfindung den Maschinen zu überlassen, werden die Anforderungen auch an automatisierte konstruktive Informationsarbeit gewiß höher sein. Auch sind sie höher, wenn es sich nicht nur um Texte, sondern um multimediale Objekte jeder Art handelt.
Trotz bislang noch deutlicher Qualitätsdefizite ist der Weg der Automatisierung auch von konstruktiver Informationsarbeit vorgezeichnet und nicht reversibel. Das eröffnet der Informationswirtschaft viele neue Möglichkeiten zur effizienten und innovativen Produktgestaltung und ermöglicht den Nutzern einen reichhaltigen, flexiblen und kostengünstigen Zugang zur Information. Aber, wie könnte es anders sein, die Automatisierung schafft auch das nächste Informationsdilemma: Erstellen die Maschinen lange

5 Laufende Information zur (simultanen) Übersetzung gesprochener Sprache im Verbmobil-System findet sich über die URL: www.dfki.de/verbmobil (Wir lassen im folgenden bei der Angabe der URLs das Präfix http:// durchgängig weg; es gehört natürlich zur vollständigen Adresse dazu).

genug über konstruktive Informationsarbeit die Informationsprodukte, und zwar autonom, dann können es irgendwann einmal Menschen nicht mehr selber. Die Erweiterung des Freiheitsspielraums der Menschen durch Übernahme von Informationsarbeit durch Maschinen wird vielleicht mit irreversiblem Kompetenzverlust erkauft. Dies mag genauso akzeptabel sein wie die Tatsache, daß Getreidefelder seit langem nicht mehr mit der Sense abgeerntet werden. Aber Informationsmaschinen sind in ihrer Entwicklung keine Grenzen gesetzt. Werden Maschinen in einem Teilbereich von Intelligenz, hier der konstruktiven Informationsarbeit, in ihrer Verarbeitungsleistung Menschen vergleichbar oder übertreffen sie sie gar, dann wird es nicht bei der Erstellung von Informationsprodukten durch konstruktive Informationsarbeit von Maschinen bleiben. Der Schritt von der informationellen Absicherung menschlicher Handlungen/Entscheidungen zum Handeln selber, zum Treffen von Entscheidungen, ist dann nicht mehr groß.

Wir werden uns daher auch mit der Frage beschäftigen, inwieweit die Delegation von konstruktiver Informationsarbeit an Maschinen (durch die Informationsprodukte produziert bzw. zu Mehrwertprodukten aufbereitet werden) in die Autonomie von Menschen eingreift, die bislang weitgehend exklusiv für die Produktion von neuen Informationsprodukten zuständig gewesen sind. Wir können dieses Problem auch nicht dadurch lösen, indem wir die (dann delegierte) konstruktive Informationsarbeit von der eigentlichen Wissensproduktion abkoppeln. Zwar unterscheiden wir ja in der Tat zwischen Wissen und Information, in dem Sinne, daß Information aus Wissen erarbeitet werden muß (vgl. Abschnitt 5.1.1). Aber wir werden die intellektuellen Domänen von Wissen und Information nicht scharf trennen können. Durch die Herstellung von Information(sprodukten) entsteht über konstruktive Informationsarbeit gewiß auch neues Wissen. Denn wie auch immer *Produktion von Wissen* insgesamt definiert wird – sie besteht auch aus dem kreativen Umgang mit gegebenen oder aktuell erzeugten Daten, und das macht Informationsarbeit. *Cogitabile est dabile*, hatte es Kant genannt. Man kann nur über das *denken*, was *da* ist. Mit gegebenen oder erzeugten Daten umgehen können Maschinen vermutlich besser als Menschen, ob kreativer, muß dahingestellt bleiben. Informationsassistenten in ihrer konstruktiven Ausrichtung erstellen Informationsprodukte und brechen in ihren maschinellen Ausprägungen damit durchaus auch in das menschliche Privileg ein, Wissen zu produzieren. Können sie Wissen produzieren, dann können sie auch Handlungen selber durchführen und Entscheidungen vielleicht auch auf sensiblen Bereichen wie der Rechtsfindung oder der medizinischen Betreuung treffen.

Wir deuten damit nur ein Thema an, das in der Forschung zur Künstlichen Intelligenz (KI) seit Jahren immer wieder behandelt wurde: Wie intelligent können Maschinen gemacht werden, damit ihnen die Fähigkeit zugesprochen werden kann, selber durch Auswertung ermittelter Daten oder durch Schlußfolgerungsverfahren bzw. durch sich optimierende Lernverfahren Wissen zu produzieren und dieses Wissen dann auch selber anzuwenden? Die (potentielle) Übernahme der Zuständigkeit für die Produktion von Wissen und die Übernahme von intelligenten Handlungen bzw. Entscheidungen durch Informationsmaschinen gehören auch zum Thema der Konsequenzen der Informationsassistenten. Aber es ist hier nicht unser Hauptthema.

### 1.2.2 Automatisierung rezeptiver, adaptiver Informationsarbeit

Es geht uns in erster Linie um den vorderhand einfacher aussehenden Fall der Nutzung von Information, also um das Problem der Delegation von rezeptiver, adaptiver Informationsarbeit an Informationsassistenten, wobei es evident ist, daß der Wert dieser Information von der Qualität der konstruktiven (produzierenden und aufbereitenden) Informationsarbeit bzw. von der dafür zuständigen Klasse der technischen Informationsassistenten abhängt. Um nur ein Beispiel zu geben. Ein für uns auf den Informationsmärkten suchender, auf rezeptive Informationsarbeit angelegter Informationsagent muß auch laufend konstruktive Informationsarbeit leisten, also kontinuierlich unser Benutzerprofil verfeinern und Berechnungen anstellen, um aus der Menge der Rohdaten entscheidungsfähige Alternativen oder leicht rezipierbare Zusammenfassungen zu erstellen oder für uns fremdsprachige Texte zu übersetzen.

Genauso wie bei der konstruktiven Informationsarbeit wurde angesichts der Komplexität der Informationsaufgaben auch schon in der Vergangenheit für die rezeptive, adaptive Informationsarbeit

nach Unterstützung gesucht. D.h. rezeptive, auf den Nutzen abzielende Informationsarbeit wird ebenfalls zunehmend an Informationsassistenten delegiert, seit langem schon an (menschliche) Informationsspezialisten, speziell dafür ausgebildete Personen, wie es sympathisch und hilfreich einmal mit Archivaren und Bibliothekaren angefangen hat, sich mit den Informationsvermittlern, *Informationsbrokern*, Börsenmaklern oder Informationsmanagern fortgesetzt hat und wie es in allen professionellen Umgebungen üblich ist, z. B. als Assistenten der Geschäftsführung in der Wirtschaft oder von Abgeordneten in der Politik.
Die humane Assistenz reicht offenbar nicht mehr aus, oder sie ist zu teuer geworden oder wird als zu inkonsistent empfunden. Wie auch immer – in den letzten Jahren wird auch und gerade rezeptive Informationsarbeit zunehmend Gegenstand technischer Assistenz. D.h. die Informationsräume können von den Endnutzern teilweise besser direkt genutzt werden, weil sie auf komfortable Systeme und vielfältige technische Assistenz zurückgreifen können oder weil sie diese Aufgaben direkt an die Maschinen delegieren[6]. Diese erweiterte Delegation wird uns, wie angedeutet, zu einer Verfeinerung oder sogar Verschärfung des Informationsdilemmas führen.
Informationsassistenz soll auch zu größerer Informationstransparenz führen. Zur Zeit geht die Entwicklung von technischen Informationsassistenten allerdings weniger in Richtung von Transparenz. Informationsassistenten entwickeln sich immer mehr zu

6 In der Tat versetzen leistungsfähige Benutzeroberflächen und technische Assistenz, wie Suchroboter im Internet, auch Nicht-Informationsprofessionelle, im Prinzip jedermann, in die Lage, maschinelle Informationsarbeit selber zu leisten. Zumindest haben sie das Gefühl, es selber zu können, da die Maschinen und Systeme so einfach zu bedienen bzw. zu benutzen sind. Und vielfach können die Endnutzer tatsächlich auch selber nicht nur die Maschinen bedienen, sondern ihnen auch sinnvolle Information entlocken. In *Online*-Datenbanken zu suchen, die zunehmend über graphik- bzw. menüorientierte Oberflächen abgefragt werden können, oder die ebenfalls graphik- bzw. menüorientierten Suchwerkzeuge des Internet, z.B die Kataloge oder die Suchroboter zu nutzen oder anzustoßen, ist keine Kunst mehr, für die es einer speziellen Ausbildung bedürfte, wie es zu Zeiten der kommando-orientierten *Retrieval*-Systeme noch der Fall war. Wir werden sehen, daß es damit nicht getan ist.

Informationsmaschinen, die informationelle Leistungen erbringen, die von den sie nutzenden Menschen bezüglich der Vollständigkeit der Ergebnisse, ihres Wahrheitswertes und ihrer Handlungsrelevanz kaum noch überprüft werden können. Man muß sie einfach akzeptieren und ihnen vertrauen. Diese These werden wir natürlich belegen und diskutieren müssen. Man muß nicht gleich die Metapher der Zauberlehrlinge bemühen, um die Sorge zu benennen, daß diese Informationsmaschinen als informationelle Roboter sich zu verselbständigen drohen und ihre Assistentenrolle »vergessen« könnten. Es reicht schon die Sorge, daß technische Assistenten Kompetenzen übernehmen, die wir bislang als genuin menschlich angesehen haben. Die Übernahme bzw. die Delegation mag ja noch angehen, es wird kritisch, wenn die Reichweite dieser Übernahme kaum mehr eingeschätzt werden kann, wenn wir uns immer mehr auf die Informationsmaschinen verlassen müssen, obwohl wir nicht genügend Information über die Seriosität ihrer Leistungen haben. Anders formuliert, paradox klingend: wir müssen ihnen vertrauen, weil wir nicht genügend Information über die Seriosität ihrer Leistungen haben. Wir wollen sehen, ob wir aus diesem Dilemma – Informationsmaschinen vertrauen, obwohl wir nicht genügend Information über sie haben, und ihnen vertrauen, weil wir nicht genügend Information über sie haben – herauskommen können.

## 1.3 Fragen bei delegierter Informationskompetenz

Nach diesen einführenden Bemerkungen zu Informationsarbeit und zu ihrer fortschreitenden Automatisierung durch Informationsmaschinen/-assistenten drängen sich die diese Darstellung leitenden Fragen auf. Fragen werden den Rest dieses Kapitels bestimmen:

- Was, das ist die grundlegende Frage, auf die wir Antworten suchen, sind die Konsequenzen der Delegation von Informationsarbeit jedweden Typs an Informationsassistenten?
- Erweitert die Delegation unsere Informationskompetenz, oder bedeutet es eine Einschränkung von Autonomie, wenn es immer weniger möglich wird, den Wahrheitsgehalt und die Handlungsrelevanz der durch die Informationsassistenten ermittelten Informationen selber zu bestimmen, wenn wir uns auf diese verlassen müssen?

- Delegation, obschon in arbeitsteilig organisierten Gesellschaften unvermeidbar, ist immer mit Risiko und Unsicherheit verbunden. Gewinnt die Delegation von Informationsarbeit an Assistenten, wenn sie von den personalen auf die technischen immer mehr übertragen wird, dadurch eine neue Dimension?
- Taugen die bisherigen Mechanismen der Kontrolle von delegierter Arbeit auch für die technischen Assistenten oder müssen neue entwickelt werden? Gibt es eventuell dafür gar keine uns zufriedenstellende?

Die Konsequenzen der Informationsassistenten beziehen sich nicht nur auf die Auswirkungen automatisierter Informationsarbeit auf humane Informationskompetenz, sondern auf unseren Umgang mit Wissen und Information insgesamt. Daß wir die (technischen) Informationsassistenten nicht werden vermeiden können (und grundsätzlich auch nicht wollen), ist dabei als gegeben hinzunehmen.

- Welche Konsequenzen wird das für die Einstellung zu unseren privaten und öffentlichen Umwelten haben, wenn wir zu diesen immer mehr durch Wissen und Informationen über sie als durch direkte Erfahrung Zugang haben und wenn dies zunehmend über technische Informationssysteme und -assistenten geschieht. Wie können wir uns unserer Umwelt in dieser mehrfachen Vermittlung versichern?

## 1.4 Vertrauen und Informationsräume

Wir eröffnen mit den zuletzt gestellten Fragen einen zweiten großen, diese Darstellung beschäftigenden Themenkomplex: den eher sozialkritischen Aspekt des Vertrauens in Leistungen technischer Informationsassistenz.
Wenn wir von den Konsequenzen von Informationsassistenten sprechen, dann ist das, unschwer erkennbar, eine Referenz auf Anthony Giddens' Arbeit *Consequences of modernity* von 1990. Giddens hatte, nicht als erster und wohl kaum als letzter[7], höchst differenziert die Rolle von Vertrauen (*trust*) beim Umgang mit komplexen, abstrakten Systemen herausgearbeitet, denen wir, unvermeidbar, in unseren professionellen, öffentlichen und privaten

7 Allgemeine Literatur zur Vertrauensproblematik: Barber (1988), Fukuyama (1995), Gambetta (1988), Krystek/Zumbrock (1993), Luhmann (1973/1989), Luhmann (1988), Nieder (1997), Petermann (1985), Rotter (1980), Schweer (1997a und b), Seligman (1997); vgl. Anm. 9, Kap. 3.

Lebenswelten ausgesetzt sind. Vertrauen ist in Situationen der Unsicherheit vonnöten, wenn wir uns diesen Situationen trotzdem aussetzen müssen oder wollen. Wird eine Situation sicher beherrscht, ist kein Vertrauen erforderlich. Vertrauen kompensiert fehlende Gewißheit. Wie erreicht man, Systemen zu vertrauen oder sich ihnen gar anzuvertrauen, obwohl die Gründe, das zu tun, objektiv nicht ausreichend sind?

Die Wege, wie wir anderen Menschen vertrauen, sind in der langen Menschheitsgeschichte gangbar gemacht worden, und wir können sie, trotz vieler Vertrauensenttäuschungen, auch gut begehen. Auch die Mechanismen der Vertrauensbildung beim Umgang mit abstrakten und technischen Systemen in der Moderne haben wir weitgehend gelernt. Das meiste geschieht durch Übertragung. Wir gehen darauf ausführlicher in Kapitel 3 ein. Hier nur erste Hinweise auf die allgemeinen Prozesse der Vertrauensbildung, die wir darauf überprüfen wollen, ob sie auch für die Informationsassistenten gelten: Wir übertragen das allgemeine, durch Ausbildung und kulturelles Klima geschaffene Vertrauen in technische, durch Mathematik abgesicherte Systeme auf das konkrete Techniksystem z. B. eines Automobils (oder wir tun es nicht).

Vertrauensmittler können auch Experten sein, zumal wenn sie besonders exponiert und erfolgreich sind, am besten gleich Nobelpreisträger, deren Kompetenz wir Glauben schenken. Giddens hatte die Rolle der Experten für die Bildung von Vertrauen als zentral eingeschätzt. Deren Wissen und deren Autorität soll uns sicher machen, daß die technischen und abstrakten Systeme auf dem Stand des Wissens eingerichtet sind und daß diesem Stand vertraut werden kann.

Allerdings haben wir zu diesen technischen Experten oft keinen direkten Zugang. Sie bleiben – und das wird vor allem auch für die Ersteller technischer Informationsassistenten gelten – hinter den Systemen verborgen. Daher nehmen wir oft die Außenposten der technischen Systeme, die Zugangspunkte (*Access points*, wie sie Giddens nennt), als Stellvertreter für die eigentlichen Experten. Sind die Stellvertreter vertrauenerweckend, z. B. die Stewardessen oder die ebenfalls uniformierten Piloten des Flugzeugs, denen wir uns anvertrauen, dann kann das folgenreicher sein als alle Statistiken über die Sicherheit des Fliegens. Der seriös in Nadelstreifen gekleidete und ebenso ausschauende Finanzberater schafft Vertrauen in die Entwicklung der Kurse der von uns zum Kauf

anvisierten Aktien. Schafft das ein Börsenexpertensystem oder ein *Broker*-Agent?
Auch das Vertrauensurteil eines (zumindest in der Öffentlichkeit unabhängig auftretenden) Medienprofessionellen, z. B. eines Autotesters einer Fachzeitschrift oder des literarischen Quartetts mit Marcel Reich-Ranicki an der Spitze im Fernsehfeuilleton, überträgt sich auf das getestete Objekt selber. Nicht zuletzt kann die Übertragung auch durch allgemein öffentlich bekannte und anerkannte, fachlich gar nicht einschlägige Persönlichkeiten geleistet werden. Wenn Boris Becker der A-Klasse das Vertrauen ausspricht, dann dürften wir es auch haben.
Das System der Technik und den Umgang mit den abstrakten Systemen der Verwaltung, der Politik, der Banken und vielen anderen haben wir durch Kompensation und Vertrauensübertragung tolerabel beherrschen gelernt. Mit der Herausbildung der Informationsgesellschaft, der Entwicklung der Informationswirtschaft mit ihren komplexen Informationsmärkten im Umfeld der Mehrwertdienste des Internet, haben sich ganz neue Unsicherheitssituationen aufgetan, für die wir noch keine Routinen entwikkelt haben. Es stellt sich somit ein neues Bündel an Fragen:

- Auf welche Basis gründen wir es, wenn wir uns auf technische Informationsassistenten verlassen und dabei in nicht überwindbaren Situationen informationeller Unsicherheit sind? Ist Vertrauen – das wird unsere durchgehende Frage sein – die benötigte Basis?
- Ist Vertrauen in technische Assistenten etwas anderes als Vertrauen in die uns vertrauten personalen Assistenten, die Vermittler, Broker oder Berater? Ist es überhaupt angemessen, von Vertrauen in Informationsmaschinen und technische Informationsdienstleistungen allgemein zu sprechen, und wenn wir das akzeptieren: wie wird Vertrauen in technische Assistenten aufgebaut?
- Wer hat Interesse daran, daß wir vertrauensvoll mit technischen Assistenten umgehen und uns elektronischen Informationsräumen ohne informationelle Sicherheit anvertrauen (und damit ein Gutteil unserer informationellen Autonomie und Urteilskraft aufgeben)?

Diese letzte Frage haben wir uns erst sehr spät bei der Bearbeitung des Vertrauensaspektes für den Umgang mit technischen Informationsassistenten oder allgemein für den Umgang mit elektronischen Informationsdiensten gestellt. Jedoch muß sie angesichts des auffälligen Setzens der gegenwärtigen Informationswirtschaft auf Vertrauen gestellt werden. Ist dies möglicherweise der *Trick* der

Informationswirtschaft, uns in Sicherheit zu wiegeln, wo eigentlich angespanntestes Mißtrauen angebracht wäre?
Die Gründung und die weite Verbreitung von Firmen wie *TRUSTe* oder *Open Profiling* als Initiative der Wirtschaft selber (vgl. Abschnitt 7.4.2), die anderen Firmen ein von ihnen autorisiertes Siegel auf deren *Web sites* anzubringen gestattet, das glaubhaft machen soll, daß diese auf vertrauenswürdige Weise mit Kundeninformationen umgehen, ist, mit vielen anderen, ein Hinweis auf die zunehmende Bedeutung von Vertrauen in Leistungen elektronischer Informationsräume. Das Setzen des Staates auf von ihm kontrollierte bzw. autorisierte *Trust center* (Zertifizierungsstellen) (vgl. Abschnitt 7.5.6), die anderen Unternehmen einen vertrauenswürdigen Umgang mit Vorgängen auf elektronischen Märkten bescheinigen, z. B. für elektronische Unterschriften, elektronische Zahlungsformen oder das Verschlüsseln elektronischer Dokumente allgemein (Kryptographie), ist ein anderer Hinweis. Auch sonst fällt bei der Notwendigkeit, die Nutzung oder Nicht-Nutzung neuerer elektronischer Informationsleistungen zu begründen oder zu erklären, sehr häufig das Wort *Vertrauen*. Pattie Maes vom *Media Lab* des *M. I. T.* z. B., eine derjenigen, die die Entwicklung von Informationsassistenten in Form von Software-Agenten für den elektronischen Handel vorantreiben, gesteht zu, daß ohne Vertrauen in diese Agenten, ja in was: in ihre Leistung, ihre Verläßlichkeit, Loyalität? eine flächendeckende Akzeptanz nicht erreicht werden kann. Ein Rezept dafür kann sie als Technikerin auch nicht anbieten, wie es insgesamt bezeichnend ist, daß kaum eine gegenwärtige Arbeit zu den Assistenten als (intelligente) Software-Agenten es versäumt, auf die Bedeutung von Vertrauen hinzuweisen, daß aber nach dieser *Pflichtübung* sehr schnell zu den technischen Fragen übergegangen wird.
Die Zeichen mehren sich, daß Vertrauen in und von informationsanbietende/n Organisationen als ein Erfolgsfaktor auf elektronischen Informationsmärkten angesehen wird. Vorbeugendes und reparierendes Vertrauensmanagement wird als für die Akzeptanz von Informationsleistungen mindestens so wichtig angesehen wie die systemimmanente Leistung der Produkte selber. Diese Aussage trifft natürlich auch auf andere Bereiche der Wirtschaft zu. Wir werden die Rolle von Vertrauensmanagement an einem jüngsten Beispiel aus der klassischen Produktionsindustrie verdeutlichen, am Beispiel des Elchtestes und seinen Folgen für

die Mercedes A-Klasse in Kapitel 2, um daraus für informationsbezogenes Vertrauensmanagement zu lernen. Aus der Skepsis gegenüber dem Vertrauensmanagement leiten sich weitere Fragen ab:

- Wie können wir sicher sein, daß Vertrauensmanagement nicht eine raffiniertere Form von Manipulation ist?
- Ist das auf *Web sites* angebrachte Siegel genügend Anlaß, unsere eigene informationelle Urteilskraft zu verabschieden?
- Wie kann man den Vertrauen Zusichernden vertrauen? Welche institutionellen Formen werden für diese Aufgabe am ehesten akzeptiert?
- Sind möglicherweise Transparenz, vor allem reziproke Transparenz, und informationelle Symmetrie (von Anbietern und Nutzern) die der Informationsgesellschaft angemesseneren Konzepte für den Umgang mit Informationsmaschinen, elektronischen Informationsdiensten und Informationsmärkten insgesamt als Vertrauen?

## 1.5 Informationelle Entfremdung

Fragen wir weiter, um beide Themenblöcke der bedrohten Informationsautonomie und der Kompensation informationeller Unsicherheit durch Vertrauen zusammenzubringen:

- Ist die informationelle Entfremdung – wie wir den Verlust nennen können, den Wahrheitsgehalt und die Handlungsrelevanz von Informationen bei autonom operierenden Informationsmaschinen (Assistenten, Agenten) nicht mehr selber bestimmen zu können – gravierender als die allgemeine Erfahrung der Unsicherheit beim Umgang mit abstrakten und technischen Systemen, wie sie u. a. von Anthony Giddens und Ulrich Beck als konstitutiv für das Leben in der Moderne angesehen wird?
- Greift der intelligente technische Informationsassistent in seiner gegenwärtigen Ausprägung als *Interface*-Agent, der nicht nur Informationsprobleme löst, sondern sie vielleicht überhaupt erst definiert, indem er uns beobachtet, stärker in unser Leben ein als der Fernseher oder das Auto oder auch nur der Lichtschalter, die wir alle bedienen und als Werkzeuge erfahren, ohne – in der Regel – zu wissen, wie diese technischen Objekte wirklich funktionieren?
- Schaffen die Informationsassistenten, dafür konzipiert, denen die Informationsprobleme zu lösen, die es nicht selber wollen oder nicht können, nicht erst das eigentliche Informationsproblem, nämlich den Verlust an informationeller Autonomie? Das wäre die angesprochene Verschärfung des Informationsdilemmas.

Noch verhalten wir uns ambivalent zu den technischen Informationsassistenten. Sie bekommen einerseits reichlich Kredit. Wir stellen unsere Suchanfragen im Internet, ohne mehr als nur eine vage Ahnung zu haben, wie die dahinterstehenden Algorithmen funktionieren, und gehen vertrauensvoll oder resignierend den ersten 20 nachgewiesenen Treffern von 20.000 nach und treffen auf ihrer Grundlage häufig genug weitgehende Entscheidungen. Wir gehen davon aus, daß die Software interessenneutral programmiert wurde, so daß sie uns die gerade kostengünstigste Telefongesellschaft für das anstehende Telefongespräch oder den preiswertesten oder zuverlässigsten Datenbankanbieter nach einer eingegebenen Frageformulierung auswählt. Aus den Erfahrungen mit Expertensystemen haben wir Hinweise darauf, daß ihnen, z. B. beim Einsatz im klinischen Bereich mit Entscheidungsvorschlägen über Tod und Leben von Patienten, von seiten der Anwender, den Ärzten, eine größere Akzeptanz entgegengebracht wird, als es auf Grund des technischen Standes angebracht wäre. Die Entlastung von schwierigen Entscheidungen wird dankbar angenommen. Dieses von (Weizenbaum 1977) beschriebene *Eliza*-Syndrom der Überschätzung von Rechnerleistungen (vgl. Abschnitt 6.1) trotz besseren Wissens gilt gleichermaßen für psychiatrische, juristische, allgemeine beratende Situationen, bei denen technische Informationsassistenten, z. B. in Form von wissensbasierten Expertensystemen, zum Einsatz kommen.
Auswertungen psychologischer Experimente legen den Schluß nahe, daß wir die Informationsmaschinen auch in unserer sozialen Einschätzung so behandeln, wie wir Menschen behandeln, und zwar weitgehend deshalb, weil wir mit Maschinen *kommunizieren* (sie ansprechen und von ihnen Antworten/Reaktionen bekommen), was bislang nur mit Menschen möglich war (vielleicht auch mit Tieren, insbesondere mit Haustieren, mit denen wir auch zuweilen so kommunizieren wie mit Menschen, d. h. uns ihnen gegenüber so verhalten, als ob sie Menschen wären). Dies ist der spektakuläre Kern der von (Reeves/Nass 1996) empirisch reichhaltig belegten, wenn auch in der Literatur nicht unumstrittenen These der *Media equation*. Wir sind zu den technischen Assistenten so höflich wie zu Menschen, mit denen wir direkt reden, haben gewissermaßen ein schlechtes Gewissen, wenn wir das Hilfemännchen im *Microsoft-Office*-Paket so einfach per Maus-Klick ins Nichts auflösen.

- Vertrauen wir den Informationsmaschinen auch auf der gleichen Grundlage, wie wir Menschen vertrauen? Oder doch nicht?
- Vertrauen wir den *Microsoft*-Produkten, solange wir den Exponenten, Bill Gates, in seinem Erfolg akzeptieren, und beginnen wir seinen Produkten zu mißtrauen oder entwickeln wir gar Angst gegenüber dem Quasi-Monopol, sobald wir den *Typ* bzw. sein omnipotentes Marktverhalten nicht mehr leiden können[8]?

8 Zeppelin (1998) zeichnet die Chronik der *Microsoft-Antitrust*-Untersuchung nach, die noch bis zum Zeitpunkt der Eröffnung des *Anti-Trust*-Verfahrens im Oktober 1998 als ein Beispiel für mangelnde Sensibilität in die Notwendigkeit eines Vertrauensmanagement angesehen werden kann. Offenbar war sich die Gates-Firma ihrer Machtposition in der amerikanischen und weltweiten Informationsindustrie so sicher, daß eine völlig verfehlte Öffentlichkeits- bzw. Vertrauensarbeit betrieben wurde, die im April 1998 darin gipfelte, daß *Microsoft* offenbar versucht hatte, die Öffentlichkeit durch gekaufte Medienberichterstattung zu manipulieren (vgl. Zeppelin 1998 mit Referenz auf die entsprechende Berichterstattung in der *Los Angeles Times)*. Die Unterstützung durch Stellungnahmen von anderen Firmen, Politikern, Journalisten und Wirtschaftsexperten wird nicht nur wertlos, wenn die Manipulation nicht geheim gehalten werden kann, sondern führt zu einem drastischen Vertrauensverlust, nicht nur der *gekauften* Personen, sondern vor allem des Unternehmens. Ist einmal ein Klima des fehlenden Vertrauens erzeugt (ein Indiz ist die zunehmend kritischere Berichterstattung über *Microsoft* in den Medien), dann können die Kontrollinstanzen, wie in diesem Fall die Justizbehörden mit ihren Antitrust-Untersuchungen, weitaus offensiver vorgehen, als wenn die Firma auf volles Vertrauen und damit volle Unterstützung der Öffentlichkeit rechnen kann. Die Darstellung des Vertrauensmanagement beim Mercedes-Konzern in Kapitel 2 zeigt, daß auch ein großes Unternehmen nicht umhinkommt, Vertrauenskrisen sehr ernst zu nehmen und im eingetretenen Schadensfall offensiv und ohne Manipulation vorzugehen (oder zumindest erfolgreich diese nicht offen werden zu lassen).
Möglicherweise wird der 1998 einsetzende Vertrauensschwund bei *Microsoft* genauso als Lehrbeispiel für (hier negatives) Vertrauensmanagement eingehen wie das positive Beispiel von Mercedes bei der A-Klasse. Die *Marktforschungs- und Beratungsgesellschaft Giga Information* hat in einer Umfrage bei Führungskräften deutscher Unternehmen herausgefunden, »daß 59 Prozent kein Vertrauen in die Ankündigungen von *Microsoft* haben. Damit nehme das Unternehmen eine herausragende Negativposition ein ... *Microsoft* scheint der mit Abstand unglaubwürdigste High-Tech-Hersteller zu sein« (Süddeutsche Zeitung, 4, 1999, S. 19). Es ist Anfang 1999 noch nicht abzusehen, ob und wodurch *Microsoft Windows*

- Vertrauen wir dem Software-Agenten, z. B. *Firefly*, solange wir davon ausgehen, daß eine Wissenschaftlerin von einer hoch-prestigehaltigen Institution wie dem *M. I. T.* dahintersteht, und beginnen wir Mißtrauen zu entwickeln, wenn *Firefly* zu einem kommerziellen Unternehmen wird, das dann auch noch von *Microsoft* aufgekauft wird, obgleich sich die Software vielleicht gar nicht geändert hat?

Entwicklung von Mißtrauen ist die andere Seite der Ambivalenz in unserem Verhalten zu den technischen Informationsassistenten. Der Kredit im speziellen Fall von *Firefly* mag nicht verspielt sein. Die Einschätzungen der Unsicherheit beim Umgang mit technischen Informationsassistenten oder Informationssystemen allgemein fangen jedoch an zu überwiegen. Das muß nicht so weit gehen, daß der mathematischen Zuverlässigkeit von PGP, dem durch Zimmermann entwickelten und dann öffentlich zugänglich gemachten Verschlüsselungsverfahren, mißtraut wird (vgl. Abschnitt 7.5.2). Mathematik verlangt kein Vertrauen.

- Können wir uns sicher sein, daß das nun kommerziell genutzte PGP nicht Dritten die Möglichkeit gibt, über verdeckte Entschlüsselungsverfahren (Key escrow) doch noch an unsere im Prinzip sicheren privaten Schlüssel heranzukommen?
- Ist es nicht vielleicht doch möglich, daß durch neue Verfahren der Verarbeitung, z. B. intensivierte Parallelschaltung von Rechnern, die Schlüssel *geknackt* werden?
- Ist es uns denn recht, wenn unsere gesamte persönliche und geschäftliche analoge und digitale Kommunikation von den Geheimdiensten (der USA und Englands) als offen lesbare Postkarten behandelt werden, solange wir keine unaufschlüsselbaren Kryptographieverfahren einsetzen (vgl. Ulfkotte 1998)?
- Kann der Händler, im Bewußtsein möglicher Manipulation, sicher sein, daß der Verursacher einer Transaktion auf elektronischen Marktplätzen wirklich der ist, der zu sein er vorgibt? Und soll die Bank, die wie bei den Kreditkarten die Handlung letztlich absichert, erfahren, was wir als Kunden wann bei wem bestellt haben?
- Wer garantiert uns, daß unsere im *Trust center* gespeicherten oder in der Interaktion mit einem elektronischen Marktplatz abgegebenen Daten nicht von Fremden geraubt oder mißbraucht werden?

*98* und *Windows* NT als Quasi-Weltstandard bei den PC-Betriebssystemen abgelöst werden wird. Aber es müßte schon ein Vielfaches von dem, was Mercedes in das Vertrauensmanagement bei der *Elchkrise* investiert hat (vgl. Anm. 1, Kap. 2), von *Microsoft* aufgeboten werden, um die fast zwangsläufig in den wirtschaftlichen Niedergang führende allgemeine Vertrauenskrise bei *Microsoft* wieder auffangen zu können.

- Können wir uns sicher sein – genauso sicher wie bei einem Buch, das wir in der Hand haben –, daß die uns elektronisch zugestellte Version eines *Textes* wirklich die authentische Version ist und nicht, aus welchen Interessen auch immer, manipuliert wurde (vgl. Jochum/Wagner 1998, 140)?
- Reicht es aus, wenn die Qualität von Fachinformationseinrichtungen und ihren Informationsleistungen genauso wie die Qualität von elektronischen Marktplätzen und *Web sites* durch neutrale, *interessenlose*, nicht parteiliche Zertifizierungsinstanzen bescheinigt wird? Wer kann diesen Status der Interessenlosigkeit für sich reklamieren?
- Wer stellt sicher, daß z. B. bei der Verwendung von *Push*-Technologien zur Erstellung persönlicher Zeitungen unser Interessenprofil wirklich unserem Interesse entsprechend interpretiert wird und nicht uns manipulierende Informationen unterschoben werden?
- Wie können wir darauf vertrauen, daß die Komponente eines adaptiven Agentensystems, die aufgrund unseres ihm gegebenen Benutzerprofils die elektronischen Märkte überwachen soll und ggfls. unser Profil den veränderten Marktbedingungen anpassen darf, nicht als allgemeines Überwachungsinstrument eingesetzt wird?
- Reicht die Offenlegung ihrer Informationssammlungspolitik durch Anbieter im elektronischen Handel aus, damit ihre Kunden ihnen vertrauen, daß die in der Interaktion mit ihnen ermittelten persönlichen Daten nicht mißbraucht, also z.B. nicht an nicht autorisierte Dritte weitergegeben werden?

Daß die letzte Vermutung von weitgehendem Mißbrauch nicht Ausdruck von informationellem Verfolgungswahn ist, zeigt nur als ein Indiz die folgende Pressenotiz von August 1998[9]:

»One of the Web's largest community site, GeoCities (www.geocities.com) became the first Internet company charged by the U.S. Federal Trade Commission with violating consumers' privacy *Online*. In its complaint, the FTC charged GeoCities with disclosing personal information it collected from its more than 2 million members to third parties, despite a posted pledge stating that only aggregate data on its members would be shared with advertisers.«

Letztlich läuft vieles bei der Vertrauensdiskussion und der Akzeptanz von technischen Informationsassistenten auf den Verdacht der Verletzung der persönlichen Daten, des Verlustes von *Privacy*, hinaus. 1984 ist lange vorbei, aber der Alptraum des gläsernen Bürgers ist weiter präsent. Dies erzeugt Angst. Das Gegenteil von

9 Connie Guglielmo: GeoCities: IPA Meets FTC. August 14, 1998, Inter@ctive Week Online

Vertrauen, darauf hat Giddens hingewiesen, ist nicht Mißtrauen, sondern Angst – für uns hier das unbestimmte Gefühl der Unsicherheit, die Konsequenzen des Umgangs mit technischen Informationsassistenten nicht beherrschen zu können. Es muß ja nicht gleich so weit gehen, wie es die vielleicht gar nicht so utopischen Visionen von Hans Moravec vom *M. I. T.* nahelegen, daß die Informationsmaschinen dabei sind, uns in der Evolution abzulösen und uns dabei noch so gerade gestatten, daß wir den Inhalt unserer Gehirne in den dauerhaften Bestand der Rechnerspeicher herunterladen (Moravec 1988). Das wäre schon die Angst der Spezies, die wir dann auch nicht mehr durch das Vertrauen darauf loswerden können, daß uns die Roboter im Sinne der ersten Asimov-Maxime (ein Roboter darf keinen Menschen verletzen oder durch Untätigkeit zu Schaden kommen lassen) schon nichts Böses antun werden. Es reicht schon die Angst der jetzt in der Informationsgesellschaft lebenden Individuen, von den Herstellern der Informationsmaschinen manipuliert zu werden.
Aber es ist nicht nur die Sorge des Verlustes von *Privacy*, es geht tatsächlich auch um Information. Auch hier spielt Vertrauen eine entscheidende Rolle, wenn es uns auch vielleicht lieber wäre, wenn eine aufgeklärte Urteilskraft uns die Aufgabe der Absicherung von Information abnehmen könnte. Es stellen sich damit Fragen, die nicht nur den einzelnen Menschen angehen, sondern ebenso für Organisationen jeder Art entscheidend sind.

- Wie vollständig ist die über Informationsmaschinen erarbeitete Information, wie authentisch (also identifizierbar), wie verläßlich, wie relevant?
- Ist die Frage der Einschätzung ihres Wertes nicht gekoppelt mit der Kompetenz, sie ausfindig zu machen? Wieviel an Informationsarbeit kann an Informationsassistenten delegiert werden, was muß unabdingbar behalten bleiben?
- Wieviel an Informationskompetenz kann, wie man heute sagt, Gegenstand von *Outsourcing* werden?
- Und verschärft sich dieses Problem, wenn organisationelle Informationsarbeit nicht mehr an vertrauenswürdige Personen oder andere vertrauenswürdige Institutionen (Informationsvermittler in externen Informationsvermittlungsstellen) ausgelagert wird, sondern an softwaremäßige Entsprechungen wie den Informationsagenten?
- Oder gewinnen Unternehmen dadurch vielleicht sogar ein Stück informationeller Autonomie zurück, wenn sie für sich Agenten einsetzen und sie unter Kontrolle halten können?

Damit sollten die zentralen Fragestellungen unserer Untersuchung der Konsequenzen von Informationsassistenten angesprochen sein. Zum einen wollen wir untersuchen, was die Delegation von Informationsarbeit an (technische) Informationsassistenten hinsichtlich informationeller Autonomie bedeutet oder – noch grundsätzlicher – was dies für den anthropologischen Status von Informationsarbeit allgemein bedeutet und welche Konsequenzen das für interorganisationelles Verhalten haben kann. Zum andern – pragmatischer – wollen wir herausarbeiten, wodurch Verunsicherungen auf elektronischen Informationsmärkten entstehen und wie sie bewältigt werden können, z. B. durch welche Maßnahmen Vertrauen in elektronische technische Informationsassistenten gesichert werden kann – und zwar ein Vertrauen, das uns nicht suggeriert wird, sondern auf das wir uns verlassen können.
Wir haben gar kein luddistisches Interesse an der Stürmung von Informationsassistenten (wie z. B. Roszak 1994) – sie lassen sich auch nicht so leicht und nachweisbar zertrümmern wie die Maschinen des Industriezeitalters –, aber empfehlen auch keine gutgläubige Vertrauensseligkeit, erst recht nicht gegenüber denen, die die Informationsassistenten uns anempfehlen, versichernd, diese nur zu unserem Besten einzusetzen. Das Argument wird ja nur zu leicht aufgenommen, daß wir unsere Zeit nun wirklich mit besserem verbringen sollten, als uns selber um die informationelle Absicherung unseres Handelns zu kümmern oder uns, wie es bislang als Ziel in der Bildungsgesellschaft üblich war, Wissen, sozusagen auf Vorrat, durch Lernen anzueignen.
Informationsassistenten dienen auch staatlichen Ordnungsinstanzen, z. B. zum sicherlich allgemein akzeptierten Aufspüren und Herausfiltern von illegalen Informationen (z. B. Kinderpornographie) im Internet, aber auch – wie es im großen Stil seit vielen Jahren in der Zusammenarbeit der USA mit England, unbeachtet von der allgemeinen Öffentlichkeit, geschieht (Ulfkotte 1998) und wie es auch in der Bundesrepublik mit den kleinen und großen Lauschangriffen zumindest technisch möglich ist – zur wohl weniger akzeptierten, aber erstaunlicherweise kaum opponierten Überwachung der analogen und digitalen Kommunikation der Bürger. Informationsassistenten operieren aber im Zeitalter der Kommerzialisierung von Wissen und Information in großem Stil zunächst auf den elektronischen Märkten, und das Vertrauen in sie hat zunächst nichts mit Moral zu tun. Es mag dies die List des

freien Marktes sein, daß das Setzen darauf, daß Menschen auf einen vertrauensvollen Umgang auch mit technischen Informationssystemen und -assistenten angewiesen sind, sich letztlich auch als Wettbewerbsfaktor positiv auswirken wird. So könnte dann doch die Moral des Vertrauens durch die Hintertür in das Geschäft der Informationsmärkte kommen, wenn es denn gelingt, konsensuale Mechanismen der Vertrauensbildung zu entwickeln.

# 2 *Trust plus* – Vertrauensreparaturen von der A-Klasse zum Smart

## 2.1 Die Folgen eines Elchtests

Ende 1997 wurden in Deutschland, weltweit wahrgenommen, vom Mercedes-Konzern spektakuläre, einige hundert Millionen DM kostende Maßnahmen ergriffen, durch die, letztlich wohl erfolgreich, ein zunächst singulärer, dann aber generell zu werdender Vertrauensverlust in die technische Kompetenz von Mercedes repariert werden sollte. Wir meinen die Krise in der Produktion und im Marketing des neuen Mercedes der A-Klasse, die durch öffentlich bekannt gewordene negative Testergebnisse mercedesexterner Personen in Schweden ausgelöst wurde.

Gerade für die Automobilindustrie, vergleichbar Produzenten anderer Transportmittel wie Flugzeuge oder Fähren, ist Vertrauen in die Sicherheit des technischen Vehikels eine entscheidende Angelegenheit. Vertraut der Mensch doch seinen eigenen Körper diesem System an. Faktisch setzt er ihn auch oft genug aufs Spiel. Der Unfall- und Todesstatistiken zumindest im groben bewußt, gehen Menschen dennoch das Risiko ein und benutzen Automobile oder Flugzeuge (Weyer 1997). Warum? Natürlich weil die Vorteile in der Abwägung gegenüber dem Risiko als größer eingeschätzt werden. Vielleicht auch. Aber die Entscheidung ist nicht so rational, daß wir uns die Wahrscheinlichkeit ausrechnen, unter der es uns treffen könnte. Bestimmend ist offenbar, daß Vertrauen in technische Systeme und speziell in ein System wie das Automobil oder das Flugzeug grundsätzlich vorhanden ist. Ob es berechtigt ist und wie es entsteht, sind ganz andere Fragen. Faktisch ist es da. Wäre das Vertrauen grundlegend erschüttert, wäre dies das Ende des Automobils oder des Flugzeugs als Massenverkehrsmittel. Wäre das Vertrauen in die Kompetenz eines Automobilherstellers grundlegend erschüttert, bedeutete das das Ende dieses Unternehmens. Mit Risiko kann man leben, aber nicht in einer pathologischen Situation des grundsätzlichen Mißtrauens oder der Angst, zumal wenn dabei der eigene Körper auf dem Spiel steht.

Deshalb ist es von zentraler Bedeutung für die Automobilindustrie – um bei diesem Beispiel zu bleiben –, daß Vertrauen bei den Kunden erhalten bleibt. Vertrauensmanagement ist vorbeugendes und im Pannenfall reparierendes Krisenmanagement. Wenn in einzelnen Fällen durch Bekanntwerden technischer Pannen die Vertrauensbasis geschwächt wird oder gar eine Übertragung von dem speziellen Produkt auf das Unternehmen insgesamt droht, sind umfassende Maßnahmen angezeigt, die in ihrer Dramatik schon als Überreaktionen wirken. Vertuschungs- oder Verharmlosungsstrategien würden aber alles nur noch schlimmer machen. Anlässe für Vertrauenskrisen sind die in der Presse häufig angeführten Herstellungsfehler bei Kraftfahrzeugen, die dazu führen, daß wegen eines erkannten Fehlers ganze Serien in die Werkstätten zurückgerufen werden. Rückrufaktionen in großem Stil suggerieren den Kunden ein Ausmaß an Vorsicht und Bereitschaft des Herstellers, reparierende Kosten auf sich zu nehmen. In welchem Ausmaß die Rückruf- und Reparaturaktionen dann tatsächlich in Anspruch genommen wurden, darüber gibt es wenige gesicherte Aussagen.

Zwar dienen solche Aktionen in erster Linie dazu, möglichen Produkthaftungsansprüchen zuvorzukommen. Aber vorbeugende Reparaturmaßnahmen sind außerdem als Aktionen zur prompten Wiederherstellung von Vertrauen unabdingbar. Wird das Krisenmanagement mit dem Marketing gut koordiniert, können die Maßnahmen sogar als willkommene Gelegenheit genutzt werden, Öffentlichkeit zu erzielen, ohne das Budget über die Reparaturmaßnahmen hinaus übermäßig zu belasten. Überhaupt in der Öffentlichkeit im Gespräch zu sein, ist im wirtschaftlichen (und politischen) Geschäft oft wichtiger als der Anlaß, der zu dem öffentlichen Anlaß geführt hat, nach dem Motto: besser negativ präsent als gar nicht präsent. Oder theoretisch (*mcluhanian*) angedeutet: die Präsenz im Medium ist wichtiger als der im Medium transportierte Inhalt. Gut durchgeführte und in Szene gesetzte Fürsorge in Vertrauenskrisen kann in längerer Perspektive einen positiveren Einfluß auf das Vertrauensimage haben, als das technische Defizit zu einer Einbuße geführt hätte.

Möglicherweise spielt bei der Bereitschaft des Publikums, einen aufgetretenen technischen Fehler dem verantwortlichen Unternehmen nicht zu stark anzulasten, auch mit, daß zwar ein gewisses prinzipielles Vertrauen in technische Systeme besteht, diesen aber keineswegs vollkommene Sicherheit zugestanden wird. Nicht auszuschließen ist auch, daß technische Fehler, solange sie persönlich keinen größeren Schaden zugefügt haben, mit einer gewissen klammheimlichen Freude gesehen werden. Sie mögen menschliche Überlegenheit dokumentieren. Diese Einstellung wird uns bei den technischen Informationsassistenten wieder begegnen. Wie auch immer – die Toleranz soll nicht überschätzt werden. Reparaturmaßnahmen werden im Falle eines Falles in jedem Fall wichtig.

Für Hersteller sind Verunsicherungen der Kunden durch öffentlich bekannt gemachte Meldungen über Fehler entsprechend dann besonders problematisch, wenn ein Produkt wie die A-Klasse nach erheblichen Vorinvestitionen noch in der Phase der Vertrauensbildung ist[1] und wenn das neue Produkt von dem bisherigen Vertrauensprofil des Unternehmens abweicht. Die Vertrauensbildung bei der A-Klasse – die Übertragung des Sicherheits-Image von den großen Wagen auf den neuen kleinen – schien bis dahin gelungen. Die Presseöffentlichkeit war durchweg positiv, die *Frankfurter Allgemeine Zeitung* titulierte den Wagen als *kleines Genie*. Die Interessenbekundungen für den neuen Wagen waren über alle Maßen erfolgversprechend. Bis es dann eben doch zur Vertrauenskrise kam.

Diese und dann die entsprechenden Aktionen von Mercedes wurden dadurch ausgelöst, daß Mitte Oktober 1997 die Ergebnisse des sogenannten Elch-Testes bekannt wurden, die in Schweden von Autotestern der Zeitschrift *Teknikens Värld* (Welt der Technik) durchgeführt worden waren. Bei diesem Elch-Test werden vollbeladene PKW bei einem Tempo von ca. 65 km/h aus der Spur gerissen, ohne daß dies von einem Bremsmanöver begleitet wäre. Dieser Test war offenbar nicht im Prüfprogramm für die A-Klasse vorgesehen. Wenn Fahrzeuge von Wettbewerbern diesen Test aber ohne Beanstandung absolvieren, die Exemplare der A-Klasse jedoch in eine gefährliche Schräglage geraten oder sogar dazu neigen zu überschlagen oder dies sogar tun, und wenn das öffentlich bekannt

1 Der Daimler-Benz-Konzern hatte in die Entwicklung der A-Klasse ca. 1 Mrd. DM investiert, um mit Massenherstellern wie Renault, Fiat, Toyota oder Volkswagen mit einem vergleichbaren Angebot konkurrieren zu können; vgl. *Der Spiegel* 44, 1997, S. 120; die gleiche Quelle spricht am 17. 11. 97 von 2,5 Mrd. DM.

wird, dann ist die Krise da[2]. Der Prozeß des Vertrauensschwundes verselbständigt sich. Ist eine Panne eines im Lichte der Öffentlichkeit stehenden Unternehmens öffentlich geworden, wollen es noch viele andere ebenfalls wissen. Es werden weitere Tests veranstaltet und ggfls. kompromittierende Resultate veröffentlicht[3].

Es hat allerdings ein paar Tage gedauert, bis die Notwendigkeit des reparierenden Vertrauensmanagements von Mercedes gesehen wurde[4]. Muß aber dann doch reagiert werden, so versucht es

2 Zwar hielten es Auto-Marketing-Experten wie Ferdinand Dudenhöffer für sehr unwahrscheinlich, daß durch das A-Klasse-Problem die in langen Jahren durch C-, E- oder S-Klasse erworbene, umfassende Reputation beschädigt werden könnte. Die Mehrzahl der Experten war sich jedoch einig, daß der Verkauf der A-Klasse definitiv davon abhänge, »ob und wie schnell es Mercedes gelingt, das Vertrauen in die Sicherheit der A-Klasse wieder aufzubauen« (*Stern* 1997, 46, S. 247). Nichts bedarf mehr der laufenden Pflege und Bestätigung als ein *Image*. Mercedes hatte diese Image-Gefährdung durchaus gesehen. Im *Mercedes Magazin* Nr. 272, Feb./März '98 hieß es: »Daß ein Mercedes-Benz gerade in Sachen Sicherheit kritisiert werden konnte, hatte die Daimler-Benz Ingenieure herausgefordert, alles zu tun, damit die A-Klasse über jeden Zweifel erhaben ist.« Verschärft wurde die Krise noch dadurch, daß auch eine andere schwedische Autotesterin, Marianne Sterner, Zweifel an der Umkippstabilität anmeldete. Und dies mußte vom Konzern ebenfalls ernst genommen werden, da diese Testerin nicht nur für die Zeitschrift *Vi Bilagare* (*Wir Autobesitzer*) arbeitete, sondern auch Mitglied einer Jury europäischer Zeitschriften war, die den Titel *Auto des Jahres* vergibt (*Der Spiegel*, 1997, 44, S. 121).

3 Ende Oktober machte der *Stern* zusammen mit der Kölner Auto Zeitung einen Gegentest in der Eifel unter den gleichen Bedingungen wie in Schweden, mit dem Resultat, daß ein Überschlag nur durch ein professionelles Gegensteuern verhindert werden konnte (*Stern*, 1997, 45, S. 32). Auch Testfahrer von *Auto-Bild*, dessen Einladung zu einem gemeinsamen Test Mercedes kurzfristig wegen *schlechten Wetters* absagte (*Auto Bild*, 6. 11. 1997), kamen zu einem Überschlagergebnis, ebenso Versuche beim ADAC-Sicherheitstraining (*Die Welt*, 30. 10. 97). Der *Stern* berichtete am 13. 11. 1997, S. 216, daß bei Mercedes selber beim Test ein A-Klasse-Modell umgekippt sei (was aber nicht öffentlich bestätigt wurde – das von Mercedes erstellte Video des Umfalls wurde zur Geheimsache erklärt – *Der Spiegel*, 17. 11. 97). Auch daß bei dem Test alle anderen Konkurrenzautos, auch von VW, umgekippt seien, wurde von Mercedes nicht direkt öffentlich gemacht.

4 Ein Sprecher des Vorstandes versuchte es noch mit Herunterspielen:

ein Technikkonzern zunächst mit Technik. Technisch plausible Erklärungen und quasi objektive Ursachenforschung helfen jedoch in Situationen einer öffentlichen Vertrauenskrise nicht weiter. Das wurde auch sehr bald dem Vorstandsmitglied und Techniker Jürgen Hubbert deutlich. In der eingetretenen »Eskalation der Aufmerksamkeit« könne »nicht mehr allein mit Sachargumenten reagiert werden«[5]. Auch der Hinweis auf ein aktuelles Sicherheitsgutachten des TÜV Süddeutschland für die A-Klasse konnte nicht mehr viel bewirken[6]. Daß vielleicht die Bereifung, nicht die Technik des Autos selber, für das Verhalten bei dem Extremmanöver verantwortlich war – zu weiche Reifen eines Herstellers (*Goodyear*)[7] –, mag ein Teil der Wahrheit sein, interessiert in einem solchen Fall aber niemanden. Schuldzuweisung an andere verstärkt nur den negativen Effekt. Auch die vielleicht naheliegende Versuchung, den Test und die damit verbundene Publizität Konkurrenten der Automobilindustrie (in diesem Fall Volvo) zuzuschreiben, hilft nicht[8]. Ausflüchte, Schuldzuweisun-

»Der Vorstand hält es nicht für nötig, ein offizielles Statement abzugeben, nur weil irgendwo ein Auto umkippt« (nach: *Die Welt* 30. 10. 97).

5 *Frankfurter Allgemeine Zeitung* 30. 10. 97

6 Nach dem Gutachten kam der TÜV-Vorstandssprecher Peter Hupfer zu dem weichen Schluß, »bei bestimmungsgemäßem Gebrauch sei der Wagen fahrstabil« (*Berliner Tagesspiegel* 30. 10. 97).

7 Nachdem es anfänglich hieß, die Reifen dieses Herstellers würden aus der A-Klasse herausgenommen, gehört jetzt *Goodyear* weiterhin zu den A-Klasse-Lieferanten (vgl. *Frankfurter Allgemeine Zeitung* Nr. 22, 27. 1. 1998, T4); die Reifen waren es also offenbar dann doch nicht.

8 Ansatzweise klang in einer frühen Verlautbarung in der Mercedes-*Website* der Versuch durch, das Ganze als Attacke aus der Volvo-Ecke darzustellen. In Deutschland sind direkte Werbeauseinandersetzungen mit den Konkurrenten nicht statthaft. Aber es kann – und so hat es das für PKW zuständige Vorstandsmitglied Jürgen Hubbert anfänglich versucht – eine Metaphorik gewählt werden, die die Assoziation zu Volvo nahelegt: »Für Mercedes-Benz genügt es nicht, auf das Niveau der anderen zu kommen. Deswegen rüsten wir die A-Klasse zusätzlich serienmäßig mit ESP aus. Damit meistern unsere Kunden Situationen bei Eis, Schnee und Nässe, die mit anderen Fahrzeugen dieser Klasse nicht bestanden werden können. So setzt die A-Klasse auch bei der aktiven Sicherheit neue Standards.« Der Hinweis auf die Sicherheit bei Eis, Schnee und Nässe fand sich auch wieder bei den ganzseitigen Anzeigen Mitte November 1997.

gen, Ablenkungsmanöver durch Eröffnen von Nebenschauplätzen oder vage Sicherheitszusagen nutzen aber in solchen Fällen wenig[9].

## 2.2 Reparaturmaßnahmen

Die allgemeinen technischen Zusagen[10] wurden mercedes-intern sehr bald als nicht ausreichend angesehen. Mercedes ist dem Rat der Fachleute nach einer *Wahrheitsoffensive*[11] gefolgt und hat das offensive Krisenmanagement gewählt und dabei die breite Palette der Reparaturmaßnahmen ausgeschöpft. In der Marketingsprache wurde schon das Wort von einer »Strategie des gläsernen Marke-

9 Abwiegeln wurde anfänglich versucht. Vorstandsmitglied Hubbert (nach *Der Spiegel*, 1997, 33, S. 121): »Zu denken, wir würden unseren Kunden ein unsicheres Fahrzeug anbieten – das ist hirnrissig.« In einem Interview mit dem *Stern* 30. 1. 97 wiegelte Hubbert weiter ab: »Alle Motorjournalisten werden Ihnen bestätigen, daß man jedes Fahrzeug in einen kritischen Zustand bringen kann.« Daher habe Mercedes »vielleicht ein Kommunikationsproblem, aber kein Imageproblem«. Der Techniker war überzeugt: »Von der Faktenlage her gibt es keinerlei Veranlassung«. Aber: »Wir sind uns aber bewußt, daß bei der Kampagne, die derzeit läuft, nicht nur Fakten zählen.« (ebda).

10 Auf einer *Web*-Seite von Mercedes vom 11. 11. 97 hieß es noch: »Mercedes-Benz hat für die A-Klasse eine völlig neue Fahrwerksabstimmung entwickelt, die das Fahrzeug auch extreme Fahrmanöver problemlos meistern läßt – und dies bereits ohne das elektronische Fahrdynamiksystem ESP (Elektronisches Stabilitäts-Programm). Mit dieser nach intensiven Fahrtests gefundenen Lösung besteht die A-Klasse auch sogenannte Elchtests selbst unter erschwerten Bedingungen.«

11 Marcel Loko von der Werbeagentur *Zum Goldenen Hirschen* empfahl *absolute Offenheit;* Norbert Lindhof von der Hamburger Agentur *Scholz & Friends* riet: »Ich würde alle Käufer der A-Klasse persönlich anrufen und in ihrer Entscheidung bestärken«. Der Collin'sche Testbericht sollte öffentlich zugänglich gemacht werden. Die Strategie sollte sein: »wir haben aus dem Fehler gelernt«. Mercedes kündigt in der Tat an, den mehreren hunderttausend registrierten A-Klasse-Interessenten einen Brief zu schreiben, in dem die Sicherheitsmaßnahmen erläutert werden (nach *Berliner Tagesspiegel* 1. 11. 97).

tings« geprägt[12]. Ein ganzes Bündel an Maßnahmen trat in Kraft[13]:

12 So der Chef der Düsseldorfer Werbeagentur *Grey*, Bernd Michael (*Die Welt* 13. 11. 1997). Bei einer solchen Strategie geschehe langfristig kein Image-Schaden. Daß dies mit einigen hundert Millionen DM an Kosten verbunden gewesen sein dürfte, ist für ein Unternehmen wie Mercedes kein Argument. Ganz im Gegenteil – die Kosten werden sicher der Seite der Öffentlichkeitsarbeit zugerechnet, mit vermutlich positivem Gesamtresultat. Mercedes schätzte den Aufwand November 1997 auf 200 Millionen DM. Nach dem *Berliner Tagesspiegel* vom 12. 11. 1997 sollte die Umrüstung 1997 100 Mio. DM kosten und für 1998 eine weitere Belastung von 200 Mio. DM verursachen; vgl. auch *Frankfurter Allgemeine Zeitung* 263, 12. 11. 1997, wo diese Zahlen bestätigt werden. Nach den *VDI-Nachrichten* vom 23. 1. 98 wird allerdings eher mit Verlusten in Höhe von 600 Mio. DM gerechnet, wohl auch in Antizipation der Konsequenzen für den von den Fahrwerksproblemen ebenfalls betroffenen, geplanten Kleinwagen Smart (Daimler-Benz/ Micro Compact Car). Zu den kurzfristigen Auswirkungen der Krise auf den Aktienmarkt vgl. *Berliner Tagesspiegel* vom 13. 11. 97. Der kurzfristige *Absturz* der Daimler-Benz-Aktien hatte zu keinen negativen Empfehlungen der Bankhäuser oder *Broker*-Firmen geführt.

13 Die Einschätzung der *Frankfurter Allgemeinen Zeitung* noch am 12. 11. 97, daß das zu diesem Zeitpunkt schon getroffene Maßnahmenbündel erfolglos sei, hat sich im nachhinein nicht bestätigt: »Halbherziges Nachbessern mit einem teuren elektronischen Notprogramm im Fahrwerk hilft zwar in der Sache, befreit das Auto aber nicht mehr vom Mangel der Unsicherheit in kritischen Fahrsituationen«. In einem von einem Autoexperten nach einem eigenen Test geschriebenen Artikel vom 27. 1. 1998, Nr. 22. T4, korrigierte die *FAZ* allerdings dann die Einschätzung der Halbherzigkeit: »gehört die A-Klasse nun zu den sichersten Autos ihres Marktsegments ... Die A-Klasse, so scheint es uns, ist jedenfalls wieder aufgestanden. Und wie sie das getan hast, ist eine gewisse Menge an Anerkennung wert«. Wie dramatisch die Situation allerdings hätte werden können, zeigen die Hinweise in diesem Kommentar: »In der Öffentlichkeit wird das konzeptionell zukunftsträchtige Automodell bereits jetzt mit Spott bedacht. Bei Fußballübertragungen dient es als hämischer Vergleich für umfallende Balltreter. Die Fahrer der A-Klasse werden mit entsprechenden Gesten auf die Kippneigung hingewiesen: Kurzum: das Fahrzeug droht zum Schleudertrauma eines vom Erfolg verwöhnten Konzerns zu werden.« (*Frankfurter Allgemeine Zeitung* 12. 11. 1997) Der *Stern* bemüht den Volksmund: »Die größten Kritiker der Elche sind selber welche« (*Stern*

- In *organisatorischer Hinsicht* hatte sich Mercedes entschlossen, die Auslieferung bis Ende Februar 1998 zu verzögern[14].
- Bezüglich der technischen Lösung der Vertrauenskrise hatte sich Mercedes entschlossen, in die A-Klasse ab 2/98 ein automatisches Stabilitätsprogramm (ESP) einzubauen, eine Bremselektronik, die dann in Aktion tritt, wenn sich das Fahrzeug in einer Extremsituation befindet, d. h. die Räder werden einzeln so abgebremst, daß das Fahrzeug eine größere Chance bekommt, wieder stabil zu werden[15].

13. 11. 1997, S. 216). Mittelfristig (Februar 1998) sieht es eher so aus, als ob dieser Lächerlichkeitseffekt in eine wohlwollende Heiterkeit (leichter Spott) umgebogen werden konnte und daß sogar die anfänglichen, beißenden Elch-Unfallwitze immer witziger und beliebter werden. Nicht ausgeschlossen werden kann aber, daß langfristig doch die *FAZ*-Diagnose recht behalten wird.

14 »Wir wollen kein Fahrzeug ausliefern, von dem wir heute wissen, daß wir es noch besser machen können«, so Dr. Zetsche, im Daimler-Benz-Vorstand zuständig für Vertrieb und Marketing. Eine solche (befristete) Rücknahme eines Fahrzeugs vom Markt, die offenbar auf den Vorstandssprecher selber zurückging, hatte es bislang noch nicht gegeben. Allein dies zeigt schon die Dramatik der Situation (vgl. *Die Welt* 12. 11. 1997). Die zum Zeitpunkt 11/97 an 2600 Kunden in Europa ausgelieferten PKW könnten mit ESP nachgerüstet werden. Besitzer konnten auf Wunsch auch sofort ihre A-Klasse abgeben und erhielten bis zur Umrüstung einen anderen Mercedes-Benz. Kunden, die ihren Wagen bis Ende Februar bekommen sollten, konnten ihre Bestellung bis zum Frühjahr verschieben oder können von ihrem Vertrag ganz zurücktreten. Wer seine schon ausgelieferte A-Klasse bis zur Neuauslieferung umtauschen wollte, konnte ein Ersatz-Auto, in der Regel einen Mercedes aus der C-Klasse, bekommen, allerdings auch in Abhängigkeit von der Lieferfähigkeit des Händlers. Das Angebot wurde nur geringfügig angenommen. Ende Januar 1998 fuhren nur ca. 200 A-Klasse-Besitzer zum quasi Null-Tarif einen Wagen aus der C-Klasse. Die umgerüsteten A-Klasse-Autos (aus den bis dahin 10.000 produzierten) – im Jargon *post-stabilisiert* (*Süddeutsche Zeitung* 22. 1. 1998) – kommen weitgehend in den Daimler-Fuhrpark oder auf den Gebrauchtwagenmarkt. Mercedes erwartete offenbar allerdings, daß die ca. 30.000 Kunden, die bis dahin ihren Wagen bekommen sollten, ihn auch mit der jetzigen Ausstattung nehmen und später mit der nun vorgesehenen technischen Erweiterung nachrüsten lassen werden. Anfang Februar fing die Originalproduktion mit den neu konzipierten A-Klasse-Wagen an, so daß 1998 noch insgesamt 150.000 Stück gebaut werden sollen (gegenüber den ursprünglich vorgesehenen 190.000).

15 In ganzseitigen Anzeigen in weitgehend allen deutschen Tagesanzeigen

- Aus Marketing-Sicht konnte Mercedes als Erfolg verbuchen, daß der A-Klasse auch nach der *Elchpanne* das *goldene Lenkrad* verliehen wurde, eine Auszeichnung der Zeitung *Bild am Sonntag*, durch die jährlich die besten Auto-Neuerscheinungen aus vier Kategorien belohnt werden[16].

wurde das System so beschrieben: »ESP beinhaltet die zur Zeit wirksamsten Fahrhilfen: Antiblockiersystem (ABS), Bremsassistent (BAS) und Antriebsschlupfregelung (ASR). (ABS und ASR war ohnehin in der A-Klasse gegen Aufpreis – R. K.) Aber es kann noch mehr: Wann immer die Fahrzeugstabilität gefährdet scheint, kann ESP jedes Rad einzeln bremsen und sogar in die Motorsteuerung eingreifen.« (Und da das technisch sowieso kaum einer nachvollziehen kann, heißt es weiter:) »Gerade so, als hätten Sie vier Bremspedale und ebenso viele Füße«. Ein solches vollständiges Stabilitätsprogramm gab es bislang nur für die sehr teuren Luxuswagen, und die Nachrüstung von ESP wurde für die anderen Klassen bis dahin als technisch nicht möglich dargestellt (vgl. *Frankfurter Allgemeine Zeitung* 4.11.97), es sei denn, dem elektronischen Brems-Assistenten würde ABS und ASR zugeschaltet. Das war nun offenbar geschehen, und zwar ohne die früher vorgesehenen Zusatzkosten. Ob das nun *Overpowering* ist oder angemessene Kompensation realer Konstruktionsdefizite – wer könnte das in der Öffentlichkeit entscheiden. Wichtiger ist die reale Handlung, die vertrauensbildend wirken soll. Nach Einschätzung von Daimler-Benz selber wäre ESP nach der neuen Fahrwerksabstimmung eigentlich nicht erforderlich. Man wolle aber mit diesem Einbau in der Klasse, in der die A-Serie auf den Markt tritt, neue Standards aktiver Sicherheit setzen (*Frankfurter Allgemeine Zeitung* 263, 12.11.97), die dann andere Hersteller veranlassen werden, mit entsprechenden Kostenfolgen für Herstellung (und Kauf) nachzuziehen (vgl. eine entsprechende Meldung im *Spiegel* vom 15.12.97 und der *VDI-Nachrichten* vom 30.1.1998).

16 Das Faktum der Preisverleihung wird dann noch einmal durch die persönliche Referenzierung und durch die Mitnahme des Vertrauenstitels *Professor* verstärkt. Mit Verweis auf *Bild am Sonntag* heißt es im *Mercedes Magazin* 272, Feb./März '98: »Der finnische Rallye-›Professor‹ Rauno Aaltonen in *Bild am Sonntag*: Die A-Klasse hat das Goldene Lenkrad verdient.« In der *Web site* von Mercedes hieß es dazu Mitte November 1997, mitten in der Krise: »Eine Jury aus Auto-Experten, Motorsport-Profis und Lesern der Zeitung hat die Mercedes-Benz A-Klasse unter 24 neuen Modellen in der Gruppe 2 (Kompaktklasse) zum Sieger gewählt. »Ich nehme das ›Goldene Lenkrad‹ mit Freude für meine Mannschaft entgegen«, sagte Jürgen Hubbert, Vorstandsmitglied der Daimler-Benz AG, am Abend in Berlin. »Stolz darauf werden wir allerdings erst dann sein, wenn auch der letzte Zweifel an der A-Klasse

Die technische Lösung, in der Größenordnung fast schon eine Überkompensation (vgl. Anm. 15), hätte für sich aber wohl kaum die erwünschte Lösung erzielt, auch wenn sie noch so intensiv zur Grundlage der Marketing-Strategie gemacht worden wäre. Vertrauen ist zutiefst in einer persönlich-sozialen Beziehung verankert. Vertrauen in Technik nimmt den sicheren Weg über das Vertrauen in Personen. Es sind quasi Ersatzhandlungen vonnöten. Es mußte auch in der A-Klassen-Krise das eingesetzt werden, was (Giddens 1990, S. 98) mit Bezug auf Goffman *Facework commitment* nennt. Das Vertrauen in das Funktionieren des abstrakten Systems A-Klasse konnte nicht faktisch und vor allem nicht alleine auf die Details der Konstruktion oder auf noch so objektiv scheinende Daten bei Testläufen gegründet werden, da sie der normale Laie sowieso nicht durchschauen, geschweige denn bewerten kann. Kann man dem abstrakten System nicht direkt vertrauen, vertraut man ihm vielleicht indirekt durch das direkte Vertrauen in eine Person.

Das kann z. B. erreicht werden durch eine personifizierte Expertenabsicherung, durch eine Absicherung über (bekannte) Leute, denen man zubilligt, daß sie selber die dem Publikum fehlende technische Expertise haben, die die erforderliche Transformation zu leisten imstande ist. Ergänzt werden muß die technische Expertise der Fachleute durch das Vertrauen in deren moralische Integrität[17]. Es ist Mercedes gelungen, im Autosport bekannte Personen, wie das Mitglied für die Lenkrad-Jury, Rauno Aaltonen, und Niki Lauda zu einer entlastenden Stellungnahme zu bringen, ebenso auch dann Robert Collin, dessen *Elch-Bericht* die ganze Sache ins Rollen gebracht hatte[18]. Experteneinschätzungen sind

ausgeräumt ist.« Zusätzlich wurde noch der Große Automobilpreis von Österreich gewonnen.

17 Der frühere Hinweis, daß vorher der Wagen von etwa 1400 professionellen Autotestern und Motorjournalisten rund 400.000 Kilometer gefahren worden sei, hilft in der Anonymität wenig (*Berliner Tagesspiegel* 30. 10. 97).

18 In der *Web site* von Mercedes hieß es: »Rallye-Profi und Jury-Mitglied Rauno Aaltonen hat die A-Klasse mit ESP bereits unter den extremen Bedingungen des sogenannten Elchtests intensiv geprüft und kam zu einem eindeutigen Urteil: ›Ich kann mit gutem Gewissen sagen, daß die A-Klasse den Preis verdient hat.‹« Wenn ein der Öffentlichkeit persönlich bekannter Rallye-Profi der A-Klasse den (oben erwähnten) Preis

wichtige Bestandteile von Vertrauensbildung in abstrakte Systeme[19].

*Facework commitment* ist aber nicht nur eine Angelegenheit externer Experten, sondern macht in besonders vertrauensgefährdenden Situationen den Einsatz der das gesamte System repräsentierenden Person erforderlich. Es war wichtig, daß, ergänzend zu dem durch die technischen Pannen oder Vorwürfe tendenziell diskreditierten Vorstandsmitglied Jürgen Hubbert, auch der Vorstandssprecher Jürgen E. Schrempp, der Daimler-Benz-Vorstandsvorsitzende, selbst offensiv Position bezog und den Fehler öffent-

zubilligt (nach Einbau von ESP), dann sollte es für den Laien eigentlich keinen Zweifel geben. Schließlich wurde von Mercedes neben den ursprünglichen Elchtestern (in den erwähnten ganzseitigen Anzeigen in den Tageszeitungen vom 10. 12. 97 wurden sie mit Robert Collin, Jochen Albig, Michael Specht und Dirk Vincken sogar namentlich erwähnt) auch noch Niki Lauda zu einem in Idiata/Barcelona durchgeführten Nachtest, einschließlich des Elchtests, mit der modifizierten A-Klasse eingeladen, mit dem Hinweis gekoppelt, daß dafür außer den Spesen für das Flugbenzin kein Honorar (jedenfalls kein direktes) gezahlt wurde. Wenn sogar mit Niki Lauda gesagt werden kann: »Die A-Klasse bestand ihn souverän« (aus der Anzeige), »ich bin noch nie einen Kompaktwagen gefahren, der mich so wie die A-Klasse überzeugt hat« (im *Mercedes-Magazin*), sollte es keine Zweifel mehr geben. Und der größte Erfolg über die Bestätigung durch einen Experten wird erzielt, wenn der ursprüngliche Verursacher der Krise, der schwedische Automobiltester Robert Collin selber, zitiert werden kann, nachdem man ihm zugestanden hatte, daß seine Kritik berechtigt gewesen sei und daß diese Kritik nun dazu geführt habe, daß »eine noch bessere A-Klasse auf den Markt kommt«. Nach dem erwähnten weiteren Test bestätigte Collin: »Die A-Klasse hat den Elchtest gut bestanden. Der Unterschied gegenüber der früheren Fahrwerkabstimmung ist deutlich; und auch der Fahrkomfort hat mich beeindruckt. So wie ich das Auto jetzt erlebt habe, mag ich es wirklich« (*Mercedes-Magazin* 272, Feb./März '98, S. 31). Ein weiterer umfänglicher öffentlicher Nachtest wurde Ende Januar im Testgelände in Montpellier durchgeführt und ebenfalls publizistisch gut verwertet (s. *VDI-Nachrichten* 17, 1998, Nr. 4, 30. 1. 98: »Im zweiten Anlauf ungebremst und sicher durch den Parcour«).

19 Auch schon vor dem Elchumfall hatte Mercedes mit dem Formel-I-Fahrer Mika Häkkinen geworben und weiter versucht, das positive Tennis-/Allgemein-Image von Boris Becker mit dem Auto-Technik-Image zu kombinieren.

lich eingestand[20], allerdings – und das war wichtig – auch darauf verwies, daß die Ursache entdeckt und behoben sei[21]. Dieses *Heureka*, die Ursache für den Fehler und eine sichere Ersatzlösung gefunden zu haben (oder zumindest dies der Öffentlichkeit plausibel vermittelt zu haben), ist wichtiger Bestandteil der dauerhaften Vertrauensbildung[22].

20 In der ersten Pressekonferenz nach Bekanntwerden des Elchtestes, auf der auch der schwedische Tester Robert Collin anwesend war, überließ es der Vorstandschef noch dem Techniker Hubbert, die Sache zu bereinigen. Die ersten technischen Reparaturversuche und Erklärungsversuche mit den Reifen waren aber nicht ausreichend. Schrempp hatte dann offenbar eine umfassendere Nachbesserung gefordert, die dann zu der oben skizzierten Lösung geführt hat (*Die Welt* 30. 10. 97). Nach Recherchen des *Stern* sollte Schrempp in den internen Krisensitzungen gesagt haben, daß sich mit Technik allein die Unsicherheit in der Bevölkerung nicht beseitigen lasse. Wichtig sei jetzt vor allem, was die Öffentlichkeit denke. »Wir können uns keine Fehler mehr erlauben. Was wir anbieten, muß das Beste seiner Klasse sein, es gibt keine Kompromisse mehr« (*Stern* 46, 1997, S. 244). In der *Web site* von Mercedes ließ sich Schrempp vernehmen: »Wir nehmen die öffentlich geäußerte Kritik und vor allen die Sorgen unserer Kunden sehr ernst. Daß bei Extremtests die A-Klasse eine Schwäche gezeigt hat, bedauert niemand mehr als wir. Unsere Ingenieure haben Tag und Nacht mit aller Energie nach einer optimalen Lösung gesucht. Wir haben sie gefunden.«

21 Um nicht mißverstanden zu werden – das öffentliche Auftreten des Vorstandssprechers alleine mit dem beruhigenden Hinweis, daß man nun schon die Lösung gefunden habe, man könne Mercedes weiter ruhig vertrauen, wäre nicht ausreichend. Es mußte durch eine Reihe von anderen Maßnahmen, durch das, was Giddens mit Goffman *Faceless commitment* nennt (ebd.), flankiert werden. Die technischen, *Faceless*-Maßnahmen sind sozusagen die Basis für die Akzeptanz des *Facework commitment*.

22 Bleibt die Situation informationeller Unsicherheit bestehen, so sind alle Maßnahmen nur sehr eingeschränkt wirksam. Das war z. B. der Fall nach dem Absturz des Flugzeugs beim Flug TWA 800. Auch die intensivsten Nachforschungen haben keine eindeutige Ursache für Explosion und Absturz des Flugzeuges ermitteln können, bis auf die vage Vermutung, daß es am elektrischen System (Funkenbildung im Treibstoffbereich) gelegen haben könnte. Unsicherheit ist aber ein gewichtigerer Faktor als ein offensichtlich gewordenes Defizit, das man dann auch beheben kann. Gemeint ist hier nicht Unsicherheit über das technische System allgemein, diese ist unvermeidbar – es ist, wie wir

An dem Auftreten des Vorstandsvorsitzenden ist aber noch ein Aspekt wichtig. Es geht nicht allein um die Verpflichtung durch die Person (*face*) des Vorstandsvorsitzenden mit einem hohen öffentlichen Bekanntheitsgrad, sondern auch um die Verpflichtung durch das Auftreten des Amtes. Ganz unabhängig, wie man die moralische, intellektuelle oder sonstwie individuelle Kompetenz und Integrität von Jürgen E. Schrempp einschätzt – in unserem Gesellschaftssystem wird denjenigen, die an der Spitze von bedeutenden Organisationen, abstrakten Systemen, stehen, sei es der Politik, der Wirtschaft oder anderen öffentlichen Einrichtungen der sozialen, kulturellen Infrastruktur, bis auf weiteres ein Vertrauenskredit gegeben, daß sie ihr Amt entsprechend den öffentlichen Erwartungen ausüben. Zu diesen Erwartungen gehören professionelle Expertise und das Einhalten von Spielregeln im Verhalten[23]. Wird diese Erwartung nicht eingelöst, so kann, zumal in wichtigen Angelegenheiten oder in solchen, die in der Öffentlichkeit, weitgehend durch die Presse, als wichtig erklärt werden, die Position insgesamt aufs Spiel gesetzt oder verloren werden. Wichtig ist vor allem das Verhalten in der Öffentlichkeit[24].

zeigen wollen, ja gerade die Funktion von Vertrauen, prinzipielle informationelle Unterbestimmung, d. i. Unsicherheit, zu kompensieren –, sondern Unsicherheit über die Einschätzung eines Vertrauen einschränkenden konkreten Falles, der sich ja, solange die Ursache nicht bekannt ist, jederzeit wiederholen könnte. Eine solche Situation ist schwieriger über das allgemeine Vertrauen in die Sicherheit von Boeing-Maschinen, über Hinweis auf Flugstatistiken und auch nicht durch Übertragungsaktionen (Personal, *Service*, Preise etc.) in den Griff zu bekommen.

23 Beispiel hierfür ist das Ende der Karriere als Gewerkschaftsmanager von Franz Steinkühler, der durch mißbräuchliche Verwendung von ihm zugänglicher professioneller Information zu seinen persönlichen Gunsten (Aktienspekulationen) das Vertrauen verspielt hatte, das er aufgrund seiner sonstigen professionellen Kompetenz über viele Jahre erworben hatte. Vertrauenserschütternde Vorfälle haben gravierende Auswirkungen.

24 Die Bezeichung der Millionenverluste der Deutschen Bank als *Peanuts* durch ihren Vorstandssprecher wurde z. B. in der Öffentlichkeit als nicht akzeptables sprachliches Verhalten eines exponierten Wirtschaftsmanagers gerügt. Die Empörung der Öffentlichkeit darüber hätte für eine Bank, die von dem Vertrauen lebt, das die einzelnen Einleger dem abstrakten *Geldgeschäft* ihrer Bank gegenüber haben,

Solange ein öffentlichkeitskonformes Verhalten eingehalten wird, bleibt die für technische Systeme oder für Expertensysteme[25] allgemein zentrale wichtige Vertrauensbasis intakt. Die Repräsentationsfigur des technischen Systems kann vertrauenswürdig und integer bleiben, wobei dies nicht als persönliche Eigenschaft, sondern als professionelle Einstellung gewertet wird. Das Vertrauen wird nicht ihm gegenüber, sondern wird ganz im Sinne des *Facework commitment* stellvertretend für das Vertrauen in die Integrität der vielen gegeben, die für die faktische technische Basis des Vertrauens zuständig sind, daß nämlich diese kompetent sind und den Stand der Expertise des Wissens, den vordersten Stand der Technik auf das betreffende Produkt anwenden.

Zum Maßnahmenbündel der Reparaturen gehört natürlich auch eine intensive Medienarbeit. Die Öffentlichkeitsarbeit in der *Web site* und in den Tageszeitungen (über Berichte und Anzeigen) wurde von Mercedes ergänzt durch eine bislang einmalige, umfassende Fernsehaktion zur A-Klasse im Elchtest an dem selben Tag, an dem die Anzeigen in den Tageszeitungen erschienen waren[26].

Nach all diesen Maßnahmen war sich Mercedes seines Erfolges ziemlich sicher[27]. Es ist sogar anzunehmen, daß die unmittelbar

fatale Konsequenzen haben können. Das temporär verunsicherte Vertrauen in eine seriöse, jeden Geldbetrag ernst nehmende Bank führte in diesem Fall, anders als bei Steinkühler, allerdings nicht zu persönlichen Konsequenzen. Es kann sogar angenommen werden, daß, nach der vorübergehenden Empörungsphase, die Aufnahme von *Peanuts* (in dieser übertragenen Bedeutung) erst in das Unwort des Jahres und dann in den allgemeinen deutschen Wortschatz sich dauerhaft eher sogar positiv für die Deutsche Bank ausgewirkt hat.

25 Mit Expertensystemen sind hier nicht die wissensbasierten Systeme aus der Künstlichen Intelligenz gemeint, sondern (mit Giddens 1990, S. 27) sozio-technische Systeme, die ihre Leistung auf eine spezielle Expertise abstützen, also auch Verwaltungen, Ärzte, Unternehmensberater, etc., nicht unbedingt im Vertrauen auf die persönliche Leistung des Experten, sondern darauf, daß der Experte den gesicherten Stand der gesellschaftlich erarbeiteten Expertise in seinem System, seiner Arbeit, zum Einsatz bringt.

26 ARD 19.19 und 19.57, ZDF 19.17, RTL 18.39 und 21.39 sowie SAT.1 18.19 und 18.54

27 In der Anzeige hieß es: »Wie geht es weiter? Die Wellen gingen hoch und trübten die Sicht. Jetzt ebben sie ab. Bei ruhiger See kann man

einsetzenden, umfassenden und offenbar glaubwürdig vermittelten Maßnahmen das Vertrauen in die technische Kompetenz und die Kundenorientierung von Mercedes vermutlich dauerhaft eher gesteigert haben. Die Vertrauensreparaturen können als eine der besten Investitionen bzw. Maßnahmen zur stabilisierten Vertrauensbildung angesehen werden. Der Erfolg der Maßnahmen legte daher sogar die Spekulation nahe, daß die gesamte Elchaffäre von Anfang an manipuliert worden war. Das ist wenig wahrscheinlich. Daß aber solche Gedanken überhaupt angestellt werden könnten – Eigeninitiative zur Bildung von Krisen zum Zwecke der Vertrauenssteigerung durch Krisenbewältigungsstrategien –, zeigt, wie wenig das Vertrauen in Wirtschaftsorganisationen moralisch begründet ist und wie wenig dieser Mangel Einfluß auf unser faktisches Vertrauen in bezug auf die Leistungs- und Glaubwürdigkeit des Unternehmens hat. Das Vertrauen in die beherrschte Expertise des technischen Systems wird unabhängig von dem moralisch-emotional begründeten Vertrauen, das wir Personen gegenüber bringen.

Es ist zu erwarten, daß das Wort »Elchtest« in die Marketing-Sprache eingehen wird und in der Öffentlichkeit mit einer positiven Konnotation gegenüber Mercedes verbunden werden wird[28].

erkennen: Es gibt in der vergleichbaren Klasse kein Fahrzeugkonzept, das mit seinen verkehrsfreundlichen Außenmaßen mehr Raum, Variabilität, Komfort und Sicherheit bietet als die A-Klasse. Und es gibt wahrscheinlich jetzt auch kein Fahrzeug, das intensiver und kritischer getestet worden ist als die A-Klasse. Wir möchten uns an dieser Stelle für die Loyalität unserer Kunden ganz herzlich bedanken. Sie haben uns die Chance gegeben, einen Fehler wiedergutzumachen.« Damit ist die wesentliche Vertrauensstrategie, die gewählt wurde, noch einmal umschrieben. Nicht beschönigen, sondern den »Fehler« zugeben, in der richtigen Erwartung, daß zum einen es akzeptiert wird, daß in technischen Systemen Fehler vorkommen können, und daß zum anderen das Lernen aus Fehlern höher bewertet wird als das Vorkommen von Fehlern selber. Auch diese theoretische Einsicht wurde noch einmal umfassend in Anzeigen in Zeitungen über einen Emotionstransfer (*Personal commitment*) zu einer bekannten Öffentlichkeitsfigur verfestigt. Neben einem vertrauensvoll die A-Klasse im Blick habenden Boris Becker steht ein großes Becker-Zitat: »Stark ist, wer keine Fehler macht. Stärker, wer aus seinen Fehlern lernt.« (z. B. in *Südkurier* 26. 2. 98, S. 5).

28 Die Werbestrategen von Mercedes hatten schon zu einem frühen Zeit-

Ohne Vertrauensmanagement hätte die Krise für Mercedes durchaus dramatisch werden können. Mercedes' Ruf beruht weltweit darauf, daß es sich bei ihren PKW nicht nur um die luxuriösesten, sondern auch um die sichersten handelt. Ob dieser Ruf durch den Diana-Unfalltod in Paris mit einem Mercedes-PKW, der übrigens schon mit EPS ausgestattet war, international schon angezweifelt wurde, ist aus den öffentlichen Reaktionen nicht zu entnehmen – auch das sicherste Auto kann wohl keine Garantie bei extremen Unfallsituationen sein. Es ist aber als ziemlich sicher anzunehmen, daß dies bei dem Krisenmanagement im Zusammenhang des Elchtestes auch eine Rolle gespielt hat. Man wird sehen, welche Langzeitwirkungen diese beiden spektakulären Vorfälle – Diana und Elchtest – auf Image der Firma und auf Vertrauen auf seiten der Kunden, vor allem weltweit, haben werden. In Deutschland selber war das Vertrauen in Mercedes, erworben in langen Jahren der Verläßlichkeit, ohnehin wohl kaum zu erschüttern. Zumindest die Verkaufszahlen der A-Klasse sind so, als ob gar nichts geschehen war, und der Gesamtgewinn des neuen Konzerns Daimler-Chrysler war mit einem zweistelligen Milliardenbetrag 1998 so groß wie nie zuvor.

Anfang 1999 gab es einen Nachtrag zu der Vertrauensgeschichte bei Mercedes. Diesmal waren es keine Probleme mit der A-Klasse, sondern das kleine Kompakt-Auto Smart geriet in die Krise.

punkt der Krise erkannt, daß der Elchtest – bei wiederhergestelltem technischen Vertrauen – positiv vermarktet werden könnte. Mitte November wurden Anzeigen mit dem *Thema A-Klasse und Elch* angekündigt und dann auch tatsächlich geschaltet (*Berliner Tagesspiegel* 11.11.1997). Mercedes hat für sich und für die Öffentlichkeit eine Transformation der Elchtest-Konnotation vollzogen. Im *Mercedes Magazin* Nr. 272, Feb./März '98, wird vom »inzwischen fast schon legendären Elchtest« gesprochen. Das *Legendäre* läßt gar nicht mehr erkennen, daß dieser durchaus etwas *Katastrophales* hätte werden können. Die Umdeutung wurde von der allgemeinen Presse durchaus mitvollzogen. Der erwähnte Barcelona-Test von Mercedes hatte Auto-Bild zu der Überschrift bewogen »Der Elch kann kommen«, und im Artikel wird in der detaillierten Beschreibung der technischen Einzelheiten euphorisch die gefundene Lösung gefeiert: »das Kipp-Problem, soviel steht jetzt fest, Schnee von gestern«. »Die A-Klasse fährt gestärkt aus diesem Vorfall, hat mit dem ESP ein technisches Highlight an Bord, das in dieser Klasse einmalig ist und die Konkurrenz für mindestens zwei Jahre auf Distanz hält« (*Auto Bild* 12.12.97).

Munkelte man schon, daß der Smart beim raschen Anfahren am Berg nach hinten abzukippen neigt, so war es nicht mehr zu verleugnen, daß der Smart in kritischen Situationen Stabilitätsprobleme hatte. Die Daimler-Chrysler Tochter *Micro Compact Car* (MCC/Renningen) reagierte mit einem neuen Stabilisierungsprogramm. Es war offenbar nur eine Software-Korrektur nötig, d. h. es wurde ein technischer Assistent implementiert, der den Namen *Trust plus* erhielt.

## 2.3 Geglücktes Vertrauensmanagement

Fassen wir die Erfahrung aus dem Vertrauensmanagement der A-Klasse-Krise zusammen: Kein Unternehmen, keine Organisation, kein technisches System kann die Vertrauensbasis als selbstverständlich annehmen, ganz gleich, wie lange an ihr gearbeitet wurde und wie stabil sie zu sein scheint. In der nachrichtenhungrigen Medienwelt können alle negativen Ereignisse sehr schnell, und heute im globalen Maßstab, zu einer umfassenden Vertrauenskrise inszeniert werden, die an sich dem eigentlichen, manchmal marginalen Ereignis überhaupt nicht angemessen, aber oft Indikator für tiefergehende Probleme ist. Die Betroffenen können versuchen, die Inszenierung zu ignorieren. Mit zweifelhaftem Erfolg. Man kann versuchen, durch vorbeugendes Vertrauensmanagement, der Gefahr von Krisenanlässen durch intensiviertes Qualitätsmanagement zu begegnen, oder versuchen, neutrale Zertifizierungsinstanzen (*Trust center*) mit den vertrauensbildenden technischen Tests zu beauftragen[29]. Letzteres wird gegenwärtig, wie wir sehen werden, als einer der Königswege für die Vertrauensbildung in informationstechnische Systeme angesehen.
Ist die Krise aber einmal da, helfen keine Ablenkungsmanöver und Schuldzuweisungen, sondern nur die *Wahrheitsoffensive* und umfassende Reparaturmaßnahmen[30] . Dazu gehören die technischen Nach- und Aufbesserungen, eine offensive Kundenaufklärung und -betreuung, eine umfassende und koordinierte Öffentlichkeitsar-

29 Eine solche Zertifizierung war im Februar 98 vom VW-Konzern vorgeschlagen worden, als dessen neuer Golf ebenfalls in den Verdacht des Umkippens zu geraten drohte.

30 Weyer (1997) spricht mit Blick auf Flugzeuge von *Störfallmanagement*.

beit in allen möglichen Medien (von der Tageszeitung bis hin zur *Web site*), die Expertenzertifizierung und der Versuch, Anerkennungspreise zu gewinnen. Als zentral wichtig kann aber das *Facework commitment* angesehen werden, die Übertragung des persönlichen Vertrauens in bekannte öffentliche Figuren, seien es Repräsentanten des technischen Systems oder seien es Repräsentanten der allgemeinen Öffentlichkeit aus Sport, Politik oder den weiteren Medien. Die konzertierte Aktion kann nur den Erfolg ausmachen. Vertrauensbildung ist zu komplex, als daß sie auf einzelne Sichten, z. B. die technische, reduziert werden kann. Insofern ist der Ausdruck *Vertrauensmanagement* als Koordination aller vertrauensbildenden Maßnahmen durchaus angebracht.
Für einen Produzenten von Automobilen war die mit dem Elchtest einsetzende Krise sicherlich der VertrauensGAU schlechthin, genauso wie es der Tschernobyl-Unfall weltweit für die Atomindustrie oder – reduzierter – in Deutschland die Pannen mit den strahlenden Castor-Behältern gewesen waren. Letztere waren ein Beispiel für mißglücktes oder fehlendes Vertrauensmanagement. Da auch daraus einiges zu lernen ist, gehen wir auch darauf kurz ein.

## 2.4 Mißglücktes, fehlendes Vertrauensmanagement: die Castor-Pannen

Erfolgreiches Vertrauensmanagement muß sich einer Vielzahl von Maßnahmen bedienen, aber entscheidend zur Sicherung von Vertrauen ist die Offenlegung von Information. Ein Beispiel dafür, wie technische Problemfälle nicht erfolgreich bewältigt werden, war die im Frühjahr 1998 aufgetretene Krise der Atomindustrie und der politischen Führung, die wegen mißglückter Vertrauensherstellung erhebliche Konsequenzen gehabt hat, vielleicht sogar mit Auswirkungen auf die im Herbst des gleichen Jahres folgende Bundestagswahl, sicher aber auf die Bereitschaft der Bevölkerung, einer Politik des sukzessiven Ausstiegs aus der Atomenergie zu folgen, wie sie dann nach der Bundestagswahl von der Rot-Grünen-Regierung formuliert wurde.
Die Castor-Krise wurde durch Mitteilungen ausgelöst, daß die für den Transport von Atomabfällen eingesetzten Behälter offenbar

beim Transport durch Frankreich *Hot spots* ausschwitzen und so, wie in der Öffentlichkeit schnell formuliert, zu *weinenden Castoren* werden[31]. Es begann mit einem Fernsehinterview am 24.4.98 mit Mycle Schneider[32], der den Chef der französischen Atomaufsicht, André-Claude Lacoste, mit Informationen über die *Hot spots* bei den Transportbehältern konfrontierte.

Verfolgt man in einigen Details die Entwicklung danach, dann wird man von erfolgreichem Vertrauensmanagement bei dieser aktuellen Atomkrise kaum sprechen können. Allerdings war die Ausgangslage für ein solches Vertrauensmanagement auch ungleich schwieriger. Die Atomindustrie hat schon seit Jahren, spätestens seit Tschernobyl, kein uneingeschränktes Vertrauensprofil wie Mercedes aufzuweisen[33]. Das Problem, so wurde sehr schnell deutlich, war kein radiologisches oder sicherheitstechnisches – so weit man das weiß, stellen selbst die als Spitzenwerte der Verunreinigung bekannt gewordenen 13.000 Becquerel keine reale Gesundheitsgefährdung dar –, sondern ein Problem des Vertrauens und ein gesellschaftliches (*DIE ZEIT* nannte es ein kulturelles) und ein politisches Problem. Das Problem war, wie fast immer bei Vertrauenskrisen, der Umgang mit dem Problem. Nicht umsonst wurde bald von *VertrauensGAU* gesprochen und *DIE ZEIT* formulierte als Titel ihres einschlägigen Dossiers vom 28.5.1998 *Die Büchse des Vertrauens* (S. 15)[34].

Wie schon erwähnt, von Vertrauensmanagement keine Rede, wenn

31 *Castor* ist zur Metapher geworden, die für die Problematik der Atommüll-Transporte steht. Dabei handelt es sich bei den Transportbehältern, die für den Weg nach Frankreich eingesetzt werden und bei denen nun die Verunreinigungen, die *Hot Spots*, gemessen wurden, nicht um die Castor-Behälter, die im innerdeutschen Transport eingesetzt werden (*DIE ZEIT*, 23, Dossier, 28.5.98, S. 16).

32 Deutscher Umweltexperte, der in Paris arbeitet und der seine weltweite Reputation durch den alternativen Novelpreis gewonnen hat.

33 *Pleiten, Pech und Pannen* (Stern 23, 98, 208) begleiten die Atomindustrie von Anfang an: 1975 Wyhl, 1979 Gorleben, 1981 Wackersdorf, 1986 Tschernobyl, 1987 Transnuklear Hanau, 1987 Biblis A, 1988 Nukem, 1988 Mülheim-Kärlich, 1988 Hamm-Uentrop, 1991 Hanau, 1991 Kalkar, 1999 Castor.

34 Ironischerweise wird auf der Eingangsseite des Vertrauens-Dossiers der Zeit eine große Anzeige des Gabler-Verlags geschaltet, das für ein von Schweer und Thieme herausgebenes Buch *Der gläserne Gigant. RWE. Ein Konzern wird transparent* wirbt. Auf der Titelseite der glei-

man sich anschaut, was konkret unternommen bzw. wie konkret reagiert wurde:

- Abwiegeln war geraume Zeit die offizielle Politik der Industrie, zu keiner Zeit habe irgendeine Gefahr bei dem Problem bestanden. Bei den Verunreinigungen, so der Vorstand der Bayernwerke, Eberhard Wild, handele es sich um nicht mehr als *Fliegenschiß* (*DIE ZEIT*)[35]. Auch das Ministerium blieb bei der Einschätzung, reale Gefahr habe nie bestanden, zumal nicht in Deutschland.
- Es wurde zugestanden, daß im mittleren Management der Sachverhalt bekannt gewesen sei. Die über den erlaubten Grenzwerten liegenden Daten wurden seit Jahren gemeldet und zwischen den Experten ausgetauscht. Die Kenntnis wurde bislang allerdings *nur* für die mittlere Management-Ebene der Strahlenschutzbeauftragten und Bereichsleiter in der Industrie zugegeben. Das Top-Management, so versicherte es der Präsident des Deutschen Atomforums, Wilfried Steuer, habe davon nichts gewußt. Trotzdem entschuldigte man sich öffentlich bei der Ministerin Merkel: »Wir haben Sie keineswegs hintergangen oder getäuscht...« (*SZ*)[36].
- Es wurde um Vertrauen geworben. Da das Top-Management nichts davon gewußt habe, müsse man weiter Vertrauen in die Wirtschaft haben. Wilfried Steuer setzte auf politische Bewußtseinsbildung, die im mittleren Management offensichtlich gefehlt habe: »nur völlige Offenheit könne dazu beitragen, den Vertrauensverlust zu begrenzen« (*SZ*)[37]. Auf die Frage des Sprechers der Tagesthemen, Wickert, am 24.5.98, an ihn, warum man denn jetzt Vertrauen haben solle, konnte Steuer nur antworten, man müsse halt Vertrauen haben.
- Die (damalige) Ministerin erklärte, daß sie und ihr Haus vor dem 24. April nichts von den Verschmutzungen gewußt haben. Um diese Aussage glaubwürdig zu machen, ließ die Ministerin Merkel alle mit dem Transportproblem befaßten Mitarbeiter des Bundesamtes für Strahlenschutz (BfS) eine entsprechende Erklärung unterzeichnen (*SZ*)[38]. Ursache für das Informationsdefizit, das gestand die Ministerin dann auch in der Bundestagsdebatte am 26.5.98 zu, sei auf fehlende Verordnungen im Atomgesetz zurückzuführen. Danach besteht für die Atomindustrie keine unmittelbare Meldepflicht bei Transportpannen (*Focus*)[39].

chen ZEIT-Ausgabe wird der Atomindustrie genau die mangelnde Transparenz vorgeworfen.

35 *DIE ZEIT*, Dossier, 28.5.98, S. 15
36 *SZ* 120, 27.5.98, S. 5
37 *SZ* 119, 26.5.98, S. 5
38 *SZ* 30./31.5.1998, S. 6
39 *Focus* 23, 30.5.98, S. 34

- Als Maßnahmen formulierte die Ministerin ein 10-Punkte-Programm, durch das die Atomwirtschaft stärker in die Informationspflicht genommen werden soll. Im Vordergrund dürften nicht mehr (!!) die Sorgen der Atomkraftsbetreiber stehen (*SZ*)[40].
- In der Debatte im Bundestag am 26. 5. 1998 wies die Ministerin Angela Merkel Rücktrittsforderungen wegen der Castor-Affäre zurück. Sie verbat sich während ihrer Rede Zwischenfragen. Die Verantwortung tragen alleine die Energieversorgungsunternehmen. Die Koalition verteidigte die Ministerin.

In der Öffentlichkeit nahm man diese Erklärungen weder der Wirtschaft noch der Politik ab. Schrittweise wurden immer mehr Details offengelegt und dann auch zugegeben, daß auch Beamte aus dem Ministerium das *ominöse Phänomen* der *Hot spots* radioaktiver Isotope gekannt hätten, allerdings nur als theoretische wissenschaftliche Diskussion, die schon seit 1980 geführt wurde (*Spiegel*)[41], ohne daß eine wissenschaftlich exakte Erklärung für die Verschmutzung an der Oberfläche bislang gefunden wurde. Bald mußte auch zugegeben werden, daß es nicht nur ein französisches Problem sei, sondern daß es auch in Deutschland zu hohen Strahlenwerten bei den Transporten gekommen sei (*SZ*)[42]. Auch hierzu sagte die Ministerin, das sei ihr nicht bekannt gewesen. Die Informationspolitik der Unternehmen, die noch bei einem Treffen mit ihr in der vorangegangenen Woche nichts von diesen Daten gesagt haben, bezeichnete sie als *Unverschämtheit.* Wie reagierten die verschiedenen Gruppierungen?

- *Greenpeace* stellte mit dem Hinweis auf vorsätzliche Gesundheitsgefährdung und gefährliche Körperverletzung Strafanzeigen gegen die Verantwortlichen, vor allem gegen die Manager der Atomkraftwerke wie Isar I und II. *Greenpeace* kritisierte die von Merkel nun verlangten Maßnahmen und spottete, daß diese höchstens ausreichen, »um mitzukriegen, wenn ihr beim Kuchenbacken mal wieder was danebengeht« (*SZ*)[43] (in einer Anspielung auf Merkels Äußerung, daß auch bei genauer Verfolgung von Kochrezepten mal was danebengehe).
- Das Land Niedersachsen stoppte mit Hinweis auf die nicht vollständig beherrschbare Atomkrafttechnologie das Planfeststellungsverfahren für das geplante Atommüll-Endlager Schacht Konrad. Der zuständige Minster Wolfgang Jüttner sagte die Teilnahme von Merkel zu einer Konfe-

40 *SZ* 119, 26. 5. 98, S. 5
41 *Spiegel* 23, 1. 6. 1998, S. 38
42 *SZ* 123, 30./31. 5. 1998, S. 1 und 4 und 6
43 *SZ* 121, 28. 5. 98, S. 6

renz aller Länderumweltminister wegen offensichtlich erkennbarer Titanic-Strategie (»beim Versinken noch ein paar mitnehmen«) ab.

- Die Grünen in Bonn forderten einen parlamentarischen Untersuchungsausschuß. Die dazu erforderliche SPD zog noch nicht mit.
- Die Opposition (Grüne und SPD) forderte eine Entschuldigung bei den Demonstranten gegen die Transporte, nicht bei denen sei kriminelle Energie auszumachen, sondern bei der Atomindustrie.
- Grünen-Fraktionschef Joschka Fischer bezeichnete die Ministerin als »Erfüllungsgehilfin« der Atomindustrie (*SZ* 119, 26.5.98, S.5) und machte als größten Vorwurf gegen die Ministerin deren »Vertrauensseligkeit« gegenüber der Industrie aus (*SZ*)[44] und forderte eine unabhängige Begutachtung durch das Freiburger Öko-Institut.
- Der Chef der Polizeigewerkschaft Hermann Lutz hielt Castor-Transporte für nicht mehr durchführbar: »Die Beamten würden in einen Bürgerkrieg geführt« (*SZ*)[45]. Die Replik von Merkel, die Castor-Transporte nach Frankreich seien von der normalen deutschen Polizei gar nicht geschützt worden und bei den Transporten nach Gorleben und Ahaus seien die Strahlenwerte immer innerhalb der Normen geblieben, wird überhaupt nicht argumentativ aufgenommen.
- *DIE ZEIT* forderte die Ministerin zum Rücktritt auf, vor allem weil die politische Verantwortung darin bestanden hätte, die Industrie aufzufordern, nach besseren Lösungen zu suchen. Kerntechnik als äußerst sensible Technologie verlange, so *DIE ZEIT*, »nach einer Kultur der Aufmerksamkeit und der Information«. Die Industrie habe aber lange eine Abschottungspolitik betrieben und nicht nach Alternativen gesucht. Die Rücktrittsforderung wurde in erster Linie damit begründet, daß die Ministerin nur den Kurs der Industrie mitgetragen habe und »den kulturellen Wandel im Umgang mit der Energietechnik nicht gefördert, vielleicht nicht einmal gewollt [hat] ... Sie ist an den alten Strukturen gescheitert, weil sie darauf verzichtete, sie zu reformieren«[46].
- Unter Druck ließ die Ministerin alle weiteren Transporte stoppen, bis die Sicherheitsfragen endgültig geklärt seien.

Der Grund der Vertrauenskrise wurde im nachhinein in erster Linie in der verfehlten Informationspolitik gesehen, die aber dann nicht mehr zu korrigieren war. Auch der aktuelle Vertrauensverlust lag, nach Einschätzung der meisten Kommentatoren, »an der jahrelangen systematischen Geheimniskrämerei« (*SZ*)[47]. Nicht die 1998 bekannt gewordenen überzogenen Werte seien das

44 *SZ* 121, 28.5.98, S.6
45 *SZ* 122, 29.5.98, S.6
46 *DIE ZEIT* 23, 28.5.98, S.1
47 *SZ* 123, 30./31.5.1998, S.4

Problem gewesen, sondern die im Geheimhalten offenkundig gewordene Angst, durch Meßwerte die ohnehin schwache Reputation weiter zu zerstören: »Die Skepsis gegenüber einer komplexen Technik kann die Industrie nur durch Information und Glaubwürdigkeit überwinden – eine Chance, die sie durch das Verschweigen der verseuchten Transporte erstmal verspielt hat.« (*SZ*)[48]
Mißtrauen als Resultat von etablierten Vertrauenskrisen, ist es einmal allgemein geworden, kann es kaum noch aus dem Bewußtsein der Öffentlichkeit entfernt werden. Insofern war der Boden gut vorbereitet – natürlich nicht nur durch das mißglückte Vertrauensmanagement der Castor-Krise –, daß die neue Rot-Grüne-Regierung sehr rasch die Politik des sukzessiven Ausstiegs formulieren konnte und sogar zunächst den Ausstieg aus der Wiederaufbereitung bis Ende 1999 in die Koalitionsvereinbarung aufnahm (was dann korrigiert werden mußte). Die Atomindustrie konnte kaum noch gewichtigen Widerstand gegen die neue Politik leisten, sicherlich auch deshalb nicht, weil im öffentlichen Klima auch der Medien keine die Fortsetzung der bisherigen Atompolitik begünstigende öffentliche Meinung mehr zu schaffen war.

## 2.5 Kann es den VertrauensGAU für die Informationswirtschaft geben?

Die Tschernobyl- und Castor-Erfahrungen aus der Welt der technischen Produkte lassen erahnen, daß auch die von Informationsassistenten und elektronischen Informationsmärkten dominierten Welten zusammenbrechen können, wenn ihnen das Vertrauen entzogen wird. Bislang gab es allerdings noch keine gigantische Informationsschmelze, und keine Informationsverstrahlung ist zu erwarten. Größere Pannen wie die bei dem Pentium-Chip-Fehler von Intel oder bei der Panne mit der *Quicken* 97-Version für Macintosh-Computer, die falsche Berechnungen, z. B. bei der persönlichen Aktienverwaltung, lieferte, sind wohl kaum schon als VertrauensGAU anzusehen. Was der *SuperGAU* der Informationsmaschinen und der elektronischen Informationsmärkte sein könnte, ist noch nicht auszumachen. Vermutlich liegt die Bedrohung tatsächlich nicht, wie es in Horrorvisionen immer wieder

48 *SZ* 121, 28.5.98, S. 4

beschworen wird, in dem einen großen Ereignis wie dem Zusammenbruch der für die (Finanz)Wirtschaft unverzichtbaren technischen Kommunikationsinfrastruktur oder dem Verlust großer, wichtige Daten bereitstellender und vermittelnder Netzrechner (*Server*). Der VertrauensGAU könnte dann eintreten, wenn die bislang noch von wenigen Personen geäußerten Zweifel, ob wir gut daran tun, menschliche informationelle Autonomie so weitgehend an die Informationsmaschinen, an die technischen Informationsassistenten, abzugeben, für alle manifest würden. Vielleicht ist er da, wenn der Öffentlichkeit bewußt würde, daß die gegenwärtige Informationstechnologie es erlaubt, über jeden Menschen, von wem auch immer: Staat, Wirtschaft, ..., ein vollständiges Profil seiner elektronischen Aktionen und Transaktionen im Netz zu erstellen, und daß dies auch tatsächlich geschieht und für nicht kontrollierte Folgeaktionen verwendet wird. Vielleicht auch, wenn der Ärger darüber, ständig mit nicht erwünschter oder sogar gefährlicher Information überschwemmt zu werden, größer wird als die Einschätzung des Nutzens leicht erreichbarer *guter* Information. Vielleicht besteht sogar eher die Gefahr einer Kombination von vielen kleinen informationellen Einbrüchen und Enttäuschungen bei unzureichender Leistung der Informationsmaschinen und technischen Assistenten.

Das Fatale an der Sache mit den Informationsmaschinen und der Delegation von Informationsarbeit an technische Assistenten ist, daß es dazu keine erkennbare Alternative gibt. Eine Welt ohne Autos kann man sich mit einiger Mühe vorstellen, eine ohne kommerziell genutzte Atomenergie sowieso. In einen Stand vor die Informationsmaschinen zurückgehen, das sich auszudenken reicht die Phantasie nicht aus. Angesichts der wachsenden Bedeutung der Informationswirtschaft für die gesamte Volkswirtschaft, die ihr Tschernobyl nicht erleben sollte, und für alle gesellschaftlichen Gruppen und jeden einzelnen Menschen ist es notwendig, sich über die möglichen Konsequenzen der technischen Informationsassistenten zu verständigen. Ziel dabei sollte es zum einen sein, sich rechtzeitig, in Antizipation von fast unvermeidbar auftretenden Krisen, auf ein Vertrauensmanagement einzustellen. Zum andern, da nicht nur nachträglich repariert werden sollte, muß die Entwicklung der technischen Informationsassistenten, einschließlich der vertrauensbildenden Maßnahmen, so betrieben werden, daß, bei aller Faszination der Möglichkeiten von intelligenten Software-Assistenten, nicht allein das technisch effizient Machbare im Vordergrund steht, sondern ebenso Berücksichtigung findet, daß wir mit solchen Maschinen und mit diesen Assistenten mit guten Gründen vertrauensvoll umgehen und nicht in dauerhaft unerträglichen Situationen der Unsicherheit bleiben. Sie sollten nicht unser Selbstwertgefühl bedrohen können, nämlich nicht mehr die Kontrolle über Wissen und Information zu haben, sondern allen ein bewußtes und gutes Leben ermöglichen. Die Frage der Konsequenzen der Informationsassistenten ist technisch, organisatorisch, politisch oder ökonomisch zu beantworten, sie ist aber vor allem eine ethische. Schaffen wir uns im nächsten Kapitel die Grundlagen für ein systematischeres Verständnis des Umgangs mit Unsicherheit, für die kompensatorische Funktion von Vertrauen und für die Notwendigkeit von informationeller Transparenz.

# 3 Imperfekte technische Systeme und die kompensatorische Funktion von Vertrauen

## 3.1 Umgang mit Imperfektion

Natürlich ist das temporäre *Versagen* der A-Klasse keineswegs ein Beweis, aber doch eine Bestätigung dafür – wenn es überhaupt dafür einer Bestätigung bedürfte –, daß wir Fehlverhalten technischer Systeme nicht ausschließen können, wovon dies auch immer verursacht wird, von der Technik selber oder von ihren Anwendern. Bei aller Anerkennung oder sogar Bewunderung ihres hoch entwickelten Standes werden technische Systeme immer wieder als nicht perfekt erfahren. Die dramatischen Unfälle, wie die Kernschmelze des Tschernobyl-Reaktors, die ICE-Katastrophe von Eschede oder der Absturz der MD-11 von SWISSAIR vor Halifax, rücken nur das ins allgemeine Bewußtsein, was täglich passiert.

### 3.1.1 Durch Technik verursachte Verunsicherung

Technischen Systemen können wir Perfektion im Sinne einer in allen nur denkbaren Situationen vollständigen Funktionsgarantie oder gar der Beherrschung von Nebenfolgen nicht zugestehen. Diese Aussage kann man aufwendig philosophisch-wissenschaftstheoretisch begründen, z. B. über eine Diskussion der jetzt äußerst verkürzt formulierten These, daß technische Systeme auf wissenschaftlichen Einsichten beruhen, die prinzipiell nicht als wahr bewiesen werden können. Intuitiv plausibel wird die allgemeine Aussage, daß technische Systeme nicht-perfekt sind, vor allem aus den Erfahrungen in der persönlichen Lebenswelt, in den sogenannten *kleinen Lebenswelten*.

Die Erwartung an ein technisches System ist, daß es funktioniert, und zwar in allen denkbaren Situationen, in denen es zum Einsatz kommen könnte. Jeder erfährt aber laufend, daß die Erwartung versagt. Der elektrische Rasierapparat setzt aus, gerade an dem Morgen, wo ein wichtiger Termin angesetzt ist. Der PKW springt nicht an, der einen zu diesem Termin fahren soll, und die Uhr, die

das Einhalten des Termins sichern soll, bleibt auf einmal stehen. Oder aber das Auto landet vier Meter entfernt vom Ufer in der Havel bei Caputh in der Nähe von Potsdam, weil der Fahrer dem satellitengesteuerten Navigationssystem seines PKW vertraute, das eine Brücke auswies, wo doch eine Fähre, leider gerade unterwegs, für den Übergang zuständig ist[1]. Solche kumulierten Mr.-Bean-Situationen sind nicht gerade häufig, aber das Vorkommen technischer *Pannen*, vom individuellen kleinen Betriebsunfall bis hin zur Tschernobyl-Katastrophe und zum Absturzende vom TWA-Flug 800, ist Bestandteil unserer Lebenserfahrung seit dem Beginn des modernen technischen Zeitalters.
Das hindert uns aber nicht, mit dieser durch Technik selbst »hergestellten Unsicherheit« (Giddens 1996b, S. 317) zu leben. Wie könnten wir auch! Technik als in Handlung umgesetzte Wissenschaft gehört unumgehbar zum Leben in der modernen Welt, und damit auch Unsicherheit. Nicht zuletzt durch die Arbeiten von Anthony Giddens (z.B. Giddens 1991) und Ulrich Beck (z.B. Beck 1986) zu einer Theorie der (zweiten) Moderne bzw. der »reflexiven Modernisierung« (Beck/Giddens/Lash 1996) ist explizit gemacht worden, wie die durch Technik verursachte Verunsicherung unsere Welterfahrung in der Moderne bestimmt und welche Mechanismen wir entwickelt haben, mit prinzipieller Unsicherheit gegenüber den uns umgebenden Systemen umzugehen. Auf veränderte Welterfahrung in der gegenwärtigen Moderne, der Informationsmoderne, gehen wir in Abschnitt 3.1.4 ein.
Unsicherheit durch Technik ist etwas anderes als Unsicherheit gegenüber unvorhersehbaren, bedrohenden Reaktionen der Natur, wie sie Menschen immer schon erlebt haben und wie sie auch heute nicht gänzlich kontrolliert werden können. Unsicherheit durch Technik – um Giddens anzuführen – ist selbst hergestellt: »Viele der sich gegenwärtig einstellenden Unsicherheiten wurden vom Wachstum des menschlichen Wissens (und der daraus resultierenden Technik – RK) selbst hervorgebracht« (Giddens 1996b, S. 317).
Diese technisch verursachte Unsicherheit kommt zu der existentiellen Unsicherheit durch die natürlichen *Pannen* der Erdbeben, Stürme, Vulkanausbrüche, Feuersbrünste, Lawinen oder Überflutungen hinzu, die immer schon zu den Lebenserfahrungen der

1 Quelle: dpa-Meldung, in: *Südkurier* 28. 12. 1998, S. 9

Menschen gehört haben und die heute, in der Verstärkung des technischen Unsicherheitsarguments, zum Teil auch auf das Versagen oder die Nebenfolgen technischer Systeme zurückgeführt werden, wenn denn schon keine Götter oder unbekannten Schicksalsmächte mehr dafür verantwortlich gemacht werden können.
So wie uns die Götter allerdings keine Chancen gegeben haben, gegen die natürlichen Pannen aufzubegehren – Voltaire hatte es zu Beginn des technischen bürgerlichen Zeitalters immerhin mit seinem Protest gegen das Erdbeben von Lissabon versucht[2] –, so hat es heute den Anschein, daß uns auch die technischen Systeme in der Neuzeit trotz faktischer und potentieller *Pannen* kaum einen Spielraum lassen, sie grundsätzlich in Frage zu stellen (Szyperski 1995). Man nimmt sie als Gegebenheit bzw. besser als selbstgeschaffene Unvermeidlichkeiten einer mit Risiken behafteten Gesellschaft an, auf die verschieden reagiert werden kann[3]:

- *fatalistisch*, da man ohnehin nichts dagegen machen kann und zudem keine Chance hat, sie zu vermeiden, selbst wenn man es wollte
- *verdrängend* in der Hoffnung, daß das Versagen, wenn es denn eintreten sollte, dann doch nicht so dramatisch sein und vor allem einen hoffentlich nicht persönlich treffen wird
- *konstruktiv* in dem Bemühen, die Quellen für Fehler aufzuspüren und sich der Perfektion immer weiter anzunähern
- *kritisch-destruktiv*, indem man sich und sein Verhalten daraufhin überprüft, in welchem Ausmaß auf technische Systeme verzichtet werden kann.

Wir haben gewisse, in den Konsequenzen auch nicht zu unterschätzende Optionen: vielleicht eher den Mercedes kaufen als den Volvo (oder umgekehrt); Kernkraftwerke nach dem einen technischen Verfahren durch die nach einem anderen ersetzen oder durch ganz andere erneuerbare Energieerzeugungssysteme; *Microsoft* durch *Macintosh*- oder *Sun*-Umgebungen zu entgehen versuchen; nicht mehr über die Telekom telefonieren, sondern seit Anfang

2 Im *Poème sur le desastre de Lisbonne* von 1755; vgl. www.uni-mainz.de/~greif000/haus/candid.html mit einem Text von Josef Schmitz (Mainz) *Zur Kritik an der Leibnizschen Theodizee-Konzeption anhand Voltaires Candide*.

3 Der Begriff *Risikogesellschaft* ist vor allem durch die Arbeiten von Beck (1986) und Giddens (1990) bekanntgeworden. Beck (1997) erweitert den Begriff zu *Weltrisikogesellschaft*, um damit den globalen Verflechtungen von Risiko Rechnung zu tragen.

1998 über ein Konkurrenzunternehmen, ... – prinzipiell aus den technischen Systemen aussteigen wird keiner mehr können. Auch nützte das individuelle partielle Aussteigen nichts, da die Systeme überall sind und sie uns bei tatsächlichen Pannen betreffen – eine Erfahrung als Konsequenz der Globalisierung, die jedem seit Tschernobyl bewußt ist. Technische Systeme in ihrer Gesamtheit sind – in einer vielleicht unerwarteten Verwendung des Begriffs – *öffentliche Güter*, da von ihren Konsequenzen niemand gänzlich ausgeschlossen werden bzw. ihnen sich niemand gänzlich entziehen kann.

Wir leben mit dem Bewußtsein der Imperfektion technischer Systeme und ihrer Nichthintergehbarkeit, und es hilft uns auch nicht bei unserer persönlichen subjektiven Erfahrung, daß die Techniker die Erklärungen für das Versagen in der Regel liefern können: Z. B. ist der Rasierapparat entgegen der Betriebsanweisung nicht regelmäßig gesäubert worden, die Inspektionsfristen für den PKW wurden nicht eingehalten, die Batterie für die Uhr ist nicht rechtzeitig gewechselt worden, das Verkehrsleitungssystem wurde mit falschen Daten gefüttert, und Tschernobyl war auf das Fehlverhalten des Personals zurückzuführen. Es macht keinen Sinn, in die technische Maschine einen Geist hineinzusehen, der uns in böser Absicht narrt, sondern es ist natürlich das Zusammenspiel zwischen Mensch und Maschine, das zu den sogenannten Pannen führt. Der Mensch, der nicht nach dem technischen Verfahren der Maschine funktioniert und der dieses technische Verfahren in der Regel nicht vollständig durchschaut, und die Maschine, die für sich nicht perfekt sein kann und die nicht auf alle Unabwägbarkeiten menschlichen Verhaltens vorbereitet werden kann.

Wird die Diskrepanz zwischen dem, was wir als Pannen akzeptieren, und dem, was wir als Zumutung oder totale Gefährdung erfahren, zu groß, dann wird ein technisches System als Ganzes in Frage gestellt. Das geschieht zur Zeit, zumindest in einigen Ländern wie Deutschland mit der mittelfristigen Aufgabe der zivilen Nutzung von Atomkraftwerken bzw. Kernenergie. Das System der Technik insgesamt wird als nicht umgehbar wohl kaum in Frage gestellt, bzw. haben wir es gelernt, mit ihm in seinen einzelnen Ausprägungen und Widrigkeiten umzugehen. Spezielle Techniksysteme müssen aber nicht diesen selbstverständlichen Kredit haben. Wir wollen sehen, wie es mit den Informations-

und Kommunikationssystemen bzw. mit ihren Exponenten der Informationsmaschinen und Informationsassistenten bestellt ist.

### 3.1.2 Unsicherheit beim Umgang mit Informationsmaschinen

Wir wollen – in Annäherung an unser Thema – die bisherige Diskussion um Imperfektion und Unsicherheit auf die Informationsmaschinen übertragen. Auch Informationsmaschinen bzw. Informations- und Kommunikationssysteme sind gleichermaßen technische und abstrakte Systeme. Da sie unser professionelles und Alltagsgeschehen zunehmend mehr bestimmen und wir sie dabei in ihrer Funktionalität und in ihrer Reichweite genausowenig durchschauen können, wie es bei den klassischen technischen Systemen und Maschinen der Fall ist, verstärken sie die Erfahrung von Unsicherheit eher noch; und das, obwohl sie, wie schon bei den Informationsparadoxien in Kap. 1 erwähnt, doch gerade dafür konzipiert wurden, informationelle Unsicherheit zu beseitigen. Hinweise auf Verunsicherung oder sogar sich bildendes Mißtrauen gegenüber dem Einsatz von Informationsmaschinen allgemein sind z. B.

- Die regelmäßig für den Laien und mittleren Experten unerklärlichen Systemzusammenbrüche der *Windows*-Systeme, denen man wegen ihres Quasi-Weltmonopols kaum entgehen kann und die man deshalb resigniert und auf eine bessere Zukunft hoffend hinnimmt.
- Die fortschreitende Verunsicherung in der Arbeitswelt, daß der intensive Einsatz von Informationstechnik und globale Verteilungsformen mehr Arbeitsplätze vernichten, als daß dadurch neue geschaffen werden, obwohl doch die Informationstechnik die Arbeitswelt insgesamt unterstützen sollte und nicht nur die Rationalisierungsbestrebungen der die Unternehmen Besitzenden.
- Unsicherheit besteht auch über die durch die Folgen der Telemediatisierung[4] forcierte Globalisierung der Märkte und der politischen Insti-

4 In der Literatur wurde bislang eher von *Informatik/Informatisierung* oder – im Gefolge von Nora/Minc (1979) – von *Telematik/Telematisierung* gesprochen. Wir erweitern den Begriff um die multimediale Komponente, die vor allem im Umfeld des *World Wide Web* (WWW) im Internet und durch die alle Bereiche (Lexika, Aus- und Weiterbildung, Spiele, Unterhaltung) bedienenden CD-ROM-Produkte immer stärker

tutionen. Werden sich die Teilnahmechancen für alle erhöhen, oder werden sich die Klüfte zwischen Informationsarmen und -reichen weiter vergrößern (Stock et al. 1998, S. 91; Schiller 1996)?

- Auch die zunehmende Sensibilität dafür, daß der intensive Einsatz von Informations- und Kommunikationstechnik nicht nur eine Erweiterung der Rationalität von privaten und öffentlichen Organisationen bedeuten muß, sondern uns alle auch, quasi als Nebeneffekt, zu transparenten und manipulierbaren Arbeitnehmern und Bürgern um den Preis des Verlustes an Privatheit machen kann, deutet darauf hin, daß Informationstechnik Verunsicherungen produziert.
- Sogar das lange der Informationstechnik zugebilligte Image einer umweltfreundlichen Technologie können Computer kaum noch für sich reklamieren. Nicht nur, daß im übertragenen Sinne von Informationsverschmutzung gesprochen und von Autoren/innen wie Mettler-Meibom deshalb eine Informationsökologie gefordert wird, auch im realen Sinne stellt die Entsorgung der vielen Millionen Computer, die jeweils kaum länger als fünf Jahre im Einsatz bleiben, ein tatsächliches Umweltproblem dar (Mettler-Meibom 1987).

Aktuelle Verunsicherungen entstehen im Umfeld des Internet. Das sind dann schon eher Verunsicherungen, die direkt mit Informationsarbeit in unserem Sinne zu tun haben.

- Frustrationen bei *überinformativen* Leistungen: Ein Angebot von 20000 Fundstellen nach einer einfachen Suchanfrage an die *Web*-Angebote über die Suchmaschinen des Internet ist eher demotivierend als hilfreich bzw. führt zu einer relativ beliebigen Auswahl.
- Skepsis bezüglich der Objektivität von Suchrobotern: Suchverfahren des *Information Retrieval* sind zunächst wertfreie und interessenlose Software, die aber durch Einsatz von Filtertechniken manipuliert werden können. Kann man sich darauf verlassen, daß die Suchmaschinen der *Yahoo*, *Alta Vista* interessenfrei, unmanipuliert die zu indexierenden Dokumente durcharbeiten und wirklich all das und nur das nachweisen, was aktuell benötigt wird?
- Verunsicherung wegen Bedrohung von *Privacy*: Elektronische Marktplätze erlauben ein in hohem Maße individualisiertes Marketing und den Aufbau persönlicher Geschäftsbeziehungen. Was aber geschieht mit persönlichen Daten, wenn wir in einem elektronischen Marktplatz uns informieren oder Transaktionen wie Bestellen oder Bezahlen anstoßen?

Produktion und Nutzung von Information beeinflußt (Kuhlen 1998a). Wir prägen daher durch die Kombination von *Tele*kommunikation, Multi*media* und Inform*atik* den Begriff *Telemediatik* bzw. den zugeordneten Vorgang *Telemediatisierung*.

- Unsichere Transaktionen: Elektronische Marktplätze sind im elektronischen Handel attraktiv, weil durch sie die anfallenden Transaktionskosten gesenkt werden können. Ist sich aber der Händler sicher, daß derjenige, der eine Bestellung *online* aufgibt, auch wirklich derjenige ist, der zu sein er behauptet?
- Unsicherheit über die Reichweite von Software: Interaktive Software erleichtert den Umgang mit Informationssystemen, wenn diese bei wiederholten Besuchen nicht mehr schon früher mitgeteilte Routineinformation abfragen müssen, sondern sich diese merken können. Wie aber gehen wir damit um, wenn wir in der Interaktion mit *Web*-Angeboten ständig aufgefordert werden, den Einsatz von Software (wie z. B. Cookies) zu akzeptieren, die auf undurchschaubare Weise sich in unseren Computer einrichten und undurchschaubare Aktionen verrichten?
- Unerwünschtes Mitlesen: Niemand wird mehr den Einsatz von *Email* als komfortables Kommunikationsinstrument bezweifeln wollen. Aber werden wir *Email* weiterhin schätzen, wenn wir einigen Grund zur Annahme haben, daß unsere persönliche *Email* von Personen mitgelesen wird, die dazu von uns nicht autorisiert wurden?
- Zweifel an der Qualität maschineller Leistungen: Automatische Übersetzungsverfahren werden immer mehr auch als kommerzielle Dienstleistungen angeboten. Wer gibt uns aber Sicherheit, daß wir uns auf den Übersetzungs- oder Zusammenfassungsagenten verlassen können, der uns über den Inhalt eines fremdsprachigen Dokuments informieren soll, das für uns Bedeutung hat?
- Mißtrauen in die Reichweite von Agenten: Das wachsende Dienstleistungsangebot von Software-Agenten, nicht nur für Informationsaufgaben, sondern auch für Transaktionen, wird als reale Leistung attraktiv. Woher wissen wir aber, ob der Börsenagent mit unserem Geld verantwortungsvoll umgeht, wenn wir ihm An- und Verkauf von Aktien überlassen?

Jeder wird aus seiner privaten und professionellen Lebenswelt Beispiele für Verunsicherungen anführen können, sobald er sich einmal auf die Umgebungen der elektronischen Netzwerke, speziell des Internet, eingelassen hat. Intensiviert wird die Erfahrung von Unsicherheit dadurch, daß es oftmals die nicht-einkalkulierten Nebenfolgen der Technik allgemein und auch der Informationsmaschinen sind, die verunsichernd wirken. Darauf wollen wir kurz eingehen.

### 3.1.3 Imperfektion durch Nebenfolgen und deren Perfektionierung

Technischen Systemen wird nicht nur angelastet, daß die Einhaltung ihres Funktionsauftrags nicht vollständig garantiert werden kann, sondern sie werden auch mit Mißtrauen bedacht und abgewiesen, wenn die unerwünschten und beim Entwurf eines Systems gar nicht bedachten oder nicht vorab bekannten Nebenwirkungen dramatischer und negativer empfunden werden als die durchaus akzeptierten positiven ursprünglichen Hauptwirkungen. Auch hier ist vor allem die Veränderung in der Einstellung zum Kraftwagen mit Verbrennungsmotoren oder zur Erzeugung von Strom durch Atomkraftwerke zu nennen. Imperfektion ist nicht nur system-immanent zu verstehen als Versagen des Systems direkt, vielmehr äußert sich Imperfektion auch z. B. durch die Auswirkungen auf die Umwelt, die in ihrem technischen Plan überhaupt nicht vorgesehen waren bzw. nicht bedacht wurden. Imperfekt sind sie auch, weil sie in ihren Konsequenzen nicht perfekt beherrscht werden können.

Man kann das Wortspiel mit Imperfekt(ion) auch in die Richtung weitertreiben, als der ursprüngliche positive Hauptzweck eines Systems durch die aktuelle Dominanz der nicht beabsichtigten oder nicht einkalkulierten Nebenfolgen in den Hintergrund rückt und damit quasi zur Vergangenheit wird. Der Umgang mit den durch Imperfektion verursachten Nebenfolgen kann dann zum Motor der Weiterentwicklung werden[5].

Entsprechend wollen wir sehen, ob sich ähnliche Effekte bei dem Umgang mit Informationsmaschinen und bei der Wahrnehmung nicht einkalkulierter Nebenfolgen herausstellen, und wir wollen dabei den Gedanken verfolgen, inwieweit sich bildendes Mißtrauen und Unzufriedenheit mit den Leistungen von Assistenten nicht nur Anlaß zur Verweigerung sein müssen, sondern gerade den Anlaß für die Weiterentwicklung der Informationsmaschinen geben (können), die, entsprechend dem grundsätzlichen Imperfektionsgedanken, dann wiederum zu neuen Situationen der Unsicherheit bei neuen Informationsmaschinen führen kann. Ganz offensichtlich beschleunigt sich dieser im Ansatz der reflexiven

5 Vgl. das Becksche Verständnis von reflexiver Modernisierung als »(Nicht-)Wissenstheorie der Nebenfolge« (Beck 1996b, S. 298).

Modernisierung (Beck/Giddens/Lash 1996) vorgezeichnete Prozeß in der Gegenwart drastisch. Die informationstechnischen Reparaturen der Nebenfolgen der informationstechnischen Systeme werden immer nötiger und dann in der Realisierung immer leistungsstärker, zuweilen mächtiger als die auf sie referenzierenden Reparaturobjekte selber, und produzieren dann wieder aus sich heraus Nebenfolgen mit neuen Unsicherheiten, und so geht es fort. Das ist die eher technische Sicht auf die Perfektionierung der Nebenfolgen.
Der andere (soziale) Aspekt der kritischen, Mißtrauen erzeugenden Nebenfolgen der Verwendung von Informationsmaschinen besteht darin, daß sich neue *Kontroll*verfahren entwickeln können, die selber zu neuen Informationsleistungen führen. Wenn es uns nicht mehr ausreicht, daß wir der Qualität eines Informationssystems auf dem Informationsmarkt, z. B. eines Fachinformationssystems, auf der Grundlage der Zusicherungen der Hersteller und Betreiber vertrauen, dann werden wir eher die Systeme bevorzugen, die uns akzeptable Formen der Transparenz und vielleicht auch der Mitbestimmung über Benutzerbeiräte anbieten. Ähnliches gilt für Suchmaschinen im globalen System des *World Wide Web* oder für die Offenlegung der Informationssammlungspolitik (Sammlung von Kundeninformationen) von Betreibern elektronischer Marktplätze. Transparenz, zunächst nur gedacht als Mittel zur Beseitigung von Mißtrauen, kann Motor neuer Produkte werden. Verfahren und Systeme der Qualitätssicherung und der Erzeugung von Transparenz, zunächst nur Nebeneffekt, können zum lukrativen Hauptgeschäft werden. Kehren wir aber zunächst zur allgemeinen modernitätstheoretischen Diskussion des Umgangs mit Imperfektion zurück.

### 3.1.4 Unsicherheit als Preis der Moderne

Wir haben schon in Abschnitt 3.1.1 auf die für das Thema des Umgangs mit technischen und abstrakten Systemen im Zustand weitgehender Unsicherheit grundlegenden Arbeiten von Anthony Giddens und Ulrich Beck u. a. hingewiesen. Ohne in die Diskussion dieser komplexen Ansätze im Detail einzusteigen, haben wir als gesichert angenommen, daß unser generelles Weltverständnis in der (ersten) Moderne durch Unsicherheit (so Giddens) oder durch (gewußtes) Nicht-Wissen (so Beck)[6] in der gegenwärtigen (*zweiten*) *Moderne* geprägt ist.

Wir haben es hier mit den Konsequenzen der Informationsassistenten zu tun und müssen daher das Thema der Moderne nicht zum Gegenstand für sich werden lassen[7]. Es ist jedoch unverkennbar, daß die Karriere des Informationsbegriffs seit Ende des zweiten Weltkriegs mit der Intensivierung dessen, was Moderne genannt wird, zusammenhängt und daß gleichzeitig, sozusagen als Nebenfolge des Informationsbedarfs der Moderne, die Karriere des Informationsbegriffs zu einer Weiterentwicklung – manche meinen Ablösung – des industriellen Selbstverständnisses der Moderne hin zu einer Informationsgesellschaft geführt hat. Entsprechend gehören Moderne und Information zusammen, wie auch die Informationsassistenten mit den aktuellen Ausprägungen der Moderne, ob diese nun *zweite Moderne* oder – wie wir es vorschlagen würden – *Informationsmoderne* genannt wird. Ganz ausklammern können wir die Diskussion um das, was in diesem Zusammenhang *Moderne* bedeutet, daher nicht.

Versuchen wir einen kleinsten, zunächst sehr allgemeinen gemeinsamen Nenner: Mit Moderne ist die im Ausgang des Mittelalters sich entwickelnde bürgerliche Gesellschaft gemeint, in der das öffentliche Leben zunehmend weniger durch die Referenz auf quasi übernatürliche Autoritäten und Normvorstellungen (Religionen) bestimmt wird, sondern durch rationale Organisationsformen in allen gesellschaftlichen Teilbereichen wie Politik, Wirt-

6 Zur Unterscheidung von *erster* und *zweiter* Moderne, die auf Beck zurückgeht, vgl. die Ausführungen in Abschnitt 3.1.1.

7 Eine entsprechende Diskussion führte, schon bei einer nur mäßigen Ausführlichkeit zu unüberschaubaren Argumentationen über Modernität (Giddens 1990; 1991), erste und zweite Moderne (Beck 1996b), über Postmoderne (Crook/Pakulski/Waters 1992) und postmodernes Wissen (Lyotard 1986; Flusser 1990), Ende/Vollendung der Moderne (Fukuyama 1992), Kontinuität der Leonardo-Welt (Mittelstraß 1992) oder Theorien der reflexiven Modernisierung (Beck/Giddens/Lash 1996). Die wenn nicht zufällige, so doch kaum als erschöpfend begründbare Selektion der Referenzen zeigt die Aussichtslosigkeit des Vorhabens, auf dem Stand der Literatur über Moderne, eine qualifizierte Synopse zu versuchen. Vgl. die ergiebige, aber natürlich auch nicht annähernd vollständige Literaturzusammenstellung in (Beck 1996a, S. 102-112); vgl. Artikel *Moderne* im Historischen Wörterbuch der Philosophie.

schaft, Verwaltung oder Wissenschaft. Das zweite wichtige Kriterium für die Bestimmung der Moderne ist der umfassende und auf immer weiteren Fortschritt ausgelegte Einsatz von Technik als in Handlung umgesetzte Wissenschaft zur Organisation des öffentlichen und privaten Lebens, vor allem als Motor des wirtschaftlichen Fortschritts. Das ist ein mehr oder weniger allgemein akzeptiertes Verständnis von Moderne.

Beides – rationale Organisationsformen und technisch-wissenschaftliche, ökonomische Entwicklung – sind angesichts der zunehmenden Komplexität der sich ihnen stellenden Aufgaben bzw. der Komplexität der dafür zur Anwendung kommenden Verfahren auf ständige Informationszufuhr angewiesen. Die sich so erhöhenden Anforderungen an die informationelle Absicherung organisationellen und technisch-wissenschaftlichen Handelns haben zu den jeweiligen Ausprägungen informationeller Produkte und Dienstleistungen geführt, die nach dem Stand des Wissens und der Technik möglich waren. Wir gehen in Abschnitt 5.3.3 detaillierter auf diese die Entwicklung der bürgerlichen Gesellschaft bestimmende Entfaltung von Informationsleistungen bis hin zu den gegenwärtigen Mehrwertdiensten der elektronischen Netzwerke und den sie in Gang haltenden Informationsmaschinen ein. Uns genügt hier erst einmal der Hinweis, daß die Entwicklung der Moderne gleichzeitig die Entwicklung der Informationsressourcen zur Absicherung der Systeme der Moderne ist, mit der gegenwärtigen Konsequenz, daß die Systeme zur Absicherung der Systeme der Moderne selber die Systeme der Moderne werden, die natürlich auch wieder informationell abgesichert werden müssen. Das ist Ausdruck der mehrfach schon angesprochenen Reflexivität der Moderne, um diesen Ausdruck von Beck hier auf die Informationsproblematik der Moderne zu übertragen.

Wollte man den im letzten Absatz entwickelten Gedanken in eine Aussage der Makroökonomie übertragen, die sich damit beschäftigt, Veränderungen ökonomischer Makrostrukturen aufzuzeigen, so wird damit die Transformation der materielle Güter und physische Dienstleistungen bereitstellenden Industrie- und Dienstleistungsgesellschaft in eine immaterielle Güter und immaterielle (informationelle) Dienstleistungen produzierende und verteilende Informationsgesellschaft angesprochen. In ihr müssen natürlich weiterhin die Produktion, Verteilung und Nutzung klassischer Güter informationell abgesichert werden, aber zunehmend wer-

den die Informationsgüter (oder sogar die Informationen über die Informationen) zum Hauptzweck der Wirtschaft.
Der Informationsaspekt der Systeme der Moderne hängt auch mit der Bedingung der Möglichkeit ihrer legitimierenden Begründung zusammen. Für beide Aspekte – die abstrakte Organisation des öffentlichen Lebens und die technische Grundlage der Ausprägungen ihrer (vor allem ökonomischen) Teilbereiche – ist Legitimation erforderlich, wenn der Rekurs auf vorgegebene Autoritäten nicht mehr trägt. Bezüglich der Organisationsformen soll das durch Öffentlichkeit, d. h. durch den realen oder angenommenen Konsens der durch sie repräsentierten Subjekte (über das Demokratieprinzip) geschehen, bzw. bezüglich Technik durch die Annahme einer Allgemeingültigkeit der sie fundierenden wissenschaftlichen, in erster Linie mathematisch-naturwissenschaftlichen Ergebnisse. Beide Legitimationsformen funktionieren aber nicht (mehr) direkt.
Zum einen entziehen sich die Organisationsformen durch fortschreitende Abstraktheit ihrer Realisierung dem unmittelbaren Verständnis und der direkten Kontrolle der sie einsetzenden Subjekte. Giddens (1990) bezeichnet die fortschreitende Loslösung der Systeme in Politik, Wirtschaft, Technik und Gesellschaft aus unseren konkreten, überschaubaren Lebenswelten und aus unserem verfügbaren Verstehenshorizont als *Diskontinuität* bzw. *Disembedding*. Für uns ist unter dem Informationsgesichtspunkt weiter wichtig, daß das der modernen Gesellschaft zugrundeliegende (partizipative) Öffentlichkeitsprinzip in seiner direkten Form kaum je eingelöst werden konnte. Öffentlichkeit ist zunehmend mehr delegierte, mediale Öffentlichkeit geworden. Sie sorgt im Zusammenspiel mit den direkten politischen Akteuren und anderen Subjektinteressen repräsentierenden Organisationen dafür, welche Themen auf die Agenda politischer Entscheidungen kommen und auch in welche Richtung die Entscheidungen getroffen werden.
Zum andern entziehen sich die wissenschaftlichen Forschungsergebnisse in ihren Grundlagen und die aus ihnen entwickelten technischen Produkte zunehmend mehr dem Verständnis der von ihnen betroffenen und sei es nur als Käufer betroffenen einzelnen Laien-Subjekte. Schon gar nicht sind deren Konsequenzen mehr überschaubar. Die Abstraktheit ihrer Prinzipien macht sie für den einzelnen kaum oder gar nicht mehr nachvollziehbar. Die

Kontrolle über die Richtigkeit der Wissenschaft und die Verläßlichkeit der Technik wird an die Experten delegiert.
Delegierte mediale Öffentlichkeit und delegiertes technisches Expertentum sind somit die Substitute für die direkte Zuständigkeit der einzelnen Individuen, sei es für die Öffentlichkeit des Geschehens in der Moderne oder sei es für die Verifikation ihres Wissensstandes. Also handeln wir mit den abstrakten und technischen Systemen der Neuzeit in einem Zustand weitgehender informationeller Unsicherheit bzw. kompensieren diese Unsicherheit durch Delegation an andere und, damit verbunden, durch Vertrauen in die Funktionsfähigkeit von medial erstellter Öffentlichkeit und die Verläßlichkeit der Experten[8].

## 3.2 Die kompensatorische Funktion von Vertrauen

Wenn wir uns den technischen Systemen anvertrauen, gründet sich das nur geringfügig auf Sicherheit verschaffendes Wissen, sondern auf weicheren Kriterien, von denen Erfahrung – nämlich nicht enttäuscht zu werden – noch das härteste ist. Erworbene oder vermutetete Sicherheit ist häufig keine Eigenleistung, sondern entsteht durch Delegation an Experten. Das funktioniert nur, wenn wir Grund für die Annahme haben, daß wir diesen Experten vertrauen können. Vertrauen ist die Möglichkeit oder sogar die Notwendigkeit der Kompensation von fehlendem Wissen. Vertrauen ersetzt nicht Wissen und ist auch nicht unabhängig von Wissen, aber beruht auch auf anderen Faktoren, die wir herausarbeiten wollen und die die Zeitspanne der für Vertrauen zentralen Erfahrungsbildung abkürzen bzw. Erfahrung positiv oder negativ verstärken können.
Vertrauensbildung ist ein komplizierter Vorgang, und es überrascht nicht, daß Vertrauen aus der Sicht vieler Disziplinen behandelt wird[9]. Vertrauensbildung ist gleichermaßen komplex und

8 Wir klammern in dieser Arbeit die in der gegenwärtigen (Informations-)Moderne mögliche Transformation von Öffentlichkeit und damit die Veränderungen im Medienbereich aus und behandeln dieses Thema in separaten Publikationen (Kuhlen 1998b, 1999a).

9 Bezüglich der philosophisch-theoretischen Diskussion vgl. Barber (1988), Fukuyama (1995), Schottländer (1958), Seligman (1997); zu psychologischen Vertrauensansätzen vgl. Rotter (1980), Erikson (1953);

sensibel. *Komplex*, weil ihr Erfolg nicht eindeutig auf nur einen Faktor zurückzuführen ist, sondern auf einem Gemisch von vielen sozialen, technischen und psychisch-emotionalen Faktoren beruht. *Sensibel* deshalb, weil, wie wir es an dem Beispiel der A-Klasse gesehen haben, das Herausbrechen eines vertrauenbildenden Bausteins leicht das gesamte Gebäude zum Einsturz bringen kann, an dem lange und solide gearbeitet wurde. Vertrauen ist nicht leicht zu gewinnen und zu erhalten, aber leicht zu verlieren.
Mit Vertrauen verbundene Erfahrungen und Einschätzungen sind auch deshalb sensibler als solche auf Wissen beruhende, weil wir für Fehler von Wissen in der Regel andere, externe Faktoren verantwortlich machen können: Es wurde nicht richtig gerechnet; es wurde falsch konstruiert; die empirische Basis war nicht ausreichend. Enttäuschung von Vertrauen müssen wir uns letztlich selber anrechnen. Zwar sind es natürlich die anderen, die Systeme oder die Menschen, die uns enttäuschen. Aber wir können uns selber dabei nicht entlasten. Warum haben wir ihnen vertraut, obwohl wir vielleicht nicht genug über sie wußten? Läßt uns unser gesunder Menschenverstand, unsere Intuition im Stich, so trifft uns das persönlicher, als wenn wir eine falsche Berechnung oder einen Materialfehler konkret haftbar machen, die korrigiert werden können. Giddens (1990, S. 31 f.) weist in der Auseinandersetzung mit den Luhmann'schen Unterscheidungen von *Trust* und *Confidence*[10] darauf hin, daß bei Enttäuschungen von Zuversicht

zur soziologischen Vertrauensdiskussion vgl. Luhmann (1973, 1988), Dederichs (1997), Krystek/Zumbrock, Lane/Bachmann (1996), Preisendörfer (1995), Schweer (1997a und b); zur Diskussion in der Wirtschaftswissenschaft vgl. Albach (1980), Bachmann/Lane (1997), Coleman (1990), Dasgupta (1988), Gambetta (1988), Mayer/Davis/Schoormann (1995), Sydow/Windeler (1994), Williamson (1975), Zündorf (1986), auch mit Bezug auf virtuelle Organisationen vgl. Handy (1995), Koch (1999), Nieder (1997), Ogilvy (1995), Wienand/Nathusius (1998), Wurche (1994).

10 Vertrauen (*trust*) ist für Luhmann immer mit einer risikoreichen, unentschiedenen Situation verbunden, während sich Zuversicht (*confidence*) darauf gründet, daß man die Dinge mehr oder weniger im Griff hat und daß die anstehenden Angelegenheiten stabil bleiben. Situationen von Vertrauen sind nach Luhmann durch nicht eindeutig entscheidbare Alternativen gekennzeichnet. In Situationen, die man zuversichtlich beherrscht, spielen Alternativen keine Rolle, man ist sich der gewählten Alternative sicher (Luhmann 1988).

die Schuld anderen zugewiesen wird, während das Nicht-Einlösen von Vertrauen auf einen selber zurückfällt, da man offenbar zu vertrauensselig gewesen war, also nicht in ausreichendem Umfang über Urteilskraft verfügt hat:

»In a situation of confidence, a person reacts to disappointment by blaming others; in circumstances of trust she or he must partly shoulder the blame and may regret having placed trust in someone or something« (Giddens 1990, S. 31).

Vertrauen bzw. Vertrauensbildung und -sicherung sind nicht zuletzt auch deshalb sensibel, weil Vertrauen leicht mißbraucht werden kann, ohne daß dies für einige Zeit bemerkt würde. Vertrauen steht sozusagen orthogonal zu einem informationell abgesicherten Zustand. Vertrauen haben bedeutet dann also, auf objektivierende Information (bewußt) zu verzichten. Auf eine Person, der wir vertrauen, setzen wir keine Privatdetektive an. Eine politische Partei, der vertraut wird, hat gute Chancen, daß ihr fortlaufend, auch ohne weitere Informationsarbeit, die (Wahl)Stimme gegeben wird. Ein System, dem wir vertrauen, lassen wir nicht fortlaufend durch Dritte bewerten. Entsprechend laufen wir Gefahr, bei Aussetzen informationeller Kontroll- oder zumindest Warninstanzen, Vertrauen fälschlich geschenkt zu haben. Möglicherweise kommt hier ein Zeitfaktor ins Spiel. Ohne Vertrauen können keine persönlichen, sozialen, ökonomischen oder politischen Beziehungen aufgebaut werden. Nicht jede Handlung kann informationell rational überprüft und abgesichert werden. Zu lange *blind* gegebenes Vertrauen wird zur naiven Gutgläubigkeit. Ein solchermaßen enttäuschtes Vertrauen wird eher der Kategorie *Blauäugigkeit* zugerechnet, für die man dann auch noch den Spott ertragen muß.
Für alle der im folgenden zu besprechenden Momente der Vertrauensbildung gilt der angesprochene Zeitfaktor. Es muß nicht bei jeder Gelegenheit, aber doch fortwährend Vertrauensarbeit geleistet werden. Vertrauen – in der Bildungsphase — wird nicht durch singuläre Maßnahmen erzeugt, sondern setzt sich aus vielen Einzelergebnissen und -erfahrungen zusammen. Vorschnell gegebenes oder zu lange nicht mehr überprüftes Vertrauen führt nicht zu dauerhaften Lösungen. Vertrauen kann nie als gegeben angenommen werden, sondern muß sich immer neu bewähren. Allerdings wird sich einmal etabliertes Vertrauen in folgenden Prozessen weiter verfestigen, da vertrauensvolle Partner dazu neigen, ihr

Kommunikationsverhalten offener zu gestalten und somit den Partnern weiter Grund zum Vertrauen geben. Diese Rekursivität in der Vertrauensbildung ist allerdings auch in der negativen Funktion auszumachen. Vertrauensenttäuschungen können rasch eine Eigendynamik entwickeln. Wenn auch bei fest etabliertem Vertrauen einzelne vertrauensabweichende Vorkommnisse in der Regel toleriert werden, müssen sie jedoch erklärt und ggfs. repariert werden. Geschieht das überzeugend, so verstärkt die reparierte Panne das Vertrauen noch mehr. Objektive Informationen haben es dabei schwer, die Vertrauensleistung zu erbringen oder wiederherzustellen. Sie geschieht eher über personale Übertragungsformen. Vertrauen ist keine intellektuelle, sondern eine emotionale Leistung und ein moralischer, kein informationeller oder gar technischer Vorschuß.

- Vor allem in zwischenmenschlichen Beziehungen ist Vertrauen Teil dessen, was nach Giddens »ontologische Sicherheit« ausmacht (1990, S. 92 ff.; vgl. Lash 1996a, S. 206). Diese wird als personales Vertrauen aufgrund der ersten frühkindlichen Erfahrungen gebildet[11]. Zwar ist sicherlich die ursprünglich gelegte Vertrauensbasis für die ontologische Sicherheit entscheidend. Sie muß aber in der weiteren Entwicklung des Menschen laufend gepflegt werden. An Vertrauen muß fortwährend gearbeitet werden, vor allem dann, wenn es sich nicht um Personen aus der unmittelbaren persönlichen oder familiären Umgebung handelt, sondern um Personen, zu denen man in Geschäftsbeziehungen steht, oder um abstrakte und technische Systeme handelt, mit denen man in allen gesellschaftlichen Bereichen laufend zu tun hat (vgl. Giddens 1996b, S. 318 f.).
- Ontologische Sicherheit hängt nicht nur von den direkten familiären oder weiteren sozialen Umgebungen ab, sondern auch von der Einstellung zu abstrakten Systemen. Vertrauen in Personen und soziale Gruppen muß erweitert oder ersetzt werden durch Vertrauen in ab-

11 Bentele (1993) bezeichnet diese ontologische Sicherheit als Basisvertrauen und setzt dieses von den anderen drei Typen von Vertrauen ab: Systemvertrauen, Institutionenvertrauen, Personenvertrauen. Nur die drei letzteren werden als »Typen öffentlichen Vertrauens« angesprochen (a.a.O., S. 39). Vgl. Schottländer (1958), der Vertrauen auf das Erleben in der Kindheit zurückführt, durch die Umwelt bestätigt zu werden. Petermann (1985) relativiert die Vertrauenserfahrung durch das Konzept des *gesunden Mißtrauens*. Auf die frühkindliche Erfahrung für Vertrauensbildung mit der Konsequenz des Selbstvertrauens rekurriert die psychoanalytische Literatur (Erikson 1953).

strakte und dann technische Systeme. Ontologische Sicherheit muß in der Moderne Vertrauen in abstrakte und technische Systeme einbeziehen.

Ein Gutteil des Vertrauens vor allem in die Zuverlässigkeit technischen Wissens (Szyperski 1995) wird bei den meisten Menschen in westlichen Ländern in der primären Ausbildung hergestellt. Von der Schule behalten die meisten Menschen vielleicht wenig konkretes technisches Wissen, aber sie haben in der Regel das dauerhaft erworben, was Giddens »aura of respect for technical knowledge of all kinds« (a.a.O., S. 89) nennt. Diese Aussage ist sicherlich in hohem Maße kultur- und auch zeitabhängig, aber in gegenwärtigen westlichen Ländern und in den davon unmittelbar beeinflußten existiert diese positive vertrauensvolle Voreinstellung. Aber auch in diesen Ländern kann das Ausmaß der Ausprägung dieser *Aura* erheblich variieren, und es wird von aktuellen Ereignissen, wie dem Tschernobyl-Reaktorunfall, beeinflußt. Technisches Vertrauen ist keine Naturkonstante oder eine einmal erworbene und dann unverändert gehaltene Einstellung, sondern muß laufend *versichert* werden.
Eine wesentliche Rolle bei dieser Versicherung spielt, wie erwähnt, die primäre Ausbildung bzw. die fortlaufende Weiterbildung im privaten und professionellen Leben. Vertrauen in Informationsarbeit leistende Systeme wird auch davon abhängen, inwieweit unser Ausbildungssystem das allgemeine Ziel einer informationellen Bildung anvisiert[12]. Eine gewichtige Rolle spielt natürlich auch hier die Meinungsbildungsarbeit der Medien[13].

12 Mit *informationeller Bildung* meinen wir hier weniger den Erwerb von informationstechnischer Kompetenz oder, wie es früher von Häfner gefordert wurde, den Erwerb eines Informatikführerscheins (Haefner 1980), sondern den Erwerb von Informationskompetenz bzw. des Informationsführerscheins. Auf die Rolle von informationeller Bildung und Informationskompetenz werden wir in Abschnitt 5.5 ausführlich eingehen.

13 Bentele (1993) behandelt Vertrauen bzw. Vertrauenskrisen in erster Linie als Problem der Medien, das allerdings Auswirkungen auf das gesamte System hat, da »die Vertrauenswerte der Medien und die Vertrauenswerte anderer Institutionen einen Einfluß aufeinander ausüben« (a.a.O., S. 41). Die Medien leisten in ihrer Berichterstattung einen wesentlichen Beitrag zu Prozessen der Vertrauensbildung in andere gesellschaftliche Systeme, vgl. Kuhlen (2000). Schwankungen

Wir wollen uns in den folgenden Unterabschnitten noch näher auf die Vertrauensdebatte einlassen, weil sie in ihrer Vielschichtigkeit, zumindest in ihrer Ambivalenz zwischen handlungsleitender moralischer Kategorie und Teil eines ökonomisch ausgerichteten Effizienzmanagement, für unsere Debatte der Konsequenzen der Informationsassistenten zentral ist. Wir werden auf die hier weitgehend unabhängig von den Informationsassistenten gewonnenen Einsichten immer wieder zurückkommen.

### 3.2.1 Vertrauen im Kontext der Modernitätsdebatte

Die Ursache für die Notwendigkeit von Vertrauen in Systeme der Moderne haben wir schon herausgearbeitet. Ob es sich nun um abstrakte, technische oder – in unserem Fall – um informationstechnische Systeme handelt, sie sind im Vokabular von Giddens (1990) durch *Disembedding mechanisms*[14] gekennzeichnet. Für die abstrakten Systeme, z. B. Formen der Regierung, der Verwaltung oder auch Transaktionssysteme wie Geld, bedeutet dies, daß die ihnen zugrundeliegenden sozialen Beziehungen der Unmittelbarkeit des verfügbaren Kontextes der von ihnen Betroffenen entzogen sind. Ihre Funktionen werden zunehmend von professionellen Spezialisten wahrgenommen. Das gleiche gilt für die technischen Systeme, die in der Regel von normalen Laien bezüglich des ihnen zugrundeliegenden Wissens nicht durchschaut werden (können). Man kann auch von informationeller Asymmetrie sprechen, indem in der Regel eine erhebliche Diskrepanz zwischen dem Wissensstand der Systembetreiber und Systemnutzer/-betroffenen besteht. Bentele (1993) weist darauf hin, daß diese kritische Informationssituation für alle gesellschaftlichen Subsysteme zutreffend ist und daß daher diese Systeme, z. B. in der Ausprägung von Parteien, Unternehmen, Verbänden, Wissenschaft, zur Erfüllung

im Vertrauensvorschuß gegenüber Medien werden seit vielen Jahren in der psychologischen Glaubwürdigkeitsforschung untersucht, wobei als allgemeine Tendenz der Einstellung gegenüber den Medien die Abnahme der Akzeptanz festzustellen ist.

14 In der deutschen Übersetzung (Giddens 1997) wird *Disembedding* mit *Entbettung* übersetzt (besser wäre vielleicht: *Mechanismen der Entkontextualisierung*). Wir bleiben hier weitgehend bei der originalen Terminologie und zitieren Giddens aus der englischen Ausgabe.

ihrer Aufgaben auf »Zuschreibung öffentlichen Vertrauens« (Bentele 1993, S. 39) angewiesen sind.

Entsprechend spielt Vertrauen in der Systemtheorie im Gefolge von Luhmann eine zentrale Rolle, wenn ihre Leistung mit der Reduktion von Komplexität von Systemen jeder Art und in zwischenmenschlichen Beziehungen beschrieben und ebenfalls aus informationeller Unterbestimmung begründet wird. Allerdings weist auch Luhmann auf das Risiko von Vertrauen und damit auf die Möglichkeit des Mißbrauchs hin:

»So zeigt sich auch bei genauerem Hinsehen, daß der Begriff des Vertrauens keineswegs eine handfeste Problemlösung angibt, die man nur ins Werk zu setzen hätte, um das Problem aus der Welt zu schaffen. Eher handelt es sich um eine Ersatzformel für das Ursprungsproblem der Komplexität. Vertrauen ist und bleibt ein Problem. Komplexität ist ein nicht-hintergehbares Risiko ... Als Risiko des Vertrauens können Systeme es in den meisten Fällen leichter tragen. Aber es bleibt zu fragen, unter welchen Bedingungen und mit welchen weiteren Folgeproblemen« (Luhmann 1968, S. 29).

Für Giddens ist, wie auch schon mehrfach angedeutet, Vertrauen die kompensatorische Form des Umgangs mit abstrakten und technischen Systemen der Moderne in Situationen der Unsicherheit als Ausprägung von Diskontinuität. Giddens arbeitet in 10 Punkten ein umfassendes Verständnis von Vertrauen heraus, die wir kurz paraphrasierend und interpretierend zusammenfassen wollen:

Vertrauen wird in informationell unterbestimmten Situationen benötigt, und zwar in Situationen der Moderne, die von den Menschen in Systemen der Gesellschaft und Technik selber produziert worden sind. Eine informationssichere Situation ist nicht auf Vertrauen angewiesen. Vertrauenseinstellungen decken die Bandbreite zwischen vollständigem Vertrauen bis hin zu Mißtrauen oder gar Angst bei vollständigem Fehlen von Vertrauen ab. Vertrauen hat weniger etwas mit Risiko zu tun, sondern mit Handeln in Situationen mit ungewissem Ausgang. Kann man die Ausgänge nicht selber einschätzen, so wird Verläßlichkeit an die für die Systeme zuständigen Personen delegiert. Sind alltägliche Angelegenheiten mit ungewissem Ausgang betroffen, so sind für Vertrauen im zwischenmenschlichen Bereich *weiche* Faktoren wie Glauben, Redlichkeit, Ehre oder Liebe verantwortlich. Bei den abstrakten und technischen Systemen, die wegen ihrer *Disembedding*-Mechanismen weitgehend entpersonalisiert erfahren werden, werden diese *weichen* Kriterien durch abstrakte Prinzipien und technisches Wissen ersetzt, die allerdings, wie erwähnt, dann weniger von den

Laien durchschaut werden. Daher kommen hier für Giddens die Expertensysteme ins Spiel, wobei er mit Expertensystemen nicht den in der Künstlichen Intelligenz behandelten Informationssystemtyp meint, sondern jede Art von Delegation von Kompetenz an Technik und professionelle Spezialisten. Da es sich im Falle der Experten um an Personen übertragenes Vertrauen handelt, denen man sozusagen *blind* vertraut, spielen die erwähnten moralischen Kriterien erneut eine Rolle. Vertrauen kompensiert sozusagen fehlende kognitive oder soziale/moralische Sicherheit. Vertrauen kann daher definiert werden:

»Trust may be defined as confidence in the reliability of a person or system, regarding a given set of outcomes or events, where that confidence expresses faith in the probity or love of another, or in the correctness of abstract principles (technical knowledge)« (Giddens 1990, S. 34).

Vertrauen zu technischen, abstrakten Systemen ist zwar etwas anderes als Vertrauen zu Personen, aber auch Vertrauen in technische Systeme entsteht nicht durch eigenes verfügbares Wissen um die den Systemen zugrundeliegenden Prinzipien, sondern ist eher *Glauben* zuzurechnen als einem kognitiv begründeten Verstehen: Vertrauen (*trust*)

»expresses a commitment to something rather than just a cognitive understanding ... the modes of trust involved in modern institutions in the nature of the case rest upon vague and partial understandings of their *knowledge base*« (a.a.O., S. 27).

Allerdings ist das *Resultat* bzw. die *Konsequenz* von Vertrauen dann einem kognitiv begründeten Verstehen vergleichbar. Wir handeln zuversichtlich. Mit Vertrauen als *weichem* Faktor können wir mit den Systemen dann genauso zuversichtlich umgehen, als ob wir tatsächlich das erforderliche Wissen hätten.
Vertrauen ist ein Als-ob-Ereignis (eine *Ersatzformel* – Luhmann 1968, S. 29). In unserem täglichen Verhalten müssen wir auf unsere Überzeugung bauen, daß die technischen und professionellen Systeme richtig funktionieren. Wir müssen so tun, als ob wir wüßten, daß sie funktionieren. Wir haben Vertrauen, so Giddens' Beispiel, daß das Haus, in dem wir wohnen, nicht zusammenbricht, wenn wir in das obere Stockwerk gehen. Wir haben Vertrauen in das, was von den Architekten und Konstrukteuren geplant war und errichtet wurde. Dieses Vertrauen in abstrakte Systeme gründet sich nicht auf die direkte persönlich erlebte Erfahrung in die Zuverlässigkeit einer anderen Person, also nicht auf den individuellen Architekten, sondern auf den Glauben an die

Korrektheit des Expertenwissens, auf die dem jeweiligen System zugrundeliegenden Prinzipien bzw. auf die Erwartung, daß die Personen, die die Systeme betreiben, über die Expertise verfügen, also das allgemeine Expertenwissen persönlich nach dem Stand des Wissens kompetent adaptiert und es auch eingesetzt haben. Natürlich gehört dazu auch die persönliche Erfahrung im Umgang mit diesen Systemen, daß sie normalerweise funktionieren. Weiterhin werden Autos gefahren, obwohl man weiß, daß damit ein Risiko verbunden ist. Man geht das Risiko ein, weil man darauf vertraut, daß das technische Wissen zur Erstellung von Autos verläßlich ist und daß es nicht erforderlich ist, über dieses Wissen auch nur minimal selber zu verfügen.

### 3.2.2 Vertrauensbildende Ersatzhandlungen – die Rolle von Zugriffspunkten

Vertrauen ist, wie erwähnt, ein Als-ob-Ereignis, so tun und auch so handeln, als ob wir objektive, informationell abgesicherte Gründe hätten. Im Prinzip sollte Vertrauen in abstrakte und technische Systeme auf dem diesen Systemen zugrundeliegenden theoretischen, wissenschaftlich abgesicherten und dem Stand der Kunst entsprechend realisierten Wissen beruhen, und, explizit befragt, würde wohl auch jeder sagen, daß Vertrauen in das angewendete Wissen die reale Basis für vertrauensvolles Verhalten ist. Haben wir aber selber keinen Zugang zu diesem Wissen, so sollen die Vertrauenssicherung die dieses Wissen repräsentierenden Experten leisten.

Wir gehen davon aus, daß die Experten als Konstrukteure oder Bediener der Systeme die Informationen haben, deren Fehlen Vertrauen notwendig macht. Man vertraut den Prinzipien der Systeme entsprechend eher, wenn man die dafür verantwortlich zeichnenden oder die sie betreibenden Personen kennt. Vertrauen in abstrakte Prinzipien und institutionelle Sicherungen braucht die emotionale, über Personen zu erreichende Einstellung. Sie erinnern uns daran, selbst bei eher flüchtigen Kontakten, daß es Personen aus Fleisch und Blut sind, die letztlich die Systeme haben entstehen lassen und die sie handhaben.

Giddens greift zur Präzisierung der Bedeutung von personalen Zugangspunkten für die Vertrauensbildung in technische Systeme auf eine Unterscheidung von Goffman zwischen *Facework commitment* und *Faceless commitment* zurück, die wir ja auch schon bei der Diskussion der A-Klasse benutzt haben. *Facework commitment* wird in sozialen Beziehungen der Kopräsenz hergestelllt, d. h. wir erleben die Personen real in ihrem Handeln in unserer persönlichen Lebenswelt. *Faceless commitment* hingegen entsteht im Zusammenhang von abstrakten Systemen durch die Entwicklung von Zuversicht in deren Funktionalität. Die Gültigkeit abstrakter Systeme ist unabhängig von den konkreten Raum-/Zeitausprägungen, beruht auf Wissen, das unabhängig von Personen gilt (*Faceless commitment).* Giddens' These ist nun dabei, daß abstrakte Systeme dadurch Gegenstände für personale Zustimmung (*Facework commitment)* werden können, daß sie durch die Zugangspunkte wieder in einem realen, räumlichen und zeitlichen Kontext erfahren werden (vgl. a.a.O., S. 80).

Eine solche personale Beziehung im eigenen räumlichen und sozialen Kontext kann aber zu den eigentlichen Experten nur in den seltensten Fällen aufgebaut werden. Wer kennt die Konstrukteure von Mercedes oder die Informatiker für die Informationsassistenten? Auch die für die abstrakten Systeme verantwortlichen menschlichen Experten oder Expertengruppen sind unseren Kontexten entzogen, ebenso wie das den Systemen zugrundeliegende Wissen selber.

Sind es nicht die Experten selber, mit denen wir in Kontakt kommen, so können es auch die sein, die Giddens die *Zugriffspunkte* zu den Systemen nennt (»access points of abstract systems«, a.a.O. S. 83) und durch die in gewissem Ausmaß eine Übertragungsleistung auf die diesen Systemen zugrundeliegenden Inhalte bzw. technischen Prinzipien geschieht. D.h. das Vertrauen in die Gültigkeit der abstrakten Prinzipien und das Vertrauen in die Experten wird bei fehlendem Zugang zu diesen ersetzt durch das Vertrauen in die Personen, die Zugangspunkte zu den abstrakten Systemen sind. Oder anders formuliert: Die Unsicherheit über das technische System wird kompensiert durch das Vertrauen in Personen, die mit den Systemen assoziiert werden, auch wenn sie manchmal eigentlich nur die Als-ob-Experten, die Repräsentanten oder Delegierten sind.

Es sind die Kontakte zu den Zugangspunkten, die über Vertrauen zu den abstrakten Systemen entscheiden: Ärzte, Personal in Reisebüros, Bankangestellte. Sicherlich sind solche Personen auch für sich Subjekte von Vertrauen. Ein Arzt ist mehr als nur ein Zugangspunkt zur Medizin oder zum Gesundheitssystem insgesamt, aber er ist eben nicht nur selber Vertrauenssubjekt für uns, sondern vermittelt Vertrauen in das gesamte System der Medizin, z. B. wenn er Medikamente verschreibt oder eine Überweisung in ein Krankenhaus veranlaßt. Ein Gutteil der Übertragungsleistung wird durch die Umgebung erbracht, wozu, im Falle des Arztes, die anderen personalen *Zugriffspunkte*, die Sprechstundenhilfen und Assistenten, gehören, die mit der medizinischen Zuverlässigkeit an sich nichts zu tun haben. In einem erweiterten Sinne können zu den *Zugriffspunkten* auch das Zeitmanagement der Praxis oder die Ausstattung der Räume gerechnet werden. Beziehungen zu den personifizierten Zugangspunkten müssen sich oft über viele Jahre entwickeln, damit sich Vertrauen in das dahinter liegende abstrakte System gründlich bilden kann. Aber auch in unregelmäßigen oder flüchtigen seltenen Kontakten können vertrauensvolle Beziehungen aufgebaut werden, z. B. bei Begegnungen mit dem Flugpersonal in ihrem vertrauenssichernden Verhalten, unbekümmerte Sicherheit des *Business as usual* auszustrahlen. In diesem Fall werden zu den Personen, anders als bei Ärzten oder Finanzberatern, keine individuellen Beziehungen aufgebaut werden, ja, dies soll sogar als individuelle Verpflichtung, z. B. von Stewardessen gegenüber Flugpassagieren, verhindert werden, da diese in den kritischen Vertrauenssituationen nicht individuelle, sondern gleichzeitig für einige hundert Passagiere die Leistung der Vertrauensbildung erbringen müssen[15].

15 Situationen wie das Fliegen in Flugzeugen sind vor allem deshalb vertrauenskritisch, weil die Betroffenen keine Routine haben entwikkeln können und sie als potentiell gefährlich oder als bedrohend empfunden werden. Bedrohend sind solche Situationen vor allem deshalb, weil es in ihnen, z. B. bei einer Operation oder eben nach dem Losfliegen des Flugzeugs, absolut keine eigenen Handlungsalternativen mehr gibt. Man übereignet sich dem System und kann nicht selber mehr agieren. Um diese Bedrohung abzuschwächen oder zu verdrängen, ist das sichere Auftreten des Flugpersonals genauso wichtig wie die objektive Statistik über die Unfallwahrscheinlichkeit des Verkehrsmittels *Flugzeug* oder das Wissen um die Auftriebseigenschaften von Flugzeugen oder die Belastungsfähigkeit des verwendeten Metalls – in der konkreten Situation eines Fluges vermutlich sogar wichtiger. »Fasten seat-belts, extinguish all hope« (so der Titel eines Artikels von John Ryle in *The Guardian* 30. 3. 98, S. 7) ist zwar unsere Sorge, aber dann doch nicht unsere reale Erfahrung beim Fliegen. Ähnliche ver-

Trotzdem müssen es Personen sein, auch wenn es nur Personen in der institutionellen Funktion sind. Ihre einfache und Sicherheit ausstrahlende Präsenz, unterstützt durch formalisierte Kleidung, ist wichtiger als der zumal auf kürzeren Flügen eher lästige Verpflegungsservice. Die Akzeptanz der abstrakten Systeme hängt in hohem Maß von dem Verhalten, der Haltung der Systemrepräsentanten ab, z. B. von der Besonnenheit des Richters, der Professionalität des Arztes oder der erwähnten stereotypen Freundlichkeit des Flugpersonals. Ein positives *Facework commitment* erzeugt Vertrauen in die Verläßlichkeit der Personen, ein negativ wirkendes kann Mißtrauen verstärken (ohne daß sich an der technischen Basis damit etwas verändert hat). Wir haben noch kaum Erfahrung damit, aber es deutet sich an, daß in der Informationswirtschaft damit experimentiert wird, die personale Leistung des *Facework commitment* nicht mehr allein den (teuren) Personen zu überlassen, sondern dafür Maschinenmenschen, Roboter, Avatare, technische Informationsassistenten einzusetzen. Das fängt bei den Telefonassistenten an und hat im Prinzip im Ausmaß der Substituierbarkeit in sozialen Situationen kein »natürliches« Ende. Wir gehen auf diesen Anthropomorphisierungseffekt der Maschinen mit *Facework commitment* in Abschnitt 6.8.3 näher ein.

Zusammenfassend stellen wir den folgenden Als-ob-Mechanismus bei den personalen Zugangspunkten fest:

- Die Zuständigkeit für die Gültigkeit für abstraktes Wissen und die Zuständigkeit für dessen technische Anwendung bei der Konstruktion von Systemen werden übertragen auf Experten. Vertrauen in Systeme wird ersetzt durch Vertrauen in Experten.
- Die Übertragung auf Personen ist auch erforderlich, um über Personen die bei abstraktem Wissen nicht erreichbare, für Vertrauen aber unabdingbare Emotionalisierung zu erreichen.
- Sind die Personen, die über das Wissen verfügen und die die Systeme oder Maschinen faktisch funktionieren lassen, nicht verfügbar, idolisie-

trauenskritische Situationen sind das Eingehen von Operationen, d. h. das (zeitweilige) Überlassen des Körpers an Ärzte, oder, weniger dramatisch, das Überlassen der Steuererklärung oder anderer Transaktionen mit finanziellen Konsequenzen an Spezialisten wie Steuerberater, Versicherungsagenten oder Börsenmakler. Auch hier spielt, neben der eigentlichen Leistung, das entlastende und absichernde Ambiente eine wichtige Rolle.

ren wir sie, oder wir übertragen Vertrauen zu den uns bekannt werdenden Personen (den Zugangspunkten) auf die uns in der Regel nicht persönlich bekannten. Über sie oder direkt übertragen wir Vertrauen auf die Maschinen und Systeme bzw. deren Prinzipien und deren Experten. Diese personalen Ersatzhandlungen können durchaus über mehrere Stufen gehen.

- Sicherlich geschieht die Übertragung nicht blind, nur weil uns gerade die *Zugangspersonen* gefallen, sondern es funktioniert auch deshalb, weil wir in der Regel auch einige zusätzlichen *Garantien* im Hintergrund haben (trotzdem schätzen wir die Bedeutung der personalen Übertragung als besonders hoch ein):
- Wir haben keine gegenteiligen, negativen Erfahrungen mit den speziellen Systemen und den speziellen Maschinen gemacht.
- Wir haben ein gewisses, in der primären Sozialisation und Ausbildung erworbenes Grundvertrauen in Technik, die uns so etwas wie ontologische Sicherheit gibt.
- Wir haben doch ein gewisses Ausmaß an objektivem Wissen, z. B. haben wir – um das Beispiel mit den Flugzeugen noch einmal zu bemühen – im Hinterkopf die Statistiken über die Unfall(un)wahrscheinlichkeit.
- Wir setzen auf die Funktionsfähigkeit von (hoffentlich neutralen) Sicherungssystemen wie Überwachungsvereinen oder der medialen Öffentlichkeit als Kontrollinstanz etc.

Es ist unverkennbar, daß sich durch die Möglichkeit der Als-ob-Übertragungsmechanismen ein breites Spektrum zur Manipulation von Vertrauen eröffnet. Werbung hat schon immer mit diesem Übertragungsmechanismus gearbeitet, wenn das sich auf dem Auto räkelnde *Model* oder der vertrauensvoll dreinschauende Boris Becker als Ersatz für technische Konstruktionsdetails verwendet werden.

Weiterhin ist absehbar, daß mit Als-ob-Mechanismen der Vertrauensübertragung über technische Assistenten experimentiert werden wird. Werden diese als personale Zugriffspunkte akzeptiert, oder werden für sie, einmal in ihrer technischen Natur trotz personalen Auftretens durchschaut, selber wieder wirklich personale Zugriffspunkte erforderlich? Die Prozesse der Re-Entkontextualisierung werden ganz offensichtlich immer komplexer.

Quasi objektiviert wird die Vertrauensbasis auf der Grundlage von Expertenwissen und im Gefolge von delegierten Ersatzhandlungen durch institutionelle Mechanismen, z. B. dadurch, daß es für technische Umgebungen in der Regel bestimmte Institutionen gibt (*Trusted third parties*), die die Funktionalität dieser Systeme und das Einhalten von erreichten Standards überprüfen und somit die Verbraucher vor *Unter-Kompetenz* der Anwender des Standes des Wissens schützen. Dies erklärt die Akzeptanz von Organisationen wie Stiftung Warentest oder auch des TÜV, die vertrauensbildende Ersatzleistungen anbieten bzw. im offiziellen Auftrag des Staates Vertrauen absichern. Bei einem TÜV-geprüften Automobil kann man darauf vertrauen – im Rahmen allgemeiner technischer Restriktionen –, daß es technisch in Ordnung, also verläßlich ist.
Bei nicht rein technischen Systemen ist es schwieriger. Aber die anwachsende Popularität von *Rating*-Verfahren, z. B. wie am Beispiel der Hochschulen, zeigt den Bedarf nach vertrauensbildenden Urteilen *neutraler* Institutionen, wenn man sich selber nicht in der Lage sieht, sich ein sicheres Urteil über ein abstraktes System zu bilden. Auch Vertrauen in Politik und Politiker wurde lange (und wird wohl auch immer noch) weniger über direkte personale Mechanismen erzeugt, sondern indirekt vermittelt über institutionalisierte Darstellungs- und Kontrollinstanzen in Form von medial erzeugter Öffentlichkeit. Vertrauen in eine Partei oder einen Politiker kann im Idealfall durch Kenntnisnahme und aktive Diskussion der Programme bzw. durch Wahrnehmung der realen Leistungen gebildet werden. Faktisch wird aber nicht SPD oder CDU oder Schröder bzw. Schäuble vertraut, sondern dem medial vermittelten Bild. Wichtig für unsere Thematik ist in erster Linie die vertrauensichernde Kontrolleistung der Medien. Man kann sich, zumindest in fortgeschrittenen Demokratien mit garantierter Pressefreiheit, darauf verlassen, daß Mißbrauch politischer Macht durch die Medien irgendwann einmal öffentlich wird.
Brin (1998, S. 252), der sich für Verfahren reziproker Transparenz bzw. informationeller Symmetrie einsetzt, um einen vertrauensvollen Umgang in allen Bereichen der Gesellschaft zu erreichen, schlägt eine interessante Form der Institutionalisierung öffentlicher Kontrolle vor, die nicht alleine auf staatliche Ordnungsinstrumente, aber auch nicht alleine auf die Selbstheilungskraft der

Wirtschaft setzt. Brin, die Analysen von Peter P. Swire zusammenfassend, spricht von »public feedback regulation« (a.a.O., S. 252). Gesteuert wird das durch Verordnungen des Staates verlangte Offenlegen von Statistiken, die für die Öffentlichkeit relevant sind, z. B. über pünktliche Ankunftszeiten und Gepäckverluste von Fluggesellschaften, Unfallstatistiken von Autotypen, Statistiken über die Vergabe von Bankdarlehen, gestaffelt z. B. nach Alter, Geschlecht oder Hautfarbe. Solche Regelungsvorgaben des Staates ziehen kaum größere bürokratische Aktionen nach sich, der *Feedback*-Mechanismus wird meistens einfach schon durch die bloße Veröffentlichung erreicht, wenn Kunden ihre Dienstleistungen auch danach bestimmen, an welcher Stelle der *Ranking*-Listen die jeweiligen potentiellen Handels- oder Dienstleistungspartner stehen:

»The aim is to end asymmetries or inequities in the flow of information, and let the market forces drive the results« (Brin, a.a.O., S. 253).

Transparenz auf Märkten, Offenlegen der Leistungen im Vergleich zu Konkurrenzunternehmen kann das Klima auf Märkten schaffen, das nicht alleine auf vertrauensvolles Glauben, sondern auf vertrauensvolles Abwägen setzt. Wir werden sehen, daß institutionalisierte Vertrauensleistungen, zu denen wir auch die Verfahren reziproker Transparenz und informationeller Symmetrie rechnen, heute zunehmend auf elektronischen Märkten gefragt werden und daß sich speziell darauf ausgerichtete, neutrale Vertrauensorganisationen (*Trust center*, Zertifizierungsstellen) etablieren, die, z. B. über Zertifizierungsverfahren, Sicherheit bei sensiblen Vorgängen wie elektronischem Bezahlen oder beim Einsatz von Kryptographieverfahren verschaffen sollen (vgl. Abschnitt 7.5.6).

Wir sehen mit diesem Hinweis auf die neutralen Vertrauensinstanzen auch schon, daß Vertrauen nicht nur die Einstellung von Individuen zu den abstrakten, technischen Systemen regelt. Vertrauen ist auch im Umgang *zwischen* Systemen erforderlich (Gambetta 1988; Handy 1995; Bachmann/Lane 1997). So werden auch in der Wirtschaft Vertrauensbeziehungen zwischen großen Firmen und kleineren Zulieferbetrieben über institutionalisierte Formen des *Quality audits*[16] bzw. durch Nachweis der Zertifizierung nach

16 Große Firmen, die auf Grund fortgeschrittener *Just-in-time*- und international diversifizierter Produktion sich darauf verlassen müssen, daß die angelieferten Zulieferstücke in Ordnung sind – eine individu-

den ISO-9000-Normen aufgebaut. Die Abhängigkeit der kleineren Firmen von den großen kann die Anwendung von Vertrauensmechanismen erzwingen:

»SMEs (kleine und mittelgroße Unternehmen) that are not DIN-certified can simply not be trusted to produce quality consistently« (Hancké 1996, S. 15)[17].

Ein ähnliches Problem tritt bei der *Outsourcing*-Frage auf. Seit einigen Jahren neigen Firmen aus Rationalisierungs- und Kompetenzgewinnungsgründen dazu, große Teile ihrer Informationsverarbeitung an darauf spezialisierte Firmen auszulagern. Um dies zu tun, muß eine solide Vertrauensbasis aufgebaut sein, nicht nur bezüglich der aktuellen Kompetenz des externen Partners, sondern auch bezüglich der Langfristigkeit der Bindung und der Bewahrung eines unverzichtbaren Kernbestandes eigener Informationsverarbeitungskompetenz[18].

Auch sonst spielt in der allgemeinen Management-Literatur Vertrauen eine zentrale Rolle, z. B. zur Legitimation bzw. Akzeptanz von Führungsverhalten (Lepman-Blumen 1996, S. 20f.; Neubauer 1997; Nieder 1997). Maslow (1998, S. 20) erhebt sogar Vertrauen zum allgemeinen Imperativ

elle Prüfung der einzelnen Teile ist nicht mehr möglich – beauftragen spezielle *Audit-Teams* mit einer Überprüfung der Produktionsweise, ggfls. auch der gesamten Organisation des kleineren Partnerunternehmens (Hancké 1996).

17 Wir weisen an dieser Stelle schon einmal darauf hin, daß es für das Etablieren von Vertrauensbeziehungen auf Grund von Zertifizierung sehr wichtig ist, welche Institution damit beauftragt ist. Ist es die größere Firma, die die kleinere dem Audit unterzieht, sind es staatliche Organisationen, große privatwirtschaftlich organisierte Firmen oder sind es besser kleine oder ein Netzwerk von kleinen unabhängigen? (vgl. Abschnitt 7.5.6)

18 Auf diesen Vertrauensaspekt beim *Outsourcing* weist ausdrücklich (IBM 1994) hin. *Outsourcing* von Informationsverarbeitung ist so ein Sonderfall des im weiteren zu besprechenden Problems der Delegation von Informationsarbeit an externe Personen, Institutionen oder eben auch an Informationsmaschinen. In Unternehmen setzt sich nach einer Phase einer sehr weitgehenden *Outsourcing*-Euphorie die Einstellung durch, daß wegen der zunehmend erkannten Bedeutung von Informationskompetenz auf jeden Fall die Zuständigkeit für die Formulierung der Informations-/Informatik-Strategie im Unternehmen selber bleiben soll, z. B. über die Zuordnung dieser Aufgabe an einen *Central Information Officer* (CIO).

in der allgemeinen Einschätzung des Verhaltens aller Mitarbeiter: »Assume everyone is to be trusted«. Maslow unterscheidet dabei fein zwischen Lernen von Vertrauen und Lernen von Mißtrauen: »I think that it might be phrased better if we say ›learning to trust‹ – when trust is warranted realistically, and ›learning to *mistrust*‹ – when *that* is warranted by reality« (a.a.O., S. 216). Auch W. E. Deming sieht Vertrauen als Basisvoraussetzung für jedes funktionierende System: »Trust is mandatory for optimization of a system. Without trust, there cannot be cooperation between people, teams, departments, divisions. Without trust, each component will protect its own immediate interests to its own long-term detriment, and to the detriment of the entire system«, zit. in: Hesselbein et al. (1998).

### 3.2.4 Faktoren der Vertrauensbildung – Zusammenfassung

Fassen wir die Diskussion zur Bedeutung von Vertrauen für den Umgang mit abstrakten, technischen Systemen zusammen: Vertrauen ist ja nicht eine Frage des Besitzes der vollen Information, sondern ist gerade in Situationen informationeller Unterbestimmtheit erforderlich. Vertrauen reduziert nicht Unsicherheit, sondern kompensiert sie, macht den Umgang mit ihr erträglich, läßt so handeln, als ob Sicherheit vorhanden wäre. Die Einstellung zu abstrakten Systemen und damit Vertrauen zu ihnen in Situationen weitgehender informationeller Unsicherheit hängt von einer Vielzahl von Faktoren ab:

- Als Grundlage für Vertrauen sind Erfahrungen zu nennen, die zur Herausbildung von ontologischer Sicherheit führen. Dazu gehören Primärerfahrungen mit technischen Systemen (in der Kindheit) und die Vermittlung einer positiven Einstellung zu Technik und abstrakten Systemen in der Primär- und Sekundärausbildung.
- Vertrauen wird ebenfalls gebildet durch öffentlich dominante Wertesysteme und Einstellungen, wie sie z. B. durch die politische und Medienöffentlichkeit oder durch die Teilnahme an partikularen sozialen Gruppen mit bestimmten Technikpräferenzen vermittelt werden.
- Vertrauen wird ebenfalls erzeugt durch Offenlegung des den Systemen zugrundeliegenden technischen Wissens, auch wenn es nicht immer im einzelnen nachvollzogen werden kann. Die Tatsache der Offenlegung von Wissen ist wichtiger als der Nachvollzug des Wissens.
- Vertrauen wird gebildet durch die Delegation an Experten(systeme), denen das Beherrschen des den Systemen zugrundeliegenden Wissens zugetraut wird. Dabei muß von den Experten gar nicht ihr ganzes

Expertenwissen gezeigt werden. Wahrscheinlicher ist sogar, daß die Experten gar nicht wollen, daß die Laien den genauen Umfang bzw. die Grenzen der zugrundeliegenden Expertise kennen, sei es, weil sie ihr Wissen der Konkurrenz nicht offenlegen wollen, sei es, weil sie Benutzer für inkompetent halten, oder sei es, weil sie Vertrauensverluste bei Einsicht in eine offensichtlich schwache Basis für die erbrachte Leistung befürchten.

- Weiterhin ist Vertrauen abhängig von den Erfahrungen mit den Personen in den Zugangspunkten zu den Systemen, von ihrem Auftreten des *Facework commitment*, durch die die Transformation von Vertrauen in Personen in Vertrauen in abstrakte Prinzipien und in die auf sie gegründeten Systeme geleistet werden kann.
- Vertrauen in Systeme kann auch über Personen erzeugt werden, die zwar weder als Betreiber noch als personale Zugangspunkte mit dem System direkt zu tun haben, deren öffentliches Ansehen aber quasi für die Zulässigkeit des Systems *bürgt*. Bei diesen Personen spielt die Sachkompetenz keine Rolle, sondern allein das positive Image, das medial vermittelt wird (vgl. die Vertrauensbildung in die A-Klasse durch Boris Becker).
- Die vertrauensbildende Transformationsleistung kann auch über öffentliche Verlautbarungen von neutralen Instanzen und Institutionen erbracht werden, z. B. in Form von institutionalisierten Qualitäts- oder Sicherheitskontrollen bzw. von *Trust centern*, denen in der Öffentlichkeit vertraut wird und die selber wieder von anderen vertrauenswürdigen Institutionen eingesetzt bzw. bezüglich ihrer Vertrauenswürdigkeit überprüft werden.
- Ähnliche Vertrauensleistungen entstehen über Verfahren der Brinschen *Public feedback regulation*, indem auf Märkten informationelle Symmetrien erzwungen werden. Ähnliches leisten alle Verfahren öffentlicher *Rating*-Systeme, bei denen Qualitätseinschätzungen von speziell beauftragten Institutionen oder durch kumulative Bewertungen einer vernetzten Öffentlichkeit vorgenommen werden.
- Sicherlich sind es auch die praktischen Erfahrungen mit den Systemen selber, die Vertrauen gründen. Einem System, das uns bislang nicht verletzt oder uns bislang nicht enttäuscht hat, werden wir uns auch weiter anvertrauen. Der Einführung neuer Systeme und neuer Produkte muß daher ein konstruktives Vertrauensmanagement zugrunde liegen, da auf allgemeinen Publikumsmärkten (kaum anders in Situationen der Fachkommunikation) Enttäuschungen in der Frühphase der Nutzung kaum mehr repariert werden können (es sein denn, wie am Beispiel der A-Klasse gezeigt, nur über einen erheblichen Mitteleinsatz).
- Vertrauen entsteht aber nicht zuletzt durch den Austausch von Information zwischen den jeweiligen Systemen und den sie entwickelnden, betreibenden und sie nutzenden Personen. Mit der Betonung des Kom-

munikationsaspektes wird weniger auf Expertenwissen oder personale Ersatzhandlungen über Zugangspunkte gesetzt, sondern auf das gesamte kommunikative Geflecht der mit dem System Handelnden und von ihm Betroffenen. Wir werden das später als *Vertrauensnetzwerk* (*Web of trust*) näher diskutieren (vgl. Abschnitt 7.5.6) und darin den für die offenen, nicht-linear organisierten Systeme der (zweiten) Moderne angemessenen Vertrauensmechanismus sehen.

Wir haben bislang die kompensatorische Funktion von Vertrauen eher in Hinblick auf die technischen und abstrakten Systeme der Moderne allgemein untersucht. Gehen wir nun über zu den gegenwärtigen Ausprägungen technischer Systeme in Form von Informationsmaschinen, die auf den elektronischen Informationsmärkten der Informationswirtschaft zum Einsatz kommen.

# 4 Informationsmaschinen im Prozeß der Telemediatisierung

Informationsmaschinen sind in einem allgemeineren Verständnis nichts anderes als programmierbare Rechner, die das ganze Spektrum von Mikroprozessoren bis hin zu Hochleistungsgroßrechnern umfassen. Informationsmaschinen sind unter dem Einfluß der frühen Informationstheorie (Shannon/Weaver 1976) und der Informatik formal definierte Apparate, Computer, die ihre Operationen entsprechend formal durchführen, d. h. sie nehmen Daten von der Außenwelt auf, verarbeiten diese mit ihren internen oder von anderen Rechnern *ausgeliehenen* Programmen, benutzen dazu auch eigene Daten und liefern Ergebnisse, die oft genug wieder als Eingaben für neue Verarbeitungsprozesse dienen. Die Operationen sind dabei weitgehend anwendungsneutral (Appelrath et al. 1998).

Entsprechend sind Informationsmaschinen in dieser Ausprägung als Rechner im Grunde *nur* Datenverarbeitungsmaschinen. Die Beschränkung auf formale, syntaktisch definierte Daten war die Grundlage des Erfolgs der Entwicklung der Informations-, Kommunikations- und Computertechnik. Die Inhalte, der Gebrauch und der Nutzen von Information oder die Folgen der Informatisierung bzw. der Telemediatisierung waren bis in die jüngste Vergangenheit nicht die zentralen Gegenstände von Forschung und Entwicklung im Umfeld der Informatik. Vielmehr waren es die informations- und kommunikationstechnischen Voraussetzungen, unter denen Informationen produziert, verteilt und benutzt werden können.

Diese Beschränkung ist einerseits erstaunlich, denn der Zweck von allem, was mit Informationsverarbeitung zusammenhängt, sollte Information selber sein, nicht die technischen Vehikel, die sie ermöglichen. Die Vernachlässigung ist andererseits nachvollziehbar, denn Information war unter semantischen und pragmatischen Gesichtspunkten bislang nicht mit der gleichen Aussicht auf Erfolg mit den Methoden zu bearbeiten, die als formale und mathematisch definierte die Wissenschaftspraxis bestimmen. Entsprechend groß war das Interesse der Informationsindustrie, die sich weitgehend als Computerindustrie definierte, wissenschaftliche Ergebnisse aufzunehmen und Personen einzustellen, die bei der Entwicklung von Hard- und Software nützlich sein können. Auch die staatlichen Förderprogramme (z. B. die DV-Programme in der Bundesrepublik ab den 60er Jahren) konzentrierten sich auf die Entwicklung der Informationstechnik (Kuhlen 1995, S. 207 ff.). Bis heute werden die Geschäfte überwiegend mit den Rechnern, der Telekommunikation und der Betriebssoftware gemacht. Das ist dabei, sich zu ändern. Die Informationswirtschaft sieht die Zukunft ihrer Geschäfte in erster Linie in den Inhalten und in der Nutzung von Information (vgl. Abschnitt 5.3.3), vielleicht sogar in der Information über die Information (zu wissen, wie man an die passende Information herankommt).

Informationsmaschinen in ihrer formalen Bestimmung als Rechner werden universell eingesetzt, nicht nur als autonome Maschinen, sondern auch zur Steuerung anderer Maschinen[1]. In jedem halbwegs technischen Gerät stecken die zunehmend miniaturisierten Mikroprozessoren. Sie entfalten ihre Stärke insbesondere dadurch, daß sie auch in ihren unterschiedlichen Hard- und Software-Ausprägungen vernetzt werden können und auf sie dadurch im Prinzip von jedem Ort aus zugegriffen werden kann.

Wir haben diese universale Durchdringung der Alltags- und professionellen Welten mit multimedialen und vernetzten Informationsmaschinen als Telemediatisierung bezeichnet. Kein Bereich mehr, der prinzipiell von (sich zunehmend vernetzenden) Informationsmaschinen gänzlich unberührt bliebe (Biervert et al. 1991) und in dem die gewünschte Leistung nicht auch von den Maschinen erbracht werden könnte. Telemediatisierte Systeme greifen in alles ein, verändern somit auch die früheren technischen Systeme, z. B. im Umfeld von Verkehr und Energie. Wenn dadurch auch

1 Trotz der prinzipiellen Universalität von Informationsmaschinen gibt es aber keine universellen Informationsmaschinen, die auf so viele heterogene Situationen reagieren können, wie wir es als Menschen fortwährend tun. Faktisch sind die Informationsmaschinen in ihren realen Ausprägungen Assistenten für eng definierte Aufgaben: Maschinen für Teilbereiche der Börse, der Medizin, der Verwaltung, des Militärs, des Managements oder für den Einkauf und das Bezahlen. Sicherlich leistet irgendwann die vollkommene Vernetzung der partikularen Informationsmaschinen zu virtuellen universalen Maschinen eine universale Funktionserweiterung.

unsere physische Mobilität betroffen ist, ebenso unsere Formen der Produktion von Gütern, der Organisation von Verwaltung, so ist doch das genuine Terrain von Informations- und Kommunikationssystemen *Information und Kommunikation* selber bzw., um die Parallelität beizubehalten, unsere *mentale Mobilität*. Wir werden uns bei der späteren Behandlung der Informationsassistenten und ihrer operativen Felder, der elektronischen Informationsmärkte, auf diesen Aspekt der Telemediatisierung der geistigen Arbeit konzentrieren, also auf die Produktion von Wissen und Erarbeitung von Information.

Die in Rückgriff auf Giddens getroffenen Aussagen zum Umgang mit abstrakten und technischen Systemen allgemein können auf die Informationssysteme und die sie betreibenden Informationsmaschinen übertragen werden. Informations- und kommunikationstechnische Systeme sind auf eine noch umfassendere Weise als die bisherigen technischen Systeme abstrakt, und sie sind ebenfalls unserem unmittelbaren raum-zeitlichen Erleben und Verständnis entzogen. Auch auf sie trifft die Analyse der Diskontinuität und der informationellen Unterbestimmtheit zu. Wir können ihnen noch weniger entgehen, als wir es mit den Ausprägungen der großtechnischen Systeme, z. B. aus den Bereichen Verkehr und Energie, tun können.

Die tendenziell vollständige Durchdringung aller Lebenswelten, der professionellen, aber auch der kleinen, privaten, mit Informations- und Kommunikationstechnologien und den Informationsmaschinen ist in der gegenwärtigen Moderne ein unumkehrbarer Vorgang. Informationsmaschinen sind die Motoren der Informationswirtschaft (Marchand/Horton 1986, Marchand 1990), und damit der allgemeinen Entwicklung in der Informationsgesellschaft.

Wir wollen entsprechend nicht weiter thematisieren oder anzweifeln, ob technische Informationssysteme oder Informationsmaschinen noch individuell oder insgesamt zu vermeiden sind, sondern das insgesamt, wenn auch natürlich nicht in der Beschränkung auf die aktuellen Realisierungen, als gegeben hinnehmen und untersuchen, welche Konsequenzen solche durch Informationsmaschinen geprägte telemediatisierte Lebenswelten haben werden[2].

2 Natürlich ist die Verwendung des Begriffs der telemediatisierten Le-

Es kommt bei den Informationsmaschinen jedoch noch ein neuer Aspekt hinzu. Mögen die Informationsmaschinen auch abstrakter sein als ihre mechanisch-technischen Entsprechungen – abstrakter in den ihnen zugrundeliegenden Konstruktionsprinzipien –, so verrichten sie doch Tätigkeiten, die direkter mit uns zu tun haben. Sie gehen uns unmittelbarer an. Ein Atomkraftwerk ist eindeutig eine Maschine, die zwar auch in einem weiteren Sinne das leistet, was wir tun, wenn wir ein Feuer anmachen, um uns zu wärmen, die aber doch ohne Zweifel als etwas gänzlich *Unmenschliches* erfahren wird. Bei den Informationsmaschinen ist es anders. Wir kommunizieren mit ihnen – mit welchen anderen Maschinen haben wir das bislang tun können? –, und sie übernehmen Tätigkeiten, die wir (bislang) exklusiv für uns reklamieren – Tätigkeiten, die die meisten von uns (beharrlich entgegen den Psychologen, Biologen und Evolutionstheoretikern, die da schon länger skeptischer sind) als genuin menschlich ansehen, sozusagen als unser Privileg gegenüber dem Rest der belebten Natur.
In der Übernahme menschlicher Aktivitäten scheinen es *menschliche* Maschinen zu sein; deshalb sind wir auch – um ein Beispiel aus einem ganz anderen Bereich zu nehmen – merkwürdig angerührt, wenn wir die informationsverarbeitenden Roboter in den Maschinenhallen der Automobilindustrie sehen, die uns in ihrem Hantieren an Arbeiter erinnern. Diese Maschinen wollen wir *sekundäre Informationsmaschinen* nennen, weil sie zwar auch Information in der Reaktion auf eine Vielzahl von in der Regel sich verändernden Umweltbedingungen verarbeiten, diese aber benutzen, um z. B. als Roboter (physische, nicht-informationelle) Aktionen durchzuführen. Deren Einsatzpotentiale als Produktions- und zunehmend auch als Service-Roboter sind fast unbe-

benswelten angesichts des phänomenologischen Ursprungs von *Lebenswelt* ein Widerspruch in sich – wurde der Begriff der Lebenswelt doch gerade als Gegenkonzept zu den technischen und bürokratischen Systemen geprägt, um das unmittelbare Erleben des In-der-Welt-Seins ins Recht gegenüber den vermittelten technischen Welten zu setzen. Es macht aber gerade die Tragweite der Telemediatisierung aus, daß die quasi natürliche Lebenswelt nicht mehr als *andere* und gegenüber der technischen Welt *autonome* behauptet werden kann. Die Kompensationsfunktion des unmittelbaren Erlebens gegenüber der vermittelten Medienerfahrung kann nicht mehr – obgleich das in der Literatur kontrovers diskutiert wird – als gegeben angenommen werden.

grenzt (Behringer 1998) und werden den Produktions- und Dienstleistungsalltag zunehmend bestimmen[3], z. B. für Gebäudereinigung bzw. andere Reinigungsarbeiten in gesundheitsschädigenden Umgebungen, Sortierung von Müll, Überwachung von Gebäuden und Transportmitteln, Exploration extraterrestrischer Gebiete, Unterstützung bei schwierigen medizinischen Eingriffen. Besonders im Kraftfahrzeugbereich werden solche autonomen Assistenzsysteme zur Anwendung kommen, wenn sie komplexe und sehr rasche Reaktion erfordernde Aufgaben wie Abstandsregelung, optimale Umgebungsobservierung, Verkehrszeichenerkennung, Stabilisierung des Fahrzeugs in Extremsituationen durch *Drive-by-wire*-Technik oder über *Pre-crash*-Sensoren übernehmen (Computer Zeitung 1999)[4].

Diese sekundären Informationsmaschinen gehören somit sicherlich zum allgemeinen Vorgang der Telemediatisierung in der gegenwärtigen Moderne und ihrer Konvergenzeffekte[5]. Sie sind

3 Einen Überblick über den Stand der Robotertechnik und -anwendung geben die Artikel im Dossier: *Roboter erobern den Alltag* des *Spektrum der Wissenschaft* 4/1998, bezüglich der Produktionsroboter vgl. Müller/Weber (1998), bezüglich der *Service*-Roboter vor allem Bischoff/Graefe/Grassnick (1998).

4 Auch hier ergeben sich Autonomiekonflikte, die aber bislang eher zugunsten der autonomen Techikassistenten als gelöst angesehen werden. Wenn auf der Grundlage von *Drive-by-wire*-Technik ein in einen PKW eingebauter Stabilisierungsassistent in einer außer Kontrolle zu geratenden Situation das hektische Verhalten des menschlichen Fahrers korrigiert und so das Fahrzeug stabil hält, dann wird man kaum von *Entmündigung* sprechen (wie *Computer Zeitung* 1999, S. 28), sondern dies mit positiven Wörtern kennzeichnen. Vielleicht sind erst diese von autonomen Assistenten gesteuerten Autos die wirklichen *Autos*. Nicht wir fahren die Autos, sondern die Autos fahren sich selber. Zu Konflikten in der Akzeptanz wird es erst kommen, wenn das Ergebnis der *Entmündigungshandlung* einmal darin bestehen sollte, daß die Korrektur des autonomen Assistenten für den ausgeschalteten Menschen fatal war.

5 Auch am Beispiel der *Service*-Roboter zeigen sich die Konvergenzeffekte der Telemediatisierung, d. h. es werden von ihnen potentiell alle Bereiche betroffen sein. Wurden Roboter bislang fast ausschließlich in professionellen Umgebungen, vor allem der Industrieproduktion, eingesetzt, so zielen *Service*-Roboter darauf ab, in den normalen Umgebungen im Prinzip aller Menschen eingesetzt zu werden, vor allem in unstrukturierten und nicht in allen Details vorhersehbaren Situationen.

aber nicht primär das Objekt unserer Untersuchung. Wir werden vielmehr die von uns so genannten *primären Informationsmaschinen* untersuchen, deren Zweck die Informationsverarbeitung für Informationsleistungen ist und die sich direkt auf unseren Umgang mit Information und Wissen beziehen. Wegen dieser Nähe zur menschlichen Leistung ist das Sicheinlassen auf die primären Informationsmaschinen vermutlich noch folgenreicher, als es mit den allgemeinen technischen Systemen und den neueren sekundären Informationsmaschinen schon der Fall ist. Nicht nur neigen wir dazu, die Informationsmaschinen zu anthropomorphisieren[6] – wir gehen darauf ausführlicher ein –, sondern sie

Anders als die eher standardisierbaren Industrieroboter müssen sie in hohem Maße kommunikativ, adaptiv und flexibel sein und sich in dem Umfeld bewegen können (Bischoff/Graefe/Grassnick 1998). Da sie bislang Menschen vorbehaltene Aufgaben übernehmen sollen, zeichnet sich die Tendenz ab, daß Service-Roboter häufig in der Annäherung an anthropomorphe Gestalten realisiert werden; vgl. der Service-Roboter im Verbundprojekt NEUROS, der am Institut für Neuroinformatik an der Universität Bochum, zusammen mit Daimler-Chrysler Aerospace (DASA) und dem Robotikinstitut des Deutschen Zentrums für Luft- und Raumfahrt (DLR), gebaut wird und der Gegenstände selektieren und manipulieren kann, von denen er anfänglich nur visuelle Information hat (vgl. dort weitere Literaturangaben und Demonstrationen). Ein weiteres Beispiel für einen anthropomorphen Service-Roboter ist der am Institut für Meßtechnik der Fakultät für Luft- und Raumfahrttechnik an der Universität der Bundeswehr München entwickelte Roboter HERMES, der mit Blick auf Manipulations- und Transportaufgaben an variablen und wechselnden Einsatzorten verwendet werden soll (vgl. Bischoff/Graefe/Grassnick 1998). Entsprechend wird hier Intelligenz eingeschränkt verstanden als praktische, auch der Intelligenz von Tieren vergleichbare Fähigkeit, sich in einer Umwelt orientieren und sich zweckmäßig und zielorientiert bewegen zu können. Diese sekundären Informationsmaschinen zielen in der Regel nicht auf die Simulation von theoretischer Intelligenz ab, wie es eher bei den primären Informationsmaschinen der Fall ist.

6 Anthropomorphisierung von Informationsmaschinen bedeutet zum einen, daß wir uns gegenüber den Maschinen ähnlich verhalten, wie wir es gegenüber Menschen tun (vgl. die These der *Media equation*, Abschnitt 6.2), und zum andern, daß wir (als Konstrukteure) die Informationsmaschinen in menschenähnlicher Gestalt auftreten lassen oder daß wir (als Nutzer) sie in menschenähnlicher Gestalt bevorzugt akzeptieren, also sie benutzen und mit ihnen kommunizieren (vgl. Abschnitt 6.8.3).

greifen auch tatsächlich gravierender in unsere für genuin gehaltenen Reviere ein.

## 4.1 Einfache informationstechnische Systeme in den kleinen Lebenswelten

Wie gehen wir mit informationstechnischen Systemen im Alltag um bzw. was verlangen sie uns ab (Böttger/Mettler-Meibom 1990; Rammert 1990; Biervert et al. 1991)? Bei einfachen Informationsmaschinen passen wir uns an ihre sehr effizienten, aber zumindest gewöhnungsbedürftigen Leistungen an. Ein Beispiel hier sind die fortgeschrittenen automatischen Telefonbeantwortungssysteme, die in den letzten Jahren aus Kostengründen zuerst in den USA, dann aber auch in anderen Ländern immer mehr eingesetzt werden. Sie sind offenbar für den durchschnittlichen Amerikaner problemlos zu handhaben, setzen aber vor allem für kulturell bzw. sprachlich nicht vollständig eingeführte Personen einiges an Hintergrundwissen voraus und sind entsprechend schwer zu handhaben. Aber vermieden werden können sie so gut wie gar nicht. Kommuniziere mit der Maschine oder gib auf! Oder nimm zumindest einen erheblichen Zusatzaufwand an Zeit und Geld in Kauf! Ein Beispiel mag dies verdeutlichen.

Während eines Forschungsaufenthaltes in Kalifornien Ende 1997 hatte der Autor einen PKW erworben und entsprechend zu versichern versucht (was mit den Anforderungen, eine *Social-Security*-Nummer und einen kalifornischen Führerschein nachzuweisen, schwierig genug war). Es trat dann die Situation ein, daß eine Rate der Versicherung sehr schnell bezahlt werden mußte, wenn nicht der Schutz verlorengehen sollte. Auf der Versicherungspolice war die Möglichkeit der Bezahlung per Kreditkarte angegeben. Ein kleiner Telefonanruf genügte, wurde vermutet, der sich allerdings dann von der anderen Seite als vollständig maschinell durchgeführt erwies. Halten wir den folgenden Dialog als Form der Mensch-Maschine-Kommunikation fest, die in dieser Form bis vor wenigen Jahren noch undenkbar war, die aber zur Zeit bei fast allen halbwegs standardisierbaren Auskunfts- und Beratungssituationen zum Standard zu werden scheint, allem Ärger der Betroffenen zum Trotz. Der Rationalisierungsdruck bei den Telefongesellschaften und im Versicherungsgeschäft wird offenbar als zu stark empfunden. (M=machine; H=human)

M: Thank you for calling XYZ policy service. If you are an agent, press »1«, if you are a policy holder, press »2«, if ... you are ... (...es folgen einige andere Möglichkeiten, was man sein kann)
H: (vermutet, daß »2« richtig ist) »2«
M: Please enter the policy number which is in the right hand corner of your policy. Enter all of the numbers, included the number after the dash, followed by the »pound key«.
H: (findet zum Glück die Nummer und überlegt, ob und wenn ja, wie der »dash« (Bindestrich) mit eingegeben werden soll; da das Telefon aber nichts dergleichen herzugeben scheint, werden nur die Zahlen eingegeben) 59593939-9 (es tut sich nichts, klar, es fehlt der »pound key«. Was ist das? Mehr mit Glück als Verstand wird die rechte untere #-Taste gedrückt; es hätte aber auch eine jede andere von den vielen Funktionstasten sein können) #
M: One moment please ... As of Dec. 31, 97, cancellation of your policy will become effective Jan third 98. The last payment ... (und dann folgt eine detaillierte Beschreibung der bisherigen Versicherungsgeschichte, der aktuell und der insgesamt ausstehenden Beiträge). To repeat the message, press 3, to pay by Master Card or Visa press »3«, for assistance press »4«, if you want to leave, press »9«!
H: (Nach dieser langen Versicherungsgeschichte mit »Androhungen« der Kündigung schien es angebracht zu sein, die »4« zu drücken; aber es meldete sich kein personaler Assistent, sondern nur die Wiederholung:) »4«
M: If you want to pay by Credit Card press »3«.
H: (etwas beschämt, daß man überhaupt Hilfe angefordert hat, weil man ja in der Tat nur mit der MasterCard bezahlen wollte; woher wußte das aber die »Hilfe«?) »3«
M: Enter the number of your credit card, followed by the »pound key«.
H: (vielleicht voller Freude, daß man den »pound key« gelernt hat, wurden offenbar nicht alle 16 Nummern eingegeben, vielleicht nur 12 oder so) 2222 3333 4444 # (die Reaktion kam sofort)
M: You need to enter a 16 digit number (Pause, keine weitere Anweisung)
H: (zweiter Versuch: alle 16 richtig eingegeben und der »pound key« gedrückt) 3333 4444 5555 6666 #
M: You need to enter a 16 digit number
H: (überlegt, kann doch nicht wieder falsch gewesen sein, also noch mal) 3333 4444 5555 6666 #
M: You need to enter a 16 digit number
H: (da ist man wohl in eine Schleife geraten; wenn beim ersten Versuch die Kreditkartennummer nicht richtig ist, gibt es offenbar keine Korrektur-

möglichkeit; vermutlich doch, aber es wird nichts angeboten; also gibt man auf, legt auf; 2 Sekunden später, man überlegt noch, klingelt das Telefon – man kann in den USA Telefone mit angeschalteten Automaten, Anrufbeantworter etc., nicht einfach verlassen)
M: Thank you for calling XYZ policy service ...
(Es wiederholt sich der komplette Dialog, diesmal gleich mit der richtigen MasterCard-Nummer) ....
H: 3333 4444 5555 6666
M: Enter month and year of the expiration, followed by ...!
H: (das war ja leicht) 0199
M: Enter your ZIP code!
H: (was ist der und wo bekommt man ihn so schnell her; zum Glück ist der Telefonassistent nicht ganz so ungeduldig und mahnt keine Antwort an und zum Glück fällt der Blick auf den Brief mit der Versicherungspolice, die ja an den Versicherungsträger adressiert ist. Da steht es: Santa Barbara, CA 93105) 93105
M: You live in St. Barbara, California, your policy number is ...; your credit card number is ... which will expire at ... if this is correct, press »1«, if ... !
H: (an easy one, denkt man schon englisch) »1«.
M: The minimum payment for your policy is $ 63.57. If this should be charged against your CreditCard, press »1«, if the total amount of $473.25 ..., if ...
H: (die »1« zu Beginn der langen Mitteilung wurde noch behalten, also) »1«.
M: Your payment, due on Jan 3, 98, has been accepted; your policy number is ... If this is correct press »1«, if not press »2«
H: »1«
M: Please wait until you receive your authorization number.... (5 Sekunden Pause): 793887. If you want to have the message repeated press »1«, if you need assistance press »2« (vorher war doch assistance »4«), if you want to leave, press »9«...
H: (erleichtert, auch weil das Ganze unter einer gebührenfreien 800er Nummer ablief) »9« (man kann sich nicht ganz von der Erwartung frei machen, daß jetzt eine kleine verbale Belohnung folgen sollte, aber, *business as usual*:)
M: Thank you for calling XYZ policy service, bye.

In der amerikanischen Öffentlichkeit werden solche Dienste mehr zähneknirschend als positiv akzeptiert. Auch in Deutschland wird Telefon-*Banking* zum Teil im mechanisierten Telefondialog über das Drücken von Telefontasten abgewickelt. Die Übertragung einer Leistung an Telefonautomaten, die, wie man es bei finanziellen Transaktionen vermuten sollte, an Vertrauen gekoppelt ist, wird weder von Anbietern noch von Kunden als Marketingfehler eingeschätzt, obwohl sie in dem Ausmaß der Formalisierung von Vorgängen, bei denen menschliche Unterstützung erwünscht wäre, eine Zumutung sind, die sicherlich bald durch höherwertige Leistungen abgelöst wird[7]. Es ist ja offensichtlich, daß diese Form des Mensch-Maschine-Dialogs nur ein Zwischenschritt in der Automatisierungsleistung sein kann, der wohl als nötig angesehen wird, solange noch nicht alle Geschäftsteilnehmer über den elektronischen *Online*-Anschluß verfügen. Eine volle Automatisierung bzw. die autonome Interaktion mit dem maschinellen Programm ist sicher die bessere Lösung als das oben beschriebene Verfahren eines artifiziellen Telefondialogs. Einfache Formen dieser autonomen Interaktion mit einem Programm kommen heute beim *Online-Banking* vor, wodurch finanzielle Transaktionen über Eingabeformulare gänzlich autonom vom Kunden, unabhängig von seiner aktuellen Präsenz und ohne die Mittlerleistung einer anderen Person, abgewickelt werden können. Wenn zudem die bei finanziellen Transaktionen nötigen Sicherheitsvorkehrungen (Verschlüsselungsverfahren) eingehalten und transparent gemacht werden, z. B. beim *Online-Banking* der Deutschen Bank im *World Wide Web* über persönliche generelle Pin- und für jede Transaktion individuelle Tan-Nummern, dann wird autonomes *Banking* über Rechner sehr bald eine Selbstverständlichkeit sein. Das Durchführen einer finanziellen Transaktion in Form einer Überweisung ist ja sicher eine selbstverständliche Routine, die jeder selber beherrscht. Es wird dann nur eine Frage der Zeit sein, bis das bislang doch noch mühselige Geschäft des Einwählens, das Warten auf die Zugriffsberechtigung, das Ausfüllen des Formulars etc. einem

7 Scharfe Kritik an dieser (*dehumanizing*) Zumutung, daß Menschen sich an die Maschinen anpassen müssen, damit Unternehmen kostengünstiger kalkulieren können, übt Dertouzos (1998, S. 20): »Civilized humans are expending valuable portions of their lives executing instructions dispensed by a hundred-dollar computer! The companies that use them will claim, ›It is cheaper to work this way.‹ Yes, for *them*. Not for *me*. In the long run it may not be cheaper for them either, as customers switch to new services that use visual displays for the menu of choices or, even better, a combined system of humans and machines that is helpful ... and faster for the customer. This kind of dehumanizing misuse of computers will have to be overcome before the Information Marketplace can be truly beneficial.«

weitergehenden Programm übergeben wird, einem persönlichen Agenten, der mit dem Befehl »Überweise 500 DM an Buchhandlung Holder in Münster« zufrieden ist und den Rest autonom macht und nur den Erfolg der Transaktion zurückmeldet.

Wie aber gehen wir mit informationellen Nicht-Routine-Situationen um? Auch hier ein persönliches Beispiel. Fast jedem Kreditkartenbesitzer ist schon einmal wiederfahren, daß seine Kreditkarte abhanden gekommen ist. Auch dies ist dem Autor in Kalifornien durch einen Diebstahl geschehen. Was dann in ungewohnter Umgebung tun? Die internationale *Master-Card*-Nummer war in der Geldbörse deponiert, die mit der Karte gestohlen wurde. Im lokalen Telefonverzeichnis gibt es keinen *Master-Card*-Eintrag. Also bleibt nur der Weg über den *Operator.* Durch Erfahrung verunsichert, antizipiert man schon den automatisierten Telefondialog, wenn sich die *Auskunft* melden würde. Wie der das Problem erklären, zumal in einer streßbeladenen und zeitkritischen Situation, wenn sofort nach Wohnort, *City code* oder Adresse mit der möglichen Konsequenz einer Endlosschleife gefragt würde, wenn der Automat mit der Humanreaktion nichts anfangen kann? Aber zuweilen hat man Glück. Auch in den USA tritt, manchmal zumindest, noch der Operator als Person auf. Der sich meldenden realen Frau konnte ich das Problem natürlich erklären, aber sie hatte auch keine Strategie parat, wie sie offiziell an die Nummer kommen konnte, und löste das Problem zum Glück dadurch, daß sie in ihrer eigenen Handtasche eine solche Nummer mit ihrer Kreditkarte aufbewahrt hatte. Nach Anwahl dieser Nummer traf man, schon wieder entgegen der Erwartung, erneut auf eine Person mit einer sehr sympathischen und sehr ruhigen, beruhigenden Stimme, die, natürlich bestens trainiert, es in dem kurzen Gespräch fertigbrachte, die hektische, verunsicherte Stimmung kurz nach dem Diebstahl mit dem Verlust einiger wichtiger persönlicher Dokumente in ein Gefühl der Sicherheit zu verwandeln. Weniger die Fakten dabei zählten – auch wenn es beruhigend war, bestätigt zu bekommen, was man auch schon vorher wußte, daß das Kreditkartenunternehmen eventuell entstehende finanzielle Schäden nicht dem Kunden anlastet, wenn keine Fahrlässigkeit vorliegt und wenn der Schaden, wie geschehen, umgehend gemeldet wird – als die persönlich vertrauensbildend vermittelte Versicherung, daß die subjektiv empfundene Krise der Verunsicherung in Wirklichkeit keine ist, sondern zu

einer in allen Details informationell abgesicherten Routine werden kann.
Das hätte kein mechanisierter Telefondialog geschafft[8]. Wie aber wäre das Ergebnis mit Blick auf die persönliche Empfindung der Situation, wenn die Verlustmeldung *online* über einen interaktiven Dialog im *World Wide Web* hätte getätigt werden können? Auch hier kann man sich vorstellen, daß auf der *Web site* einige beruhigende Aussagen vermerkt sind, bevor es zum Klärungsdialog kommt, der dann mit der Meldung einer Bestätigungsnummer endet, die für einen persönlich der absichernde Nachweis ist, daß man den Verlust auch tatsächlich gemeldet und man keine Verantwortung dafür hat, wenn die *Online*-Transaktion dann doch nicht geklappt haben sollte. Wäre es für den Erfolg dieser Interaktion noch besser – und wir haben das Thema der Anthropomorphisierung von Informationmaschinen ja schon angesprochen –, wenn der *Online*-Dialog mit einer maschinell konstruierten Person geführt würde, die, in erheblichem Umfang mit Wissen über die zu erwartenden Situationen und dabei beteiligten Personen versorgt, entsprechende Schlüsse ziehen, Antworten in natürlicher gesprochener Sprache geben kann und dabei durch graphische Animationen nicht wie eine Comic-Figur, sondern wie eine reale Person aussieht? Oder ist das überflüssig, eine spielerische Überreaktion? Oder ist es für den Erfolg eher schädlich, so wie die artifizielle Stimme im obigen Telefondialog eher als störend empfunden wurde, zumal wenn sie dann in die Endlosschleife geriet?[9] Sind im Giddensschen Sinne die personalisier-

8 Auf die Bedeutung von *Online*- und/oder Telefonberatern als persönlichen Assistenten zur Erzeugung von Sicherheit (gemeint ist Vertrauen) weist Shneiderman (1998, S. 147) hin. In *Online*-Systemen z. B. der Fachinformation wird häufig eine gebührenfreie Nummer angeboten, über die sich Benutzer in kritischen Situationen mit einem Experten beraten können. Shneiderman weist auf die extrem nützliche Möglichkeit hin, daß sich externe Berater am Telefon und *Online*-Benutzer über den Bildschirm synchron schalten können, so daß der Benutzer am Bildschirm sich entwickeln sieht, was der Berater erklären will. Vergleichbar mit der persönlichen Beratung, wenn auch in der Regel reduziert auf das Medium der Schriftsprache, ist der Austausch von Information über Hilfe-*Chat*-Systeme, wie sie z. B. von AOL angeboten werden.

9 Die Einschätzung ist gegenwärtig offenbar ambivalent. Claus Rauten-

ten Informationsmaschinen, die wir dann Assistenten oder Agenten nennen werden, die neuen, jetzt technischen, aber quasipersonalen Zugangspunkte zu den technischen Informations- und Kommunikationssystemen? Und können sie so den doppelten Auftrag wahrnehmen, zum einen die gewünschte Informationsleistung erbringen und zum andern durch das Auftreten Vertrauen in diese zu erzeugen? Können das aber Maschinen, oder wird es bei ihnen bei der bloßen Informationsleistung bleiben, während wir Vertrauensbildung weiterhin von Menschen erwarten, bei denen wir auch sicher sein wollen, daß es keine anthropomorphisierte Maschinen sind?

## 4.2 Neue Unsicherheitssituationen beim Umgang mit Informationsmaschinen

Unsere gegenwärtigen Telefonmaschinen sind noch recht transparent (wenn auch als Zumutung empfunden), aber je komplexer und umfassender die Informationsleistungen werden, um so weniger werden wir uns in jedem einzelnen Fall geleisteter Informationsarbeit Rechenschaft darüber ablegen können, wie die Leistungen zustande kommen, ob die von der Informationswirtschaft in Aussicht gestellten Leistungen tatsächlich erbracht sind, und erst recht wird es schwierig werden, Risiken und Konsequenzen eines informationellen Fehlverhaltens einschließlich dessen Nebenfolgen einzuschätzen. Wie gehen wir damit um, wenn die durch die Maschinen übermittelten Informationen sich als nicht zuverlässig erweisen? Wir bemerken, daß es ähnliche Fragen und ähnliche Probleme sind, die sich Giddens bei der allgemeinen

strauch, Wirtschaftsinformatiker aus Magdeburg, dem ebenfalls jüngst ein Kreditkartenverlust widerfahren war, hatte die gleiche Erfahrung mit der beruhigenden Stimme der Kreditkarten-Professionellen (bei ihm mit *American Express*) gemacht und stellte sich explizit auf die Seite derer, die meinten, daß ein solcher Vertrauensbildungserfolg nur durch die Interaktion mit einem wirklichen Menschen erzielt werden kann. Wichtig zudem der Hinweis von Rautenstrauch, daß die persönliche Vertrauensarbeit, die er bei *American Express* erlebte, ein wichtiger Faktor bei der Vertrauensbildung zur Organisation *American Express* insgesamt war. Hier zeigt sich die Funktion des *Facework commitment* ganz deutlich.

Analyse des Systemverhaltens in der Moderne gestellt haben und daher werden wir auch Giddens' Analyse von Unsicherheit zum Teil auch auf informationelle Unsicherheit übertragen können. Jedoch kann nicht vernachlässigt werden, daß Giddens' Buch *The consequences of modernity* 1990 veröffentlicht wurde und daß die Konsequenzen der fortschreitenden Telemediatisierung zu diesem Zeitpunkt noch nicht annähernd absehbar waren. Wir bestreiten zwar nicht Giddens' Einschätzung, daß die Informationswirtschaft, die einen immer größer werdenden Anteil an den Volkswirtschaften insgesamt bekommt[10], nicht unbedingt gegenüber der Industrieproduktion etwas gänzlich Neues ist, sondern als konsequente Fortsetzung des Prozesses der Industrialisierung angesehen und letztlich aus den gleichen Prinzipien der Moderne abgeleitet werden kann.

Dennoch ist nicht zu bestreiten, und dem tragen ja auch die neueren Arbeiten von Giddens und Beck Rechnung, daß die Moderne – unter welchem Namen auch immer – mit der Telemediatisierung eine andere geworden ist. Dafür ist nicht nur, wie es heute überwiegend geschieht, die Globalisierung wichtiger Bereiche, wie Wirtschaft, Wissenschaft, Medien, Politik oder Kultur, verantwortlich (vgl. Beck 1998; Martin/Schumann 1997; Reimann 1992), sondern die durch den Rechnereinsatz verlangte Formalisierung der Vorgänge in den erwähnten Bereichen, die aber auch alle privaten Lebenswelten betrifft (vgl. Rammert 1990). Nicht zuletzt ist für die Transformation der Moderne die fortschreitende Medialisierung und Entlinearisierung bislang weitgehend diskursiv vermittelter Wissensobjekte (im weiteren Sinne) verantwortlich. Wie u. a. durch die Arbeiten von Villem Flusser herausgearbeitet wurde, wird aus der Welt des diskursiv Geschriebenen die

10 In der Makroökonomie im Gefolge der Arbeiten von Machlup (aus dem Jahr 1962) und Porat (aus den Jahren 1976, 1977) wird dem u. a. dadurch Rechnung getragen, daß neben den klassischen Sektoren der Landwirtschaft, der Industrie und des tertiären Sektors der Dienstleistungen im weiteren Sinne ein selbständiger vierter Sektor für Information vorgesehen wird (vgl. Kuhlen 1995, Kap. 2.5 Informationsökonomie, S. 52-72). Wenn organisationsinterne Informationsarbeit ebenfalls zum Informationssektor gezählt wird (wie es Porat vorgeschlagen hatte), dann überschreitet der Anteil der Informationsarbeit an der Erstellung des Bruttosozialproduktes und am Arbeitsmarkt in den meisten westlichen Ländern die 50%-Marke beträchtlich.

neue Welt der technischen und vernetzten Bilder (z. B. Flusser 1990). Dies ist nicht bloß eine neue, ausgetauschte Darstellungsform für alte Inhalte, sondern dadurch werden, wie es in der Medientheorie im Gefolge von McLuhan und anderen postuliert wird, die Inhalte neu bestimmt[11]. Die telemediatisierte Welt ist mehr als nur ein Zuckerguß auf die bisherige Moderne, sondern schafft eine neue Moderne (Kuhlen 1998a).
Wir werden auch mit den Informationsmaschinen der neuen Moderne in einem Zustand weitgehender informationeller Unsicherheit handeln müssen. Situationen informationeller Unsicherheit und damit Verunsicherung treten in immer mehr Situationen des Alltags auf, in allen *kleinen* und großen Lebenswelten. Mit Unsicherheit kann man nicht auf Dauer leben. Daher wird der Bedarf nach Kompensationsleistungen für informationelle Unsicherheiten vermehrt auftreten.

## 4.3 Erweiterungen delegierter Informationsleistungen

Wieviel können, wieviel wollen wir an Informationsmaschinen abgeben? Einfache, routinisierte oder sogar stereotype Dienstleistungen, wie das Entgegennehmen von Bestellungen in Hotels oder Restaurants, können sicherlich aus technischer Sicht von Mobil-Robotern oder Software-Robotern übernommen werden[12]. Die

11 Vgl. Crowley/Mitchell (1994), Deibert (1997), Heyer (1988), Innis (1950, 1951), Kuhlen (1999), McLuhan (1962, 1964), McLuhan/Fiore (1967), Thompson (1995).

12 Standardsituation in amerikanischen Hotels bzw. Restaurants: *Wait to be seated* anstatt einfach an einen Tisch zu gehen. Im Hilton in Pittsburgh, anläßlich einer Konferenz der amerikanischen Informationswissenschaft (ASIS), gab es bei vier aufeinanderfolgenden Frühstückstagen die exakt gleiche Dialogsituation: W(aitress): How many people?; A(nswer): One. W: Smoker or Non-Smoker?; A: Non-Smoker. W: Follow me. (Am Tisch wird die Menükarte überreicht) W: Dabby will be right with you. A: Thank you. W: Enjoy. So gut wie jeder auf der Konferenz, der die gleichen Stereotypen erlebt hatte und der von mir nach der Substituierbarkeit dieser *Dienstleistung* durch technische Assistenten in Form von Robotern gefragt wurde, bejahte diese Frage. Die meisten fänden es amüsant und effizient zugleich, wenn sie von einem tatsächlich laufenden und (begrenzt) sprechenden Roboter zum Tisch gebracht würden, während weniger amüsant und weniger wün-

Dialoge mit einem ärztlichen Diagnose- und Therapie-Programm sind leicht vorstellbar, sowohl im Telefondialog durch Drücken von Tasten (»wenn Sie husten, drücken Sie »1«, wenn Sie Halsbeschwerden haben, drücken Sie »2«, wenn beides »3« etc.) als auch im noch objektivierteren bzw. Alternativen anbietenden und Inferenz-Leistungen vorweisenden *Online*-Dialog, der dann mit der Empfehlung endet: »Kaufen Sie sich Präparat xyz, legen Sie sich ins Bett und leiten Sie die jetzt Ihnen *Online* ausgestellte Arbeitsunfähigkeitsbescheinigung an Ihren Arbeitgeber weiter oder beauftragen Sie uns damit«.

Rechtsprobleme, Steuerangelegenheiten, Einwohnermeldedienste, Kfz-Anmeldung – kaum eine informations- oder transaktionsbezogene Handlung scheint exklusiv dem persönlichen Dialog mit menschlichen Experten vorbehalten zu sein. Es besteht auch gar kein Zweifel daran, daß diese Entwicklung in Richtung interaktiver *Online*-Kommunikation geht. Sie wird auf der Anbieter-/Dienstleister-Seite durch den Rationalisierungsdruck erzwungen. Maschinelle Leistungen werden von Kundenseite nachgefragt durch die offensichtlichen Vorteile bei vielen dieser Transaktionen, da man z. B. nicht mehr persönlich bei der Behörde erscheinen und geraume Zeit in der Schlange warten muß. Diese Entwicklung wird begünstigt durch die offensichtliche Algorithmisierbarkeit bzw. Formalisierbarkeit der meisten dieser Vorgänge bzw. durch den immer komfortabler werdenden Einsatz interaktiver Techniken, bei denen der Mensch durch seine Eingabeinitiative die noch fehlenden Algorithmisierungsdefizite kompensieren kann[13].

Offensichtlich ist, daß das Ausmaß dessen, was an technische Assistenten übertragbar ist und von den Betroffenen akzeptiert wird, von einer Vielzahl von Rahmenbedingungen abhängig ist. Was im US-amerikanischen Umfeld akzeptabel ist, muß nicht in

schenswert die Alternative empfunden wurde, den Frühstücksplatz über eine Bildschirmanzeige am Eingang des Restaurants zugewiesen zu bekommen.

13 Die Debatte um die Delegierbarkeit informationeller, wissensbezogener Leistungen an Maschinen/Programme wurde schon vor einigen Jahren im Zusammenhang der Expertensysteme geführt, durchaus auch unter dem Thema des Verlustes humaner Autonomie. Das interaktive Paradigma in den Mehrwertdiensten der globalen Netzwerke, in das die wissensbasierten Leistungen von Expertensystemen eingebettet werden können, hat dieses Problem zu einem universalen gemacht.

anderen kulturellen Umgebungen der Fall sein. Was für einen jüngeren Internet-Erfahrenen selbstverständlich ist, kann für eine ältere Person ohne diese Erfahrung ein Grauen sein (und umgekehrt). Fast alles hier ist Gegenstand der Gewöhnung und des Lernens, wird von der Bereitschaft abhängen, sich an damit einhergehende Einbußen zu gewöhnen oder die neuen Assistenzformen zu lernen. Naturkonstanten oder objektive Grenzen der Delegation an abstrakte oder informationelle Systeme werden nicht auszumachen sein. Ob wir noch in der Lage sein werden, Entwicklungen zu korrigieren, durch die die Grenzen des Zumutbaren oder einfach nur Wünschbaren tatsächlich überschritten werden, wissen wir (noch) nicht.

An diese Grenzen sind wir noch lange nicht gestoßen; vgl. Dertouzos (1998). Der Komplexitätsgrad bislang eingesetzter automatisierter oder interaktiver Informationsmaschinen ist begrenzt, schon bezüglich ihrer intellektuellen rationalen Leistung und erst recht, wenn man berücksichtigt, daß zur Akzeptanz der meisten informationellen Dienstleistungen emotionale Beteiligungen notwendig sind. Bisherige Informationsmaschinen greifen zur Zeit noch gering in unseren Entscheidungsspielraum ein. Sie verlangen in der Regel ein vollständig rationales, algorithmisches Verhalten, das in Situationen, in denen auch nichts Persönliches involviert ist, akzeptabel oder sogar erwünscht ist. Man kann auch noch in etwa nachvollziehen, wie sie funktionieren, d. h. wie sie programmiert wurden, z. B. der automatisierte Telefon-Dialogpartner:

Standardisierter algorithmisierter Dialog, stereotype mit individuellen Fragmenten durchsetzte Begrüßungs- und Verabschiedungsäußerungen, geringe Reaktionsoptionen für den menschlichen Partner, Übertragen der digitalen Antwort in ein korrespondierendes Satzfragment und Einsetzen dieses Fragments, z. B. Datum, Policy Nummer, Ort, etc., in ein vorgegebenes Antwortmuster (*Template*); nicht vorgesehene Antworten werden ignoriert, auf falsche Antworten wird mit einer Wiederholung der letzten Optionen reagiert, ...

Aber das ist nur der schlichte Anfang der Informationsmaschinen, wie wir sie zu vergegenwärtigen haben und die wir zunehmend real (jenseits der oben angedeuteten weitergehenden Leistungen) nutzen werden, zumindest sobald wir uns als Laien in irgendeiner Form auf die Dienste des Internet oder der elektronischen Informationsmärkte allgemein eingelassen haben. Die Visionen der frühen Künstliche-Intelligenz-Forscher wie Herbert Simon, daß

Maschinen in absehbarer Zeit alle intellektuellen Tätigkeiten von Menschen übernehmen können, sind vermutlich nicht unrealistisch, zumal dann nicht, wenn das Ziel nicht die Simulation komplexer menschlicher Intelligenz ist, sondern die isolierter Vorgänge. So wird heute auch der Sieg des Rechners *Deep Blue* von IBM über den Schachweltmeister Garri Kasparow gewertet – wohl kaum als Beweis der überlegenen Intelligenz des Rechners gegenüber dem Menschen, sondern als Überlegenheit auf einem Teilgebiet der Intelligenz, dem mechanischen Ausrechnen von Alternativen und der Entscheidung nach einem statistisch basierten Minimax-Verfahren (Neumann 1997, S. 6). Auch wird die Tatsache, daß ein Rechner Schachweltmeister werden kann, kaum jemand daran hindern, an einem Schachspiel mit einem anderen Menschen viel mehr Befriedigung zu empfinden als einem Spiel mit einer Informationsmaschine.

Einem Schachrechner werden wir, wenn wir es wollen, entgehen, vermutlich auch noch eine ganze Weile den intelligenten Mobil- und Dienstleistungsrobotern ausweichen können[14]. Den Rasen in unserem Garten werden wir noch selber schneiden *dürfen*, wenn wir es wollen, und auch eine persönliche Pflege wie ein Haarschnitt oder eine Massage werden wir wohl weiter von Menschen in Anspruch nehmen können, auch wenn das objektiv Maschinen vielleicht besser können. Bei den Informationsmaschinen, wie wir sie hier im Sinne haben, deren Dienstleistung selber Information ist, sind wir uns nicht so sicher, ob wir diese Freiheit noch haben werden. Eine manuelle-intellektuelle Alternative zu den *Retrieval*-Maschinen und Suchrobotern ist nicht mehr vorstellbar. Wenn es nach den Prognosen oder Wünschen der Gestalter zukünftiger

14 Bischoff/Graefe/Grassnick (1998, S. 66) sehen zwar auch, daß die 1964 verkündeten Prognosen, bis 1984 seien Haushaltsroboter verfügbar, die die gängigen Hausarbeiten verrichten können, bis jetzt nicht eingehalten werden konnten und daß auch noch länger intensive Forschung betrieben werden muß, bis Service-Roboter der breiten Bevölkerung zur Verfügung stehen, schätzen den Stand der Technik heute aber als ausreichend für Service-Roboter mit genau definierten Speziallösungen ein. Sie ordnen die Service-Roboter in das Assistentenparadigma ein und beschreiben die Service-Roboter der Zukunft als »gehorsame und gelehrige Diener«, die über hochentwickelte Kommunikationsfähigkeit (auch Verstehen natürlicher Sprache), Kooperationsfähigkeit und Adaptivität verfügen müssen.

Informationsszenarien geht (z. B. Negroponte 1997; Schöneburg, vgl. Anm. 11, Kap. 6), dann werden wir uns auch den intelligenten Agenten bzw. den Software-Robotern nicht entziehen können. Geben wir ein Dialogbeispiel, das zukünftige Leistungen von Informationsmaschinen in unseren Alltagswelten andeuten kann, dieses noch einem *Science-fiction*-Roman entnommen. Oft genug aber schreitet die Realität schneller voran, als es der Phantasie des *SF*-Autors, hier mit seinem Wissensroboter, möglich war, so daß auch dieses noch fiktive Beispiel sehr bald Realität in Form von kooperativen Software-Informationsagenten werden kann. Es handelt sich dabei um eine Dialogsequenz zwischen Peter Kirk, Hauptperson in Wolfgang Jeschkes *Science-fiction*-Roman Midas, und Alice, der synthetischen Auskunftsperson im Infopool1. Kirk ist bei einem gefährlichen Abenteuer auf das Wort *Rumpelstilzchen* gestoßen, das er nicht versteht, das ihm aber der Schlüssel zum Auflösen des entscheidenden Problems zu sein scheint. Kirk hat also ein Informations- und Handlungsproblem, das er nicht selber lösen kann und für dessen Lösung er auf eine (technische, artifizielle) Informationsassistentin, Alice, zurückgreift. Solche Leistungen können sehr bald Realität in den telemediatisierten Informationswelten werden, nicht nur der Fachkommunikation, sondern auch der allgemeinen Publikumsmärkte. Die Software-/Informations-/*Interface*-Agenten-Technik zielt jedenfalls in diese Richtung (vgl. Abschnitte 6.3 ff.).

»Was ist ein Rumpelstilzchen, Alice?«
»Würden Sie mir bitte das Wort buchstabieren, Mr. Kirk? – RUMPLE oder RUMPEL ...«
»Keine Ahnung. Ich hab das Wort nur gehört, nie geschrieben gesehen.«
»Dann brauche ich einen etymologischen Durchlauf, Mr. Kirk. Das wird eine Weile dauern. Darf ich Ihnen inzwischen einen Film zeigen? Ich hätte für Sie eine neue NASA-Publikation: ›Von SPS (Satellite Power System) zu EFOS – 1976 bis 2016: Vierzig Jahre US-Raumfahrt für den Frieden.‹«
»Oh, danke nein, Alice!«
»Ich habe hier einen Vermerk in Ihrem Dossier, daß Sie sich für Raumfahrtaktivitäten interessieren.«[15]

15 Kommentar R. K.: Hier hat der Autor von den in der Künstlichen Intelligenz verwendeten Benutzermodellen Anleihen genommen. In einem der ersten solcher Systeme, die Vorwissen über Benutzer verwenden, versorgt das Bibliothekssystem GRUNDY von Elaine Rich

»Ja gewiß, aber das ist mein Job. Und nächste Woche bin ich wieder im Orbit, um mir selbst anzusehen, was inzwischen gebaut wurde.«
»Tut mir leid, Mr. Kirk.«
»Das braucht dir nicht leid zu tun. Zeig mir, was du inzwischen gefunden hast!«
RUMPLE erschien auf dem Bildschirm.
– CREASE, WRINKLE, CRUMBLE, FOLD
(M) Du. ROMPEL, derive of
MDu. ROMPE, MLG, RUMPE, MDu, MLG RUMPELEN, ROMPELEN
»Das deutet auf einen deutschen oder niederländischen Ursprung hin. Ebenso die Endung.«
Zeilen rieselten über den Bildschirm, kamen mit einem Ruck zum Halt.
RUMPELN
– POLTERN, RASSELN, LÄRMEN
/ RUMMEL
/ RUMPEL
/ RUMPELKAMMER, RUMPELKASTEN
(/ GERÜMPEL)
/ RUMPELSTILZCHEN (ndl. REPELSTEELTJE; engl. RUMPELSTILSKIN) Märchengestalt.
RUMPEL: MLG für POLTERGEIST, RUMPELNDER KOBOLD.– STILZCHEN: MLG
diminutiv von (veraltet) STÜLZ, STILZER = HINKENDER / STELZE / STILT / STELLEN /
STOLZ
»Da haben wir's! Es ist ein deutsches Wort. Es ist gleichzeitig der Titel eines ursprünglich deutschen Märchens.«
»Du bist genial, Alice!«
Jetzt müßte sie geschmeichelt aufblicken, etwas verlegen lächeln. Sie lächelt zu professionell. Die Software-Designer schaffen das noch nicht so richtig mit ihren Spontanreaktionsprogrammen.
Auf dem Bildschirm erschien:
/ GRIMM, WILHELM & JAKOB
MÄRCHEN, ed. 1812
ref. WILD, HENRIETTE DOROTHEA, 1811
...
»Ich kenne mich nicht so gut aus mit Märchen, Alice. Gibt es eine Aufzeichnung?«
»Es gibt eine Zeichentrick-Version der Disney Productions und eine dreidimensionale Computerproduktion der Gremlins, Inc.«

Anfrager mit Buchtiteln, die nach der Systemmeinung für diese geeignet sind, vgl. Rich (1983).

»Hast Du auch einen Text in englischer Übersetzung?«
»Ja.«
»Dann lies vor!«
Infopool arbeitete im Kurzzeitgedächtnis noch mit lasergetasteten Bildplatten. Das Langzeitgedächtnis, in dem alle wichtige Literatur, Kunst und andere Basisdaten der menschlichen Zivilisation gespeichert sind, arbeitete längst mit ULT (Ultra Low Temperature)-Kristallen. Diese Speicher, die fast auf null Kelvin gekühlt sind, haben zwar millionenfache Kapazitäten, aber entsprechend längere Abrufzeiten. Es dauerte über zwei Minuten, bis Alice die Texte parat hatte.
»Es war einmal ein Müller, der war arm, aber er hatte eine schöne Tochter ....«

Man wird diesen Text in seinen informationsutopischen Elementen nicht weiter interpretieren müssen. Schaut man genau hin, so sind einige der dort angesprochenen Dienstleistungen von Alice bzw. Infopool durchaus heute schon machbar oder sogar schon Praxis. Andere Elemente, wie der perfekte natürlichsprachige Dialog, gehören zwar noch nicht zur Standardausstattung der Mensch-Maschine-Kommunikation, sind aber fest anvisierte Forschungs- und Entwicklungsziele und werden auch in mittlerer Perspektive als normale Ausstattung von Informationsmaschinen erreicht sein, wenn man auf das Einlösen pragmatischer Ansprüche wie der erwähnten *Spontanreaktionsprogramme* nicht zu stark beharrt. Unverzichtbar wird es sicher sein, daß solche *Alices* flexibel auf differenzierte Benutzerwünsche durch Anwendung von individuellen und situativen Benutzermodellen reagieren können. Dafür sind in der heutigen Terminologie die sogenannten *Interface*-Agenten zuständig (Maes 1994), bei denen allein schon die Verwendung des Namens *Agenten* das Programm nahelegt, sie auch, wie Alice, in anthropomorphisierter Gestalt auftreten zu lassen. Auf diesen Anthropomorphisierungs*bedarf* kommen wir noch zurück (vgl. Abschnitt 6.8.3).

## 4.4 Vertrauen und konstruktives Mißtrauen in Informationsleistungen

Wir wollen in den beiden folgenden Unterabschnitten zum einen die Rolle von Vertrauen diskutieren, die wir, mit Giddens, bislang allgemein diskutiert haben und die wir nun in Beziehung zu den

Informationsmaschinen, näher zu den Informationsassistenten, setzen wollen. Zum anderen wollen wir mit dem Konzept des konstruktiven Mißtrauens (mit den Forderungen reziproker Transparenz bzw. informationeller Symmetrie) quasi ein aufgeklärtes Gegenmodell zu dem naiven oder charismatischen Verständnis von Vertrauen aufbauen, das uns am Ende der gesamten Darstellung zu der Idee des Vertrauensnetzwerkes (*Web of trust*) führen wird, auf dessen Grundlage wir auch als Laien ein informationell abgesichertes Vertrauen – an sich ja fast ein begrifflicher Widerspruch in sich – auch zu den schwer durchschaubaren Leistungen technischer Assistenz aufbauen können.

### 4.4.1 Notwendigkeit von Vertrauen in Informationsleistungen

Was wir gegenwärtig in der Informationsgesellschaft erleben, ist eine gesteigerte Form von Unsicherheit. Nicht nur werden in der (Informations)Moderne die privaten, öffentlichen und professionellen Situationen so komplex, daß wir uns in ihnen nicht aus eigener Kraft informationell sicher bewegen können, auch die Welt der Informationsmaschinen und informationellen Assistenz wird so komplex, daß wir uns ihrer Leistung kaum ausreichend vergewissern können, weder hinsichtlich dessen, was überhaupt auf den Informationsmärkten verfügbar ist, noch bezüglich der Einschätzung des Wahrheitswertes und der Relevanz dessen, was uns andere an Information liefern.

Ob wir uns damit unvermeidlich in Richtung einer »desinformierten Gesellschaft« bewegen (so der Buchtitel von Steinbuch 1989) oder doch »Chancen ... für eine informierte Gesellschaft« bestehen (so im Buchtitel von Haefner 1980), ist wohl noch nicht entschieden. Es ist noch zu früh, darüber verbindliche Aussagen zu machen. Die Lektionen in der Informationsgesellschaft für den Umgang mit den Informationsmaschinen haben wir noch kaum lernen können, jedenfalls noch nicht das breite Publikum, das sich im Grunde erst seit drei bis fünf Jahren vergegenwärtigt, daß wir nicht länger von der entstehenden Informationsgesellschaft reden können, sondern daß wir mitten, unumkehrbar, in ihr drin sind. Unser Bildungssystem hat uns noch nicht darauf vorbereiten können.

Aber auch eine fortgeschrittene Ausbildung wird uns nicht in die Lage versetzen können, in jedem Fall aus informationsintensiven Situationen aus eigener Kompetenz vollständig oder auch nur hinreichend abgesicherte Informationssituationen machen zu können. Wir sind zur Absicherung unserer Handlungen durch Information auf die Unterstützung anderer angewiesen, bislang eher auf die Unterstützung der personalen Informationsassistenten und der vertrauten Institutionen wie Bibliotheken, Archive oder Buchhandlungen, zunehmend mehr aber auf die technischen Assistenten und die gegenwärtigen Ausprägungen elektronischer Informationsleistungen der *Online*-Welt bzw. der Welt des Internet. Und da treten die neuen Unsicherheiten vermehrt auf.

In dieser Situation weitgehender informationeller Unsicherheit ist die Leistung von Vertrauen für die Funktionsfähigkeit der Informationsgesellschaft offensichtlich. Ein vertrauensvoller Umgang mit den Leistungen komplexer Informationsmärkte soll uns das Gefühl vermitteln, daß wir uns auf diese Welt einlassen und daß wir die Delegation von Informationsarbeit an Informationsassistenten und Informationssysteme wagen können, ohne daß dies uns in unserer informationellen Autonomie zu stark einschränkt[16]. Vertrauen, Etablieren von Vertrauen, wird ein entscheidender Faktor für alle Aktionen, und vor allem Transaktionen, die Information und Kommunikation betreffen und die für immer mehr Personen im weiteren Umfeld des Internet anfallen:

»In times like these, trust is precious: trust that when my computer *links* to yours your security will be good enough that my system won't be compromised; trust that the information I receive and pass on is accurate and true; trust that I give you personal information about myself I won't find my privacy betrayed. ... But the hardest one, as the Internet experiments with what works and what doesn't, is trust that your communication will be worth my time«. (Grossman 1997, S. 183)

16 Das Thema informationeller Autonomie ist für unsere Darstellung zentral und wird entsprechend ausführlicher im nächsten Kapitel, in Abschnitt 5.4, behandelt. Wir werden informationelle Autonomie als die Fähigkeit bestimmen, in der Lage zu sein, auf die Informationsressourcen, die im Prinzip verfügbar sind, zugreifen zu können und sie produktiv zu nutzen. Informationelle Autonomie ist die Voraussetzung dafür, nicht absolut, aber mit Rücksicht auf aktuelle Situationen wissensautonom zu werden, d. h. aus eigenem Wissen heraus die in problematischen Situationen nötigen Entscheidungen zu treffen.

Von der Richtigkeit und Einschlägigkeit der erhaltenen Informationen hängt immer mehr ab, nicht nur, wie es schon seit langem in der wirtschafts- und verwaltungswissenschaftlichen Literatur diskutiert wird, in professionellen Umgebungen, sondern auch in der privaten Lebenswelt. Die Wahl des Studienplatzes, die Gestaltung der Freizeit am Wochenende, der Einkauf für das tägliche Leben – all dies sind in hohem Maße informationell bestimmte Handlungen, die wir nicht autonom absichern können, sondern für die wir auf Informationsarbeit anderer angewiesen sind. Erst recht gilt das natürlich in jeder professionellen Umgebung, nicht nur der Wissenschaft, die vom Austausch von Information zur Erzeugung von Wissen ohnehin lebt, sondern in allen Bereichen von Wirtschaft, Verwaltung und Gesellschaft insgesamt.

Nicht nur sind wir als Nutzer darauf angewiesen, Vertrauen zu den Informationsmaschinen zu entwickeln, auch die Anbieter von Information und Hersteller von Informationsmaschinen müssen sich erfolgreich als vertrauensvoll präsentieren können. Können die Informationsmaschinen nicht das Vertrauen des allgemeinen Publikums gewinnen, so wird die Wirtschaft keine Informationsprodukte in dem angestrebten Umfang verkaufen und kaum Umsätze in dem erwarteten Umfang auf den elektronischen Märkten erzielen können[17]. Wir werden uns aber den Zusammenbruch der Informationswelten nicht erlauben können, zu viel hängt von einer leistungsfähigen Organisation des informationellen Geschehens ab. Daher werden wir als Nutzer von Information rasch die Lektionen lernen müssen, auf welcher Grundlage, konkret mit welchen vertrauensbildenden Ersatzhandlungen, wir berechtigterweise Vertrauen in informationstechnische Systeme in Form von Informationsassistenten etablieren können. Anbieter von Informationsprodukten und von Leistungen von Informationsassistenten müssen entsprechend lernen, durch welche Maßnahmen Vertrauen erworben werden kann, wie Formen des Vertrauensmanagements auf elektronischen Informationsmärkten entwickelt werden können.

17 Nach einer Studie von *Forrester Research, Inv.* (www.isa.net/intfacts/market.html) wird gegenwärtig (1998) ca. $ 0.9 Mrd. in den USA durch *Electronic commerce* umgesetzt, für das Jahr 2000 werden – konservativ – schon $ 6.9 Mrd. erwartet. Diese Schätzungen gehen natürlich von einer unveränderten (positiven) Einstellung zu der Vertrauenswürdigkeit der Informationsmaschinen, -systeme und -dienste allgemein aus.

Offensichtlich ist Vertrauensmanagement und Vertrauensbildung bei technischer Assistenz durch Informationsmaschinen komplizierter, auf jeden Fall anders als bei den allgemeinen technischen Systemen und auch anders als bei personaler Assistenz. Funktionieren bei Informationsleistungen durch personale Informationsassistenten die klassischen Transformationsleistungen der Vertrauensbildung, so ist es bei Informationsleistungen über technische Systeme und technische Informationsassistenten schwieriger. Der Giddenssche Kompromiß mit den Zugangspunkten (*Access points*), also die Einführung personaler Vermittler für die abstrakten Systeme, wird mit dem fortschreitenden Einsatz von technischen Informationsassistenten wohl noch wichtiger, aber wohl auch problematischer. Wird z. B. Informations-Software zunehmend über das Internet direkt bezogen, entfallen die alten, beim Einkauf von Waren gewohnten Verfahren personaler Vertrauenssicherung. Je abstrakter die Systeme zudem werden, desto dringlicher werden vertrauensbildende Kompensationsleistungen, aber um so schwieriger wird es, Stellvertretungsleistungen über die Zugriffspunkte zu personalisieren. Wir werden andere Mechanismen benötigen, die uns den Umgang mit technischen Informationssystemen als vertrauensvoll zu erfahren gestatten und die den Besonderheiten informationstechnischer Systeme und Informationsassistenten und der speziellen Delikatheit der Delegation von Informationsarbeit an Maschinen Rechnung tragen können.

### 4.4.2 Konstruktives Mißtrauen – Notwendigkeit der informationellen Absicherung von Vertrauen in Informationsleistungen

Die Informationsgesellschaft wird nicht ohne das Vertrauen der Menschen in ihre Systeme auskommen können, aber es wird ebenfalls offensichtlich, daß Vertrauen nicht blind geschenkt wird und auch nicht als selbstverständlich angenommen werden kann. Vertrauen ist nicht naturgegeben, sondern muß erarbeitet und laufend gepflegt werden. Vertrauen ist eine Gratwanderung und vertrauensvolle Delegation konfligiert mit immer wiederkehrenden Situationen der Enttäuschung, daß die Information nicht gestimmt hat, daß sie unzureichend oder nicht relevant war. Aber auch wenn es immer wieder Fälle gibt, in denen Vertrauen faktisch enttäuscht wird – ohne die Grundannahme, daß das, was uns übermittelt wird, aufrichtig gemeint ist und kompetent aus den verfügbaren Informationsressourcen abgeleitet wurde, kann menschliche Kommunikation nicht funktionieren, weder in der Alltagskommunikation noch in der Geschäfts- oder Fachkommunikation. Aber diese Grundannahme muß gepflegt werden. Sind Zustände informationeller Unterbestimmtheit zwar nicht grundsätzlich zu vermeiden und muß entsprechend Informationsarbeit an Informationsmaschinen bzw. -assistenten delegiert werden, so muß doch angestrebt werden, auf informationell akzeptabler Basis Vertrauen zu geben bzw. um Vertrauen zu werben.

Blindes Vertrauen ist sicher nicht die einzige Alternative zu Unsicherheit durch informationelle Unterbestimmtheit. Es müssen andere Absicherungsstrategien entwickelt werden, die uns vielleicht nicht selber in den Zustand gesicherten Wissens versetzen, uns aber die benötigte Transparenz verschaffen. Wir müssen uns der Assistenz von vertrauenswürdigen Personen und Institutionen versichern, denen wir, anders als anonymen Experten und undurchschaubaren Institutionen, nicht blindlings vertrauen, sondern die uns auf Nachfrage darüber Rechenschaft abgeben können, was, in unserem Fall, die Informationsassistenten tun und wie sie es tun.

Die informationelle Arbeit von Informationsassistenten muß, wenn auch vielleicht nicht unmittelbar, so aber doch prinzipiell und sei es über verschiedene Stufen vermittelt, transparent bleiben. Die Assistenten bzw. ihre Betreiber müssen sich auf Anfrage legitimieren und jederzeit über das Rechenschaft ablegen können, was sie tun, und auch darüber, wie sie es tun und welche Folgen und Nebenfolgen zu erwarten sind. Diese Forderung könnte zu einem allgemeinen Grundgesetz informationellen Verhaltens in der Informationsgesellschaft weiterentwickelt werden, und zwar in einem symmetrischen Sinne,

- jederzeit bereit sein, dem andern die Informationen zu legitimieren bzw. zu rechtfertigen, die man über diesen besitzt oder die man für diesen erarbeitet, und zum andern
- jederzeit bereit sein, von den anderen die Legitimation bzw. die Rechenschaft der Informationen abzuverlangen, die diese über einen selber besitzen bzw. die diese für einen erarbeiten.

Informationelle Offenlegungs- und Haftungspflicht nach dem Prinzip informationeller Symmetrie muß Basis des Vertrauens in die Leistungen der Informationswirtschaft werden. Auf diese Idee der Verantwortlichkeit und Rechenschaftspflichtigkeit (beides ist im englischen *Accountability* enthalten) setzt David Brin in seinem Vorschlag einer transparenten Gesellschaft (Brin 1998). Der Vorschlag der *Accountability* geht auf Karl Poppers Gedanken in seinem Buch *The open society and its enemies* (Popper 1945/1992) zurück. *Accountability* ist für Popper in der Tradition der Aufklärung das rationale Prinzip des Umgangs mit Systemen der Verwaltung und Wirtschaft in demokratischen Gesellschaften und wird damit dem quasi-charismatischen, emotionalen Prinzip des Vertrauens gegenübergestellt:

»Only by insisting on accountability, he (Popper) concluded, can we constantly remind public servants that they are *servants*. It is also how we maintain some confidence that merchants aren't cheating us, or that factories aren't poisoning the water. As inefficient and irascibly noisy as it seems at times, this habit of questioning authority ensures freedom far more effectively than any of the older social systems that were based on reference or trust« (Brin 1998, S. 12).

Radikalisierte man diesen Gedanken, dann könnte der Ansatz der Kompensation von Unsicherheit durch Vertrauen gerade ins Gegenteil umschlagen. Die Analyse Giddens' der individuell nicht mehr durchschaubaren Welten der Moderne ist zweifellos richtig, aber ebenso ist es in modernen Gesellschaften nicht akzeptabel, die Zuständigkeit für die informationelle Absicherung von Handeln bloß vertrauensvoll zu delegieren. Ist also – um erneut auf die Modernismus-Debatte zurückzugreifen – für den Umgang mit Informationsmaschinen bzw. -assistenten (mit Beck) ein konstruktiver Mißtrauensansatz eher angebracht als (mit Giddens) der kompensierende Vertrauensansatz? Beck zitiert Wildavskys Empfehlung zu *effective distrust* als Grundeinstellung zum Umgang mit den Systemen der (zweiten) Moderne. Konstruktives Mißtrauen sollte eine Alternative zu (vom Markt suggerierten und dann adaptierten) Vertrauen sein (Beck 1996b, S. 305). Konstruktiv in dem Sinne, daß Mißtrauen nicht nur Ablehnung bedeuten muß, sondern zu pragmatischen Verfahren führen kann, z. B. zu reziproker Transparenz oder informationeller Symmetrie. Oder ist sogar ein Kompromiß vorstellbar auf der Grundlage von *informiertem Vertrauen*? Gewiß ein schwieriger Begriff, entsteht der Bedarf nach der kompensierenden Leistung von Vertrauen doch gerade in Situationen informationeller Unterbestimmtheit. Es mag schwieriger sein, die Legitimation und Rechenschaft von informationellen Handlungen zu verlangen, als es im Zusammenhang von technischen Systemen der Fall ist. Der Grund dafür liegt darin, daß informationelle Handlungen (Beispiele: das Wissen bereitstellen, das gebraucht wird, um eine Person einzustellen, um Investitionsentscheidungen zu treffen, einen Kredit zu gewähren oder einen Politiker zu wählen) immer singuläre Akte sind, die schwierig zu generalisieren sind. Anders ist es bei technischen Systemen. Jeder Flug eines Flugzeugs ist natürlich immer ein neuer Flug, aber die Rahmenbedingungen, unter denen ein Flugzeug sicher fliegt, bleiben stabil. Daher ist es auch nicht mehr erforderlich, sich der technischen Zuverlässigkeit des Flugzeugs immer wieder neu aus Nutzersicht zu vergewissern (das machen andere Überprüfungsspezialisten), wenn die Mechanismen der Zuverlässigkeitssicherung durchlaufen sind und auch für die Zukunft garantiert werden. Weiterhin geben die eigenen Erfahrungen und die berichteten Erfahrungen anderer eine ausreichende Grundlage für eine Investition in Vertrauen. Die leider doch vorkommende Widerlegung der Berechtigung des Vertrauens, Abstürze, sind zum Glück nicht häufig genug und passieren nicht nahe genug, als daß Vertrauen grundsätzlich erschüttert würde.

Die Vertrauenssicherung bei technischen Systemen ist generalisierbar (und damit leichter), weil das einzelne davon gewiß betroffene Individuum nicht in den Prozeß der technischen Absicherung einbezogen ist. Technische Systeme werden individuell genutzt, aber in ihrer Leistung weitgehend passiv erlebt. Anders ist es schon bei Verwaltungsakten, wo Personen mit ihren ganz individuellen eigenen Angelegenheiten und Daten involviert sind. Entsprechend verlangen wir hier eher Transparenz und vertrauen nicht einfach auf die Richtigkeit des Verwaltungshandelns.

Gänzlich singularisiert und individualisiert sind Informationshandlungen. Entsprechend dem pragmatischen Charakter von Information kann aus gesellschaftlich vorhandenem Wissen nur dann Information werden, wenn bei der Erarbeitung von Information aus Wissen der individuelle Nutzungskontext berücksichtigt wird. Daher ist das einzelne Individuum mit seinen jeweiligen und für ihn spezifischen Kontextbedingungen stärker in Informationshandlungen involviert, als es sonst bei technischen und abstrakten Systemen der Fall ist. Das schließt natürlich nicht aus, daß auch hier Vertrauensmechanismen zum Tragen kommen:

- Einem Informationsbroker, der in der Vergangenheit brauchbare Informationen geliefert hat, wird man auch in der näheren Zukunft vertrauen.
- Einem Informationssystem, z. B. einem Fachinformationszentrum, das qualitative, verläßliche Information nachgewiesen hat, wird unterstellt, daß es dies auch in der Zukunft tun wird.
- Eine Bibliothek, deren Personal sich als kompetent und verläßlich erwiesen hat und deren Bestände auf der Höhe des Wissens der Zeit sind, wird man weiter aufsuchen.
- Bei einer Zeitschrift, die sich ein hohes Ansehen dadurch verschafft hat, daß sie über ein exzellentes *Referee*-Verfahren verfügt (*Peer reviewing*), kann man der Qualität der Beiträge bei unveränderten Rahmenbedingungen grundsätzlich trauen.
- Wir sind dabei, ähnliche Einstellungen gegenüber den Suchmaschinen im Internet zu entwickeln und Präferenzen für die eine Maschine gegenüber der anderen aus der eigenen Erfahrung und aufgrund von Berichten anderer abzuleiten.
- Und warum, so wird in der Informationswirtschaft bzw. in der Agentenforschung gefragt (z. B. Negroponte 1997), sollte der Prozeß der Vertrauensbildung prinzipiell anders bei den fortgeschrittenen Assistenzleistungen sein, wie sie gegenwärtig mit den Software-Agenten entwickelt werden, die in unserem Auftrag Informationsaufgaben übernehmen und erledigen und uns dann die Ergebnisse abliefern?

Mit fortschreitender Telemediatisierung wird die Vertrauensbildung jedoch immer schwieriger, da mit dem Übergang von personaler und institutioneller zu technischer Assistenz sowohl die Komplexität der Delegation von Informationsarbeit als auch, zwangsläufig mit einher gehend, deren Intransparenz steigen. Unsicherheit dominiert den gegenwärtigen Umgang mit technischer Assistenz. Die Notwendigkeit von Vertrauen steigt damit ebenfalls und gleichzeitig das Mißtrauen in das Ansinnen, Vertrauen zu geben.

Welches Szenario informationeller Vertrauensabsicherung auch immer entworfen wird, am Ende ist es immer der Nutzer in einer informationell kritischen Situation selber, der die Information unverwechselbar und einmalig in seiner konkreten Situation anwendet und dabei nicht nur auf semantische Richtigkeit/Stimmigkeit, sondern eben auch auf pragmatische Relevanz setzt. Um sich beides zu vergewissern – semantische Richtigkeit und pragmatische Relevanz – ist die individuelle Anerkennung und Nachvollziehbarkeit der jeweils erbrachten Informationsleistung unabdingbar – es sei denn, wir verzichten in der Übergabe an die Informationsassistenten auf unsere informationelle Autonomie und damit wohl auch auf Autonomie insgesamt. Auf den Informationsmärkten ist (informationelle) Urteilskraft gefragt als die Fähigkeit, den Wahrheitswert und die Handlungsrelevanz von selbst erarbeiteten oder durch Informationsassistenten zugelieferten Informationen beurteilen zu können bzw. so weit informationell autonom zu sein, daß die Beurteilung von vertrauenswürdigen Instanzen geleistet werden kann. Im letzteren Fall handelte es sich um delegierte Urteilskraft. Mit dieser Forderung sind die Fragen von Informationskompetenz, Informationsautonomie und informationeller Bildung angesprochen, die wir im nächsten Kapitel ausführlicher behandeln wollen.

Wir werden in den folgenden Kapiteln Beispiele von bewußt erfahrener oder unbewußt erlebter informationeller Verunsicherung, Beispiele von Vertrauenskrisen und Beispiele zur Rekonstruktion von Vertrauen und zur informationellen Absicherung von Vertrauen diskutieren. Dabei soll, wie aus der bisherigen Darstellung ja auch folgt, nicht das ganze Universum der Telemediatisierung behandelt werden. Wir fokussieren unsere Darstellung darauf, was die vertrauensvolle Delegation von Informationsarbeit an technische Assistenten bedeutet. Ist dies eine Erweiterung von informationeller Autonomie, also die Addition eines weiteren Werkzeugs, um die Nachteile unserer Natur, hier in bezug auf Gedächtnis und Informationsverarbeitungskapazität, auf mentale Mobilität, kompensieren zu können, oder ist dies der Anfang des Endes der Autonomie, was, konsequent zu Ende gedacht, zur Einlösung der Moravecschen Dystopie der Verabschiedung des Menschen zugunsten der Informationsmaschinen führen könnte (Moravec 1988)? Es besteht der begründete Verdacht, daß es bei diesen Systemen nicht mehr allein um (willkommene) Unterstützung, sondern auch um (kaum erwünschte) Ersetzung geht. Sie greifen direkt in Wissens- und Informationsarbeit ein. Weder das eine – Erweiterung von Autonomie – noch das andere – Ende von Autonomie – wird von selbst geschehen. Wir sind es, die unsere Zukunft gestalten. Gefordert wird ein skeptisch kontrolliertes Vertrauen beim Umgang mit den Informationsassistenten und den Angeboten auf den Informationsmärkten sein. Um das abschätzen zu können, müssen wir uns zunächst im folgenden Kapitel mit dem Konzept der Informationsarbeit beschäftigen, denn das ist es, was die Informationsassistenten tun und was in der Informationswirtschaft geschieht.

# 5 Informationsarbeit in der Informationsgesellschaft

Wir haben im vorigen Kapitel zunächst technische und abstrakte Systeme der Moderne behandelt und angesichts der prinzipiellen informationellen Unterbestimmtheit beim Umgang mit ihnen auf die kompensatorische Funktion von Vertrauen hingewiesen. Ähnliche Aussagen konnten mit Bezug auf die allgemeinen Informationsmaschinen getroffen werden. Wir wollen nun die Perspektive wechseln und wollen von diesem Abschnitt an unsere Sicht auf die Informationsmaschinen präzisieren und als Einschränkungskriterium verwenden, inwieweit die Informationsmaschinen wirklich Informationsarbeit leisten, inwieweit sie Maschinen sind, deren Zweck Information und Wissen selber ist. Dann wollen wir sie *Informationsassistenten* nennen.

## 5.1 Information

Dazu müssen wir uns über die hier bislang eher intuitiv verwendeten Begriffe der Information und der Informationsarbeit verständigen. Hier gibt es einigen Theorienachholbedarf, denn die in den letzten 30 Jahren bevorzugte Konzentration auf das technisch Mögliche und von Maschinen Verarbeitbare hat zwar die Informatik in ihrer Theoriebildung und in ihren hohen Praxis- und Ausbildungsstandards weit nach vorne gebracht. Sie hat jedoch die Entwicklung einer Theorie von Information verhindert, bei der die Inhalte, der Gebrauch, der Nutzen und die Konsequenz von Information im Vordergrund stehen[1]. Daher wollen wir im folgen-

1 Der Öffentlichkeit, zumindest in Deutschland, ist es bezeichnenderweise gar nicht einmal bewußt, daß es neben der Informatik auch ein Fach der Informationswissenschaft gibt, so daß Studierende und Absolventen der Informationswissenschaft sich oft einem Erklärungsbedarf ausgesetzt sehen, wenn sie Bekannten und potentiellen Arbeitgebern verständlich machen wollen, was sie denn studieren bzw. wofür sie Kompetenz erworben haben. Auch das zeigt, daß das bislang schon skizzierte und im folgenden auszuführende pragmatische Verständnis

den ein Verständnis von Information herausarbeiten, bei dem nicht die technischen oder die von der Wirtschaftsinformatik (vgl. Hansen 1996; Becker et al. 1995) bedachten ökonomischen Interessen im Vordergrund stehen (wenn auch diese immer mitbedacht sein werden), sondern ein allgemeines pragmatisches Interesse nach dem Nutzen und der Nutzung von Information in allen nur denkbaren Lebenswelten.

### 5.1.1 Ein pragmatisches Informationsverständnis

Über Information ist in den letzten 40 Jahren umfassend viel publiziert worden, sowohl aus der Sicht der vielen speziellen oder interdisziplinär damit befaßten wissenschaftlichen Disziplinen[2] als auch aus der Sicht des Faches, das sich als Informationswissenschaft schon in seiner Bezeichnung für Information zuständig erklärt. Die ausführliche terminologische Diskussion über Information (Capurro 1978), nicht einmal die engere informationswissenschaftliche (z. B. Wersig 1996), soll hier nicht noch einmal nachvollzogen werden, sondern sie wird gleich von einem pragmatischen Ansatz aus geführt (Kuhlen 1995, S. 34 ff.), für den es in den letzten Jahren in der Fachwelt weitgehenden Konsens gegeben hat.
Ging es der klassischen Informationstheorie (Shannon/Weaver

von Information zumindest als Gegenstand der wissenschaftlichen Behandlung weitgehend verdrängt wurde. In angelsächsischen Ländern (USA und England) sieht das anders aus, wo *Information science(s)*, *Information studies* entweder für sich oder zusammen mit der Informatik als *Computer and information science* eine höchst aktive und bekannte Disziplin ist (vgl. Kuhlen 1997). Daß der Arbeitsmarkt dies auch in der Bundesrepublik anders sieht, zeigt die Bereitschaft, informationswissenschaftliche Absolventen ohne Probleme aufzunehmen. Allerdings handelt es sich dabei um keine großen Zahlen. In Deutschland werden pro Jahr nicht viel mehr als 100 Informationswissenschaftler aus den Universitäten fertig; bei den Fachhochschulen werden es ingesamt ca. 300 sein. Zu den Ausbildungseinrichtungen im informationswissenschaftlichen Umfeld vgl. Kuhlen (1998 f.).

2 Auf Information angewiesen und mit Information handeln sicher alle wissenschaftlichen Disziplinen; direkt thematisieren *Information* Psychologie, Biologie, Sprachwissenschaft, Medien-/Kommunikationswissenschaft und Wirtschafts- und Verwaltungswissenschaft.

1976) und über lange Zeit auch der technisch, formal bestimmten Informatik um die syntaktische Korrektheit im Umgang mit den Daten, so geht es in der informationswissenschaftlichen Sicht um die semantische Stimmigkeit der Daten und ihre pragmatische Relevanz[3]. Dabei wird zwischen Daten, Wissen und Information unterschieden (vgl. auch Tsichritzis 1995), denen relativ grob die drei semiotischen Ebenen der Syntax, der Semantik und der Pragmatik zugordnet werden können. Wir wollen nicht versäumen darauf hinzuweisen, daß diese Unterscheidung analytischer, nicht faktischer Art ist. Es gibt nicht so etwas wie Information, ohne daß Wissen und Daten dabei nicht beteiligt wären. Dabei ist jeweils *Wissen* der die beiden anderen Begriffe bestimmende Ausgangsbegriff.

3 Wir sind uns bewußt, daß wir mit den Disziplinenzuordnungen eine stark vereinfachte Sichtweise eingenommen haben. In den letzten Jahren schon hat sich die Informatik nicht nur den semantischen Fragen der Wissensmodellierung bzw. der Wissensrepräsentation geöffnet, sondern auch die pragmatischen Aspekte, z. B. über Techniken der Benutzermodellierung, der Adaptivität, des Filterns oder des *Data Mining*, finden immer mehr Eingang in Konzeption und Implementierung von Informationssystemen, ebenso wie die Anwendung von Evaluierungsverfahren und der Untersuchung der Konsequenzen der eingesetzten Systeme in ihrer realen organisationellen oder allgemein gesellschaftlichen Umgebungen. Bedeutung, Kontext oder Evaluierung sollten zum Inventar auch der Informatik genauso wie Modellierung, Algorithmisierung oder Simulation gehören. Es geht uns nicht um eine (unproduktive) Abgrenzung von Informatik und Informationswissenschaft, sondern um die Behauptung des pragmatischen Primats, also um die Anerkennung der Wichtigkeit des persönlichen und situativen Kontextes der Informationsverarbeitung für deren Erfolg, und um die Berücksichtigung der Konsequenzen fortschreitender Telemediatisierung in allen Bereichen der Gesellschaft. Dies ist sozusagen die informationswissenschaftliche *Mitgift*, wenn man die weltweite Tendenz in Rechung stellt, daß von informationswissenschaftlicher Seite zwar immer noch die Nutzer-Perspektive, aus informatischer Sicht die System-Perspektive überwiegt, daß aber beide Fächer immer mehr zusammengehen, auch in institutioneller Hinsicht, in den USA z. B. als *Information Studies Departments* oder in Deutschland in Konstanz in einer Fachgruppe *Informatik und Informationswissenschaft*, von der ein gemeinsamer Studiengang *Information Engineering* angeboten wird (www.inf.-wiss.uni-konstanz.de).

Mit Wissen sind immaterielle kognitive Strukturen als (in unterschiedlichem Ausmaß) gesicherte Aussagen über Objekte und Sachverhalte der (realen oder fiktiven) Welt gemeint. Vorhandenes Wissen kann dann nur memoriert oder kommuniziert, vielleicht sogar nur produziert, also für den Wissensproduzenten selber oder für andere zugänglich gemacht werden, wenn es in irgendeiner Weise dargestellt wird. Wissen ist immer schon *repräsentiertes* Wissen[4].

In der Kommunikation mit anderen Menschen, genauso in der Mensch-Maschine-Kommunikation oder in der Inter-Rechner-Kommunikation, sind es Zeichensysteme bzw. Datenstrukturen, durch die *Autoren*, neutraler: Sender, immaterielle Wissensstrukturen in symbolische Strukturen verwandeln können. Auf *Leser*-Seite können diese Strukturen erkannt, interpretiert und in die eigenen internen Wissensstrukturen eingebettet werden, falls der Leser, der Rezipient, der Daten über eine gleiche oder zumindest ähnliche Verschlüsselungstechnik verfügt, noch vorsichtiger formuliert: wenn die unvermeidbaren Asymmetrien in der Darstellung und in der Aufnahme von Wissen durch Autoren und Leser nicht zu stark werden[5].

Auch der Informationsbegriff nimmt seinen Ausgang vom Wissensbegriff. Information gibt es nicht als Objekt für sich, sondern kann nur in einer Repräsentations-/Kodierform wahrgenommen werden. Da ist kein Unterschied zu Wissen. Information ist aber weitergehender als Wissen ein referentielles Konzept. Informationen referenzieren nicht nur auf das in Daten repräsentierte Wissen,

4 Auch in Gehirnen ist Wissen natürlich nicht einfach vorhanden, sondern wird dargestellt, vermutlich auf eine von der in der Außenkommunikation verwendeten symbolischen Darstellungsform sehr unterschiedlichen Form) Weise (Pinker 1997; Deacon 1997).

5 Diese Asymmetrien können bei maschinellen Systemen leichter abgebaut werden, aber sie sind angesichts des globalen Austauschs von Daten aus heterogenen Systemen mit unterschiedlichen Darstellungsstrukturen ebenfalls ein erhebliches Kommunikationsproblem. Der Erfolg des *World Wide Web* z. B. ist u. a. darauf zurückzuführen, daß standardisierte Protokolle (HTTP) und weitgehend standardisierte Auszeichnungs-/Darstellungssprachen (HTML) verwendet werden und, beginnend, auch mit standardisierten Erschließungssprachen (*Dublin Core*) experimentiert wird (vgl. Anm. 178). Der eine Ansatz, dieses Problem in den Begriff zu bekommen, ist der der Vorab-Standardisierung (Präkoordination), der andere, den Wildwuchs gewähren lassend, der Versuch der postkoordinierten Ordnung durch transformierende Anpassung.

sondern entfalten diese Bedeutung nur mit Referenz auf die aktuelle Benutzungssituation.
Informationen bedeuten etwas, aber – und das macht das pragmatische Grundverständnis aus – sie existieren nicht losgelöst von ihrer Nutzung. Das ist vielleicht eine zunächst gewöhnungsbedürftige Aussage, die gänzlich von der informations- bzw. nachrichtentechnischen Sicht, aber auch vom naturwissenschaftlichen Verständnis von Information abweicht. Aussagen wie, daß das Universum $2^x$-Bit-*Informationen*, das menschliche Gehirn Potential für $2^y$-*Informationen* oder ein Netzwerk eine Übertragungskapazität von $2^z$-Baud (bit/sec)-*Informationen* haben, sind im Kontext entsprechender Theorien sinnvoll – nach unserem Erkenntnisinteresse sollte man jedoch nicht von Information sprechen. Wir wollen von Information nur im aktuellen Kontext ihrer Verwendung sprechen, unter Berücksichtigung der verschiedenen Rahmenbedingungen ihrer Benutzung.

Dazu gehören die individuelle Befindlichkeit des die Information verwendenden Subjekts (z. B. sein bisheriger Wissensstand oder seine Informationsverarbeitungskapazität, seine Intelligenz) und die situativen Rahmenbedingungen (z. B. die Verfügbarkeit über Zeit und andere Ressourcen wie Geld für die Informationsverarbeitung, Verwendungszweck, organisationeller Hintergrund, allgemeine Informationskultur der aktuellen Umgebung)[6].

Verschärft wird die Anforderung an Information nicht nur dadurch, daß sie *relevant*, also einschlägig für die aktuelle Situation, sondern auch noch in ihrem Wissensgehalt *neu* für den Aufnehmenden sein muß. Etwas, was ich schon weiß, ist keine Information für mich. Dieses pragmatische Verständnis von Information – als aktiv gewordenes Wissen, ausgedrückt in der Formel *Information ist Wissen in Aktion* – wollen wir auch auf den Begriff der Informationsarbeit übertragen. Zwar bedeutet die Arbeit zur Erstellung von Informationsprodukten noch nicht unmittelbar deren Nutzung, aber der Zweck der Erstellung besteht doch darin, daß die Produkte in realen aktuellen Situationen einmal genutzt

6 Die Berücksichtigung der verschiedenen Rahmenbedingungen zur Erarbeitung und Nutzung von Information macht den *Kontingenzansatz* der Informationsverarbeitung aus, vgl. Kuhlen (1995). Information ist nicht quasi objektiv aus den Schubladen des Wissens zu ziehen, sondern ist kontingent, abhängig von den aktuellen Kontextbedingungen.

werden können. Sie sollen ihren Nutzern dadurch einen Nutzen verschaffen, daß die speziell daraus entnommenen Informationen neu und relevant (und hoffentlich auch richtig) sind. Je mehr Informationsarbeit schon pragmatisch konzipiert durchgeführt werden kann, je mehr also die Nutzungskontexte antizipiert werden können, desto wahrscheinlicher und höher ist der spätere informationelle Nutzen.

### 5.1.2 Pragmatische Informationsmaschinen in den Informationsräumen

Informationsmaschinen können nach unseren Ausführungen dann zu Recht *Informations*maschinen genannt werden, wenn die Resultate ihrer Verarbeitung auf die Welt verändernd einwirken. Das macht die pragmatische Dimension der Informationsmaschinen aus. Wirkungen können Informationsmaschinen dadurch erzielen, daß sie die Daten zur Verfügung stellen, die von Menschen in einer aktuellen Situation gebraucht werden, oder dadurch, daß die erarbeiteten Daten auf andere Maschinen so einwirken, daß diese so *handeln*, wie sie es tun sollen. Welche Maschinen tun dies? Wir führen einige Typen auf:

Seit etwa 30 Jahren leisten Informationsarbeit die klassischen *Online*-Systeme, die das Wissen fast so gut wie aller Fachgebiete in einigen Milliarden Datensätzen als elektronisch verarbeitbare Daten speichern (Kuhlen 1995, S. 305 ff.; Williams 1997) und auf die aus den globalen Netzwerken von überall, wo die Telekommunikationsinfrastruktur verfügbar ist, zugegriffen werden kann. *Online*-Systeme der Literaturdokumentation stellen die Referenzen bereit, die z. B. für das Schreiben eines Artikels gebraucht werden. Fakten-*Retrieval*-Systeme stellen die konkreten Daten bereit, die zur Konstruktion eines Bauvorhabens oder in Verwaltungen zur Planung von Vorhaben benötigt werden.
Mit primären Informationsmaschinen sind aber auch die neueren *Online*-Mehrwertdienste bzw. die sie ermöglichenden Software-Systeme und Metainformationssysteme wie Suchmaschinen gemeint, die durch die Entwicklung des Internet und anderer, proprietärer Netze/Dienste zu allgemeinen elektronischen Publikumsmärkten gegenwärtig die elektronischen Informationsräume dominieren.
Führungsinformationssysteme unterstützen strategische Entscheidungen des Top-Management. Umweltinformationssysteme lösen Warnmeldungen aus, wenn bestimmte Schwellwerte überschritten werden, oder stellen

als Steuerungssysteme die Heizung im vollelektronischen Haus an und ab, wenn die Voreinstellungen es nahelegen. Expertensysteme geben den Rat, die Herz-Lungen-Maschine abzustellen, wenn die Patientendaten hoffnungslos werden, oder die Raketen dahin zu feuern, wo sie optimale Wirkung erzielen.

Informationsmaschinen sind auch die gegenwärtig erst ansatzweise auf den Informationsmärkten eingesetzten, aber in der Forschung immer weiter entwickelten individuellen elektronischen Informationsassistenten/Agenten, die nach vorgegebenen oder aus aktuellen Situationen abgeleiteten Aufträgen die vorhandenen Ressourcen der elektronischen Marktplätze selbständig durchsuchen, um das zu finden, was sie (und hoffentlich die Auftraggeber) meinen, das tatsächlich gebraucht wird. Andere Beispiele sind Börsensysteme oder Software-Agenten, die Aktien kaufen oder verkaufen, wenn die Berechnungen der vielfältigen Daten genau in dem Bereich liegen, die Kauf oder Verkauf nahelegen.

Sicherlich sind bei den meisten dieser Systeme die pragmatischen Komponenten noch unterentwickelt, aber die Entwicklung der Informationssysteme und der technischen Informationsassistenten geht in den letzten Jahren klar erkennbar in Richtung pragmatischer Systeme bzw. dahingehend, daß die klassischen Informationssysteme sich um pragmatische Komponenten anreichern[7]. Nicht umonst nehmen in Forschung und Entwicklung der Ausbau von Ansätzen zur (pragmatischen) Benutzermodellierung und zum selektiven Herausfiltern oder Abblocken von Information einen breiten Raum ein, nicht nur auf der Basis von Künstliche-Intelligenz-Techniken, sondern auch unter Verwendung von (statistisch basierten) Assoziationstechniken des klassi-

7 Nachrichtendienste wie PointCast (www.pointcast.com/) verwenden benutzerausgerichtete *Push*-Technologien, indem sie versuchen, die anonyme, in den Massenmedien übliche Verteilung von Information zu vermeiden. Sie wollen dadurch Informationen punktgenau bereitstellen, daß sie sie nach (bislang gewiß noch sehr groben) von Benutzern ausgewählten Interessenprofilen selektieren und gezielt zusenden (vgl. Abschnitt 6.7.2). Techniken des kollaborativen Filterns werden zunehmend auf elektronischen Märkten verwendet, um eine Personalisierung von Leistungen zu erreichen, z. B. beim *Online*-Buchhandel durch *amazon* (www.amazon.com ) oder bei kooperativen Suchdiensten wie bei *alexa* (www.alexa.com ). Andere Software-Agenten sind so konzipiert, daß sie auf elektronischen Marktplätzen nur insoweit tätig werden, wie das den formulierten Interessen ihrer Auftraggeber entspricht (vgl. Abschnitt 6.7.4).

schen *Information Retrieval.* In der Sprache der Ökonomie bedeutet der pragmatische Ansatz durchgängiges *One-to-one-Marketing*, wie es heutzutage vor allem im *World Wide Web* mit der Möglichkeit der Individualisierung von Diensten angestrebt wird. Dazu werden spezielle Agenten/Informationsassistenten eingesetzt, die die benötigten Kundeninformationen sammeln und entsprechend auswerten. Informationen – das ist das allgemeine Ziel auf elektronischen und Medienmärkten – sollen nicht länger *Broad-Cast*-Daten von der Stange sein, sondern individualisierte Informationen, in der Erwartung, daß sie neu und relevant sein mögen und genutzt werden. Entsprechend können wir in der Zukunft weitere und fortgeschrittenere Leistungen von Informationsmaschinen im Pragmatik-*Design* erwarten, von Maschinen, die in der Lage sind, Handlungen in den Umgebungen auszulösen, für die sie konzipiert wurden, indem sie die Handlungskontexte und die Intentionen der sie einsetzenden Subjekte in Rechnung stellen.

Ob Informationsmaschinen damit schon bewußt, vielleicht irgendwann einmal selbstbewußt agierende Maschinen genannt werden können, ist erneut eine Frage der Reichweite der traditionellen Humanprivilegien-Kategorien wie Denken, Wissen, Intelligenz oder eben Bewußtsein. In diesem Horizont des pragmatischen *Designs* stellt sich für uns vor allem die Frage der Konsequenzen der Informationsassistenten. Die einfachen Informationsmaschinen, wie die artifizielle Telefonpartnerin oder die standardisierten Datenbanksysteme, sind in ihren Konsequenzen schon weitreichend genug. Problematisch wird es, wenn sie als pragmatische Maschinen direkt uns *beobachten* und ihre Schlüsse daraus ziehen, was sie meinen, das wir brauchen, und auch entsprechend (autonom) handeln. Dabei brauchen wir uns gar nicht einmal auf die alte Diskussion der Künstlichen Intelligenz einzulassen, ob denn Informationsmaschinen intelligent sein können und ob sie denken können, ob sie gar Urteilskraft haben und ob ihnen als *Epers* (elektronische Personen) ethische Pflichten und Rechte zugewiesen bzw. zugestanden werden sollen/können (Orwant 1994). Uns ist es folgenreich genug, wenn sie überhaupt – in dem skizzierten pragmatischen Verständnis – als *Informations*maschinen oder *Informations*assistenten angesprochen werden. Ihre Performanz ist schon ausreichend für Beunruhigung oder zumindest für aufmerksame Beobachtung der Folgen.

## 5.2 Ausprägungen der Informationsgesellschaft

Was für Giddens die technischen und abstrakten Systeme in der Moderne sind, sind für uns die durch Informationsmaschinen bestimmten Kommunikations- und Informationssysteme[8] und ihre Organisationsformen. Unsere gegenwärtige Gesellschaft ist von den allgemeinen und speziellen, den primären und sekundären Informationsmaschinen geprägt. Nur die Informationsmaschinen können noch den Informationsbedarf decken, der in immer weiter sich ausdifferenzierenden und vielen Bereichen global agierenden Gesellschaften ständig anwächst. Daß es hierbei die Informationsmaschinen selber sind, die diesen Bedarf erst wecken bzw. der Ausdifferenzierung und Globalisierung Vorschub leisten, gehört zu den verschiedenen Paradoxa der Informationsgesellschaften. Rückgängig machen läßt sich das nicht. Information ist Mittel zum Zweck (ohne Information kann nichts produziert, nichts entschieden werden), aber wird zusätzlich gegenwärtig immer mehr zum Zweck selber (Information ist das Produkt).

Zur Kennzeichnung der gegenwärtigen Moderne haben wir die Bezeichnung *Informationsmoderne* vorgeschlagen, in der Regel wird aber der Ausdruck *Informationsgesellschaft* verwendet[9]. In-

8 Wir verwenden die Informations-Komposita wie *Informationsmaschinen* oder *Informationssysteme* in der Regel als Oberbegriff für alle Informations- und Kommunikationsangelegenheiten, es sei denn wir referenzieren explizit auf informationelle oder kommunikative Vorgänge. Auch bei den *Informationsassistenten* sind *Kommunikationsassistenten* mit gemeint, die z. B. in elektronischen Kommunikationsforen Diskussionen moderieren sollen (Kuhlen 1998b, S. 304)

9 In der Gegenwart wird häufiger die Bezeichnung *Wissensgesellschaft* verwendet. Diese Bezeichnung geht auf die Arbeiten von Daniel Bell (Bell 1973) zurück, der damit, genauso wie bei der Bezeichnung *Informationsgesellschaft*, auf das grundlegende Prinzip moderner *nach-industrieller* Gesellschaften hinwies. Welcher Ausdruck nun präferiert wird, hängt von dem Verständnis von *Wissen* bzw. *Information* ab. Stock et al., die in ihrer umfassenden Delphi-Studie *Wissensgesellschaft* verwenden, sehen den Unterschied zwischen *Wissen* und *Information* darin, daß Informationen »Bausteine von Wissen, aber noch nicht das Wissen selbst« seien (Stock et al. 1998, S. 7). Informationen seien »nicht personengebunden und mit Hilfe moderner Technik leicht und in großer Zahl zu verbreiten«. Wissen hingegen sei »abhängig von der individuellen Aufnahme- und Verarbeitungskapazität der einzelnen Person«. Später

formationsgesellschaft löst ältere Begriffe wie *Agrargesellschaft*, *Industriegesellschaft* und *Dienstleistungsgesellschaft* ab, nicht in dem Sinne, daß nicht mehr Agrarwirtschaft etc. betrieben würde, aber eben daß Information das bestimmende Prinzip gegenwärtiger fortgeschrittener Gesellschaften bzw. Volkswirtschaften ist, bestimmend in erster Linie bezüglich der (rechnerunterstützten) Erstellung, Verteilung und Nutzung von Produkten und für die

wird dann auch mit Verweis auf Böhme (1997) und Bourdieu (1983) von *Wissen* »als kulturelles Kapital einer Gesellschaft« gesprochen. Auch sehen die Autoren im Rückgriff auf Stehr (1994) durchaus die pragmatische Dimension von Wissen (die wir eher auf Information beziehen), wenn sie Wissen als konstitutiv »für bewußtes und sinnhaftes soziales Handeln« sehen (ebda.). Dadurch daß Wissen »als die prägende Kraft für das menschliche Handeln und damit für die Gesellschaft in den Mittelpunkt gerückt« wird, versprechen sie sich von dem Begriff der Wissensgesellschaft »ein größeres Erklärungspotential als vom Begriff der Informationsgesellschaft, der ...primär auf informationstechnische Möglichkeiten und – von den Menschen unabhängige – Information« rekurriere (a.a.O., S. 8 f.). Wir verfolgen keinen terminologischen Glaubenskrieg. Wir haben aber ein anderes, im Text dargelegtes Verständnis vor allem von Information und sind der Ansicht, daß durch die pragmatische, also nicht-technische Sicht auf Information die hier zur Diskussion stehenden Themen besser behandelt werden können als durch die Verwendung eines für uns eher statischen Wissensbegriffs. Natürlich ist es immer Wissen, das tatsächlich für Handeln eingesetzt wird. Information soll für uns ja gerade die Teilmenge von Wissen sein (also durchaus auch Wissen), die in aktuellen Situationen benötigt wird (und als aktives Wissen der handelnden Person nicht vorhanden ist, also aus externen Ressourcen erarbeitet werden muß). Dadurch daß bei den Autoren der Wissensgesellschaft so stark an dem personengebundenen Begriff des Wissens festgehalten wird, wird indirekt eine Position von anzustrebender Wissensautonomie zum Ziel von Bildung gemacht, die nach unserer Einschätzung nicht (mehr) zu halten ist (vgl. Abschnitt 5.4). Für uns treffen die meisten Aussagen, die die verschiedenen Autoren auf *Wissensgesellschaft* beziehen, auf *Informationsgesellschaft* zu. Mittelstraß (1998) ist allerdings der Ansicht, daß die Unterscheidung zwischen Informations- und Wissensgesellschaft keineswegs eine bloß terminologische sei. Vielmehr komme es darauf an, die Informationsgesellschaft, die für ihn wesentlich durch die Technik bestimmt ist, in eine Wissensgesellschaft zu transformieren. Davon hänge letztlich ab, »wie sich in Zukunft die Rationalitätsform der modernen Welt entwickeln wird«, »ohne die Transformation der Informationsgesellschaft in eine Wissensgesellschaft hätte die moderne Welt keine Zukunft« (a.a.O. S. 6 f.).

Beschäftigungsstruktur bzw. für die Organisation von Arbeit und anderer Lebensbereiche insgesamt[10].

Informationsgesellschaft ist ein umfassenderes Konzept als das vieler anderer sogenannter *Bindestrich-Gesellschaften*, wie z. B. Medien-Gesellschaft, Fernseh-Gesellschaft oder Freizeit-Gesellschaft, umfassender weil eine effiziente Informationsversorgung und -organisation für *alle* Bereiche des öffentlichen und privaten Lebens, für Wirtschaft (Bud-Frierman 1994) und öffentliche Verwaltung und Regierung gleichermaßen zentral geworden ist, vgl. Hensel (1990b); Sonntag (1983). Information kann Produktionsfaktor und Konsumgut sein, kann als Kontroll-, Herrschafts- und Steuerungsmittel verwendet werden (Bühl 1997, S. 33). In professionellen Umgebungen zumindest kann ohne leistungsstarkes Informationsmanagement nicht mehr die anfallende Arbeit bewältigt werden (vgl. Heinrich 1992; Banker/Kauffman/Mahmood 1993).

Versuchen wir die umfängliche Diskussion zu systematisieren, so machen wir die folgenden vier Sichten auf die Informationsgesellschaft aus:

10 Die Entwicklung zu Informationsgesellschaften gilt weltweit. Schon in den sechziger Jahren wurde in Japan mit *Johoka Shakai* eine Form von Gesellschaft bezeichnet, die Informationsgesellschaft, in der Information und Informationsindustrien die Grundlage moderner Gesellschaften ausmachen (Haiashi 1969). In Frankreich war der Nora/Minc-Bericht (Nora/Minc 1979) für die Herausbildung einer öffentlichen Meinung zur Informationsgesellschaft folgenreich. Hier wurde vor allem auf die Konsequenzen des Zusammengehens von Computer- und Telekommunikationstechnik (Telematik) und auf deren Auswirkungen auf den gesamten Produktionsbereich, aber auch auf die öffentliche Verwaltung sowie auf das allgemeine Konsumverhalten hingewiesen, das sich zunehmend auf Informationsprodukte und -dienstleistungen ausrichtet. In Deutschland ist die Debatte um die Informationsgesellschaft schon sehr früh unter durchaus politischer Perspektive durch Deutsch (1983); Steinbuch (1970, 1989) geprägt worden, in informationsmethodischer Hinsicht auch durch informationswissenschaftliche Arbeiten (Steinmüller 1993; Wersig 1993, 1996; Kuhlen 1987, 1995). In der gegenwärtigen Diskussion um die Strukturen der Informationsgesellschaft überwiegen die (informations)technischen, arbeitsorganisatorischen, ökonomischen und gesellschaftspolitischen Aspekte (Becker/Paetau 1997; BMWI 1995; Bühl 1997; Enquete Kommission 1997; Mantwill 1997; OFW 1995; Riordan/Hoddeson 1997; Roszak 1994; Spinner 1998; Tauss/Kollbeck/Mönikes 1996).

- *Die technische Sicht.* Informationsgesellschaften entwickeln sich zu telemediatisierten Gesellschaften, in denen Computer, technisch bestimmte Kommunikation (Telekommunikation und Multimedia) allgegenwärtig sind. Informations- und Kommunikationstechnologien kommen in allen gesellschaftlichen Bereichen zum Einsatz. Die technische Sicht legt es nahe, Unterschiede zwischen menschlicher und computergestützter Informationsverarbeitung zu vernachlässigen und das Paradigma maschineller Informationsverarbeitung omnidominant werden zu lassen.
- *Die ökonomische Sicht.* Informationsgesellschaften sind informationsökonomisch bestimmte Gesellschaften, in denen informationsbezogene Arbeiten den größten Anteil an der Erstellung des Bruttosozialproduktes und an den Arbeitsplätzen haben. Die ökonomische Sicht hängt mit der technischen insofern zusammen, als Informations- und Kommunikationstechnologien als Basisinnovationen für jede Form von Industrieproduktion angesehen werden, durch die vielfältige informations- und kommunikationstechnische Produkte und Dienstleistungen des Konsums direkt erstellt werden oder indirekt durch Einbettung der informationstechnischen Bausteine auf andere Industrie- und Verbrauchsprodukte Einfluß nehmen. In dieser modernisierungstheoretischen Debatte seit Anfang der 60er Jahre wird, wie erwähnt, *Informationsgesellschaft* mit *Informationswirtschaft* oder *Informationsökonomie* (*Information economy*) gleichgesetzt (Binswanger 1992; Becker et al. 1995; BMWI 1995; Zbornik 1996; Bühl 1997, S. 34 ff.; Enquete Kommission 1997).
- *Die gesellschaftliche Sicht.* Durch den Vorgang der Telemediatisierung wird sowohl das professionelle Leben bestimmt, das ohne den Einsatz von (multimedialen) Rechnern und ohne technische Kommunikation kaum mehr vorstellbar ist, als auch die alltägliche Lebenswelt (Roßnagel et al. 1989; Biervert et al. 1989; Biervert et al.1991; Rammert 1990; Böttger/Mettler-Meibom 1990). Diese telemediatisierte Gesellschaft wird wegen ihres umfassenden Anspruchs zur Ausgestaltung von Produktion, Verwaltung, Kultur und Lebensformen nicht nur als neue industrielle, sondern auch als gesellschaftliche, kulturelle Revolution bezeichnet (Sardar/Ravetz 1996; Levinson 1997). Nicht nur verändern sich umfassend die Organisationsformen in allen gesellschaftlichen Bereichen, sondern auch die Werte- und Rechtssysteme, so daß man auch von *Informationsethik*, einschließlich deren rechtlicher Aspekte, spricht (Kuhlen 1998d). Ebenso unterliegt die Medienwelt weitgehenden Transformationen, auch durch das Entstehen neuer Formen von Öffentlichkeit durch elektronische Kommunikationsforen (Kuhlen 1998b). Aus optimistisch-konstruktiver Sicht eröffnen sich damit ganz neue Freiräume und damit Gestaltungspotentiale für alle gesellschaftlichen Bereiche, auch in globaler Hinsicht. Auf die Gestaltungspotentiale für das Bildungswesen allgemein weisen, wenn auch unter der Bezeichnung

*Wissensgesellschaft*, Stock et al. (1998) hin, speziell mit Blick auf die Schule (Bertelsmann 1996; Mötsch 1997). Aus kulturkritischer, pessimistischer Sicht wird befürchtet, daß durch die (global wirksam werdende) Dominanz der technischen und ökonomischen Sichten auf Information bürgerliche Freiheiten und soziale, politische Rechte wie Privatheit, Freizügigkeit beim Zugriff auf Information eingeschränkt werden (Roßnagel et al. 1990; Postman 1992; Kubicek/Seeger 1993). Schließlich wird auch befürchtet, daß in der Informationsgesellschaft neue (Neben)Kosten, informationsökologische Kosten, für die Gesamtgesellschaft entstehen werden (Binswanger 1992), nicht nur durch faktischen Computermüll, sondern eben auch durch Informationsmüll (Mettler-Meibom 1987) bzw. *Data smog* (Shenk 1998) – Kosten, die sogar höher werden könnten als die Gewinne, die man zweifellos durch die fortschreitende Telemediatisierung und Ökonomisierung von Information erzielt.

- *Die politische Sicht.* Entsprechend diesem in der Informationswissenschaft entwickelten Ansatz sollte die Zielvorstellung der Informationsgesellschaft eine informierte Gesellschaft sein, durch die die vormals als eher utopisch angesehenen Forderungen der Aufklärung als Theorie der bürgerlichen Gesellschaft eingelöst werden könnten (vgl. Leggewie 1996; Spinner 1998, S. 81). In einer informierten Gesellschaft, in einer nicht zuletzt durch die Verfügung über Information mündigen Gesellschaft, sollten die einzelnen Mitglieder in ihren Handlungen nicht durch Zufälle bestimmt oder fremdbestimmt sein, sondern sich im Rahmen ihrer Verantwortung für das Ganze durch gewollte informationell abgesicherte Entscheidungen selbst bestimmen können. Ebenfalls sollen in der Informationsgesellschaft politische, administrative und ökonomische Handlungen (wissenschaftlich-technische ohnehin) informationell abgesichert sein bzw. sich durch Informationen auf Nachfrage legitimieren müssen oder können. Dieser Zielvorstellung liegt ein politischer und in den Voraussetzungen und Konsequenzen gewiß auch ökonomischer Begriff von Informationsgesellschaft zugrunde (Kuhlen 1987, S. 339; Kuhlen 1995, S. 8 ff.; Tauss/Kollbeck/Mönikes 1996). In der Informationsgesellschaft müssen vernünftige Kompromisse zwischen Information als Ware und Information als öffentliches Gut gefunden werden, wie z. B. beim noch gültigen *Fair-use*-Prinzip, das z. B. bei der Bibliotheksnutzung das unbedingte Urheberrecht/*Copyright* einschränkt. Auch hier kommen ambivalente Einschätzungen vor, z. B. daß zwischen den verschiedenen Staaten (z. B. zwischen fortgeschrittenen Staaten und Entwicklungsländern), aber auch in den Informationsgesellschaften wie den USA selber (Schiller 1996) die Barrieren zwischen Informationsarmen und Informationsreichen sowohl niedriger werden als auch eher anwachsen könnten. Oder daß – wie wir es diskutieren werden – der fortschreitende Einsatz von Informationsassistenten unsere informationelle Autonomie erweitern oder aber dramatisch einschränken könnte.

Für unsere Darstellung der Konsequenzen der Informationsassistenten sind alle vier Sichten wichtig. Informationsassistenten verrichten Informationsarbeit, die, wie schon erwähnt, wiederum ohne Telemediatisierung heute undenkbar ist. Die technische Perspektive wird besonders bei den *Online*-Informationsmärkten, den elektronischen (Publikums-)Märkten und speziell bei den Suchmaschinen des Internet und bei den Software-Assistenten (Agenten) deutlich (vgl. Abschnitt 6.6.1). Die ökonomische Perspektive ist durch die Ausrichtung auf die Informationswirtschaft allgemein und auf die Informationsmärkte/elektronische Märkte speziell gegeben. Gesellschaftliche Probleme der Informationsgesellschaft werden durchgehend angesprochen, vor allem bezüglich der Herausforderung an eine informationelle Grundversorgung, der Probleme der Sicherung persönlicher Daten (*Privacy*-Debatte; vgl. Abschnitt 7.1.4) und der Anwendung von Kryptographie (vgl. Abschnitt 7.5.2), aber natürlich auch in der allgemeinen anthropologischen Fragestellung, was die Delegation von Informationsarbeit an Informationsmaschinen/-assistenten/-agenten bedeuten kann (vgl. Abschnitt 6.8). Dominierend ist hier sicherlich die informationswissenschaftliche Perspektive, bei der der Nutzen und die Nutzung von Information (der Inhalte) im Fokus des Interesses steht, mit der zentralen Frage, was es für unseren Umgang mit Wissen und Information bedeutet, wenn zunehmend technische Systeme und elektronische Organisationsformen wie elektronische Marktplätze oder elektronische Kommunikationsforen an der Erarbeitung und Nutzung von Information beteiligt sind.

## 5.3 Informationsarbeit

Informationarbeit ist für das Thema der Konsequenzen von Informationsassistenten zentral, denn Informationsarbeit ist das, was sie tun, und das, was sie uns abnehmen. Wir wollen das Konzept der Informationsarbeit in einiger Ausführlichkeit erläutern, zumal es in Theorie und Praxis des Informationsgeschehens noch nicht eingeführt ist.[11].

11 Dertouzos (1998, S. 53) versucht es mit dem Vorschlag *Information*

Wir beginnen die Diskussion über Informationsarbeit mit einigen grundsätzlichen Anmerkungen, indem wir Informationsarbeit als ein Merkmal ansehen, das zu Menschsein an sich gehört (Abschnitt 5.3.1). Wir verlassen diese knappe anthropologische Diskussion aber dann zugunsten einer Systematisierung von Informationsarbeit, wie sie sich gegenwärtig im Kontext elektronischer Informationsmärkte als professionelle, auf Informationskompetenz abgestützte Tätigkeit herausbildet (Abschnitt 5.3.2). Informationsarbeit zur Erstellung und Nutzung von Informationsprodukten ist Leistung der Informationswirtschaft. Wir gehen daher auf Fragen der Informationswirtschaft und vor allem ihrer Realisierung in den verschiedenen Ausprägungen elektronischer Märkte in Abschnitt 5.3.3 ein.

### 5.3.1 Informationsarbeit als anthropologisches Merkmal

Aus anthropologischer Perspektive ist Informationsarbeit sowohl in ontogenetischer als auch in phylogenetischer Hinsicht elementar. Die Entwicklung der Menschheit, wie jeden Lebens, ist ohne die Weitergabe von Information über die Generationen hinweg nicht denkbar. Das gilt in längerer Perspektive für genetisch kodierte Information und in kürzeren Zeitläuften für kulturell tradierte Information. Wir gehen auf die ontogenetischen Aspekte der Informationsevolution nicht näher ein und auch nicht auf die kulturhistorischen Aspekte der Weitergabe von Information, son-

*work*, bleibt dabei trotz seines für unseren Zusammenhang vielversprechenden Ansatzes, den Kern von *Information work* in der Transformation von Information zu sehen, sei es durch Menschen oder Rechner, dann doch bei einer informationstechnischen Sicht, so daß er im Grunde *Informationsverarbeitung* im Sinne von *Datenverarbeitung* benutzt. Gemeint ist, wie erwähnt, dabei die Fähigkeit von Rechnern, Daten auf der Grundlage einer universalen Kodiertechnik in Bits verarbeiten zu können. Wird diese Fähigkeit mit *Informationsverarbeitung* bezeichnet und werden die Rechner entsprechend *informationsverarbeitende Maschinen* genannt, so steht dahinter die schon angesprochene Tradition der von Shannon und Weaver begründeten Informationstheorie, die allerdings kaum als eine Theorie von Information in dem von uns anvisierten pragmatischen Sinne anzusehen ist (Shannon/Weaver 1976).

dern diskutieren in erster Linie, was Informationsarbeit für die individuelle Lebensgestaltung jedes Menschen bedeutet.

Informationsarbeit ist konstitutiv für Menschsein und für jeden einzelnen Menschen. Dies bedeutet, in der Lage zu sein und es auch fortlaufend zu tun, Wissen auszutauschen, sich das Wissen anderer anzueignen und das eigene weiterzugeben[12]. Nennen wir einige in anthropologischer Hinsicht grundlegende Ausprägungen von Informationsarbeit, ohne ihnen schon jetzt methodisch kontrollierte Verfahren zuzuordnen, durch die Informationsarbeit von einer intuitiv beherrschten Selbstverständlichkeit heute zu einem professionellen und kommerziellen Geschäft geworden ist:

Information benötigen, weil Wissen fehlt; Wissensdefizite erkennen und artikulieren; Informationen selber erarbeiten oder von anderen einholen; als Vorsorge für informationskritische Situationen Vorräte an Wissen anlegen; Sprachen/Zeichensysteme zur Repräsentation von Wissen erarbeiten; externe Wissensspeicher aufbauen, die das Gedächtnis entlasten oder erweitern; Informationen weitergeben; Informationen für Handlungen nutzen; aktuelle Information in dauerhaftes intern oder extern verfügbares Wissen umsetzen (lernen).

Sicherlich hat Informationsarbeit auch andere Dimensionen als die hier im Vordergrund stehende kognitive. Jemand zu verstehen geben, daß man müde ist oder die Anwesenheit einer anderen Person schätzt, oder seiner Freude über ein Ereignis Ausdruck gibt, ist auch ein Informationsaustausch. Ob das nun intentional bewußt geschieht oder einfach passiert, ist nicht entscheidend. Informationen, sofern sie von Menschen kommen, bewirken etwas und meistens wird auch mit einer Reaktion gerechnet. Das heißt nicht, daß man immer im vorhinein weiß, welche Reaktion auf welche Information folgen wird und auch wird man nicht immer rekonstruieren können, welche Information für welche Reaktion verantwortlich war. Aber ohne aktuell werdende Informationen würde vermutlich gar nichts geschehen. Informationen sind die Triebfedern von Handeln und Reaktionen.

Zu den ersten und dauernden Erfahrungen eines jeden Menschen gehört es, sich um Informationen kümmern zu müssen, und zwar

12 Vgl. hierzu (mit Verweis auf Bell 1973; Böhme 1997 und Stehr 1994) die Studie von Stock et al. (1998), in der zu Beginn auf die gesellschaftskonstitutive Funktion von Wissen hingewiesen wird; vgl. auch Anmerkung 9.

durchaus in dem angedeuteten doppelten Sinne (und wie wir es in den Abschnitten 5.3.2.1 und 5.3.2.2 systematisch ausführen werden),

- (*konstruktiv*) Informationen zu erzeugen und abzugeben, damit andere handeln können, z. B. in dem Sinne, wie man es gerne hätte, oder
- im Austausch mit anderen (*rezeptiv*) Informationen aufzunehmen, um selber handeln zu können bzw. um sich Wissen sozusagen auf Vorrat anzulegen, damit irgendwann einmal auf neue Situationen in der Umwelt reagiert werden kann.

Wir wollen im folgenden die anthropologische Sicht auf Information zwar nicht verlieren, da es ja auch um die grundsätzlichen Konsequenzen des Einsatzes von Informationsassistenten geht, uns aber eher den Informationsproblemen und der Informationsarbeit in den Lebenswelten zuwenden, die im Kontext der Informationswirtschaft durch elektronische Informationsmärkte bestimmt werden. Ausgangspunkt für Informationsarbeit in diesen Kontexten ist, daß in vielen Situationen des täglichen professionellen und privaten Lebens Informationsdefizite bestehen, also nicht das Wissen zur Verfügung steht, das benötigt wird, um eine anstehende Aufgabe zu lösen, sei es – um es ganz anschaulich zu machen –, daß zwar die Ente da ist, aber nicht das Rezept zu ihrer Umsetzung in eine chinesische, oder sei es, daß bei einer aktuellen Konstruktion die Meßwerte bezüglich der Reißfestigkeit eines bestimmten Materials nicht bekannt sind.

Informationsarbeit stellt Wissen bereit, das nicht vorhanden ist, das aber aktuell erforderlich ist, um handeln zu können. Informationsarbeit greift auf das Wissen anderer zurück. Das geschieht in der unmittelbaren Interaktion direkt oder über ein Medium vermittelt, durch das Wissen repräsentiert und damit für die Zukunft verfügbar gemacht wurde. Dieser externe Bezug auf repräsentiertes Wissen anderer ist für Informationsarbeit konstitutiv. Sich erinnern, aus eigener Kraft neues Wissen schaffen, ist höchstens noch als Grenzfall von Informationsarbeit anzusehen. Auch Gedankenübertragung, wie immer das funktionieren mag, oder die in der *Science-fiction*-Literatur immer wieder behandelte Zusammenschaltung verschiedener Gehirne oder das *Herunterladen* eines Gehirninhaltes in ein anderes Gehirn oder in eine Maschine, wie es in spekulativen Teilen der Künstliche-Intelligenz-Literatur diskutiert wurde (z. B. Moravec 1988), subsumieren wir bislang nicht unter Informationsarbeit, wenn auch nicht unbedingt aus grundsätzlichen Überlegungen. Nicht auszuschließen, daß mit der Entwicklung biologischer Informationsmaschinen auch die Lokalisierung von Information im Gehirn direkt und der direkte Transfer von Gehirninformation in Maschinenspeicher als »ultimate human-machine *Interface*« (Dertouzos 1997, S. 77) in der Zukunft ebenfalls Informationsarbeit sein wird[13].

### 5.3.2 Systematisierung von Informationsarbeit

Der Begriff *Informationsarbeit* legt es schon nahe: Neue Information als Grundlage für neues Wissen fliegt nicht von selbst zu, sondern muß *erarbeitet* werden. Informationsarbeit ist im wesentlichen Erarbeitung von Information, und zwar aus externen Ressourcen, d. h. aus auf den Märkten angebotenen Informationsprodukten[14]. Informationsarbeit ist aber nicht nur die (aktive, aktuelle) Erarbeitung von Information zum Zwecke der aktuellen Benutzung, sondern ist auch die (passive, besser: vorsorgende) Arbeit, die erforderlich ist, damit Information von denjenigen, die sie brauchen, auch tatsächlich wahrgenommen und genutzt werden kann. Im letzteren Sinne besteht die wesentliche Leistung von Informationsarbeit darin, aus existierenden Wissensbeständen

13 Vgl. *Imagining a future where biology and technology merge*. Interview mit Daniel Hillis in: *Los Angeles Times*, 28.12.97, M3: »Q (Steve Profitt): I suppose the holy, or perhaps unholy Grail in the technology of biology would be the ability to download and store one's consciousness – to be able to preserve the total of one's experience and intelligence. A (Hillis) I'd love to do it, if it could be done, but there's lot of people who wouldn't be at all interested. If I had the option of continuing to think after my body was gone, I would take it. I'm as fond of my body as anyone else, but if I can be 200 with a body of silicon, I'll take it.«

14 Wir gebrauchen hier den Ausdruck *Informationsprodukte* synonym mit *Informationsgüter* und verstehen darunter sowohl materielle und immaterielle Produkte (z. B. Bücher, Software) als auch (in der Regel immaterielle) Dienstleistungen (z. B. Nachweis von Rechercheleistungen oder informationelle Beratung). Insofern nicht ausdrücklich unterschieden wird, meinen wir mit *Informationsprodukten* auch die überwiegend auf Kommunikation bezogenen Produkte, z. B. elektronische Post, Konferenzsysteme oder elektronische Diskussions-/Besprechungs-Foren. Auch ihr Zweck ist ja Austausch von Information.

und aus existierenden Formen der Verbreitung, Organisation und Nutzung dieser Wissensbestände (neue) Informationsprodukte mit informationellen Mehrwerteigenschaften abzuleiten. Diese Prozesse können, da Informationsarbeit als professionelle Tätigkeit auf den Einsatz von Kapital und Arbeitskraft angewiesen ist, auf den Märkten als Waren und in Erwartung auf entsprechenden Gewinn gehandelt werden (vgl. Becker et al. 1995[15]).

Für Informationsarbeit (sowohl im aktiven als auch im rezeptiven Sinne) ist die Theorie informationeller Mehrwerte grundlegend. Wir wollen diese Darstellung hier jedoch nicht damit überfrachten, sondern verweisen für Einzelheiten auf die entsprechenden Ausführungen in Kuhlen (1995, S. 80 ff.). Grundsätzlich ist das Kriterium für informationelle Mehrwerte von Informationsprodukten, entsprechend der dargestellten pragmatischen Informationsauffassung, der aktuelle Nutzen in informationskritischen Handlungssituationen. Dieser ist aber natürlich abhängig von den Eigenschaften der die Informationsleistungen anbietenden Informationsprodukte. Nutzersicht und Systemsicht können bei der Diskussion informationeller Mehrwerte zwar unterschieden, aber faktisch nicht getrennt werden[16]. Ob ein Produkt mit Mehrwerteigenschaften tatsächlich diesen informationellen Mehrwert bewirkt, entscheidet sich aber in der Tat erst durch die Akzeptanz, die Nutzung und den Nutzen auf Benutzerseite.

15 In Becker et al. (1995) vgl. vor allem die Beiträge von Bredemeier (1995); Tsichritzis (1995); Szyperski (1995).

16 Nach einem mündlichen Vorschlag von Tefko Saracevic, Informationswissenschaftler von der *Rutgers University* (auf der ASIS-Konferenz 1998 in Pittsburgh), teilt sich die Welt der Informationsprofessionellen in die mit der Systemsicht und die mit der Nutzersicht. Systemspezialisten tendieren dazu, mit großem Optimismus auf die Verbesserung der Informationssituation durch Anreicherung der Systeme über Mehrwerteigenschaften zu setzen und entwickeln konstruktiv entsprechende Beiträge und Produkte bzw. Produkteigenschaften. Nutzerspezialisten treiben in der Regel die Entwicklung neuer Produkte nicht selber weiter, nehmen aber zur Bewertung von neuen Informationsprodukten konsequent die Perspektive der aktuellen Nutzung bzw. des Nutzens ein. Wir versuchen mit unserem informationswissenschaftlichen Ansatz beide Seiten zusammenzubringen, damit sowohl die Konstruktion von Informationsprodukten, wie z. B. technischen Informationsassistenten, als auch deren Nutzung aus einer pragmatischen, an der Nutzung und dem Nutzen orientierten Perspektive erfolgen kann.

Ein Beispiel: Eine natürlichsprachige Schnittstelle zu einem vormals nur über eine formale Kommandosprache zugänglichen Suchsystem kann, muß aber nicht zwingend informationelle Mehrwerteffekte bewirken. Diese hängen von den angesprochenen Kontingenzbedingungen der Informationssituation ab. Macht die natürlichsprachige Schnittstelle z. B. einen höheren Kostenaufwand erforderlich, und ist der potentielle Nutzer nicht bereit, diesen Aufwand zu erbringen, so wird der potentielle Mehrwerteffekt nicht aktuell zum Tragen kommen.

In jedem Fall ist eine Entscheidung über die Leistung von und der Gewinn durch Informationsassistenten nur über die Einschätzung ihres informationellen Mehrwertes zu treffen. Häufig genug werden solche Entscheidungen zwar faktisch eher aus den Interessen der Informationswirtschaft getroffen, neue Produkte mit *Mehrwert*eigenschaften auf den Markt zu bringen, durch die Wettbewerbsvorteile gegenüber anderen Anbietern auf Informationsmärkten erzielt werden, deren Produkte diese Mehrwerteigenschaften noch nicht haben. Wir betrachten es jedoch auch als Ziel von informationeller Autonomie und informationeller Bildung (vgl. Abschnitte 5.4 und 5.5), nicht jeder neuen Software-Version blind zu folgen, nicht jedem neuen Software-Agenten sofort Aufgaben zu übertragen oder allgemein nicht jede neue technische Entwicklung als unvermeidbar hinzunehmen. Vielmehr sollte informationelle Bildung in die Lage versetzen, die durch Informationsarbeit erbrachten Produkte und Produkteigenschaften hinsichtlich ihrer (für uns) mehrwertbildenden Wirkungen und ihres Nutzens einschätzen zu können[17]. Wenn wir es nicht selber können, sollten wir so weit informationell gebildet sein, auf die Kompetenz uns vertrauenswürdig erscheinender personaler Informationsassistenten zurückgreifen zu können, die diese Ein-

17 Es sind einige Zweifel angebracht, ob die Ziele informationeller Autonomie und informationeller Bildung von der Informationswirtschaft intensiv befördert werden. Aufgeklärte Informationskunden sind nicht unbedingt *gute* Informationskunden. Wir geben diesen Hinweis schon jetzt, weil in der Tat von seiten der Informationswirtschaft intensiv mit dem Konzept des Vertrauens geworben wird, um eine Akzeptanz, letztlich also den Kauf, der Informationsprodukte zu erreichen, mit der Versicherung, a) daß durch die Teilnahme an den Märkten und durch den Erwerb von Produkten dem Nutzer kein Schaden entsteht und b) daß die angekündigten systemspezifischen Mehrwerteigenschaften tatsächlich Nutzen stiften werden.

schätzung selber oder im Verbund mit anderen für uns wahrnehmen können.
Wir wollen in den folgenden Unterabschnitten die bisherigen Unterscheidungen im Begriff der Informationsarbeit näher präzisieren.

### 5.3.2.1 Redaptive Informationsarbeit

Wir führen ein Kunstwort ein. *Redaptive* Informationsarbeit faßt rezeptive und adaptive Informationsarbeit zusammen. Die entsprechende Informationsarbeit ist erbracht, wenn Information nicht nur passiv rezipiert, sondern auch aktiv entsprechend den aktuellen Kontingenzbedingungen adaptiert wird. Redaptive Informationsarbeit setzt Personen, die in informationskritischen Situationen sind, in die Lage, gegenüber (neuer) Information offen zu sein und sich die Information zu erarbeiten, über die sie gegenwärtig nicht selber verfügen können. Wir stellen im folgenden einige dieser Tätigkeiten bzw. Anforderungen zusammen:

- *Defizite*: das eigene Informationsproblem überhaupt erst als solches erkennen können, d. h. sich nicht vorschnell auf den Wissensstand verlassen, der aktiv zur Verfügung steht. Das ist in der Regel weniger trivial, als es zunächst klingt. Neue Antworten kann man aber nur bekommen, anders: lernen kann man nur, wenn man in der Lage ist, die eigenen Informationsdefizite auszumachen.
- *Artikulation*: Das eigene Informationsproblem analysieren und artikulieren können. Auch das ist in der Praxis komplizierter, als es zunächst klingt. Es wird vor allem dann zu einer Herausforderung, wenn Dritten, Personen oder Maschinen, das Informationsproblem mitgeteilt werden soll, damit diese unterstützend eingreifen können. Das Artikulationsproblem ist deshalb nicht trivial, weil Informationssuchende in der Regel sich in einem mentalen Zustand befinden, der als *anomalous state of knowledge* bezeichnet wird (Belkin/Oddy/Brooks 1982). Damit ist ein Zustand gemeint, in dem man lediglich das vage Gefühl hat, daß Information zur Lösung einer kritischen Situation gebraucht wird, in dem man aber noch nicht deutlich sagen kann, was denn aktuell gebraucht wird. Das ist schon ein Problem, wenn man einem anderen *Menschen* das explizit machen muß, was man selber noch nicht genau weiß. Es wird aber dann besonders schwierig, wenn eine *Maschine*, z. B. eine *Online*-Datenbank oder ein Suchroboter, darauf angewiesen ist, daß das noch vage Suchproblem unter Einhaltung formaler Regeln, z. B. *Boole*'scher

Operatoren zur Verknüpfung von verbindlichen, d. h. terminologisch festgelegten Suchargumenten/Deskriptoren, in einer exakten Frage artikuliert wird. Doppeltes Dilemma: der Mensch kann es noch nicht exakt, die Maschine nicht vage.

- *Metainformationen*: die Informationsressourcen auf den elektronischen Märkten, insbesondere den Informationsmärkten, ausmachen zu können, aus denen dann die benötigten Informationen erarbeitet werden können. Das Wissen um die Metainformation der Information wird fast wichtiger als das Wissen um die Information selber. Gegenwärtig scheint das Geschäft mit der Metainformation, also das Geschäft zu den Informationssystemen hinzuführen, fast schon attraktiver als das Geschäft mit der Information selber zu sein, zumindest für die Börse, die entsprechende Unternehmen wie Suchmaschinen honoriert. Zu den bisherigen Metainformationsformen gehören in institutioneller Sicht die klassischen Bibliotheken, Archive und Informationsvermittlungseinrichtungen, gegenwärtig z. B. die Referenzsysteme des *Online-Retrieval* oder die Orientierungs- und Suchmaschinen der Basis- und Mehrwertdienste elektronischer Netzwerke wie des Internet, einschließlich der auf diesen Diensten aktiv werdenden Software-Agenten, die als Software-*Broker* einschlägige Ressourcen aus ihrer Kompetenz heraus ausfindig machen. Die Kenntnis der verschiedenen Metainformationsformen ist Voraussetzung für redaptive Informationsarbeit.
- *Ressourcen*: direkt oder über entsprechende Metainformationsformen die Ressourcen kennen und in ihrer potentiellen Relevanz und Verläßlichkeit für ein Informationsproblem einschätzen können, aus denen dann tatsächlich die Informationen selber oder durch Auftrag an Dritte, Personen oder Maschinen, erarbeitet werden können. Angesichts der Ausdifferenzierung der global sich organisierenden Informationsmärkte ist Kenntnis der Informationsressourcen eine entscheidende Voraussetzung, informationell autonom, wie wir es nennen werden, zu sein. Da man kaum alles kennen kann, was an Ressourcen vorhanden ist (weltweit existieren gut 10 000 Online-Datenbanken und sicherlich einige Millionen *Web sites* – um nur diese Art elektronischer Informationsressourcen zu nennen), ist man in der Regel auf Assistenz angewiesen.
- *Absicherung*: Metainformations- und Objektinformationsressourcen nutzen zu können, ist auch eine Frage der technischen Ausstattung, einschließlich der Sicherung der finanziellen Mittel, und der Kompetenz, die technischen Ressourcen nutzen zu können. Insofern ist redaptive Informationsarbeit auf informationstechnische und ökonomische Kompetenz angewiesen.
- *Nutzen*: die Metainformations- und Objektinformationsressourcen in ihren methodischen Möglichkeiten nutzen zu können, d. h. die dafür nötigen Systeme und Verfahren beherrschen zu können: z. B. die Strukturen von Datenbanken erkennen, Such-, Orientierungs- und Naviga-

tionsverfahren beherrschen, Weiterverarbeitungsverfahren (z. B. statistischer oder graphischer Art) anwenden, externe Informationen in die eigenen Bestände integrieren.

- *Validität*: erarbeitete Informationen in ihrer Relevanz und ihrem Wahrheitswert einschätzen und die Informationen dann auch tatsächlich in den Zusammenhang zu bringen, in denen sie gebraucht werden, sie also nutzen zu können. Die Aufgabe der Relevanz- und Wahrheitseinschätzung ist gegenwärtig auf offenen Informationsmärkten zu einer besonderen Herausforderung geworden, weil sich die klassischen Vertrauensmechanismen für die Einschätzung der Validität von Information, wie sie sich in den bisherigen Publikationsformen herausgebildet haben (Bekanntheit von Autoren, Verlagen, Spektrum der Qualitätssicherung wie *Referee*-Verfahren bei der Selektion von neuen Arbeiten oder Rezensionen), noch nicht durchgängig für elektronische Publikationsformen und Informationsdienste herausgebildet haben. Validität sollte sich durch Referenzierung auf anerkannte Ressourcen ableiten lassen.

Wir behandeln die Merkmale bzw. Anforderungen redaptiver Informationsarbeit (ebenso im nächsten Abschnitt konstruktiver Informationsarbeit) hier nur auf einer abstrakten Ebene. Es ist jedoch unschwer erkennbar, daß daraus allgemeine Lernziele abgeleitet werden können, die einer gegenwärtigen Ausbildung für personale Informationsassistenten allgemein (vgl. Kuhlen 1998 f.) oder für Informationswissenschaftler speziell[18] zugrundeliegen sollten.

Unter der Annahme, daß die Informationsarbeit personaler Informationsassistenten schrittweise von den technischen Informationsassistenten übernommen wird, können die formulierten Anforderungsprofile auch als ein Katalog zur Erstellung technischer Assistenten, von Software-Agenten angesehen werden, die die dort angesprochenen Aufgaben übernehmen könnten. So sind denkbar, und sie entstehen ja auch: Agenten zur Erhebung des Informationsbedarfs, Agenten zur Formulierung und Präzisierung des Suchproblems, Agenten mit Metainformationswissen, etc. Selbst so schwierige Aufgaben wie die Prüfung der Validität der erarbeiteten Informationen können über die vorgeschlagene formalisierbare Referenzierung auf anerkannte Informationsressour-

18 Vgl. den gemeinsam von Informatik und Informationswissenschaft betriebenen Studiengang Informationsverarbeitung (*Information engineering*) an der Universität Konstanz (Information unter: www.inf-wiss.uni-konstanz.de).

cen von Agenten wahrgenommen werden. Es besteht kein Zweifel daran, daß solche Software-Agenten sehr bald auf dem Markt auftreten werden[19].

### 5.3.2.2 Konstruktive Informationsarbeit

Aus Sicht der Nutzer von Information ist die Beherrschung von redaptiver Informationsarbeit sicherlich entscheidend. Aus den knappen Ausführungen im vorherigen Abschnitt ist aber ersichtlich, was selbstverständlich ist, daß Informationen nicht quasi vom Himmel fallen. Sie beruhen auch nicht alleine auf dem, was durch die Primärpublikation oder allgemeiner durch die primäre Repräsentation von Wissen in kommunizierbare Zeichensysteme im Prinzip allen oder auch nur geschlossenen Benutzergruppen zugänglich wird. Vielmehr ist dafür höchst ausdifferenzierte konstruktive Informationsarbeit erforderlich. Konstruktive Informationsarbeit ist die Voraussetzung dafür, daß Information von denjenigen, die sie brauchen, auch tatsächlich wahrgenommen und genutzt werden kann. Konstruktive Informationsarbeit ist somit auf (elektronischen) Informationsmärkten die Voraussetzung für die Erzeugung informationeller Mehrwerte und damit auch die Voraussetzung dafür, daß Information zunehmend als (auch kommerziell verwertbare) Ware gehandelt werden kann.
Für die Systematisierung von konstruktiver Informationsarbeit schlagen wir in der Weiterführung eines Gedankens aus Burk (1997) vor[20], zwischen rekonstruierender/produzierender, distri-

19 Vgl. das Interview mit Schöneburg, der Ende 1998 für jedes Vierteljahr einen neuen Software-Agententyp ankündigt (s. Anm. 11, Kap. 3). Ähnliche Ziele hat ja auch das MediaLab am M. I. T. unter der Leitung von P. Maes; vgl. auch Dertouzos (1997).

20 Burk (1997, S. 212 f.) differenziert als Ausprägungen im Lebenszyklus von Informationsprodukten zwischen der *Initialphase* der kreativen Informationserzeugung (das würden wir Rekonstruktion und Produktion nennen), der Mehrwert erzeugenden *Verarbeitung*, auf der aktuelle Informationsarbeit beruht, und der *Verteilung*, durch die die Ergebnisse der Wissens- und Informationsproduktion (aus Phase I und II) reproduziert werden, sei es durch die Kopien der Printprodukte oder die beliebig häufige Reproduktion in elektronischen Diensten bzw. Netzen.

buierender/organisierender und vermittelnder/aufbereitender/präsentierender Informationsarbeit zu unterscheiden.

- *Rekonstruktion, Produktion:* Um Wissen aus externen Ressourcen als Information aufzunehmen zu können, muß es in einer für den Rezipienten nachvollziehbaren Form rekonstruiert sein. Rekonstruierende Informationsarbeit sollte gegenüber dem Ausgangsprodukt einen informationellen Mehrwert produzieren, der allerdings, wie oben erwähnt, erst in der realen Nutzung eingelöst wird[21]. Durch rekonstruierende Informationsarbeit wird vorhandenes Wissen in solcher Form rekonstruiert und in eine solche mediale Gestalt gebracht, daß es entsprechend dem Stand der verfügbaren Technologien (durch Informationsmaschinen) zu Produkten weiterverarbeitet werden kann. Zu dieser rekonstruierenden Informationsarbeit gehören Verfahren der Modellierung von Wissen, der Inhaltserschließung bzw. Wissensrepräsentation oder der Hypertextifizierung (Identifizierung und Verknüpfung von informationellen Einheiten). Die Rekonstruktion ist die Basis für die Erstellung von Produkten. Rekonstruierende Informationsarbeit ist Vorarbeit, sozusagen Arbeit auf Vorrat. Je flexibler und reicher die rekonstruierende Informationsarbeit ausfällt, desto reichhaltiger kann die Erstellung von Informationsprodukten (und entsprechend deren Nutzung) ausfallen. War schon die klassische Produktpalette mit Bibliographien, Referateorganen, Dossiers, Forschungsberichten, Handbüchern sehr differenziert, so nimmt die Produktdiversifikation in Ausprägungen elektronischer Informationssysteme immer mehr zu, z. B. über Datenbankmanagement-, *Information-Retrieval-*, Experten- oder Hypertextsysteme, Führungsinformationssysteme oder elektronischer Kommunikations- und Distributionsdienste, einschließlich elektronischer Kommunikationsforen und informationsbezogener Marktplätze.
- *Distribution*: Informationsprodukte werden auf Informationsmärkten ausgetauscht. Die Produktion von Wissen, ihre Rekonstruktion und Umsetzung in Informationsprodukte nutzt nichts, wenn nicht für angemessene Formen gesorgt wird, wie Wissen und Information anonym oder individualisiert verteilt und damit genutzt werden kann. Die Verteilung von Information hat eine für die Gesellschaft insgesamt grundlegende Bedeutung: Die Entwicklung moderner Gesellschaften ist auch durch die Entwicklung der Distributions- und Organisationsformen

21 Die einem Artikel zugewiesene Inhaltserschließung, z. B. ein Referat oder eine Indexierung, stellt gegenüber dem bloßen Ausgangsartikel einen informationellen Mehrwert dar, der allerdings erst dann zum Tragen kommt, wenn die Indexierung in einem *Retrieval*-Prozeß tatsächlich zu dem für einen Nutzer nützlichen Artikel führt, oder wenn das Referat einem Leser die Relevanzentscheidung möglich macht, ob es sinnvoll ist, den ganzen Originalartikel zu lesen.

von Wissen und Information bestimmt. Aus Gesellschaften der Verfügung über Information durch einige wenige Privilegierte sind Gesellschaften zur Verfügung von Information durch im Prinzip alle geworden[22]. In der Gegenwart hat die fortschreitende Telemediatisierung den Distributionsprozeß dramatisch verändert, gleichermaßen was die Qualität der Verteilleistung, die Geschwindigkeit oder die Zielgruppenerreichung angeht. Aus der *Face-to-face*/Eins-zu-eins-Übermittlung ist die Eins-zu-viele-Verteilung gedruckter Produkte und die im Prinzip Eins-zu-alle-Verteilung im elektronischen Medium geworden. Was die Verkehrsformen und -wege für produzierende Gesellschaften sind, sind die Distributionsformen für Informationsgesellschaften. Es müssen also die Voraussetzungen dafür geschaffen werden, daß im Sinne des Distributionsparadigmas Informationen individuell oder anonym auf (Spezial- oder Massen-)Märkten verteilt werden oder daß auf sie aktiv zugegriffen werden kann.

- *Organisation*: Weiterhin sind Organisationsformen erforderlich, durch die heterogene Informationsressourcen zusammengefaßt und bekanntgemacht werden können. Zur Organisation und zum Management von Information gehört mit Blick auf das Marktgeschehen auch Aufbau und Betrieb von marktbezogenen und innerorganisationellen Informationsdiensten und -systemen, einschließlich aller Aufgaben der Entwicklung von Informationskonzepten, der Organisation, der Personalführung und der informationsbezogenen Kostenrechnung. Dies gilt auch für die Präsentation und Vermarktung/Verbreitung von Informationsprodukten auf den klassischen und elektronischen Märkten und im innerbetrieblichen Geschehen. Entsprechend gehört dazu auch das Marketing der Produkte und damit die Marktforschung und die Analyse der Benutzer-/Bedarfsanforderungen bzw. der innerorganisationellen Informations- und Kommunikationsprozesse. Eine besondere Herausforderung stellen heute Aufbau und Betrieb elektronischer Marktplätze oder elektronischer Kommunikationsformen dar, die als die organisationellen und institutionellen Realisierungen der Prinzipien elektronischer Märkte allgemein anzusehen sind (Kuhlen 1996). Mit Blick auf die innerorganisationellen Aufgaben der Distribution und der Organisation

22 Mit ausreichender Plausibilität ist der empirische Beleg für diesen Zusammenhang von fortgeschrittener Demokratisierung und der Informationsintensität über die Verteilungsformen geleistet worden (vgl. Deibert 1997). Historisch ist nur an die Aufklärungsfunktion der Diderot/d'Alembertschen Enzyklopädie zu erinnern. Aktuelle empirische Befunde zum Zusammenhang von *Interconnectivity* (als das Ausmaß der Teilnahme an moderner Informations- und Kommunikationstechnologie) und der Demokratisierung von Staaten werden von Kedzie (1997) gegeben.

von Information sind alle Techniken des Informationsmanagement als Daten-, Technologie-, Anwendungs- und Ressourcenmanagement einschlägig.

- *Vermittlung, Aufbereitung, Präsentation*: Durch vermittelnde, aufbereitende und präsentierende Informationsarbeit werden die Leistungen erbracht, die nötig sind, um aus den rekonstruierten und in Produkte gebrachten und auf den Märkten bzw. im innerorganisationellen Geschehen verfügbaren Informationseinheiten die Informationen ausfindig zu machen, abzuleiten und aufzubereiten bzw. zu veredeln und zu präsentieren, die in realen informationsbedürftigen Situationen entsprechend den Informationsbedürfnissen der Nutzer gebraucht werden. Dazu gehören Verfahren der Informationspräsentation und des *Design*, z. B. für Benutzerschnittstellen oder für den Entwurf von *Web sites* auf elektronischen Marktplätzen. Trotz der fortschreitenden Endnutzerorientierung von Informationssystemen und des fortschreitenden Einsatzes von technischen Informationsassistenten/Software-Agenten werden auch für diese Aufgaben weiterhin (und verstärkt) die Leistungen personaler Informationsvermittlung benötigt. Zu den Aufgaben der vermittelnden Informationsarbeit gehören auch alle Verfahren, die nötig sind, um z. B. über Abfrage- und Navigationsverfahren (Suche und *Browsing*) die gespeicherten Informationen zugriffsfähig zu machen[23]. Entsprechend dem pragmatischen Grundverständnis der Informationswissenschaft ist für Informationsaufbereitung und Vermittlung neben technischer und methodischer auch soziale und kommunikative Kompetenz erforderlich, um die Aufbereitung und Vermittlung in den aktuellen Kontext der Personen und Institutionen zu stellen, die Informationen brauchen und nachfragen.

### 5.3.3 Informationsarbeit in der Informationswirtschaft

Informationsarbeit – das sollte durch durch die Ausführungen vor allem zur konstruktiven Informationsarbeit deutlich geworden sein – hat nicht nur Auswirkungen auf die Informationssituation einzelner Personen, sondern auch Auswirkungen auf die Erstellung des Gesamtbruttosozialprodukts und auf den Arbeitsmarkt. Entsprechend hat sich aus makroökonomischer Sicht ein eigener

23 Aus einer anderen Sicht können diese Verfahren, wie die meisten der unter dieser Rubrik untergebrachten, natürlich auch zur produzierenden Informationsarbeit gerechnet werden; Suchmaschinen im Internet z. B. sind ja nicht nur Vermittlungsformen, sondern durch Informationsprodukte mit Metainformationsfunktion für sich.

Sektor in der allgemeinen Volkswirtschaft herausgebildet, der Informationssektor, der allerdings in der Makroökonomie so weit gefaßt wird, daß damit nicht unserer pragmatischen Orientierung von Informationsarbeit Rechnung getragen wird, sondern im Prinzip alles darunter subsumiert wird, was – unter welcher Perspektive auch immer – mit *Information* zu tun hat[24]. Durch verschiedene ebenfalls aus den siebziger Jahren stammenden US-amerikanischen Arbeiten zur Informationsgesellschaft bzw. zur Informationsökonomie im Umfeld von Bell (1993; 1989) (Bell; Drucker 1968; 1993) (Drucker; Machlup 1962) (Machlup; Porat 1976; Porat/Rubin 1977; Toffler 1990) ist auf die Bedeutung eines selbständigen Informationssektors in der Gesamtvolkswirtschaft hingewiesen worden. Der Informationssektor, in erster Linie der primäre Informationssektor, bei dem Informationsprodukte auf den Märkten ausgetauscht werden, aber auch der sekundäre Informationssektor, der die Informationsverarbeitung innerhalb von Organisationen angeht, wird heute als *Informationswirtschaft* angesprochen[25].

24 Je nach verwendeter Definition von Information können verschiedene Tätigkeiten dem Informationssektor der Makroökonomie zugeordnet werden, und je nach Weite der Definition fällt der Anteil des Informationssektors an der Gesamtwirtschaft verschieden aus. Geht man – wie es in der Makroökonomie im Gefolge von Machlup und Porat meistens geschehen ist – von einem universaleren Verständnis von Information und Informationsverarbeitung aus, dann gehören zum Informationssektor nicht nur der eigentliche Bereich der Informations- und Kommunikationstechnik (bzw. die Computer- und Telekommunikationsindustrie) und der Bereich der Fachinformation und -kommunikation, sondern auch alle Bereiche, die sich, wie z. B. die Medien, Wissenschaft und Forschung, Aus- und Fortbildung, Politik und Verwaltung, mit der Produktion und Nutzung von Wissen und Information beschäftigen. Bei diesem weiten Verständnis leuchtet ein, daß dadurch weit über 50% aller beruflichen Tätigkeiten betroffen sind. Unsere Gesellschaft bestünde dann zu einem großen, vermutlich überwiegenden Teil aus Informationsberufen. In allen diesen Berufen wird Information erarbeitet, verarbeitet und genutzt, und zwar immer mehr unter Einsatz von Informations- und Kommunikationstechniken selber.

25 Allerdings wird auch der Begriff der Informationswirtschaft bislang noch in einem generischen Sinne verwendet, vor allem unter informationspolitischen Gesichtspunkten. In den politischen Förderprogrammen der Bundesregierung, z. B. im Programm *Info 2000*, wird der

Durch Informations*wirtschaft* wird dem Rechnung getragen, daß Information und Informationsarbeit wesentliche Faktoren in der Wirtschaft allgemein sind, sei es durch die Bereitstellung von Informationsprodukten direkt oder sei es durch die Bereitstellung von Informationsleistungen für andere Bereiche der Wirtschaft. Informationsprodukte werden im primären Sektor mit Blick auf die (Informations)Märkte zu Informationszwecken direkt und im sekundären Sektor für das innerorganisationelle Handeln erstellt und genutzt. Beide Sektoren werden hier der Informationswirtschaft zugerechnet, auch wenn in unserer Darstellung der marktbezogene primäre Sektor überwiegt. Sicherlich sind diese primären und sekundären Sektoren keine sich ausschließenden Bereiche. Produkte des Informationsmarktes, also des primären Informationssektors, werden natürlich für die Zwecke von Organisationen gebraucht, und immer mehr Organisationen gehen dazu über, die ursprünglich alleine für innerorganisationelle Zwecke eingerichteten Informationseinrichtungen auch auf den Märkten tätig werden zu lassen, so z. B. viele Informationssysteme/-archive der Medien, Banken und Versicherungen. Die Verschränkung der Bereiche zeigt sich vor allem durch die zunehmende Verwendung der Intranet-Technologie, indem im innerbetrieblichen Geschehen die gleichen Informations- und Kommunikationstechnologien bzw. -systeme eingesetzt werden, wie sie in Internet-Umgebungen üblich sind. Dies erleichtert den informationellen Austausch zwischen Organisation und Umwelt. Ebenfalls werden technische Assistenten auf den Märkten und innerorganisationell gleichermaßen verwendet.

Die Entwicklung der Informationswirtschaft ist ein interessanter

Informationswirtschaft neben dem Mediensektor, der Unterhaltungs- und Anlagenelektronik natürlich auch der gesamte Bereich der Informations- und Kommunikationstechnik zugeordnet, und damit die gesamte Computerindustrie (in Hardware- und Software-Ausrichtung) und alle Hersteller und Anbieter technischer Kommunikationsnetze. Entsprechend waren dann in der Informationswirtschaft 1994 1,4 Mio Personen beschäftigt, in den Bereichen Mediensektor 516.000, Telekommunikation 330.000, DV-Geräte, Büromaschinen, Software und Services 230.000, Elektronik in Geräten und Anlagen 227.000, Bauelemente, Baugruppen 78.200 und Unterhaltungselektronik 33.900 Wir haben hier ein engeres Verständnis von Informationswirtschaft im Sinne unter besonderer Berücksichtigung von informationellen Mehrwertleistungen über Informationsarbeit.

Beleg für die von Beck vertretene These der reflexiven Modernisierung. Die Kernaussage dieser Theorie besagt ja, daß nicht die (alte) Moderne abgelöst wird durch eine Postmoderne, sondern sich weiterentwickelt in Richtung einer (neuen) Moderne, indem ihre Hauptthemen abgelöst werden durch Konzentration auf ursprünglich nur als Nebenfolgen behandelte Phänomene. Ökologie – das ist das wiederkehrende Beispiel von Beck – wird zum Hauptthema der modernen Wirtschaft (Binswanger 1992) angesichts der insgesamt bedrohenden »Nebenfolgen« der Industrialisierung[26]. Auf unser Thema angewendet heißt das, daß das aus dem intensiven Informationsbedarf der Fortschritts-/Produktions-/Dienstleistungsgesellschaft sich begründende ursprüngliche Nebenthema der informationellen Absicherung von Handeln in diesen Bereichen zum Hauptthema der Gesellschaft insgesamt wird. Anders formuliert: Informationsmärkte, dafür konzipiert, den Wissensbedarf der traditionellen Institutionen der Moderne (der Wissenschaft, der Technik, Industrie, Wirtschaft, Dienstleistung, Medien, Verwaltung) zu decken, werden zu selbständigen Märkten der Informationswirtschaft, und ihre Produkte, die Informationsprodukte, werden zu Zwecken für sich selbst und werden nicht nur als Zulieferung für andere Zwecke gesehen.

Informationsprodukte werden angeboten, gekauft und genutzt und werden wie Information selber als Ware gehandelt. Information wird ähnlich konsumiert wie die materiellen Dinge des Lebens und in Anspruch genommen wie andere Dienstleistungen. Das heißt natürlich nicht, daß der ursprüngliche Zweck nicht weiter verfolgt wird. Nach wie vor muß der stetig wachsende

26 Ein bizarres Beispiel für Nebenfolgen, die zu Hauptgeschäften werden können, ist aus der Rüstungsindustrie zu vermelden. Daß Firmen wie Diehl, Rheinmetall und DASA, Hauptverdiener aus Deutschland auf den Rüstungsmärkten, z.B. mit Erdminen, nun damit neue Geschäfte machen, um die jetzt unerwünschten *Nebenfolgen* der schätzensweise 100 Millionen verlegten Minen durch Geräte wie Minebreaker 2000 oder Rhino zu beseitigen, gehört zu den konsequenten Perversitäten der Transformation von Nebenfolgen zu Hauptaktivitäten. Warum auch nicht die Expertise der Minentechnologie nutzen, zunächst zur Perfektion der Ware, dann zu ihrer Destruktion! Peter Willers von der Hilfsorganisation Help, in Sarajewo tätig: »Am Ende ist eine Maschine die einzige Chance, große Flächen zu räumen. Und wer die baut, ist doch egal« (*SZ* Nr. 255, 5.11.98, S. 3).

Informationsbedarf der Nicht-Informationssektoren der Volkswirtschaft durch die Leistungen der Informationswirtschaft gedeckt werden. Aber Informationswirtschaft wird auch Zweck in sich selbst. Mit Beck können wir also – ohne daß Beck das Informationsgeschehen dabei selber im Blick hatte – von »Kontinuität und Bruch in der Moderne« sprechen (Beck 1996a, S. 45).

Auch die angedeutete Umwandlung des sekundären Informationssektors in den primären der Informationsmärkte kann durch den reflexiven Ansatz erklärt werden. Das dem Justizministerium ursprünglich zuarbeitende juristische Informationssystem JURIS z. B. wird zur JURIS GmbH als auf dem Markt erfolgreich operierendes *Online*-System. Solche Beispiele der Freisetzung von Informationssystemen aus ihrer ursprünglichen innerorganisationellen Sekundärfunktion in ein selbständiges Marktprodukt finden sich zahlreich auf den Informationsmärkten. Gefördert wurde diese Entwicklung sicherlich auch durch die in den letzten 20 Jahren vorherrschende neo-liberale Wirtschaftspolitik, die mit Blick auf die Informationsmärkte bzw. die Informationswirtschaft darauf abzielte, die vormals weitgehend mit öffentlichen Mitteln unterstützten Informationssysteme profitabel, zumindest kostendeckungsfähig zu machen. Das sollte in vielen Fällen durch eine Liberalisierung bzw. sogar Privatisierung erreicht werden, in unserem Vokabular: durch eine Freisetzung in den primären Informationssektor.

Die gegenwärtige Informationswirtschaft in ihrer globalen Ausprägung hat sicherlich mehrere Wurzeln, zu denen vor allem die intensivierten Prozesse der Geschäftskommunikation und die Telemediatisierung der Medienwelt gehören. Aus der hier eingenommenen Informationssicht leitet sich die Informationswirtschaft zu einem großen Teil, sowohl was die Informationsprodukte als auch was die Methodik der Informationsarbeit angeht, von dem seit dem Zweiten Weltkrieg professionell gewordenen Gebiet der Fachkommunikation ab. Wir gehen auf diese Entwicklung kurz ein und leiten dann zu dem über, was heute Postprofessionalismus genannt wird (Cronin/Davenport 1988). Gemeint ist damit die (immer weiter fortschreitende) Ablösung der Zuständigkeit für Informationsarbeit (Erstellung, Vertrieb und Nutzung von Informationsprodukten) von den klassischen Informationsprofessionellen in die Zuständigkeit ganz neuer Personen und Institutionen, die mit der ursprünglichen Fachinformation und -kommunikation kaum etwas zu tun haben. Möglicherweise ist dieser Postprofessionalismus (von *post* kann natürlich nur aus der Sicht derjenigen gesprochen werden, die sich bislang exklusiv für Informationsarbeit zuständig erklärt haben) erst die Grundlage für die gegenwärtige Professionalisierung der Informationswirtschaft und der Entwicklung von technischen Informationsassistenten.

### 5.3.4 Fachinformationsmärkte

Ein Teil von Informationsarbeit ist in der Entwicklung von Kulturgesellschaften immer schon an Spezialisten und spezielle Institutionen delegiert worden. Archivare, Bibliothekare, Dokumentare, Drucker, Verleger und Buchhändler sind die klassischen Informationsprofessionellen, die sich auch im Sinne der obigen Unterscheidung vor allem um die Rekonstruktion von Wissen in informationsverarbeitbare Formen und ihre Distribution, aber auch um ihre Vermittlung und Anpassung an aktuelle Benutzerbedürfnisse gekümmert haben. In der Entwicklung der Informationsgesellschaft seit Ende des Zweiten Weltkrieges hat sich Informationsarbeit, nicht zuletzt bedingt durch die fortschreitende Ausdifferenzierung der Arbeitswelt und gefördert durch die Entwicklung der elektronischen Informations- und Kommunikationstechnologie, weiter professionalisiert und zugleich spezialisiert.
In den 60er und 70er Jahren dieses Jahrhunderts hat sich in fortschreitender Loslösung von den bisherigen Gebieten des Archiv- und Bibliothekswesens ein Gebiet der Fachinformation entwickelt, das speziell darauf zugeschnitten war, die konkreten, in speziellen Problemsituationen auftretenden Informationsbedürfnisse in professionellen Situationen von Wissenschaft, Wirtschaft, Verwaltung/Politik und anderen gesellschaftlichen Bereichen wie den Medien zu befriedigen. Zumindest in den fortgeschrittenen Gesellschaften der westlichen Hemisphäre und in den von deren Güterproduktion und Verwaltungsorganisation beeinflußten Ländern hat sich eine Infrastruktur für Information und Kommunikation entwickelt, durch die methodisch kontrollierte Informationsarbeit von speziell dafür ausgebildeten Personen in speziellen Informationsinstitutionen geleistet werden konnte. Das sind die hier angesprochenen personalen Informationsassistenten.
Natürlich hat diese Professionalisierung der verschiedenen Teil-

gebiete der Fachkommunikation nicht ausgeschlossen, daß weiterhin jedermann (auch Fachleute oder Wissenschaftler) in seinem (privaten oder professionellen) Alltag Informationsvorgänge selber in den Griff bekommen muß. Aber die fortschreitende Professionalisierung von Informationsarbeit und damit die Delegation an Spezialisten ist bis in die Gegenwart hinein ein Merkmal der gegenwärtigen sich fortgeschritten arbeitsteilig organisierenden Informationsgesellschaft. Informationsprofessionelle arbeiten anderen Personen zu, sei es durch die Bereitstellung von Diensten und Gütern auf den allgemeinen Informationsmärkten für ein allgemeines Publikum (das nennen wir die primäre, markt-orientierte Informationsvermittlung), oder, mit einem vergleichbar großen Aufwand, durch die innerorganisationelle informationelle Absicherung aller in Organisationen jeder Art anfallenden Arbeit (der Verwaltung oder Produktion) für ein genau definiertes Zielpublikum (das nennen wir die sekundäre, organisationsinterne Informationsvermittlung) (Kuhlen 1995, S. 335 ff.).
In Deutschland speziell hat sich durch intensive staatliche Förderprogramme seit 1974, ursprünglich geplant mit 16-20 zentralen Fachinformationseinrichtungen, das Fachinformationsgebiet entwickelt, das sich, in Erweiterung der Aufgaben der Bibliotheken und Verlage, die Aufgabe gestellt hatte, das nationale, im Prinzip aber auch weltweit vorhandene Wissen aus den vielen Einzeldisziplinen der Wissenschaft und Technik aufzubereiten und effizient der aktuellen Nutzung zuzuführen. Zusammen mit den Anstrengungen anderer Länder, hier vor allem der angelsächsischen Länder, kann das Generationenziel der *Online*-Verfügbarkeit des Wissens der Welt nach knapp 20 Jahren als so gut wie erreicht angesehen werden. Es gibt kein Gebiet des Wissens mehr, das nicht mehr oder weniger vollständig in den gut 8000 *Online*-Datenbanken der Welt mit einigen Milliarden Einträgen (Datensätzen, bibliographischen Einheiten, abstrakt: informationellen Objekten) repräsentiert wäre.
Trotz dieser beeindruckenden Angebotspalette sind die Märkte der *alten Online*-Systeme nie zu wirklichen Publikumsmärkten geworden. Das deutet sich erst heute mit den Paradigma der Endnutzerorientierung an. Die Nutzer von Information im Zeitalter des Internet sollen ihre Informationsgeschäfte selber in ihre Hände nehmen können. Der Trend zu Endnutzersystemen auch auf dem Gebiet der Fachkommunikation ist nicht mehr umkehrbar. Aus

der Sicht der Fachinformationsanbieter hat die Ausweitung der *Online*-Information in die allgemeinen Publikumsmärkte einen enormen Leistungsdruck bewirkt. Nutzern, die inzwischen gewohnt sind, Recherchen im Internet ohne weitere Gebühren durchzuführen, ist ohne explizite Marketingmaßnahmen und entsprechende Mehrwertleistungen schwer zu vermitteln, daß eine Recherche in Fachinformationseinrichtungen gebührenpflichtig sein soll, wenn sie, oberflächlich gesehen, nach denselben Mechanismen und sogar benutzerfreundlicher abläuft. Daß die Information aus Fachinformationseinrichtungen weitaus qualitätshaltiger ist, da ihre Bereitstellung auf methodisch abgesicherter konstruktiver Informationsarbeit beruht, wird nicht ohne weiteres honoriert. Benutzer, das ist gesichertes Ergebnis der Informationswissenschaft, neigen dazu, die Information aufzunehmen, zu der man leichten Zugang hat. Bessere Information wird eher vernachlässigt, wenn der Aufwand, sie zu erwerben, größer ist als der für die qualitativ niedrigere.

Aus der folgenden Tabelle ist die Entwicklung abzusehen, die sich nach unserer Einschätzung für die bisher weitgehend auf *Online*-/CD-ROM-Datenbanken ausgerichteten Fachinformationseinrichtungen ergeben wird. Aus den Spalten ist ersichtlich, daß sich die Nutzerklientel von den bislang bevorzugt angesprochenen Informationsvermittlern, den personalen Informationsassistenten, über die professionellen Endnutzer in organisationellen Umgebungen bis zu den Endnutzern auf den Publikumsmärkten erweitert bzw. verschiebt. Wir vermuten, daß es eher eine Erweiterung sein wird, indem weiterhin auch die professionellen personalen Informationsassistenten bedient werden müssen, sowohl mit den alten als auch mit den neuen Produkten, die dann auch für die Endnutzer gedacht sind. Die Ansprache neuer Zielgruppen wird aber nur dann möglich sein, wenn neue (endnutzerfreundliche) Leistungen entwickelt werden, die von der neuen Klientel angenommen werden können. Endnutzern auf den allgemeinen Publikumsmärkten klassische *Online*-Recherchen in fachspezifischen, hoch-qualitativen Datenbanken anzudienen, macht keinen Sinn.

| | Bisherige Märkte – professionelle Informationsvermittler | Neue Märkte – professionelle Endnutzer | Neue Märkte – Endnutzer der Publikumsmärkte |
|---|---|---|---|
| Bisherige Produkte (Online, CD-ROM, etc.) in klassischen Zugriffs-/Distributionsformen | (1) Ziel: Marktpenetration alle professionellen Informationsvermittler | (4) Ziel: Neugiereffekte schwer erreichbar, erste Versuche möglich | (7) Ziel: Bekanntmachen kaum erreichbar |
| Bisherige Produkte über neue Zugriffs-/Distributionsformen (Mehrwertdienste im Internet) | (2) Ziel: Produkterweiterung mit distributiven Mehrwerten, Mitnahmeeffekte | (5) Ziel: Marktpenetration mit inhärenten Mehrwerten, Marktinnovation, Mitnahmeeffekte | (8) Ziel: Neugier- und Mitnahmeeffekte schwer erreichbar, erste Versuche möglich |
| Neue Produkte und Geschäftsfelder über neue Distributionsformen (Mehrwertdienste) auf elektronischen Marktplätzen | (3) Ziel: Produktdiversifikation, neue Berufsfelder für Informationsvermittler (Aufbereiter) | (6) Ziel: Marktpenetration mit inhärenten Mehrwerten Produktinnovation Marktinnovation | (9) Ziel: Marktpenetration mit inhärenten Mehrwerten Produktinnovation Marktinnovation |

Zu den Feldern im einzelnen:

- Zielgruppe Informationsvermittler mit bisherigen Produkten muß durch *Database-Marketing* intensiver bearbeitet werden. Direkt-Marketing-Techniken müssen eingesetzt werden. Am Image muß gefeilt werden. Experimente mit Niedrigpreis- und Rabattpolitik müssen intensiviert werden. Die Werbung in den Fachmedien muß verstärkt werden. Kostenlose Angebote zum Kennenlernen von Datenbanken müssen erteilt werden.
- Zielgruppe Informationsvermittler mit bisherigen Produkten und neuen Distributionsformen kann über das Internet bearbeitet werden. Auch muß *Database-Marketing* eingesetzt werden. Zielgruppen aus Hochschulen müssen mit Niedrigpreisangeboten angesprochen werden.
- Die Zielgruppe Informationsvermittler kann auch über elektronische Marktplätze erreicht werden, da auch hier die vermittlungsrelevanten Produktangebote integriert bleiben. Neue Fachinformationsprodukte,

z. B. hybride CD-Angebote, können hier entwickelt und vertrieben werden.

- Die Zielgruppe professioneller Endnutzer kann mit bisherigen Produkten nur eher zufällig erreicht werden. Die Marketingmaßnahmen aus (1) müssen auch hier wirksam werden.
- Die Zielgruppe professioneller Endnutzer kann mit den bisherigen Produkten über neue Distributionsformen zumindest erreicht werden. Der Benutzerkomfort ist durch leistungsstarke Navigations-, Orientierungs- und Suchformen zu erhöhen. Es sollte mit gestaffelten Preisen für differenzierte Informationsleistungen (*Pricing for information*) experimentiert werden, ebenso mit Niedrig-/Nullpreisangeboten für Basisinformation. Die Zielgruppe *Wissenschaft*, einschließlich Studierender, muß intensiv bearbeitet werden. Die Maßnahmen, die aus dem *Database-Marketing* abgeleitet werden können, müssen intensiviert werden.
- Die Zielgruppe professioneller Endnutzer kann erst über elektronische Marktplätze erheblich ausgeweitet werden. Hier sind neue und komplexe Mehrwert-Informationsprodukte/-dienstleistungen zu entwikkeln (3), die sich an den Metaphern des ganzheitlichen Informationsereignisses (*event*) und des elektronischen Dossiers orientieren können. Die Plattformidee muß konsequent verfolgt werden, damit Informationseinkauf aus einer Hand (*One stop shopping*) möglich wird. Direktmanagement-/Individualmanagement-Techniken, auch über Individual-/Gruppenprofile müssen eingesetzt werden. Auch müssen die Maßnahmen, die aus dem *Database-Marketing* abgeleitet werden können, intensiviert werden.
- Die Zielgruppe *Endnutzer* auf Publikumsmärkten kann mit bisherigen Produkten kaum erreicht werden. Marketingmaßnahmen machen hier keinen Sinn.
- Die Zielgruppe Endnutzer auf Publikumsmärkten kann mit bisherigen Produkten und über neue Distributionsformen zumindest neugierig gemacht werden. Erfolge sind hier vergleichbar mit (4) zu erwarten. Techniken des *Database-Marketing* können hier nur begrenzt, vielleicht schrittweise eingesetzt werden (so auch bei (9)).
- Die Zielgruppe Endnutzer auf Publikumsmärkten kann den wirklichen Durchbruch über elektronische Marktplätze erzielen. Die Anstrengungen aus (3), (5) und (6) müssen hier auf die speziellen Publikumsmärkte übertragen werden, vor allem mit den Möglichkeiten der Marketing-Ansprache über das Internet.

Das Kerngeschäft der Fachinformationseinrichtungen ist heute (1), ansatzweise erweitert durch (4) in Richtung der professionellen Endnutzer und ansatzweise (2) und (5) durch neue Distributionsformen. Das Ziel unter (1) sollte tendenziell vollständig erreicht werden, was durch (2) begünstigt wird. (4) hat nicht große Ausbauchancen, die aber durch (5) verbessert werden können, wenn die Politik der Produktverbesserung (in Richtung Ereignis-Marketing und benutzerfreundliche Oberflächen und Anfrage-/Navigationssprachen) fortgesetzt werden kann. Die Bereiche (1), (2), (4) und (5) sind daher auch Gegenstand der aktuellen Marketing-Maßnahmen der Fachinformationseinrichtungen, in deren Zentrum, neben denen der allgemeinen Kommunikationspolitik, vor allem die Verwendung von Direkt-/1:1-Marketing-Techniken, auch und gerade im Internet stehen. (7) ist kaum ein erreichbarer Geschäftsbereich, (8) auch nur sehr begrenzt. Bei dem Angebot elektronischer Marktplätze wird die Situation bei den professionellen Informationsvermittlern durch (3) und (6) verbessert. Erst durch (8) und (9) sind grundsätzlichere Veränderungen bei der Nutzungsakzeptanz und der Wirtschaftlichkeit von Fachinformationseinrichtungen zu erwarten. Hier werden die Anbieter der *alten Online*-Dienste allerdings in Konkurrenz mit den Anbietern der *neuen Online*-Dienste, den Mehrwertdiensten im Umfeld des Internet bzw. anderer proprietärer Dienste (wie AOL) treten müssen. Die Postprofessionalisierung mit entsprechenden Konvergenzeffekten wird auch hier durchschlagen. Es wird keine Marktprivilegien mehr für die bisherigen Informationsprofessionellen geben. Information ist zu einem allgemeinen Publikumsgeschäft geworden.

## 5.4 Informationelle Autonomie

Wir haben uns auf die gegenwärtigen Ausprägungen von Informationsmärkten konzentriert, die unter den Bedingungen fortschreitender Telemediatisierung durch hohe Konvergenzeffekte der informationellen Objektbereiche und der Informationsleistungen/-produkte gekennzeichnet ist. Jede Zeit hat aber Formen gefunden, um Wissen und Information effizient (entsprechend den informationstechnischen und -methodischen Möglichkeiten) zu organisieren. Menschen – um es noch einmal grundsätzlich anthropologisch zu formulieren und wie es ja auch aus den Ausführungen zur Informationsarbeit deutlich geworden ist – können nicht durchgängig *wissensautonom* und in kaum einer neuen Situation *informationsunabhängig* sein. Reichen die persönlichen Beziehungen zu anderen Menschen als Wissenszulieferanten nicht mehr aus, werden institutionelle Lösungen über die jeweiligen Ausprägungen von Informationsmärkten erforderlich. Deren Leistung – das haben wir bei der Mehrwertdiskussion gesehen – ist aber nicht allein aus der Attraktivität der Systemangebote und der Effizienz der Verteilformen zu bewerten, sondern vor allem daran, inwieweit sie dazu beitragen können, daß Menschen ihr Leben autonom bestreiten können.

Diese Autonomieforderung liegt dem ursprünglichen (antiken) Informationsbegriff zugrunde (Capurro 1978), in dem Sinne, daß die eigenen Lebensumstände aus eigener Kompetenz gestaltet werden können. Von diesem auf Wissen und Information bezogenen Autonomiebegriff wollen wir im folgenden handeln.

Wissensautonomie wäre die Fähigkeit, Probleme aus der eigenen Wissenskompetenz lösen zu können. Wissensautonomie in dem durchgängigen Anspruch kann in offenen Systemen, in denen wir uns als Menschen bewegen, kein sinnvolles oder gar erreichbares Bildungsziel einzelner Individuen sein. Dagegen kann das Ziel der informationellen Autonomie durchaus ein anzustrebendes allgemeines Bildungsziel sein. *Informationell autonom* zu sein bedeutet nicht, all das Wissen präsent zu haben, das zur Lösung eines aktuellen Problems gebraucht wird (das wäre ja Wissensautonomie), wohl aber in der Lage zu sein, *selber* auf die Informationsressourcen, die auf den Märkten im Prinzip verfügbar sind, zugreifen und sie produktiv nutzen zu können[27].

Informationelle Autonomie ist die Voraussetzung dafür, nicht absolut, aber mit Rücksicht auf aktuelle Situationen wissensautonom zu werden. War ein Studierender in der Lage, sich für eine Prüfung das dafür benötigte Wissen zu beschaffen, war er/sie informationell autonom – in der faktischen Prüfungssituation muß er/sie wissensautonom sein, externe Ressourcen oder Rat-

27 Schütz/Luckmann (1979, S. 214-217; zit. Beck 1996b, S. 304) treffen eine ähnliche Unterscheidung bei Ausprägungen von Nicht-Wissen bzw. von potentiellem Wissen, wenn sie mit *wiederherstellbarem Wissen* das Wissen bezeichnen, das vergessen wurde, das aber erinnert werden kann (wenn man sich anstrengt), und mit *erlangbarem Wissen* das Wissen, von dem man weiß, daß man es sich aus externen Quellen bei Bedarf besorgen kann. Der überwiegende Teil des Nicht-Wissens, das in aktuellen Situationen in verwendbares Wissen verwandelt werden soll, kann so als *erlangbares Wissen* bezeichnet werden.

geber stehen in der Regel dann nicht mehr zu Verfügung. Wird die erarbeitete Information in Wissen umgesetzt und kann dieses auch artikuliert, d.h. in einem kommunizierbaren Zeichensystem repräsentiert werden, wird das Ergebnis *bestanden* heißen – hat das Lernen, das Erarbeiten, nur zu flüchtiger Information geführt, wird es nichts nutzen.

Informationelle Autonomie war in der längsten Zeit der Menschheit sicher eine Frage von Intelligenz, aber in der Ausprägung auch eine Funktion der persönlichen Kommunikationsfähigkeit und der Chance, mit anderen, über anderes Wissen verfügenden Menschen zusammenzukommen, für einige privilegierte Menschen in der Kulturgeschichte der letzten 2000 Jahre auch die Möglichkeit, sich Wissen aus den wenigen verfügbaren Handschriften anzueignen. Diese Formen des direkten Austausches oder des sehr beschränkten vermittelten Austausches wurden mit der Erfindung des Buchdrucks zunehmend medialisiert und universal. Aneignung von Wissen ist zur Chance vieler und im Prinzip aller geworden, und das hat sich mit der Entwicklung der elektronischen Darstellungs- und Verteilungsformen von Wissen auf elektronischen Informationsmärkten fortgesetzt. Nicht zuletzt haben wir in unserer vierten Perspektive die gegenwärtige Gesellschaft (zumindest der Möglichkeit nach) auch deshalb *Informationsgesellschaft* genannt, weil die Verwirklichung zumindest der öffentlichen und professionellen Lebensziele sich auf eine bis dahin nicht gekannte Verfügung über Wissen abstützen kann.

Hier ist nun aber das schon mehrfach angesprochene Informationsparadoxon nicht zu verkennen: Informationsmärkte, dafür konzipiert, den Umgang mit Information immer leichter zu machen, in den politischen Verlautbarungen dazu bestimmt, das Ziel informationeller Autonomie für aufgeklärte Bürger in der Informationsgesellschaft zu befördern, scheinen Erarbeitung und Nutzung von Information immer aufwendiger und schwieriger zu machen. Es ist nicht nur von theoretischem Interesse, zu untersuchen, ob das Informationsparadoxon ein systematisches Problem ist (Brynjolfsson 1993), aus dessen Zirkelhaftigkeit wir nicht ausbrechen können, oder ob es lösbar ist. Die Zirkelhaftigkeit bestünde auch darin, daß verschärftere Informationsprobleme immer komplexere Informationsleistungen entstehen lassen, durch die weitere Informationsprobleme des Umgangs mit ihnen entstehen, etc. ...

Konkret hängt die Bewältigung der Aufgabe, auf zunehmend komplexer werdenden Informationsmärkten das Ziel der informationellen Autonomie zu erreichen, von der quantitativen Herausforderung ab, mit der unüberschaubaren Vielzahl der im Prinzip verfügbaren Informationsressourcen auf den internationalen Informationsmärkten zurechtzukommen und von der qualitativen Schwierigkeit, Wahrheitswert und Handlungsrelevanz der von Endnutzern selber oder von Informationsassistenten zugelieferten Informationen einschätzen zu können. Wir wollen das erste das Referenzproblem informationeller Autonomie und das zweite das Validitätsproblem informationeller Autonomie bzw. das Problem informationeller Urteilskraft nennen.

### 5.4.1 Das Referenzproblem informationeller Autonomie

Das Referenzproblem entsteht angesichts der zunehmend komplexer und globaler werdenden Informationsmärkte. *Komplex* bedeutet in diesem Zusammenhang, daß es immer mehr Ressourcen mit immer mehr informationellen Einheiten gibt, die mit Blick auf informationelle Autonomie bekannt sein müssen[28]. Selbst auf eng definierten Wissensgebieten ist es so gut wie unmöglich geworden, die an sich verfügbaren Ressourcen, die Originalquellen oder die Metainformationen[29], die zu ihnen führen sollen, auch nur zu kennen, geschweige denn an sie heranzukommen und sie einsehen zu können. Komplexitätsverstärkend wirkt, daß diese Einheiten auf vielfältige Weise miteinander vernetzt sind und daß für den Zugriff auf sie ein nicht zu unterschätzendes Ausmaß an Spezialwissen, z. B. über Speicherstrukturen der Informationssy-

28 Nur einige Hinweise aus dem internationalen *Online*-Informationsmarkt mögen dies belegen: Mit Stand 1997 werden weltweit ca. 10 000 *Online*-Datenbanken angeboten, die insgesamt ca. mehrere Milliarden informationelle Einheiten enthalten, wobei eine informationelle Einheit z. B. ein Volltextdokument, eine bibliographische Einheit mit oder ohne Abstract, ein Datensatz mit Meßwerten, ein Unternehmensprofil, ein multimediales Objekt, ... sein kann.

29 Metainformationsfunktion nehmen traditionell die Kataloge der Bibliotheken, Bibliographien, Referateorgane, Referenzdatenbanken wahr; heute: Suchmaschinen im Internet, Software-Agenten, intelligente Agenten, Roboter – eben technische Informationsassistenten.

steme oder über für sie benötigte Abfragesprachen, erforderlich ist.

Nun ist das informationelle Referenzproblem kein grundsätzlich neues. Mit anderen Menschen sich direkt oder indirekt durch Aufnahme der schriftlich niedergelegten Wissensobjekte austauschen zu können, reicht als Basistechniken der informationellen Autonomie schon lange nicht mehr aus. Informationsarbeit ist nicht erst seit ihrer vollständigen Medialisierung und Technisierung keine spontane ad-hoc-Tätigkeit mehr, sondern eine vielfach referenzierte und qualifizierte. D.h. sie ist nur dadurch möglich, daß fast immer auf Leistungen anderer referenziert werden muß, die wiederum ohne spezielle Qualifikation nicht erbracht werden können. Das ist der andere Aspekt des Referenzproblems.

Die Referenzleistung zur Absicherung informationeller Bedürfnisse anderer ist die Grundlage der professionellen Tätigkeit von Informationsvermittlern, früher schon von Archivaren, Bibliothekaren oder Dokumentaren, eben von Informationsspezialisten. Sie besteht darin, den Zugang zu den Wissensressourcen für andere offenzuhalten, damit sie von diesen direkt oder von Spezialisten aufbereitet genutzt werden können (McCreadie/Rice 1999a und b). Informationsspezialisten leisten auf komplexen Informationsmärkten referentielle Orientierungshilfe und Unterstützung bei der Suche nach und beim Umgang mit den komplizierter werdenden und schwieriger aufzufindenden Informationsressourcen. Uns interessiert natürlich, inwieweit diese referentielle Orientierungshilfe auch von technischen Assistenten geleistet werden kann und ob sie akzeptiert wird.

Aus systematischer Sicht muß diese Delegation eines Teils von Informationsarbeit als referentielle Orientierungshilfe nicht unbedingt das Ziel der informationellen Autonomie bedrohen. Wir haben oben informationelle Autonomie dadurch bestimmt, in der Lage zu sein, *selber* auf die Informationsressourcen, die im Prinzip verfügbar sind, zugreifen zu können und sie produktiv zu nutzen. Es spricht nichts dagegen, die Informationsassistenten (welcher Ausprägung auch immer) zu den Informationsressourcen zu zählen, über die *verfügen* zu können ebenfalls Ausdruck informationeller Autonomie ist. All die Kompetenz, die uns in die Lage versetzt, Informationen zu erarbeiten, gehört zur informationellen Autonomie. Sie beruht in der Regel immer schon auf vielfältig vermittelten Prozessen. Wenn wir uns Information aus einem Lexikon selber aneignen, so ist das sicherlich keine primäre Informationsaneignung, sondern sie beruht auf der informationellen Arbeit eines Lexikonredakteurs, diese wiederum auf dem Durchsehen vielleicht vieler Publikationen anderer, die wiederum ohne die Arbeit anderer nicht möglich gewesen wären – ein vielfach vermittelter Prozeß. Neu ist, daß auf der letzten Stufe dieses Prozesses es nun die technischen Assistenten sind, die die Referenzleistung erbringen, wobei es mangels Erfahrung und mangels anerkannter Überprüfungsverfahren mehr als fraglich ist, ob die Leistung technischer Informationsassistenten mit dem Qualitätsanspruch traditioneller personaler Informationsvermittler, die sich ja auch auf elektronische Informationsdienste als Zwischenprodukte abstützen, vergleichbar ist bzw. ob der technischen Leistung im gleichen Umfang vertraut wird wie der personalen.

Technisch gesehen mag die Anfrage bei einem technischen Informationsassistenten nichts anderes sein als eine *Anfrage* in einem Lexikon oder bei einem Informationsvermittler, und auch die Ergebnisse mögen sich kaum unterscheiden. Wir sind aber der Ansicht, daß die Delegation dieses Teils von Informationsarbeit beim Übergang der Leistungen von personalen Assistenten auf technische durchaus nicht unproblematisch ist, da wir zunehmend weniger in der Lage sind, die Leistung solcher Informationsassistenten bezüglich ihrer Qualität (ihres Wahrheitsgehaltes und ihrer Relevanz für die aktuell anstehende Handlung) zu überprüfen. Vielleicht können wir das auch nicht bei den Leistungen der personalen Assistenten, aber hier greift die Giddenssche Argumentation der Kompensation durch Vertrauen durchaus, da die Mechanismen der Vertrauensbildung in personale Assistenten durchaus bekannt sind[30]. Das wird besonders dann zutreffen,

30 Aus der Literatur zur Informationsvermittlung (vgl. Kuhlen 1995) werden u. a. die folgenden Gründe genannt: Nachgewiesene Sachkompetenz der Vermittler auf dem Fachgebiet des Benutzers; lokale Nähe der Vermittlungsstelle und damit persönliche Bekanntheit des Vermittlers; persönliche Empfehlungen anderer, denen man auch sonst vertraut; eigene persönliche Erfahrungen mit den Leistungen des Vermittlers in der Vergangenheit; sympathisches kommunikatives Auftreten des Vermittlers; hohes Technologie- und Methoden-Image der Vermittlungsstelle. Studien haben ergeben, daß die kommunikative Kompetenz des Vermittlers in der Skala der Erfolgsfaktoren für informationsvermittlung ganz oben angesiedelt ist (Herget 1992).

wenn fortgeschrittene technische Informationsassistenten diese Tendenz dadurch verstärken, daß sie z. B. als Suchmaschine nicht nur die Wege (die Referenzen) zu den Originalquellen offenhalten, die dann ggf. von den Informationssuchenden selber noch eingesehen und vielleicht überprüft werden, sondern daß sie z. B. als Software-Agenten das gewünschte Wissen selber aus den Quellen extrahieren und unter Berücksichtigung des Kontextes der Nutzungssituation individuell aufarbeiten.
Mit diesem Hinweis, daß sich die Arbeit der technischen Informationsassistenten zu verselbständigen beginnt, wenn keine allgemein akzeptierten Kontroll- und Vertrauensbildungsmechanismen entwickelt sind, ist das zweite Problem, das Validitätsproblem informationeller Autonomie angesprochen. Wir wollen diesen Abschnitt jedoch nicht beenden, ohne zumindest noch anzudeuten, daß die Lösung des Referenzproblems und damit auch die Übertragung von Informationsarbeit an Informationsassistenten zur Sicherung von informationeller Autonomie auch ein ökonomisches Problem ist.
Über Ressourcen verfügen zu können, bedeutet zunehmend, ihre Nutzung bezahlen oder sein Umfeld so organisieren zu können, daß die entstehenden Kosten von anderen gedeckt werden. Die Kosten für einen Bibliothekar, der eine Informationsfrage beantwortet, werden zu den Gemeinkosten der vom Staat finanzierten Universitätsbibliothek gerechnet; die Inanspruchnahme eines kommerziellen personalen Informationsassistenten, eines *Informationsbrokers,* wird persönlich in Rechnung gestellt. Es sind aber auch andere Tendenzen erkennbar: Eine Recherche in *Online*-Banken des Informationsmarktes war bislang in der Regel für den Nutzer gebührenpflichtig, sei es direkt oder über Subventionen. Die Inanspruchnahme einer Suchmaschine im Internet ist hingegen in der Regel bislang gebührenfrei, nicht, weil dabei keine Kosten entstehen, sondern dadurch, daß andere deshalb bereit sind, die Kosten zu tragen, weil das ihnen die Möglichkeit gibt, ihre eigenen Produkte und Leistungen über Werbung großflächig bekannt zu machen.
Auch das ist eine Erklärung für die allmähliche Transformation der Inanspruchnahme personaler Assistenten in die Inanspruchnahme der Leistungen technischer Assistenten. Leistungen personaler Informationsassistenten haben in der Regel für den Nutzer direkte monetäre Konsequenzen, insofern diese auf den Märkten tätig

sind. Leistungen technischer Informationsassistenten werden bislang in der Regel als Selbstverständlichkeit in Anspruch genommen. Bezahlt wird dafür nicht direkt, sondern entweder über die Aufmerksamkeit für andere Leistungen, für die dann sehr wohl bezahlt werden muß, oder über die Ausstattung, die erforderlich ist, um die informationellen Leistungen in Anspruch nehmen zu können, z. B. über den Kauf eines Computers, einer Software oder der Telekommunikationsausstattung.
Allerdings ist zu erwarten, daß in näherer Zukunft auch für solche Leistungen technischer Assistenten Gebühren erhoben werden, die über die Basisinformation hinausgehen. Wird die reine Suche so vielleicht gebührenfrei bleiben, so werden für informationelle Mehrwertleistungen, z. B. benutzerprofilangepaßte Dienste, Bereitstellung von Volltexten der Originaldokumente, Übersetzungen, Zusammenfassungen, Dossiers, etc., sicherlich, gestaffelt nach Leistung, Gebühren erhoben. In der Zukunft sind bei der Inanspruchnahme technischer Assistenzleistungen zunehmend mehr Systemmeldungen oder Verlautbarungen eines in menschlicher Gestalt auftretenden technischen Assistenten wie die folgende zu erwarten:

»Es tut mir sehr leid, aber diese Dienstleistung [z. B. die Anzeige des Volltextes über das Abstract hinaus] ist in Ihrem Benutzungsvertrag nicht vorgesehen. Wollen Sie Ihr Benutzungsprofil erhöhen? Sie würden damit in Informationsklasse IVa aufsteigen. Sie können die entsprechende Erhöhung der Gebühren vermeiden, wenn Sie zulassen, daß der Anteil an Werbeinformation ansteigen darf.«

### 5.4.2 Das Validitätsproblem informationeller Autonomie

Das qualitative Problem – wie können wir uns der Qualität oder der Gültigkeit der selbst oder von anderen erarbeiteten Information vergewissern – ist gegenüber dem quantitativen referentiellen eher noch ein größeres geworden. Wir wollen es das Validitätsproblem nennen[31]. Die Validität von Informationsleistungen ist

31 Stock et al. (1998) diskutieren das Validitätsproblem unter der Frage der Verläßlichkeit von Informationen. Die Mehrzahl der befragten Experten war in der erwähnten Delphistudie der Ansicht, daß die Globalisierung der informationellen Netzwerke die Verläßlichkeit der Infor-

weitgehend eine Funktion des Wahrheitsgehaltes und der Handlungsrelevanz der erarbeiteten Informationen[32]. Das Validitätsproblem ist eine direkte Folge der Delegation von Informationsarbeit an andere, personale oder technische Informationsassistenten. Diese Delegation läßt verschiedene Ausprägungen informationeller Unsicherheit entstehen,

- inwieweit der von anderen erbrachten Informationsarbeit getraut werden kann
- inwieweit die Bearbeitung delegierter Informationsanfragen diskret abgewickelt wird (ohne die Kenntnisnahme von Unbefugten)
- inwieweit das aktuelle Informationsproblem überhaupt verstanden wurde
- inwieweit das Problem in die Systemmöglichkeiten der Informationsassistenten übersetzt werden kann
- ob die wirklich einschlägigen Ressourcen genutzt wurden
- ob die bereitgestellten Informationen wirklich vollständig sind
- ob die in Rechnung gestellten Kosten angemessen sind
- und vor allem, wie die gelieferten Informationen in ihrem Wahrheitsgehalt und ihrer Handlungsrelevanz eingeschätzt werden können.

Informationen sagen für sich ja nichts über den Wahrheitswert des zugrundeliegenden bzw. referenzierten Wissens aus. Information steht sozusagen orthogonal zu den verschiedenen Wissensausprä-

mation eher vermindern wird, »weil nach Belieben Informationen unterschiedlichster Qualität eingespeist werden können. Für den Einzelnen sei die Überprüfung der Glaubwürdigkeit und eine Validierung dieser Informationen oft kaum mehr möglich. Mangelnde Transparenz und nur schwer nachvollziehbare Responsivitäten in den neuen Informationsnetzen begünstigen ... die geringe Verläßlichkeit« (a.a.O., S. 90). Eine Minderheit (immerhin 25%) waren allerdings der Ansicht, daß durch die Kontroll- und Korrektivfunktion der *Nutzergemeinde* in Netzwerken (jede Information ist für jeden offen und damit prinzipiell überprüfbar) die Verläßlichkeit eher gefördert werde (ebda.).

32 Wir können an dieser Stelle nicht die komplizierte Diskussion um den epistemologischen Stellenwert von *Information* rekapitulieren, vgl. Kuhlen (1995, S. 34ff.). Aus der der Informationswissenschaft zugrundeliegenden pragmatischen Sicht auf Information ist zweifellos eine Verschiebung des Kriteriums des Wahrheitswertes zugunsten der Handlungsrelevanz festzustellen, allerdings unter der Annahme, daß die Handlungsrelevanz desto größer wird, je höher auf der Wissensskala die Referenz der Information auf die entsprechende Wissensressource anzusiedeln ist, je höher also deren Wahrheitswert ist.

gungen. Information referenziert aber auf Wissen, und dieses nimmt auf der Wissensskala jeweils einen bestimmten Wert an, der zwischen bewiesener Aussage, Vermutung und offensichtlicher Falschaussage schwanken kann. Eine Information kann auch aus einem objektiv falschen Tatbestand abgeleitet werden. Wer oder was überprüft den Wahrheitsgehalt oder noch einmal bescheidener formuliert: die Handlungsrelevanz einer Information? Wer haftet für die Folgen einer nicht validierten Information? Das Validitätsproblem, als Ausdruck von informationeller Unsicherheit, ist sicherlich ein Problem des Vertrauens. Nicht umsonst wird dem Faktor *Vertrauen* in der Literatur zur Informationsvermittlung große Bedeutung zugewiesen. Informationsarbeit ist Vertrauenssache.

Eine kognitive Lösung des Validitätsproblems kommt einem Zirkelschluß gleich. Oft wird gerade das Wissen benötigt, das erforderlich ist, den Wahrheitswert oder die Handlungsrelevanz der aktuell ermittelten Information einschätzen zu können. Die Philosophen versuchen das Problem dadurch zu lösen, daß sie als (formales) Ziel von informationeller Bildung die Herausbildung von Urteilskraft festzulegen versuchen (Mittelstraß 1992, 237ff.; Rohbeck 1993). Über informationelle Urteilskraft verfügen, heißt in der Lage zu sein, zum einen – im einfacheren Fall – im Sinne der analytischen Urteilskraft, einen neuen speziellen Fall unter ein bestehendes allgemeines Gesetz subsumieren zu können, oder zum anderen – im schwierigeren Fall – im Sinne einer synthetischen Urteilskraft, aus vielen Einzelbausteinen neue theoretische Zusammenhänge erarbeiten zu können. Wie aber bildet sich (informationelle) Urteilskraft? Sicherlich durch direkte Kommunikation mit Personen, denen Vertrauen in ihre Wissenskompetenz geschenkt werden kann – das sind die primären *Lehrer*, aber auch die Personen, die wir unter der Bezeichnung der personalen Informationsassistenten zusammengefaßt haben. Informationelle Urteilskraft entsteht aber auch durch indirekte Kommunikation mit den medialen Formen der Wissensdarstellung, die verfügbar sind und die als gesichert gelten und zu denen wir ebenfalls Vertrauen haben.

Aber bildet das wirklich Urteilskraft oder hilft uns das nicht eher zu unterscheiden zwischen dem, wozu wir informationelles Vertrauen haben, und dem, demgegenüber informationelle Skepsis angebracht ist? Man kann nicht mit Gültigkeit für den Rest des Lebens die Verfahren erlernen, die sichern, was wahr und falsch ist,

was der Fall ist und was nicht. Die formalen Regeln des Subsumierens und des Schlußfolgerns können eingeübt werden, die Einschätzung des Wahrheitswertes ist aber kein logisches Problem, sondern ist in vielen Fällen, in denen wir keine Zeit haben oder nicht in der Lage sind, den Wahrheits- oder auch nur den Stellenwert zu überprüfen, eine Frage von Vertrauen. Es scheint uns eine Illusion zu sein, in einer immer komplexer werdenden Informationswelt darauf zu setzen, bei anstehenden Problemen die Fragen von *wahr* oder *falsch* bzw. von *relevant* oder *irrelevant* aus seiner eigenen Kompetenz her entscheiden zu können. Wir wagen die These, daß begründetes Vertrauen, d. h. Vertrauen im Verein mit Transparenz, zusammen mit konstruktivem Mißtrauen das Konzept der Urteilskraft ablösen muß. Urteilskraft, für sich alleine gelassen, bleibt systematisch defizitär.
Das Validitätsproblem wird zu einem fast unlösbaren, wenn Informationsarbeit von technischen Assistenten übernommen wird, z. B. bei der Berechnung von komplexen Entscheidungsalternativen oder umfassenden Modellrechnungen. Wenn solche Maschinen darauf beruhen, daß das, was Menschen bislang durch intellektuelle Operationen getan haben, maschinenverarbeitbar gemacht wird (sei es traditionell durch Formalisierung bzw. Algorithmisierung oder sei es durch fortgeschrittene wissensbasierte oder neuronale Techniken), dann gibt es kaum noch eine humane Kontrollinstanz, durch die maschinelle Operationen nachvollzogen werden können. Wer hat die Zeit, sich durch die riesigen Mengen der kleinen Maschinenschritte durchzuarbeiten? Bei der Systemarchitektur von Expertensystemen hatte man es immerhin versucht, aber auch dort waren die *Trace*-Funktionen, durch die Inferenzschritte des Programms rückwärts verfolgt werden konnten, eher eine Unterstützung für die Systemkonstrukteure, z. B. um Fehler oder Ineffizienzen aufzuspüren, als ein Angebot an die Nutzer, sich die maschinellen Vorgänge transparent zu machen. Da weiterhin der dem Computer beigebrachte Weg auf der Modellierung bzw. der Simulation menschlicher Verfahren beruht – mit dem Unterschied, daß der Computer diesen Weg ungleich effizienter (ausdauernder, störungsunanfälliger, schneller, preiswerter) begehen kann als der Mensch –, gibt es keinen alternativen Weg für eine computerunabhängige Lösung. Es macht keinen Sinn, zu der mathematischen Präzision des Computers in Konkurrenz treten zu wollen.

Worin liegt also das Problem? Aufgaben, die vollständig algorithmisiert werden können und die nicht durch veränderte Umweltbedingungen instabil werden können, die den bisherigen Lösungsweg nicht mehr korrekt werden lassen, können in der Tat gänzlich delegiert werden. Die für den Menschen komplizierte Berechnung seiner Rentenansprüche oder der Ablauf der Zahlungen für eine Lebensversicherung müssen nicht laufend überprüft bzw. muß ihnen nicht mißtraut werden, solange die Rahmenbedingungen stabil bleiben. Das Problem der Validität ist in der Tat in erster Linie eines der primären Informationsmaschinen. Sie treten in Situationen der Unsicherheit auf den Plan, in denen nicht feststeht, welche Informationen zur Lösung des Problems genau gebraucht werden, geschweige denn klar definiert werden kann, welche die einzelnen Schritte sind, die zu einer Problemlösung führen können. Informationsprobleme sind in der Regel singuläre. Die Rahmenbedingungen, die ihre Lösungen bestimmen, können kaum konstant gehalten werden.

Die Gefahr ist nicht von der Hand zu weisen, daß die informationellen Lösungen, die die Informationsmaschinen anbieten, die unscharfe Informationssituation von sich so zurechtschneiden, daß sie dann auch handhabbar wird. Die Beurteilung, ob das, was an Informationen geliefert wird, wirklich der Ausgangssituation angemessen ist, fällt dann aus den angegebenen Gründen (Problem der Nachvollziehbarkeit, Problem des alternativen Lösungswegs) schwer. In Situationen informationeller Unsicherheit, die man in der Regel nicht gut lange ertragen kann, wird das, was informationell einschlägig erscheint, oft zu gerne angenommen und nicht weiter in Frage gestellt. Daher sind wir offenbar auch gerne bereit, den Vertrauenszusicherungen der Anbieter technischer Assistenz zu glauben, auch, wie wir angedeutet haben, in Situationen, in denen an sich höchstes Mißtrauen angebracht wäre.

## 5.5 Informationelle Bildung

Wie auch immer das Informationsparadoxon und die Referenz- und Validitätsprobleme zu lösen sind – Ziel von informationeller Bildung (einer jeden Gesellschaft, aber besonders in der gegenwärtigen Informationsgesellschaft) ist, Menschen informationell autonom zu setzen, sie in die Lage zu versetzen, sich der vorhandenen informationellen Ressourcen zu versichern und ihren Wert einschätzen zu können. Dieses Ziel der Herausbildung von Informationskompetenz durch informationelle Autonomie ist nicht nur ein individual-emanzipatorisches, sondern hat hohe politische und wirtschaftliche Relevanz. Es ist vielfach nachgewiesen, in welchem Umfang volkswirtschaftliche Schäden dadurch entstehen, daß an sich vorhandene Information, z. B. aus Patenten, nicht genutzt oder mit großem Aufwand neu erzeugt wird oder daß falscher bzw. unvollständiger, jedenfalls nicht valider Information vertraut wurde, mit dem Ergebnis, daß das Ziel der angestrebten Handlung nicht erreicht wurde.

Das auf die Herausbildung von Informationskompetenz abzielende Bildungssystem in Deutschland – aber das ist nicht wesentlich anders in anderen entwickelten Informationsgesellschaften – hat sich allerdings, so wird es in einer der Thesen von Roland Berger und Partner (Enquete Medien 1997) formuliert, bislang »sehr stark auf Informationserzeugung und Informationsverteilung konzentriert« (Enquete Medien 1997, S. 61). Der Wachstumsprozeß der Multimediawirtschaft bzw. der Informationswirtschaft allgemein ist in erster Linie ein Vorgang der Informationsmultiplikation geworden, verständlich unter dem Gesichtspunkt der kommerziellen Verwertbarkeit von Informationsprodukten. Informations*verarbeitung* und *-verteilung* sind aber noch nicht für sich Garanten einer gewünschten Informationsnutzung, die nur über gezielte Informations*selektion*, *Veredelung/Aufbereitung* und *bewertende* Einschätzung möglich wird. *Informationelle Mehrwerte* entstehen erst durch Ausprägungen der pragmatischen Komponenten der Informationsverarbeitung, also durch die Einbeziehung des Nutzers mit seinen speziellen individuellen und situationsspezifischen Besonderheiten und Anforderungen im informationellen Kontext (Kuhlen 1995, S. 34-43).

Diese pragmatische Komponente ist bislang – darauf haben wir hingewiesen – gegenüber den *objektiveren* Fakten der Informations- und Kommunikationstechnologien unterentwikkelt geblieben. Darin sehen R. Berger et al. ein anderes Paradoxon, das Paradoxon der Informationstechnologie (vgl. auch Rauch 1994) bei der Entwicklung der Multimediagesellschaft begründet:

»Je mehr sie eingesetzt wird und je mehr Informationen damit produziert werden, desto weiter fallen wir in der Bewältigung dieser Informationen zurück. Die Bildungssysteme müssen die Selektionsfähigkeit ebenso wie die Flexibilität bei der Aneignung neuen Wissens fördern« (a.a.O., S. 62).

Wir wollen solche Fähigkeiten wie Selektionsfähigkeit und Flexibilität bei der Aneignung von Wissen unter das allgemeine Konzept der informationellen Bildung bzw. der Informationskompetenz (als allgemeines Ziel dieser Bildung) subsumieren. Ein kompetenter Umgang mit den neuen Medien- und informationellen Mehrwertdiensten muß selbstverständlicher Bestandteil des privaten und professionellen Lebens sein, und zwar sowohl mit Blick auf Aufbau und Bereitstellung eigener Informationen als auch mit Blick auf Nutzung der Informationsdienste anderer[33]. So wie durch lange Kulturtradition der Umgang mit linearen, gedruckten oder auch visuellen Medien gelernt wurde, müssen auch die neuen Dienste trotz weitgehend intuitiver, endnutzerfreundlicher Führung eingeübt werden (vgl. Bates 1995; Bertelsmann 1996; Haefner 1995).

Gebildet, d. h. informationell gebildet sind Personen in der Informationsgesellschaft nur, wenn sie in der Lage sind, sich durch ein ausreichendes Ausmaß an Informationskompetenz des Zugriffs und der aktiven Nutzung der vorhandenen Informationsressourcen zu vergewissern. Die Entwicklung zu endnutzerfreundlichen Informationssystemen eröffnet im Prinzip den Zugang zu Infor-

33 In der Literatur wird weitgehend auf die Fähigkeit zur Nutzung abgehoben und der Aspekt der aktiven Teilhabe, also der eigenen Darstellung z. B. im *World Wide Web* oder anderen Diensten, eher vernachlässigt. Gerade auch mit Blick auf die globale Diskussion, inwieweit die *Information-poor*-Länder von der Entwicklung globaler Informationsmärkte Nutzen ziehen können, ist diese Fähigkeit bzw. das Recht, sich persönlich und seine kulturspezifischen Besonderheiten darstellen zu können, für die informationelle Selbständigkeit entscheidend wichtig. Nicht umsonst stellt die UNESCO *the right to write* gleichberechtigt neben *the right to read* (Kuhlen 1998c), vor allem deshalb, weil der Zugriff auf die Ressourcen der globalen Netze bislang eher stark westlich geprägte und Hochtechnologie-Informationen bereitstellt, die nicht unbedingt in der Situation der Entwicklungsländer benötigt werden. Zudem verschafft *the right to write* die aktive Kompetenz, die benötigt wird, um auch als Anbieter mit Gewinnaussichten auf den Informationsmärkten auftreten zu können.

mationen, die bislang nur Spezialisten vorbehalten waren. Die technische Entwicklung der Endgeräte und ihrer Benutzerschnittstellen, auch wenn diese sicherlich (noch) nicht den Grad von Selbstverständlichkeit erreicht haben, wie er bei dem flächendekkenden Informationsmedium des Fernsehens gegeben ist, haben zu einer fast vollständigen Durchdringungsrate in professionellen Umgebungen und zu einer sehr beachtlichen, wenn auch noch keineswegs allgemeinen Durchdringung auf den allgemeinen Publikumsmärkten geführt. Informatikkompetenz zur Nutzung dieser Geräte ist auf einer Handhabungsebene gegeben. Informationskompetenz ist jedoch zweifellos etwas anderes. Sie beruht, wie wir gezeigt haben, auf der Anbieterseite auf der Fähigkeit, Informationsprodukte nach technischen, methodischen, ökonomischen und Marketinggesichtspunkten[34] zu erstellen und zu vertreiben, und auf der Nutzerseite auf der Fähigkeit, mit den Ressourcen der Informationsmärkte umgehen zu können und die erarbeiteten Informationen nach ihrem Wahrheitswert und ihrer Handlungsrelevanz einschätzen zu können. Die Entwicklung der Informationskompetenz hat bislang nicht mit der Entwicklung von Informatikkompetenz Schritt halten können. Aber beide Kompetenzen gehören zusammen.

Die Endnutzersysteme der Internet-Umgebung (und, wie wir zeigen werden, die Inanspruchnahme von technischer Assistenz) gaukeln eine Informationssicherheit vor, die nicht gegeben ist. Insofern kann diese vermeintliche Informationssicherheit mehr Schaden anrichten als eine Unsicherheit, die eher veranlaßt, sich professioneller Kompetenz zu vergewissern. Bei dem jetzigen Stand des Wissens, wie es im allgemeinen Bildungssystem vermittelt wird, können sich die meisten Endnutzer weder ausreichendes Wissen darüber verschaffen, mit welcher Kompetenz und auf welchem Weg die gelieferten Informationen erarbeitet wurden, noch können sie sich über Handlungsrelevanz und Wahrheitswert der selbst erarbeiteten oder ihnen gelieferten Information sicher sein.

Die Informationswirtschaft trifft in der Ausweitung ihrer Geschäfte in die allgemeinen Märkte auf ein Publikum, das durch

34 Zu den Marketingtechniken gehört auch die Fähigkeit, Vertrauen in die Informationsprodukte und ihre Leistungen aufzubauen und zu erhalten.

Ausbildung und Erfahrung nicht auf den Umgang mit maschinellen Informationssystemen und -produkten vorbereitet ist. Entsprechend sind in der jüngsten Zeit verschiedentlich Leitlinien formuliert worden, die für eine curriculare Gestaltung mit dem Ziel allgemeiner Informationskompetenz verwendet werden können (vgl. Bertelsmann 1996; Mötsch 1997; Stock et al. 1998).
Stock et al. (1998) sehen in der Wissensgesellschaft den Bedarf nach informationellem *Allgemeinwissen* und unterscheiden das nach instrumentellen, personalen, sozialen Kompetenzen und inhaltlichem Basiswissen (vgl. Anm. 46). Mötsch (1997), deren Arbeit im informationswissenschaftlichen Kontext entstanden ist, schlägt, allerdings mit Blick auf die entsprechende Qualifikation in der Schule, eine Aufteilung in *Basiswissen* (technologische Kompetenz und Medienkompetenz), *Aktionskompetenzen* (bezüglich Information[35], Präsentation[36], Kommunikation[37] und Transaktion[38]) und *Metakompetenzen* (z. B. Fähigkeit zum interdisziplinären, globalen, vernetzten Denken) vor. Attraktiv ist vor allem der Vorschlag von Mötsch, die Bildungsziele für die Aktionskompetenzen aus den allgemeinen Funktionsbereichen elektronischer Märkte abzuleiten. Elektronische Märkte bzw. ihre realen Ausprägungen, die elektronischen Marktplätze (Kuhlen 1996), dienen ja

- der Präsentation von Produkten, Personen, Institutionen
- der Information aus heterogenen Ressourcen
- der Kommunikation zwischen den Beteiligten am Marktgeschehen, z. B. über elektronische Kommunikationsforen, und
- der Abwicklung von elektronisch realisierbaren Geschäftsprozessen jeder Art.

35 Dazu gehören (nach Mötsch 1997): Kenntnis der Informationsquellen; Recherchestrategien; Beurteilung der empfangenen Information; Aufbereitung und Umsetzung; Umgang mit Information.
36 Dazu gehören (nach Mötsch 1997): Auswahl der Inhalte; Bestimmung des potentiellen Leserkreises; Auswahl des Mediums; Aufbereitung der Inhalte; Kenntnis über Urheberrecht und Datenschutz.
37 Dazu gehören (nach Mötsch 1997): Kenntnis von Kommunikationsregeln; Einschätzung der Kommunikationspartner; Auswahl des Dienstes; Artikulationsfähigkeit; Entwicklung adäquater Organisationsformen.
38 Dazu gehören (nach Mötsch 1997): Prinzipien der Produktpräsentation; Kenntnis über die Prozesse der Transaktion.

Diese Funktionsbereiche elektronischer Märkte können mit den in Abschnitt 5.3.2 formulierten allgemeinen Zielen für Informationsarbeit in Beziehung gebracht werden, um daraus Lernziele abzuleiten.
Ganz allgemein sollten informationell gebildete Personen in der Lage sein, sich am Geschehen auf den Informationsmärkten *lesend* und *schreibend* zu beteiligen. Mit *Lesen* ist die redaptive Fähigkeit angesprochen, Informationen erarbeiten zu können; mit *Schreiben* die konstruktive Informationsarbeit, sich aktiv mit eigenen Beiträgen in die Informationsräume oder sogar eigenen Dienste einbringen zu können.

## 5.6 Mittler auf den Informationsmärkten

Auch wenn wir bei der folgenden Darstellung in erster Linie die Konsequenzen im Blick haben, die sich aus der immer weiter gehenden Delegation von Informationsarbeit an technische Assistenten ergeben, kann nicht übersehen werden, daß personale Assistenten auf unabsehbare Zeit wohl nötig sein werden, damit Informationsmärkte wirklich als Märkte der Information genutzt werden können.

### 5.6.1 Komplexe Informationsmärkte und Möglichkeit der Komplexitätsreduktion

Komplexe Systeme brauchen, um hantierbar und nutzbar zu bleiben, Reduktionsmechanismen – das ist eine verbindliche Einsicht der allgemeinen Systemtheorie (vgl. Schmidt 1998, S. 239). Komplexität ist nicht nur eine Eigenschaft der Systeme selber (z. B. Anzahl, Mehrdimensionalität oder relationale Vernetzung der einzelnen Systemelemente), sondern auch, aus der Sicht der Benutzer dieser Systeme, das Ausmaß ihrer Selektivität (Luhmann 1991). Die globalen Informationsmärkte sind solche rasch komplex gewordenen Systeme. Nicht umsonst ist das Problem der Selektivität (das Herausfinden der richtigen, also validen Information) auf Informationsmärkten das gewichtigste. Das galt für das Gebiet der Fachkommunikation, und das gilt erst recht für die Nutzer auf den allgemeinen Publikumsmärkten.

Auch die Fortschritte bezüglich der *Endnutzerfreundlichkeit*, d. h. der Hantierbarkeit von Informationsdiensten (z. B. Verbesserung der Benutzerschnittstellen durch Techniken der direkten Manipulation und durch den Einsatz intuitiv zu benutzender Multimedia-Komponenten) lösen das Selektionsproblem nicht vollständig. Deren Vorteile werden durch die überwältigende Fülle der immer rascher anwachsenden, immer aufwendiger zu findenden und in ihrer Qualität und Handlungsrelevanz immer schwieriger zu beurteilenden Informationsmengen quasi aufgefressen.
Informationsmärkte scheinen gegenwärtig mehr Unsicherheit zu erzeugen als Sicherheit zu geben. Welche Konsequenzen ein fortgesetzter Umgang mit Unsicherheit hat, haben wir in Abschnitt 3.1 gezeigt. Komplexität mit der Konsequenz der Unsicherheit kann durch Vertrauen partiell kompensiert werden. Uns interessiert, ob die in Abschnitt 3.2.4 zusammengestellten Mechanismen der Vertrauensbildung auch hier greifen? Im folgenden geht es vor allem um die Rolle der Mittler auf dem Informationsmärkten, die dazu helfen sollen, die Komplexität der Märkte hantierbar zu machen.
Wir machen im wesentlichen drei Ausprägungen von Mittlerleistung aus. Das sind Mittlerleistungen über personale Informationsassistenten, Mittlerleistungen über technische Informationsassistenten und Mittlerleistungen über organisationelle Assistenzformen, von denen elektronische Marktplätze gegenwärtig die bevorzugte Form der Realisierung der Prinzipien elektronischer Märkte sind[39].

### 5.6.2 Substitution oder neue Aufgaben?

In der Literatur zu den elektronischen Informationsmärkten herrscht Einigkeit darüber, daß im Gefolge der Telemediatisierung zwar alle Bereiche der Märkte davon betroffen sind, die Organisationsformen der Anbieter, die Produkte selber und die Formen des Marktzugriffs durch die Nutzer. Am stärksten sind von der Tele-

39 Wir unterscheiden zwischen *elektronischen Märkten* und *elektronischen Marktplätzen*. Märkte regeln die abstrakten Austauschbeziehungen im Geflecht zwischen Anbieter, Nachfrager, Produkten und Mittlern, während Marktplätze den organisationellen bzw. den institutionellen Rahmen bereitstellen, unter denen diese Austauschbeziehungen dann auch faktisch realisiert werden.

mediatisierung der Märkte jedoch die Mittlerformen betroffen[40], mit der Konsequenz von Endnutzersystemen und der Weiterentwicklung bestehender bzw. der Entwicklung neuer organisationeller und technischer Mittler. Das trifft für die Konsumermärkte zu, bei denen Groß- und Zwischenhändler, aber auch die Einzelhandeleinrichtungen, die ja auch Mittlerfunktion zwischen Produzenten und Käufern wahrnehmen, durch Formen des *Online*-Direkt-Bestellens oder -Buchens abgelöst werden, es sei denn, sie entwickeln neue Vermittlungsleistungen. Das gilt aber erst recht für Agenten in Branchen immaterieller Dienstleistung, wie sie in Reisebüros, Versicherungen, Banken, an der Börse oder auch in Lottoannahmestellen tätig sind.

Für sie alle, also für die personalen Ausprägungen von Assistenz, trifft die Zange der doppelten Bedrohung durch Endnutzer- bzw. Direktsysteme und/oder durch die selbständig operierenden technischen Assistenten gleichermaßen zu[41]. Erfahrene Internetbenutzer buchen ihre Flugreisen selber über das Netz und bezahlen die Rechnung über *Online-Banking*. Bücherkäufe im wissenschaftlichen Bereich werden direkt bei den Verlagen oder bei *Online*-Buchläden wie amazon.com getätigt[42], die Bestellungen durch Zusammenarbeit mit Logistik-Unternehmen wie UPS in Auslieferung umsetzen. Suchen im Internet werden über Suchroboter

40 Zu den Mittlerfunktionen in herkömmlichen Märkten werden nach Bailey/Bakos (1997) und Resnick/Zeckhauser/Avery (1995) gerechnet: Sammlung (*aggregation*): z. B. Integration/Bündelung verschiedener Nachfrager, um z. B. bessere Angebotskonditionen zu erreichen; Schutz (*protection*): z. B. Wahrung von Anonymität, Verhinderung nur opportunen Marktverhaltens, Schutz vor Ausfällen; Erleichterung (*facilitation*): z. B. Koordination und Durchführung des Informationsaustausches zwischen Anbietern und Nachfragern, Erstellung von informationeller Markttransparenz, Effizienz von Informationsvermittlung allgemein; Zusammenfinden (*matching*): z. B. Vermitteln von Marktbeziehungen durch Kenntnis der Marktattribute von Anbietern und Nachfragern; Koordination von Nachfragewünschen und Anbieterpotentialen. Zu den Funktionen klassischer Informationsbroker/Mittler/Informationsvermittler vgl. Schmidt (1992); Kuhlen (1995, S. 333 ff.); Pfeiffer (1999, S. 64 ff.); vgl. auch Anm. 45.

41 Sarkar/Butler/Steinfield (1995) stellen daher auf Grund der Möglichkeit direkter elektronischer Verbindungen zwischen Anbietern und Nachfragern die »threatened intermediaries hypothesis« auf.

42 Auch als amazon.de auf dem deutschen Markt.

abgewickelt, und fortgeschrittene Nutzer beauftragen damit Software-Agenten.

Die Mittlermärkte werden partiell vollständig substituiert, zum größeren Teil aber wohl durch neue technische und organisationelle Formen transformiert, z. B. durch die Umwandlung bisheriger Mittlerleistungen in elektronische, die sich auf Grund der Potentiale der gegenwärtigen Informations- und Kommunikationstechnologie durch informationelle Mehrwerteigenschaften auszeichnen, die bisherigen Mittlern nicht möglich waren, oder durch die Verwandlung bisheriger Organisationsformen der Vermittlung in virtuelle Mittlerformen, also durch intensivierte verteilte Mittlerkooperation (vgl. Bailey/Bakos 1997, S. 13; Pauk 1997, S. 72 f.).

Es mag wohl sein, daß sich durch die Vermeidung von Mittlern die Transaktionskosten auf Märkten werden reduzieren lassen – und vermutlich ist die Reduktion von Transaktionskosten auch der entscheidende Grund für die Einsetzung von technischen Informationsassistenten/Agenten auf Informationsmärkten bzw. Märkten allgemein (vgl. Guttman/Moukas/Maes 1998) –, aber *weiche* Faktoren wie höhere Kundenzufriedenheit, Vertrauen in personale Leistungen und individualisierte Dienste können – wie Bailey/Bakos (1997) vermuten – ebenfalls wichtige Argumente sein, Marktleistungen von personalen Mittlern anzunehmen[43]. Wir sehen durchaus reale Substitutionseffekte, hier mit Blick auf personale Informationsassistenten, sehen aber auch neue Aufgaben und neue Räume für Mittler, wenn sie in der Lage sind, sich den veränderten Rahmenbedingungen anzupassen. Die dafür erforderliche neue Kompetenz von Mittlern in elektronischen Märkten bezieht sich in erster Linie auf die Transformation der in Anm. 40 aufgeführten traditionellen Mittlerleistungen:

- *neue Sammlerfunktion*: Übersicht und Integration heterogener Informationen; hochwertige Suchleistungen mit gewichteten Ausgaben
- *neue Schutzaspekte*: Mittler in Zertifizierungsstellen (*Trust center*) übernehmen die vertrauensvolle Absicherung von Markttransaktionen; Absichern von Verschlüsselungsverfahren; Erzeugen von Transparenz in komplexen Informationsprozessen; Zusichern von Qualität

43 Auf die Bedeutung dieser subjektiven Faktoren für die Akzeptanz von *Informationsbroker*-Leistungen weist auch Pfeiffer (1999) hin; vgl. Anm. 45.

- *neue Partnerbildung*: Koordination von intransparenten Kommunikationsbeziehungen; Ermöglichen virtueller Organisationsformen
- *neue Filterleistungen*: Selektion komplexer Anbieter- und Nachfragerstrukturen; Abblocken unerwünschter Information
- *neue Transaktionsleistungen*: Übernahme von routinisierbaren Geschäftsprozessen wie Bestellen, Abrechnen, Bezahlen

Mittler als Assistenten – ob nun als Personen oder, wie wir in Kapitel 6 sehen werden, als Software-Assistenten – zeichnen sich auf Teilgebieten der Märkte durch eine Kompetenz aus, die für den *normalen* Endnutzer der Informationsmärkte nicht erreichbar ist. Die Kompetenz der Mittler soll, partiell zumindest, Nicht-Wissen der Nutzer von Informationsmärkten kompensieren.

Tatsächlich haben sich auf den elektronischen Märkten die Mittler der Herausforderung gestellt. Die Transformation bisheriger Mittlerinstanzen und Mittlerformen und die Herausbildung ganz neuer Mittlerformen nehmen inzwischen ebenfalls eine derartige Komplexität an, daß selbst auch diese wiederum für den einzelnen nicht vollständig durchschaubar sind[44]. Entsprechend begegnen wir hier einer weiteren Ausprägung von Reflexivität: Die kompensierende Leistung der Mittler muß ebenfalls wieder durch Vertrauen oder durch weitere Mittlerleistungen bestätigt werden. Diese Vertrauenskette mit ihren jeweiligen Kompensationsleistungen kann durchaus über viele Stufen gehen, da die Mittlerkomponente auf den Informationsmärkten weit ausdifferenziert ist. Uns interessiert vor allem der Teil der Kette, wo Leistungen maschineller Assistenten durch personale abgesichert werden müssen.

In welcher Richtung sich das Zusammenspiel der verschiedenen Mittlerausprägungen auch entwickeln wird – ob sich eine schrittweise Übernahme von personalen durch technische oder organisa-

44 Daß das System der Mittler von Informationsmärkten einen den Informationsmärkten vergleichbaren Komplexitätsgrad hat, geht konform mit der Annahme der Systemtheorie, daß komplexe Systeme nur von Systemen vergleichbarer Komplexität unter Kontrolle gebracht werden können, es sei denn, man nimmt Einschränkungen bei den Potentialen des zu kontrollierenden Systems in Kauf. Beispiele aus den Informationsmärkten liegen auf der Hand. Das Werkzeug der Suchmaschinen, wie sie zur Zeit als Suchroboter im Internet Standard sind, ist vergleichsweise gering komplex und kann daher der Realität der vernetzten Hypertextstrukturen im WWW nur mit erheblichen Informationsverlusten gerecht werden.

tionelle Mittlerleistungen ergibt oder ob sich durch die Komplexitätserweiterung im Zusammenwirken von technischen Assistenten und elektronischen Marktplätzen neue Aufgaben für personale Assistenten ergeben werden – Assistenz ist auf elektronischen Informationsmärkten in jedem Fall angesagt. Informationsmärkte brauchen Informationsassistenten als Mittler.

Informationsassistenten brauchen wir, genauso wie wir Ärzte brauchen, um unsere Gesundheit zu erhalten oder wiederzuerlangen, wie wir Rechtsanwälte brauchen, damit wir unsere Rechtsansprüche durchsetzen können, wenn diese von anderen bezweifelt werden. Unternehmer brauchen Unternehmens- und Finanzberater, Politiker versichern sich der wissenschaftlichen Unterstützung durch Politikberatung oder demoskopische Institute. In allen diesen Fällen greifen wir auf die Expertise von anderen zurück, die wir nicht, sie aber haben und die wir benötigen. Auch in den Informationsräumen der Gegenwart werden personale Informationsassistenten gefragt sein.

Der Bedarf der Wirtschaft nach qualifiziertem Personal, das in der Lage ist, die verschiedenen Ausprägungen von Informationsarbeit zu leisten, ist offenkundig. Gebraucht werden vor allem Personen, die auf der Grundlage soliden technischen und methodischen Wissens den allgemeinen gesellschaftlichen, sozialen und organisationellen Zusammenhang von Informationsarbeit erkennen können und mit entsprechenden Maßnahmen der Bildung von Vertrauen und Transparenz darauf reagieren.

Wir haben überhaupt nicht vor, den personalen Informationsassistenten sozusagen die Rolle der Heizer auf zunehmend automatisierten Informationsmärkten zuzuschieben, ihnen Aufgaben vorbehalten, die auch von den maschinellen Assistenten durchgeführt werden können. Wir sind allerdings der Ansicht, daß es nicht nur die Informationsmaschinen, die technischen Informationsassistenten sind, die Informationsarbeit leisten, sondern durchaus auch noch die personalen Informationsassistenten, die im gesamten System von Informationsarbeit weiter eine gewichtige Rolle spielen. Zur Informationsarbeit gehören ja auch, das haben wir herausgestellt, nicht nur die technischen Aufgaben konstruktiver und redaptiver Art, sondern eben auch die Wahrnehmung sozialer Aufgaben.

Personalen Assistenten wird in dieser Hinsicht zum einen die Aufgabe zufallen, die für den Umgang mit Informationssystemen notwendige Vertrauensbildung herzustellen, sei es, daß sie selber für Endnutzer die Information erarbeiten oder sei es, daß sie über Verfahren der Zertifizierung als Qualitätsmanager tätig werden. Zum andern – und das hängt natürlich mit der Vertrauensbildung zusammen – werden sie die Experten in Sachen informationeller Transparenz sein. Sie sollen dem Publikum transparent machen, was auf den zunehmend durch Informationsmaschinen dominierten Informationsmärkten geschieht. Dafür reicht das Qualifikationsspektrum bisheriger Bibliothekare/Dokumentare/Archivare oder Informationsvermittler/*Informationsbroker*[45], das eher auf methodisches und technisches Wissen abzielte, nicht aus. Informationskompetenz[46] ist keineswegs nur die Verfügung über technisches und methodisches Informationswissen, sondern auch soziale bzw. kommunikative Kompetenz, sich der Vertrauenssicherungsinstanzen und -personen vergewissern zu können, die die Defizite des eigenen Wissens wenn nicht beseitigen, so doch tolerabel machen können.

45 Pfeiffer (1999) erarbeitet mit Blick auf die Beschäftigung von *Informationsbrokern* im Umfeld des Internet Qualifikationsanforderungen an dieses Berufsfeld. Methodisch stehen Mehrwertleistungen im Vordergrund. Die sozialen und kommunikativen Kompetenzen subsumiert die Verfasserin unter ihr Konzept des »subjektivierenden Arbeitshandelns« und präzisiert sie – als Ergebnis ihrer empirischen Erhebung – durch Fähigkeiten wie *Einfallsreichtum und Phantasie, Querdenken und Spurenlesen, Kreativität, menschliche Spontaneität, verrückt querzudenken, Erfahrung, Intuition, plötzliche Einfälle.* Alles Eigenschaften, die 86,2% der Befragten zu der Einschätzung veranlassen, daß intelligente Agenten die Tätigkeit von *Informationsbrokern* nicht ersetzen können.

46 In der schon erwähnten Delphistudie von Stock et al. (1998) wird das, was wir mit Informationskompetenz beschreiben, unter dem Begriff des Allgemeinwissens behandelt, das erforderlich ist, »sich aus der Menge der verfügbaren Informationen und Wissensinhalte gezielt das Wissen zu erarbeiten und zu nutzen, das man tatsächlich braucht« (a.a.O., S. 40). Unsere Annahme bestätigend ist das Ergebnis der Delphi-Umfrage, daß von den vier Hauptfeldern dieses *Allgemeinwissens* – instrumentelle Kompetenzen, personale Kompetenzen, soziale Kompetenzen, inhaltliches Basiswissen – die personale und soziale Kompetenz als am wichtigsten für die *Orientierung in der Wissensgesellschaft* angesehen wird. Und gerade diese Kompetenz sei im gegenwärtigen Bildungssystem unterrepräsentiert.

Auch hier bietet sich eine Vernetzung von Kompetenz an. Hat ein personaler Assistent nicht die ausreichende Qualifikation, um eine (maschinell erbrachte) Informationsleistung zu bewerten oder transparent zu machen, so besitzen diese vielleicht andere, denen er auf einer professionellen Basis vertrauen kann. Personale Informationsassistenten können angesichts der fortschreitenden Komplexität der Informationsmärkte nur im Kontext von Vertrauens- und Expertennetzen kompetent bleiben. Deren Potentiale wahrnehmen zu können, verlangt eben auch, nicht nur mit Blick auf die Endnutzer, sondern auch mit Blick auf andere Assistenten, soziale und kommunikative Kompetenz. Für Informationsberufe sollte nicht in naturwissenschaftlichen oder technischen Kontexten ausgebildet werden, und die entsprechend Tätigen sollten nicht in technischen Umgebungen, wie Rechenzentren, arbeiten. Informationsarbeit geschieht immer in sozialen Umgebungen. So wird z. B. kommunikative Kompetenz auch bei einem Informationsassistenten vorhanden sein müssen, der im Sinne der produzierenden Informationsarbeit in einem Team zur Entwicklung von Informationssoftware mitarbeitet, aber vermutlich in einer anderen Ausprägung als bei einem Informationsvermittler, der im innerbetrieblichen Geschehen oder auf dem Markt seine Dienste mit hoher Kommunikationskompetenz an den Nutzer bringen will. Zur kommunikativen Kompetenz von Informationsassistenten gehören zumindest die folgenden, alle auf pragmatische Leistungen abzielenden Merkmale:

- in der Lage sein, Probleme an sich und speziell in ihren informationellen Verflechtungen (Nicht-Linearität) und Defiziten zu analysieren und informationskritische Situationen einzuschätzen
- in der Lage sein, zusammen mit anderen kreative und auch nicht-standardisierte informationelle Problemlösungen zu entwickeln
- in der Lage sein, in Zusammenarbeit mit dem Nutzer der zu erarbeitenden Information das Suchproblem unter Wahrnehmung der spezifischen Kontextbedingungen zu analysieren und in solche Frageformulierungen umsetzen zu können, daß aus den verfügbaren (maschinellen) Ressourcen Antworten abgeleitet werden können
- in der Lage sein, den *Wahrheits*wert und die jeweilige Handlungsrelevanz von Information abzuschätzen, d. h. über Verfahren der Verifikation von Information (z. B. über Referenzierung) zu verfügen
- in der Lage sein, die Konsequenzen der erarbeiteten Informationen und mögliche Nebenfolgen einzuschätzen

- insgesamt in der Lage sein, Vertrauen in die gelieferten Informationsleistungen zu gründen.

### 5.6.3 Trusted agents

Bezeichnenderweise werden die (personalen und dann auch die technischen) Assistenten auf den elektronischen Märkten in der Literatur zuweilen auch *Trusted agents* genannt. Das macht einmal mehr deutlich, daß die Beziehungen zwischen den jeweiligen Auftraggebern und den Assistenten oder Agenten wesentlich vom Faktor *Vertrauen* bestimmt werden. Die *Trusted agents* in unserem Umfeld sind die Informationsspezialisten, die Informationsassistenten, die Informationsprobleme ebenso lösen, wie Ärzte Gesundheits-, Rechtsanwälte juristische oder Steuerberater Finanzprobleme lösen.

Dadurch daß Assistenten/Agenten Zugang zu und Verfügung über Wissen haben, das ihre Auftraggeber nicht haben, das aber erforderlich ist, um sie aus einer aktuellen Situation der Unsicherheit oder Ungewißheit zu befreien, erwerben sie, darauf weist Phillips (1997) hin, eine Machtposition, die für den Auftraggeber in mehrfacher Hinsicht risikoreich ist. Wir nennen nur einige Risikofaktoren:

- Es mag (für einen Politiker oder einen Unternehmer oder einen Wissenschaftler – um nur diese Beispiele zu nennen) nicht unproblematisch sein, einem Dritten gegenüber überhaupt ein Defizit an Wissen zuzugeben. Prestige steht auf dem Spiel.
- Für einen Unternehmer steht vielleicht noch mehr auf dem Spiel, da er Interesse daran hat, daß seine Konkurrenten nicht erfahren, welche Probleme er gerade hat und wozu er externe Information einholt.
- Und schließlich stellt es den vielleicht gewichtigsten Risikofaktor dar, daß wir dem Wahrheitswert und der Handlungsrelevanz der von dem Agenten übermittelten Information trauen und diese entsprechend anwenden (müssen), ohne uns selber der Richtigkeit oder Einschlägigkeit vergewissern zu können.

In der informationswissenschaftlichen Literatur ist gut untersucht, daß die Akzeptanz von Informationsleistungen über personale Informationsassistenten, die ja traditionell Informationsvermittler oder *Informationsbroker* genannt werden (Pfeiffer 1999, S. 64), unabdingbar mit der Kategorie des Vertrauens verbunden ist.

Vertrauen ist u. a. eine Funktion der fachlich guten und einschlägigen Qualifikation, der regionalen Erreichbarkeit und der Referenz auf schon für andere erbrachte Leistungen, natürlich auch – obgleich das nach den empirischen Befunden eine eher untergeordnete Rolle spielt – eine der Kosten und der objektiven Informationsqualifikation der Mittler (also der Professionalität im Umgang mit den Informationssressourcen).
Vertrauen ist, wie wir in Abschnitt 3.2.2 gesehen haben, nicht nur auf quasi objektiven Faktoren gegründet. Erfolgreiche Informationsvermittlung ist nicht nur eine Frage von technischer oder methodischer Kompetenz, sondern beruht auch auf kommunikativen und allgemein sozialen Kompetenzen. Das versteht sich von selbst, ist doch Vertrauen, in der ursprünglichen eher sozialen, emotionalen als kognitiven Fundierung, auch auf Faktoren wie Zuneigung oder Sympathie angewiesen. Einer Person mit gutem Auftreten vertraut man eher als einer mit schlechten Manieren oder allgemein defizitärem sozialen Verhalten. Kommunikative und soziale Kompetenz ist aber nicht nur ein direkter Vertrauensfaktor, sondern bewirkt eine Übertragung des emotional basierten Vertrauens auf die eigentliche, im Informationsgebiet eher kognitive Leistung.
Wir haben auf die Bedeutung dieser sozialen Faktoren der Versicherung von Kompetenz bei der Besprechung der Übertragungsmechanismen durch das Auftreten der Zugriffspunkte hingewiesen (die *Access points*, wie sie Giddens genannt hatte). Hier geschieht eine Übertragung von einer emotional akzeptierten (vertrauenerweckenden) Person, die vielleicht mit der zu erbringenden Leistung gar nichts direkt zu tun hat, auf das eher verdeckt bleibende System oder die eigentliche Leistung erbringende Person. Ähnliche Übertragungsleistungen geschehen durch das allgemein positive Image auf eine spezielle Leistung des dem Image zugerechneten Systems oder einer Person. Übertragungen können dann auch ikonisiert oder symbolisiert werden. Das Vorkommen des Mercedes-Sterns auf den Exemplaren der A-Klasse fördert die Übertragung des Vertrauens in die allgemeinen Mercedes-Sicherheitsstandards auf das neue Auto. Das Anbringen einer vertrauenssichernden Plakette auf einer *Web site*, z. B. durch ein Siegel einer mit Vertrauensbildung befaßten Institution wie TRUSTe (vgl. Abschnitt 7.4.2), soll die mangelnden Möglichkeiten kompensieren, sich der Berechtigung des Vertrauens in die Korrektheit

der erbrachten Leistungen oder des vertrauensvollen Umgangs mit den persönlichen Daten von Kunden selber zu versichern.

Wir wollen am Ende dieser Diskussion des Zusammenhangs von Informationsassistenten und Vertrauen aber noch darauf hinweisen, daß Vertrauensbildung in Informationsleistungen kein Selbst- oder Endzweck ist, zumal dann nicht, wenn Vertrauen weitgehend emotional-basiert bleibt. Zwar haben wir vor allem mit Giddens unsicherheitskompensierendes Vertrauen als Grundbefindlichkeit beim Umgang mit technischen und abstrakten Systemen der Moderne herausgestellt. Dazu gehören ja auch sicher die Systeme (Assistenten), auf die wir in informationskritischen Situationen zurückgreifen. Es soll damit aber keineswegs ausgeschlossen (und als Ziel möglicherweise anvisiert) werden, daß wir im Umgang mit Informationsassistenten eine solche Sicherheit gewinnen, die einer kognitiv basierenden Sicherheit sehr nahe kommt. Leistungen wird dann nicht nur vertraut, sondern sie werden auch als verläßlich eingeschätzt, wenn durch eigene Erfahrung bzw. durch die akzeptierte Erfahrung anderer Personen oder speziell dafür beauftragte Institutionen das Risiko, sich auf diese Leistung zu verlassen, als kontrolliert angesehen wird.

# 6 Die Präsenz der technischen Informationsassistenten

Der Expansions- und Rationalisierungsdruck, der auf der Entwicklung von Informationsdiensten auf elektronischen Marktplätzen liegt, legt nahe, daß zwar weiterhin auf personale Informationsassistenten für den Aufbau und bei der Nutzung von Informationsleistungen zurückgegriffen werden muß, daß aber zunehmend technische Informationsassistenten diese Aufgabe übernehmen. Es wird niemand erwarten, daß in der Zukunft redaptive und konstruktive Informationsarbeit ausschließlich von Menschen geleistet wird. Die Telemediatisierung auch der geistigen Arbeit – und damit auch des Aufbaus von Informationsleistungen und von Vorgängen der informationellen Absicherung (professioneller oder privater) Tätigkeit – ist wohl nicht reversibel.
Allerdings erwarten wir auch keine Reinkultur des technischen Assistenten-/Agentenansatzes. Die Situation wird nicht sehr bald eintreten, daß Menschen nur noch ihr Informationsbedürfnis vage artikulieren, und es dann die technischen Assistenten/Agenten sind, die die Informationsarbeit in all ihren Stadien für sie leisten. Vor 10, 15 Jahren hat es schon einmal die Euphorie der Expertensysteme gegeben, deren Entwickler die Übernahme so gut wie jeder intelligenten Tätigkeit durch die Maschinen in Aussicht stellten. In gewisser Weise sind die heutigen intelligenten Agenten die an die Bedingungen globaler Netzwerke und elektronischer Märkte angepaßten und noch spezifischer auf bestimmte Aufgaben zugeschnittenen Expertensysteme. Sicherlich ist deren Methodik und Architektur eine recht verschiedene, aber die erwartete Funktionalität der Übernahme intelligenter Arbeit ist vergleichbar.
Wir wollen in diesem Kapitel ausleuchten, wie weit die Übernahme der Informationsarbeit durch technische Informationsassistenten schon fortgeschritten ist. Wenn auch damit ebenfalls die Software-Roboter bzw. die Agenten angesprochen sind, so wollen wir uns nicht durch die gegenwärtige Agenten-Literatur und Agenten-Entwicklung einengen lassen, sondern uns weiterhin an dem Assistenten-Paradigma orientieren, wie es ja auch in der

Literatur der *Service*-Roboter dominiert (Bischoff/Graeffe/Grassnick 1998). Daher behandeln wir hier auch (kommerzielle) Verfahren wie die Such- und *Browsing*-Maschinen im Internet (Abschnitt 6.6.1), die nach dem engeren Verständnis der Agenten-Theorie keineswegs zu den Agenten gezählt werden sollten, da ihnen wesentliche Eigenschaften wie Autonomie, Lernfähigkeit oder Intelligenz allgemein fehlen (vgl. Abschnitt 6.5)[1].

Wir stellen die technischen Assistenten vor dem Hintergrund der folgenden Fragen dar, die wir dann im letzten Kapitel zu den Konsequenzen detaillierter zu beantworten suchen:

- *Entlastung?* Erhöht der Einsatz von technischen Informationsassistenten den informationellen Spielraum der Menschen, wenn sie nun weder (teure) personale Informationsassistenten mit persönlicher Informationsarbeit beauftragen müssen noch sich durch die immer komplexer werdenden Informationsangebote selber durchkämpfen müssen? Haben technische Informationsassistenten, vergleichbar anderen technischen Werkzeugen, entlastende und spielraumerweiternde Funktion?
- *Überschätzung*? Ist das informationelle Ergebnis beim Einsatz von technischen Informationsassistenten vielleicht doch schlechter als beim Einsatz von personalen Informationsassistenten und auch schlechter als bei der eigenen Endnutzerinformationsarbeit? Übersteigt die Komplexität der Informationsaufgabe die bisherige (und absehbare) Intelligenz der technischen Informationsassistenten bei weitem? Delegieren wir in einem unberechtigten Vertrauen in maschinelle Intelligenz zu viel an die technischen Informationsassistenten?
- *Erhöhung von Unsicherheit?* Können Assistenten als Agenten der auf komplexen elektronischen Märkten zunehmenden Gefahr von semantischer und pragmatischer Orientierungslosigkeit – Unsicherheit in der Bestimmung des Wahrheitsgehaltes von Information und ihrer Handlungsrelevanz – begegnen, oder werden sie diese Gefahr sogar verschärfen?
- *Abdankung*? Was bedeutet es schließlich, wenn die technischen Informationsassistenten in ihrer Leistung derjenigen von personalen Informationsassistenten oder von eigener Endnutzerinformationsarbeit ver-

1 In der Agenten-Literatur wird das auch unterschiedlich gehandhabt. Brenner/Zarnekow/Wittig (1998, S. 225 ff.) behandeln unter den intelligenten Software-Agenten auch einfache Suchmaschinen und Meta-Suchmaschinen im Internet. Die meisten Autoren in Bradshaw (1997) würden diese strikt ausschließen, während der Einführungsartikel von Huhns/Singh (1998b) die Suchmaschinen immerhin als äußerst nützliche Instrumente erwähnt, die trotz geringer Intelligenz zu Recht öffentliche Beachtung finden.

gleichbar werden oder sie sogar übertreffen? Hat die Übernahme von Informationsarbeit durch technische Assistenten eine andere Qualität als die Dienstleistung personaler Assistenten? Gewinnen wir dabei, wenn wir die uns betreffende Informationsarbeit an die technischen Assistenten abgeben, oder sind wir damit in längerer Sicht auf der Verliererstraße (indem wir unsere Informationskompetenz einbüßen)?

Wir werden nicht alle diese Fragen beantworten können, liefern aber hoffentlich genug Material, daß jeder seine Schlüsse selber ziehen kann, welches die Konsequenzen der technischen Assistenten sein können.

## 6.1 Unterstützende Assistenten oder Zauberlehrlinge?

Wir wollen in diesem Abschnitt noch einmal die Assistentenfunktion problematisieren und im Sinne des Abdankungsarguments fragen, ob die technischen Assistenten (als Agenten oder Software-Roboter) in der Rolle des Assistenten bleiben oder ob die Gefahr ihrer Verselbständigung besteht.
Die Übertragung eines Begriffs, der aus dem sozialen, insbesondere professionellen Bereich stammt und der sich auf Menschen bezieht, in eine technische Umgebung ist schon der erste Hinweis darauf, daß Assistenten als Maschinen Leistungen erbringen sollen, die in der Vergangenheit von Menschen erbracht wurden. Weiterhin soll die Bezeichnung *Assistenten* die Rolle festlegen, die sie in der meistens komplexen Informationsumgebung spielen sollen. Sie sollen unterstützen, zuarbeiten, den Erfolg der gesamten Arbeit nicht sich zurechnen lassen, sondern denjenigen, die sie einsetzen.
Bevor es üblich wurde, von technischen Assistenten als Software zu sprechen, waren Assistenten Menschen, die, selber schon gut qualifiziert und spezialisiert, anderen Menschen zuarbeiten. Diese Arbeit könnte im Prinzip auch von ihnen selber gemacht werden, d. h. sie könnten es, aber sie haben auf Grund ihrer höheren hierarchischen Rolle keine Zeit mehr, sich mit allen Detailproblemen zu beschäftigen. Diese Arbeit nehmen ihnen auf niedrigeren hierarchischen Ebenen die Assistenten ab. Assistenten befinden sich unter diesem Gesichtspunkt in einem Übergangsstadium. Von einem Wissenschaftlichen Assistenten eines Professors, einem As-

sistenten der Geschäftsführung oder einem Assistenzarzt in einem Krankenhaus wird erwartet, daß er durch seine Tätigkeit und durch den engen Kontakt mit den erfahreneren Personen, denen er *zuarbeitet*, eines Tages so weit qualifiziert ist, daß er selber die Assistentenrolle verlassen und die des *Chefs* übernehmen kann. Das kann harmonisch und quasi natürlich in einem Generationen- oder Arbeitsplatzwechsel vor sich gehen, kann aber auch über einen *Machtkampf* geschehen, wenn der Assistent seinen Chef überholt oder verdrängt.
Natürlich lassen wir uns verleiten, die Frage zu stellen, ob auch die technischen Assistenten durch eine solche Transition bestimmt werden können. Sind sie, so wie man es in der Roboter- und in der Künstlichen-Intelligenz-Literatur immer wieder diskutiert, die *Wesen*, die der Mensch noch so gerade in die Welt hat setzen können, bevor er die Umwelt endgültig so ruiniert hat, daß er als Mensch mit Fleisch und Blut und mit Bedarf nach reiner Luft und reinem Wasser nicht mehr darin leben kann (Moravec 1988)? Gehören die Assistenten, die technischen, genauso wie ihre humanen Entsprechungen, zu der Spezies, die im laufenden Umgang mit den einstmals noch intelligenteren oder besser: wissensreicheren Chefs so lange haben lernen können, bis sie gleichwertig oder dann sogar überlegen sind und damit die Assistentenrolle irgendwann ablegen wollen? Sie wären dann nicht mehr in dem Zustand, in dem sie kontrolliert werden, sondern könnten versucht sein, das Kontrollverhältnis umzudrehen, ohne daß die sie früher Kontrollierenden das noch verhindern könnten. Natürlich drängt sich hier jedem die Zauberlehrlingsmetapher auf. Der Besen, das Werkzeug, ist kein Zeug mehr, sondern wird Subjekt.
Das ist die gewiß pessimistische Sicht. Da haben wir die Assistenten in einer fundamental den Menschen kennzeichnenden Situation, nämlich Informationsarbeit zu leisten, geschaffen, ohne zu bedenken, daß der Transitionscharakter für Assistenten typisch ist. Sie wollen Karriere machen, und wir setzen vieles daran, sie so intelligent zu machen, daß sie dann auf Dauer ihre Intelligenz für sich einsetzen werden. Oder wenn wir es etwas *harmloser* formulieren wollen – daß sie ihre Intelligenz nicht mehr alleine dafür einsetzen wollen/werden, uns, als denjenigen, die sie *eingekauft* haben, zuzuarbeiten, sondern sich andere Meister suchen oder sich anderen Meistern in erster Linie *verantwortlich fühlen*. Diese Meister könnten die Software-Ersteller sein, die sie produziert

haben, oder auch die elektronischen Marktplatzbetreiber, die Assistenten als Agenten ihren Kunden harmlos zur Verfügung stellen, durch die sie aber all die Informationen erhalten, die sie brauchen, um noch besser und gewinnbringender ihre Waren verkaufen zu können. Können wir den Assistenten, wenn wir ihnen denn Aufträge geben, trauen, daß sie wirklich in unserem Interesse arbeiten und auch exklusiv für uns? Und wenn kein Vertrauen mehr gegeben ist, wird dann nicht die Basis für die Beziehung Assistent-Assistierter pathologisch, da man dann auch nicht mehr bereit ist, die Information den Assistenten zu geben, die sie an sich brauchen, um die für uns angemessenen Aktionen durchzuführen bzw. Informationen zu liefern?

Noch ein Gedanke drängt sich auf – harmloser in den Konsequenzen, wenn auch deprimierend –, wenn wir die Verselbständigung des Mediums *Assistenten* in Rechnung stellen. Die Assoziation vom Zauberlehrlingsbesen zu McLuhans Medienverständnis drängt sich auf. Aus *the medium is the message* (McLuhan 1964, McLuhan/Fiore 1967) wird dann nicht nur die simple Anwendung *der Assistent wird zum Chef*, sondern die viel fundamentalere Aussage, daß medialisierte Informationsarbeit durch Assistenten nicht mehr das Mittel zum Zweck der Informationsgewinnung und zum Wissenszuwachs und damit zur Eröffnung größerer Handlungskompetenz ihrer Auftraggeber ist, sondern der Zweck in sich selbst wird. So wie sich – aus einem ganz anderen Bereich – der Gedanke einfach nicht verdrängen läßt, daß auf den *Freeways* in Los Angeles das Auto nicht mehr das Mittel ist, um von seiner Wohnung zu seiner Arbeit zu kommen, sondern das Eingehen eines Arbeitsverhältnisses an einem entfernten Ort das Mittel ist, um dem eigentlichen Zweck, nämlich dem Fahren in dem Auto, für einige Stunden nachgehen, besser: nachfahren zu können. Diesen Gedanken kann jeder selber zu Ende denken, wenn man mit einigem Recht annehmen kann, daß die Informationsbahnen, die *Superhighways*, Ende des 20. Jahrhunderts das sind, was die *Freeways* für die Mitte des Jahrhunderts waren (und natürlich auch immer noch sind).

Zum Glück gibt es auch noch die optimistische Sicht auf die Assistenten. Assistenten sind in der professionellen Umgebung nicht immer sozusagen auf dem Sprung, ihren Chef zu überholen, sondern können auch dauerhaft in ihrer Funktion und Rolle bleiben. Es gibt ja nicht nur die Chefassistenten, sondern auch die medizinisch-technischen Assistenten, die Dokumentationsassistenten – kurz all die Assistenten, die nicht vorhaben, eines Tages selber der Zahnarzt oder selber der Forscher zu werden, es sei denn, sie machten sich daran, aus der Funktion als Assistent auszusteigen und eine ganz neue Laufbahn einzuschlagen. Diese Assistenten sind in keinem Transitionszustand. Assistent zu sein, ist das Ziel, nicht das Mittel, um Chef zu werden. Man könnte dies gegenüber der medialen Verselbständigung auch die Professionalisierung des Assistentendaseins nennen.

Professionelle (personale) Informationsarbeit war bislang das Musterbeispiel für dauerhaft zuarbeitende Assistententätigkeit. Bibliothekare wissen im allgemeinen, daß sie keine Professoren werden (können/wollen), Informationsvermittler haben es akzeptiert, daß ihre in der Regel wissenschaftliche Ausbildung nicht zu einer selbständigen Position in der Wirtschaft, Verwaltung, Politik oder in den Medien geführt hat, sondern zu einer Tätigkeit als Dienstleistung für andere. Dies muß gar nicht ausschließen, daß diese Dienstleistungstätigkeit zu einer mindestens ebenso großen materiellen und prestigemäßigen Anerkennung führen kann wie die Tätigkeit, der die informationelle Dienstleistung zuarbeitet. Die oft überaus erfolgreiche Karriere der Unternehmensberater oder Börsenbroker, die ja ebenfalls als *Informationsassistenten* begriffen werden können, belegt dies nachhaltig.

So wollen wir eigentlich unsere technischen Assistenten als Unterstützer in der für unser Funktionieren immer wichtiger werdenden Informationsarbeit sehen (Hoschka 1996). Sie sollen die Werkzeuge sein, wir wollen die Ziele bestimmen und die Entscheidungen über richtig und falsch, über relevant und nicht-relevant uns vorbehalten. Allein, wir wissen oder ahnen es – es ist nicht so einfach mit den medialen Werkzeugen. Einmal in die Welt gesetzt, können sich Medien verselbständigen, um noch einmal McLuhan zu bemühen. Technologie ist nicht bloß das neutrale Mittel, um autonom definierte Ziele zu erreichen, wie es in der rationalistischen, auch die Informationsdisziplinen wie Informatik, Künstliche Intelligenz oder Informationswissenschaft lange Zeit bestimmenden Tradition angenommen wurde, sondern schafft selber eine Umgebung, durch die ganz neue Ziele gesetzt werden.

Wir stimmen Deibert (1997) bei seinen Überlegungen zur Weiterentwicklung der allgemeinen Medientheorie durchaus zu, wenn er die Stadien der Technologieentwicklung, insbesondere der Entwicklung der Informations-, Kommunikations- und Distributionstechnologien, als Umgebungen (*environments*) bezeichnet, die direkte Auswirkungen auf das politische, kulturelle, wirtschaftliche oder soziale Leben haben. Die Gutenbergsche Druckkunst, das ist das klassische Beispiel, war eben nicht nur ein Mittel, um vorhandene oder neu zu entwickelnde gedankliche Inhalte besser transportieren zu können, sondern hat bestimmte Eigenschaften in der Umwelt so begünstigt, daß weitgehende Veränderungen eintreten konnten. Nicht die Druckkunst hat natürlich den Protestantismus hervorgebracht, sondern hat *nur* eine Umgebung bereitgestellt, die der Entwicklung des Protestantismus günstiger war, als es damals für die katholische Kirche der Fall war.

In diesem Sinne kann es damit auch gar nicht darum gehen, ob Assistenten von sich heraus in der Lage sein werden, uns als Menschen abzuschaffen. Das ist eine ganz andere Diskussion, die wir der Moravec-Tradition überlassen wollen (Moravec 1988). Schaffen aber technische Assistenten nicht dadurch, daß sie massiv auf einem Gebiet tätig werden, das bislang als das ureigene menschliche Territorium angesehen wurde, solche Umweltbedingungen, daß dadurch doch erheblich mehr umgestülpt wird, als wir es bei der harmlosen Bezeichnung *Assistenten* vermuten? Geht z. B. der Informationsgesellschaft nicht nur die Arbeit aus, sondern auch die Notwendigkeit oder sogar die Fähigkeit, sich selber um die Aneignung neuen Wissens zu kümmern? Beraubt sich die Informationsgesellschaft durch die Übernahme der technischen Assistenten der Chance, zu einer Wissensgesellschaft zu werden, bei der Wissen nach wie vor den Köpfen der Menschen zugerechnet wird (Mittelstraß 1998; vgl. Anm. 9, Kap. 5)? Vollendet sich vielleicht sogar mit dem Ende von intellektueller humaner Informationsarbeit die utopische Vision, endlich nicht mehr um die Mittel kämpfen zu müssen, die nun mal gebraucht werden, um unsere Bedürfnisse zu befriedigen? Vollendung in dem Sinne, daß die Formen der Aneignung fremden Wissens nicht mehr differenzierend wirken, da die Chancen für Information für alle gleich sind. Oder ist eine dystopische Vision der immer größer werdenden Lücke zwischen den Wissensreichen und Wissensarmen realistischer, da sich nur diejenigen den Kauf von hochleistungsfähigen maschinellen Informationsassistenten werden leisten können, die die Bildungs- und materiellen Voraussetzungen dafür schon haben und diese durch die Nutzung von Informationsassistenten leicht erweitern bzw. reproduzieren können? Utopien mit Realitätsanspruch sind in der Geschichte oft genug in etwas umgeschlagen, was nicht gewollt und nicht konzipiert war. Sollen wir die Utopie der Befreiung von (Informations)Arbeit anstreben, oder ist es einfach nur so, daß der Informationsgesellschaft nun auch, nach vieler anderer Arbeit, die humane Informationsarbeit ausgeht?

## 6.2 Wird Informationsmaschinen in höherem oder gleichem Maße vertraut als Menschen?

Eine Informationsmaschine als technischer Assistent ist ein abstraktes System, eine Software, ein *Bot* (vgl. Anm. 18), keine Person. Vertrauen zu Systemen, so haben wir es aus der Auseinandersetzung mit Giddens abgeleitet, wird zu großen Teilen über die personalen Zugangspunkte gebildet, die quasi stellvertretend für die Maschinen um Vertrauen werben und, bei Erfolg, das erworbene Vertrauen auf die technischen Systeme übertragen, also wohl auch auf die Assistenten. Wie erklären wir es aber, daß informationstechnischem Gerät allgemein häufig direkt vertraut und daß sogar ein größeres Ausmaß an Vertrauen deren Leistung entgegengebracht wird, als es auf Grund der faktischen Leistungsmerkmale angebracht wäre? Von diesem Vertrauensbonus scheinen heute auch die technischen Informationsassistenten zu profitieren.

Das klassische Beispiel für Vertrauen in informationstechnische Kompetenz aus der frühen Künstlichen-Intelligenz-Forschung von 1964 bis 1966 ist das *Eliza*-Programm von Weizenbaum, das in der Lage war, in einer Quasi-Simulation der Psychiater-Patient-Situation einen natürlichsprachigen und Sinn machenden Dialog über einen längeren Zeitraum aufrechtzuerhalten, obgleich die Sprachverarbeitungskompetenz des zugrundeliegenden Programms weitgehend nur auf einfachen *Stimulus-Response*-Überlegungen beruhte (Weizenbaum 1977, S. 14 ff.). Das Eingeben eines für eine psychiatrische Situation zentralen Reizwortes wie *Vater*, *Mann*, *Mutter*, *Frau* durch den menschlichen Interaktionspartner (den Patienten) löste im Programm (beim *Psychiater Eliza*) die Antwort mit einem Satzpattern aus, in das vielleicht das aktuelle Reizwort eingebettet wurde[2]. Beispiel (a.a.O., S. 16):

Patient: »Vielleicht könnte ich lernen, mit meiner Mutter auszukommen.«
*Eliza*: »Erzählen Sie mir mehr über Ihre Familie.«

Theoretisch bestand wenig Anlaß, der Kompetenz des Rechners, allein schon der sprachlichen, geschweige denn der psychiatrischen, zu vertrauen, so verblüffend vielleicht auch seine Performanz in der Dialogsituation gewesen sein mag. Trotzdem geschahen diese Vertrauensübertragungen. Weizenbaum berichtete, daß selbst seine eigene Mitarbeiterin, die, mit der Arbeit an *Eliza* vertraut, genau um die Beschränkungen von *Eliza* wissen mußte, sich mit ihren Problemen *Eliza* anvertraute, in einer Situation, die nicht der experimentellen Weiterentwicklung des Systems diente, sondern durchaus privaten Charakter hatte, so privat, daß sie Weizenbaum bat, das Zimmer zu verlassen (a.a.O., S. 19). Weizenbaum wollte mit seinem System *Eliza* nur die Hypothese unterstützen, daß *Intelligenz* bzw. intelligente Leistung in hohem Maße kontextabhängig ist und daß dieser Kontext den Umfang der Intelligenz so eingrenzt, daß eine Übertragung auf eine durchaus nicht-intelligente Software möglich wird. Nie hatte er auch nur in Erwägung gezogen, daß nach Berichten über *Eliza* selbst einige Psychiater 1966 die Übertragung des teilnehmenden Verstehens auf Maschinen für möglich und für bald wahrscheinlich hielten. Noch weniger hatte er vermutet – was aber faktisch geschah –, daß Menschen zu diesem Computer eine emotionale, vertrauensvolle Beziehung aufbauen würden.

2 Eine psychiatrische Dialogsituation, wie sie von *Eliza* simuliert wurde, ist offensichtlich stark standardisiert bzw. wirkt für einen nicht-geschulten Beobachter weitgehend standardisiert und kann daher mit standardisierten Mustern gut simuliert werden, z. B. durch Wiederholung der letzten Aussage des Patienten in Frageform, durch Produktion von vorgefertigten Satzmustern, in die dann nur noch die entsprechenden Schlüsselwörter, z. B. *Familie*, eingefügt werden. Weiterhin wird die intelligente Simulation durch den Computer dadurch begünstigt, daß der Sinn des psychiatrischen Dialogs weitgehend darin besteht, den Patienten selber reden zu lassen. Die Leistung des Computers besteht in erster Linie darin, das Gespräch nicht abbrechen, sondern solche Bemerkungen einfließen zu lassen, die, selbst bei geringfügiger Verblüffung wegen eines nicht gänzlich einsichtigen Satzes des Computer-Psychiaters, den Patienten am Reden halten.

Eine Erklärung für solche Übertragungen hatte dann allerdings Weizenbaum selber parat. Zum einen legte die in den sechziger Jahren übliche Übertragung von Computermetaphern auf kognitive Vorgänge die Interpretation von solchen Vorgängen als Informationsverarbeitung nahe[3]. Ist einmal das Konzept der Informationsverarbeitung zur Beschreibung kognitiver Prozesse in der Kultur etabliert, so ist die Delegation von intelligenten Vorgängen an informationsverarbeitende Maschinen, also an Computer, nur verständlich, auch wenn es sich dabei um wirklich komplizierte Verstehensvorgänge wie einen psychiatrischen Dialog handelt, die ein Computer keineswegs bewältigen kann. Das Vertrauen in Computerleistungen konnte für Weizenbaum zum anderen paradoxerweise gerade dadurch erklärt werden, daß Menschen sich auf Informationsmaschinen verlassen, obwohl sie von deren inneren Realitäten so gut wie nichts verstehen. Soll aber das Sichverlassen auf Maschinen

»auf etwas anderem beruhen als auf völliger Hoffnungslosigkeit oder blindem Glauben, so muß er (der sich verlassende Mensch) nicht nur erklären, *was* diese Maschinen tun, sondern auch, *wie* sie es tun« (a.a.O., S. 23).

Dazu muß man sich ein Bild machen, das die unerklärliche Leistung erklärbar macht:

»Wenn sie (die Menschen) also nicht gerade über einen ausgeprägten Skeptizismus verfügen (...), so können sie die intellektuellen Leistungen des Computers nur dadurch erklären, daß sie die einzige Analogie heranziehen, die ihnen zu Gebote steht, nämlich das Modell der eigenen Denkfähigkeit.« (ebd.)

Nach ca. 30 Jahren Künstlicher-Intelligenz-Forschung haben sich, trotz massiver Proteste der Philosophen, die ursprünglich als Metaphern empfundenen Benennungen nun als Elemente einer Beschreibungssprache durchgesetzt. Nur noch wenige Menschen haben Probleme damit, die Leistungen von Informationsmaschinen mit Prädikaten wie *Denken, Verstehen, Sprechen, Handeln* etc. zu etikettieren[4].

3 Im Grunde ist es eher eine Rückübertragung, denn Bezeichnungen wie *Memory* für den maschinellen Speicher sind ja einem Vokabular entnommen, das zunächst alleine zur Kennzeichnung der menschlichen kognitiven Ausstattung verwendet wurde.

4 Eine sehr differenzierte Diskussion zu Möglichkeiten und Grenzen

Das Erklärungsmuster, das Weizenbaum anzubieten hat, warum wir Informationsmaschinen vertrauen, ist auch die Erklärung für die Erfolgsgeschichte der telemediatisierten Informationsgesellschaft: die vollständige Durchsetzung des naturwissenschaftlich-mathematischen Weltbildes seit dem Beginn der Neuzeit und der Organisation von Technik im Funktionszusammenhang der bürgerlichen Gesellschaft und die damit verbundene Reduktion allen Geschehens, auch intellektueller Vorgänge, auf formalisierbare Prozesse, die dann auch Computern übergeben werden können, die Rückführung des aussagbaren Geschehens auf das, wie es Wittgenstein als Satz 1 des Tractatus logico-philosophicus formuliert hatte, »was der Fall ist« (Wittgenstein 1963, S. 11). Das ist ein Erklärungsmuster, aber vielleicht ist der Sachverhalt der Vertrauensübertragung auf Informationsmaschinen noch komplizierter oder verblüffender.
In neueren Untersuchungen haben Reeves/Nass (1997) detailliert nachgewiesen, daß Menschen Computer in kommunikativen Situationen genauso behandeln wie Menschen Menschen. Diese Gleichbehandlung erklären die Autoren mit der These der *Media equation*. Diese These besagt ganz allgemein, daß Menschen dazu neigen, in ihrem Verhalten nicht zwischen einem Kommunikationspartner *Mensch* und einem Kommunikationspartner *Maschine* zu unterscheiden. Die vermeintlichen Erklärungsmuster dafür – Kinder handeln so, weil sie noch jung sind und das als Realität annehmen, was immer sie auch sehen; Anfänger, weil sie noch nicht genug Erfahrung mit den Computern haben; Computererfahrene finden es eine nützliche Metapher, könnten ansonsten aber deutlich unterscheiden – sind offenbar nicht stichhaltig. Die Verwirrung zwischen »mediated life« und »real life« (a.a.O., S. 4) löst sich tatsächlich auch bei fortschreitendem Alter, bei besserer Ausbildung oder nach gründlichem Nachdenken nicht auf:

maschineller Intelligenz finden sich im Dossier: *Kopf oder Computer* des *Spektrum der Wissenschaft* 4/97, dort vor allem die Diskussion zwischen dem Philosophen Klaus Mainzer, dem Neuroinformatiker Helge Ritter und dem Psychologen Ernst Pöppel (a.a.O. S. 14-23), wobei der Philosoph den Maschinen weitergehende Intelligenz zubilligt, als es der experimentelle Psychologe oder der real konstruierende Informatiker tun werden.

»The media equation – media *equal real life* – applies to everyone, it applies often, and it is highly consequential. And this is surprising« (a.a.O., S. 5).

Die Autoren belegen ihre These durch die Ergebnisse vieler Experimente, z. B. mit Blick auf Höflichkeit – Medien werden nach den gleichen Regeln der Höflichkeit behandelt wie Menschen –, Schmeichelei, interpersonale Distanz, Erregung, Geschlechtsverhalten, moralische Einschätzung von gut und böse, etc. Das Ergebnis – entgegen der intuitiven Erwartung – war immer gleich: Grundsätzliche Unterschiede im medialen und personalen Verhalten sind für die Autoren nicht auszumachen.
Die empirisch untermauerten Ergebnisse sind dabei überzeugender und folgenreicher als das angebotene Erklärungsmuster[5]. Dazu greifen die Autoren auf eine evolutionstheoretische Argumentation mit behavioristischem Einschlag zurück. Die menschliche Evolution habe uns noch keine Zeit gelassen, uns an mediales Verhalten zu gewöhnen. Wir sind in einer Welt entwickelt, wo nur Menschen soziales Verhalten aufweisen und wo die wahrgenommenen Objekte reale Objekte sind und nicht auch fiktive mediale Objekte sein können:

»modern media now engage old brains. People can't always overcome the powerful assumption that mediated presentations are actual people and objects. There is no switch in the brain that can be thrown to distinguish the real and mediated worlds. People respond to simulations of social actors and natural objects af if they were in fact social, and in fact natural« (12).

Bleibt man im evolutionstheoretischen Kontext, so hilft auch die häufig für den Umgang mit Computern empfohlene primäre Sozialisationsthese nicht weiter (Möller 1990, S. 46 f.). Kommunikatives Verhalten, zwar sozial erprobt und entwickelt, verändert sich

5 Die These der Kommunikationsparallelität ist in der Literatur nicht unumstritten geblieben. Erickson (1997, S. 89 f.) z. B. kritisiert, daß aus den von Reeves/Nass ermittelten Ergebnissen, daß nämlich Menschen soziale Regeln anwenden, um das Verhalten von Computern zu interpretieren, nicht geschlossen werden kann, »that individual's interactions with computers are fundamentally the same«. Vermutlich beeinflußt der behavioristische Ansatz, nichts über die kompetitiven Vorgänge selber sagen zu können, sondern nur über das Verhalten, auch die *Media-equation*-These. Aus der Tatsache, daß wir uns Computern gegenüber so verhalten wie gegenüber Menschen, kann nicht geschlossen werden, daß wir der Meinung sind, daß Computer Menschen vergleichbare *Wesen* sind.

nicht automatisch mit Veränderungen im kommunikativen (apparativen) Umfeld.

An dieser These der *Media equation* ist vielerlei bemerkenswert und für unser Thema des Umgangs mit technischen Informationsassistenten folgenreich. Die Auffassung von Informationsmaschinen als bloßen Werkzeugen, deren wir uns zu unseren Zwecken beliebig bedienen können, muß offensichtlich korrigiert werden. Sie werden offenbar nicht wie ein Hammer bloß instrumentell erfahren, sondern als gleichwertige Partner (als *real people*). Mediale Maschinen werden höflich behandelt, sie können in unseren Privatraum eindringen, sie können Persönlichkeiten annehmen, die den unseren ähneln, es werden *Gender*-Stereotypen übertragen, sie provozieren emotionale Reaktionen, verlangen Aufmerksamkeit, bedrohen uns, beeinflussen unsere Erinnerungen und verändern die Vorstellung darüber, was natürlich ist. Medien sind voll und ganz Partizipanden in unserer sozialen und natürlichen Welt; und zwar gilt das für alle Menschen, unabhängig von Alter, Geschlecht, sozialem oder kulturellem Hintergrund oder Technologiestand.

Weiterhin ist bemerkenswert, daß die Gültigkeit der These offenbar nicht von dem Ausmaß der technischen Raffinesse der Informationsmaschinen abhängt. Ein einfacher Rechner mit zeilenorientierter Ein- und Ausgabe auf schwarz-weißem Bildschirm läßt in der kommunikativen Einstellung keinen Unterschied zum hochgerüsteten multimedialen Arbeitsplatz erkennen:

»it is not necessary to have artificial intelligence or full-motion video to be social. The nerdest of media, a computer that looks like it came from NASA control, is close enough to being human to trigger rich scripts for social interaction. Computers are social actors.« (a.a.O., S. 28)

Damit wird auch die These neu bedacht werden müssen, daß die Einschätzung von Informationsmaschinen als intelligenten und verläßlichen Partnern von ihrem Anthropomorphisierungsgrad abhängt. Basis der *Media-equation*-These ist nicht die anthropomorphisierende Präsentation der Leistung, sondern die Leistung selber bzw. die wahrgenommene Leistung. Die Diskussion über Maschinen- und menschliche Intelligenz bekommt dadurch eine andere Dimension. Nicht wichtig ist, ob jemand – Mensch oder Maschine – intelligent ist, sondern wie intelligent er/sie wahrgenommen wird. Entscheidend ist nicht die kognitive Plausibilität

der erbrachten Leistung oder der *Beweis* ihrer Leistung, sondern die Wahrnehmung der Leistung selber, vgl. Wehner/Rammert (1990). Auf das *Eliza*-Beispiel angewendet, heißt das, daß das in unserer Gesellschaft voreingestellte Vertrauen gegenüber Psychiatern auf einen Computer übertragen wird, wenn dieser mit ausreichender Glaubwürdigkeit in der Rolle als Psychiater auftritt. Wir verhalten uns ihm gegenüber genauso, wie wir uns gegenüber der menschlichen Entsprechung verhalten würden, und wir trauen ihm zunächst einmal die gleiche Leistung zu, wie wir sie in der Mensch-zu-Mensch-Situation erwarten können.
Auch die Annahme, daß wir in Medien symbolische Repräsentationen von dem sehen, was real nicht da ist, muß überprüft werden. Man nimmt das, was im Medium erscheint, als realen Ort und als reale Zeit wahr:

»People responded to what was immediately present, not to more complicated stories about who sent the information and the senders' intention.« (a.a.O., S. 254)

Es sieht so aus, daß wir auf Medienrepräsentationen nicht in dem Sinne reagieren, daß wir sie in Frage stellen oder versuchen herauszubekommen, wer mit welcher Intention für welche Information verantwortlich war, sondern daß wir das medial Vermittelte annehmen und entsprechend der direkten oder versteckten Handlungsaufforderung der medialen Botschaft handeln. Unsere in vielen Generationen erworbenen Kommunikationsmuster sind offenbar ein solides Fundament dafür, daß wir uns in der Interaktion mit Computern ähnlich oder gleich verhalten wie in der Interaktion mit Menschen und daß wir den Informationen, die wir von den Maschinen erhalten, zunächst einmal den gleichen Wahrheitswert und die gleiche Handlungsrelevanz unterstellen, wie wir es tun, wenn uns Informationsvermittler, Bibliothekare oder Archivare Auskunft geben. Der Boden für die Transformation personaler Informationsleistung in technische ist offenbar gut aufbereitet. Die Delegation von Informationsarbeit an Informationsmaschinen geschieht nur zu leicht und wird nicht als gefährlich empfunden.
Trotz der von der *Media-equation*-Experimenten nahegelegten Vermutung, daß die Verifikation der These nicht von der Leistungsstärke, der Ästhetik oder gar dem Anthropomorphisierungsgrad der in der Interaktion erfahrenen Computer abhängt,

so spielt bei der Vertrauensbildung in die Leistung und Verläßlichkeit von Informationsmaschinen sicherlich doch eine Rolle, wie hochtechnisch entwickelt sie tatsächlich sind. Die Forschungs- und Entwicklungsresultate auf der Grundlage wissensbasierter Verfahren konnten in den letzten Jahren (seit Weizenbaums *Eliza*) doch so weit vorangetrieben werden, daß Vertrauen in die erbrachten Leistungen nicht mehr gänzlich unberechtigt ist. Das gilt nicht nur für den Nachweis der Leistung, sondern auch für die These der kognitiven Plausibilität, der Simulation menschlicher kognitiver Leistung durch Maschinen mit dem Anspruch, daß diese den gleichen oder ähnlichen Prinzipien folgen, wie man es bei Menschen annimmt oder vermutet.
Als Beleg für die Bedeutung von kognitiver Plausibilität für Vertrauensbildung verweisen wir auf die Arbeit von Goldberg/Listowsky (1994), in der die Autoren in einer empirisch gut abgesicherten Studie an dem Beispiel eines wissensbasierten Expertensystems, das optimale Straßenrouten in kritischen Situationen für Polizei und Feuerwehr anzeigen soll, nachweisen,

»that 70 per cent of police and fire chiefs nationwide would trust a computer with the task of dispatching their units, and that these respondents chose a computer system containing the knowledge of all human experts in the department as a method that elicits the greatest confidence and trust« (aus Autor-*Abstract*).

Allerdings – und das zeigen die Ergebnisse ebenfalls deutlich – wollten so gut wie alle Befragten, die an sich dem System trauen, noch eine zusätzliche Bestätigung der Vorschläge durch einen menschlichen Experten. Diese letzte Aussage wird uns eine weitere Bestätigung für die Vermutung sein, daß ein vertrauensvolles Verhältnis zu den Informationsmaschinen dann aufgebaut werden kann, wenn die bekannten Vertrauensmechanismen, wie sie allgemein für technische und abstrakte Systeme gelten, auch hier bei den Informationsmaschinen zur Anwendung kommen. Wir vertrauen dem technischen Informationsassistenten, wenn er durch einen personalen Informationsassistenten unterstützt oder kontrolliert wird oder wenn wir uns vergewissern können, daß der personale Informationsassistent berechtigterweise Vertrauen zu dem technischen Informationsassistenten hat. Wir wollen mit dieser Einschaltung der personalen Informationsassistenten zwischen Menschen und Maschinen nicht die Berechtigung der *Media-*

*equation*-These bezweifeln, sind allerdings der Überzeugung, daß Anstrengungen, sich des Vertrauens in Assistenzleistungen zu *vergewissern*, informationell aufgeklärteren Menschen angemessener sind als blind geschenktes Vertrauen.

## 6.3 Informationsassistenten in der Form von Agenten als Reaktion auf die Krise der direkten Manipulation

Informationsassistenten in der Ausprägung als Software-Agenten sind sicherlich auch eine Reaktion auf die Ausweitung des weltweiten Angebots von Informations- und Kommunikationsdiensten jeder Art und auf die Ausweitung der sie nutzenden Zielgruppen. Sie sind sozusagen eine reparierende Reaktion. Zunächst sollten diese Dienste auch für Nutzer ohne spezielle informationstechnische Kenntnisse attraktiv und direkt nutzbar sein. Nicht zuletzt durch das Aufkommen der Hypertext/-media-Technologie, zuerst bei isolierten Hypertextsystemen (Kuhlen 1991), dann vor allem durch die Verbreitung des WWW, schien das Paradigma der direkten Manipulation eine dauerhaft angemessene Kommunikationsform zwischen Menschen und Computern geworden zu sein (Shneiderman 1998). Ob Textverarbeitung, interaktive *Online*-Recherche, *Browsing* in nicht-linear organisierten Hypertextsystemen oder Navigation auf elektronischen Marktplätzen oder in Mediendiensten – dem Endnutzer sollte das Hantieren mit den ihn interesssierenden Objekten ohne jede weitere Vermittlung möglich werden.

Benutzerfreundlichkeit, Endnutzerorientierung – das sind aus der Nutzersicht die wesentlichen Zielvorgaben der Konzeption der direkten Manipulation, wir können hinzufügen: informationelle Autonomie. Realisiert werden soll die direkte Manipulation u. a. dadurch, daß die vom Benutzer angestrebte Funktionalität direkt über die Manipulation der Objekte erreicht wird. Die dafür nötigen Operationen sollen vom Umfang her beschränkt sein, sollen nach Möglichkeit auch ohne Anweisung einem multikulturellen Publikum verständlich sein, können entweder leicht behalten/erlernt werden oder sind eben durch den Einsatz von Graphik intuitiv direkt aus dem Umgang mit den Objekten ableitbar, ohne daß eine größere Erfahrung beim Umgang mit Informationssystemen erforderlich wäre. Die Bedeutung der Objekte soll aus ihnen direkt ablesbar sein (Forderung einer transparenten Semantik). Ebenfalls soll klar sein, was sie tatsächlich tun oder veranlassen, wenn man sie manipuliert. D. h. es wird ebenfalls eine transparente Pragmatik angestrebt.

Direkte Manipulation vermittelt den Benutzern ein hohes Maß an subjektiver Zufriedenheit. Sie gibt ihnen das Gefühl, das aktuelle Informationssystem zu beherrschen und informationell autonom zu sein, d. h. auch, über den Zugriff auf weitere, durch Manipulation erschließbare Ressourcen in informationeller Hinsicht die Kontrolle zu behalten. So wie die Benutzung der klassischen Medien – Zeitung, Rundfunk, Fernsehen – keinerlei Assistenz bedarf, so sollten auch die Neuen Medien autonom nutzbar sein[6].

Keine Frage, daß sich dieses Prinzip durchgesetzt hat und für viele Formen des Umgangs mit Informations- und Kommunikationstechniken auch dauerhaft die angemessene und erfolgreiche ist. Die Krise dieses Ansatzes ist aber ebenfalls offenkundig geworden, vielleicht gerade durch seinen Erfolg. Der Erfolg zeigt sich darin, daß mehr und mehr Informationssysteme, die nach diesem Prinzip konstruiert sind, mehr und mehr Nutzern zugänglich gemacht worden sind. Dabei handelt es sich auch um Benutzer, die keine erweiterten Computerkenntnisse haben und daher darauf angewiesen sind, die Systeme intuitiv zu benutzen. Dies ist ja an sich auch die richtige Herausforderung an die System-*Design*er, die Funktionen der jeweiligen Anwendungen so einfach zu gestalten, daß die ihnen in der Oberfläche zugeordneten Objekte eben leicht manipuliert werden können.

Direkte Manipulation funktioniert aber in vielen Anwendungssituationen nicht so ohne weiteres. Dafür ist auch der Konkurrenzdruck auf den allgemeinen Informationsmärkten verantwortlich, der die Hersteller veranlaßt, ihre Systeme mit immer mehr Funktionen auszustatten, die für einen normalen Benutzer kaum mehr

6 Unter *Neue Medien* subsumieren wir für diesen Text alle Ausprägungen von Informationssystemen, die auf allgemeinen elektronischen Märkten vertrieben werden (vgl. Kuhlen 1995, S. 74 ff.). Wenn auch die Benutzung, d. h. die Bedienung oder das Lesen, unproblematisch ist, verlangt die effiziente Nutzung der Medien natürlich schon intensive Unterstützung, angefangen von den traditionellen Fernsehzeitschriften bis zur elektronischen benutzerausgerichteten Programmselektion, sei es der Anbieter selber oder neuer medialer Metadienste.

durchschaubar sind. Dazu kommt dann, daß es bei stark erweiterter Funktionalität kaum mehr möglich ist, die vielen zu manipulierenden Objekte mit eindeutig erkennbarer Semantik und Pragmatik auszustatten. Die dadurch entstehende Krise ist auch im Bereich der geschlossenen (*Offline*-) Systeme erkennbar, deren zunehmende Komplexität die Simplizität der Philosophie der direkten Manipulation zu übersteigen scheint. Beispiele hierzu finden sich in nahezu allen *Office*-Anwendungen. Sicherlich ist es auch so, daß mit komplexen Informationsangeboten nur auf komplexe Weise umgegangen werden kann. Komplexität wird nur durch Komplexität reduziert. Viele *Online*-Datenbanken, soweit sie über den Typ der auch schon nicht leicht beherrschbaren Referenz- oder Volltextdatenbanken hinausgehen, z. B. statistische, Zeitreihen-Datenbanken, ökonometrische Modelldatenbanken, chemische Strukturdatenbanken, Patentdatenbanken, verlangen sowohl von ihrem Inhalt als auch von ihrer Datenbank- und *Interface*-Struktur eine Interaktionskompetenz, die auf graphische Symbole und Mausklick nicht alleine abgebildet werden kann. Auch die *Gateway*-Systeme brachten nur unzureichend Hilfe. Das Problem der Erarbeitung von Information auf der Grundlage der direkten Manipulation liegt möglicherweise in der Unangemessenheit einer einfachen Nutzungsform bei der Konfrontation mit einer in quantitativer und qualitativer Hinsicht äußerst anspruchsvollen Informationswelt, die schwer mit den in semantischer und pragmatischer Hinsicht einfachen Instrumentarien manipulierbarer Objekte zu beherrschen ist[7].
Auf diese Krise, zunächst nur der Manipulation, haben die meisten Hersteller zu reagieren begonnen. Das ist die Reparatur durch die

7 Bradshaw (1997, S. 14 ff.) stellt übersichtlich Vor- und Nachteile direkter Manipulation bzw. des Agenten-Ansatzes gegenüber. Als Grenzen der direkten Manipulation werden angeführt: Manipulation in großen Suchräumen ineffizient; Aktionen erfolgen nur als direkte Reaktion auf die aktuelle Benutzereingabe (kein Verzögerungseffekt durch Asynchronität); keine Möglichkeit zum schrittweisen Aufbau komplexer Aktionen; rigide Durchführung, was bei einfachen Aufgaben ohne Probleme ist, aber vielleicht Vertrauensprobleme bei der Durchführung komplexer Probleme entstehen läßt (wenn durch eine Manipulation komplexe Folgeoperationen angestoßen werden); funktions-, anstatt aufgabenorientiert; keine Adaptivität, keine Lerneffekte, die gleiche Manipulation wird immer wieder neu durchgeführt.

Software-Agenten, die damit gegenüber der direkten Manipulation ein neues Paradigma im Umgang mit komplexen Informationsräumen festlegen: die Delegation von Informationsarbeit an technische Assistenten[8]. Kaum ein Textverarbeitungssystem mehr – um nur ein einfaches Beispiel zu nehmen –, das nicht in Erweiterung der klassischen, häufig schon kontextsensitiven *Online*-Hilfefunktionen so etwas wie einen Assistenten anbietet, der nicht nur unerfahrene Nutzer durch die komplexen, oft nicht mehr intuitiv einsichtigen und daher auch nicht mehr direkt manipulativ beherrschbaren Funktionsangebote hindurchführen soll. Ein einfaches Textsystem kann von allen beherrscht werden. Wird es zu einem multimedialen Publikationsinstrument, das Fähigkeiten von Autoren, Graphikern/*Design*ern, Redakteuren, Druckern und Verlegern zu vereinigen sucht, wird es ohne Hilfe entweder gar nicht mehr oder nur unter unzumutbarem und damit kontraproduktivem Lernaufwand nutzbar. Da es in den meisten Umgebungen, in denen solche in der Zielsetzung einfache, aber mit komplexen Bedienungsfunktionen ausgestattete Systeme eingesetzt werden, nicht möglich ist, laufend Schulungen durchzuführen, setzen die Anbieter auf technische Assistenz, die sich dann allerdings rasch verselbständigen kann.

Ein Beispiel für diesen einfachen Typ technischer Assistenz sind die verschiedenen Ausprägungen von *Office*-Assistenten. Diese sind, in ihrer generellen Aufgabe, die Arbeit des Nutzers laufend zu begleiten, als eine der ersten größeren kommerziellen Vorläufer der *Interface*-Agenten anzusehen. Allerdings wird man (bislang) von einem wirklichen *Interface*-Agenten nicht sprechen können, da die meisten *Office*-Assistenten bis auf gewisse kontextsensitive Reaktionen nicht wirklich vom Verhalten der Benutzer lernen und sie so gut wie keine delegierten Aufgaben übernehmen können. Vielleicht ist das Angebot der Assistenten an den Nutzer, falls er gerade *online* ist, nach einer neueren Version der gerade verwendeten

8 Delegation an technische Assistenz ist natürlich die Lösung, die in technisch orientierten Welten gesucht wird. Tritt bei einer Technikanwendung ein Problem auf, so wird es mit erweiterter Technik zu lösen versucht, auch wenn das zu lösende Problem eher ein soziales ist. Einem ähnlichen Muster werden wir bei den *Rating*-Assistenten begegnen, wenn auf das Problem, daß Kinder im Internet unangebrachtes Material aufnehmen könnten, nicht mit sozialen Maßnahmen, z. B. sich mehr um die Kinder zu kümmern, reagiert wird, sondern mit der Entwicklung und dem Kauf von Abblock-Software.

Software im Netz zu suchen, ein erster Schritt in Richtung teil-autonomen Handelns.
Benutzer können meistens wählen, in welcher Gestalt sie den Assistenten erscheinen lassen wollen, z. B. als Einstein-ähnliche, herumhantierende Professorenkarikatur, als Roboter *Robbie*, der als Paradebeispiel künstlicher Intelligenz alle Fragen beantworten kann, als Hund oder Katze, als *Sir William* (Shakespeare) oder als eines von verschiedenen neutralen *Icons* (wobei allerdings auch die neutrale Büroklammer den Namen *Karl Klammer* bekommen hat). *Microsoft* – dort kommen die erwähnten Gestalten vor – war sich durchaus noch nicht sicher, inwieweit eine anthropomorphe Gestalt für den Assistenten zwingend notwendig ist und ob überhaupt eine Figur gewünscht wird. Entsprechend kann man sich die Assistentenfunktion auch als normale Dialogbox konfigurieren. Vermutlich kann aber die anthropomorphe Gestalt durchaus die Funktion wahrnehmen, den Assistenten besser von der sonstigen Anwendung, z. B. der Textverarbeitung, abzuheben.
Die *Office*-Hilfeassistenten geben, sofern sie nicht abgeschaltet sind, bei jedem Aufruf des Programms kontextlos Tips für die Benutzung der ausgewählten Software aus[9]. Die eigentliche Unterstützung besteht darin, daß in einer hilfsbedürftigen Situation nach dem Anklicken des Assistenten ein Fenster geöffnet wird, in dem entweder mit Default-Vorgaben oder mit einer gewissen kontextsensitiven Kompetenz (Berücksichtigung der zuletzt in Anspruch genommenen Funktion/en) nachgefragt wird, was man jetzt tun möchte, und in dem eine Suchfunktion nach gewünschten Hilfethemen angeboten wird. Weiterhin kann im *Office*-Paket die Hilfe auch ohne Assistenten über das Inhaltsverzeichnis, die Index- und Suchfunktion benutzt werden.

9 Diese Assistentenfunktion kann in der Regel ausgeblendet werden, wie auch der gesamte Assistent, der sodann aus dem Fenster herausmarschiert oder in sich implodiert und dieses schließt. Interessant allerdings hier der Hinweis aus den Studien von Reeves/Nass (1997), der nahelegt, daß Benutzer sich selber als unhöflich empfinden, wenn sie das bislang gewohnte Aussehen des Assistenten als Professor so einfach in einen Hund oder eine neutrale Ikone verwandeln. Sie haben Sorge, daß das alte Bild (die angenommene Person) dann beleidigt ist. Ob es unter Rückgriff auf die Griceschen Maximen einer guten Kommunikation nun angebracht ist, das *Interface* sozial höflich zu gestalten, sei dahin gestellt. Reeves/Nass (1997, S. 33) stellen anheim, ob es nicht besser sei, die Ersetzung des bislang gewohnten Bildes z. B. durch eine Bemerkung einzuleiten: »It's been really fun working with you, but some people like to change characters on occasion. Would you like to do that?« (33). Als Reaktion auf seiten der Assistenten sollten sie nicht einfach (auf französisch) verschwinden oder sich gar auflösen, sondern vorher zumindest *bye* sagen.

Es ist an diesem noch einfachen Beispiel des *Office*-Assistenten nicht zu verkennen, daß solche Assistenten nicht nur dafür da sind, die Funktionen eines komplexen Systems einsichtig und hantierbar zu machen. Vielmehr sollen sie schon in der näheren Zukunft aufgrund der Beobachtung des Verhaltens des Benutzers selbständig Vorschläge für das weitere Vorgehen machen oder gar selbständig weitere Schritte. Man kann darin, wie Leonard (1997a), eine Entwicklung zu einem *Office 1984* sehen, bei dem unsere informationellen Aktivitäten laufend überwacht werden und das unsere Aktionsräume weitgehend einschränkt. Eric Horvitz, einer der Entwickler des *Office*-Assistenten, zeichnet die Entwicklung klar auf:

»Future revs of the Assistant will be monitoring our every day keystroke, tracking how long we ›dwell‹ on a particular menu or toolbar icon, pondering what kind of question we have asked in the past, and guessing what we might be trying in the future« (Horvitz in Leonard 1997a).

Damit ist das Thema der adaptiven und überwachenden Assistenten/Agenten schon angesprochen. Weiterhin sehen wir auch bei diesen einfachen Anwendungsprogrammen ein weiteres Beispiel für das Wirksamwerden des reflexiven Entwicklungsprinzips. Die Probleme der direkten Manipulation lassen Funktionalitäten entstehen, die sich gegenüber der ursprünglichen Anwendung durchaus verselbständigen können.
Die Krise bzw. die Unzulänglichkeit des Prinzips der direkten Manipulation ist aber nicht nur bei immer komplexer werdenden Anwendungsprogrammen, sondern auch im Bereich der offenen Systeme erkennbar, nicht nur im Bereich der klassischen *Online*-Datenbanksysteme, sondern auch und vor allem ungewohnt neu bei den *World-Wide-Web*-Systemen. Diese sind bislang das weltweite Erfolgsmuster für offene Hypertextsysteme, die, gewiß nach dem Prinzip der direkten Manipulation organisiert, wirkliche Endnutzersysteme sein sollen und es in der Benutzung tatsächlich auch sind. Nutzererfahrungen bestätigen aber zunehmend, daß sich Benutzer in den für sie zunächst leicht aufzuspannenden (globalen) Informationsräumen ohne Assistenz verlieren. Dieses mit *Lost in hyperspace* bezeichnete Phänomen (Kuhlen 1991, S. 127) ist für viele Nutzer offener Hypertextsysteme zur Nutzungserfahrung schlechthin geworden. *Lost in space*, ein Gefühl der Orientierungslosigkeit, entsteht fast zwangsläufig dann, wenn

die Nutzer solcher Systeme mit den verführerischen Möglichkeiten dieser Systeme alleine auf sich angewiesen bleiben.
Orientierungslosigkeit wurde in der Hypertextliteratur bislang weitgehend als syntaktisches Problem behandelt, z. B. nicht zu wissen, ob man wirklich alles Relevante gefunden hat, wie man zu einer zentralen informationellen Einheit (einer *Web page*) hin- oder zurückkommt (vgl. Kuhlen 1991, S. 132 ff.). Es zeigt sich aber, daß gerade in offenen Hypertextsystemen die semantische und pragmatische Dimension der Orientierungslosigkeit hinzukommt, so daß sich das Orientierungsproblem dramatisch verschärft.

- *Semantische* Orientierungslosigkeit (d.i. das Ergebnis des nicht gelösten Validitätsproblems; vgl. Abschnitt 5.4.2) bedeutet in unserem Kontext, den Wahrheitswert der Aussagen in einer informationellen Einheit nicht mehr einzuschätzen zu können, da die klassischen Qualitätssicherungs- und Referenzierungsmechanismen (referierte Zeitschriften, renommierte Herausgeber und Verlage, anerkannte, zertifizierte Datenbanken) im Zeitalter des *Skywriting* zum Teil außer Kraft gesetzt werden[10].
- Mit *pragmatischer* Orientierungslosigkeit (ebenfalls Ergebnis des nicht gelösten Validitätsproblems) bezeichnen wir die zunehmende Schwierigkeit für Nutzer von offenen Informationssystemen, die Relevanz und die Konsequenz der aufgespürten Informationen für die besondere Informationssituation nicht mehr abschätzen zu können. Das Problem verschärft sich in offenen Informationssystemen (des Internet), da diese nicht auf individuelle Nutzer hin entworfen wurden, sondern auf eine Vielzahl von Nutzern in einer Vielzahl von Nutzungssituationen.

Die krasse Lösung dieses allgemeinen Problems der Orientierungslosigkeit, nämlich den Aktionsraum des Benutzers weitgehend auf das Nachvollziehen der Navigationsangebote der Informationssysteme zu beschränken, ist sicher nicht durchgängig zu akzeptieren. Eine solche Einschränkung, z. B. durch Angebote von autorenkonzipierten und gar mit Qualitätssiegeln zertifizierten Pfaden bzw. geführten Unterweisungen (*Guided tours*) durch komplexe Informationsräume, mag in eng definierten Situationen, wie bestimmten Lernumgebungen, vielleicht sinnvoll sein. Als

10 Mit *Skywriting* wird die Möglichkeit bezeichnet, sich über eigene *Web sites* oder durch aktive Teilnahme an *ListServern* oder Diskussionforen/ *Chat/Bulletin boards* direkt mit eigenen Beiträgen in die öffentliche Diskussion einzubringen, ohne daß eine (hoffentlich qualitätssichernde) Instanz dazwischengeschaltet wird (Harnad 1990).

grundsätzliche Lösung des Orientierungsproblems ist das sicher nicht zu akzeptieren – zu sehr würde der an sich erwünschte und kreative explorative Freiraum von Benutzern eingeschränkt.
Diese allgemeine Einsicht aus der Hypertextwelt, nämlich den Benutzern den kontrollierten Freiraum zu belassen, ist auch auf die Entwicklung von Informationsassistenten als Software-Agenten zu übertragen. Die Möglichkeit der vollständigen Delegation der Informationsarbeit wird in der Regel heute nur noch selten als Entwicklungsziel angestrebt[11]. Um aus dem Dilemma in komplexen Informationsräumen herauszukommen – hier beliebige Manipulationsfreiheit mit der Gefahr des Orientierungsverlustes, dort das bloße Nachvollziehen von (hoffentlich qualitativ gesicherten und vielleicht auch nutzer-zugeschnittenen) Angeboten der Assistenten –, sind Informationssituationen als dialogische Herausforderungen anzusehen. Damit ist der Assistenztyp angespro-

11 Radikal vertritt das neue Agenten-/Software-Roboter-Paradigma der Chef der Firma *Artificial Life* (Boston), Eberhard Schöneburg. Er rechnet Benutzer-Aktionen/-Eingaben über Maus und Tastatur der Vergangenheit zu – damit auch das Prinzip der direkten Manipulation (»Die Softwareroboter werden Maus und Tastatur wegfegen«) – und sieht in der Software-Roboter-Technologie den Markt der Zukunft, durch den Prozesse im Internet für die Benutzer weitgehend automatisiert, d. h. an Agenten/Assistenten/Roboter delegiert werden können. Die Delegation selber soll über eine normale Unterhaltung mit dem Rechner abgewickelt werden. Erster Prototyp von *Artificial Life* sollen Suchassistenten sein, die in der Lage sein sollen, menschenähnliche Dialoge zu führen, um Informationsprobleme entgegennehmen und lösen zu können. Weitere Assistenten sind für Roboter in Call Center geplant, die die Kommunikation mit den Kunden übernehmen. Das ehrgeizigste Vorhaben ist ein *Knowledge Manager*, der unter Ausnutzung globaler Internet-Ressourcen im Prinzip Fragen jeder Art beantworten soll. Auf die Frage des Interviewers in der *Computer Zeitung*, ob darin nicht auch Gefahren schlummern, antwortete Schöneburg: »Das läßt sich kaum ausschließen. Damit die Software-Assistenten für Sie arbeiten können, müssen sie sehr viele Informationen über Sie kennen. Wenn die Roboter im Call Center oder auf einer Internet-Seite sich mit den Kunden unterhalten, sammeln sie Daten für das Marketing. Im Prinzip ist das ein Schritt in Richtung ›Big Brother‹, denn alle Informationen ließen sich ja auch negativ nutzen. Wir werden den Kunden auf die Speicherung hinweisen. Stimmt er zu, bekommt er beispielsweise kleine Rabatte.« (*Computer Zeitung* Nr. 51+52, 17. 12. 1998, S. 2).

chen, der in der Literatur *Interface*-Agent oder *Personal assistant* genannt wird (Huhns/Singh 1998b, S. 6f.). Der Ansatz der *Interface*-Agenten bedeutet eine Abkehr von der traditionellen Sicht auf intelligente Werkzeuge, da nicht mehr beabsichtigt ist, die jeweiligen Prozesse vollständig zu automatisieren, sondern sie in Kooperation mit dem menschlichen Auftraggeber durchzuführen. Allerdings sollen Informationsassistenten als *Interface*-Agenten nicht nur auf Aktionen von Benutzern reagieren, sondern können im Verständnis von Dialogpartnern von sich aus aktiv werden, sei es, daß sie nötige Aktionen gänzlich selbständig übernehmen und dann nur die Ergebnisse übermitteln oder sei es, daß sie aktiv in den Verlauf der aktuellen Informationssitzung mit Vorschlägen eingreifen. Sie sollen aber letztlich die Entscheidungen dem Benutzer überlassen. Brenner/Zarnekow/Wittig (1998, S. 281) sprechen daher auch vom Prinzip der *indirekten* Manipulation:

»Bei der direkten Manipulation muß der Benutzer alle notwendigen Arbeitsschritte zur Erreichung seines Ziels selbst durchführen. Der *Browser* ist das graphische *Interface*, das die Verarbeitung der eingegebenen Aktionen ermöglicht. Die Ergebnisse der Handlungen müssen durch den Benutzer überprüft werden, ehe er über eine Initiierung weitere Aktionen entscheiden kann. Die *Interface*-Agenten ermöglichen den Wechsel zur indirekten Manipulation. Sie können ohne die expliziten Einwirkungen des Benutzers sowohl die Ausführung von Aktionen beeinflussen als auch die Ergebnisse dieser überprüfen. Der *Interface*-Agent beeinflußt die Handlungsabfolge des Benutzers, indem er selbständige Einwirkungen vornehmen kann. Die Autonomie der *Interface*-Agenten bietet dem Benutzer den Vorteil der Übertragung einer Reihe von Aufgaben an den Agenten.«

Informationsassistenten als *Interface*-Agenten stehen damit im Kontext der in der Künstlichen-Intelligenz-Forschung seit langem schon verfolgten Ansätze der *Mixed-initiative*-Systeme und der intelligenten Systeme mit Verfahren der Benutzer- und Situationsanalyse. Solche *Interface*-Agenten verwirklichen damit eine Benutzerschnittstelle, bei der das Prinzip der direkten Manipulation zwar nicht abgeschafft (Shneiderman 1997), aber durch Formen der Delegation an die Assistenten oder – schwächer – der Kooperation zwischen Endnutzern, personalen und technischen Assistenten ergänzt wird (vgl. Maes 1994). Im Kompromiß eines *Mixed-initiative*-Ansatzes sollte es möglich sein, daß die Maschinen den Menschen assistieren und nicht (als eigentlicher Zweck) die Menschen den Maschinen. Solche positive, dialogische Beziehung zwischen Mensch und technischer Assistenz setzt allerdings ein gehöriges Maß informationeller Kompetenz voraus, von der gegenwärtig auf den allgemeinen Publikumsmärkten kaum ausgegangen werden kann. Schon eine leicht groteske Situation, daß der Mensch einen Nachholbedarf an informationeller Kompetenz hat, um mit einem *Interface*-Agenten in einen Dialog treten zu können. Verständlich, daß er dann doch lieber gleich die Lösung der Delegation vorzieht.

## 6.4 Ausprägungen technischer Assistenz

Das Spektrum technischer Assistenten, wie sie im Kontext der Mehrwertdienste des Internet und der elektronischen Marktpätze häufig unter dem Namen der Software-Agenten entwickelt werden, ist sehr breit. Wir streben in der folgenden Zusammenstellung, die wir dann in den entsprechenden Folgeabschnitten ausführen werden, keine Vollständigkeit an.

Viele andere Vorschläge für Assistententypen sind in der Literatur gemacht worden (vgl. Bradshaw 1997a; Brenner/Zarnekow/Wittig 1998; Huhns/Singh 1998a)[12], so auch, einschlägig für uns, für Vermittlungsagenten, die in der speziellen Ausprägung als *Matchmaker* (Kuokka/Harada 1998) durchaus in der Analogie zur menschlichen Vermittlungsleistung konstruiert sind[13].

12 Eine originelle Einteilung mit Blick auf *Web commerce* nimmt Macredie (1998, S. 41) vor. Er unterscheidet: *Page agents* (die Zusammenfassungen von *Web sites* liefern), *bookmark agents* (um Kontext zwischen Web-Seiten zu erstellen), *interest agents* (identifizieren *Web*-Gebiete, die von Interesse sein können), *suggestion agents* (mit ähnlichen Leistungen wie beim kollaborativen Filtern; vgl. Abschnitt 6.7.1) und *search agents* (die eine Frage an kommerzielle Suchmaschinen absetzen – vgl. Abschnitt 6.6.1 –, wenn beim Navigieren z. B. auf ein interessantes Produkt oder allgemein auf eine interessante Web-Seite gestoßen wurde. Guttman/Moukas/Maes (1998, S. 24), ebenfalls mit Blick auf elektronische Märkte, differenzieren Agenten nach: *Need identification, product brokering, merchant brokering, negotiation, purchase and delivery, product service & evaluation* und führen jeweils aktuelle Software-Agenten-Beispiele an.

13 *Matchmaker* (als Agenten) vermitteln lediglich, indem sie Adressen von Ansprechpartnern (Anbietern bzw. Nachfragern) weiterleiten,

Wir besprechen im folgenden nicht noch einmal die Hilfeassistenten, wie sie heute als Standard in den meisten Software-Paketen vorkommen (vgl. Abschnitt 6.3). Es ist aber deutlich, daß auch diese sich zunehmend in Richtung von adaptiven und steuernden *Interface*-Agenten entwickeln, die das Nutzungsverhalten der Anwender beobachten, auswerten und entsprechende Vorschläge machen bzw. dann sogar selbständig handeln.

Und nicht zuletzt gehen wir auf eine umfängliche Klasse von Assistenten/Agenten so gut wie gar nicht ein, durch die der Teil der Informationsarbeit delegiert werden wird, den wir als konstruktiv bezeichnet haben. Sie könnte man auch *Entwicklungsassistenten* nennen, die den Aufbau von Informationsprodukten und deren Distribution unterstützen. Dabei ist in erster Linie an die Bereitstellung entsprechender Software-Werkzeuge gedacht, die über die einfachen Funktionen von Editoren hinausgehen, die die Zusammenstellung komplexer Objekte in den jeweiligen Diensten ermöglichen. Gebraucht werden sie vor allem auf den allgemeinen Geschäfts- und Publikumsmärkten, wenn *Web sites* aufgebaut werden sollen, ohne daß bei den Anbietern das erforderliche Basiswissen, z. B. in HTML-, CGI- oder Java-Programmierung, vorhanden ist. Diese Assistenten sollen es professionellen, aber auch privaten Nutzern erlauben, effiziente und leistungsstarke Medien-/Mehrwertdienste zu produzieren. Bestandteile solcher Produktionssysteme sind z. B. Checklisten von Anwendungsstrukturen, Verzeichnisse realisierbarer Hypertextstrukturen (Inhaltsverzeichnisse, Verknüpfungstypen, Navigations- und Orientierungshilfen, etc.), aber auch *Design*-Richtlinien entsprechend der verwendeten Basissoftware (z. B. heute die Möglichkeiten des WWW und seiner Software-Umgebungen). Zu diesem Typ der

während von *Brokern* (als Agenten) ergänzend erwartet wird, daß bei einer Anfrage für eine Problemlösung diese Lösung von dem *Broker* erarbeitet wird, sei es durch ihn selber oder sei es, was eher die Regel sein wird, durch Ausfindigmachen eines Agenten, der das kann: »Matchmaking is based on a cooperative partnership between information providers and consumers, assisted by an intelligent facilitator« (Kuokka/Harada 1998, S. 92). Die Analogie zur menschlichen Vermittlungsleistung ist deutlich erkennbar. Ist der *Matchmaker* eher nur ein vermittelndes Referenzierungssystem, so ist der *Broker* durchaus direkt mit dem personalen Informationsassistenten im Sinne eines *Informationsbroker* vergleichbar.

Entwicklungsassistenten gehören auch als fortgeschrittene Exemplare lernende Agenten, die den für intelligente Aufgaben unverzichtbaren Teil der Wissensakquisition, z. B. zum Aufbau von Wissensbasen/-banken oder Benutzerprofilen, übernehmen können.

Auch unter Berücksichtigung der wesentlichen informationsbezogenen Funktionen elektronischer Märkte – *Information/Präsentation*, *Interaktion/Transaktion* und *Kommunikation/Unterhaltung*[14] – schlagen wir die folgende Strukturierung für die Informationsassistenten vor:

- *Suchassistenten* sind in den immer komplexer werdenden elektronischen Informationsräumen unverzichtbar. Sie erschließen die komplexen Informationsräume, indem sie gezielt gewünschte Information nachweisen, in der Regel durch eine Referenz (einen *Link*) auf das einschlägige Originaldokument. Diese Leistung nach dem Paradigma des *Information Retrieval* erbringen bei den *alten Online*-Systemen der Datenbankanbieter und bei den immer umfänglicher werdenden Mehrwertdiensten der *neuen Online*-Dienste im Umfeld des Internet die Such-/*Retrieval*-Maschinen (vgl. hierzu Abschnitt 6.6.1).
- *Orientierungsassistenten* leisten auf Initiative oder im Auftrag von Endnutzern informationelle Übersichtsarbeit. In der Ausprägung als *Browsing*-Assistenten tragen sie, z. B. als *Surf*-Maschinen, dem *Browsing*-/Navigations-Paradigma der Hypertextwelt Rechnung (vgl. hierzu Abschnitt 6.6.2). Informationelle Übersichts- und Auffindearbeit, jetzt als Initiative der Anbieter, wird auch von entsprechenden Orientierungsassistenten unter Anwendung der *Push*-Technologie geleistet, wenn nach vorgegebenen oder laufend angepaßten Benutzerprofilen individualisierte Leistungen, wie persönliche Zeitungen, erstellt und den Auftraggebern bereitgestellt werden (vgl. Brenner/Zarnekow/Wittig 1998, S. 257 ff.). Nicht zuletzt sind auch die Leistungen der Internet-*Browser* selber und die Ordnungsstrukturen elektronischer Marktplätze zur Orientierungsassistenz zu zählen. Zu den Orientierungsassistenten

14 Assistenten sammeln Informationen über Kunden, und sie liefern ihnen Informationen. Sie leisten die Präsentation der Leistungen der Anbieter und vermitteln sie den Kunden. Sie bauen die Interaktion zwischen Anbietern und Nachfragern auf und lassen anfallende Transaktionen elektronisch ablaufen, und schließlich operieren sie auf den elektronischen Kommunikationsforen, um den Austausch zwischen den Teilnehmern elektronischer Märkte offenzuhalten. Daß sie auch als virtuelle Assistenten zur Unterhaltung Einsatz finden, wird angesichts der Bedeutung der Unterhaltungsindustrie für elektronische Märkte kaum überraschen.

sind auch die Visualisierungsassistenten zu rechnen, die die Menge der potentiell relevanten Suchtreffer übersichtlich und unter Beachtung der hypertextspezifischen Verknüpfungen darstellen (vgl. hierzu Abschnitt 6.6.3).

- *Qualifizierungs-/Zertifizierungassistenten* werden dafür benötigt, um zur Lösung des für Endnutzer besonders schwierigen Validitätsproblems beizutragen. Sie sollen Auskunft über Qualität der Information bzw. der Herstellungsverfahren für Information geben und – in Zusammenarbeit mit den Orientierungsassistenten – über die Qualität der zur Verfügung stehenden Ressourcen bzw. der Informationsquellen, die aktuell genutzt werden sollen. Zu diesem Assistententyp gehören auch die sogenannten Blockierungs-, Filter- oder *Rating*-Agenten, die im Auftrag der Kunden (oder auch ohne speziellen Auftrag) unerwünschte Information abblocken oder Hinweise auf mögliche Gefährdungen für bestimmte Zielgruppen geben. Sie helfen damit, die Orientierung über das zu behalten, was erwünscht ist (vgl. hierzu Abschnitte 6.7.1 und 6.7.3).
- *Transaktions-Agenten*, die ebenfalls im Umfeld der Mehrwertdienste auf elektronischen Marktplätzen Aufgaben übernehmen, die über die reine Suche nach Information hinausgehen, z. B. Bestellungen aufgeben und annehmen, Verträge abschließen, Preisvergleiche auf Märkten durchführen, Markttransaktionen veranlassen, unterstützen oder selber durchführen. Sie können Versteigerungen durchführen, Aktienkurse beobachten bzw. ggfls. Aktien an- und verkaufen. Assistenten diesen Typs werden auch für die Vertrauenssicherung bei den für Transaktionsvorgänge notwendigen Verschlüsselungsverfahren eingesetzt (vgl. Abschnitt 6.7.4).
- *Kommunikationsassistenten* sind für den Aufbau, die Koordination und zuweilen auch die Stimulation elektronischer Kommunikationssituationen zuständig, z. B. auf elektronischen Foren im *World Wide Web* und ihren verwandten Ausprägungen wie *Chat boards/rooms*, *MUDs* und *MOOs* oder wie auch immer die Plattformen der elektronischen Kommunikation heißen mögen (vgl. dazu Abschnitt 6.7.5).

Mit dieser durch die Ausrichtung unserer Darstellung bedingten Konzentration auf *Informationsassistenten* verkennen wir keineswegs, daß die großen Geschäfte schon sehr bald mit den sogenannten *Entertainment Assistenten* gemacht werden dürften, die vor allem im Umfeld der Medien, der Musikindustrie und der weiteren Unterhaltungs-/Spieleindustrie auch zunehmend in der *Web*-Umgebung eingesetzt werden (vgl. Maier 1998; Löwenstein 1999 mit zahlreichen aktuellen Software-Beispielen) und die vermutlich gegenwärtig den größten kommerziellen Anteil an der

Entwicklung von Agenten haben und auch am weitestgehenden in Richtung anthropomorphisierter Virtualisierung entwickelt sind. Das reicht über die Rollenspiele der Avatare-Welt, z. B. das Rollenspiel *Ultima Online* (Fink 1998), die aus den *MUDs* entstanden sind, bis hin zu den virtuellen Popstars, die auch auf realen oder Fernseh-Veranstaltungen (z. B. *Focus* TV) auftreten, Verträge eingehen, Fan-Clubs bilden und schon eine ganze Nachfolgeindustrie anstoßen. Bekannt geworden sind u. a. die japanische *Kyoko Date* der Musikagentur HoriPro Inc., *Lara Croft*, die virtuelle Figur in dem Kult-*Adventure-Game Tomb Raider*, oder die in Deutschland entwickelte elektronische *Cartoon*-Figur *E-Cyas*[15]. Ein kurzes Beispiel für einen solchen virtuellen Musik-Agenten sei mit X-23 gegeben[16]:

»X-23 ist nun der neueste Vertreter dieser Gattung: Mit ihm kann man sich live unterhalten, er tritt in verschiedenen *Online*-Shows und Live-Chats (bei Radar, Sony, West etc...) auf, er nimmt gerade seine erste Musik-CD auf und betreibt seinen eigenen Internet-*Push*-Channel, den man auf seiner Homepage abonnieren kann. Dort wird auch bald sein *Online*-Radiosender on air gehen. Er wird *Design*ermode präsentieren und eine Nebenrolle in einem Kinofilm übernehmen. X-23 besteht aus 80 000 Polygonen, und Dutzende von Entwicklern arbeiten international zusammen, um ihnen Leben einzuhauchen. X-23 ist in der Lage, in virtuellen Fernsehstudios live zu plaudern. Er spricht englisch und französisch. Seine lebendige, humanoide Ausdrucksform verdankt X-23 einem speziellen ›Motion-Capture‹-Computersystem, bei dem reale Bewegungen eines Schauspielers in Echtzeit auf ihn übertragen werden. Während er spricht, werden die Daten von Gesichtsmuskel- und Lippenbewegungen synchronisiert, so daß er beispielsweise ein echtes Live-Konzert inmitten einer real musizierenden Band absolvieren kann.
Steckbrief X-23
Name: X-23, Geburtsdatum: 23. Juli 1997, Geburtsort: HYPER*LINK* http://www.e-lias.com, www.X-23.com, Sternzeichen: Löwe, Größe: 1,86 Meter, Maße: 101-79-97, Schuhgröße: 43, Augenfarbe: Grün, Haarfarbe: Dunkelbraun, Lieblingsfarben: Blau, Schwarz, Beruf: Sänger, Schauspieler, Moderator, DJ, Sprachen: deutsch, englisch, französisch, Hobbys: Lesen, Musik, Partys, Motorräder, Chatten, Eigenschaften: kontaktfreudig, kommunikativ, Was er liebt: Mangas, Mystik, Geheimnisse, was er

15 *E-Cyas* wurde entwickelt und wird eingesetzt im *Online*-Dienst Cycosmos der Multimedia-Agentur *Interactive Digital* (Esslingen; www.cycosmos.com).
16 max.compuserve.de/future_guide/avatar/avatar4.html

haßt: Lügen, Dummheit, Musik: U2, Kraftwerk, Underworld, Filme: ›Fifth Element‹, Bücher: ›Snowcrash‹.«

Wir führen die informationsbezogenen Typen der Assistenten/Agenten in den Abschnitten 6.6 und 6.7 näher aus, wollen aber noch vorab die Fragen ihrer Intelligenz und Autonomie diskutieren.

## 6.5 Intelligenz und Autonomie bei technischer Assistenz

Wie schon erwähnt, besteht in der gegenwärtigen, von Informatik und Künstlicher Intelligenz bestimmten Diskussion die Neigung, die technischen Assistenten unter der Bezeichnung *Agenten* zu führen. Allerdings besteht angesichts der skizzierten Bandbreite keine Einigkeit darüber, wie diese festzulegen ist[17]. Gemeint sind damit aber immer artifizielle (Software-)Produkte, also Software-Agenten. Wir behandeln in diesem Abschnitt nicht erneut die personalen Informationsassistenten, also keine menschlichen Agenten, wie z. B. Fachpersonal in Reisebüros oder in Sicherheits-/Aufklärungsdiensten. Ebenfalls gehen wir nicht auf Hardware-Agenten ein, die Roboter, die wir als sekundäre Informationsmaschinen bestimmt haben[18]. Diese werden in ihren verschiedenen

17 Umfassend definitorische (und technisch-methodische) Auseinandersetzungen mit (Software-)Agenten z. B. in Jennings/Woolridge (1995); Nwana (1996); Green et al. (1997); Pauk (1997); Brenner/Zarnekow/Wittig (1998); Cockayne/Zyda (1998); in vielen Artikeln in: Bradshaw (1997a), dabei insbesonders Bradshaw (1997b), und in: Huhns/Singh (1998a), dabei insbesonders Huhns/Singh (1998b).

18 Allerdings wird in der *Cyberculture*-Literatur zunehmend der Ausdruck *Bots* verwendet, was eine Abkürzung von *Robot* ist. *Bots* sind aber keineswegs Roboter im Sinne der sekundären Informationsmaschinen, sondern sind *nur* Software (deshalb häufig auch als *Softbots* angesprochen): »A bot is a software version of a mechanical robot… software robots are programs that manoeuver through cyberspace« (Leonard 1997b, S. 7). Agenten und *Bots* haben viele Eigenschaften gemeinsam. *Bots* sollen allerdings immer menschliche bzw. Avatar-Züge vorweisen (vgl. Damev 1998), sei es im Aussehen oder sei es in ihrem Verhalten bzw. ihren Leistungen. *Bots* sind ebenfalls nicht auf Informationsarbeit beschränkt, wie es bei Agenten in der Regel der Fall ist, sondern zeichnen sich auch durch spielerische, emotionale, ästhetisierende, auf Unterhaltung und Kommunikation abzielende Eigen-

Ausprägungen in Bereichen der Wirtschaft, aber auch der Privatsphäre, sicherlich das Leben in der Informationsmoderne immer mehr bestimmen. Sie klammern wir hier aber aus, da ihr Zweck, wie wir ausgeführt haben, nicht Informationsverarbeitung selbst ist, vielmehr ihre Informationsverarbeitung darauf ausgerichtet ist, daß andere, physische Aktionen, durchgeführt werden können.

Wie auch immer Agenten bestimmt werden und in welchen Ausprägungen sie auftreten – für Brenner/Zarnekow/Wittig (1998) zeichnen sie sich immer durch »einen gewissen Grad an Intelligenz« (a.a.O., S. 22) als Voraussetzung für autonomes Handeln aus. Autonomes Handeln wiederum bedeutet, mit der Umwelt, einschließlich der jeweiligen Auftraggeber, interagieren zu können, d. h. in der Lage zu sein, Informationen aus der Umwelt aufzunehmen, diese (schlußfolgernd) intern zu verarbeiten und mit dem Ergebnis Handlungen durchzuführen, also auf die Umwelt wieder einzuwirken. Intelligenz und Autonomie sind hiernach die zentralen Eigenschaften von Agenten. Entsprechend schlagen die Autoren das folgende Grundverständnis vor:

> »Als intelligente Softwareagenten bezeichnet man ein Softwareprogramm, das für einen Benutzer bestimmte Aufgaben erledigen kann und dabei einen Grad an Intelligenz besitzt, der es befähigt, seine Aufgaben in Teilen autonom durchzuführen und mit seiner Umwelt auf sinnvolle Art und Weise zu interagieren.« (a.a.O., S. 23)

Sicherlich sind es vor allem die beiden Attribute der Intelligenz und der Autonomie, die die Analogie zu menschlichen Leistungen nahelegen. Aber kaum etwas ist nach vielen Jahren der Beschäftigung damit in der Künstlichen Intelligenz weniger erfolgreich gewesen als der Versuch festzulegen, was unter maschineller Intelligenz zu verstehen ist (wie es schon schwierig genug ist, menschliche Intelligenz eindeutig zu definieren).

Die Diskussion um Intelligenz bei Systemen der Künstlichen Intelligenz wird in der Regel über den Begriff *wissensbasiert* geführt (Lusti 1990; Reimer 1991). Agenten handeln auf der Grundlage von Wissen, das sie z. B. über ihren Auftraggeber, über die aktuelle Problemsituation und über die verfügbaren Ressourcen im Netz haben, einschließlich möglicher kooperierender anderer Agenten.

schaften aus. *Bots* sind, wenn man so will, die Subkultur der Agenten (wobei die Subkultur möglicherweise mehr kommerzielle Relevanz hat als die *offizielle Kultur*).

Das Wissen kann dem Agenten gänzlich durch die Entwickler oder die Anwender vorgegeben sein und ist somit nur für die vorgesehenen Aufgaben anwendbar, oder aber es wird in fortgeschritteneren Systemen zusätzlich vom Agenten gelernt, d.h dieser ist in der Lage, im Ausgang von einem Grundwissen, laufend neues Wissen zu erwerben, z. B. durch Beobachtung der Reaktionen des Benutzers (ein erweitertes *Feedback*), durch Aufnehmen von Wissen anderer Agenten oder durch Auswerten bislang schon erzielter Resultate. Die aus diesem Wissen gezogenen Schlußfolgerungen ermöglichen die Ableitung neuen Wissens. Intelligenz könnte dann als Verfügen über Wissensbasen, über Beobachten der Umwelt und über Inferenztechniken bestimmt werden, die *altes* Wissen und *neue* Daten in Beziehung setzen können.
Ein weniger anspruchsvoller Ansatz bestünde darin, einem technischen System das Label *Intelligenz* zuzugestehen, wenn es Aufgaben erledigt, die, würden sie von Menschen verrichtet, als intelligent bezeichnet würden (vgl. Huhns/Singh 1998b, S. 3). In diesem Fall macht man sich unabhängig davon, ob die Verfahren, die zu der Leistung führen, als intelligent (im Sinne von wissensbasiert) bezeichnet werden können. Solch ein Intelligenz-Ansatz für maschinelle Systeme ist brauchbar. Der ursprünglich weitergehende Anspruch auf *Simulation* menschlicher intelligenter Leistungen wird heute daher von den meisten Fachvertretern zugunsten dieser Performanzauffassung zurückgenommen. Was zählt, ist die intelligente Leistung, nicht die Parallelität mit der menschlichen Verarbeitungsleistung selber (vgl. Huhns/Singh 1998b). Der Informationsaspekt selber rückt bei den intelligenten Systemen in den Vordergrund (Dertouzos 1997; Spektrum der Wissenschaft 1997).
Der Autonomie-Begriff ist nicht minder aus der philosophischen Tradition vorbelastet und läßt sofort die Determinismus-Freiheits-Debatte aufflammen. Wir haben versucht, diesen Zusammenhang zu vermeiden, indem wir den Begriff der informationellen Autonomie eingeführt haben. Wir hatten Autonomie aber gerade auf Menschen bzw. auf das Ausmaß ihrer informationellen Bildung bezogen, quasi als Maßstab dafür, inwieweit das Handeln von technischen Assistenten kontrolliert werden kann. Informationelle Autonomie soll die Autonomie des Menschen, nicht die des technischen Assistenten sein[19].

19 Huhns/Singh (1998b, S. 3) unterscheiden neben *absoluter Autonomie*,

Um dieser in der Literatur hochspekulativ geführten Diskussion über Intelligenz und Autonomie auszuweichen (Spektrum der Wissenschaft 1997), ist es vielleicht angebracht, eine eher technische, neutrale Definition zu verwenden, wie es Huhns/Singh (1998b, S. 3) vorschlagen:

»Agents are active, persistent (software) components that perceive, reason, act, and communicate.«

Ein Teil der metaphysischen Aura wird weggenommen, wenn man sich immer vergegenwärtigt, daß Agenten in erster Linie Software sind und daß die Übertragung von Attributen, die für Menschen bislang reserviert waren, auf Software zunächst nur metaphorischen Charakter hat. Allerdings, wie man aus vielen solcher Übertragungen aus der Künstlichen Intelligenz oder der Informationstechnik allgemein weiß, verselbständigen sich Metaphern wie Symbole häufig (Böhm/Wehner 1990) und werden zu realen Attributen. Dabei ist nicht immer klar, ob die nun maschinellen Attribute die gleichen Wertausprägungen haben wie bei den ursprünglich für Menschen geprägten Attributen, oder ob sich – was wahrscheinlicher ist – der Wertebereich des jeweiligen Attributs drastisch, eben auf maschinen-adäquate Weise reduziert[20]. So haben wir heute keine Schwierigkeit mehr, von *Wissen* technischer Systeme oder von *Kommunikation* zwischen ihnen zu sprechen. Also werden auch Eigenschaften von Agenten, die in der Literatur diesen zugeschrieben werden, sich von der Metaphernfunktion zu realen Attributen entwickeln[21]. Begünstigt wird das dadurch, daß man sich leicht von der Sprache verführen läßt, die Bedeutungs-

die für Agenten, da sie für spezielle Aufgaben vorgesehen sind, nicht angemessen und auch nicht realistisch sei, zwischen *sozialer Autonomie* (sich mit anderen Agenten koordinieren können), *Interface-Autonomie* (seine Leistung darstellen können), *Ausführungs-(Execution)Autonomie* (sich entscheiden können, wie eine Aufgabe durchgeführt wird) und *Design-Autonomie* (als Autonomie der Agenten-*Designer*, diese so anzulegen, daß ihr Zusammenspiel mit anderen kontrolliert werden kann).

20 So ist dann *Deep Blue*, der IBM-Schachcomputer, intelligent, obwohl seine Intelligenz nur einen kleinen Teil von Intelligenz umfaßt, nämlich die Fähigkeit zur Berechnung von statistischer Information mit der Ableitung von Minimax-Werten.

21 Bradshaw (1997b, S. 11) verweist mit den Bezeichnungen *desktop*, *mouse* und *broker* auf andere Ausdrücke in der Computerwelt, die

unterschiede zu vernachlässigen, wenn gleiche Benennungen verwendet werden. Konsequent ist es daher nur, daß Informationsassistenten bzw. ihre Software zunehmend anthropomorphisiert werden (vgl. Laurel 1997; Foner 1993; Maes 1994; Walker et al. 1994). Hier wird dann erneut die Rolle des Vertrauens virulent, indem die anthropomorphisierten *Bilder* der Software als die von Giddens für notwendig erachteten Zugriffspunkte angesehen werden können (vgl. Abschnitt 6.8.3).
Zu den (wie gesagt, zunächst metaphorisch etikettierten, dann als real empfundenen) Eigenschaften von Agenten gehören, neben Intelligenz und Autonomie: Wahrnehmungsfähigkeit, Selbstkontrolle, Sozialfähigkeit (Genesereth/Ketchpel 1994; Takeuchi et al. 1995), Kommunikationsfähigkeit, Kooperationsfähigkeit (Guha/ Lenat 1994; Lashkari et al. 1994; Negroponte 1995), Reaktionsfähigkeit, Selbständigkeit, Mobilität (Jennings/Woolridge 1995; MAF 1997; Cockayne/Zyda 1998), Rückzugsfähigkeit (*Graceful degradation*) (Foner 1993). Geht man in der Analogie zu personalen Assistenten noch weiter, so sollen Agenten auch Charakter zeigen (Laurel 1997), Überzeugungen haben, Gefühle ausdrücken (Bates 1994), vielleicht sogar Rechte besitzen und als Epers (*Electronic persons*) ethische Verantwortung tragen (Orwant 1994)[22].

den Wechsel von der Metapher zu »concrete software artifacts« mitgemacht haben.

22 Orwant (1994) verwendet den Begriff *Eper ethics*, um personifizierten intelligenten Agenten, als elektronischen Personen, ethische Pflichten und Rechte nachzuweisen. *Epers* sollen Rollen wie Geschäftsleute, Finanzberater, Spieler, Lehrer oder Verwaltungsspezialisten übernehmen und, so spielt Orwant den Gedanken durch, sollen dafür gegenüber ihren Auftraggebern bzw. Herstellern zur Rechenschaft gezogen werden können. Diese wiederum sind gegenüber der *Cyberspace*-Gemeinde verantwortlich, in deren Einzugsbereich die *Epers* tätig werden. Die Ethik der *Epers* besteht darin, daß sie die Validität der gelieferten Information garantieren, Geschäfte auf sichere und vertrauenswürdige Weise durchführen, die ihnen übertragenen Aufgaben so ausführen, wie es vorgesehen war, und genau über den Stand der Aufgabenerfüllung berichten. *Epers* können so als Wächter von Wahrheit (*custodian of truth*) eingesetzt werden und durch Zertifizierung dafür verantwortlich zeichnen, daß Transaktionsdaten nicht geändert worden sind. Sie können elektronische Treffpunkte moderieren, Stimmen zu lokalen Themen sammeln und validieren oder Schlichter bei *online* geführten Streitereien oder Beleidigungen spielen. *Epers* sollen den Menschen

Agenten können mehr funktional über ihre Verwendungszwecke und Einsatzgebiete bestimmt werden. Die von Brenner/Zarnekow/Wittig (1998, S. 21) getroffene Unterscheidung zwischen Informationsagenten, Kooperationsagenten und Transaktionsagenten ist sicherlich systematisch attraktiv (wir würden die Kooperationsagenten durch Kommunikationsagenten ersetzen), wobei in jeder Ausprägung der Informationsaspekt der entscheidende ist. Wie immer auch klassifiziert wird, Einigkeit besteht darüber, daß Agenten mit Aussicht auf Erfolg zunächst in informationsreichen (und prozeßreichen) Umgebungen wie beim elektronischen Handel zum Einsatz kommen können (vgl. Maes 1994; Guttman/Moukas/Maes 1998, 22). Solche sind bestimmt durch »a large number and variety of distributed and heterogenous information sources« (Huhns/Singh 1998b, S. 5). Dies entspricht unserer Bestimmung von komplexen, offenen Informationsmärkten. Wir sind der Ansicht, daß Software-Agenten allgemein als Informationsagenten eingeschätzt werden können[23]. Dies wird auch an dem folgenden Zitat von Brenner/Zarnekow/Wittig (1998, S. 21) deutlich:

»Die primäre Aufgabe eines Informationsagenten besteht in der Unterstützung seines Benutzers bei der Suche nach Informationen in verteilten Systemen beziehungsweise Netzwerken. Dazu muß ein Informationsagent in der Lage sein, Informationsquellen aufzuspüren, Informationen aus den Quellen zu extrahieren, aus der Gesamtmenge der gefundenen Informationen die dem Interessenprofil seines Benutzers entsprechenden herauszufiltern und die Ergebnisse in einer anschaulichen Form aufzubereiten und zu präsentieren.«[24]

vergleichbare Rechte haben, also für sich *Privacy*, Autonomie und Anonymität beanspruchen. Sie können sich verweigern, Information zu produzieren, wenn sie von ihnen nicht bekannten Personen dazu aufgefordert werden und vor allem sollen sie das Recht haben, vor willkürlichem Löschen geschützt zu werden (!).

23 Vgl. auch Kuokka/Harada (1998, S. 92): »The term agent is used ... to refer to a tool or program, possibly under the guidance of a human, that consumes or provides information to other agents.«

24 Als Anwendungsgebiete für Informationsagenten geben Brenner/Zarnekow/Wittig (1998, S. 223 ff.) an: *Information Retrieval und Filtering*: Agenten unterstützen Nutzer bei der Suche und beim Heraus- oder Abfiltern von Information im Internet; *NewsWatcher*: Agenten suchen aus der Fülle der an sich verfügbaren Nachrichten diejenigen heraus, die einem persönlichen Interessenprofil entsprechen; *Advising und*

So fallen bei Transaktionsagenten natürlich auch Informationsaufgaben an, und Informationsagenten werden bei komplexen Aufgaben sicherlich mit anderen Agenten kooperieren/kommunizieren (vgl. Brenner/Zarnekow/Wittig 1998, S. 126 ff.; Kuokka/Harada 1998), so wie es im Modell der verteilten Agenturen auch in der menschlichen Informationsvermittlungspraxis der Fall (Kuhlen 1995, S. 390 ff.) ist. Speziell unter Vertrauensgesichtspunkten spielen Informationsaspekte bei den Transaktionsvorgängen eine zentrale Rolle, ebenso bei der Kooperation, wenn es um das Ausmaß der semantischen und pragmatischen Stimmigkeit der in der kooperierenden Kommunikation auszutauschenden Information geht.

Wir besprechen im folgenden einige Ausprägungen der zu Beginn dieses Abschnitts vorgenommenen Typisierung der technischen Assistenten. Wir teilen sie entsprechend unseres früheren Vorschlags (vgl. Abschnitte 5.4.1 und 5.4.2) in Informationsassistenten zur Lösung des allgemeinen Referenzproblems und in Informationsassistenten zur Lösung des allgemeinen Validitätsproblems ein.

## 6.6 Informationsassistenten zur Lösung des allgemeinen Referenzproblems

Informationsassistenten werden in informations*reichen* und informations*armen* Situationen zugleich eingesetzt. Informationsarm sind die Situationen aus der Sicht der Nutzer, wenn für die zur Lösung anstehenden Probleme nicht alle Informationen verfügbar sind. Daß eine solche Situation problematisch ist, leuchtet sofort ein. Aber auch die informations*reiche* Situation, bei der eine Fülle an potentiell relevanten Informationen auf den Märkten angeboten wird, ist kritisch, wenn die Menge so unüberschaubar wird, daß sie nicht ohne Hilfe genutzt werden kann. Informationssituationen können dann als gut organisiert bezeichnet werden, wenn ausreichend Vermittlungsinstanzen vorhanden sind, um den poten-

*Focusing*: Agenten schlagen, weitgehend durch Beobachten des Navigationsverhaltens von Nutzern, weitere Web-Seiten vor, die zur aktuellen Navigationsarbeit passen; *Traffic*: Agenten unterstützen durch Zusatzinformationen Reise- und Transportplanung.

tiellen *Reichtum* aktuell zur Beseitigung von *Armut* nutzen zu können. Das sollen die Informationsassistenten leisten. Sie sollen die Lösungen für die Probleme beim Umgang mit komplexen Informationsräumen liefern. Sie tun es und schaffen dabei neue Probleme. Welches sind die Probleme, wie sehen die Lösungen aus und welche neuen Probleme entstehen dadurch?

Nutzern immer größer werdender elektronischer Informationsräume, wie sie sich auf den allgemeinen Informationsmärkten oder elektronischen Marktplätzen realisieren, stellt sich zunehmend das Problem, wie relevante Informationen in diesen verteilt organisierten und unterschiedlich strukturierten Informationsräumen gefunden und genutzt werden können. Wir haben dies das informationelle Referenzproblem genannt, nämlich die an sich verfügbaren Ressourcen, die Originalquellen oder die Metainformationen (vgl. Abschnitt 5.4.1), die zu ihnen führen sollen, überhaupt zu kennen geschweige denn an sie heranzukommen und sie einsehen zu können.

Die gegenwärtigen Informationsmärkte mit ihren endnutzerfreundlichen *Interfaces* auf der Grundlage der Hypertextmethodologie, wie sie sich im *World Wide Web* realisiert haben, schienen das Referenzproblem gelöst zu haben. Jeder kann mit den weltweiten Informationsressourcen umgehen. Jeder kann das finden, was er sucht. Die Zeiten, in denen man auf professionelle Informationsvermittler auf den *Online*-Märkten, auf Bibliothekare in den großen Wissensbeständen der Bibliotheken bzw. Bibliotheksnetzen, auf Informationsbroker, -manager für die innerbetrieblichen Datenbestände oder auf welche Informationsspezialisten auch immer angewiesen war, schienen vorbei zu sein. Auch schien es so, daß man nicht mehr, falls man es doch auf eigene Faust versuchen wollte, sich um schwierig zu merkende *Retrieval*-Sprachen, um Ordnungssysteme, wie Klassifikationen oder Thesauri, kümmern müßte, die verwendet werden, um (Dokument)Bestände inhaltlich zu erschließen. Erst recht sollte man gar nichts mehr über Bibliographien, Referateorgane, Register, Handbücher, Nachschlagewerke wissen müssen oder was auch immer an Referenzformen entwickelt worden ist.

Natürlich hat der Schein getrogen. Wir haben es angesichts der verschiedenen Ausprägungen von Informationsparadoxa schon erwartet. Das, was dazu entworfen wurde, den Umgang mit Information leichter zu machen, hat ihn häufig genug komplizierter werden lassen. Man kann es heute auf den Punkt bringen: Die Hypertextmethodologie, die dem Benutzer nach dem Prinzip der direkten Manipulation die Freiheit gibt, in den Informationsräumen selbständig zu navigieren, ohne daß aufwendig die zugrundeliegenden Informationsmethodologien gelernt werden müßten, wird zwar wohl auch in längerer Perspektive für unseren Umgang mit Information bestimmend bleiben. Sie macht aber methodisch anspruchsvollere und vor allem auch delegierte Verfahren der Informationsarbeit, sei es an personale oder sei es an maschinelle Assistenten, nicht überflüssig[25].

### 6.6.1 Suchassistenten

Zu den Vermittlungsinstanzen bzw. technischen Informationsassistenten, die in den Navigationsräumen der Informationsnetze benötigt werden, gehören die Suchmaschinen bzw. allgemein die Metainformationsformen des Internet, die die Tradition des klassischen *Information Retrieval* fortsetzen, wie es im Kontext der *Online*-Datenbanken seit den sechziger Jahren entwickelt wurde. Sie sind es vor allem, die die Mehrwertdienste des Internet auch für die allgemeinen Publikumsmärkte erschlossen haben, jenseits der speziellen professionellen Fachinformationsmärkte. Hier kommen zwei ursprünglich durchaus verschiedene Technologien zusammen.

Hypertext, das bedeutet freies Navigieren und Sichbewegen in Informationsräumen durch Mausklick, und *Information Retrieval*, das bedeutet kontrolliertes Suchen durch die Eingabe weitgehend formalisierter Kommandos, schienen unverträglich zu sein, bis es nach einigen Jahren klar

25 Pfeiffer (1999) untersucht in ihrer empirischen Studie zum *unbekannten Berufszweig Information Brokering* auch die Frage, ob Informationsvermittler durch Endnutzerrecherche und/oder intelligente Software-Agenten überflüssig würden. 82,1% der von ihr Befragten hielten diese Entwicklung für unwahrscheinlich (a.a.O., S. 92 f.). Eher dürfte die steigende Popularität des Internet dafür sorgen, daß Informationsbroker, die personalen Assistenten, in ihren Leistungen bekannter und damit auch stärker genutzt würden. Allerdings könne sich die Tätigkeit keineswegs auf bloße Recherche beschränken. Was in Zukunft gefragt werde, sind *Informationsbrokering*-Mehrwertleistungen, also die Veredelung der ermittelten Rohdaten.

wurde, daß die gemeinsame Herkunft – Information zu liefern – eine nützliche Koalition zustande bringen sollte. Die Suchdienste aus der Tradition des *Information Retrieval* halten den Zugang zu den Informationsräumen offen, in deren vorselektierten Teilmengen dann weiterhin frei navigiert werden kann. Letzteres konnte man in den klassischen *Online*-Systemen kaum, wie man auch in klassischen Hypertextsystemen nicht gezielt suchen konnte.

Suchmaschinen ermöglichen die Orientierung in komplexen Informationsräumen dort, wo sie durch reines assoziatives *Browsing* nach dem Prinzip der direkten Manipulation nicht mehr gewonnen werden kann, und leisten in vielen Fällen auch schon die direkte Vermittlung zur gewünschten Information. In fortgeschrittenen Varianten, wie sie gegenwärtig als Informationsagenten entwickelt werden, lösen sie zuweilen die anstehenden Informationsprobleme sogar selber, indem sie die ermittelten Informationen bewerten und auf das aktuelle Informationsproblem anwenden. Suchassistenten in ihren verschiedenen Ausprägungen (Bekavac 1996; Cheong 1996) machen sicherlich gegenwärtig (neben den *Blocking*-Assistenten) den größten Anteil bei den kommerziellen (Internet-)Agenten aus.
Wenn wir hier von *Suche mit Suchmaschinen* sprechen, dann sind die Leistungen von Assistenten in den offenen Informationsräumen gemeint, nicht die Suche in lokalen Beständen von *WWW-Servern*, die anfangs im WWW als einzige Suchform vorgesehen war[26]. Solange das Internet noch auf eine überschaubare Anzahl von *Web sites* begrenzt war, reichten die Möglichkeiten der lokalen Suche aus. Ebenfalls in der Anfangsphase des *World Wide Web* wurde der Internet-Dienst WAIS für die Suche verwendet. Mit WAIS, zunächst für andere Dienste als das WWW entwickelt, können Volltextindizes erstellt werden, in denen dann Suchfragen abgearbeitet werden. Damit fand schon die Technik des *Information Retrieval* Eingang in die ursprünglich reine Hypertextstruktur des WWW. Für komplexere Suchprobleme reichte die einfache Volltextsuche nach dem WAIS-Prinzip allerdings nicht. Klassische Ordnungs- und *Retrieval*-Techniken wurden erforderlich, sobald die Angebotsstruktur überreich, d. h. äußerst komplex und die Anfragebedürfnisse differenzierter wurden.

26 Über das HTML-Element ›ISINDEX‹.

### 6.6.1.1 Katalogsysteme

Zu den Ordnungsstrukturen im Internet zählen die Katalogsysteme. Sie können daher auch als *Ordnungsassistenten* bezeichnet werden. Sie sind zum Teil entstanden aus den *Link*-Sammlungen (Verzeichnissen von Adressen, URLs anderer attraktiver *Web sites*), die in der Frühphase der Internetdienste Anfang der neunziger Jahre (aber natürlich heute immer noch) bevorzugt von nutzer-orientierten Bibliothekaren, aber auch von anderen Institutionen und Personen aufgebaut wurden[27]. Attraktive *Link*-Sammlungen sind sozusagen ein spezieller Typ der *Portals*, wie die Zugriffspunkte zu den globalen Informationsräumen heute allgemein genannt werden. Wohl kaum ein Dienst, eine *Web site* oder ein fachspezifisches Kommunikationsforum, das nicht solche *Link*-Sammlungen anbietet. Oft wird den Nutzern (über leicht zu bedienende interaktive Formulare) Gelegenheit gegeben, eigene *Links* einzugeben[28].

Gewinnen *Link*-Sammlungen eine gewisse Größenordnung, so reichen einfache Listen, die bestenfalls nach dem alphabetischen Prinzip geordnet sind, nicht mehr aus. Es entstehen fast zwangsläufig systematisch geordnete Kataloge, wie z. B. der der *WWW Virtual Library*[29], der weltweit auf mehrere Institutionen verteilt ist. Über sie ist der systematische Einstieg in ein bestimmtes Wissensgebiet leicht möglich. Der Vorteil einer systematischen Anordnung, wie z. B. auch von wohlgeordneten Bibliotheken gewohnt, liegt auf der Hand: Man findet sehr gut einen Überblick gebenden Einstieg in ein neues Sachgebiet, ohne schon genau nach einer bestimmten Information suchen zu müssen (oder zu können). Kataloge, sozusagen das Erbe des Klassifikationsansatzes der Bibliothekswelt, waren lange Zeit (sofern man im Umfeld des

27 Vgl. das Bibliotheksangebot der Universität in Lund, Schweden: www.ub2.lu.se/resbyloc/Lund.html

28 Natürlich ist damit auch der mögliche Mißbrauch schon vorprogrammiert, indem der Versuchung oft genug nachgegeben wird, Verkehr durch einen *Link* auf die eigene Seite zu locken, auch wenn der eingetragene *Link* überhaupt nicht oder nur sehr schwach zur Systematik der *Link*-Sammlung bzw. dann des Katalogs paßt. Qualitativ hochwertige Listen oder Kataloge können daher auf die intellektuelle Kontrolle (oft auch unterstützt durch aktive Benutzerrückmeldung) nicht verzichten.

29 www.w3.org/pub/DataSources/by_Subject/

WWW von *lange* sprechen kann) die beste globale Orientierungs- und Suchmöglichkeit, und sie werden auch heute noch als attraktive Möglichkeit eingeschätzt, eine Suche zu beginnen (Herget/Grossmann/Bekavac 1998).

Anfänglich, wie bei vielen Internet-Diensten, mag die interessenlose Freude am *Service* oder auch der reine Sammlertrieb Anlaß für solche Sammlungen gewesen sein; jedoch konnte sehr bald die leicht quantifizierbare Beobachtung kommerziell genutzt werden, daß gute, d. h. umfängliche und gut systematisch geordnete *Portals* hohen Verkehr, vielleicht nur Transferverkehr, auf sich ziehen. Die Transferleistung, von dem *Portal* in die Welt der globalen Informationsräume zu springen, wurde zur eigentlichen Leistung. Sie war nicht mehr Nebenprodukt, sondern wurde Hauptzweck und eigenes Produkt. Wie funktionieren Ordnungsassistenten als Kataloge[30]?

- Das Suchverfahren in Katalogen basiert auf der Navigation in hierarchisch aufgebauten, klassifikatorisch geordneten Sachgebieten oder geographischen Listen bzw. Karten. Dadurch, daß nicht zu viele Dokumente auf einer Ebene sein dürfen, da sonst Benutzer schnell das Interesse durch ein informationelles Überangebot verlieren könnten, sind die Organisatoren von Katalogen gezwungen, nach *guten* Startseiten (*Home pages*) zu den einzelnen Themen zu suchen. So werden nur bekannte und themenrelevante WWW-Dokumente aufgenommen. Das vermindert lästigen Ballast. Auf den Inhalt eines Katalogs kann man aber auch selbst Einfluß nehmen, indem über WWW-Formulare Verweise auf eigene Dokumente eingetragen oder Vorschläge gemacht werden können. Fast jeder Katalog bietet eine Rubrik *Home pages* für Privatpersonen an, in dem beliebige Dokumentverweise erlaubt sind. In beiden Fällen erfolgen die Einträge manuell und die Aktualität sowie die richtige Einordnung der Einträge hängen von den Eintragenden ab.
- Systematisch geordnete Kataloge sind vor allem dann geeignet, wenn man sich zu einem Thema einen Überblick verschaffen will, ohne dabei schon eine ganz spezielle Information zu suchen. Das Navigationsverhalten ist dem *Browsing* eines Benutzers über geordnete Bibliotheksbe-

30 Die folgende (eingerückte) Darstellung, wie auch die in den Abschnitten zu den Robotern und den Metasuchformen, greift auf Ausführungen von Bernard Bekavac zurück, der auf der *Web site* der Konstanzer Informationswissenschaft ein Tutorial zu den Suchmöglichkeiten im Internet aufgebaut hat. Diese Informationen sind auch in einen Abschnitt *Suchverfahren und Orientierungsunterstützung im WWW* seiner Dissertation eingebracht (voraussichtlich fertiggestellt Mitte 1999).

stände vergleichbar (Catledge/Pitkow 1995). Durch Einblicke in ähnliche und benachbarte Themen treten durchaus auch kreativitätsfördernde *Serendipity*-Effekte auf, d. h. man läßt sich durch das Angebot in neue Gebiete und neue Informationen locken, die man anfänglich gar nicht im Sinne hatte, die aber dennoch nützlich sind. Solche Effekte treten bei der gezielten Recherche nach dem *Matching*-Paradigma nicht auf.

- WWW-Kataloge sind durch das Anwachsen der *Web*-Angebote so umfänglich geworden, daß die Navigation in diesen leicht zu ineffizient wird. Daher wird in den meisten Systemen zusätzlich die Möglichkeit zur schnellen Suche über Stichworte und Suchhilfen angeboten. Diese Stichwortsuche ist aber für den Benutzer nicht sehr zufriedenstellend, da die Suche nicht auf den Volltexten basiert, sondern nur über Inhalte der Titel und der Dokumentadressen gesucht wird. Die angebotenen Suchmethoden sind deshalb meist nur auf *Boole*sche Operatoren und die Suchraumeingrenzung auf die einzelnen Katalogrubriken beschränkt.
- Jedoch gibt es auch Kataloganwendungen, bei denen die Stichwortsuche eine größere Rolle spielt als die Navigation, wie z. B. bei *Email*-Adressverzeichnissen, da dort der Anwender weniger daran interessiert ist, in einem *Email*-Verzeichnis explorierend zu navigieren, sondern eher über die Stichwortsuche die speziell gewünschte *Email*-Adresse direkt herausfinden will.
- In einem etwas erweiterten Verständnis sind auch die umfassenden Mehrwertdiensteanbieter, wie *AOL*, *T-Online*, *Yahoo*[31], Lycos[32] (über die reine Suchfunktion lange hinausgehend) oder elektronische Marktplätze insgesamt als systematische Kataloge im Sinne von Ordnungsassistenten anzusehen, indem sie sozusagen ihre eigene *server*-spezifische Sicht auf das Netz den Kunden verkaufen.

#### 6.6.1.2 Suchmaschinen – Prototyp der technischen Informationsassistenten im Internet

Suchmaschinen, Suchassistenten stehen in der Tradition des klassischen *Online-Retrieval*, indem sie auf der Grundlage der laufenden Indexierung der von ihnen besuchten *Web*-Seiten riesige Indexdateien vorhalten, die dann bei der Suche mit geeigneten Stichwörtern zu den Seiten wieder referenzieren[33]. Die Leistung besteht

31 www.yahoo.com

32 www.lycos.com

33 Gründliche und aktuelle Informationen zu den Suchmaschinen im Internet geben www.searchenginewatch.com/ und das in Anm. 30 er-

in der Referenzierung auf Dokumente (*Web*-Seiten), deren Inhaltsbeschreibung über Stichwörter/Deskriptoren mit den in einer Suchfrage vorkommenden Frageausdrücken mehr oder weniger übereinstimmt. Das ist das Such- oder *Matching*-Paradigma des *Information Retrieval.* Gegenüber dem vorordnenden (präkoordinierenden) Klassifikationsansatz ist für das *Retrieval* und entsprechend für die Suchmaschinen das Prinzip der Postkoordination kennzeichnend. D.h. die Suchargumente werden erst zur Suchzeit zusammengestellt. Dadurch wird das Stellen und Abarbeiten ganz neuer Frageformulierungen möglich.

- Basis der Suchmaschinen sind die Such-Roboter, auch *Spider*, *Wanderer* oder *Worm* genannt. Das sind Programme, die entlang von WWW-Hypertextstrukturen Dokumente als *Web*-Seiten automatisch ausfindig machen und mit einfachen Techniken der automatischen Indexierung inhaltlich erschließen. Einige große Suchdienste arbeiten über ihre Roboter große Teile des *Web* ständig ab[34]. Die Roboter betrachten das *Web* als riesigen gerichteten Graphen, wobei Knoten WWW-Dokumente und gerichtete Kanten die Verweise darstellen, die von einem Dokument ausgehen. Von einem bestimmten Knoten aus wird dann der Graph entlang den Kanten abgearbeitet, d. h. es werden die in dem Ausgangsdokument referenzierten Dokumente rekursiv weiterverfolgt. Die Tiefe der rekursiven Verfolgung der *Links* ist von Suchmaschine zu Suchmaschine unterschiedlich[35]. Im Schnitt werden die Verknüpfungen ca.

wähnte, laufend gepflegte Tutorial unter www.inf-wiss.uni-konstanz.de/suche/.

34 Wenn auch die Suchroboter bevorzugt dafür genutzt werden, um zu einschlägigen Web-Seiten zu gelangen, verarbeiten die meisten Suchdienste auch andere Dienstleistungen des Internet, wie *News-Groups*, FTP-Dateien bzw. deren Verzeichnisse über Pfadnamen und Textdateien. Manche Dienste haben sich auf *News-Groups* exklusiv spezialisiert, damit neue Einträge (*Postings*) auch dann gefunden werden können, wenn die *News-Groups*, Diskussionsforen oder *Chats* von den daran Interessierten nicht regelmäßig besucht werden können.

35 Die ständigen Zugriffe der Suchmaschinen belasten natürlich auch das Netz insgesamt bzw. auch die *WWW-Server* selber. Die Belastung von *WWW-Servern* durch Roboter hängt zum einen von der Anzahl der Roboter und ihrer Zugriffshäufigkeit ab und zum anderem von der Strategie des Zugriffs. Dabei wird unterschieden, ob parallel auf mehrere Dokumente zugegriffen wird oder ob die WWW-Seiten sukzessive abgerufen werden. Wird die Belastung stärker als der Vorteil empfunden, gibt es die Möglichkeit, über den *Standard for Robot Exclusion* den *WWW-Server* vor Roboterzugriffen zu schützen. Im Prinzip ist dies

drei Ebenen tief weiterverfolgt. Diese Aufgabe wird von parallel laufenden Agenten-Prozessen erledigt. Diese geben dem Roboter entweder das gewünschte HTML-Dokument oder eine entsprechende Fehlermeldung, warum auf das gewünschte WWW-Dokument nicht zugegriffen werden konnte. Zum Einstieg der Analyse werden oft auch Kataloge oder sogar andere Suchmaschinen benutzt, so daß dann nur das analysiert und nachgewiesen wird, was auch sonst schon bekannt und nachgewiesen wurde[36].

- Bei jedem so erreichten Dokument wird von der Erschließungskomponente der Suchmaschine eine lexikalische Analyse durchgeführt, bei der inhaltsrelevante Terme aus dem Dokument extrahiert werden. Leistungsstarke Suchmaschinen arbeiten mit den Volltexten. Verschiedentlich werden aber auch nur Teilindizes erstellt, z. B. aus URL, Titel oder Überschriften. Berücksichtigt wird die Position der Wörter und ihre Funktion (z. B. in der URL, im Titel oder in der Verweisung, Überschrift, *Link* usw.), so daß später Suchvorgänge mit Kontextoperatoren möglich werden[37]. Es können auch HTML-Elemente analysiert werden, z. B. Dateinamen von Bildern, *Java-Applets*, Kommentare oder andere Elemente, die nicht vom *Browser* angezeigt werden. Von besonderer Bedeutung sind die sogenannten META-*Tags*: Das sind spezielle HTML-Elemente, über die der Autor eines Dokuments selbst Deskriptoren und Zusatzinformationen zum Dokument übergeben kann. Findet eine Suchmaschine, die diese META-*Tags* unterstützt, solch ein META-Element, so wird keine Analyse und Indizierung der Seite gemacht, sondern die Informationen aus dem META-*Tag* übernommen. Es ist klar, daß die META-*Tags* auch dazu verwendet bzw. sogar mißbraucht werden, um, über interessante Deskriptoren, möglicherweise sogar ir-

eine spezielle Datei im *Server*-Verzeichnis, über die Roboter erfahren, welche Dokumente bzw. Teile des *Servers* gelesen werden dürfen. Dies ist jedoch kein richtiger Zugriffsschutz, sondern eine Art Abmachung unter den Betreibern der Suchdienste, an die man sich in der Regel hält.

36 Für diese Mischform, bei der Suchmaschinen auf Kataloge zurückgreifen bzw. allgemein in einem Suchdienst mehrere Suchverfahren vereint werden, ist die Bezeichnung *hybride Suchmaschinen* üblich. Dabei wird meist der (roboterbasierte) Suchraum mit einem Katalog kombiniert und die Suche durch *Gateways* zu anderen Informationsquellen erweitert, wie *Email*-Verzeichnissen, Telefon-/Adreßbücher (meist nur in den USA), Verzeichnissen von Unternehmen und Organisationen oder kommerziellen Datenbanken.

37 Kontextoperatoren legen die Distanz zwischen Suchbegriffen in den Texten fest; beim Operator NEXT (kann je nach System auch anders heißen) müssen die Suchbegriff direkt zusammenstehen; bei NEAR in einem zu definierenden Abstand, etc.

reführend, Verkehr auf die *Web site* zu ziehen. Durch die zunehmende Verwendung des *Dublin Core*, einer strukturierenden Auszeichnungssprache[38], können *Web sites* besser strukturiert werden, so daß auch eine gezieltere Zuordnung der inhaltskennzeichnenden Elemente möglich wird.

- Die identifizierten textuellen Elemente der Dokumente werden invertiert, d. h. aus ihrer diskursiven Sequenz in eine (in der Regel alphabetisch) geordnete und damit leicht recherchierbare Listenstruktur umgewandelt. Dabei kommen durchaus auch oberflächen-linguistische Verfahren vor, wie das Eliminieren von nicht-sinntragenden Wörtern oder die Reduktion flektierter Wörter auf ihre Grund- oder Stammformen. Weitergehende linguistische oder wissensbasierte Analyse ist bislang eher selten. Die entsprechend in der Analyse gebildeten Volltextindizes oder auch nur Teilindizes der Dokumente werden in Datenbanken gespeichert. Diese Datenbanken bilden die Grundlage für die Suchmaschinen bzw. Such-*Server*, die über Benutzerschnittstellen mit diversen Abfrageformularen die Suche nach WWW-Dokumenten ermöglichen.
- Die Vorteile dieses Suchverfahrens liegen auf der Hand. Über menüorientierte, graphisch unterstützte Abfrageformulare, die kaum noch an die kommando-orientierten Abfrageformen der *alten Online*-Dienste erinnern und die dennoch die gängigen Suchmethoden und Operatoren des *Retrieval* gestatten, können Benutzer weltweit mit geringem Aufwand nach Informationen suchen. Die Suchanfrage wird in einer üblicherweise akzeptablen Zeit vom Such-*Server* abgearbeitet und das Ergebnis dem Benutzer in Form einer meist nach Relevanzgrad sortierten Trefferliste präsentiert. Das *Ranking* beruht weitgehend auf statistischer Information, d. h. auf der Häufigkeit des Vorkommens der Entsprechungen der Suchterms in den Zieldokumenten. Immer mehr Suchmaschinen gehen aber auch dazu über, die Popularität eines Dokuments beim *Ranking* zu bewerten. Je öfter ein Dokument über eine Suchmaschine nachgewiesen, also entsprechend nachgefragt wird, desto höher wird dieses im *Ranking*-Verfahren bewertet. Manche Suchmaschinen erlauben die Sortierung der Trefferliste auch nach Kriterien wie Größe, Alter oder nach *Servern*. Die Sortierung nach *Servern* bietet eine leichte Verbesserung der Relevanzbeurteilung für den Benutzer, da sich auf einem *Server* meist gleichartige Dokumente befinden. So genügt es oft, nur noch ein Dokument pro *Server* zu betrachten.
- Teilweise werden zu den Treffern auch Teile des Originaldokuments oder automatisch generierte *Abstracts* sowie andere Zusatzinformationen hinzugefügt, die dem Benutzer helfen sollen, die Relevanzbestim-

38 *User Guidelines for Dublin Core Creation* (Stand 1/98 – www.sics.se/~preben/DC/DC_guide.html)

mung zu erleichtern. Durch einfachen Mausklick kann dann direkt zu den Trefferdokumenten gesprungen werden, und von dort aus kann, falls nötig, über weitere Navigation zusätzlich gewünschte Information erarbeitet werden.

Die Bekanntheit und Beliebtheit von Such-*Servern* spiegelt sich in ihrem Zugriff wider: Die bekanntesten Suchmaschinen bearbeiten bis zu mehreren Dutzend Millionen Anfragen pro Tag und sind damit hervorragende und begehrte und damit teure Werbeträger. Die Verarbeitung und Aktualisierung[39] einer stark wachsenden Anzahl von WWW-Dokumenten weltweit sowie die große Menge von Suchanfragen verlangen die höchsten Ansprüche an Hard- und Software des Such-*Servers*. Meistens sind die Aufgaben in solch einem System auf mehrere in einem Netz verbundene Rechner verteilt. Für die Nutzer sind diese Suchmaschinen attraktiv, weil für ihre Nutzung (bislang) trotz des hohen Investitions- und Betriebsaufwandes keine Gebühren erhoben werden. Basisinformation, so das Marktprinzip in den Mehrwertdiensten des Internet, ist überwiegend kostenlos. Verdient werden kann, wie erwähnt, durch Werbung oder durch weitergehendere Mehrwertleistungen, wie sie, in Ergänzung zu der Suchfunktion, immer mehr von den ursprünglichen Suchmaschinen angeboten werden. Aber auch diese sind, wie z. B. der *Service* zur automatischen

39 Bei der Aktualisierungsfrequenz gibt es große Unterschiede in Art und Zeit bei den Suchmaschinen (vgl. auch Petras/Bank 1998). So schwanken die Angaben der zeitlichen Aktualisierung einer kompletten Datenbank in den Suchmaschinen zwischen zwei Tagen und einem Jahr. Referenzen auf nicht zugreifbare Dokumente, d. h. Seiten, die nach mehrmaligen Zugriffsversuchen nicht zugreifbar waren, werden von den meisten Suchmaschinen wieder gelöscht. Dafür ist technisch gesehen beim Übertragen einer WWW-Seite ein für die Aktualisierung wichtiger Mechanismus im WWW-Protokoll vorhanden, nämlich das *If-Modified-Since*-Feld im HTTP-*Request*. Über die Angabe dieses Feldes kann beim Laden eines Dokuments über das Internet die Übertragung von der letzten Änderung (Datums- und Uhrzeit) abhängig gemacht werden, d. h. falls das Dokument seit dieser Zeitangabe geändert wurde, wird das Dokument übertragen, sonst nicht. Leider wird dieser Mechanismus nicht von allen *WWW-Servern* unterstützt und ist auch bei Programmen, die dynamische Dokumente generieren, nur selten implementiert, so daß Nutzer von Suchmaschinen immer wieder mit entsprechenden Fehlermeldungen konfrontiert werden.

Übersetzung bei dem Suchsystem AltaVista, noch häufig kostenfrei zu benutzen.

### 6.6.1.3 Metasuchmaschinen (Multi-Search Engines)

Als *Metasuchmaschine* wird eine Assistenten-Software zur Suche in mehreren Suchmaschinen bezeichnet. Etwas irreführend werden verschiedentlich auch WWW-Seiten mit einfachen Schnittstellen als Metasuchmaschinen bezeichnet, wenn sie lediglich über Suchmasken den direkten Zugriff zu verschiedenen Suchmaschinen erleichtern. Für die Nutzer ist auch das schon nützlich, da es ihnen hilft, sich in der Vielfalt der Suchmaschinen zurechtzufinden. Echte Metasuchmaschinen sind durch die folgenden Eigenschaften gekennzeichnet:

- Mehrere Suchmaschinen werden automatisch über eine Schnittstelle (Suchformular) befragt.
- Meist können die verschiedenen Suchmaschinen über ein Menü vom Benutzer ausgewählt und dann insgesamt initiiert werden.
- Funktionen bzw. Operatoren der verschiedenen Suchmaschinen können verwendet werden, sofern sie kompatibel sind.
- Einige Metasuchmaschinen eliminieren auch Mehrfachtreffer verschiedener Dienste.
- Zeit- und Treffergrenzen können gesetzt werden.

Bei den Metasuchmaschinen werden zwei grundlegende Techniken unterschieden: Der sequentielle und der parallele (gleichzeitige) Zugriff auf mehrere Suchmaschinen. Bei der sequentiellen Suche in mehreren Suchmaschinen werden diese nacheinander von der Metasuchmaschine befragt. Die Trefferliste mit den Treffern der verschiedenen Suchmaschinen wird erst nach Befragung der letzten Suchmaschine ausgegeben. Bei der parallelen Suche in mehreren Suchmaschinen werden diese parallel, d. h. simultan von der Metasuchmaschine befragt. Die Ausgabe der Trefferliste wird begonnen, sobald eine der befragten Suchmaschinen die Suchanfrage abgearbeitet hat.
Metasuchmaschinen sind vor allem für ganz spezielle Informationsprobleme geeignet, bei denen einzelne Suchmaschinen nur wenige Treffer aufweisen. Metasuchmaschinen sind auch meistens auf dem neuesten Stand und greifen auf ganz neue Suchmaschinen oder ganz spezielle Datenbanken zurück, die viele nicht-professionelle Nutzer oft noch gar nicht kennen.

### 6.6.1.4 Probleme bei den technischen Informationsassistenten als Suchmaschinen

Wie bei allen technischen Geräten, so gibt es auch bei den technischen Informationsassistenten als Suchmaschinen systembedingte Einschränkungen, bei denen aber erwartet werden kann, daß die meisten durch Weiterentwicklungen überwunden werden können:

- Suchmaschinen haben im allgemeinen Probleme mit der richtigen Zuordnung zu den Informationen in verschiedenen *Frames*, also dann, wenn eine *Web*-Seite in verschiedene Bereiche eingeteilt ist.
- Suchmaschinen verfolgen in der Regel keine Verweise in Bildbereichen, sofern diese *Server*-gesteuert sind.
- Probleme gibt es natürlich auch bei Dokumenten, auf die kein *Link* verweist und die auch nicht bei den Suchmaschinen eingetragen werden, und erst recht bei Dokumenten, die durch Paßwort, Registrierung oder Firewalls geschützt sind.
- Die Leistung der Suchmaschinen erheblich einschränkende Probleme gibt es bei den *Web*-Seiten, die zur Laufzeit über die Verwendung von CGI-Skripts oder durch Ableitung aus Datenbanken dynamisch generiert werden.
- Die Leistung bzw. der Nutzen ist auch abhängig von der Aktualisierungsfrequenz (vgl. Anm. 39) und der sogenannten *Index-lag*- Zeit, der Zeit zwischen der Erstellung einer *Web*-Seite, ihrer tatsächlichen Analyse und der Speicherung der ermittelten Ausdrücke in der Suchmaschinendatenbank (oft ca. 2-4 Wochen!).
- Die Analyseverfahren, die den Inhalt der Dokumente durch Indexieren/Invertieren beschreiben sollen, beruhen in der Regel auf einfachen sprachoberflächen-orientierten oder statistischen Techniken, sind weit von einer wirklichen Wissensrepräsentation entfernt. Entsprechende Techniken aus der Forschung der Linguistik und Künstlichen Intelligenz haben immer noch Probleme damit, die Quantitätsbarrieren zu überwinden, die für die Mehrwertdienste des Internet typisch sind[40].

40 Mögen die Probleme der morphologischen Varianten (einfach: Singular/Plural) und vielleicht auch der Erkennung einfacher syntaktischer Strukturen (wie Wortphrasen) auch unter dem Quantitätsanspruch weitgehend gelöst sein, so gilt das kaum für die semantischen Probleme (z. B. beim automatischen Wörterbuchaufbau oder der Ableitung von Wissen aus Texten) und erst recht, wenn pragmatische Ansprüche (z. B. Ableitung von Intentionen oder automatischer Aufbau von Benutzermodellen) an die Verarbeitung gestellt werden (vgl. Kuhlen 1998e).

- Bei aller Nützlichkeit der Suchmaschinen, Übersicht in komplexen Informationsräumen zu verschaffen, ist es mehr als fraglich, ob die quasi vorsorgende Methode der laufenden Invertierung und Reorganisation von großen Datenbeständen, wie sie in den 60er Jahren für die Erschließung und Bereitstellung der Informationen in den bibliographischen *Online*-Datenbasen/-banken entwickelt wurde, der Situation offener Informationsmärkte angemessen ist, die zudem nach dem Hypertextprinzip organisiert sind.
- Die Probleme mit den bisherigen Suchmaschinen sind im wesentlichen die gleichen wie bei der bisherigen Nutzung von *Online*-Diensten, die mit den bekannten Ausprägungen von *Recall-*, *Precision-*, *Reliability*-Defiziten umschrieben werden können. Eine Lösung des allgemeinen *Recall*-Problems ist nicht in Sicht, d. h. Informationen werden eher zufällig nachgewiesen. Es besteht keine Möglichkeit, die Menge der potentiell relevanten Informationen zu bestimmen (vgl. Herget/Grossmann/Bekavac 1998). Die Treffermengen sind weiterhin in der Regel viel zu groß, als daß ihnen nachgegangen werden könnte. Eher noch gravierender ist das *Precision*-Problem, das wir als Validitätsproblem angesprochen haben, d. h. der Ballast ist in der Regel groß, und die Beurteilung der Treffer bzw. der sie bereitstellenden *Web sites* ist für Nutzer äußerst schwierig.
- Kritisiert werden kann weiterhin die meistens listen-orientierte Ergebnisdarstellung, die der tatsächlichen Vernetzung der Dokumente nicht Rechnung trägt. Die einzelnen Treffer bei der Suche enthalten keine weitere Strukturinformation, d. h. es wird auf einzelne WWW-Dokumente referenziert, ohne daß der sie umgebende Kontext (z. B. der nachgewiesenen *Web site*) explizit präsentiert würde. Die semantische Zusammengehörigkeit von WWW-Hypertexten oder die hierarchische Struktur, die WWW-Kataloge auf Grund ihres Klassifikationsansatzes wenigstens ansatzweise wiedergeben, lassen roboterbasierte Suchdienste allerdings außer acht. Entsprechend fehlt in der Regel auch eine attraktive Visualisierung der *Retrieval*-Ergebnisse.
- An den Suchmaschinen des Internet wurde ebenfalls aus technischer Sicht Kritik geübt, daß sie für den Aufbau ihrer Leistungen und Nutzung einen nicht unerheblichen Teil der Netzkapazität verbrauchen und auch die laufende Arbeit der *besuchten* (vor allem kleineren) *Web server* behindern –»der Roboter ist gerade da«, ist zu einem Stereotyp der *Webmaster* geworden, wenn die Leistung des eigenen *Servers* mal wieder unakzeptabel niedrig wird. Aus der Sicht der Agenten-Technologie wird gegen die Suchmaschinen ihre zentrale Organisation ins Spiel gebracht, die anfallende Veränderungen und individuelle Leistungen schwierig macht (vgl. Huhns/Singh 1998b, S. 5).

Auch wenn Suchmaschinen die höchsten Zugriffsraten bei allen Internetdiensten verzeichnen, also tatsächlich genutzt werden, sollten sich Nutzer doch bewußt sein, daß deren Leistungen in vielfacher Hinsicht unzureichend sind und ihnen nicht umfassend vertraut werden kann. Entsprechend wird kaum jemand, zumal nicht in professionellen Umgebungen, die Lösung seines Informationsproblems gänzlich den bislang verfügbaren technischen Informationsassistenten in Form von Suchmaschinen überlassen[41].

### 6.6.1.5 Suchassistenten über Agententechnologie

Funktional brauchen wir die Suchassistenten, die nach der Agententechnologie konstruiert werden, nicht von den allgemeinen Suchassistenten, wie sie in den vorigen Abschnitten dargestellt worden sind, zu unterscheiden (vgl. Brenner/Zarnekow/Wittig 1998, S. 225 ff.). Auch Agenten sind für uns Assistenten. Dennoch werden sie zu Recht als selbständige Assistentenklasse behandelt, da in der Handhabung doch beträchtliche Unterschiede auszumachen sind. Suchagenten sind keine Software, die in der Interaktion mit dem Benutzer ausgeführt werden, sondern arbeiten, wie wir in der Diskussion der Eigenschaften von Agenten herausgearbeitet haben, autonom, einfacher formuliert: sie arbeiten asynchron: Einmal vom Benutzer angestoßen, sind sie sich selber überlassen. Der Dialog wird erst am Ende einer festzulegenden Zeit wieder aufgenommen, wenn der Agent die Ergebnisse abliefert. Dies macht ja den Unterschied zwischen kommando-orientierter Suche, Suche/*Browsing* nach dem Prinzip der direkten Manipulation und Suche nach der Agententechnologie aus. Suchagenten durchsuchen selbständig die vom Benutzer festgelegten Suchräume, z. B. die Angebote, die zu einem elektronischen Marktplatz gehören.

41 Dieser kritischen Position widerspricht in gewisser Hinsicht die Praxis beim Umgang mit Suchassistenten. Die meisten Benutzer verlassen sich auf eine einmal zum Favoriten erklärte Suchmaschine; und auch die Suchformulierungen bestehen sehr oft nur aus einem einzigen Suchausdruck, d. h. es wird kaum auf die erweiterte Suchmöglichkeit mit entsprechenden Operatoren zurückgegriffen. Wir sehen die Ursache für die Verwendung schlichter Suchverfahren eher in einem Mangel an informationeller Bildung als in der tatsächlichen Befriedigung der realen Informationsbedürfnisse.

Wird der Suchraum nicht festgelegt, so steht dem Agenten im Prinzip die Gesamtheit der Angebote in den elektronischen Netzwerken zur Verfügung, wozu dann die Metainformationsinstrumente, z. B. die traditionellen Suchmaschinen, ebenfalls gehören. Die Dauer der Suche sollte festgelegt werden können, ebenso die maximale Anzahl der erwarteten Suchtreffer. Die Intensität der Suche und vor allem dann die Auswertung und die Präsentation der gefundenen Informationen hängen von dem Ausmaß des Wissens über die Referenzobjekte und das Benutzerinteresse ab, mit dem der Agent ausgestattet wurde bzw. das er selber erwerben konnte.

### 6.6.2 *Browsing*-Assistenten, Surfmaschinen

Suchmaschinen in Form der Ordnungsassistenten oder *Retrieval*-Assistenten sind, wie erwähnt, dem klassifikatorischen Denken der Bibliothekswelt bzw. dem *Matching*-Paradigma des in der Informationswissenschaft entwickelten *Information Retrieval* verpflichtet. Das *World Wide Web* mit seiner vielfältig verknüpften Information gehört aber zum *Browsing*-Paradigma der Hypertextwelt. Die Bewegung in den Beständen des *Web* ist nicht unter Anwendung von Klassifikations- und Suchtechniken zu beschreiben, sondern als freies Navigieren nach dem Assoziations-/*Browsing*-Prinzip der Hypertextwelt zu bezeichnen. *Browsing*-Möglichkeiten bzw. allgemein die Anwendung der Hypertextmethodologie werden von Benutzern, sowohl professionellen als auch von Computer-/Informationslaien, als intuitiv einsichtig und nützlich eingeschätzt (Herget/Grossmann/Bekavac 1998). Allerdings verlieren unerfahrene Nutzer bei dieser Navigationsform leicht die Orientierung.

Für das *Browsing*-Verhalten werden gerne Seefahrtmetaphern gewählt. Konsequent und sehr marketing-bewußt nennen die Entwickler der Internet-Software Alexa[42] ihre Software-Agentin auch nicht Suchmaschine (*Search engine*), sondern *Surf engine*, Surfmaschine. Offenbar bildet sich eine neue Klasse von assoziativen Orientierungsassistenten heraus, die wir als *Browsing*-Assistenten bezeichnen wollen. Wir stellen hier exemplarisch den Surf-Assi-

42 www.alexa.com

stenten Alexa vor, der auf dem Assoziationsprinzip aufbaut und der für die Realisierung auch Vorteile des klassischen *Retrieval* nutzt.
Alexa ist als kollaborativer Software-Agent anzusehen und verwendet entsprechend die Technik des *kollaborativen Filterns*, bei der die Erfahrung bzw. die Aktionen anderer Benutzer für eine aktuelle Situation ausgenutzt werden. Wir gehen auf die Filtertechnik allgemein in Abschnitt 6.7.1 näher ein.
Alexa nun wendet das Prinzip des kollaborativen Filterns zum ersten Mal auf das *Web* als Ganzes an. Damit könnte eine Metainformations-/Orientierungsleistung entstehen, die den bislang dominierenden Suchmaschinen ernsthafte Konkurrenz machen könnte[43]. Die hinter Alexa stehende Vision ist ein Navigationsverhalten im *Web* »that learns and improves over time with the collected participation of its users.« Wie funktioniert das? Natürlich lassen sich die Entwickler einer solchen Software mit so viel Potentialen nicht in die Karten schauen. Jedoch lassen sich aus der Leistung die zum Einsatz kommenden Verfahren erschließen.

Alexa läuft parallel zum aktuell benutzten *Web-Browser* und zeigt sich auf dem unteren Bildschirm durch eine kleine Funktionsleiste an. Kernstück von Alexa – neben anderen nützlichen Leistungen[44] – ist der *Related-link-*

43 Alexa konnte bis Mitte 1998 ohne Gebühr auf den eigenen Rechner heruntergeladen werden. Die Kommerzialisierung ist aber natürlich im Gange, zu offensichtlich sind die Chancen, daß auch die Alexa-Software mit ihrer speziellen Leistung die begehrte *Portal*-Funktion, nämlich bevorzugter Anwählpunkt zum Einstieg in das Internet zu sein, unterstützen kann. *Netscape* führte Anfang 6/98 Alexa als Teil seines *Smart-Browsers* im Navigator 4.5 ein, und einen Monat später war *Microsoft* nachgezogen und brachte Alexa als *Add-on* im Internet Explorer 4.0.

44 Zu den *Goodies* von Alexa zählen (Stand 8/98): Einschätzen der Beliebtheit der aktuellen Seite, allerdings nur auf der Basis einer einfachen Bewertung *like/dislike*; Anzeige des Betreibers der *Web site*, die zur aktuellen Seite gehört; Anzeige der Aktualisierungs-/*Up-date*-Rate; *Online*-Zugriff zu großen Lexika wie *Encyclopaedia Britannica*; *Chat*-Möglichkeit mit anderen Alexa-Benutzern und vor allem der Dienst, mit dem Alexa in der Öffentlichkeit bekannt geworden ist: der Nachweis von *toten*, also nicht mehr vorhandenen *Web*-Seiten über ein von Alexa gepflegtes riesiges *Web*-Archiv. Alexa speichert zur Zeit mit steigender Tendenz Seiten von über 500.000 *Web sites*. Abgesehen von der nützlichen Leistung bei einer aktuellen Navigation, die häufig

*button*, der nach Anklicken ein Fenster mit verwandten Adressen anzeigt, ohne daß man, wie es bei der Verwendung von Suchmaschinen der Fall ist, den aktuellen Kontext der *Web*-Navigation verlassen muß. Ist man z. B. an der Entwicklung des elektronischen Handels auf Konsumermärkten für den *Online*-Lebensmitteleinkauf interessiert und weiß zumindest eine Einstiegsadresse, dann wird die Leistung von Alexa ersichtlich. Nach der Eingabe der URL für ein neues amerikanisches *Online*-Geschäft Netgrocer bietet Alexa zum Stand Anfang August 1998 sofort eine Liste an: *Peapod, Virtual Vineyards, Hannaford's Home Runs, Freat Food Online, Balduccis's Online Catalog for the Gourmet, Dakin Farms, Dean Deluca's Deli, Clambake Celebrations, Arthur Avenue Caterers, Salami.-com.* Alles einschlägig und – was noch bemerkenswerter ist – nichts nicht einschlägig. Der Sprung zu *Balducci's* ließ Alexa dann weiter nachweisen: *All things delivered, Godiva Chocolatier, Flying Noodles, Mama's Dining Room, Internet Culinary CyberCity*; letzteres wies dann noch nach *Epicarious Food, Manischewitz Kosher Foods*, ... Man erkennt die *Surf*-Leistung.
Sie beruht auf der Auswertung von Verknüpfungsinformation. Verknüpfungen können direkt von Alexa-Benutzern eingegeben werden, indem sie der Liste von Einträgen, die der aktuellen Seite irgendwie ähneln, eine weitere Zielseite dazugeben, die sie für passend halten. Das führt natürlich nicht sofort zu einer Erweiterung, sondern wird zunächst nur ein neues Datum als weitere Grundlage der laufenden Berechnungen. Auf die Benutzereingaben will sich Alexa aber nicht alleine verlassen. Alexa nutzt seit dem Zusammengehen mit *Netscape* auch die riesige *Link*-Datenbank, Netcenter, die permanent das *Web*-Surf-Verhalten der Navigateure aufzeichnet, die *Netscape-Browser* verwenden. Und Alexa lernt selber kontinuierlich vom Verhalten seiner Nutzer. Wenn jemand z. B. von *Spiegel-Online* zu *Focus-Online* springt, dann kann das Zufall sein. Wenn das hunderte machen, dann scheint irgendeine Beziehung zwischen beiden zu bestehen, die es sinnvoll macht, nach dem Besuch von *Spiegel-Online* auch bei *Focus-Online* hereinzuschauen[45].

auftretende Fehlermeldung *404 File Not Found* nicht resignierend hinnehmen zu müssen, sondern über den entsprechenden *Button* bei Alexa zumindest noch eine Chance der Reaktivierung zu bekommen, steht hinter dem Dienst die Vision des Entwicklers Brewster Kahle, daß es zur Generationenaufgabe gehöre, das Wissen der Gegenwart, und mag es noch so flüchtig sein wie auf vielen Seiten im Web, für die Zukunft aufzubewahren. Alexa ist so auch ein Informationsassistent als Gedächtnis des Web-Wissens (*Memory assistant*).

45 Die genau zum Einsatz kommenden Algorithmen zur Berechnung der Ähnlichkeiten zwischen *Web sites* auf der Basis der *Link*-Assoziationen sind natürlich nicht offengelegt – das Wissen darüber ist aber

Es leuchtet ein, daß Alexa als sozusagen lernender Agent immer besser wird, je mehr Leute in ihrem Verhalten beobachtet und ausgewertet werden können[46]. Die Nutzer selber trainieren sozusagen (freiwillig, unbewußt) laufend die Software. Diese Tatsache verwendet Alexa auch als Argument im Vertrauensmanagement. Ist die Grundlage der Leistung des Agenten weitgehend das Navigationsverhalten der Nutzer selber, so sollte Manipulation weitgehend ausgeschlossen sein. Alexa bezeichnet sich auf seiner *Web site* selber als »trusted source of information«.

Zum vorbeugenden Vertrauensmanagement gehört auch, daß von seiten des Software-Anbieters versichert wird, daß kein persönliches, sondern nur anonymes Navigationsverhalten aufgezeichnet wird. Aber auch unabhängig von einem möglichen Mißbrauch des Navigationsverhaltens könnten Nutzer Probleme damit haben, daß ihr Verhalten dazu beiträgt, eine fremde Software zu verbessern, und das ohne daß sie explizit ihre Zustimmung gegeben haben. Da hilft nur eine offene Informationspolitik (vgl. Abschnitt 7.4.1).

Alexa ist aus der Tradition des offenen Netzes entstanden. Brewster Kahle als Mitentwickler von Alexa ist in seiner Person die Verkörperung der ursprünglichen Vision des Internet. Information gehört jedermann. Gibst du Information, bekommst du Information – vom Prinzip her ein »Win-win«-Spiel. Der Schutz eigener Daten (*Privacy*), das führen wir im nächsten Kapitel noch ausführlicher aus, sollte auf offenen elektronischen Märkten kein defensives Recht sein. Entsprechend sollten auch die Daten des persönlichen Navigierens nicht exklusiv privat bleiben. Erwarten

Standard in der Theorie des experimentellen *Information Retrieval* (Salton/McGill 1983).

46 *Besser* bedeutet in diesem Kontext höhere Präzision. Während die Suchmaschinen in erster Linie auf eine große Vollständigkeit abzielen (mit Versuchen der Gewichtung bzw. des *Ranking*), zielen Surfmaschinen eher auf die Präzision der Ergebnisse. Dies gelingt, weil die Grundlage der Nachweise das reale Navigationsverhalten von Nutzern ist. Man kann daher keine generelle Aussage zur Nützlichkeit des einen oder des anderen Typs machen. Über Surfmaschinen erhält man rasch einige und sehr einschlägige Informationen, hat aber keinerlei Sicherheit bezüglich Vollständigkeit. Such-/*Retrieval*-Maschinen decken ganze Fachgebiete ab, haben aber Probleme mit der Gewichtung und dem Nachweis des wirklich Einschlägigen.

wir, daß Information auf die persönliche Situation zugeschnitten sein soll, dann muß es zumutbar sein, wenn ein (festzulegender) Teil unseres Verhaltens und unserer Gewohnheiten wenn nicht individuell, so doch als Bestandteil einer anonymen Kumulation offengelegt wird. Dafür profitieren wir von der Bereitschaft der anderen, auch ihr Verhalten offenzulegen. Insofern können die Surfmaschinen nach dem Prinzip des kollaborativen Filterns durchaus ein Beispiel der von Brin (1998) geforderten reziproken Transparenz sein, wenn der Mechanismus offengelegt wird und wenn die zuliefernden Subjekte überzeugt werden können, ihr Navigationsverhalten nicht verdeckt geschehen zu lassen[47]. Dies könnte eine Basis für einen vertrauensvollen Umgang mit Informationsassistenten sein.

### 6.6.3 Orientierungs-/Navigationsassistenten

Die bisherigen Suchtechniken, die sich meist nur auf die Ergebnisse der Invertierung von WWW-Seiten abstützen, tragen den Besonderheiten der im allgemeinen in vernetzten Hypertextstrukturen organisierten Informationsangebote nur unzureichend Rechnung (vgl. Lynch 1995; Janes/Rosenfeld 1996; Bekavac 1999). Entsprechend geht beim *Retrieval* bzw. bei der Ergebnisanzeige die Information aus den Hypertextstrukturen verloren (vgl. Abschnitt 6.6.1). Vor allem im *World Wide Web* fehlt es gegenüber den entwickelten (geschlossenen) Hypertextsystemen an Formen visualisierender Strukturinformation (Bekavac/Rittberger 1997). Es sollten daher gerade mit Blick auf die Mehrwertdienste des Internet leistungsfähige Assistenten für die dynamische Navigation und Orientierung entsprechend vernetzter Hypertextstrukturen zur Verfügung stehen.
Die bislang im WWW bevorzugt genutzten Orientierungsformen wie *Back-Buttons, Bookmarks*, die alle dazu dienen, zu schon bekannten oder schon eingesehenen Seiten direkt zu springen, sind nur sehr begrenzt leistungsfähig, obwohl intensiv genutzt (weniger genutzt werden die in der Regel linear geordneten und auch wenig komfortablen *History*-Listen, Catledge/Pitkow 1995).

47 Für verdeckte anonyme Navigation wird entsprechende Assistenten-Software wie der *Anonymizer* angeboten; vgl. Abschnitt 7.3.

In der Konstanzer Informationswissenschaft wurde im Rahmen des Projektes *Medienassistenten* daher ein (retrospektiver) Navigations-/Visualisierungsassistent entwickelt, der die bisherigen Möglichkeiten der *WWW-Browser* verbessert und der durch die Verwendung von *Java* plattformunabhängig eingesetzt werden kann. Die Idee dabei ist es, daß der Navigationspfad aus früheren Sitzungen in Form einer graphischen Baumstruktur dargestellt wird, die sich an die gewohnte Darstellung der Dateien in den *Windows*/NT-Umgebungen anlehnt und daher leicht akzeptiert werden kann (Bekavac/Rittberger 1998).

Genauso wichtig wie ein retrospektiver Navigationsassistent für die Lösung von Orientierungs- und Navigationsproblemen ist ein prospektiver Assistent, der darüber informiert, wie, unter Wahrung der aktuellen Kontexte, die weiteren Navigationsschritte aussehen könnten. Dazu kann die von den Suchrobotern verwendete Technik des rekursiven Absuchens von *Web*-Seiten (vgl. Abschnitt 6.6.1) verwendet werden. Im Ausgang von einer ermittelten Zielseite wird (bis zu einer festzulegenden Tiefe) den Verknüpfungen nachgegangen, die in dem vorab festgelegten Kontext bleiben (z. B. ein gesamter elektronischer Marktplatz oder eine bestimmte Branche in ihm oder auch nur eine einzelne Anwendung, eine *Web site*). Das gesamte Suchergebnis besteht nach diesem Such-/*Browsing*-Verfahren aus Treffern innerhalb mehrerer, in sich semantisch kohärenter Web-Seiten. Die einzelnen Informationen sind so immer in ihrem Kontext ersichtlich. Allerdings werden auch diese Fragmente oft schon zu groß sein, als daß die gesamte gefundene Struktur in einer graphischen Übersicht visualisiert werden kann (Arens/Hammwöhner 1995). Entsprechend müssen Hilfsmittel, wie Ausblendung und Extraktion von Teilbäumen oder Skalierungs-/Zooming-Techniken, eingesetzt werden, die ein schrittweises selektives Abarbeiten der graphischen Bäume ermöglichen. Besonders attraktiv ist bei dieser Orientierungsform, daß der Benutzer durch Anklicken eines als relevant erachteten Knotens, der semantisch etikettiert oder mit sonstiger Information zur Relevanzentscheidung ausgestattet werden kann, sofort zu der entsprechenden WWW-Seite springen kann.

In dem Projekt *Verteilte Informationsräume: Suche in elektronischen Marktplätzen* (Kuhlen/Rittberger 1998) wird dieses Ziel der Bereitstellung von Such-, Navigations- und Visualisierungsassistenten, speziell bei elektronischen Marktplätzen, durch striktes Ausnutzen der im *World Wide*

*Web* vorgegebenen Hypertextstrukturen weiterverfolgt. Zusätzliche Orientierung – und damit auch ein Vorschlag zur Minderung des allgemeinen Validitätsproblems – wird dadurch gegeben, daß die Informationsräume bzw. die sie repräsentierenden Ressourcen in großen Marktplätzen vorab daraufhin untersucht werden, ob sie für ein aktuelles Informationsproblem relevant sind. Dafür müssen formale und inhaltliche Verfahren der Einschätzung von Qualität und Relevanz eingesetzt werden (vgl. Abschnitt 6.7).

Weitergehende Orientierungsunterstützung ist in Zukunft möglicherweise durch die Verwendung von VRML-Techniken zu erwarten, durch die dreidimensionale Räume aufgebaut werden können, in denen sich Benutzer, zumindest in manchen Anwendungen, auf intuitive Weise orientieren bzw. in ihnen navigieren können. Zu solchen Anwendungen zählen sicherlich elektronische Marktplätze, Kaufhäuser oder andere Erlebniswelten der Unterhaltung, bei denen ab einer gewissen Größenordnung die bisherigen einfachen klassifikatorischen Ordnungsschemata und auch die Formen selektiver Suche nicht mehr nutzerfreundlich sind. Im erwähnten Projekt der Medienassistenten wurde mit solchen VRML-Räumen am Beispiel des elektronischen Marktplatzes *Electronic Mall Bodensee* experimentiert (Herget/Klein/Bekavac 1998; Bekavac 1999). Bislang sind allerdings erst ansatzweise intuitiv einleuchtende Metaphern zur Navigation und Orientierung in mehrdimensionalen Räumen entwickelt worden, die über sich leicht erschöpfende Raumfahrt- oder Tiefseemetaphern hinausgehen. Naheliegend – und daher auch schon häufig verwendet – ist die Übertragung der Attribute der realen Kaufhauswelt auf die einer virtuellen Welt, d. h. z. B. die Anwendung der Gebäudemetapher auf elektronische Entsprechungen, die auch für Museen, Bibliotheken, Universitäten, Organisationen jeder Art und andere systematisch und topologisch angeordnete Bestände geeignet sein sollte.

## 6.7 Assistenten zur Lösung des allgemeinen Validitätsproblems:

### 6.7.1 Filterassistenten

Filtertechniken werden gegenwärtig bei sehr vielen Mehrwertleistungen eingesetzt. Der Grund für ihre Popularität ist einsichtig: Viele Benutzer haben weder Zeit, Können noch Geduld, die für sie potentiell einschlägigen Informationsquellen laufend zu verfolgen. Sie haben keine Kompetenz, die ermittelte Information in ihrem Wert einzuschätzen, und möchten daher, daß Filter ihnen dabei behilflich sind. Sie sehen sich ohne Hilfe nicht in der Lage, unerwünschte Information zu vermeiden, so daß Filter diese abblocken sollen. Filter sind ein universelles Mittel, wenn auch jeder Filterassistent immer individuell unter Berücksichtigung des Kontextes, der Anwendung, des Benutzermodells, kurz: unter Berücksichtigung der pragmatischen Rahmenbedingungen realisiert werden muß. Filter reduzieren Komplexität, indem nur das Gewünschte ans Ziel kommt bzw. die Sachverhalte ferngehalten werden, die als Ballast oder als unerwünscht eingeschätzt würden. Bezüglich der Technik des Filterns selber kann auf bewährte (und vor allem bei Masseninformationen bewährte) Techniken aus der *Information-Retrieval*-Methodik zurückgegriffen werden (Belkin/Croft 1992). Filterassistenten und Suchassistenten sind sich in der verwendeten Methodik ähnlich. Bei der Suche geht die Initiative vom Benutzer, hier also vom Suchassistent aus, beim Filtern vom System selber. In den wenigsten Fällen kommen beim Filtern aufwendige semantische Analyseverfahren zum Einsatz. Meistens sind es statistisch basierte, vektor-orientierte Verfahren. Das Profil des Filters (der Filter-Vektor) wird mit denen der zu untersuchenden Zielobjekte (*Emails*, Texte jeder Art, *Web sites*) verglichen, und bei einem bestimmten (vorher festzulegenden) Grad der Ähnlichkeit werden die entsprechenden Objekte entweder zugestellt oder zurückgehalten.

Die meisten Filteranwendungen gehen auf die in Malone et al. (1987) und Goldberg et al. (1992) getroffenen Unterscheidungen zurück. Von den vier Filtertypen

- *soziales Filtern*: Information wird selektiert entsprechend den gewünschten oder zu vermeidenden Kommunikationspartnern
- *kognitives Filtern*: Information wird selektiert entsprechend dem Inhalt

der Objekte (meistens Texte jedweder Art); dieser wird in der Regel durch die Index-Terms der Objekte bestimmt

- *ökonomisches Filtern*: Information wird selektiert entsprechend dem Aufwand, den ein Benutzer erbringen muß, um sie aufzunehmen; formale Kriterien wären hier zum Beispiel die Länge eines Dokuments, aber auch die Kosten, die für die Einsicht aufzubringen sind
- *kollaboratives Filtern*: Information wird ausgefiltert entsprechend dem Verhalten anderer Benutzer, die an ähnlicher Information interessiert waren; verwendet wird etwa früheres Kaufverhalten auf elektronischen Marktplätzen oder Navigationsverhalten in der *Web*-Welt

kommt hinsichtlich der Assistententechnik vor allem das kognitive und das kollaborative Filtern zum Einsatz, wobei das Attribut *kognitiv* den in der Regel noch einfachen Oberflächenverfahren nicht recht angemessen ist. Kognitive Filter sind meistens die Grundlage für *Blocking-/Rating*-Assistenten (vgl. Abschnitt 6.7.3); kollaboratives Filtern ist oft die Grundlage von Vorgängen auf elektronischen Märkten.

Die Technik des kollaborativen Filterns wurde in der Welt der Software-Agenten vor allem durch den von Pattie Maes entwickelten *Firefly*-Agenten bekannt (vgl. Abschnitt 6.7.4). *Firefly* schlägt dem an einer Musik-CD Interessierten weitere vor, die früher von anderen zusätzlich zu dieser gekauft worden sind oder als dazu passend eingeschätzt wurden. Die Empfehlungen werden nicht durch irgendwelche Ähnlichkeitsberechungen oder durch komplizierte Schlußverfahren gegeben, wie sie aus der Künstlichen Intelligenz bekannt sind, sondern durch Auswerten des Kaufverhaltens anderer, natürlich unter der Annahme, daß die Kaufprofile einigermaßen stimmig sind. Die Ausreißer, die Miles Davis' *Sketches of Spain*, Mendelsohns Violinkonzert d-moll und Schönbergs Gurrelieder zusammen kaufen, werden wohl kaum statistisch signifikant sein. Auch der Branchenvorreiter im *Online*-Buch-*Shopping* amazon.com verwendet kollaboratives Filtern mit großem Erfolg. In beiden Fällen dient der Agent dazu, dem potentiellen Käufer, einmal von CDs, zum andern von Büchern, Kaufentscheidungen zu erleichtern bzw. aus der Sicht des Käufers, ihn im Ausgang von einer schon (halbwegs oder früher) getroffenen Kaufentscheidung zum Kauf weiterer CDs bzw. Bücher zu animieren.

Filter werden heute besonders bei Diensten mit Massencharakter eingesetzt, z. B. bei *Email*, bei *USENET/Newsgroups*[48] oder ande-

48 Bekannt hier vor allem SIFT (*Stanford Information Filtering Tool*). Dieser Dienst filtert z.B. technische Berichte aus dem Informatik-Bereich und *USENET-News*-Artikel heraus (ftp://db.stanford.edu/publ/...).

ren Mailing-Diensten[49], aber, in den Ausprägungen als *Rating*- oder Abblock-Assistenten, auch auf den allgemeinen Publikumsmärkten des *World Wide Web* (vgl. Abschnitt 6.7.3). Nicht zuletzt beruhen die in Abschnitt darzustellenden *Push*-Assistenten auf Filtertechniken (ebenso, wie erwähnt, die *Surf*-Maschine alexa.com).

Die Verwendung von Agenten in *Newsgroups* oder anderen elektronischen *Mail*-Diensten ist nicht nur deshalb interessant, weil die Menge der Information kaum mehr überschaubar ist, sie ist auch deshalb eine wichtige Hilfe, weil Informationen in diesen Diensten häufig sehr flüchtig sind und wenn überhaupt, dann nur über mühsame Archivsuchen wieder gefunden werden können. Die meisten Menschen verfolgen die Dienste nicht regelmäßig. Das können aber Assistenten ohne Nachlassen der Geduld. Im Vordergrund bei dieser Agenten-Leistung steht aber sicherlich das Interesse, mit dem Problem des *Information overload* aus News-Diensten zurechtzukommen.

Ein frühes Beispiel für den *News*-Agententyp (eine besondere Ausprägung der allgemeinen Medienassistenten) ist der 1994 von Maes entwickelte NewT-Agent (Maes 1994), der auf frühe Vorarbeiten von Malone et al. (1987) im Umfeld des *Information-lens*-Systems aufbaut. Das Verfahren beruht darauf, daß es durch die Vorgabe relevanter (oder auch irrelevanter) Dokumente (*News*) initiiert wird. Unter Verwendung von Saltons Vektorraum-Modell (Vergleich von neuen Dokumentvektoren mit der Vorgabe der bewerteten Texte) werden dann die ausgewählten *Newsgroups* nach

49 Konzeptionell folgenreich sind hier vor allem die Arbeiten im Umfeld von T. W. Malone am *M. I. T.*, die, beginnend mit dem *Information-lens*-System schon Mitte der 80er Jahre, später mit dem System *Oval*, vor allem die Prinzipien der Semi-Formalität und des Benutzerzuschnitts (*semiformal systems and radical tailorability*) als Erfolgsfaktoren für Filterassistenten herausstellten. D.h. den menschlichen Nutzern wird genug Spielraum gelassen, daß sie ihr Informationsinteresse auch dann in einen Auftrag einbringen können, wenn dieses noch nicht deutlich artikuliert, also auch nicht vollständig formalisiert werden kann. Damit zusammenhängend ist das *Tailorability*-Prinzip, durch das Benutzern ein großer Spielraum gegeben wird, Assistentenaufgaben nach ihren Bedürfnissen zu definieren (Malone et al. 1998). In Eisenmann/Rittberger (1999) werden eine Vielzahl anderer Filterassistenten/-Systeme angeführt. Terveen et al. (1997) haben ein System entwickelt, das das Filter-Konzept für eine konstruktive, positive Leistung ausnutzt, nämlich für einen Assistenten, der empfiehlt, welche Nachricht gelesen werden sollte.

einem zu definierenden Zeitraster durchgearbeitet[50]. Es ist allerdings auch die direkte Eingabe eines Suchprofils über Deskriptorkombinationen möglich. Der Agent führt nach erster geleisteter Arbeit eine Bewertung der gelieferten Texte durch, was dann zu einer Verfeinerung der Suchkriterien führt (Lee 1998). D.h. es wird die aus dem klassischen *Information Retrieval* bekannte *Relevance-feedback*-Technik eingesetzt, die, ursprünglich abhängig von der intellektuellen Bewertung der Nutzer, anerkanntermaßen zu sehr guten Ergebnissen führt. Verhinderte der intellektuelle Bewertungsaufwand einen breiten Einsatz des *Relevance feedback*, so beruht sie als technische Assistentenleistung heute auf den statistisch basierten Gewichtungsinformationen der besten Treffer, die dann im mehrfachen Durchgang durch Verbesserung der Suchformulierung automatisch optimiert werden[51].

### 6.7.2 Assistenten für *Push*-Technologie-Leistungen

Die *Push*-Technologie ermöglicht Assistenzleistungen, die zwar ursprünglich einmal von einem Nutzer in Auftrag gegeben wurden, dann aber in der Folge ohne spezielle Anfrage des Nutzers selbständig erbracht werden. Als Ergebnis wird z. B. laufend (in festgelegten Intervallen, bei manchen Nachrichten- oder Börsendiensten sogar in Echtzeit) Information auf den Rechner des Nutzers gelegt, für den Fall, daß dem Profil entsprechende, neue Information im System eingegangen ist. Bei den *Push*-Assistenten wird in einem Akt, in dem ein Informationsinteresse als Interessenprofil spezifiziert wird, Informationsarbeit delegiert und

50 Das gleiche Verfahren kann natürlich verwendet werden, um überhaupt erst einmal an die für ein Interessenprofil einschlägigen *News*-Dienste heranzukommen – ein aus der *Online*-Welt gut untersuchtes Problem, welche Datenbank (aus den gut 10 000 *Online*-Datenbanken) für ein gegebenes Problem relevant sein könnte.

51 War *NewT* ausschließlich textoberflächen-/*key-word*-orientiert, unter Verwendung statistischer Verfahren, so verwendet ein vergleichbarer Agent INFOS (Mock 1996a, b) einen hybriden Ansatz, indem Bayessche statistische Verfahren mit einfachen Methoden der automatischen Sprachverarbeitung kombiniert werden. So wird zur Lösung der in natürlicher Sprache vorkommenden Synonymenproblematik bzw. zur Disambiguierung der Bedeutung von Wörtern auf *WordNet* (Miller 1995) zurückgegriffen bzw. auch auf das Paicesche Extraktionsverfahren (Paice 1989). Eine Weiterentwicklung dieses Ansatzes wird in der Abschlußarbeit von Moulder (1998) vorgestellt.

dann vom Assistentenprogramm kontinuierlich abgearbeitet[52]. Fortgeschrittene Dienste erschließen das Interessenprofil auch aus dem beobachteten Nutzerverhalten. Methodisch gehört die *Push*-Technologie – insofern die Informationen entsprechend des Profils eines Benutzers ausgefiltert werden – also zu den in Abschnitt 6.7.1 besprochenen Filter-Assistenten.
Die Gründe für die Beliebtheit der *Push*-Dienste sind leicht nachvollziehbar. Das Informationsangebot in den elektronischen Informationsräumen wird für Benutzer immer unüberschaubarer und macht einen aktiven Informationsaufwand erforderlich, den die wenigsten Nutzer von Information bereit sind, in Kauf zu nehmen, vor allem dann nicht, wenn es sich um nicht-professionelle Alltagsinformation handelt, bei der wir gewohnt sind, daß sie uns über die bisherigen Medien ohne eigenen Aufwand bequem nach dem Abonnementsprinzip zugestellt[53] wird. Die Bereitschaft,

52 Diese Technik ist in der Dokumentationspraxis seit vielen Jahren als SDI (*Selective Dissemination of Information*) bekannt und wird als Abonnement-Technik im *Information Retrieval* eingesetzt. Die Technik stammt aus der Zeit des *Batch-Retrieval*. Die verschiedenen dem System in Auftrag gegebenen Nutzerprofile oder die vom System selber standardmäßig vorgegebenen Profile werden in regelmäßigen Abständen abgearbeitet und die Ergebnisse den Nutzern zugestellt. SDI ist in der Welt der Fachinformation immer noch eine beliebte Praxis, sei es über individuelle Profile oder sei es über die Auswahl aus angebotenen Standardprofilen, da sie die Nutzer ohne größeren eigenen Informationsaufwand, also auch ohne die Technik eines *Online*-Systems selber zu beherrschen und ohne die Dienste eines Informationsvermittlers in Anspruch nehmen zu müssen, in die Lage versetzt, den aktuellen Stand eines Sachgebietes zu verfolgen. Die meisten SDI-Dienste verlangen von den Nutzern die Bewertung der Ergebnisse durch ein *Feed-Back*-Formular. Dies erlaubt die laufende Verfeinerung und Anpassung des Profils, so daß auch aus den Standardprofilen sukzessiv individuelle Profile werden können. SDI-Ergebnisse werden häufig auch als gedruckte *Newsletter* aufbereitet und in festgelegten Intervallen verteilt. Interessanterweise – und typisch für die oft noch fehlende Marketingsicht vieler Informations- und Dokumentationseinrichtungen – wird dieser Dienst in der Dokumentationssprache als aktive Information bezeichnet – aktiv aus der Sicht des Informationssystems –, während die retrospektive Recherche, die als *Pull*-Technologie die Initiative des Nutzers verlangt, als passive Information bezeichnet wird.

53 Daher sieht Hans-Joachim Fuhrmann vom Bundesverband Deutscher

auf solche *Push*-Angebote einzugehen, konnte vor allem im Medienbereich vorausgesetzt werden. Sie werden dort auch *News-Watcher* genannt (Brenner/Zarnekow/Wittig 1998, S. 257ff.). Neben PointCast sind eine Reihe anderer *Push*-/Medienagenten bekanntgeworden[54]. Auch die Suchmaschinen des Internet, z. B. *Yahoo*, bieten in der Regel gute Medienassistenz-Leistungen nach dem *Push*-Prinzip.

Auch in professionellen Umgebungen kommt die *Push*-Technologie den Interessen von Unternehmen entgegen, einerseits die Informationsressourcen des Internet für die Unternehmensziele zu nutzen, andererseits aber den Mitarbeitern nicht zu viel Zeit mit aufwendigem *Browsing* zuzugestehen. Im letzteren Fall grenzt die *Push*-Anwendung schon an die Leistung der Blocking-Assistenten (vgl. Abschnitt 6.7.3). Die dem Profil entsprechenden Informationen werden direkt ohne Navigationsaufwand an den Arbeitsplatz geliefert. Da zudem in der Arbeitswelt, anders als noch im Privatbereich, die Rechner in der Regel laufend *online* am Netz sind[55], können die Vorteile der *Push*-Technologie, hier der laufenden Aktualisierung, optimal genutzt werden. Allerdings beansprucht eine umfassende Verwendung der *Push*-Technologie in erheblichem Umfang die Netz- und Speicherressourcen eines Unternehmens, da ja im Prinzip jeder einzelne Nutzer sein eigenes Profil

Zeitungsverleger (BDZV) in der *Push*-Technologie auch die größte *Gefahr* für Zeitungen: »Ich gestehe ein, daß die Pushtechnologie die Funktion der Zeitung in gewisser Weise nachahmt. Das kommt dem Zeitungsabo schon recht nahe.« (*inSight* 11/98) (www.rommerskirchen.com/insight/)

54 Z. B. *After Dark Online* (www.afterdark.com); Marimba (www.marimba.com); *Freeloader* (www.freeloader.com); *Netscape Netcaster* (www.netscape.com), *Intermind Communicator* (www.intermind.com) oder der *Microsoft Explorer*-Dienst (www.microsoft.com/ie/ie40)

55 Diese Aussage gilt allerdings schon nicht mehr in Ländern wie den USA, wo die Gebühren der lokalen Nutzung des Telefons über einen *Provider*, die für die Nutzung des Internet über Modem ja ausreicht, zeitunabhängig sind. In vielen Haushalten ist der Rechner inzwischen genauso *online*, wie dies der Fall mit dem laufend eingeschalteten Fernseher ist. Es ist daher zu erwarten, daß *Push*-Technologien sehr bald auch z. B. für Nachrichtenleistungen im Fernsehen eingesetzt werden, sobald sich interaktives, und das ist dann individuelles Fernsehen in größerem Stil durchsetzt.

haben kann, das dann auch individuell bedient wird und sehr schnell zu großen Datenbeständen führt. Entsprechende Kassationstechniken, durch die festgelegt wird, daß nach zeitlichen oder Speicherkriterien alte Inhalte gelöscht werden, oder ausgelagerte Archive sind trotz immer billigerer Massenspeicher sicherlich unvermeidlich. Auch die Speicher individueller Computer in der Privatkommunikation werden bei Mehrfachabonnements rasch gefüllt.

Für Anbieter auf den Informationsmärkten stellt die *Push*-Technik ein hervorragendes Mittel des 1:1-Marketing dar, da über die vorgegebenen oder erarbeiteten Nutzerprofile aufschlußreiche Marktinformation abgeleitet und für weitere Aktivitäten genutzt werden kann. Die *Push*-Technologie in der Form des kollaborativen Filterns wird daher nicht nur im Medienbereich eingesetzt, sondern inzwischen bei sehr vielen *Online*-Shopping-Unternehmen und ist, in Verbindung mit dem kollaborativen Filtern, besonders beliebt im Musik-Geschäft. Hat man einmal eine CD *online* bestellt, dann ist es sehr wahrscheinlich, daß man laufend eine *Email* von der betreffenden Firma zugeschickt bekommt mit Hinweisen auf Angebote, die dem bisherigen Kaufprofil entsprechen. Auch das ist marketinggemäße *Push*-Technik. Läßt man sich auf sie ein, muß man sich vergegenwärtigen, daß die Teilnahme an einem *Push*-Mediendienst in der Regel damit erkauft wird, daß man damit für die allgemeine Werbeindustrie zu einem transparenten Objekt wird (vgl. Abschnitt 7.1.2). Dies muß nicht zur Konsequenz haben, daß die persönlichen Informationen an andere Werbefirmen weitergegeben werden – die meisten *Push*-Dienste erlauben den Nutzern, die Weiterabgabeoption zu verneinen, im Vertrauen darauf, daß das auch eingehalten wird. Im Sinne des 1:1-Marketing ist es schon äußerst attraktiv, wenn in die individualisierte Zeitung nach dem gleichen Prinzip, nach dem die Artikel selektiert werden, auf den Benutzer zugeschnittene Werbeinformation eingebracht werden kann. Solange individualisierte Zeitungen oder auch andere *Push*-Leistungen gebührenfrei abgegeben werden, hat man kaum ein Mittel, sich gegen diese »Versorgung« mit Werbeinformation zu wenden. Es ist allerdings für die Zukunft zu erwarten, daß die doch beträchtliche Leistung einer individualisierten Zeitung tatsächlich von den Kunden mit einer Zahlungsbereitschaft honoriert werden wird, die in der bisherigen Praxis der *Online*-Zeitungen (als elektronische Entsprechung zur gedruckten) nicht festzustellen war. Entsprechend sind gestaffelte Preisgestaltungen zu erwarten. Wenn man in seiner individuellen Information keine Werbung wünscht, muß man entsprechend mehr zahlen, als wenn man etwas, etwas mehr, viel oder sehr viel Werbung akzeptiert.

Bei dem sehr populären *Push*-/Mediendienst von PointCast z. B. wird kostenloser Basiszugriff gegeben. Aber sehr häufig erscheint bei dem Versuch, von einem als attraktiv erscheinenden Titel zum Volltext zu gelangen, die Meldung, daß die aktuelle Nutzungsklasse die Lektüre nicht zuläßt. Dann kann man sich entscheiden, ob man in eine höhere Nutzungs-(und damit Nutzer-)Klasse generell aufsteigen will oder den (angezeigten) Preis für die konkrete Lektüre zahlen will.

### 6.7.3 *Quality-/Rating-/Blocking*-Assistenten

Können Filterassistenten in der bislang dargestellten Form als konstruktive Selektionsleistungen eingeschätzt werden, so setzt sich zunehmend auch abblockendes *Filtering* durch. Auch diese *Rating-/Blocking*-Assistenten beruhen in ihren verschiedenen Ausprägungen auf der Filtertechnik, in der Regel auf recht einfachen Vergleichsprozeduren von Listen mit für unerwünscht gehaltenen Wörtern mit deren entsprechenden Vorkommen in Internet-Anwendungen. Zuweilen wird versucht, die offensichtlich unzureichende Schlichtheit des Abblockens von Information auf der Grundlage von Sprachoberflächenphänomenen durch den Einbezug des sprachlichen Kontextes bzw. durch die Einschätzung der die zu diskriminierenden Zeichen enthaltenden Ressourcen auf ein höheres Niveau zu heben. Weiter fortgeschrittene Verfahren, die sich auf linguistische und wissensbasierte Techniken abstützen müßten, kommen bislang kaum zum Einsatz.
Entstanden sind die verschiedenen *Rating-/Blocking*-Verfahren als Formen der Selbstregulierung zur Abwehr von potentiellen Mißständen der Netzanwendungen. Initiatoren sind entweder Selbsthilfegruppen aus den verschiedenen Sparten der Bürgerbewegung, oder sie beruhen auf Aktivitäten der Wirtschaft selber, die entweder in kommerzieller Absicht, diese Abblock-Produkte zu verkaufen, tätig werden oder die andere kommerzielle Anwendungen durch den Einsatz von Abblock-Assistenten sicher und akzeptabel zu machen versuchen.

Bei der Entwicklung von Verfahren zur Bewertung von Internet-Anwendungen hat das W3-Konsortium des *M. I. T.* eine wichtige Rolle gespielt, indem dort schon Mitte der neunziger Jahre der PICS-Standard (*Platform for Internet Content Selection*) formuliert wurde[56]. PICS ist selber keine Abblock- oder Filter-Software, gibt aber Entwicklern die Standards vor, auf Grund derer sie ihre Assistenten zum Zwecke der Bewertung oder des Abblockens von *Web*-Angeboten erstellen können[57]. Der PICS-Standard wurde rasch von der Informationswirtschaft und Software-Industrie aufgegriffen und eine Zeitlang auch von der offiziellen Regierungspolitik als Beispiel der Selbsthilfe durch Selbsteinschätzung unterstützt. In der journalistischen Medienwelt wurde PICS eher als Beihilfe zur Selbstzensur abgelehnt. Ein von PICS abweichender Standard wurde von *Solid Oak Software's Voluntary Web site Rating System* (VCR) entwickelt. Die VCR-Entwickler sahen die Gefahr, daß PICS-Anwendungen immer mehr kommerzialisiert werden, so daß die doch aufwendigen PICS-*Rating*-Verfahren für *Web*-Anbieter zu teuer würden. VCR ist gegenüber den PICS-Anwendungen sehr viel einfacher. Es beruht darauf, daß die Anwendungen, die auf Erwachsene abzielen, sich selber einschätzen, aber nur, mit einer gewissen Anleitung, nach den beiden Kategorien *adult* (Leute über 18) und *mature* (ab 13 Jahren). Die vielen 10000 täglich neu erscheinenden *Web*-Angebote, die gänzlich *harmlos* sind, müßten nicht aufwendig bewertet werden. Von den bekannteren *Rating*-Systemen unterstützt den VCR-Standard der *Blocking*-Assistent *Cybersitter* (vgl. Anm. 59).
Wir führen einige Beispiele dieses *Rating-/Blocking*-Assistententyps an, der neben den Suchassistenten zur Zeit wohl den größten Nutzungs- und kommerziellen Erfolg im Internet hat.

56 PICS entstand aus der Verbindung der *Information Highway Parental Empowerment Group* (IHPEG) mit dem *World Wide Web* Consortium (W3C). Die Leistung von PICS besteht in einer Sprache zur Beschreibung von Nutzerprofilen, die als Filterregeln das Zulassen bzw. Abblocken von Web-Seiten ermöglichen.

57 Eine Liste von PICS-kompatiblen Filter-*Rating*-Anwendungen findet sich unter www.classify.org/pics.htm; z. B., neben den hier erwähnten, Weburbia, RSACi, EvaluWeb.

### 6.7.3.1 SafeSurf als Initiative der autonomen Online-Welt

SafeSurf[58] ist eine internationale, nicht auf Einnahmen abzielende Elternorganisation, deren Ziel es ist, Eltern dabei zu unterstützen, wie diese ihre Kinder vor unerwünschter *Online*-Information schützen können[59]. *SafeSurf* sieht sich als Teil einer autonomen *Online*-Internet-Welt und wehrt sich gegen jeden staatlichen Eingriff[60]. Dazu gibt es eine *Declaration of an Independent Internet*[61] (natürlich vom *4. Juli* 1995), in der es u. a. heißt:

»when an unnecessary attempt at censorship, pursuing centralized control ... it is the right of the members of the Internet, it is their duty, to oppose such legislation, and to promote self-regulation with parental control«

Neben verschiedenen eher traditionellen Diensten wie einem Katalog von *Online Safety Basics* mit Ratschlägen für Eltern, wie sie

58 www.safesurf.com

59 Andere Organisationen mit gleichem Ziel, Kinder zu schützen, sind eher kommerziell ausgerichtet, so z. B. X-Stop, das eine Abblock-Software für $5/Monat, mindestens ein Jahr Subskription, anbietet. Bekannt geworden ist auch die *Cybersitter*-Software von Solid Oak Software, Inc. (www.solidoak.com). *Cybersitter* (www.cybersitter.com/) wird nach Eigenangabe von über 1,6 Millionen Nutzern angewendet. Die Software kostet $39,95, wenn zusätzlich der Anti-*Spam*-Dienst (zum Eliminieren von junk-*Email*) genutzt wird, kommen noch $10 dazu. Das Filterverfahren beruht auf einem umfänglichen, über 100.000 Einträge enthaltenden Wörterbuch, durch das nicht für Kinder passende Informationen identifiziert werden. Die Filterdateien werden jede Woche, ohne weitere Kosten, auf den aktuellen Stand gebracht. Eltern steuern den Zugang über Paßwort. Sie können wählen zwischen »block, block and alert, or simply alert«. *Cybersitter* zeichnet auch eine Dialoghistorie auf, hält also fest, wenn versucht wird, zu abgeblocktem Material zu kommen. Man kann auch optional alle Newsgroups oder alle IRC (*Chat boards*) abblocken. Dem Schutz der Kinder vor unangebrachter Internet-Information hat sich auch Pearl Software verschrieben (www.pearlsw.com/). Ähnliche Angebote bei Net_Nanny (www.netnanny.com/).

60 So auch *The Information Classification Group* – InfoClass™ (www.classify.orgl): »We are opposed to government censorship and strongly believe that properly administered site labeling is the best way to protect children and facilitate Internet searches.«

61 www.safesurf.com/ssindep.htm

und ihre Kinder sich *online* verhalten sollen[62], oder Hinweisen auf kinderfreundliche Seiten und Dienste ist es vor allem der *SafeSurf Rating Standard*, der als *Online*-Dienst *SafeSurf* bekannt und folgenreich gemacht hat. Mit dem Standard können sich Anbieter von *Web sites* selber nach einem von *SafeSurf* in internationaler Kooperation entwickelten Kategorienschema einschätzen[63]. Die Hauptkategorien sind: *Profanity, Heterosexual Themes, Homosexual Themes, Nudity, Violence, Intolerance, Gloryfying Drug Use, Other Adult Themes, Gambling*. Man kann entweder eingeben, daß die jeweilige Kategorie für das eigene *Web*-Angebot nicht zutrifft, oder man kann mit einem Referenzschema erklären, wie die Darstellung in der jeweiligen Kategorie einzuschätzen ist[64]. Es macht eben einen Unterschied aus, ob eine Darstellung, die z. B. als *Nudity* eingestuft wird, aus einem medizinischen

62 Auch in der US-amerikanischen Presse werden in Ergänzung zum Einsatz von Abblocksoftware ganz praktische Verhaltensregeln für Eltern gegeben. Ein Beispiel aus der *Los Angeles Times* vom 3. 8. 98, B4: »In the meantime (solange technische Lösungen noch nicht greifen), experts have suggestions for parents: Put the family computer in a high-traffic area, like living room, where its use can be easily observed; warn youngsters against revealing personal information on the Internet; warn them to drop out of chat room talk that turns to body parts or underwear; insist on knowing your child's cyber friends, and limit hours online.«

63 Vgl. die zum Ausfiltern verwendete Negativliste *CyberNOT* von *Cyber Patrol* mit den Hauptgruppen *Violence/Profanity (graphics or text); Partial/Full Nudity; Sexual Acts (graphics or text); Intolerance (graphics or text); Satanic/Cult (graphics or text)* etc. Die in England einflußreiche *Internet Watch Foundation* (IWF) (www.iwf.org.vk/Rating/Rating_r.html) verwendet genauso wie das ebenfalls einflußreiche, allerdings PICS-orientierte *Recreational Software Advisory Council* (RSACi) (www.rsac.org/homepage.asp) eine Klassifikation mit 4 Deskriptoren – *Violence; Nudity; Sex; Language* –, die jeweils nach 5 Ebenen der Ausprägung der Deskriptoren von den Anwendern selber eingeschätzt werden. IWF empfiehlt sich als weltweites *Rating*-System »based on a global approach for the description of content in objective terms, free from any particular cultural values and voluntarily applied to content by its providers«.

64 Das Schema besteht aus den Attributen: *Subtle Innuendo (description: subtly implied through the use of slang), Explicit Innuendo, Technical Reference (description: Dictionary, encyclopedic, news, technical references), Non-Graphic-Artistic, Graphic Artistic, Graphic, Detailed Gra-*

Textbuch, einem Kunstbuch, einer *Playboy*-Zeitschrift oder aus einem nicht-überwachten *Chat board* bzw. Kommunikationsforum stammt.

Der im Netz bereitgestellte *Filtering-/Rating*-Agent *NetWatch* arbeitet auf der Grundlage dieses *Rating*-Standards. Eltern können *NetWatch* selber nach dem Kategorien- und Referenzschema konfigurieren, und sie können auch ganz allgemein *Web sites*, die sich nicht einem *Rating*-Verfahren nach dem *SafeSurf*-Standard unterzogen haben, abblocken. Große Wirkung erzielt dieser Standard nicht zuletzt dadurch, daß er sowohl vom *Netscape Communicator* als auch von *Microsoft's Internet Explorer* unterstützt wird.

Ein anderes Beispiel für nicht kommerzielle Assistenten auf diesem Gebiet ist *Webnet WebRatings*. Diese private und *Non-profit*-Organisation verfolgt allerdings eher den *Rating*-/Bewertungsansatz. Durch die Dienste von *Webnet WebRatings* kann man sich seine eigene *Web*-Applikation bewerten lassen. Die Bewertung ist kostenlos. *WebRatings* bewertet die Aspekte Inhalte, Navigation, allgemeines Erscheinungsbild und Lesbarkeit nach einer Fünferskala und bildet daraus einen Mittelwert. Das Bewertungsverfahren selber, auch wer bewertet, wird nicht offengelegt. Jede Woche wird eine Hitliste der besten fünf *Web sites* veröffentlicht. Jeder, der sich der Bewertung unterzieht, kann sich ein *Webnet-WebRatings-Icon* herunterladen, dessen Größe von dem Bewertungsergebnis abhängt.

### 6.7.3.2 Kommerzielle Rating-/Blocking-Assistenz

Zu den erfolgreichsten und ersten Anwendungen (seit 1995), die mit Abblocksoftware auf den Markt gebracht wurden, zählt *SurfWatch*[65], von dem nach Eigenangaben der Firma (eine Division von *Spyglass*[66]) mehr als 8 Millionen Kopien weltweit verteilt wurden. Surfwatch filtert *Web* und FTP *sites*, *Chat boards* und *Newsgroups* aus.

*phic, Explicit Vulgarity, Explicit and Crude description: Saturated with crude sexual references and gestures, Unsupervised Chat Rooms).*

65 www1.surfwatch.com

66 *Spyglass* produziert neben allgemeinen Web-Anwendungen ansonsten Dienste der Verbrauchselektronik und Büroausstattung.

»to protect your home, school, or organization from the risk of exposure to objectionable or inappropriate material on the Internet«.

Gegenwärtig werden ca. 100.000 Internet-Anwendungen abgeblockt, die sich auf Sex, Gewalt, Drogen und Glücksspiele beziehen. *SurfWatch* bietet sich mit dieser technischen Assistenzlösung als Alternative zu einer staatlich verordneten Zensur an. Ein für erforderlich gehaltenes *Internet Content Management* sei nicht Sache des Staates, sondern der Wirtschaft über entsprechende Software-Lösungen.
Primäre Zielgruppe für den Schutz sind auch hier die Kinder, die, bei gänzlich freiem Zugriff, nicht vor dieser Art Information geschützt werden können. Anvisiert wird allerdings auch die Geschäftswelt, bei der die Filtersoftware eingesetzt werden kann, um die Mitarbeiter von einer unerwünschten Einsicht in ablenkende *Web sites* abzublocken (»to maximize employee productivity«). So können Firmen aus verschiedenen Filtern auswählen, z. B. zu Reisen, Jobsuche, allgemeine Nachrichten, Sport, Astrologie, Unterhaltung, Spiele, Mode, Hobbys, Investment, Autos, Immobilien, Shopping und Usenet allgemein, so daß entsprechende *Web sites* ihren Mitarbeitern zumindest während der Arbeitszeit vorenthalten bleiben. Ähnliche Techniken können zur Steuerung des Einsatzes von *Email* eingesetzt werden, sowohl was den Eingang von *Email*, die nichts mit dem Arbeitsplatz zu tun hat, als auch was den privaten oder nicht tolerierten Versand angeht.
Auch die Software *Xcheck*[67] schützt *Web sites* vor unerwünschten Besuchern und unerwünschten Informationen. Andererseits hat man als Mitglied von *Xcheck* über Paßwort unbegrenzten Zugang zu allen von *Xcheck* geschützten *Web sites*. *Xcheck* verspricht: »No banners, no spam, no advertisement, no pop-up windows or traps.« Ähnliche Dienste

»gives your computer the freedom to move freely yet safely throughout the Internet, gazing upon and communicating with everything in its path«

verspricht *Gulliver's Guardian Internet Suite*[68]. Ein *positiver* Ansatz wird ebenfalls von *LegalAge* verfolgt. Geschäfte werden nicht nur durch Abblocken gemacht, sondern auch durch Verleihen von Zugriffsrechten, quasi als Recht einer Club-Mitgliedschaft. *Legal*

67 www.xcheck.net
68 www.gulliver.nb.ca/details.htm

*Age Site Protection Service*[69] erlaubt Erwachsenen den unbegrenzten, in der Regel über Kreditkarte gesicherten Zugriff zu allen *LegalAge* geschützten *Web sites* (zur Zeit, Anfang 1999, über 3200 Adult sites) und verschließt damit Kindern, die ja in der Regel keine Kreditkarte haben, den Zugriff zu diesen *Adult sites.*

Einen anderen, *positiven* Ansatz verfolgt *Cyber Patrol.* Dort kommt neben der üblichen Negativliste (vgl. Anm. 63) eine Positivliste *CyberYES* zum Einsatz. In die Positivliste werden solche *Web sites* aufgenommen, von denen angenommen wird, daß sie passende Informationen für Kinder zwischen 6 und 16 enthalten. Auch hierzu gibt es ein Kategorienschema zur positiven Einschätzung, z. B. *Games & Toys; Art, Books & Music; Outdoors & Sports; Puzzles & Hobbies*, etc. Zum Verfahren heißt es:

All sites are reviewed and evaluated by a team of trained researchers who themselves are either parents and/or teachers of school age children. Sites are re-visited minimally every 60 days to insure that they remain in conformance to The Learning Company's standards. Each site must contain some type of material that has an intrinsic value to the viewer, in this case a child between the ages of 6-16. The intrinsic value of a site is defined as a site which contains information, in the form of photographs, text or sounds, that will increase the viewers awareness of, understanding of, and interest in the materials being viewed. Additionally, they might contain reference materials. Sites that are commercials for the sake of selling a product and only selling a product and little if any entertainment or educational value will not be added to the ... CyberYES[-list].

*Cyber Patrol* appelliert ebenfalls an die Selbsthilfeleistung des Marktes. Die Kunden/Teilnehmer von *Cyber Patrol* werden aufgefordert zu berichten, wenn eine *Web site* nicht richtig nach YES oder NOT klassifiziert ist.

Zu den gerade besprochenen Assistententypen gehören auch die sogenannten Identitäts- oder Zertifizierungs-*Broker.* Ein Beispiel hierfür ist *Adult Check*[70], der folgende Leistung anbietet: Nach Zahlung von $9.95 (über Kreditkarte, die damit auch sichert, daß die beantragende Person tatsächlich das erforderliche Alter hat) bekommt man eine ein Jahr gültige *ID*, die sagt, daß man über 21 ist. Damit kann man dann die zur Zeit ca. 200 *Web sites* besuchen, die an

69 www.legalage.com

70 Ähnliche und sogar noch weitergehende Dienste bietet die Firma *VeriSign* an, die in den USA die erste kommerzielle Zertifizierungsfirma war (www.verisign.com).

*Adult Check* teilnehmen. Man braucht nur die Nummer eingeben und keine weitere persönliche Information. *Adult Check* sagt zu, alle Daten vertraulich zu halten. Technische Assistenten sichern persönliche Identität gegenüber Dritten (vgl. Abschnitt 7.5.3).

### 6.7.4 Transaktionsassistenten

Waren bislang die Such- und *Blocking-/Rating*-Assistenten die Spitzenreiter in der Nutzung im Internet, so werden es in mittlerer Perspektive sicher die Transaktionsassistenten sein, die die Märkte, vor allem in kommerzieller Hinsicht, dominieren werden. Transaktionsassistenten kommen in erster Linie im Bereich des elektronischen Handels (*E-Commerce, Web commerce*) zum Einsatz, im Prinzip bei jeder Aktion auf elektronischen Märkten, die mit Angebot, Vermittlung und Nachfragen, Kauf und Verkauf zusammenhängt. (Macredie 1998)

Bei den Transaktionsassistenten ist die Reichweite der in dieser Darstellung thematisierten Konsequenzen der Delegation von Informationsarbeit (im weiteren Sinne, bei dem Transaktionen mit gemeint sind) an technische Assistenten besonders deutlich, und selbstverständlich spielt bei den Transaktionsassistenten die Vertrauensproblematik eine besonders einleuchtende Rolle – ist doch in der Regel das finanzielle Interesse der Beteiligten involviert. Auf die Vertrauensproblematik bei Transaktionen auf elektronischen Märkten gehen wir, vor allem unter den Aspekten von Authentizität, Verläßlichkeit und Verschlüsselung, gesondert in Abschnitt 7.5.3 ein. Hier sollen zunächst die Assistenzleistungen für Transaktionen bzw. die Transaktionsassistenten selber im Vordergrund stehen[71].

Verbreitetste Anwendung dieses Assistententyps sind die sogenannten Einkaufsassistenten (*Shopping agents*), deren Leistung im wesentlichen in der Erstellung von Preisvergleichen in festzulegenden Anwendungsgebieten besteht. Vorherrschende An-

71 Einen guten Überblick über die Transaktionsassistenten (in der Regel unter der Bezeichnung Agenten/agents geführt) geben Brenner/Zarnekow/Wittig (1998, S. 308 ff.); Guttman/Moukas/Maes (1998); Macredie (1998). Speziell die Entwicklungen am *M. I. T.* im *Media-Lab* (commerce.media.mit.edu/papers) oder bei Firmen wie *Artificial Life* sind hier zu verfolgen.

wendungen sind der Computerbereich (Hard- und Software[72]), der Musikmarkt, vor allem CDs, der Buchhandel[73] und Auktionen[74], aber auch allgemeinere Einkaufsassistenten wie *mySimon*[75]. Waren es vor wenigen Jahren erst wenige Assistenten wie *BargainFinder* und die am *M. I. T.* entwickelten und in der Literatur immer wieder diskutierten Agenten wie *Jango* oder *Kasbah*, so ist der Markt der Einkaufs- bzw. Marktassistenten kaum noch überschaubar. Entsprechend entwickeln sich auch hier Metainformationsdienste, die Orientierung über diese Anwendungen technischer Assistenz leisten[76].

Einer der ersten kommerziellen Anwendungen war der von *Andersen Consulting* entwickelte Einkaufsassistent *BargainFinder*[77] (Brenner/Zarnekow/Wittig 1998, S. 311 ff.; Guttman/Moukas/Maes 1998), der für Kunden preiswerte CDs aus einer Liste von Anbietern heraussucht. Da *BargainFinder* schon seit 1994 im Einsatz ist, liegen hier auch einige Nutzereinschätzungen vor. Chorafas (1998, S. 99) berichtet von einer Studie aus dem Jahr 1996, wonach 90% der Benutzer von *BargainFinder* mit dem Kauf zufrieden waren, der ihnen von *BargainFinder* vermittelt wurde, und daß 93% angaben, den Assistenten wieder benutzen zu wollen. Neuere Einschätzungen bemängeln, daß der Assistent immer weniger Erfolg bei seinem Bemühen habe, die Informationen aus den Anbietern herauszubekommen. Er wird häufiger abgeblockt (vgl. Abschnitt 6.8.2). Vergleichbare Leistungen bieten die Assistenten *NetBuyer*[78], *Fido*[79] und *AdHound*[80], wäh-

72 Beispiele: www.pricewatch.com; *KillerApp* (www.killerapp.com) oder *Internet shopping network*: www.internet.net/.

73 www.a1bookmall.com/; mit Referenz auf 25 Buchläden: www.acses.com/ (*book finder* und *comparison shopper*), effizienter Vergleich, wenn die ISBN für die Suche verwendet wird (in Deutschland auch unter www.schnaeppchenjagd.com/).

74 Z. B. *BidFind*: www.bidfind.com/

75 *mySimon*: www.mySimon.com/

76 Beispiel für diese Meta-Einkaufsassistenten sind unter: www.esmarts.com/agents/; Onlineshopping.miningco.com/

77 *BargainFinder*: bf.cstar.ac.com/bf; *Fido*: www.shopfido.com/; *AdHound:* www.adone.com/

78 *NetBuyer*: www.zdnet.com/computershopper/index1.html

79 *Fido*: www.shopfido.com

80 Entwickelt und angeboten von der *IMAGE Technology Research*

rend *Jango*[81] (Brenner/Zarnekow/Wittig 1998, S. 320 ff.) fast schon in die Richtung eines Marktplatzassistenten geht, der sich nicht nur auf den Preisvergleich in einer speziellen Branche beschränkt, sondern eher die Rolle eines Zwischenhändlers, Marktmittlers, übernimmt, der für den Endnutzer die Abwicklung der anstehenden Transaktionen übernimmt. *ShopBot*[82], ein Assistent, der auch für das *Online*-Einkaufen eingesetzt wird, verfügt mit einfachen induktiven Lerntechniken und Mustervergleichs-Techniken über eine erweiterte Intelligenz, die es ihm erlaubt, in Interaktion mit dem Benutzer durch den Einkauf in verschiedenen *Online*-Läden sukzessive Wissen über die nötigen Transaktionen und Kaufobjekte zu erwerben und entsprechende Schlüsse daraus zu ziehen. Selbständig auf Marktplätzen tätig wird auch das Multi-Agenten-System *Kasbah* (Brenner/Zarnekow/Wittig 1998, S. 328 ff.; Guttman/Moukas/Maes 1998, S. 25), das im Auftrag eines Kunden An- und Verkaufsaktionen durchführt, z. B. für ein Verkaufsobjekt einen optimalen Preis auszuhandeln versucht[83]. Hier stehen natürlich Vertrauensfragen besonders auf dem Spiel (vgl. Abschnitt 6.8.2).

### 6.7.5 Kommunikationsassistenten

Kommunikationsassistenten sind die aktuellsten Ausprägungen technischer Assistenten, und sie greifen, zusammen mit den Transaktionsassistenten, vermutlich am tiefsten in unsere privaten und professionellen Angelegenheiten ein. Ihr Zweck ist es, elektronische Kommunikationsforen zum einen aufbauen zu helfen und zum andern effizient in Betrieb zu halten. Formen der elektronischen Kommunikation haben sich schon in der Frühzeit elektronischer Netze als *USENET/Newsgroups* oder als *Chat boards* entwickelt. Sie stützen sich heute, diese früheren Formen aber nicht ersetzend, zunehmend auf das Medium des *World Wide Web* ab. Kommunikationsforen werden heute für sehr viele

*Group, Curtin University of Technology*, Australien; www.ece.curtin.edi.au/~saounb/bargainbot

81 *Jango*: www.jango.com/

82 www.shopbot.com als *ProductFinder* bei der Suchmaschine *Excite*

83 Brenner/Zarnekow/Wittig (1998, S. 328) erwähnen noch für diesen Assistententyp *Personal Electronic Trader* (PET)

Zwecke eingesetzt. Im Ausgang vom Wissenschaftsbereich, vor allem zur Vorbereitung von Publikationen, zur Koordination von Projekten mit räumlich verteilten Mitgliedern und zur Organisation von Konferenzen[84], finden sie Eingang in Ausbildungssituationen[85] und in Situationen der Geschäftskommunikation, wo sie Möglichkeiten von *Groupware*-Systemen und (meistens synchronen) elektronischen Konferenz-Systemen ergänzen. Wir haben elektronische Kommunikationsforen in Kuhlen (1998b, S. 38 f.) wie folgt definiert:

»Foren sind interaktive, Information präsentierende, Kommunikation und Transaktion ermöglichende, unterhaltende und auf eine unbestimmt ›offene Öffentlichkeit‹ oder auf speziell definierte Zielgruppen ausgerichtete Software-Systeme auf elektronischen Märkten jeder Ausprägung.«

Wir gehen im folgenden schwerpunktmäßig auf die kommunikativen Funktionen und Ausprägungen von Foren ein, die von den Assistenten unterstützt werden sollen. Kommunikationsforen sollen gegenüber herkömmlichen Diskussionsformen die folgenden Mehrwerteffekte bewirken (Kuhlen 1998b, S. 60 f.):

84 Ein Beispiel ist hier die von der UNESCO veranstaltete zweite INFOethics-Konferenz in Monte Carlo (10/98), die durch ein elektronisches Kommunikationsforum begleitet wurde, und zwar vor, während und nach der Konferenz. Ein neues Medium – das Forum – muß also nicht das alte – hier die Konferenz – ersetzen, kann aber erheblich zur Effizienzsteigerung beitragen und wird dann allerdings auch manche reale Konferenz überflüssig machen.

85 In der Ausbildung unterstützen elektronische Kommunikationsforen Formen konstruktiven Lernens, indem sie die Lernenden aktiv in den Prozeß der Vermittlung und Aneignung von Wissen einbeziehen. Im SS 98 und im WS 98/99 wurden nach diesem Prinzip in der Informationswissenschaft an der Universität Konstanz elektronische Kommunikationsforen für Veranstaltungen zum Thema *Informationsethik* durchgeführt, wobei die Teilnehmer nie physisch in Kontakt miteinander kamen, sondern sich rein elektronisch austauschten. Der Gegenstandsbereich der Informationsethik wurde so durch intensive Kommunikation und durch Einspielen von relevanten Materialien von den Teilnehmern weitgehend selbständig erarbeitet. Die gewonnene Erfahrung mußte allerdings abschließend als Leistungsnachweis individuell schriftlich in einer Hausarbeit dokumentiert werden.

- Elektronische Kommunikation in Foren erlaubt den Austausch von Information zwischen Leuten, die im realen Leben kaum eine Chance haben, sich zu treffen.
- Elektronische Kommunikation bringt Personen mit unterschiedlichen (fachlichen, professionellen und persönlichen) Hintergründen und unterschiedlichen Lebensstilen zusammen und ermöglicht so eine große fachliche Breite bzw. Diskussionen aus verschiedenen Perspektiven.
- Elektronische Kommunikation erlaubt aber natürlich auch, und wohl verbreiteter, den Austausch zwischen Personen mit sehr homogenem Interesse und vergleichbarem Wissensstand.
- Im Forum zählt nur, was gesagt wird, nicht die Vorabeinstellung der Reputation. Elektronische Kommunikation baut tendenziell Hierarchien ab.
- Elektronische Kommunikationsforen sind auf Interaktion angelegt. Jede Aussage wird in Frage gestellt und ist Gegenstand möglicher Kommentare, Erweiterungen, Korrekturen und Modifikationen.
- Elektronische Kommunikationsforen, nach Hypertextprinzipien organisiert, erlauben die flexible Navigation (das Surfen) in heterogenen Informationsmaterialien und können sich auf diese Weise zu umfassenden Wissensplattformen, Wissensnetzen, entwickeln.
- Aussagen und Kommentare können sich durch die verfügbaren Wissensplattformen informationell absichern. Die Subjektivität von Meinungen kann zum einen durch diese Absicherungsmöglichkeit, vor allem aber durch die unmittelbare Korrektur der Reaktionen in einen weiteren Kontext gestellt werden.
- Elektronische Kommunikationsforen erlauben in ihrer überwiegend asynchronen Kommunikationsform zwar auch mehr oder weniger spontane direkte Reaktionen, gestatten aber gegenüber dem Chat, wo »live« kommuniziert wird, die Verzögerung einer Antwort über eine Phase der Informationssammlung oder einfach des Nachdenkens.
- Elektronische Kommunikationsforen sind in der Nutzung im Vergleich zu realen Konferenzen und im Vergleich zu den klassischen Distributionsmedien ein relativ billiges Kommunikationsmedium, vorausgesetzt die technische Ausstattung (Computer und Netzzugang) ist ohnehin schon vorhanden.
- Elektronische Kommunikationsforen, vor allem wenn sie datenbankgestützt betrieben werden, erlauben leicht die Ableitung benutzerspezifischer Sichten auf gewünschte Diskussionsstränge und können auch leicht bezüglich der Zugriffs-, Lese- und Schreibrechte gesteuert werden.

Um diese Effekte zu erreichen, stellen sich für Kommunikationsassistenten die folgenden Aufgaben. Bei dieser Zusammenstellung werden wir sehen, daß Kommunikationsassistenten in gewissem

Sinne eine Metafunktion zukommt, da die Techniken bei so gut wie allen anderen Assistenten auch zum Einsatz kommen:

- Der Diskussionsverlauf muß auf attraktive und intuitiv nachvollziehbare Weise visualisiert werden. Hier müssen die Orientierungs- und Visualisierungsassistenten Unterstützung leisten (vgl. Abschnitt 6.6.3).
- Für umfänglicher werdende Foren müssen leistungsstarke Suchwerkzeuge vorhanden sein. Hier müssen die Suchassistenten in ihren verschiedenen Ausprägungen, z. B. für Inhaltserschließung, Suche und *Ranking*, Unterstützung leisten (vgl. Abschnitt 6.6.1).
- Die Teilnehmer der Foren sollen über eine *Push*-Komponente über jeden neu eingegangenen Beitrag, z. B. über *Email*, informiert werden (diese Benachrichtigung muß aber auch abgeschaltet werden können) (vgl. Abschnitt 6.7.2).
- Sofern Foren über thematisch zugeordnete virtuelle Bibliotheken verfügen (das sind *Link*-Sammlungen/Kataloge bzw. andere thematisch einschlägige Foren zu anderen einschlägigen Informationen), sollten die Forumsbeiträge automatisch mit diesen Einträgen verknüpft werden. Für neue Beiträge sollen die Assistenten unter Anwendung der Filtertechniken auf vorhandene Beiträge und Verknüpfungen zu dem vorgesehenen Thema hinweisen.
- Kommunikationsassistenten sollen die Diskussion animieren, indem sie auf der Grundlage von Expertenprofilen gezielt solche Teilnehmer zu Beiträgen auffordern, die aufgrund ihrer Kompetenz und ihrer Interessenlage zu einem aktuellen Beitrag etwas zu sagen haben müßten.
- Ein Forum sollte neben der eigenen Diskussionsaufgabe zugleich die Funktion eines Metaforums wahrnehmen, das kontinuierlich die Diskussionen in thematisch verwandten Diskussionsforen überwacht und dem aktuellen Forum Hinweise auf relevante Beiträge und Beitragende gibt.
- Kommunikationsforen werden in der Regel von Teilnehmern sehr unterschiedlicher Qualifikation besucht. Kommunikationsassistenten sollten in der Lage sein, durch Techniken der Referenzierung und der Qualitätsabschätzung den anderen Teilnehmern Hinweise auf die Validität eines Beitrags zu geben.
- Für Benutzer, die das Forum nicht regelmäßig verfolgen können, soll es Zusammenfassungsassistenten geben, die – in der einfachen Form – nach spezifizierter Interessenlage aus dem Diskussionsstand diejenigen Beiträge herausfiltern, die relevant sind, oder die – in einer erweiterten Form – den Stand der Diskussion in einem Dossier selber zusammenfassen.
- In internationalen Foren, wie sie auf globalen Informationsmärkten immer mehr die Regel werden, sollen Übersetzungsassistenten vorhan-

den sein, die unter Ausnutzung kommerzieller und im Netz vorhandener Übersetzungssoftware die Forumsbeiträge in die gewünschten Zielsprachen übersetzen. Da bislang die Qualität der Übersetzung nicht hohen Standards entspricht, sollten die Assistenten bei Bedarf nach Humanübersetzung auf entsprechende Personen bzw. Institutionen hinweisen. Da die Qualität der Übersetzung überwiegend von der Qualität der zugrundeliegenden (fachspezifischen) Wörterbücher abhängt, sollten Assistenten zum (interaktiven) Aufbau und zur Pflege solcher Wörterbücher vorhanden sein.

Die angeführten Assistentenfunktionen dienen überwiegend dazu, die Diskussion

- kohärent, in der Thematik in sich stimmig ablaufen zu lassen,
- sie kohäsiv zu organisieren, d. h. eine Kontinuität in der Zeit zu bewahren, Argumente zu entwickeln, zu bewahren oder auch aufzugeben,
- die Übersicht über komplexe Diskussionsstränge zu bewahren und
- die Qualität der Beiträge zu sichern.

Die meisten der in der vorstehenden Liste angeführten Anforderungen weisen allerdings weit in die Zukunft und werden, wenn sie denn überhaupt gewünscht werden und zur Anwendung kommen sollen, eher von den personalen Kommunikationsassistenten wahrgenommen werden können. Wir haben daher in Kuhlen (1998b, S. 304) den Vorschlag gemacht, daß Kommunikationsassistenten in ihren personalen Ausprägungen als neue Aufgabe eines *Online*-Journalismus angesehen werden können. Journalisten käme dann weniger, wie heute, die Aufgabe der Produktion von Originalbeiträgen zu – das macht mehr und mehr das Publikum in den elektronischen Informationsräumen selber –, sondern mehr die Aufgabe des *Monitoring* von Kommunikationsforen. Das sind weitgehend die oben skizzierten Aufgaben der Aufbereitung und der Koordination. Auch hier ist deutlich erkennbar eine Verschiebung von den Inhalten, für die die Nutzer zunehmend selber zuständig werden, zur Informationsdienstleistung, zum individuellen *Service*.
Allerdings ist zu erwarten, daß auch hier eine Transformation von personaler zu technischer Assistenz stattfinden wird. Es ist abzusehen, daß Kommunikationsforen für die Software-Industrie einen selbständigen Bereich darstellen werden, so wie das heute z. B. für benachbarte Anwendungen wie Groupware oder hypertextbasierte Autorensysteme der Fall ist. Dieser Gegenstandsbe-

reich ist methodisch vor allem deshalb attraktiv, weil hier im Schnittfeld verschiedener Disziplinen wie Informatik, Informationswissenschaft, Künstliche Intelligenz, Psychologie und Sprachwissenschaft gearbeitet werden muß, um Leistungen wie visualisierte Orientierungsformen, automatische Zusammenfassungen, automatische Übersetzung, Verknüpfen heterogener Forumsdiskussionen oder Ableitung individueller Sichten aus komplexen Forumsbeiträgen erbringen zu können. In wirtschaftlicher Hinsicht ist er auch deshalb attraktiv, weil Kommunikationsforen im Prinzip in allen privaten, kommerziellen, wissenschaftlichen und öffentlichen Situationen eingesetzt werden (können), es also einen großen Markt für sie gibt (Kuhlen 1998b, S. 312).

Das Spektrum der Kommunikationsassistenten wird sich beträchtlich ausweiten, und wir erkennen an den skizzierten Aufgaben, daß sie in erheblichem Ausmaß in unsere kommunikative Kompetenz eingreifen können, indem sie z. B. Beiträge stimulieren, bewerten, in neue Kontexte stellen, Hintergrundinformation bereitstellen etc. Wer bestimmt, was diskutiert wird, bestimmt auch die Inhalte der Diskussionen und die Konsequenzen, die aus ihnen zu ziehen sein werden. Transparenz über Funktionsweise und Reichweite dieser Assistenten ist dringend erforderlich, und es sollte möglich sein, Funktionen auf Wunsch abzustellen, um ggfls. wieder zu spontaner, nicht unterstützter Kommunikation zurückkehren zu können. Aber das gilt ja im Prinzip für alle Assistentenleistungen. Ob das dann allerdings noch möglich ist, wenn die Leistungen zur schönen Gewohnheit werden, kann bezweifelt werden. Auch die Kommunikationskultur wird eine weitgehend technisch bestimmte werden.

## 6.8 Vertrauen in technische Assistenten auf elektronischen Märkten

Fragen der Sicherheit und Vertraulichkeit von technischen Agenten werden bei ihren Entwicklern und Anwendern immer angesprochen. Brin (1998, S. 333) zitiert Negroponte mit einer sogar noch weitergehenden Einschätzung: »Everything on the Web is ultimately about trust«. In Übereinstimmung mit der gesamten Literatur weisen Brenner/Zarnekow/Wittig (1998) darauf hin, daß

»der kommerzielle Erfolg intelligenter Agenten (damit sind, wie erwähnt, die sonst als Software-Agenten bezeichneten Agenten gemeint – RK)... in wesentlichem Maße von der Lösung der mit dem Einsatz von Agenten verbundenen Sicherheitsproblematik verknüpft sein (wird). Ein Benutzer wird seinen Agenten nur dann mit wichtigen Aufgaben beauftragen oder ihm vertrauliche Daten anvertrauen, wenn er der Überzeugung ist, daß der Agent seine Daten vertraulich behandelt und keine Möglichkeiten für andere Personen oder Objekte bestehen, die Arbeit des Agenten zu beeinträchtigen, indem sie beispielsweise illegal an vertrauliche Daten des Agenten gelangen.« (a.a.O., S. 136)

Sicherheitsprobleme bzw. Unsicherheitseinschätzungen entstehen fast unvermeidlich aus technischer Sicht, weil der Objektbereich von technischen Assistenten, das Feld, auf dem sie arbeiten, zwar auch geschlossene Netzwerke sein können, in der Regel aber die Dienste in Netzwerken wie dem Internet mit offenen Protokollen sind. Bei Operationen in offenen Netzen entstehen die bekannten Probleme, wie Mitlesen, Manipulieren der übertragenen Daten, nicht beauftragtes Anstoßen von Transaktionen, Schwierigkeit der eindeutigen Identifikation von Auftraggeber und Lieferant.
Die Lösung dieser Probleme ist ähnlich wie bei anderen Operationen in Netzwerken, d. h. sie beruht im wesentlichen auf dem Einsatz von Schutzvorschriften (Paßwörter, Vergabe von Schreib-/Leserechten), aber vor allem auf kryptographischen Verfahren (vgl. Abschnitt 7.5.2) und digitalen Signaturen bzw. auf der zertifizierenden Absicherung dieser Verfahren durch neutrale Instanzen. Folgenreicher, da schwieriger zu kontrollieren, sind jedoch die Unsicherheitssituationen, die durch die inhaltlichen und Handlungsaspekte von Informationsaktivitäten durch Agenten entstehen. Nicht nur die technische Kommunikation muß gesichert werden, sondern auch die Semantik und Pragmatik der erarbeiteten und übermittelten Daten.
Das Thema des Vertrauens in technische Assistenten auf elektronischen Märkten stellt sich in der Regel auf der Nutzerseite, ist aber auch für die Anbieter auf elektronischen Märkten wichtig. Nicht zuletzt, was zunächst überraschen mag, stellt sich die Vertrauensfrage für die Assistenten selber, bei ihren Kontakten mit *Servern* im Netz oder anderen Agenten. Den hier fälligen Einwand, daß es nicht angemessen sei, Begriffe wie Vertrauen auf Inter-Assistenten/Agenten-Kommunikation anzuwenden, wollen

wir nicht bestreiten, verweisen aber erneut auf den sukzessiven Vorgang der Übertragung von Humaneigenschaften auf maschinelle Äquivalente (vgl. Abschnitt 6.2).

### 6.8.1 Aspekte des Vertrauens in Assistenten/Agenten auf elektronischen Märkten aus Nutzersicht

Die Delegation von Informationsarbeit (natürlich erst recht die Delegation der Berechtigung zu Transaktionen) ist immer eine vertrauenskritische Angelegenheit. Delegation bedeutet zwangsläufig einen Verlust an Kontrolle bzw. ein Risiko, daß die delegierte Aufgabe nicht so ausgeführt wird, wie es intendiert war. Delegation ist, wie es Foner (1993) formuliert, eine Balance zwischen »that the agent will do something wrong with the trust that it will do it right«.
Das spielt in Situationen, die der Unterhaltung dienen bzw. von denen allgemein nicht viel abhängt, keine entscheidende Rolle, ist aber von zentraler Bedeutung für Steuerungs-, Transaktions-, allgemein Informationssituationen. Wir machen die folgenden kritischen Punkte aus:

Die im Zusammenhang personaler Informationsassistententätigkeit angesprochene Verunsicherung von Informationssuchenden, wenn sie einen Informationsbroker beauftragen, tritt bei der Delegation an Agenten in voller Schärfe wieder auf, vielleicht noch vermehrt, weil es für einen Auftraggeber kaum noch nachvollziehbar ist, welche Informationen ein Agent freiwillig oder unfreiwillig bei seiner Reise durch die Netzwerke abgegeben hat. Dabei sind nicht nur die naheliegenden Gefahren einschlägig, daß der mit der Kreditkartennummer seines Auftraggebers ausgestattete Agent diese anderen zur Kenntnis bringt, die dazu nicht autorisiert sind. Viel sensibler mag vor allen in wirtschaftlichen Zusammenhängen die Gefahr sein, daß Dritte überhaupt von einem Informationsproblem oder einem Informationsinteresse eines Auftraggebers erfahren. Das kann bei der Delegation der Problemlösung an Assistenten geschehen. Die beauftragten Assistenten müssen mit anderen Assistenten und Systemen Kontakt aufnehmen. Diese wiederum haben ein berechtigtes Interesse zu wissen, ob sich hinter dem Assistentenwunsch nach Information ein autorisiertes Interesse eines Auftraggebers befindet. Dies wiederum konfligiert mit dem Interesse eben dieses Auftraggebers, daß seine Informationsaufträge nicht von anderen auf seine Person referenziert werden. Auch hier wird der Einsatz von vertrauenssichernden neutralen Instanzen nicht zu umgehen sein, d. h. die Aufgabe der Sicherung von Informationsaufgaben stellt sich ähnlich wie die Aufgabe der Sicherung von Transaktionen (mit finanziellen Folgen).

Unter Akzeptanzgesichtspunkten ist es also wichtig, inwieweit der Benutzer das Vertrauen haben kann, daß der Agent
a) einen Vollständigkeitsgrad der einschlägigen Informationen erreichen kann
b) den Wahrheitswert der mit Hilfe anderer Agenten oder anderer Dienste zu ermittelnden Informationen einschätzen kann
c) beurteilen kann, ob diese Informationen für den Auftraggeber auch wirklich relevant sind[86]
d) willens und in der Lage sind, mit den ihm anvertrauten Daten vertraulich umzugehen.

Vertrauen beruht nicht zuletzt auf Erfahrung. Um solche Erfahrung beim Umgang mit technischen Assistenten kontrolliert aufbauen zu können, führt Hall (1996) den Begriff einer Vertrauensbibliothek (*Trust library*) ein. In diese Bibliothek sollen sukzessive die Aktivitäten und Prozeduren von intelligenten Assistenten eingespeist werden, die sich in dem Zusammenspiel mit und in der Kontrolle durch den menschlichen Benutzer des Assistenten als zuverlässig und vertrauenswürdig herausgestellt haben. Die Beziehung zwischen technischem Assistent und Benutzer kann so in einer *Assistant interface metaphor* beschrieben werden. Zu Beginn der Zusammenarbeit werden einfache Aufgaben an den Assistenten delegiert, während er über die Ressourcen, bei denen für den Menschen einiges auf dem Spiel steht – Hall nennt Geld, *Privacy* und Information –, zunächst nicht selbstverständlich verfügen kann. Hall empfiehlt im Umgang mit technischen Assistenten ein Verfahren

86 Wird die Aufgabe der Einschätzung von Wahrheitswert und Handlungsrelevanz an den Auftraggeber zurückgegeben, da der Agent vielleicht die Sammlungskompetenz, keinesfalls aber die semantische und pragmatische Kompetenz hat, so verschärft sich das Problem in der Regel dadurch, daß die Referenzen zu den Ressourcen, die vom Agenten in Anspruch genommen wurden, häufig nicht mehr nachvollzogen werden können. Offenlegen der verwendeten Ressourcen mit der Möglichkeit des Nachweises ihres Stellenwertes ist wichtiger Bestandteil eines Vertrauensmanagements beim Umgang mit solchen, im Sammlungsverhalten autonom operierenden Agenten.

»allowing the assistent to safely execute partially trusted behaviors and to interaktively increase the user's trust in the behavior so that more of the steps can be carried out autonomously. The approach is independent of how the behavior was acquired and is based on using incremental formal validation to populate a trust library for the behaviour.« (aus dem *Abstract*)

Die Frage des Vertrauens in Agententätigkeiten auf seiten der Nutzer tritt natürlich sofort auf, wenn Transaktionen mit finanziellen Konsequenzen betroffen sind. Dabei verlassen sich Nutzer, wie es bei der Delegation an Kauf-/Preisvergleich-Agenten wie *BargainFinder* oder *Jango* der Fall ist (vgl. Abschnitt 6.7.4), als Grundlage ihrer Kaufentscheidung auf nicht von ihnen selbst erarbeitete Informationen. Für Nutzer kann dabei ein Vertrauensfaktor der Eigentümer des Assistenten sein, den er in Anspruch nimmt, um bestimmte Aufgaben zu übernehmen. Die Identität des Anbieters und sein Image sind eher nachvollziehbar als die Qualität der Software bzw. das Image der Software-Hersteller[87]. Hier sind mehrere Konstellationen denkbar. Ein Dienstleister/Software-Hersteller erstellt einen Agenten (oder läßt ihn für sich erstellen) und bietet ihn auf dem Markt mit einer speziellen Leistung an. So soll, wie erwähnt, *BargainFinder* von *Andersen Consulting* für Kunden Markttransparenz über einen Preisvergleich ermöglichen. In diesem Fall bürgt die bekannte Firma *Andersen Consulting* mit ihrem guten Namen für die Qualität des Agenten. Vertrauen entsteht, wie wir gesehen haben, auch durch die Übertragung der Vertrauenswürdigkeit von Institutionen und Personen auf die mit ihnen in Beziehung stehenden Produkte. Möglicherweise ist aber die Anbieterfirma gar nicht mit der Organisation identisch, die die Software erstellt hat. Hier sollten wieder die in Abschnitt 3.2.2 erwähnten Übertragungsprozesse und Ersatzhandlungen stattfinden, wenn der Zugriff auf die eigentlichen

87 Für Tapscott (1998) ist erkennbare Identität entscheidend für Vertrauensbildung. Identifizierbare Information wird zu einer authentischen Information, und Authentizität schafft Vertrauen. Tapscott bezieht das auf das Internet-Verhalten von Kindern; aber die Aussage ist wohl generalisierbar: »Authentification leads to trust – the sine qua non of N-Gen (Net-Generation – R. K.) culture. Trust is an indispensable condition for virtual communities. It is established when a child has a persistent identity online and participates in regular interaction« (77).

Experten oder der Zugriff auf das den Agenten zugrundeliegende Konstruktionswissen nicht möglich ist.
Primäre Übertragungsprozesse von bekannten Personen oder Institutionen zur Bildung von Vertrauen können auf intransparent werdenden Märkten leicht verlorengehen. Ein Grund für Abstriche im zugebilligten Vertrauen kann darin gesehen werden, daß durch eine enge Verflechtung von Wirtschaft und Wissenschaft die vormals neutrale Vertrauensinstanz für das allgemeine Publikum problematisch wird. *Firefly* – als nur ein Beispiel für die immer raschere kommerzielle Umsetzung wissenschaftlicher Entwicklung in die Wirtschaftspraxis – ist ja sehr schnell unter der Federführung der gleichen *M. I. T.*-Wissenschaftlerin Maes ein Produkt einer auf dem Markt tätigen Firma geworden, die dann zudem auch noch von *Microsoft* aufgekauft wurde[88]. Welchen vertrauensbildenden Effekt haben noch diese vielleicht immer noch wissenschaftlich fundierten, aber mit Marktinteressen verbundenen *Self-promotion*-Aussagen? Auch hier sind kulturelle Unterschiede zur Geltung zu bringen. Was in den USA und Japan als Transfer anerkannte selbstverständliche Praxis ist, darum muß in anderen Ländern, so auch Deutschland, immer noch gekämpft werden. Auf der anderen Seite verflüchtigt sich die Referenz auf solche neutralen Vertrauensinstanzen rasch, wenn das allgemeine Publikum von solchen Produkten Besitz nimmt. Es ist nicht anzunehmen, daß den meisten Benutzern des elektronischen Buchanbieters *Amazon.com* oder der *Surf*-Maschine *Alexa.com* noch bewußt ist, daß die dort verwendeten Techniken des kollaborativen Filterns auf die Arbeit renommierter Wissenschaftler wie Malone oder Maes zurückgehen. Vermutlich wird die Referenzierung auf vertrauenswürdige Personen oder Institutionen vielleicht nur in der Anfangsphase eines Produktes eine Rolle spielen. Bei der weiteren Anwendung wird die eigene Erfahrung mit dem Produkt und dem Produktanbieter für die Vertrauensbildung wichtiger werden oder aber, falls die Erfahrung nicht ausreicht, die Vertrauenszusicherung von anderen neutralen Instanzen[89].

88 Auf die *Privacy*-Sicherungspolitik von Firefly Network Inc., der kommerziellen Version von *Firefly*, gehen wir in Abschnitt 7.4.1 noch näher ein.

89 In der kommerziellen Version von Firefly spielen Zusicherungen in Sachen Vertrauensschutz eine große Rolle. In der *Web site* heißt es u. a.: »Firefly is the leading provider of products and services that enable

### 6.8.2 Aspekte des Vertrauens in Assistenten auf elektronischen Märkten aus Anbietersicht

Sofern Assistenten nach der Agententechnologie arbeiten, muß für deren Arbeit gewährleistet sein, daß die Objektbereiche, die *Server* in den Netzen, es zulassen, daß Agenten in ihren Bereich, z. B. in ihre elektronischen Marktplätze eindringen und die Informationen suchen, für die sie einen Auftrag haben. Entsprechend Erfahrungen mit dem von *Andersen Consulting* eingesetzten Agenten zur Erstellung von Preisvergleichen für bestimmte Produkte (vgl. Abschnitt 6.7.4) ist es verschiedentlich vorgekommen, daß der Agent mit der Meldung *was blocking out our agents* zurückgekommen ist. Über die Gründe für die Abweisung kann man nur eher spekulieren. Neben allgemeinen Sicherheits- und Belastungsaspekten spielt sicher eine Rolle, daß manche Anbieter sich nicht der Konkurrenz über einen bloßen Preisvergleich (das war die wesentliche Leistung von *BargainFinder*) aussetzen wollen, wenn andere Aspekte, wie Zahlungskonditionen, Auslieferung, *After-Sales-Service*, dabei ausgeblendet werden, bei denen sie vielleicht Vorteile haben. Anbieter haben in diesem Fall, und in diesem Fall wohl auch zu Recht, kein Vertrauen in die Objektivität des so programmierten Agenten und in seine Fähigkeit, das einzulösen, was sie versprechen, nämlich Markttransparenz zu erstellen. Allerdings werden solche Abblock-Meldungen des Agenten von den Nutzern möglicherweise so negativ aufgenommen werden, daß Anbieter sich dem Druck der Agententechnologie immer schwerer werden entziehen können. Man muß abwarten, wie der Markt hier reagieren wird. Falls jedoch methodisch und informationell unterausgestattete technische Assistenten schon in realen Anwendungssituationen eingesetzt werden, kann Vertrauen rasch verspielt werden. Wenn die erzeugte

businesses to build valuable personalized relationships with individuals and create communities around their brands, while protecting their privacy and the privacy of individuals.... Privacy has become the No. 1 issue facing the Internet, and Firefly's pioneering products and initiatives have helped establish on the Web the environment of trust needed to deliver true personalization and thus maximize the Web's commercial potential. ... We at Firefly Network, Inc. have one primary obsession: to enable the building of thriving personalized communities based on trust, privacy and freedom of expression.« (vgl. Abschnitt 7.4.1)

Erwartungshaltung nicht mit der realen Leistung korrespondiert, kann dauerhaft Vertrauen verlorengehen. Ähnliches ist ja schon einmal mit den wissensbasierten Expertensystemen geschehen.

Noch ein eher technischer Hinweis aus der Sicht der technischen Assistenten/Agenten selber: Bei mobilen Agenten, die zur Erledigung eines Auftrags selbständig in den Netzwerken navigieren und dabei vorübergehend Leistungen anderer *Server* in Anspruch nehmen bzw. Transaktionen bei diesen *Servern* veranlassen, sind absolut sichere Identifizierungsverfahren notwendig und Regelungen, in welchem Umfang der Agent mit welchen Programmen die Rechnerleistung des *Servers* in Anspruch nehmen darf[90], damit nicht für den *Server* die Situation eintritt, daß ein Agent absichtlich oder unbeabsichtigt den Interessen des *Servers* zuwiderhandelt. Sicherheitsprobleme entstehen durch die Verwendung der Java-Technologie für die Programmierung von Agenten. *Java*-Programme werden, insofern sie als Aktionen in einem anderen Rechner ausgeführt werden sollen, im *Java-Byte-Code* den zu übergebenden HTML-Seiten beigefügt, die als Applets der Zielmaschine übergeben und durch das Vorhandensein einer lokalen virtuellen Java-Maschine (vergleichbar der Leistung eines Interpreters) ablaufen. Applets transportieren Programme in den Zielrechner mit der im Prinzip damit verbundenen Unsicherheit, ob die Programme, die Applets, wirklich nur das tun, was sie angeben zu tun, und ob der Zugriff der Applet-Anweisungen auf eine Systemumgebung im Zielrechner beschränkt werden kann, die definiert und akzeptiert wird[91].

Huhns/Singh (1998b) weisen auch darauf hin, daß ein Vertrauensproblem auf der Seite des Agenten auftreten kann, indem er seinen Programm-Code und seine Daten dem *Server* offenlegen muß, damit die gewünschten Agenten-Programme durchgeführt werden können. Hierfür gibt es in der Tat keinen Schutz, sondern nur, z. B. durch Verwendung von Kodierungsalgorithmen, die Möglichkeit, im nachhinein herauszufinden, ob irgend etwas verändert worden ist. Auf jeden Fall muß geregelt sein, wie weit der *Server* Einblick in die Struktur (die Programme und die Daten) des Agenten nehmen bzw. sogar diese Daten veränden darf.
Verlangt ein Agent anderen Agenten oder anderen *Servern* Lei-

90 Einen entsprechenden Vorschlag für einen Überwachungsmechanismus für mobile Agenten unterbreiten Brenner/Zarnekow/Wittig (1998, S. 143); vgl. auch Cockayne/Zyda (1998).

91 Von der Entwicklerfirma Sun sind entsprechend umfängliche Sicherheitsvorkehrungen getroffen worden, die einen unkontrollierten *Java*-Einsatz verhindern sollen (vgl. Brenner/Zarnekow/Wittig 1998, S. 191 ff.).

stungen ab, die mit Kosten verbunden sind, dann muß gesichert sein, daß die Kosten vom Verursacher getragen werden – was technisch am einfachsten zu realisieren ist, wenn gänzlich mit elektronischen Zahlungsformen wie *Ecash* operiert wird. Natürlich soll zur Wahrnehmung der Interessen des Auftraggebers auch gesichert sein, daß der Agent nur so weit finanzielle Verpflichtungen eingeht, wie es vom Auftraggeber vorgesehen ist.
Die Vertrauensfrage tritt auch bei verteilten/Mehrfach-Agenten-Systemen auf. Marsh (1994) spricht von Vertrauen von Agenten bei ihren Interaktionen untereinander[92]. Wenn ein Agent Grund hat, anderen Agenten zu trauen, wird er mit ihnen interagieren. Muß ein Agent Beziehungen zu potentiell *nicht wohlgesonnenen* Agenten aufnehmen, dann ist er sich des Risikos *bewußt* und kann sich vor unverantwortlichem oder nicht vertrauenswürdigem Verhalten *wappnen*. Marsh schlägt einen Simulationsalgorithmus vor, durch den dieses Vertrauenskonzept durchgespielt werden kann.
Bei (verteilten) Multi-Agenten-Systemen müssen die einzelnen Agenten Wissen darüber haben, welche Kompetenzen die anderen mit ihnen zusammenarbeitenden Agenten haben und in welchem Ausmaß Vertrauen in deren Kompetenz und redliche Anwendung ihrer Kompetenz geschenkt werden kann. In dem am *M. I. T.* entwickelten Multi-Agenten-System *Kasbah*[93] arbeiten z. B. Verkaufsagenten, Kaufagenten und Suchagenten verschiedener Ausprägung miteinander. Über sie soll ein virtueller Marktplatz erstellt werden, auf dem im Auftrag des Besitzers (Anbieters oder Kunden) Kaufprozesse ausgehandelt werden sollen.

*Kasbah* stellt dafür einen verteilten Vertrauensbildungs- bzw. Reputations-Mechanismus bereit (*Better Business Bureau*=BBB), den die Agenten für ihre Vertrauensbildung benutzen. Nach einer abgeschlossenen Transaktion schätzen die beteiligten Agenten über BBB ein, wie gut der andere Agenten-Partner seinen Job gemacht hat, z. B. wie gut die Information, wie komfortabel der Bestellvorgang oder wie sicher die Zahlungsabwicklung war. Diese Einschätzungen werden im gesamten BBB des Agenten-Marktplatzes eingestellt, und die Agenten können bei neu anstehenden Kaufsituationen entscheiden, ob sie mit einem Agenten in Verhandlung treten

92 Auf die Problematik der anthropomorphisierenden Attributzuschreibung, hier daß Agenten Vertrauen untereinander haben sollen, haben wir in Abschnitt 6.5 hingewiesen.
93 *Kasbah*: kasbah.media.mit.edu

wollen, wenn dessen Reputation unter eine bestimmte Schwelle geraten ist (Guttmann/Moukas/Maes 1998, S. 25).

Vertrauen oder Reputation werden zu algorithmisch feststellbaren Größen. Dies leitet direkt über zu dem letzten Abschnitt der Vertrauensdiskussion bei technischer Assistenz, inwieweit Vorgänge der Personalisierung und Anthropomorphisierung vertrauensbildende Faktoren darstellen.

### 6.8.3 Personalisierte, anthropomorphisierte Agenten – Glaubwürdigkeit als Grundlage für Vertrauen

Über kaum etwas ist in der Literatur zur Mensch-Maschine-Kommunikation bzw. zur *Interface*-Gestaltung von technischen Assistenten bzw. Agenten so viel diskutiert worden wie über die Sinnhaftigkeit des Ausmaßes ihrer Anthropomorphisierung[94]. Das berühmte *Knowledge-Navigator*-Video von Apple (Laurel 1990) ist der entscheidende Ausgangspunkt des Pro und Contra für anthropomorphe Gestaltung von Assistenten gewesen, vgl. auch Apple's Guide-Projekt (Oren 1990) und das Maxims-System (Lashkari et al. 1994). Dort werden Gesichter-Varianten benutzt, um den Benutzern die Einschätzung der Eigenschaften oder des Verhaltens von Assistenten zu erleichtern. Die Forschungshypothese dabei war, daß Benutzer mit Assistenten leichter interagieren, wenn die Eigenschaften oder das Verhalten von Assistenten aus ihren Gesichtszügen oder allgemeiner ihrem erkennbaren Verhalten erschlossen werden können.
Walker et al. (1994) haben herausgefunden, daß Gesichter und variierende Gesichtsausdrücke von Agenten die Leistung und die Produktivität von Menschen beeinflussen, wenn sie mit diesen Agenten kommunizieren. Ein Agenten-Gesicht, zumal wenn es

94 Ausführungen zur Anthropomorphisierung von Agenten: Ball et al. (1997); Bates (1994); Bates/Loyall/Reilly (1997) in: Huhns/Singh; Bradshaw (1997, S. 21 f.); Erickson (1997); Isbister (1995); Koda (1996); King/Ohya (1996); Koda/Maes (o.J.); Laurel (1997); Loyall/Bates (1997); Malone/Lai/Grant (1997); Nass et al. (1995); Negroponte (1997); Rich/Sidner (1997) in: Huhns/Singh; Sloman (1996); Takeuchi et al. (1995); Walker et al. (1994).

nicht starr ist, sondern über eine größere Ausdrucksbreite verfügt, motiviert zu einem aktiven Interaktionsverhalten, verlangt aber mehr Anstrengung und Aufmerksamkeit vom Benutzer, ohne daß eindeutig gesichert ist, ob sich das immer auf das eigentliche Interaktionsziel positiv auswirkt (vgl. Takeuchi et al. 1995). Als negativ wird ebenfalls angeführt, daß menschliche Züge zu einer unberechtigten Über-Erwartung an die Leistungsfähigkeit der Agenten führen. Das war ja auch die Grundlage des *Eliza*-Syndroms (Abschnitt 6.2).

Einleuchtend ist sicherlich die Hypothese der Kontext- bzw. Anwendungsabhängigkeit der Verwendung von Gesichtsausdrücken von Agenten[95]. Der gewisse Nachteil einer erhöhten Aufmerksamkeit und damit einer größeren Interaktionsanstrengung spielt möglicherweise in einer Unterhaltungsumgebung keine Rolle, wo Benutzer es nicht unbedingt darauf anlegen, ihre Bemühungen zu minimieren[96]. Wir gehen kurz auf eine der wenigen empirisch basierten Studien ein, die Personen bei der Mensch-Agenten-Interaktion in Unterhaltungssituationen untersucht haben (Koda 1996). Die allgemeine These der Autorin dieser Studie steht in direktem Zusammenhang mit unserem Thema:

»Trust comes from making the user feel comfortable about the agent's behavior«[97].

Koda untersucht das Thema z. B. über die folgenden Fragen:

- Wird das Vertrauen bei der Delegation von Aufgaben an Agenten durch den Anthropomorphisierungsgrad beeinflußt?
- Wollen es Benutzer oder schätzen sie es, wenn Agenten Gesichter und Gesichtsausdrücke haben?

95 Auf die Bedeutung von Kontext für das *Design* von (intelligenten) Agenten allgemein geht Turner (1998) ausführlich ein. Kontext wird dabei verstanden als »any identifiable configuration of environmental mission-related and agent-related features that has predictive power for an agent's behavior« (a.a.O., S. 308).

96 Daraus wird auch in der unten kurz dargestellten Studie der verallgemeinernde Schluß gezogen, daß der Vorteil von Agenten mit Gesichtern nicht nur für Spieleumgebungen gilt, sondern für alle, bei denen eine gewisse Anstrengung von den Nutzern erwartet wird, so auch bei Lernsituationen. Fraglich, ob das für Situationen gilt, in denen in erster Linie das (rationale) Interesse daran besteht, an Informationen zu kommen.

97 tomoko.www.media.mit.edu/people/tomoko/imgs/poster.gif

- Werden die Gesichtsausdrücke des Agenten dafür benutzt, um das Agentenverhalten zu interpretieren?
- Erhöhen Agenten mit Gesichtern das Engagement in die aktuelle Aufgabe?
- Wenn die bisherigen Fragen positiv beantwortet werden – welche Eigenschaften eines Gesichtes lassen es intelligent, angenehm und als bequem für die Zusammenarbeit erscheinen?

Die Teilnehmer an dem Bewertungsexperiment waren 10 *Graduate students* am *M. I. T.*, durchschnittlich 27 Jahre alt, alle mit Computererfahrung und vertraut mit dem Poker-Spiel. In der Versuchsanordnung spielen vier (technische) Agenten mit einem menschlichen Benutzer Poker. Die Agenten können folgende Gesichter annehmen: kein Gesicht, ein realistisches Frauengesicht, eine Frauenkarikatur, eine Hundekarikatur und ein *Smiley*-Gesicht. Sie unterscheiden sich im Grad der Menschlichkeit und der Abstraktion. Jeder Agent hat 10 Gesichtsausdrücke und wechselt diese, wenn er die Karten austeilt, ein Gebot abgibt und gewinnt bzw. verliert. Z. B. zeigt der Hund einen ängstlichen Ausdruck, wenn er bietet, und ist aufgeregt, wenn er bluffen will. Jedes der 10 Versuchssubjekte spielt 18 Runden gegen die 4 Agenten.

Im Experiment sollte herausgefunden werden, ob die Einschätzung der Agenten durch den Benutzer von deren Darstellung, nicht von deren Leistung abhängt. Alle Agenten benutzen den gleichen Spielalgorithmus, was den Versuchspersonen aber nicht bekannt war. Nach den jeweils 18 Runden wurde ein Fragebogen mit 22 Fragen ausgeteilt: 6 Hintergrundfragen, 6 Fragen über subjektive Eindrücke von Intelligenz, Zuneigung (*likability*) und Grad der Zufriedenheit (*comfort*) mit dem Gesicht, und 10 Fragen über ihre Erfahrung mit Agentengesichtern und Gesichtsausdrük-

| | Zuneigung | Engagement | Verlangte Aufmerksamkeit |
|---|---|---|---|
| Keine Gesichter | 2.1 | 2.1 | – |
| Gesichter | 3.8 | 3.4 | 3.7 |

Tab. 1 (Koda 1996) (eigene Übersetzung)

| Menschlichkeit | Abstraktionsebene | Intelligenz | Zuneigung | Zufriedenheit |
|---|---|---|---|---|
| menschlich | realistisch | 3.9 | 3.0 | 4.2 |
| | Karikatur | 2.9 | 2.5 | 3.2 |
| | Smiley | 2.3 | 2.2 | 3.0 |
| Hund | Karikatur | 3.0 | 4.0 | 3.0 |

Tab. 2 (Koda 1996) (eigene Übersetzung)

ken. Die Skalierung reichte von 1 (am wenigsten zutreffend) bis 5 (am besten zutreffend).

Tabelle 1 zeigt, daß sich die These der erhöhten Aufmerksamkeit bestätigt: Zuweilen beschäftigten sich die Versuchspersonen intensiver damit, die Gesichtsausdrücke zu interpretieren als mit ihrem eigenen Spiel, ja die Interpretation hielt sie sogar davon ab, sich auf das Spiel zu konzentrieren. In der bloßen Gegenüberstellung – *face/no face* – wird deutlich, daß das Interaktionsengagement bei Agenten mit Gesichtern höher ist als bei solchen ohne. Ebenfalls deutlich zeigt sich, daß die Benutzer Agenten mit Gesichtern sympathischer finden.

Je realistischer ein menschliches Gesicht ist, desto mehr wird der betreffende Agent als intelligent eingeschätzt (Tabelle 2). Auch die Werte bei *Zuneigung* und *Zufriedenheit* liegen bei einer realistischen Menschendarstellung höher[98]. Besonders interessant ist allerdings das Ergebnis, daß ein Tiergesicht lieber gemocht wird als Annäherungen an menschliche Gesichter.

Auch angesichts der Begrenztheit der Ergebnisse wird deutlich, daß Menschen emotional auf Agenten mit Gesichtern reagieren und daß – in einer Bestätigung der *Media-equation*-These – eine Übertragung auf menschliche Eigenschaften geschieht. Eine Versuchsperson in dem angeführten Experiment machte sich Sorgen, daß ein Agent in ihre Karten schaut. Eine andere Person wurde wütend, nachdem sie zweimal hintereinander gegenüber demselben Agenten verloren hatte[99]. Bei der Interpretation werden menschliche Eigenschaften auf das Gesicht übertragen. Dazu paßt der Nachweis von Isbister (1995), daß die Einschätzung der Computerintelligenz nicht auf deren wirklicher Intelligenz beruht, sondern auf der wahrgenommenen Intelligenz. »The look makes the difference«. Wahrgenommene Intelligenz und Zuneigung müssen nicht miteinander korrelieren (im Experiment bekam der Hund die höchsten Zuneigungseinschätzungen). Daran

98 Dies mag die Darstellungsbemühungen bei den Hilfesystemen relativieren. Verzerrte *Comics*-Figuren müssen nicht zu besseren Resultaten führen.

99 Weitere Beispiele für emotionale Reaktionen von Personen gegenüber Agentenleistungen führt Erickson (1997, S. 88) an; vgl. auch Ball et al. 1997).

anschließend scheint die Hypothese plausibel zu sein, daß zu Agenten durchaus emotionale Beziehungen aufgebaut werden:

»Emotion is one of the primary means to achieve this believability, this illusion of life, because it helps us know that characters really care about what happens in the world, that they truly have desires.« (Bates 1994)

Allerdings ist sich die Forschung darin nicht einig. Die kritische Position, bei der also die Verwendung der realistischen Mensch-Metapher für kontraproduktiv und für einen Verlust an Benutzerkontrolle gehalten wird, vertritt exemplarisch Ben Shneiderman, der in der Entwicklungsphase von Hypertext maßgeblich dazu beigetragen hat, das Prinzip der direkten Manipulation (also das Vor-Agenten-Paradigma) (vgl. Abschnitt 6.3) zu verwirklichen. Er begründet die Kritik an den Bemühungen, den Menschen als *Design*-Vorbild für Agenten-*Interface*s zu nehmen, mit einem historisch-systematischen Argument: Auch Autos sind keine Beine verpaßt worden, damit sie sich bewegen, und der Durchbruch bei Flugzeugen kam erst, als man aufhörte, sich an den Flügelbewegungen der Vögel zu orientieren. Fortgeschrittene Technologie orientiere sich nicht an den Vorbildungen der Natur:

»As an early inspiration the anthropomorphic scenario is a good idea, but if you stick to it, you' re going to miss the grand discoveries of effective technology« (zit. bei Leonard 1997b).

Ein ähnliches Argument gebraucht Bates (1994), wenn er die Gestaltung des Aussehens von Agenten mit der Darstellung in der Kunst vergleicht:

»In any case, it is our view that believability will not arise from copying reality. Artists use reality in the service of realism, for example by carefully studying nature, but they do not elevate it above their fundamental goal. Mimicking reality is a method, to be used when but *only* when appropriate, to convey a strong subjective sense of realism, it is art which must lead the charge here.«

Wir haben ein vergleichbares Argument benutzt, um zu zeigen, daß die informationellen Mehrwerteffekte von Hypertext gegenüber klassischen linearen Texten nicht zum Tragen kommen, wenn die Buchmetapher einfach auf Hypertext übertragen wird. Die Potentiale der nicht-linearen Organisation von Wissen und der Erarbeitung von Information sollten für originale, d. h. hypertextangemessene Ausprägungen der Gestaltung ausgenutzt werden, z. B. durch die Verwendung von dynamisch generierten Inhaltsverzeichnissen nach dem *Fish-eye*-Prinzip (Furnas 1986) gegenüber dem starren gedruckten Verzeichnis bzw. allgemein durch Ausnutzung der intensiven Vernetzungsmöglichkeit gegenüber der weitgehend linearen Gestaltung von Text (Kuhlen 1991). Die *Todsünde* einer neuen Technologie, vor allem im Informations(technologie)bereich, ist die Eins-zu-eins-Abbildung von alten Technologiemerkmalen auf die neue Umgebung. Werden technische Assistenten in Analogie zu personalen Assistenten gestaltet, sowohl im Aussehen als auch in der Leistung, so kann sich das doppelte Problem ergeben, daß

- die Innovationspotentiale der technischen Agententechnologie nicht ausgeschöpft werden und daß
- die Akzeptanz- und Nutzungsraten sinken können.

Die letztere Vermutung ist allerdings bislang zu schwach empirisch untersucht, als daß sie gesichert sein dürfte. Daher ist es sicherlich weiterhin angebracht, daß auch mit menschlich aussehenden und menschlich reagierenden technischen Assistenten/Agenten experimentiert wird.
Möglicherweise sind allerdings auch hier kulturelle Gewohnheiten wichtig. In den USA sind fast die meisten Menschen seit ihrer frühesten Kindheit animierten Disney- oder anderen *Cartoon-/Comics*-Figuren ständig ausgesetzt, die natürlich in der Lage sind, ihre Emotionen zu zeigen. Agenten müssen dafür keine menschlichen Züge annehmen. Bates (1994) zeigt die Emotionsbedeutung für Agenten an dem Beispiel der *Woggles* (tierähnliche Gestalten: *Shrimp*, *Bear* und *Wolf*). Dieser Ansatz hat sich in der Agentenwelt breit durchgesetzt. Beliebteste emotionenzeigende Gestalt auf elektronischen Märkten ist offensichtlich der Hund (so bei dem Software-Agenten *Adhound* oder bei *Fido*), der traurig ausschaut, wenn er einen Auftrag nicht hat ausführen können, und freudig mit dem Schwanz wedelt, wenn er erfolgreich gewesen ist.
Für unser Thema des Vertrauens in technische Assistenten ist die Verwendung und auch die Akzeptanz von emotionserzeugenden Figuren, die ja auch in Tiergestalt anthropomorphisierende Gestaltungszüge und Reaktionen zeigen, ein weiterer Beleg für die nötige Übertragungsleistung, von der mit hohen Sympathie-Raten eingeschätzten *Interface*-Figur zu den nur verdeckt oder gar nicht einsehbaren tatsächlichen technischen Leistungen. Dies ist im (informationellen) Agentenkontext wohl auch deshalb von Bedeu-

tung, weil die ablaufenden Handlungen, z. B. die Suche nach Informationen in Netzwerken oder die Abwicklung von Transaktionen, in der Regel für den Benutzer nicht erkennbar sind[100]. Die Anthropomorphisierungsdebatte ist sicherlich noch nicht abgeschlossen. Die empirische Basis entsprechender Studien ist noch zu schmal. Nicht unwahrscheinlich, daß sich artifizielle Figuren, wie die mit einem Dialogbeispiel zitierte Alice aus der *Science fiction* (vgl. Abschnitt 4.3), in Auskunftsumgebungen durchsetzen werden, auch Verkaufsassistenten auf elektronischen Märkten könnten Akzeptanz gewinnen, Kunstfiguren in der Musik- und Unterhaltungsbranche ohnehin. Wahrscheinlich ist aber, daß es eher auf die figürliche stilisierte Darstellung ankommt als auf eine annähernd realistische Reproduktion menschlicher Gestalt. Die Ikonen zur Visualisierung von technischer Assistenz sind die elektronischen Zugriffspunkte zu den oft genug nicht mehr verstandenen Systemleistungen. Sie können Vertrauen über Ersatzhandlungen und Übertragungsvorgänge suggerieren, das in Situationen von Unsicherheit durch die damit verbundene positiv emotionale Komponente nur zu gerne gesucht wird.

100 Bei der Verwendung von dynamischen *Browsern* im Internet wird als nützliche Unterstützung immerhin zuweilen als jeweiliges Zwischenergebnis angezeigt, in wievielen *Web sites* wieviel Information schon gefunden wurde – sicherlich freundlicher als das Warten auf das endgültige Gesamtergebnis.

# 7 Vertrauenskritische Bereiche auf elektronischen Märkten – Situationen informationeller Unsicherheit bei Angebot und Nutzung von Netzwerkdiensten

Wir wechseln die Perspektive, auch wenn wir beim Gesamtthema bleiben. Standen im vorigen Kapitel die technischen Assistenten im Vordergrund, so wollen wir in diesem Kapitel Fragen der Unsicherheit und des Vertrauens beim Umgang mit Diensten auf elektronischen Märkten behandeln. Auch diese waren natürlich schon bei der Behandlung der technischen Assistenten angesprochen. Dienen doch z. B. die Filter-/*Blocking*-/*Rating*-Assistenten der Reduktion von Unsicherheit in elektronischen Informationsräumen, sei es, daß sie Orientierungsleistungen erbringen oder (positiv oder negativ) Information aus der Interessenlage des Benutzers selektieren. Wir stellen hier das Thema der technischen Assistenten, die direkt auf Informationsarbeit bezogen sind, in den weiteren Kontext elektronischer Märkte.

Elektronische Märkte bzw. elektronische Marktplätze als deren organisationelle und institutionelle Realisierungen sind die (virtuellen) Orte der Informationsmoderne, in denen sich ein Großteil des öffentlichen, professionellen und privaten Lebens vollzieht bzw. in sehr naher Zukunft vollziehen wird. Sie sind die technischen und abstrakten Systeme der Gegenwart schlechthin, und auf sie trifft auch zu, was Giddens für den Umgang mit technischen und abstrakten Systemen der Moderne allgemein betont hat. Wir handeln in und mit ihnen im Zustand weitgehender informationeller Un(ter)bestimmtheit und sind uns bezüglich der Funktionen und der Reichweite ihrer Leistungen durchweg unsicher.

Alle Umfragen bezüglich der Akzeptanz von elektronischen Märkten belegen, daß Unsicherheit über Funktionen und Reichweite wesentlich dafür verantwortlich ist, daß die Dienste elektronischer Märkte, vor allem im Umfeld des Internet, noch nicht stärker in Anspruch genommen werden. Unsicherheit in allen Funktionsbereichen elektronischer Märkte, aber vor allem bezüglich des Status von Information aus Netzwerken, ist aus zwei Sichten zu untersuchen:

- *Nutzer* von Diensten elektronischer Märkte wollen Vertrauen in die Richtigkeit und Handlungsrelevanz der ihnen zugänglich werdenden Informationen und in die Verläßlichkeit der angestoßenen und beauftragten Transaktionen haben. Sie wollen darauf vertrauen können, daß die von ihnen während der Interaktion mit Netzdiensten und durch ihre Transaktionen zwangsläufig oder sogar freiwillig gegebenen Daten nicht mißbraucht werden.
- Eine andere Form von informationeller Unsicherheit – nun auf der *Anbieterseite* – entsteht bei der Anbahnung und Durchführung von Geschäftsbeziehungen dadurch, daß erfolgreiches Marketing allgemein und erst recht im interaktiven, eine Individualisierung ermöglichenden Internet-Medium nur dann möglich ist, wenn ausreichende und valide Information über die anvisierten Nutzergruppen oder sogar Individuen vorliegt. Diese zu erlangen, mag technisch immer einfacher sein; die verfügbare Technik einzusetzen, aber immer schwieriger durchzusetzen. Unsicherheit über Qualität der Kundeninformation und Unsicherheit über die erhoffte Akzeptanz der für notwendig gehaltenen Informationssammlung über Kunden sind auf Anbietermärkten weit verbreitet. Daher unterbleibt die Sammlung oft genug oder wird verdeckt durchgeführt.

Unsicherheit kann kein Dauerzustand bleiben, weder im privaten Leben noch auf dem Marktgeschehen. Wie nicht anders zu erwarten, wird uns das Thema des Vertrauens, hier in die Funktionsweise elektronischer Märkte, daher wieder begegnen. Die Gesamtheit der Maßnahmen, die erforderlich sind, um Unsicherheit wenn nicht zu beseitigen, so doch zu kompensieren, werden in professioneller Umgebung – so haben wir es bei der Krise der A-Klasse gesehen – als Vertrauensmanagement bezeichnet. Die Grenzen des Vertrauensmanagements sind der Beginn der Manipulation. Es werden daher nicht nur interessenabhängige Verfahren des Vertrauensmanagements benötigt, sondern auch objektivierende, Transparenz verschaffende Verfahren des Qualitätsmanagements und der Zertifizierung von Informationseinrichtungen und -diensten. Vielleicht wird sich der Grad der informationellen Bildung eines Bürgers in der Informationsgesellschaft auch daran messen lassen, inwieweit er sich auf Vertrauensmaßnahmen einlassen will/muß oder inwieweit er sich auf Verfahren der Transparenz abstützen kann/will. Sicherlich werden Informationsgesellschaften als ganze daran zu messen sein, welche Mechanismen der (akzeptierten, nicht blinden) Vertrauenssicherung sie entwickelt haben. Mit Brin (1998) sind wir der Ansicht, daß Vertrauenssicherung eine

Funktion von Transparenz ist. Informationsgesellschaften können entsprechend danach beurteilt werden, ob in ihnen

- Transparenz in erster Linie ein Privileg der (in politischer oder ökonomischer Hinsicht) Herrschenden ist, indem diese jederzeit an die Information über ihre Klientel herankommen können, die sie brauchen, um Geschäfte abzuwickeln oder Macht auszuüben;
- Verfahren reziproker Transparenz bzw. informationeller Symmetrie entwickelt werden können, bei denen Information keine Einbahnstraße, sondern ein wechselseitiges Geben und Nehmen ist und sich faire Kompromisse zwischen dem (passiven) Anspruch, in Ruhe gelassen zu werden, und der Verpflichtung, alles offenzulegen, entwickeln können[1];
- Einstellungen entwickelt werden, bei denen Transparenz eher ein Negativbegriff ist, vor der man sich mit Verfahren der Abschottung, z. B. über den Einsatz von Kryptographie- oder anderen Anonymisierungsverfahren, umfassend schützt.

In jeder Gesellschaft, so auch in Ausprägungen der Informationsgesellschaft, artikulieren die Hauptakteure aus Politik, Wirtschaft und Gesellschaft ihre Interessen und müssen Lösungen des Interessenausgleichs finden, in unserem Fall, wie mit Information über die beteiligten Partner und Gruppen auf elektronischen Märkten umzugehen ist. Brin (1998, S. 86) faßt die Lösungsmöglichkeiten in der folgenden Matrix zusammen (Übersetzung – R. K.). Hierbei kann das Wort *andere* jeweils durch die angesprochenen Akteure aus Politik, Wirtschaft und Gesellschaft, das Wort *Werkzeuge* durch *Informationsassistenten* ersetzt werden:

| | |
|---|---|
| Werkzeuge, die mich erkennen lassen, was andere tun oder vorhaben | Werkzeuge, die andere daran hindern zu erkennen, was ich tue oder vorhabe |
| Werkzeuge, die andere erkennen lassen, was ich tue oder vorhabe | Werkzeuge, die mich daran hindern zu erkennen, was andere tun oder vorhaben |

1 Brin, im Gefolge von Poppers Ansatz einer offenen Gesellschaft (Popper 1945/1992), favorisiert natürlich diese zweite Lösung – wie wohl auch jeder andere, wenn sich ihm nur die beiden anderen Alternativen stellen sollten. Er zitiert in diesem Zusammenhang Esther Dyson (a.a.O., S. 331): »The challenge is not to keep everything secret, but to limit misuse of information. That implies trust, and more information about how the information is used. At the same time we may all become tolerant if everyone's flaws are more visible.«

Alle diese Werkzeuge, Assistenten, sollen Unsicherheit reduzieren. Man kann natürlich an dieser Stelle (und für den Rest des Kapitels) die allgemeine Frage stellen, ob und inwieweit das virtuelle Leben in elektronischen Marktplätzen, ob und inwieweit unser Verhalten in ihnen und unsere elektronischen Transaktionen sicherer sein müssen, als wir Ansprüche im *realen* Leben erheben. Zweifellos werden sich auch hier im Laufe der Gewöhnung neue Akzeptanzmuster und neue Kompensationsformen entwickeln, so wie wir auch den möglichen Mißbrauch von Kreditkarten akzeptieren und die Kreditkartenanstalten ausreichende Sicherheit bei Verlust oder Mißbrauch der Karten garantieren. Aber das Ausmaß an Unsicherheit, die Möglichkeiten des Mißbrauchs und der angerichteten Schäden sind in den elektronischen Räumen unvergleichlich größer und daher ist auch wohl der Bedarf an Vertrauenssicherung und/oder Transparenz erheblich größer. Auf den bloßen Gewöhnungseffekt zu setzen, hieße das Problem verkennen. Vertrauens- und Transparenzarbeit werden laufend erforderlich sein.
Bevor wir auf konkrete Lösungsmöglichkeiten eingehen, wollen wir zunächst Situationen der Verunsicherung aus der Sicht der Nutzer besprechen, danach Verunsicherungssituationen aus der Sicht der Anwender. Danach diskutieren wir mögliche Reparaturmaßnahmen, wobei sowohl hinsichtlich der Rolle von Vertrauen als auch der von Transparenz der Einsatz von Kryptographie bzw. deren Absicherung eine zentrale Rolle spielen wird.

## 7.1 Informationelle Verunsicherung auf seiten der Nutzer

### 7.1.1 Unsicherheit über Qualität und Status von Information

Die Nutzung von Informationsdiensten aus Netzwerken wird anders erfahren als die Nutzung von erworbenen physischen Objekten oder die Inanspruchnahme von klassischen Dienstleistungen. Verantwortlich dafür sind mehrere Gründe:

- Zum einen sind die beanspruchten Informationsobjekte beliebig weit von dem Ort der tatsächlichen Nutzung entfernt. Das ist das Prinzip der *Dislozierung*.
- Weiter ist die Herkunft der beanspruchten Informationsobjekte – und damit meinen wir die Zurechenbarkeit – in vielen Fällen durchaus unklar. Das ist das Prinzip der *Anonymität* bzw. der *Nicht-Authentizität.*

- Das Prinzip der Anonymität ist gekoppelt mit dem Prinzip der *Virtualisierung bzw. der Diskontinuität,* indem sich die beanspruchten Informationsobjekte häufig aus vielen, durchaus wieder beliebig weit entfernten Teilobjekten zusammensetzen und sich nach der Nutzung häufig wieder auflösen, also keine Kontinuität aufweisen.
- Und nicht zuletzt gehört zur Nutzung von Informationsobjekten die Erfahrung, daß die beanspruchten *Informationsobjekte* nicht in den eigenen exklusiven Besitz übergehen, ja sich überhaupt nicht verbrauchen. Das wollen wir das Prinzip der *Nicht-Exklusivität* bzw. der *Wiederverwendbarkeit* nennen.

Im Gegensatz dazu ist z. B. das Auto, als ein physisches Gut, das wir besitzen, mit uns, zumindest wenn wir es nutzen, in der selben Umgebung. Uns ist bewußt, von welchem Händler wir es gekauft haben, und wir wissen auch, welcher Hersteller es verantwortlich produziert hat. Es ist sicherlich ebenfalls wie Informationsobjekte aus vielen Einzelteilen zusammengesetzt, für das häufig in weltweiter Verteilung viele einzelne Organisationen zuständig waren – jetzt aber ist es real da und für einen längeren Zeitraum auch real in unserem Besitz, den wir mit keinem anderen teilen und der sich allmählich durch Verbrauch in seinem Wert und schließlich in seinem Bestand reduziert.
Bei der Beanspruchung von Dienstleistungen sieht es leicht anders aus. *Physische* Dienstleistungen sind zweifellos mit dem Ort, an dem die Dienstleistung erfahren wird, fest verbunden. Das Prinzip der Dislozierung kommt nicht zum Tragen. Zurechenbar sind sie in der Regel auch, wir erfahren sie und ihren Urheber direkt. Ihre Leistung kann nicht dauerhaft in Besitz genommen, sondern muß immer wieder neu *erworben* werden. Das gilt auch für quasi materielle Dienstleistungen, wie die Inanspruchnahme des Wasser- oder Elektrizitätswerkes oder des Telefonunternehmens. Das Wasser, das wir bekommen, nehmen wir nicht in Besitz, sondern verbrauchen es. Es muß, damit es auch weiter als *Gebrauchswasser* genutzt werden kann, erneuert bzw. bearbeitet werden.
*Immaterielle* Dienstleistungen trennen in der Regel die räumliche Einheit von Leistung und erfahrener Leistung. Die finanzielle Transaktion, z. B. eine Überweisung, stoßen wir nur an, vollzogen wird sie ganz woanders, uns nicht bewußt, wo, wann oder wie. Zurechenbar, d. h. in der Verantwortung referenzierbar, sind die Dienstleistungen in der Regel durchaus, auch wenn sie, faktisch und oft nicht nachvollziehbar, sich aus Leistungen vieler einzelner

zusammensetzen. Dies ist z. B. der Fall, wenn wir einen *Informationsbroker* beauftragen, für uns ein Dossier zu einem uns interessierenden Problem zusammenzustellen. In der Regel wird dieser *Broker* in ein Netzwerk anderer Broker eingebunden sein, die er kontaktiert, wenn der Auftrag seine eigene Kernkompetenz übersteigt, und er wird sich auch sonst auf eine Vielzahl externer (personaler und technischer) Informationsressourcen abstützen. Auch hier kann die dann erstellte Dienstleistung nicht faktisch verbraucht werden, eventuell kann man sich die Rechte exklusiver Nutzung sichern, jedenfalls in der Form der aktuellen Zusammenstellung, wohl kaum bezüglich der einzelnen informationellen Einheiten, aus denen sich das Dossier zusammensetzt.

*Immaterielle Informationsleistungen* aus Netzwerken sind natürlich nicht grundsätzlich anders einzuschätzen als andere physische oder immaterielle Leistungen; aber sie vollziehen den Prozeß der Entkontextualisierung (*Disembedding* im Sinne Giddens') radikaler. Neben der räumlichen und zeitlichen Trennung der Informationsobjekte von ihrer Nutzung scheint uns dafür vor allem verantwortlich zu sein, daß wir diese Objekte nicht in Besitz nehmen, sie nicht verbrauchen und, vor allem, daß wir sie häufig nicht mehr eindeutig referenzieren, geschweige denn in ihrem Wahrheitswert und in ihrer Handlungsrelevanz selber überprüfen können. Diese abstrakte Überlegung im Hintergrund, wollen wir nachvollziehen, wie wir uns zu Informationsdiensten aus Netzwerken verhalten und welche Konsequenzen vor allem bezüglich der nötigen Vertrauensbildung daraus zu ziehen sind.

Die Einstellung zu Informationsdiensten aus Netzwerken ist ambivalent. Auf der einen Seite weiß man im Prinzip, daß die Informationen nicht alle lokal gespeichert sind, sondern aus externen *Servern* abgerufen werden. Auf der anderen Seite wird das Informationsgeschehen real auf dem eigenen Rechner in der vertrauten Umgebung erfahren. So *erleben* es die Nutzer. Diese subjektive Erfahrung für das lokale Informationsereignis ist mindestens genauso wichtig wie das zweifellos auch bei vielen Nutzern vorhandene Wissen, daß im Rahmen der allgemeinen *Client-Server*-Architektur die *Browser*-Software, die z. B. für den Aufbau von WWW-Seiten im eigenen Rechner erforderlich ist, real im lokalen Rechner vorhanden sein muß. Nur so kann sich das lokale Informationsgeschehen im Kontakt mit der Netzwelt ereignen. Der 1997/98 geführte Streit um die *Microsoft-Explorer*-Software hat der breiteren Öffentlichkeit bewußtgemacht, daß Navigation in Netzwerken ohne lokale, d. h. hier ohne die bei *Microsoft* nahe am Betriebssystem verankerte Software ebenso nicht möglich ist wie Textverarbeitung ohne die entsprechende lokale Software[2]. Aber, wie gesagt, wichtiger als die technische Verfügbarkeit lokaler Software scheint das subjektive Empfinden zu sein, vor Ort selber den Umgang mit der Information zu beherrschen. Das Prinzip und das Erlebnis der direkten Manipulation unterstützen das (Shneiderman 1998, S. 185 ff.), wenn auch diese faktisch häufig durch Engpässe in der Übertragungskapazität eingeschränkt und damit die lokale Erfahrung beeinträchtigt wird. Der Mausklick, den wir in eigener Entscheidung machen, führt unmittelbar zur nächsten Information. Wir haben es in der Hand – und diese Operation geht aus technischen Gründen schneller –, die getroffene Entscheidung wieder rückgängig zu machen. Wir erleben vor Ort informationelle Autonomie, realistischer gesehen ist es eher eine informationelle Manipulationsautonomie.

Wir haben bei der Diskussion der These der *Media equation* gesehen, daß die direkte lokale Referenzierbarkeit der Informationsmaschine für die Einstellung zu ihr entscheidend ist. Vertrauen zu einer lokal erbrachten Leistung ist spontan größer als Vertrauen in eine extern (disloziert) erbrachte, obgleich es *objektiv* für diese Einschätzung überhaupt keinen Grund gibt[3]. Weder dafür, daß externe Information unzuverlässiger sei als lokal vorhandene, noch für die Richtigkeit der Vermutung, daß sich das Informationsgeschehen tatsächlich lokal abspielt. Für unser Verhalten und für die Bildung des Vertrauens in ablaufende Informationsprozesse spielen objektive Argumente nicht die entscheidende Rolle.

2 Allerdings ist unverkennbar, daß sich auch hier das Prinzip der Dislozierung durchsetzen könnte. Mit der Entwicklung von Netzcomputern sollte sich die Notwendigkeit für den lokalen Rechner, die Nutzungssoftware permanent vorzuhalten und zu aktivieren, wenn sie gebraucht wird, drastisch reduzieren. Die Software, die real gebraucht wird, wird dann entweder temporär in den eigenen Speicher geladen oder aber, bei erweiterter Netzkapazität, aus externen *Servern* in Anspruch genommen. Vermutlich sind Zwischenlösungen zu erwarten, indem häufig beanspruchte Teile zur Nutzungszeit real vorhanden sind und gelegentlich genutzte Teile temporär dazugeladen werden.

3 Daher wird auch bei der personalen Informationsvermittlung die lokale Nähe des Assistenten/*Broker* als wichtiger Erfolgsfaktor gewertet.

Das emotionale Gefühl von Nähe wird vermutlich auch nicht entscheidend davon beeinflußt, daß sich Nutzer von Information aus Netzwerken bewußt werden – spätestens dann, wenn sie dafür bezahlen sollen oder auch nur, wie erwähnt, wenn die Übertragung der Daten verzögert wird –, daß die Inhalte tatsächlich von ganz woanders herkommen, aus vielen privaten, öffentlichen oder kommerziellen *Web sites*. Die bei den meisten *Browsern* mitgeführte Information, daß und wieviele Daten gerade übertragen werden, unterstützt diese Einschätzung[4]. Auch haben die verschiedenen *Content provider* über ihre Preispolitik dafür gesorgt, daß wir Information nur nutzen – und dies auch häufig nur über ein vorab erteiltes Paßwort –, aber nicht in Besitz nehmen dürfen.

### 7.1.2 Unsicherheit über die Verwendung der in der Interaktion abgegebenen Informationen

Aufgrund der Möglichkeit, mit externen Ressourcen unmittelbar zu kommunizieren, ist Information keine Einbahnstraße. Information wird uns nicht nur zugeschickt, sondern wir holen sie auch aktiv ab und produzieren auch in die Märkte hinein selber Information. Dies macht ja gerade den Paradigmenwechsel der Neuen Medien aus, daß nicht mehr länger Information, wie in den klassischen Massenmedien, verteilt wird, sondern gezielt angeboten und abgerufen werden kann (Kuhlen 1998b). Diese aktive Teilnahme ist besonders offensichtlich, wenn wir kommunikative Dienste benutzen, eine *Email* verschicken, an einer *Newsgroup*, einem *Bulletin board*, einem *Chat board* oder einem elektronischen Forum teilnehmen (oder gar selber aktiver Betreiber einer *Web site* sind). Auch bei dieser aktiven Beteiligung an der Produktion von Information sind wir uns nicht immer ganz sicher, was mit unseren Beiträgen geschieht: Wer sonst noch meine *Email* mitliest, vielleicht gar nicht einmal dadurch, daß sie gezielt unbefugt ein-

4 Die bei aktiver Übertragung in Bewegung befindliche Ikone (z. B. in Form des rotierenden Globus oder herumtanzender Sterne bei den verschiedenen *Browsern*) wird möglicherweise ähnlich interpretiert wie die animierte Sanduhr bei anderen Softwareapplikationen, nämlich als Hinweis darauf, daß der eigene Rechner arbeitet – faktisch ist es ja auch eine Verbindung von Warten auf das Eingehen der einzelnen externen Informationspakete und Arbeiten am Aufbau der aktuellen Seite.

gesehen wird, sondern vielleicht dadurch, daß sie von dem Adressaten an andere weitergeleitet wird (was ja durch die *Forward*-Funktion und die Mehrfachaddressierung leicht möglich ist). Ganz neue Formen von Unsicherheit entstehen durch die Teilnahme an Diskussionsforen, wo kaum noch gesichert werden kann, was mit den laufenden Beiträgen geschieht und wer das Urheberrecht geltend machen kann, wenn aus vielen einzelnen Beiträgen jemand eine Publikation erstellt oder gar ein Patent ableitet, das kommerziell verwertbar ist.

Schon an diesen wenigen Beispielen wird deutlich, daß sich durch die Teilnahme an elektronischer Kommunikation der klassische Autorenbegriff und unser Verständnis vom Eigentum an produziertem Wissen stark verändern wird und daß hier Klärungsbedarf besteht, um für die Teilnahme an elektronischer Kommunikation, nicht für Zwecke des einfachen Geplauders im Privatbereich, sondern auch für den wissenschaftlichen Diskurs, für die politische Meinungsbildung oder für ökonomische Entscheidungsprozesse, Anreize zu schaffen und Unsicherheiten zu beseitigen.

Wir wollen im folgenden dieses Thema der möglichen Umdeutung der Verwertungsrechte von Wissen nicht vertiefen, sondern uns auf die zunächst passiv scheinende Informationssituation konzentrieren, bei der wir externe Information aufnehmen und bei der wir aber allein schon durch unser Interaktionsverhalten laufend eine Vielzahl an Informationen abgeben (Miedl 1999), für die sich andere sehr interessieren und die entsprechend mißbraucht werden können[5]. Die Zeiten, in denen wir anonym auf einer Einkaufs-

5 Eine weitere Form des Mißbrauchs persönlicher Information ist durch die (illegale) Aufzeichnung und Auswertung von Telefongesprächen durch Private gegeben. Während Telefonüberwachung durch staatliche Organe in der Regel streng reglementiert ist und in Gesellschaften mit entsprechenden Kontrollorganen auch nicht massenhaft eingesetzt wird (in den USA in durchschnittlich 1200 Fällen pro Jahr, überwiegend in New York und Florida und überwiegend auf den Drogenhandel bezogen; Smith 1998, B5), besteht im nicht staatlich-rechtlich kontrollierten Bereich durchaus eine Grauzone. Individuelle Telefonaufzeichnung für private oder kommerzielle Zwecke, in den USA spektakulär bekannt geworden durch die Telefon-Aufzeichnungen der Monika-Lewinsky-*Geständnisse* durch Linda Tripp im Zusammenhang der Clinton-Sex-Affäre, ist in den meisten Staaten gesetzeswidrig bzw. bedarf der Zustimmung der betroffenen Parteien. Verfügbare und billige Technologie

straße oder in einer Mall flanieren, einkaufen und anonym mit Bargeld bezahlen, werden auch in absehbarer Zukunft nicht gänzlich vorbei sein, aber schon bald nicht mehr die Regel sein[6]. Jede kommerzielle Aktion, die wir in elektronischen Netzen anstoßen, hinterläßt Spuren über uns, jedes Herumwandern in elektronischen Marktplätzen, jede Informationsabfrage, jede Reisebuchungsaktivität – alles, was wir unter Verwendung von Rechnern und Netzwerken tun, macht uns für andere transparenter[7], manchmal nur anonym hinsichtlich der Aktionen, manchmal aber auch personalisiert, mit der nachvollziehbaren Referenz auf die Akteure selber.

In der Öffentlichkeit herrscht durchaus Unklarheit, in welchem Ausmaß die eigenen Datenbestände bei der *Online*-Nutzung im

macht die Aufzeichnungen von Telefongesprächen aber leicht und begünstigt offenbar einen verbreiteten Einsatz. Der kommerzielle Einsatz von Aufzeichnung zur Überwachung z. B. von Angestellten wird als *dirty business* bezeichnet. Noch gewichtiger aber ist der daraus resultierende potentielle Verlust von Vertrauen in zwischenmenschliche Beziehungen. Smith (1998, B5): »We suffer the loss of trust when using the telephone or even when chatting face-to-face with supposed friends. We suffer the diminution of privacy, the protective cover we all need to expand our minds, take risks, develop spiritually and make mistakes without being accountable to the outside world. If the telephone is no longer an instrument for candor, our commerce, our diplomacy, our educational system and our journalism no longer function effectively. The outcome of the Cold War should teach us that societies in which there is no trust among friends and neigbors cannot thrive.«

6 Nach einer Studie der Lufthansa-Tochter AirPlus werden schon im Jahr 2000 in Europa $ 21 Milliarden über das Internet umgesetzt, ein Jahr später schon bis zu $ 64 Milliarden, während es im Jahr 2001 in den USA schon $ 206 Milliarden sein sollen (Lufthansa 1998). Dies beruht auf der eher konservativen Schätzung, daß im Jahr 2001 ca. 30 Millionen Haushalte in Europa von kommerziellen *Online*-Anbietern und elektronischen Marktplätzen erreicht werden können.

7 Brin (1998, S. 54 ff.) führt in Kapitel 4 seines Buches unter dem Titel *Privacy under siege* eine Fülle von (faktischen und potentiellen) Verletzungen von Privatheit an: durch den Staat (*Big Brother*), am Arbeitsplatz (*Spying in the Workplace*), durch die Kreditwirtschaft (*Credit Ratings*), durch das Gesundheitswesen (*Medical Records*), durch die Informationswirtschaft (*Commercialization of Personal Information; Safeway is Watching You*), durch medialen Mißbrauch oder durch Computer-/Informationskriminalität allgemein (*Identity Theft*).

Internet für andere transparent werden oder sogar dem Zugriff (bis zur Zerstörung) ausgesetzt sind. Insbesondere die *Cookie*-Technik, durch die bei der Nutzung von Informationsangeboten im Netz, z. B. bei Suchmaschinen, Programmteile im eigenen Rechner, temporär oder dauernd, abgesetzt werden, die das Navigationsverhalten *beobachten* und an den externen Host-Rechner zurückmelden, liefert interessierten Dritten in erheblichem Umfang persönliche Verhaltensdaten der Nutzer, ohne daß diese sich dessen bewußt sind.

Es wird dadurch in einem Ausmaß persönliche Information über das Informations- und Kommunikationsverhalten abgegeben (mit entsprechenden Rückschlüssen auf das Kauf- und Konsumverhalten), daß eine vielfache Weiterverwendung für Marketing-Zwecke Dritter zu verführerisch wird, als daß den Versicherungen, die *Cookie*-Informationen würden nur für interne statistische Auswertungen benötigt, so ohne weiteres geglaubt werden darf. Die Möglichkeit, den Einsatz von *Cookies* abzuschalten oder durch eine Meldung die Entscheidung darüber, ob sie eingesetzt werden, bei sich zu behalten, ist häufig nicht bekannt bzw. verhindert oft die Abweisung von *Cookies* die Nutzung der gerade gewünschten Anwendung.

Im Amerikanischen wird die unkontrollierte, d. h. nicht von den betroffenen Personen mehr kontrollierte Verwendung von persönlichen Daten in der Wirtschaft als *Identity theft* bezeichnet. In jüngster Zeit hat sich die *Federal Trade Commission* (FTC) dieses Problems anzunehmen versucht, hat aber ganz im Trend der laufenden Deregulierungspolitik die Zuständigkeit für neue *Privacy principles* den Firmen gegeben, deren Ziel es gerade ist, persönliche Daten zu sammeln und zu verkaufen. Diese Daten-Firmen sind in einer sogenannten *Individual Reference Services Group* organisiert, und genau diese Organisation soll die Selbstregulierung leisten; anders als bei den Daten, die im Telefonverkehr ermittelt werden, wo die *Federal Communications Commission* (FCC) es den Telefongesellschaften explizit untersagt hat, Daten der Kunden zu vermarkten, es sei denn, diese haben explizit die Erlaubnis dazu gegeben. Als einer der gewichtigsten Nachteile der industriellen Selbstregulierung wird angesehen, daß die Daten-Firmen nicht angehalten werden,

»to maintain audit trails of records accessed by information users. These audit trails would be particularly important in tracing seemingly legitimate entities that obtain personal data for illegal uses.« (Editorial, *Los Angeles Times*, 23. 2. 98, S. B4)

Erweitert wird der potentielle Mißbrauch dadurch, daß *Cookies* nicht nur das Verhalten im Internet beobachten und weitergeben, sondern daß damit auch potentiell Einblicke in die eigenen Dateien eröffnet werden. Hierdurch könnten dann natürlich persönliche *Emails*, private (Excel-)Dateien zur privaten Finanzsituation, im Prinzip jede Datei eingesehen, genutzt, verändert oder zerstört werden, die in singulären PC-Systemen in der Regel nicht (wie bei *Multi-User*-Systemen) über Zugriffsregelungen individuell geschützt werden können.
Bei vielen Interaktionssituationen bedarf es aber gar nicht dieses direkten *Spionage*-Ansatzes durch die *Cookies*, sondern Information wird so nebenbei abgegeben, ohne daß uns das bewußt wird. Häufig genug werden wir aber schon direkt aufgefordert, weitere Information über uns einzugeben, wenn wir überhaupt die Information einsehen wollen oder, nach anfänglicher Freizügigkeit, den Informationsangeboten weiter folgen wollen.

- Eine besonders raffinierte Form, Information über die Nutzer zu entlocken, entsteht durch die Verwendung spielerischer iterativer interaktiver Umfragetechniken, wie sie z. B. in der *Online*-Version der *Los Angeles Times* (*LAT*) zum Einsatz kommen (ohne daß wir hier unterstellen wollen, daß die damit erworbenen Informationen von der *LAT* für andere Zwecke verwendet werden als für die aktuelle Umfrage). Diese Polls sind so konzipiert, daß man zu Beginn ein äußerst interessant formuliertes Eingangsstatement zu einem aktuellen und provozierenden Thema vermittelt bekommt, z. B. ob Männer sich die Fingernägel anmalen sollen. Danach wird man aufgefordert, erste Informationen zu sich einzugeben, z. B. zum Geschlecht und Alter. Gibt man das ein, bekommt man unmittelbar das *Feedback*, z. B. wieviele Männer mit welchem Alter bislang an der Befragung beteiligt sind. Dann gibt es weitere Informationen zu dem Thema der Umfrage, denen jeweils am Ende weitere Abfragen zur Person folgen. In dem aktuellen Fall der Fingernägel zog sich das über 9 Stufen hinweg. Am Ende bekommt man die Gesamtergebnisse angezeigt und kann sich auch die entsprechenden Meinungen von Personen des anderen Geschlechts oder anderen Alters anschauen. Man hat so nebenbei ein sehr vollständiges Profil über sich geliefert, das, wie gesagt, zunächst nur Auswirkungen auf die Ergebnisse der Umfrage hat, das aber für ganze andere Zwecke genutzt werden könnte. Selbst Ansichten, Sorgen und Ängste, die bis in den sehr persönlichen Bereich gehen, werden in der iterativen und spielerischen Form offenbar ohne großen Bedenken abgegeben.

Meistens erfahren wir nicht, in welchem Umfang Interaktionsdaten gespeichert und für welche Zwecke genutzt werden oder wem sonst noch diese Information zugänglich ist, der sie dann vielleicht für uns gänzlich unbekannte Zwecke verwendet. Der *Diebstahl* geschieht sozusagen verdeckt. Man merkt es oft nur daran, daß auf einmal eine Flut an unerwünschter kommerzieller *Email* eingeht. Dieses Problem ist in elektronischen Marktplätzen so gravierend geworden, daß wir einen gesonderten Abschnitt hier einfügen. Wer an diesem *Spamming*-Problem nicht interessiert ist, kann zu Abschnitt 7.1.4 springen.

### 7.1.3 *Spamming*

Unaufgeforderte Werbung wird unter dem Namen *Spam*, *Spamming* geführt[8]. Gemeint ist das nicht-nachgefragte und in der Regel unerwünschte und oft auch nicht in der Quelle identifizierbare Überschwemmtwerden mit *Emails*, die Werbe*information* enthalten (*Infomercials*). Woher die Werbeanbieter ihre *Email*-Adressen erhalten, ist nur in seltenen Fällen nachvollziehbar. Zum Teil werden sie durch Auswertung der im vorigen Abschnitt beschriebenen Interaktionsdaten gewonnen, die in der Regel aber noch verifiziert werden müssen. Daher kündigen sich zuweilen Werbe-*Emails* mit einer anscheinend höflichen Mitteilung an, daß dies eine kommerzielle Werbemitteilung ist und daß man, wenn man zukünftig diese Werbung nicht mehr bekommen will, diese *Email* nur mit der *Reply-/Return*-Funktion zurückzuschicken braucht. Dieses *faire* Angebot dient aber offensichtlich nur dazu, die *Mail*-Aktionen um verifizierte Adressen sicherer und damit für den Verkauf attraktiver zu machen. Ist man in solchen Fallen gefangen, hilft eigentlich nur noch die Änderung der *Email*-Adresse (ohne *Forward*-Befehl!)[9].

8 Wir haben uns zu den Bemerkungen über *Spam* durch einen Artikel von Karen Kaplan in der *Los Angeles Times*, 10. 11. 1997, S. D1 und S. D6, anregen lassen.

9 Welches Ausmaß der Handel mit *Email*-Adressen inzwischen angenommen hat, verbunden mit der Belästigung der in den entsprechenden Listen Aufgenommen, zeigt ein *Email*-Angebot, das im März 98 weltweit verbreitet wurde, wo gegen eine Gebühr von $99 eine Liste von 57 Mio. *frischer Email*-Adressen (»almost every person on the Internet

*Spam* tritt zumindest in den USA, aber in letzter Zeit auch in Europa, massenhaft auf. AOL – inzwischen über 10 Millionen Kunden, die mit *Email* versorgt werden – rechnet, daß zur Zeit zwischen 5 und 30% der eingehenden *Email Spam* ist[10]. *Spam* ist unerwünscht. Das ist klar. Nach einer Umfrage von *Survey-Net* finden es 42,9% der *Netizens* extrem lästig, 26,8% belästigend und 45,2% schätzen, daß *Spam* sie in nicht unerheblichem Ausmaß Geld und Zeit kostet, nicht nur die *Leser* von *Spam* selber, sondern natürlich auch die *Service Provider*, die unerwünschte *Emails* auf ihren Netzen transportieren.

Wer sind die *Hintermänner* des *Spam*? Kaum sind es die Firmen selber, die Werbung auf diese Weise an ihre Käufer bringen, sondern Agenturen, die das erledigen. Sie verdienen offenbar nicht schlecht damit[11]. Die bekanntesten sind zur Zeit (Ende 1998) *Cyber Promotions* (mit immerhin 11.000 Firmenkunden), *Integrated Media Promotions* und *Quantum Communications.* Ihre Leistung: Anonymisieren der Quelle und Sammeln von Internet-Adressen und Verteilen der Botschaften.

Was sollte man gegen *Spam* tun? Vier Ansätze zeichnen sich in der US-amerikanischen Diskussion ab. Wir referieren diese im folgenden knapp, obwohl der Stand des *Spamming* und Anti-*Spamming*

today«) angeboten wird mit der Beispielsrechnung, daß man beim Angebot eines Produktes für $5 und einer Antwortquote von 0,1% einen Gewinn von $ 2.850.000 erwarten könne.

10 Die Herkunft des Wortes *Spam* ist nicht ganz klar. Es wird häufig auf eine Fernsehserie *Monty Python* zurückgeführt, wo in einem Sketch ein Restaurant Thema war, das jedem Gericht sein besonders gewürztes Fleisch, eben das *Spam*, beimischte. In dem Sketch wird ein Hintergrund-Song gespielt, in dem immer wieder und immer lauter *Spam! Spam! Spam!* gesungen wird, bis jede Unterhaltung im Restaurant zum Erliegen kommt. Nachdem diese Bezeichnung in *Usenet* für unerwünschte Mail übernommen wurde, ist sie universal geworden.

11 Nicht alle Werbung im Netz ist natürlich *Spam*. Aber der gesamte Werbemarkt ist so attraktiv, daß nach allen Formen der Erschließung und Verteilung gesucht wird. Nach *Jupiter Communications* in New York (Prognose 1998) sind 300% Wachstumsraten für Werbung im Netz für die nächsten Jahre zu erwarten. In den USA hat der Umfang von *Online*-Werbung 1997 zum ersten Mal die $1-Mrd-Grenze überschritten. Für 2002 werden dort $7 Milliarden für *Online*-Werbung erwartet; vgl. allerdings den Gesamtwerbeaufwand von $169 Milliarden 1996 (*Los Angeles Times* Nov. 6, 1997, S. D4 und 15. 1. 1998, S. D5).

zur Lesezeit längst ein anderer geworden sein dürfte. Das Ziel dieser Darstellung ist es auch, Unsicherheitssituationen und Reparaturmaßnahmen mit Stand 1998/99 festzuhalten.

- Neue drastische Gesetze erlassen: Ed Cherlin gründete kurzerhand die *Coalition Against Unwanted Commercial Email*, der in kurzer Zeit über 7000 verärgerte Spam-Geschädigte beitraten. Ziel dieses Lobbying ist, den amerikanischen Kongreß zu gesetzlichen Maßnahmen zu veranlassen. Mit dem Republikaner Christopher Smith von New Jersey hat sich auch schon der Abgeordnete gefunden, der unter dem Titel *Netizens Protection Act* eine Erweiterung des allgemeinen *Telephone Consumer Protection Act* von 1991 anstrebt, wonach das Versenden von unerwünschter *Email* dem ebenfalls verbotenen Versenden von Fax gleichgesetzt wird. Ein identifiziertes *Spam* kann dann automatisch zu einer $500 Strafe zugunsten jedes Empfängers von *Spam* führen.
- Neue Kontrollmaßnahmen einführen: Andere Abgeordnete des US-Kongresses quer durch die Parteien sind nicht ganz so drastisch. Frank Murkowski (Republikaner) und Robert Torricelli (Demokrat) setzen eher auf die stimulierten Selbstheilungskräfte des Marktes. Nach ihrer Gesetzesvorlage sollen die Werbefirmen Mechanismen in ihre *Spams* einbauen, die es den Endkunden erlauben, *Spam* abzublocken, z. B. könnten sie dazu verpflichtet werden, in dem *Subject*-Feld das Wort *Werbung* anzugeben. Software, die dann das Ausfiltern besorgt, gibt es genug[12]. Auf jeden Fall, da sind sich alle einig, soll das anonyme Versenden mit gefälschten oder erfundenen *Email*-Adressen verboten sein.
- Klagen auf der Basis jetziger Gesetze: Durch *Spam* geschädigte *Service Provider* wollen nicht auf neue Gesetze warten. AOL z. B. zieht, soweit erfolgreich, vor Gericht und hat *Cyber Promotions* gezwungen, den Versand von *Faked emails*, die Basis für *Spam*, einzustellen. Ähnliche Prozesse gegen *Over the Air Equipment*, eine *Cyber-stripper web site*, und gegen *Prime Data Systems*, Hersteller von *Spamming*-Software, laufen. Gegen alles wird auf ähnlicher Basis argumentiert: Die Amerikaner nennen das unerlaubte Betreten eigenen Territoriums *Trespassing*. Nichts anderes sei auch *Spam*. Es brauche gar keine gesetzliche Initiative, zumindest nicht für *Service Provider* mit eigenen Netzen. Auch *EarthLink* Network in Pasadena, die alleine 6 Leute damit beschäftigt, Anti-*Spam*-Software zu entwickeln, erwägt gerichtliche Schritte ($4.2 Mio-Klage gegen *Cyber Promotions*) und kündigt *Spam*-Firmen den Netz-*Account*. *Apex Global Internet Services* (AGIS), bislang weitge-

12 Z. B. *Cybersitter AntiSpam*, ein Ableger der allgemeinen Abblocksoftware für Eltern zum Schutz von Kindern. Die Anti-*Spam*-Software kostet zusätzlich zur Abblock-Software $10 (vgl. Anm. 59, Kap. 6).

hend tolerant gegenüber *Spammern*, appelliert an die führenden *Spam*-Firmen, bislang ohne großen Erfolg, *ethische* Praktiken zu entwickeln. Verärgerte AGIS-Kunden überschwemmen seitdem AGIS mit *Email*-Bomben und versuchen das AGIS-Netz so zu blockieren. Die letzte Entwicklung besteht darin, daß die *Spam*-Firmen ankündigen, sich von den Restriktionen der *Service Provider* dadurch zu befreien, daß sie eigene Netze aufbauen werden. Dann gibt es im eigenen Gelände kein *Trespassing* mehr.

- Das Anonymitätsproblem lösen: Alle Maßnahmen der Provider sind keine Lösungen für das offene Internet. Die *Netizens* arbeiten aber daran. Zumindest das Anonymitätsproblem, für den durchschnittlichen Internet-Nutzer kaum zu lösen, sollte in den Griff zu bekommen sein. Beispielsweise findet sich auf der *Web site* von Bill Levinson unter der Überschrift *Spam delenda est* (wirklich auf Latein!)[13] eine genaue Anweisung, wie man entsprechende Schritte gegen *Spam* unternehmen kann.

Vielleicht wird man aber auf den Informationsmärkten mit Werbung leben müssen, zumal wenn man das Ausmaß selber kontrollieren kann. Läßt man sich kontrolliert darauf ein, kann man damit sogar Geld verdienen. Die Firma *Intellipost* z. B. hat sich darauf spezialisiert, WWW-Nutzern, die bereit sind, sich Werbung anzuschauen, dafür zu honorieren, natürlich über ein Kredit-/Punktesystem, das man dann in *Ware* umsetzen kann[14].

Für jede eingehende *Email* bekommt man 25 *Credits* gutgeschrieben, 50 weitere bekommt man, wenn man als Beweis für die Lektüre ein verstecktes *Secret word* gefunden hat. Richtig Punkte gibt es, wenn ein Werbeangebot akzeptiert, z. B. eine Software heruntergeladen oder ein Magazin *Online* subskribiert wird. Dann kann das schon in die tausende gehen. Die braucht man auch. 5000 *Credits* sind erforderlich für ein *Geschenk* im Wert von $10, 7500 ergeben 1000 *Air miles* für die *Frequent-flyer*-Sammler.

Aktive Kunden von *Intellipost* – die typischen Internet-*Freaks* zwischen 18 und 24 – bekommen ca. 3 Mitteilungen pro Tag, und sie verlangen in der Regel nach mehr, da sie ja sowieso von Werbung überschwemmt werden. Hier wird sie wenigstens auf das

13 www.ganesha.org/pth/delenda.html

14 Dies ist nur eine Variante des bei der Besprechung des *Push*-Dienstes von *PointCast* erwähnten Prinzips, daß man für Informationsdienstleistungen um so weniger bezahlen muß, je mehr man an Werbung als *Beiprodukt* akzeptiert. Andere Werbeansicht-Belohnungs-Firmen sind z. B. *Cyber-Gold* (zusammen mit Visa) oder *Netcentives* (*ClickRewards*). Der Export von *Intellipost* nach Japan war für 1999 eingeplant.

Profil zugeschnitten und bezahlt. Das könnte ein Trend werden: Werbung wird nur noch akzeptiert, wenn die Adressaten in ein Belohnungssystem eingebunden werden können.

### 7.1.4 Neue Dimension in der Datenschutz-(*Privacy*-)Debatte

Insgesamt bringt das Problem des Mißbrauchs von Datenspuren in die seit den 60er Jahren intensiv geführte Datenschutz-Debatte eine neue Dimension ein[15]. Wir wollen an dieser Stelle nicht die gesamte, seit den 60er Jahren intensiv geführte Datenschutz/*Privacy*-Debatte rekapitulieren[16], da wir uns auf die Fragen der Verwendung privater Interaktionsdaten und eines weitergehenden Zugriffs zu persönlichen Daten durch die Nutzung von Internetdiensten beschränken wollen[17]. Mit Bellotti (1997) sind wir der

15 In Deutschland wird die entsprechende Debatte unter der Bezeichnung *Datenschutz* geführt. Die amerikanische Bezeichnung *Privacy protection* ist sicherlich dem damit abzudeckenden Problem angemessener. Wir verwenden daher, wie schon erwähnt, verschiedentlich im Text die amerikanische Bezeichnung *Privacy*. Übersetzungen wie *Persönlichkeitsrecht*, *Privatleben* oder *Geheimhaltung* geben den hier angesprochenen Sachverhalt, nämlich die Kontrolle über die einen persönlich angehenden Daten zu behalten, nur unzureichend wieder. In dem Entwurf von Vogts/Tauss (1998) wird dieser Neuausrichtung in der Datenschutzdebatte auch in der Politik der Bundesrepublik Rechnung getragen.

16 Ein vorzüglicher Überblick über die *Privacy*-Debatte wird durch die verschiedenen in Agre/Rotenberg (1997) zusammengefaßten Arbeiten gegeben (vgl. auch Brin 1998), der *Privacy* in der Ambivalenz zur Freiheit untersucht; für die deutsche Diskussion vgl. Vogts/Tauss (1998).

17 Ein weitaus dramatischerer Fall des *Mißbrauchs* von öffentlich im *Web* bekanntgemachten persönlichen Daten erregte Ende Oktober 1998 die amerikanische Öffentlichkeit. In einer *Web site* werden seit längerem Namen von Ärzten bekanntgemacht, die dafür bekannt sind, daß sie Abtreibungen befürworten und sie auch im Rahmen der gesetzlichen Bestimmungen durchführen. Ob auf Grund dieser Information, ist nicht bekannt, auf jeden Fall wurde am 24. 7. 98 ein solcher Arzt durch einen Schuß aus dem Hinterhalt in seiner Wohnung getötet und unmittelbar danach war sein Namen in der *Web site* durchgestrichen. Der Fall hatte dann in den USA noch rechtliche Konsequenzen für die Betreiber der *Web site*.

Ansicht, daß diese Möglichkeit, das Recht auf die eigenen Daten durch Auswertung des Interaktionsverhaltens einzuschränken, gegenüber der bislang vorrangig geführten Datenschutzdebatte – in welchem Umfang persönliche Daten gesammelt, weitergegeben und ausgewertet werden – als mindestens gleichwertig bzw. gleichermaßen bedrohend anzusehen ist:

»users must be able to know (have feedback) about and control the consequences of their interactions with technology in terms of how visible and accessible they and their information are to others« (Bellotti 1997, S. 68).

Bei dieser Konzentration auf das Interaktionsverhalten kann eine dynamische oder operative Definition von *Privacy* gefunden werden, die dem laufenden Prozeß der Informationsaufnahme und -abgabe in der Interaktion mit elektronischen, interaktiven Informationssystemen angemessen ist. Bellotti (1997, S. 67) schlägt hierfür die Bezeichnung *Access control* vor, die Möglichkeit, Kontrolle sowohl über die Abgabe von Informationen zu behalten, die für andere irgendeinen Wert haben, als auch die Kontrolle darüber, welche Informationen auf einen einströmen können:

»Privacy can be defined as a capability to determine what one wants to reveal and how accessible one wants to be« (Bellotti 1997, S. 89).

Mit ähnlicher Intention definiert Samarajiva *Privacy* als

»the capability to explicetely or implicitely negotiate boundary conditions of social relations. This definition includes control of outflow of information that may be of strategic or aesthetic value to the person and control of inflow of information, including imitation of contact. It includes non-release to a third party of information yielded by one party unless with explicit consent ... It does not posit privacy as a state of solitude, as suggested such as *the right to be let alone*« (Samarajiva 1997, S. 283).

In diesem konstruktiven Verständnis bedeutet *Privacy* nicht das (passive) Recht, in Ruhe gelassen zu werden, sondern die (aktive) Kontrolle über die in der Kommunikation (auch in der *elektronischen* Interaktion) abgegebenen persönlichen Daten. Weiterhin gehört nach dieser Definition von *Privacy* als *Access control* nicht nur die Kontrolle über die *abgegebenen* Daten, sondern auch die Kontrolle über die *eingehenden* Daten dazu. Große Verunsicherungen auf Nutzerseite entstehen auch dadurch, daß zum einen, wie wir in Abschnitt 7.1.3 gezeigt haben, unaufgefordert ein Viel-

zahl von Nachrichten auf uns einströmen, die wir nicht angefordert haben, z. B. Werbeinformation, und daß zum andern wir Zugang zu Informationen erhalten, die uns in unserer Wahrnehmung von Welt stören, z. B. durch Darstellungen von Gewalt, Pornographie, Drogeninformation, Terrorismus (um nur diese zu nennen, die in der Öffentlichkeit meistens als Formen des Mißbrauchs des freien Informationsaustausches angeführt werden; vgl. Phillips 1997, S. 276). Auf die Software-Assistenten, die unerwünschte Informationen ausfiltern, abblocken oder nur vor ihnen warnen, sind wir schon in Abschnitt 6.7.3 eingegangen.
Da Kontrolle aber nicht in jedem einzelnen Fall durchführbar ist – es kann nicht bei jeder Aktion bestätigt werden, daß die spezielle gerade gegebene Information nicht zweckentfremdet benutzt wird –, kommen hier erneut Vertrauenssicherungsverfahren ins Spiel. Vertrauen in den kontrollierten Umgang mit der persönlichen Information soll Privatheit garantieren, und diese garantierte Privatheit läßt dann die Offenheit entstehen, die für die Durchführung von Transaktionen und die Erzeugung individueller Informationsleistungen erforderlich ist. Somit kann der folgende Zusammenhang zwischen *Privacy* und Vertrauen festgestellt werden:

»Privacy is a precondition for trust – an attitude developed on the basis of situational or experiential factors. Trust affects privacy. A user's trust in the information practices of a system is likely to make possible consensual surveillance which can enhance trust. The resultant spiral will lead to stable and productive customer relationships« (Samarajiva 1997, S. 284).

Wir gehen auf die Möglichkeiten, wie solche produktiven Anbieter-/Kunden-Beziehungen aufgebaut werden können, näher in Abschnitt 7.4.1 ein.

## 7.2 Informationelle Verunsicherung auf seiten der Anbieter

Wir kommen noch einmal auf das gerade angeführte Zitat von Samarajiva zurück, in dem der Begriff des *Consensual surveillance* eine zentrale Rolle spielt. Nicht nur besteht das Interesse der Nutzer daran, das Interaktionsverhalten selber beherrschen zu können, sondern auch das Interesse der Anbieter, die Interaktionsdaten verwenden zu können. Wir wechseln die Perspektive und gehen auf einige Aspekte informationeller Verunsicherung bzw. informationeller Unterbestimmtheit aus der Sicht der Anbieter ein, vor allem auf den offensichtlichen Informationsbedarf aufgrund von *Mass customization*.

Auch die folgende Diskussion ist in hohem Maße kulturabhängig. Was bislang in den USA weitgehend als unproblematisch angesehen wird, nämlich Informationen über Käufer von Waren zu sammeln und für ein erfolgreiches Marketing zu nutzen, stößt in Ländern mit einer längeren Datenschutztradition wie in Deutschland und anderen europäischen Ländern (Mayer-Schönberger 1997) auf großen Widerstand in der Öffentlichkeit.

Flaherty (1997, S. 174), Datenschutzbeauftragter in einer kanadischen Provinz, rügt das dominierende Verhalten in der USA-Wirtschaft, mit personenbezogener Information wie mit anderen handelbaren Waren (*tradable commodity*) umzugehen. In der Tat wird man sehr häufig in amerikanischen Geschäften vor dem eigentlichen Bezahlen nach einer Vielzahl persönlicher Daten gefragt, beginnend mit dem *Area code* (Postleitzahl). Nach der sicherlich subjektiven Beobachtung gehen viele Käufer unproblematisch auf diese Befragung ein. Ebenso bereitwillig (und wie man weiß, auch bewußt; vgl. Brin 1998, S. 65 f.) nehmen Kunden es hin, daß sie die Vorteile der in Supermarktketten üblichen Clubkarten (Preisreduktionen bei vielen Artikeln) damit erkaufen, daß schrittweise über sie ein Konsumer-Profil aufgebaut und entsprechend genutzt wird. Problematisch wird dies vor allem dadurch, daß häufig beim Bezahlen mit Schecks nach Informationen wie Führerschein-, Telefon- oder *Social-Security*-Nummer gefragt wird. Gerade die letztere ist in den USA fast so etwas wie ein Primärschlüssel, der zur Zusammenführung heterogener Daten und damit zu einer Profilbildung führt, die den *Identity theft* fast unvermeidlich werden läßt.

Aber auch unabhängig von den kulturellen Besonderheiten entsteht durch den Wandel der gesamten Volkswirtschaft von einer überwiegenden Massenproduktion in eine der Individualproduktion (und dies dann ebenfalls als Massenphänomen) in vielerlei Hinsicht ein erhöhter Bedarf nach Information über Verbraucher auf den Märkten (Samarajiva 1997, S. 277). Der Bedarf nach dem, was in einer paradoxen Formulierung (Pine 1993) *Mass customization* nennt, ist besonders stark in der *service*- und kommunikationsintensiven Industrie ausgeprägt, wo der Trend erkennbar ist, Produkte mit Dienstleistungen zu verbinden. Diese komplexen Pakete werden *Compacks* genannt. Der Ausdruck geht auf Bressand/Distler/Nicolaidis (1989) zurück. Für diese *Compacks* wird intensive Verbraucherinformation benötigt[18], die weit über die bisherige allgemeine Information, z. B. über den Wohnsitz, hinausgeht.

Um eine Beziehung zwischen Produzent und Verbraucher aufzubauen, die zum wechselseitigen Nutzen führen soll, müssen die Parteien ein gewisses Wissen über den anderen haben. Das gilt immer schon im traditionellen Konsumgüter- und Dienstleistungsmarketing. Viele, vor allem kleinere Service-Unternehmen (allgemein auch im Investitionsgüterbereich) haben persönliche Beziehungen zu Kunden aufgebaut. Bei großen Unternehmen geht dieser persönliche Kontakt verloren und mit diesem Verlust auch eine Rücknahme der vertrauensvollen Voreinstellung. Durch den Einsatz von Informations- und Kommunikationstechnologien wird einerseits die Distanz noch vergrößert. Interaktive elektronische Systeme vermindern die klassischen vertrauensbildenden, kontext-bildenden Aspekte von Nähe (*proximity, co-presence, and talk*) (Samarajiva 1997, S. 283). Andererseits scheint es unter Ausnutzung der Potentiale der Technik aber wieder möglich zu werden – und nun in einem viel größeren Ausmaß –, Kunden und ihre Präferenzen zu *kennen*.

Diese benötigten Informationen können von Anbieterseite, wie wir gesehen haben, vor allem durch die Beobachtung der Transaktionen der Benutzer gewonnen werden. Mit Hilfe der jetzigen Informations- und Kommunikationstechnologie, vor allem im interaktiven *Design*, ist eine intensive Beobachtung des Konsumentenverhaltens möglich, ja, aus Marketer-Sicht sogar unumgänglich. Samarajiva (1997, S. 278) nennt dies den *Überwachungsimperativ*:

»In sum, mass customization requires the surveillance of spatially dispersed, dynamic target markets and the building of relationships with customers. Customized production goes with customized marketing, which goes with customer surveillance. This is the surveillance imperative.«

Dieses Problem ist natürlich nicht erst mit der elektronischen Kommunikation entstanden. Zeitschriftenverlage z. B., deren Abonnentenlisten begehrte Objekte für das Marketing anderer

18 Diese erworbene Information, z. B. über das Kaufverhalten, kann direkt Einfluß auf die Produktion der *Compacks* haben. Ein Beispiel ist die Spielzeugproduktion »based on real-time point-of-sale data« (Samarajiva 1997, S. 279).

Firmen sind, gehen zunehmend dazu über, sich nicht Daten verdeckt zu besorgen, sondern die Kunden aktiv daran zu beteiligen. Dieses Verfahren wird in der Literatur mit *Konsens-Ansatz* beschrieben (*Consent approach*; vgl. Burkert 1997). Anstatt überhaupt auf die Anforderung nach persönlichen Daten zu verzichten, suchen Firmen die Zustimmung bei den Kunden, vor allem mit dem Argument, daß sie Angaben ruhig machen können, da diese vertraulich und/oder in ihrem (angenommenen) Interesse behandelt würden[19].

Eine vertrauensvolle Beziehung zwischen Personen in kommerziellen Transaktionen – unabhängig davon, ob es sich um Prozesse des *Business-to-business* oder um Endkunden-Anbieter-Beziehungen handelt – wird sich nicht aufbauen können, wenn beide Partner auf vollkommener Anonymität beharren. Ein defensives Verhalten auf elektronischen Märkten, das Privatheit (*Privacy*) versteht als

> »state of solitude, as suggested such as ›the right to be let alone‹« (Samarajiva 1997, S. 283)[20],

steht im Widerspruch zur grundsätzlich kommunikativen Struktur elektronischer Märkte oder, wie es Brin (1998) weitergehender formuliert, zu der Grundidee offener Gesellschaften.

Auf diese Verbindung von (nicht bloß defensiver) *Privacy* und *Trust* hat ja schon Samarajiva (1997) hingewiesen, der sich dazu auf frühere Arbeiten von Goffman abstützt. Sicherlich ist es nicht unproblematisch, die Ausführungen von Goffman über Kommunikationsverhalten im öffentlichen Bereich zwischen Personen auf Interaktionsverhalten zwischen Partnern auf elektronischen Märkten zu übertragen, aber die Kommunikationsmuster und Verhaltenserwartungen dürften – auch im Sinne der *Media-equation*-These – vergleichbar sein.

Nach Goffman beruht, zumindest in der westlichen Kultur, jede Inter-

19 Die Zeitschrift *Wired* z. B. schreibt auf dem Abonnementangebot: »Wired rents its subscriber list only to mailers that we feel are relevant to or reader's interests«. Das ist natürlich hoffnungslos, wenn man sieht, daß die gesamte Computer-, Automobil-, allgemein Luxusindustrie intensiv in *Wired* Anzeigen schaltet. Entsprechend, wenn man nicht einen neuen Briefkasten kaufen will, kann man ein Kästchen ankreuzen, wenn man will, daß sein Name nicht auf der Distributionsliste erscheint.

20 *The right to be let alone* ist ein Zitat aus Warren/Brandeis aus dem Jahre 1890.

aktion im öffentlichen Bereich auf dem Recht, aber auch der Pflicht auf teilweise Bereitstellung von Information über sich:

»Two or more individuals present together have the right and duty to make some information generally available concerning their relationship and the right and duty to leave unsignaled other information about their relationship« (Goffman 1971, 198).

Kritisch ist hier vor allem die Frage, ob das (verdeckte oder offene) Einholen von Kundeninformation zu einem wirklichen Kennenlernen im Sinne des klassischen dialogischen Verhaltens führt und damit zu der für jede kommerzielle Transaktion benötigten Vertrauensbildung beiträgt[21]. Vor allem ist die Kenntnis in interaktiven Systemen durchaus nicht symmetrisch. Die Firma kennt die Kunden, aber der Kunde hat nicht äquivalente Information bzw. ist er auf die elektronische Werbeinformation der Firma angewiesen. Er kann von seiner Seite aus keine weitergehende institutionelle oder gar persönliche Information erschließen. Symmetrie, ohnehin erforderlich bei Vertrauen zu Personen, muß aber nach Giddens auch auf die Etablierung von wechselseitigen Beziehungen in jedem interpersonalen Kontext ausgedehnt werden:

»relationships are ties based upon trust, where trust is not pre-given but worked upon, and where the work involved means *a mutual process of self-disclosure* .. Trust, both in persons and systems, has strong aspects of mutuality. In interpersonal relationships, one party's actions, particularly self-disclosure or lack thereof, can reinforce, diminish, or destroy the other party's trust« (Giddens 1990, S. 121).

## 7.3 In Richtung anonymer Transaktionen auf elektronischen Märkten

Theoretisch ist die Forderung nach wechselseitiger Offenheit überzeugend, es ist jedoch fraglich, ob solchermaßen angestrebte Vertrauensbildung bei asymmetrischen Informationssituationen, wie sie für elektronische Märkte typisch sind, erreicht werden kann. Es wird in der Literatur daher wegen offensichtlich nur schwer zu beseitigender Asymmetrien nicht durchgängig auf of-

21 »Virtually every commercial transaction has within itself an element of trust, certainly any transaction conducted over a period of time« (Arrow 1975, S. 24 nach Samarajiva 1997, S. 282).

fenes Kommunikationsverhalten von seiten der Nutzer/Kunden gesetzt, sondern eher auf Anonymisierungsstrategien. Anonymes Informations- und Marktverhalten kann in erster Linie durch Anwendung von Kryptographie erreicht werden. Deshalb gehen wir darauf auch gesondert in Abschnitt 7.5.2 ein. Die Frage der Sicherung bzw. der Authentizität von Transaktionen allgemein behandeln wir in Abschnitt 7.5.1.
Anonymität kann aber auch durch gezielte Intransparenz erreicht werden. Ein Spezialfall solcher Assistenzleistungen zur Abwehr des Mißbrauchs von Datenspuren in der Interaktion mit elektronischen Diensten sind die sogenannten *Anonymizer*. Dienste wie der *Anonymizer*[22] haben sich darauf spezialisiert, die Aktionen und Transaktionen ihrer Abonnenten für Unbefugte intransparent zu machen. Wenn der *Anonymizer* als erstes Ziel einer Navigationssitzung angesteuert wird, dann werden alle anderen Navigationsziele von Dritten verschleiert. Geboten wird auch der anonyme *Email*-Versand oder der Inkognito-Zugang zu *Web sites*, der den Eingangsort verdeckt läßt[23]. Die Ambivalenz solcher Leistungen ist offensichtlich:

»Anonymity can make obnoxious users less responsible, or shy users more outgoing« (Damer 1998, S. 37).

Anonymität von Transaktionsbeziehungen im elektronischen Handel wird auch durch Verwendung elektronischen Geldes hergestellt, und die Beziehungen zwischen den Teilnehmern werden dabei weitgehend entpersonalisiert. In dem Dreiecksverhältnis zwischen Bank-/Kreditinstitut, Händler und Käufer müßte die Bank eigentlich lediglich wissen, daß ein Zahlungsauftrag von einer dafür autorisierten Person erteilt wurde, und der Händler müßte bei einem Kaufverlangen lediglich wissen, daß das für den Kauf angebotene elektronische Geld tatsächlich gültig ist. Handelt es sich bei der Ware sogar um ein elektronisch versendbares Gut, das sich der Käufer nach Kauf herunterladen darf, so müßte der Verkäufer weder Name noch Adresse wissen. Der Handel kann vollkommen anonym abgewickelt werden. Die Transaktion, wenn

22 www.anonymizer.com
23 Vgl. auch den Anonymisierungsdienst der Firma *Zero Knowledge Systems* (www.zks.net) mit dem Software-Assistenten *Freedom*, der eine völlige Verschleierung der Anwender-Daten im Internet erlaubt (Miedl 1999, S. 25 f.).

denn z. B. Zahlungsverfahren wie *Ecash* verwendet werden (vgl. Anm. 46), hinterläßt keine Spur im elektronischen Geschehen[24]. Braucht der Händler den Kaufenden nicht zu kennen, so wird die Kaufsituation beim Kauf auf elektronischen Marktplätzen auch aus der Sicht des Kaufenden immer häufiger als anonym erfahren. Momentan scheint es noch eher unwahrscheinlich zu sein, daß wir Waren oder Leistungen einkaufen, die sehr persönlich auf unsere Bedürfnisse direkt zugeschnitten sind, wenn wir kein persönliches vertrauensvolles Verhältnis zum Anbieter oder Dienstleister haben aufbauen können, aber vielleicht ist auch das nur eine Frage der Gewöhnung. Möglicherweise, so merkt es Grossman an, ist eine anonym erbrachte Leistung, wenn sie sich denn als stabil erweist, genauso eine Vertrauensleistung wie eine personal referenzierbare:

- »It may seem unlikely now that you would buy services such as consultancy expertise or software development from someone whose name and credentials you haven't checked out personally, but someone may function on the Net in an anonymous – or, more correctly, a pseudonymous – form, and establish a reputation by consistently posting useful and accurate information or writing workable programs over a period of time« (Grossman 1997, S. 65 f.).

Und sogar der Bezug zu einer anonymen/pseudonymen Person oder Institution muß nicht mehr durchgängig vorhanden sein. Nicht nur, daß man auf elektronischen Marktplätzen nicht mehr real einen Laden betritt oder real den Besitzer oder die Bedienung adressieren kann, die verkaufende oder dienstleistende Institution kann durchaus anonym bleiben. Bislang zwar treten auf elektronischen Marktplätzen die Leistungen anbietender Institutionen noch selber mit eigenen *Web sites* auf und betrachten die Präsentation ihrer Person/Organisation und ihrer Leistungen als Teil ihrer Marketingstrategie und investieren erhebliche *Design*-Mittel, um über im Marketing als notwendig erachtete Maßnahmen wie Aufbau eines gewünschten *Corporate image* und eines durchgängig

24 Genauso wie die Übergabe von materialem Geld bislang ja auch keine Spuren hinterlassen hat, aber anders als z. B. beim gegenwärtigen Einkauf mit Kreditkarten, wo sowohl der Händler den Namen des Käufers erfährt als auch das Kreditinstitut, wann der Kunde was bei wem gekauft hat – im Grund ein unakzeptabler Zustand, an den wir uns aber offensichtlich gewöhnt haben und der sich in leicht veränderter Form auch bei elektronischen Zahlungsformen wie SET fortsetzt.

gehaltenen *Corporate design* positive Beziehungen zum Kunden aufzubauen. So gut wie immer wird die Leistung auch personal vermittelt, indem eine Seite angeboten wird, auf der sich die Firmeninhaber oder das Personal selber in der gewünschten Form darstellen, auf daß der Käufer Vertrauen in die anzubietenden Leistungen selber gewinnt.
Aber diese direkte Form der Anbahnung und Durchführung einer geschäftlichen Transaktion wie Einkaufen wird auf elektronischen Märkten zunehmend vermittelt. Auch auf einigermaßen komplexen Märkten (mit einigen zehntausend oder mehr Anbietern) werden sicherlich weiterhin Formen des individuellen vertrauten Einkaufs bei den den Käufern direkt bekannten Unternehmen bestehen bleiben. Entweder wird die gute Erfahrung aus dem nicht elektronischen Markt übertragen, oder es etablieren sich neue Vertrauensverhältnisse, d. h. ist man mit dem elektronischen Einkauf bei einem Weinhändler bislang gut gefahren, so wird man seine Internetadresse direkt als *Bookmark* notieren und im Falle eines Kaufwunsches direkt zu dessen Angebot springen. Einer der Vorteile elektronischer Märktplätze (die man natürlich auch als Nachteil empfinden kann) ist jedoch, daß der Einkaufende, auch wegen der Anonymität der Kaufvorgänge, weniger verpflichtende Bindungen eingeht und sich nicht auf einen Anbieter festlegen muß, sondern sich je nach aktuell günstigster Angebotslage entscheiden kann. Um diese Transparenz unabhängig von vertrauten Personen zu erreichen, müssen ihm leistungsstarke Orientierungsformen angeboten werden[25]. Auf die wichtige Funktion von Such- und Orientierungsassistenten, nun auch zur Strukturierung anonymer Märkte, haben wir schon in Abschnitt 6.6.1 hingewiesen.

25 Diese Transparenz wird dann natürlich auch von/auf der Anbieterseite aus gegeben sein, so daß sich dadurch vollkommen transparente Märkte entwickeln können, bei denen sich Leistungs- und Preisunterschiede nivellieren werden. Die Situation, die auf realen Marktplätzen bislang immer auftritt, daß an einem Stand die Avocados 2.50 DM und an dem anderen 1.00 DM kosten und die nur durch persönliches Inspizieren der Anbieter in der näheren Umgebung einigermaßen angepaßt wird, wird es dann nicht mehr geben. Fraglich, welchen rationalen Vorteil dann die persönliche Referenz zu einem Verkäufer dann noch erbringt. Aber ebenso fraglich, ob der rationale Vorteil – also der bessere Preis, die schnellere Auslieferung etc. – allein verkaufsentscheidend ist.

Die nächste Stufe, die in die Richtung der angedeuteten Anonymität des gesamten Transaktionsvorgangs geht, besteht darin, daß Einkaufsassistenten die Mittlerfunktion übernehmen. Deren Leistung besteht, wie wir in Abschnitt 6.7.4 gezeigt haben, in der Analyse des Käuferwunsches, der Suche nach einem geeigneten Transaktionspartner und in der Weiterleitung des artikulierten Leistungswunsches an die Organisation oder Person, die nach dem aktuellen Wissensstand des Assistenten momentan diesen am besten erfüllen kann. Die Leistung kann erbracht werden, ohne daß der Kaufende mehr erfährt als die Merkmale der Ware, einschließlich des Preises. Daß der Schritt dann nicht mehr weit ist bis dahin, daß der Assistent einen Auftrag automatisch erteilt, da er auf Grund seines Profils von seinem Auftraggeber weiß, daß der Einkauf einer bestimmten Ware wieder fällig ist, ist nicht mehr schwer nachzuvollziehen.
Mit der Weiterentwicklung von elektronischen Marktplätzen in Richtung von virtuellen, dreidimensionalen Erlebniswelten wird sich neues Anonymisierungsverhalten über Rollenspiele unter Verwendung von Avataren (Kunstfiguren) entwickeln können (Damer 1998), wie sie heute schon in den Spielwelten der Unterhaltungsindustrie (vgl. Fink 1998), in der elektronischen Kommunikation und für elektronische Marktplätze (Herget/Klein/Bekavac 1998) erprobt werden. Damer (1998, S. 19f.) beschreibt das anonyme Verhalten in solchen virtuellen Räumen am Beispiel von *Worlds Chat*, ein schon seit Anfang 1995 eingerichteter virtueller Raum:

»With World Chat, you can explore a three-dimensional virtual world full of people who represent themselves in digital costumes called avatars. This is what I like to call the new avatar cyberspace, for it is truly a new frontier. With the coming of avatar cyberspace, the Internet is changing from an Interface into a place. People are communicating and creating new types of communities, based not on the towns in which they live, but on the interests and beliefs they share. Sometimes I like to say that they are creating a new life in digital space.«

Nicht nur werden wir mit Marktplatzassistenten in virtuellen Räumen kommunizieren (in welcher Gestalt auch immer), sondern auch – anonym oder offen – uns mit anderen Personen verständigen können, die zur gleichen Zeit sich im virtuellen Raum aufhalten. Noch haben wir kaum weitergehende Vorstellungen, wie sich Leben, Kommunikation und Handel, in solchen

Räumen entwickeln wird, geschweige denn haben wir empirische Daten, die uns schon Erfahrungswerte darüber geben könnten. Es kann aber durchaus sein, daß die bisherigen Argumente bezüglich Vertrauen, Transparenz, Anonymität, Offenheit oder Privatheit unter diesen Bedingungen neu bedacht werden müssen. Gehen wir im folgenden noch auf die gegenwärtigen Reparaturmaßnahmen ein, die sich in eher konventionellen elektronischen Räumen anbieten.

## 7.4 Reparaturmaßnahmen

Eine Überwindung von informationeller Ungleichgewichtigkeit und damit ein partielles Aufgeben von Anonymisierungsstrategien kann, wie schon angedeutet, durch den *Konsens-Ansatz* erreicht werden, vor allem aber durch eine transparente Informationspolitik. Systeme, die nur auf intensive Überwachung und Auswertung von Interaktions- und anderen Kundendaten setzen, müssen damit rechnen, daß ihnen weniger Information gegeben wird, da ein Klima von Mißtrauen oder gar Angst erzeugt wird. Das System kann dann nur versuchen, Vertrauen zu erhöhen oder noch mehr auf Überwachung zu setzen. Ersteres ist kurzfristig schwer zu erreichen, letzteres, falls es dem Kunden bewußt wird, reduziert Vertrauen weiter, und es entsteht eine eher pathologische Unternehmen-Kunden-Beziehung, die dann besonders fatal für das Unternehmen wird, wenn das Mißtrauen des einen Kunden an andere Kunden weitergegeben wird.
Werden interaktive Systeme mehr für Überwachung als für Konsensbildung bezüglich kontrollierter *Privacy* eingesetzt, sind negative Konsequenzen durch Bildung von Mißtrauen unvermeidbar. Es müssen, wie in jeder kommunikativen Beziehung, die auf Vertrauen angewiesen ist, die Spielregeln für das Einhalten von Vertraulichkeit (*Privacy*) geklärt sein. Zentraler Punkt dieser Spielregeln ist das Offenlegen der Informations(sammlungs)politik. Das Bewußtsein dafür steigt, daß man auch nicht einfach darauf vertrauen kann, daß mit der Sicherheit der persönlichen Daten, und seien es nur Interaktionsdaten, alles schon in Ordnung sein wird. Daß alle Ausprägungen informationeller Unsicherheit aktive und Nicht-Internet-Nutzer daran hindern, sich in informationeller oder transaktionsbezogener Hinsicht in den Diensten des In-

ternet zu bewegen, ist anzunehmen[26]. Der Verdacht einer (zumindest potentiellen) Verletzung von persönlichen Daten schränkt den vertrauensvollen Umgang mit Informationsdiensten drastisch ein. Daher sind Sicherungs- und Reparaturmaßnahmen, die den möglichen Mißbrauch von privater Information und die Zufuhr unerwünschter Information eindämmen sollen, zur Bildung von Vertrauen und damit von Akzeptanz in der Nutzung von Diensten unabdingbar. Das Problem wird von der Wirtschaft sicherlich gesehen. Man beläßt es zunehmend weniger bei dem bloßen Vertrauensappell. Vielmehr werden entsprechende Reparatur- bzw. Vertrauensbildungsmaßnahmen vorgeschlagen. Die Tendenz auf elektronischen Märkten ist unverkennbar, von seiten der Anbieter selber für Transparenz (als Basis für Vertrauen) zu sorgen. Weder Anonymität noch informationelle Einbahnstraßen, so auch die Einsicht der Informationswirtschaft, lassen offene Märkte entstehen.

### 7.4.1 Offenlegung der Informations(sammlungs)politik

Der Schwierigkeit, Benutzer ihrer Dienste zu einem kooperativen Informations(bereitstellungs)verhalten zu bewegen, begegnen daher zunehmend mehr Anbieter dadurch, daß sie durch Offenlegung ihrer Informations(sammlungs)politik Vertrauen ihrer Benutzer zu erwerben suchen. Mißtrauen bzw. defensives Informationsverhalten entsteht in Situationen informationeller Verunsicherung. Vertrauensbildende Maßnahmen dienen der Kompensierung dieser Verunsicherung. Zu diesen Maßnahmen gehört entscheidend die Offenlegung und damit die Rücknahme der Verunsicherung. Offene Informationssammlungspolitik ist ein erster Schritt zur Erstellung von informationellen Symmetrien auf elektronischen Märkten.
Gerade für elektronische Marktplätze kann das Offenlegen der Informationspolitik bezüglich des Erwerbs von Kundeninforma-

26 In (Miedl 1999) wird auf eine Studie von Harris verwiesen, nach der 61% der Nicht-Internet-Nutzer den mangelnden Datenschutz als Hauptgrund für ihre Internet-Abstinenz angegeben haben. Auch 78% der Internet-Nutzer gaben an, daß sie die Internet-Dienste stärker nutzen würden, wenn Problemen des Datenschutzes mehr Aufmerksamkeit geschenkt würde.

tion ein entscheidender Wettbewerbsfaktor sein, da sich ansonsten nur schwer wieder abbaubare Widerstände entwickeln. Samarajiva (1997, S. 291 ff.) weist an dem konkreten Beispiel einer elektronischen *Mall* in Quebec nach, daß eine Vielzahl von Maßnahmen getroffen werden muß, damit Vertrauen als Basis für Akzeptanz und Nutzung erreicht wird.

Der Marktplatzbetreiber UBI (=*Universal, Bidirectional, Interactivity*), ein Konsortium von Kabel-, Multimedia-, TV-, Lotto-Firmen und Banken, hat mit universitärer Hilfe (Montreal) einen speziellen *Code of conduct* entwickelt, einen Vertrag zwischen UBI und den Anbietern, der dann auch über einen Ombudsman überwacht wird. Die Sicherung von *Privacy* durch eine solchen Code geschieht nicht aus prinzipiellen ethischen Überlegungen, sondern im Interesse der kommerziellen Anbieter selber. Nach empirischen Untersuchungen (Lous Harris Associate, zit. Samarajiva 1997, S. 294) hatte sich die Anmeldequote für interaktive Dienste verdoppelt, sobald es *Privacy*-Sicherungen gegeben hat.
Der Code von UBI umfaßt 141 Artikel und ist im elektronischen Marktplatz an prominenter Stelle einsehbar. Zu einigen zentralen Aussagen: Die Informationssammlung soll so weit wie möglich minimiert werden. Information, die nicht für Bezahlung und operationelle Zwecke erforderlich ist, wird nicht gesammelt. Sicherheitsbestimmungen für gesammelte Informationen werden eingehalten. Vendors können für eigene Zwecke Informationen sammeln, dürfen sie aber nicht weitergeben. Spezielle Regelungen für *Smart card* (elektronisches Zahlungsmittel über Karten) werden getroffen, Sicherheitsbestimmungen für Transaktionen sind festgelegt (hoch für finanzielle Transaktionen, niedrig für elektronische *Flyer*). Jeder Anbieter muß Sitz in Quebec haben (keine Dislozierung!) und muß sich damit der lokalen Gesetzgebung unterwerfen. Auch Regelungen bezüglich des Inhaltes, soweit Gewalt und Werbung mit Blick auf Kinder betroffen ist, werden formuliert. Erlaubt sind auch nicht das Angebot und der Verkauf von Waren/Leistungen, wenn sie an die Zustimmung zur Bereitstellung von weitergehender Information gekoppelt sind. Im Zweifelsfall wird persönliche Information als nicht nötig für das Geschäft angesehen.

Auf Grund der Erfahrungen mit der Gesamtheit der vertrauensbildenden Maßnahmen sieht Samarajiva keinen Grund für allgemeine dystopische Prognosen. Das allgemeine Ziel einer *Customized mass production* beruht auf dem Aufbau von informell abgesicherter Anbieter-Kunden-Beziehung. Interaktive Mediendienste haben das Potential sowohl für konsensuale als auch für erzwungene Überwachungsformen. Sowohl offene als auch verdeckte Beobachtung und Auswertung sind möglich. Es liegt an den

Unternehmen, dafür zu sorgen, ob die Beziehungen auf Vertrauen gegründet sind oder sich pathologisch entwickeln, also Mißtrauen oder Angst provozieren. Systeme, die für sich eine Öffentlichkeit auf der Basis von Vertrauen schaffen wollen, werden gut daran tun, ihre *privacy*-sichernde Politik offenzulegen:

»routinization of coercive surveillance may change public attitudes toward privacy. Coercive surveillance will then not result in mistrust, angst and pathological customer relationships. Incentives for system operators and vendors to safeguard privacy and create trust-conducive environments will weaken and disappear. The private and public policy actions taken during the current period, in which a great majority of the populace is concerned about coercive surveillance in an unfocused yet persistent way, may be decisive in terms of the path that will be taken. Once coercive surveillance becomes routinized and taken for granted, the prospects for privacy and trust conducive outcomes are likely to be quite dim« (Samarajiva 1997, S. 302).

Hier wird auf eine Kombination von Gewöhnungseffekt und Offenlegung des Informationsverhaltens des Anbieters gesetzt. Es ist Aufgabe des Vertrauensmanagements als Teil des Betriebs elektronischer Marktplätze, eine akzeptable Balance zu finden zwischen der Vertraulichkeit persönlicher Information und der Notwendigkeit der Anbieter, sich einen abgesicherten Informationsstand über Benutzer-/Kaufverhalten und Konsum-/Kaufbedürfnisse zu verschaffen.

Einen umfassenden Ansatz zur Sicherung von Vertrauen über die Zusicherung von *Privacy* hat *Firefly Network Inc.* entwickelt. *Firefly* hat sich mit der Firma *Coopers & Lybrand* zusammengetan, um ein Modell »for protecting trust and privacy on-line« ihren Kunden anzubieten, das in den vertrauenssichernden Institutionen in den USA wie *TRUSTe* (vgl. Abschnitt 7.4.2) große Zustimmung gefunden hat. Benutzer, die den *Firefly Passport* erwerben, wird die folgende Zusicherung gegeben (*Firefly privacy policy*):

- »Your e-mail address will not be shared outside of the *Firefly* Network for marketing purposes without your consent
- Profile information will be used to create personalized content, services and advertising on sites in the *Firefly* Network. In addition, *Firefly* and third-party licensees may use your profile to generate aggregate reports and market research
- You may inform *Firefly* Network, Inc. at cancel@*Firefly*.net at any time if you would like to cancel your account and have your contact information deleted from *Firefly*'s records

In addition to the *Firefly* Network Policy, we also take the following steps to ensure your privacy on sites operated by *Firefly* Network Inc.:

1. *Firefly* Network Inc. does not require an end-user to provide a name and address to use the service
2. All profile data stored by *Firefly* Network Inc. has been entered solely by the respective end-user
3. End-users can modify registration data associated with their account, and can control the amount of this information that is disclosed on their member page
4. *Firefly* Network Inc. does not provide functionality to perform ›reverse searches‹ which find individual names from address, e-mail or phone number information

- Conversational transcripts of on-line chat are not retained except for moderated chat sessions
- *Firefly* Mail communications are only accessible by the designated recipients, except that *Firefly* Network Inc. personnel involved in maintenance of the system may have access to e-mail communications
- Recommendations are generated solely based on an end-user's rating preferences and the preferences of other end-users and are not generated by *Firefly* Network Inc. or its advertisers

No community is perfect but every thriving community should be full of voices: so please contribute, debate, express yourself, and if there is anything that we can do to make your experience better – don't hesitate to speak up about that too!«

Offenlegung ist die Voraussetzung für Vertrauen, ob es ausreicht, muß angesichts noch fehlender Erfahrungen mit der Einhaltung der Zusicherung abgewartet werden. Weiter ist noch unklar, ob die Aufgabe der Sicherung und Bescheinigung der offenen Informationspolitik als Teil des Vertrauensmanagements in den Händen des jeweiligen Anbieters selber bleiben oder an neutrale Dritte delegiert werden sollte. Wenn letzteres sich als vertrauenssichernder erweisen sollte – wer sind dann die neutralen Instanzen, die dieses leisten? Offen ist weiterhin, ob die Ermittlung von geeigneten Marketingstrategien durch Auswertung der Daten durch Dritte zu höherer Akzeptanz führt als die direkte Verwertung durch die erhebenden Unternehmen. Nicht auszuschließen ist auch, daß schon die Weitergabe der Kundendaten an neutrale Auswertungs- und Zertifizierungsinstanzen Anlaß für weiteres Mißtrauen sein kann. Wir geben im folgenden Abschnitt Beispiele für delegiertes Vertrauensmanagement.

### 7.4.2 Delegiertes Vertrauensmanagement

Wir haben darauf hingewiesen, daß die Informationswirtschaft das Problem der Vertrauenssicherung durchaus ernst nimmt und entsprechene Gegenmaßnahmen ermutigt oder sogar selber initiativ wird.

Die Firma *Guard Dog*™ ist ein Beispiel für zahlreiche Software-Anbieter, die Vertrauenssicherungen über Schutztechniken zu verkaufen suchen, und zwar nicht nur für den kommerziellen, sondern auch für den privaten Bereich. *Guard Dog* versuchte Ende 1997 durch große Anzeigen in den US-amerikanischen Tageszeitungen das allgemeine Publikum für die Gefahren im Internet zu sensibilisieren (z. B. *Los Angeles Times* 7. 12. 97, D9) und Vertrauen in das eigene, diese Gefahren beseitigende Software-Produkt zu etablieren:
»Software company warns Internet users about grave privacy and security risks. Problem is exploding; most are unprotected. Be warned: every time you get on the Internet, you put your privacy and security at risk. Opening the door to professional information gatherers, hackers and thieves who are making a business of getting inside people's computers.«

*Guard Dog*™ bietet sich selber in dieser Vertrauenskrise an, und zwar mit einer Software-Lösung, der deshalb getraut werden soll, weil der herstellenden Firma vertraut werden kann (»from CyberMEdia – trusted name – one of the world's largest and most trusted utility software companies«). Das ist ein vertrauensbildender Versuch, der mit Giddens als *Rückbettung* (*Re-embedding*) durch institutionelle Übertragung bezeichnet werden kann. Vertrauen als Resultat von *Faceless commitment* soll weiter hergestellt werden durch den Verweis auf andere, dem Publikum schon bekannte und bewährte Sicherheitssoftware, z. B. *First Aid* (zur Reparatur von Software), oder *UnInstaller* (zum Beseitigen von *junk* auf der Festplatte). Wie schwierig es aber ist, aus dem Vertrauensdilemma herauszukommen, zeigt die Nutzung der Software selber. *Guard Dog*™ soll vor dem Mißbrauch individueller, persönlicher Daten schützen, bevor man aber *Guard Dog*™ zu Ende installiert hat und es zum Arbeiten bringen kann, muß man einige Interview-Fragen über sich ergehen lassen, die natürlich den individuellen Nutzer an den gewünschten Grad des Schutzes anpassen sollen, deren Antworten auch genauso wieder verwertet werden könnten. Ob die Software-Lösung von *Guard Dog*™ auch wirklich als vertrauensbildend wirken kann, wenn *Guard*

*Dog*™ permanent im Hintergrund arbeitet, ohne daß der Benutzer davon erfährt, es sei denn eine direkte Warnung wird gegeben, sei ebenfalls dahingestellt. Die Firma selber ist optimistisch: *Satisfaction guaranteed*, heißt es immer am Ende der Anzeigen.
Ein anderes Beispiel für institutionelle Vertrauenssicherung ist *TRUSTe*. Diese Organisation hat sich speziell des Problems der Sicherung der persönlichen Interaktionsdaten angenommen. Ziel von *TRUSTe* ist die Überprüfung der Informationssammlungspolitik von Unternehmen und die Versicherung gegenüber Endnutzern, daß sich das *in Frage* stehende Unternehmen mit seiner Politik an die allgemein anerkannten Standards hält. Die Zertifizierung einer sicheren und damit vertrauensvollen Informationspolitik wird z. B. von der Organisation *TRUSTe* unternommen, natürlich nicht aus abstrakten ethischen Überlegungen, sondern aus deutlichem Interesse, elektronischen Handel über Netze funktionsfähig zu halten. Dafür hat sich *TRUSTe* u. a. der Partnerschaft von *CommerceNet* und von *Electronic Frontier Foundation* (EFF) gleichermaßen vergewissert[27]. *TRUSTe* ist somit ein Beispiel industrieller Selbstregulierung, wobei sich *TRUSTe* als unabhängige und *Non-profit*-Organisation darstellt, deren Hauptziel darin besteht

»to establish a trusting environment for you (den Kunden) to make purchases and (für die Anbieter) share and gather information on the Internet .... *TRUSTe*'s efforts focus on promoting trust through *Online* privacy assurance that puts you in control of your personal information.«[28]

Um diese Ziele zu erreichen, hat *TRUSTe* ein ganzes Maßnahmenbündel des Vertrauensmanagements etabliert. Für unseren Zusammenhang ist die Vergabe eines *Online*-Siegels wichtig, das

27 Zur Verbindung von *TRUSTe* und Electronic Commerce: »TRUSTe's objectives are squarely in line with CommerceNet's mission to accelerate the deployment of global electronic commerce. The enhancement of consumer trust in the Online medium will increase the volume of electronic transactions over the Internet. This in turn will significantly expand the market for CommerceNet members' products and services. In addition, CommerceNet's geographical expansion to worldwide parties will be an important ingredient to the global success of TRUSTe's program.«

28 Die folgenden *TRUSTe*-Zitate sind der *Web site* mit Stand 14. 1. 1998 entnommen: www.etrust.org.

auf den *Web sites* des Unternehmens angebracht werden wird und das bescheinigt, daß es die *Privacy*-Philosophie von *TRUSTe* befolgt[29]. Dazu gehört vor allem, daß die Firmen ihre Informationssammlungspolitik offenlegen. Durch Anklicken des Siegels sollte diese Offenlegung geschehen. Hat eine Firma ein solches Siegel, dann bedeutet das, daß man erwarten kann, daß die Firma die folgenden Fragen eindeutig beantwortet:

1. What information this site gathers/tracks about you?
2. What this site does with the information it gathers/tracks?
3. With whom this site shares the information it gathers/tracks?
4. This site's opt-out policy
5. This site's policy on correcting and updating personally identifiable information
6. This site's policy on deleting or deactivating your name from our database.

Die in Abschnitt 6.6.2 erwähnte Surf-Maschinen-Firma Alexa hat sich diesem Frageverfahren unterzogen. Auf ihrer *Web site* heißt es entprechend:

- ad 1) Information this Site Gathers/Tracks: Alexa Internet collect names, email addresses and domain names from an optional form on our site where users may report any problems or bugs with the Alexa service or inquire about the availability of Alexa for the Mac. Users can suggest features to the Alexa service by filling out a mailto form that lists the originator's email address. Alexa uses cookies to track userpatterns throughout the Web.
- ad 2) Use of the Information this Site Gathers/Tracks: The information we gather enables us to respond to and process any reported problems with the Alexa service.
- ad 3) Sharing of the Information this Site Gathers/Tracks: Alexa does not share any personally identifiable information with any 3rd parties or additional sources. Alexa is committed to providing a quality, free Web navigation service that gives users more information about where they are and where to go next on the Web. We encourage our user community to give us feedback at all times and welcome any comments and suggestions!

29 Die Vergabe von vertrauenssichernden Siegeln (im Amerikanischen *Labelling* genannt) hat inzwischen im Internet zu einer wahren Inflation an Siegeln geführt, die alleine schon durch ihre Vielfalt für neue Intransparenz sorgen. Manche *Web sites* führen gleich mehrere solcher Siegel an, so wie ja auch, in einem ganz anderen Bereich, Hotels sich oft mit mehreren Plaketten von quasi neutralen Überprüfungsinstanzen schmücken.

- ad 4) Opt-out Policy: If you would like to opt-out of being solicited by this site or third parties, please contact: Geoffrey Mack, User Services Manager, geoff@alexa.com, 415-561-6773
- ad 5) Correct/Update Policy: If you would like to correct and/or update your personally identifiable information, please contact: Geoffrey Mack, ...
- ad 6) Delete/Deactivate Policy: If you would like to be deleted or deactivated from this site's database, please contact: Geoffrey Mack, ...

Falls das Siegel bei einem Unternehmen angebracht ist und die Offenlegung dennoch nicht geschieht, werden Kunden ermutigt, dies *TRUSTe* zu melden, das dann entsprechende Schritte der Diskreditierung unternimmt. Falls eine *Web site*, deren Informationen man nutzen will, das *TRUSTe*-Siegel nicht aufweist, werden die Kunden ebenfalls ermuntert, diesem Unternehmen einen *Privacy challenge*-Brief zu schreiben, im wesentlichen mit der Aufforderung, die Informationspolitik offenzulegen und sich dem *TRUSTe*-Verfahren anzuschließen[30].

Weitere Beispiele für die Delegation von Vertrauensarbeit an neutrale Organisationen führen wir in Abschnitt 7.5.5, wenn wir die *Trust center* behandeln, die als Zertifizierungsstellen bei den verschiedenen, auch den Einsatz von Kryptographie verlangenden Transaktionsanwendungen (Schlüsselvergabe, -kontrolle, elektronische Signatur etc.) eine gewichtige Rolle spielen.

30 *TRUSTe* bietet einen vorformulierten Text an, den Nutzer von *Web sites* ohne Trust-Siegel an diese Firmen schicken sollen. Wir zitieren daraus: »I'm one of the seven out of ten Web users who provide false information or leave the *Web site* when asked to provide personal information. I don't feel comfortable providing information online, nor do I feel reassured that my privacy will be protected, because I don't know where my information is going or how it will be used. Because privacy is important to me, I urge your *Web site* to disclose its privacy policies clearly and in easy-to-find locations. Specifically, I want to know: What information is your site going to gather or track about me? What are you going to do with that information? Who are you going to share my information with? Disclosing your privacy policies will go a long way toward easing my fears about providing personal information, making purchases, and generally being interactive online.«

## 7.5 Vertrauenskritische Aspekte von Transaktionen

### 7.5.1 Authentische Transaktionen

Heute wird unter dem Einfluß der Entwicklung elektronischer Märkte überwiegend der ökonomische, finanzielle Bezug von Transaktionen gesehen, die in ihrer Vertraulichkeit und Authentizität geschützt werden müssen. Transaktionen im Zusammenhang von Geschäftsprozessen beziehen sich auf Vorgänge des Leistungsaustauschs im Finanzbereich bzw. im Bereich des elektronischen Handels allgemein, angefangen mit der Geschäftsanbahnung, dem Aufbau der Beziehung, über Vertragsabschluß bzw. Vereinbarung bis zur Abwicklung und Bezahlung. Auch die Vorgänge der Auslieferung und der *Feedback*-Betreuung können mit einbezogen werden[31]. Alle diese Prozesse sind zweifellos auch Vertrauensangelegenheiten. Den allgemeinen Zusammenhang von finanz- bzw. wirtschaftsbezogenen Transaktionen und Vertrauen macht der frühere Wirtschaftsminister Otto Graf Lambsdorff in einem Artikel in der Frankfurter Allgemeinen Zeitung deutlich[32]:

»Der elektronische Geschäftsverkehr fußt ebenso wie der herkömmliche auf Vertrauen. Schon in der gegenständlichen Welt ist es kein leichtes Unterfangen, Vertrauen zu bilden. In den virtuellen Welten der elektronischen Datennetze ist dies jedoch noch vielfach schwieriger. Von einem Computermonitor aus läßt sich kaum erkennen, wer am anderen Ende der Leitung sitzt. Der Geschäftspartner oder jemand, der sich dafür ausgibt? Können die Marktteilnehmer wirklich darauf vertrauen, daß ihre möglicherweise um die halbe Welt laufenden Nachrichten nicht von Dritten mitgehört oder verfälscht werden? Und können sie notfalls auch beweisen, daß etwa eine Bestellung per elektronischer Post auch wirklich vom Vertragspartner stammt? Zufriedenstellende Antworten auf diese Fragen sind die Grundvoraussetzung für die Bildung von Vertrauen.«

31 Kuhn/Zimmermann (1995) definieren eine Markttransaktion als »eine endliche Menge von Interaktionsprozessen zwischen Marktteilnehmern in unterschiedlichen Rollen mit dem Ziel, eine vertragliche Vereinbarung des Austausches von Gütern und/oder Dienstleistungen aufzubauen, zu vereinbaren und abzuwickeln.«

32 *Frankfurter Allgemeine Zeitung* Nr. 34, 10. 2. 1998, S. 17.

Vertrauen in elektronische Transaktionen zielt in erster Linie darauf ab, Sicherheit bei Handlungen zu gewinnen, die finanzielle Konsequenzen haben. Systematisch stellen Uebelacker/Kurz (1996, S. 169) die Bedrohungen für zahlungsverkehrsbezogene Transaktionen im Internet zusammen:

- Identitätstäuschungen und die mißbräuchliche Nutzung einer Identität
- das Ausspähen von Daten, Programmen oder Prozessen
- die Verfälschung von Daten, Programmen oder Prozessen
- der Diebstahl von Information, Paßwörtern, Diensten
- das Vorenthalten von Ressourcen (denial of service)
- das Abstreiten von Daten, Bekundungen oder Handlungen
- das Unterschieben von Daten oder Bekundungen
- das Unterlassen von Handlungen

In den Bereichen der Verwaltungskommunikation und der allgemeinen Geschäftskommunikation, sowohl des *Electronic shopping* als auch des *Business-to-business*, werden die umfassendsten Ansprüche an Sicherheit von Transaktionen und des Vertrauens in sie gestellt[33]. Worauf muß man sich bei Transaktionen (mit finanziellen Konsequenzen) verlassen können? Wann gelten sie als sicher? Ganz allgemein, wenn gesichert ist, daß Transaktionen verläßlich/verbindlich, authentisch und geschützt/vertraulich durchgeführt werden.

- Transaktionen sind *verläßlich*, wenn wirklich das getan wird, was intendiert war und nichts anderes, auch z. B. daß bestimmte Aktionen tatsächlich durchgeführt werden, die durch die Transaktion angestoßen werden sollten (z. B. Aktienan-/-verkauf). Zur Verläßlichkeit gehört auch die Integrität der übertragenen Daten selber. Diese Integrität wird auch als *Isomorphie* zwischen gesendeten und empfangenen Daten bezeichnet (Klute 1995).

33 Wir klammern den Wissenschaftsbereich hier aus. Aber natürlich steht auch in der *Wissenschaftskommunikation* die Frage der Authentizität im Vordergrund. Die Information soll öffentlich und dabei eindeutig zurechenbar und nicht manipuliert sein. Dies ist vor allem bei den Anwendungen des elektronischen Publizierens unabdingbar. Technisch ist diese Aufgabe der Authentizitätssicherung durch Verschlüsselung und Ableitung eines eindeutigen Hash-Codes lösbar. Gelöst werden muß die Aufgabe der institutionellen Bestätigung der Validität der zur Anwendung kommenden Berechnungsverfahren.

- Transaktionen sind authentisch, wenn garantiert ist, daß Transaktionen wirklich von denen durchgeführt werden, die in den Transaktionen dafür verantwortlich zeichnen. Alle an der jeweiligen Transaktion beteiligten Parteien müssen sich sicher sein, daß nur mit denen kommuniziert wird, mit denen sie es beabsichtigen (sowohl bezüglich der Computer als auch der Personen). D.h. jeder Teilnehmer einer elektronischen Transaktion muß als derjenige identifizierbar sein, der zu sein er behauptet. Das geschieht über technische Verfahren, wie der Anwendung der digitalen Signatur, die in der Regel von Personen oder Institutionen, die für die Authentifizierung legitimiert sind bzw. denen vertraut wird, bestätigt werden müssen. Die technische Authentizität, die Sicherung der Identität der Computer, wird über die zur Anwendung kommenden Übertragungsprotokolle gesichert. Zu den Verfahren der Authentifizierung der personalen Anwendungspartner in Transaktionen gehören neben den digitalen Signaturen auch Zeitstempel und biometrische Verfahren, aber natürlich auch klassische Absicherungsverfahren wie Paßwörter.
- Transaktionen sind *geschützt*, werden diskret durchgeführt, wenn nur diejenigen von Transaktionen erfahren bzw. sie einsehen können, die sie angehen. D.h. auch, daß bestimmte Teile der in der Transaktion übermittelten Informationen nicht allen bei der Transaktion beteiligten Partnern bekannt werden müssen. Die jetzigen Kreditkartenverfahren sind in diesem Sinne nicht geschützt bzw. diskret, da der Händer, bei dem ein Kunde seine Waren bezahlt, Kreditkarteninformation erfährt (Nummer, Verfallsdatum, Name des Kunden), die im Grunde nur das Kreditinstitut selber erfahren sollte, während dieses, wie schon erwähnt, im Grunde nichts angeht, zu welchem Zeitpunkt bei welchem Händler welches Gut eingekauft wurde.

Verläßlichkeit ist in erster Linie abhängig von den entwickelten Verfahren bei den Transaktionen, wie die anfallenden Prozesse organisiert sind, welche Programme zum Einsatz kommen, welche Sicherheitsvorkehrungen und Kontrollen vorgesehen sind. Die beiden anderen Punkte – Authentizität und Diskretion (Sicherung von Privatheit) – sind nach dem gegenwärtigen Stand des Wissens in erster Linie durch Verschlüsselungsverfahren zu erreichen. Wir müssen einen kurzen Abschnitt zu den kryptographischen Verfahren selber einfügen, setzen dann die Transaktionsdebatte fort und gehen dann noch abschließend auf die politische Dimension in der Kryptographiedebatte ein.

### 7.5.2 Kryptographie

Kryptographie, die Anwendung von Verschlüsselungsverfahren, um eine unbefugte Einsicht in auszutauschende Nachrichten sehr schwierig oder sogar unmöglich zu machen, wird zunehmend verwendet bei allen Vorgängen auf elektronischen Märkten bzw. konkreten elektronischen Marktplätzen, die mit Transaktionen zu tun haben. Kryptographie, lange eher Gegenstand von militärischen und sicherheitspolitischen Überlegungen, spielt wegen ihrer Bedeutung für Authentizität und Diskretion eine wesentliche Rolle bei der Vertrauensbildung vieler Informations-, Kommunikations- und Transaktionsprozesse in elektronischen Netzwerken, und zwar sowohl auf der Seite der Anbieter von Leistungen als auch auf der Seite ihrer Nutzer.
Der zunehmende Bedarf nach Kryptographie entstand dadurch, daß mittlerweile auch Geschäftstransaktionen nicht mehr allein auf proprietären Lösungen beruhen (sich nicht mehr innerhalb sicherer geschlossener Systeme abspielen), sondern zunehmend mehr sich des Internet als Muster eines offenen Netzes bedienen. In offenen Systemen stellt sich die Frage nach der Sicherheit für die Wirtschaft ganz anders als für den Bereich der Wissenschaftskommunikation, für den diese offenen Netze ursprünglich konzipiert waren. D.h. es geht beim Einsatz von Kryptographie zwar auch um Schutz vor Einsicht in Daten oder vor Manipulation von Daten durch Unbefugte, aber aus kommerzieller Sicht steht vor allem die Sicherung der Authentizität der bei elektronischen Transaktionen ausgetauschten Informationen im Vordergrund.

Solange der Geschäftsverkehr im direkten Kontakt mit dem (oft sogar lokal vorhandenen) Großrechner abgewickelt werden konnte, auch noch wenn eigene Netze den Datenverkehr uneinsehbar machten, bestand »eine Art ungeschriebener, auf Vertrauen basierender Vertrag zwischen Mainframe und Benutzer« (Schiller 1998, S. 53). D.h. der Rechner geht selbstverständlich davon aus, daß es wirklich der befugte Benutzer ist, dessen Zeichen er entgegennimmt, und genauso geht der Benutzer davon aus, daß er Daten von dem richtigen Computer bekommt. In verteilten Rechnerumgebungen, die »durch Leitungen mit unklarer Vertrauenswürdigkeit und Zuverlässigkeit verbunden sind« (ebda.), gilt diese Sicherheit nicht.

Technische Innovationen, wie es ja zweifellos offene Systeme sind, verursachen an nicht vorausgeplanten Stellen Unsicherheiten und Vertrauensverluste, die in der technischen Welt durch neue technische Vertrauensbildungsmaßnahmen kompensiert werden müssen, hier durch Kryptographie. Diese technische Maßnahme, in sozialen Umgebungen eingesetzt, produziert dann, wie nicht anders zu erwarten, neue Unsicherheiten und neue Vertrauensverluste. Eine offensichtlich nicht zu durchbrechende Vertrauensbildungs- und Vertrauensverlustspirale, mit der man in der Informationsgesellschaft wird leben müssen, mal besser, wenn die Kompensation funktioniert, mal schlechter, wenn die abträglichen Nebeneffekte größer als die Vorteile werden. Gegenwärtig ist für viele Kryptographie eher auf der Habenseite der Vertrauensgewinne zu buchen. Wie wir sehen werden, gilt diese Einschätzung aber nicht durchgängig für alle davon Betroffenen.

Um die Bedeutung der Kryptographie für Prozesse auf elektronischen Märkten und für die Vertrauensbildung einschätzen zu können, brauchen wir nicht die technische Debatte um die Konstruktion und Verwendung von kryptographischen Verfahren in allen Einzelheiten zu rekapitulieren[34], sollten aber kurz die wesentlichen Prinzipien, vor allem der asymmetrischen Verschlüsselung gegenwärtig haben, wo öffentliche und private Schlüssel zusammen zum Einsatz kommen[35].

- Bei dem *Public-key* (*public-private*) Verfahren[36] werden zwei aufeinander bezogene Schlüssel verwendet. Jede Botschaft wird mit einem öffentlichen Schlüssel kodiert, kann aber nur mit dem privaten Schlüssel

34 Ausführlichere Information zur Kryptographie, und zwar nicht nur im technischen Sinne, z. B. in: Levy (1996); Ludlow (1996, S. 173 ff.); Zimmermann (1996); Grossman (1997, Kap. 4 und 5); Phillips (1997). Die Diskussion in Deutschland um den Einsatz von Kryptographie kann man über die Plattform des *Fördervereins Informationstechnik und Gesellschaft* (FITUG) (www.fitug.de) verfolgen. FITUG tritt für ein Grundrecht auf Anonymität ein.

35 Nicht zuletzt aus Sicherheitsgründen kommen bei Transaktionen in elektronischen Systemen heute weitgehend asymmetrische Verschlüsselungstechniken zum Einsatz. Beispiele dafür sind der in Abschnitt 7.5.5 erwähnte RSA-Algorithmus und das darauf beruhende PGP, ebenso IDEA (*International Data Encryption Algorithm*). Bekannte Internet-Zahlungsmittel, wie eCash oder SET beruhen auf RSA, während Zertifizierungsstellen wegen der freien Verfügbarkeit oft auf PGP zurückgreifen.

36 Die Entwicklung der *Public-key*-Verfahren seit Ende der 60er Jahre wird nachvollzogen von Levy (1996, 186 ff.); Phillips (1997).

entschlüsselt werden. Wenn A eine Botschaft an B schicken will[37], dann muß A zunächst den öffentlichen Schlüssel von B bekommen. Der private Schlüssel sollte, um die Privatheit zu sichern, nicht weitergegeben bzw. sollte – und das ist die wesentliche Kontroverse – auch von keinem Dritten eingesehen oder *mit Gewalt* entschlüsselt werden. Der öffentliche Schlüssel kann an beliebig viele Personen, mit denen B Austausch pflegt, weitergegeben werden. Diese können, nach Verwendung des öffentlichen Schlüssels von B, selbst ihre eigenen verschlüsselten Nachrichten nicht mehr entschlüsseln, da dafür der private Schlüssel von B erforderlich ist.

- Das Verfahren kann auch im Zusammenhang der digitalen Signatur bzw. zur Authentifizierung verwendet werden (vgl. Abschnitt 7.5.3). Person A kann eine Botschaft mit ihrem privaten Schlüssel an B schicken. B, wenn B den öffentlichen Schlüssel von A hat, kann den Text entschlüsseln und weiß, daß der Text nur von A ist (wenn A den privaten Schlüssel exklusiv verwendet). Das Verfahren kann mehrfach im wechselseitigen Gebrauch von öffentlichem und privatem Schlüssel angewendet werden. A kann eine Botschaft zunächst mit ihrem privaten, dann mit dem öffentlichen von B verschlüsseln, B entschlüsselt das zunächst mit seinem privaten, dann mit A's öffentlichem Schlüssel, so daß B weiß, es ist von A.
- Mißbrauch ist dann möglich, wenn C den Versand von B's öffentlichem Schlüssel an A abfängt und durch seinen ersetzt und wenn dann die folgenden Botschaften von A an B wiederum abgefangen werden und dann entschlüsselt werden können. Nachteil ist auch die langsame, da aufwendige Verarbeitungszeit. In der Praxis werden daher die schnellen symmetrischen Verfahren mit den langsamen asymmetrischen verbunden. Für eine spezielle Übertragung (z. B. eine Transaktion) wird ein spezieller Schlüssel generiert (der Sektionsschlüssel), der dazu verwendet wird, die Botschaft mit einem schnellen symmetrischen Schlüssel zu kodieren. Der langsame öffentliche Schlüssel wird dann dazu benutzt, um den Sektionsschlüssel zu kodieren. Beides, der verschlüsselte Sektionsschlüssel und die mit dem öffentlichen Schlüssel kodierte Nachricht, werden von A versandt. B kann seinen privaten Schlüssel benutzen, um den Sektionsschlüssel zu dekodieren und dann den offenen Sektionsschlüssel für den Text.

Kryptographie als mathematisches und dann programmiertes Verfahren selber bedarf keines Vertrauens, sondern schafft Zuversicht – genau das machte den Unterschied zwischen *Trust* und *Confidence* aus. Verschlüsselungen, die Schlüssel oberhalb von 75-bit-Länge verwenden, sind mit der gegenwärtigen Computertechnologie nicht *mit Gewalt* (*also* durch Kombinatorik in vertretbarer

37 In der Kryptographie-Literatur sind das meistens *Alice* und *Bob*.

Zeit) zu entschlüsseln[38]. Zwar ist es auch ein Aspekt von Vertrauen, wenn wir uns darauf verlassen, daß die Experteneinschätzungen und ihre Berechnungen stimmen, ohne daß wir selber in der Lage wären, diese nachzuvollziehen. Aber im Grunde kann, bei anzunehmendem Grundvertrauen in die Gültigkeit mathematisch fundierter Aussagen, die eigene fachliche Unsicherheit in ausreichende Gewißheit und damit Zuversicht umschlagen. Eine Botschaft, die wir mit einem entsprechend starken Schlüssel verschlüsselt haben und für die alleine der dafür vorgesehene Empfänger einen entsprechenden Entschlüsselungsschlüssel hat, ist im Sinne der obigen Unterscheidungen authentisch und geschützt. Keiner kann sie verändern oder auch nur im Klartext einsehen. Warum spielt dann überhaupt Vertrauen eine Rolle bei der Diskussion von Kryptographie-Anwendungen, wie digitale Signaturen, da Kryptographie zunächst Mathematik ist und da, wie erwähnt, es bei dem Stand des mathematischen Wissens über Kryptographie nicht nötig ist, Vertrauen in die Stärke (im Sinne von Sicherheit, Verläßlichkeit) von Kryptographieverfahren zu haben? Aber reicht dieses Wissen um die Stärke des Verfahrens aus? Daß es im Erfahrungshorizont unserer Alltagswelt nicht ganz einfach ist, im Prinzip akzeptierte *Wahrheiten* der Mathematik und Statistik als gültig für unser Handeln und unsere Einschätzungen anzunehmen, zeigt das *Kasinoverhalten* durchaus auch wissenschaftlich gebildeter Personen.

Schlägt beim Roulette das fortgesetzte Setzen auf *rot* einmal und zweimal und dreimal fehl, so wird, gegen an sich besseres Wissen, häufig genug angenommen, daß sich nun die Chance, daß beim nächsten Mal die Kugel nun wirklich auf *rot* liegenbleibt, erhöhen sollte. Oder zumindest handelt man nach dieser Erwartung. Zu intuitiv richtig scheint die *Alltagswahrscheinlichkeit* gegenüber der kontraintuitiven mathematischen Wahrscheinlichkeit zu sein. Abweichungen intuitiver Einschätzung und kontraintuitiver Richtigkeit nehmen vermutlich mit der Komplexität der technischen Entwicklung bzw. des technischen Systems zu. Daß ein Flug-

38 Matt Blaze von *Bell Labs,* der mit der Aufdeckung von Problemen mit dem von der USA-Regierung favorisierten Kryptographie-Chip *Clipper* wesentlich dazu beigetragen hatte, daß dieser als offizieller Regierungsstandard zurückgezogen werden mußte, geht davon aus, daß bei der Verwendung von 90-bit-Schlüsseln die verschlüsselten Daten auch bei der zu erwartenden Entwicklung der Computertechnologie noch mindestens 20 Jahre sicher seien (vgl. Grossman 1997, S. 61).

zeug fliegt, wissen wir, verstehen aber in der Regel nicht gänzlich warum und *liebäugeln* immer mit der Möglichkeit, daß es auf einmal nicht mehr fliegen könnte, verstärkt durch die ebenfalls nicht gänzlich begriffene Erfahrung des Nicht-Fliegens des Flugzeugs in einem *Luftloch*.

Verstärkt wird das Beharren auf Alltagsintuition auch gegenüber überzeugend versicherter Experteneinschätzung durch die ebenfalls intuitiv erfahrenen Erfahrungen mit den vermeintlichen Fehlschlägen von Prognosen. Wenn versichert wird, daß ein Tschernobyl-Unfall nur einmal in einer Million Jahren vorkommen kann, dann ist es nicht vertrauensförderlich, wenn sich der Unfall dann nach schon 20 Jahren Betrieb ereignet. *Schuld* ist natürlich dann nicht die gegebene Berechnung, sondern das falsche intuitive Verständnis der Berechnung, so die Erklärung der Fachleute, die aber durchaus nicht handlungs- oder einschätzungsrelevant ist. Technische Realität, technische *Wahrheit* und soziale Realität, intuitive Welterfahrung können durchaus auseinanderklaffen und lassen selbst in an sich völlig unberechtigten Situationen Unsicherheiten entstehen, die nicht durch bewiesene Sicherheit, sondern durch Vertrauen, z. B. über die Giddensschen Zugangspunkte kompensiert werden müssen. Also ist selbst Sicherheit ein Faktor, der über Vertrauen versichert werden muß.

Weiterhin, und das ist für die Diskussion von Vertrauen noch wichtiger als das Vertrauen in die Verläßlichkeit von Kryptographie selber, ist das gesamte Umfeld, in dem Kryptographie zum Einsatz kommt, der entscheidende vertrauensbestimmende Faktor. Das Umfeld ist nicht nur ein technisch bestimmtes, sondern ist in hohem Maße durch politische, rechtliche und soziale Aspekte beeinflußt[39]. Damit werden auf einmal Fragen relevant, die mit dem mathematischen Verfahren an sich nichts zu tun haben:

- Wer gibt die Schlüssel aus, mit denen Transaktionen getätigt werden können?
- Wie kann man sich Kompetenz in kryptographischen Verfahren vergewissern, wenn man sie einsetzen will, aber nicht selber genug Wissen und Erfahrung darüber hat?
- Wie sichert man, daß die Schlüssel, die die sicheren Transaktionen sichern sollen, auch selber sicher in die Hände derer und nur in deren Hände kommen, die dafür vorgesehen sind?

39 Vgl. (Bizer 1997); eine laufende Zusammenstellung über aktuelle Kryptographiegesetze bietet die *Web site Crypto Law Survey* (cwis.kub.nl/~frw/people/koops/lawsurvy.htm).

- Wie kann man sicher sein, daß derjenige, der einem anderen seinen öffentlichen Schlüssel zur Nutzung übergibt, wirklich der ist, der er zu sein vorgibt?
- Wie erreicht man, daß verschlüsselte Daten dann lesbar werden, wenn, aus welchen Gründen auch immer, die dafür vorgesehenen Entschlüsseler dazu nicht in der Lage sind?
- Kann man sich immer sicher sein, daß die richtigen Schlüssel für die richtigen Dokumente bei Ver- und Entschlüsseln verwendet wurden?
- Muß es Instanzen geben, die die letztliche Kontrolle über den Einsatz von Kryptographieverfahren und damit auch den Zugriff zu den privaten Schlüsseln haben?
- Welchen Instanzen kann dabei vertraut werden? Wo müssen diese Instanzen angesiedelt sein, und wer kontrolliert sie? Wie sicher sind diese selber gegenüber Mißbrauch?
- Ist der Schutz privater Transaktionen ein höheres Gut als der Schutz der Allgemeinheit vor kriminellen Handlungen, die über freie Kryptographie gänzlich geschützt operieren können?

Wir wollen versuchen, einige dieser Fragen in den folgenden Abschnitten zu beantworten, kehren aber zunächst zur Transaktionsdebatte zurück.

### 7.5.3 Sicherung von Authentizität

Elektronische Transaktionen sind in der Regel in irgendeiner Form mit dem elektronischen Austausch von Dokumenten verbunden. Dabei stellen sich im wesentlichen zwei Probleme[40]. Das ist eine ist die Sicherung der Identität der bei der Transaktion beteiligten Personen, das andere die Sicherung der Identität der bei den Transaktionen beteiligten Objekte, in der Regel irgendwelche Dokumente. Personale und Objekt-Authentizität müssen *also* gewährleistet sein. Beides kann getrennt werden, wird aber heute in der Regel in dem Begriff der digitalen Signatur zusammengefaßt (s. unten).

Personale Sicherung wird auf elektronischen Märkten z. B. dann relevant, wenn Personen elektronische Waren einkaufen wollen, für die sie sich legitimieren müssen, z. B. in den USA Personen, die für den Einkauf von Alkohol mindestens 21 Jahre alt sein müssen. Die Sicherung von Identität ist aber natürlich auch auf Anbieter-

40 Vgl. A. Born: Signaturgesetz in Kraft: Schlüssel zur digitalen Sicherheit. www.heise.de/gw/artikel/9712034

seite wichtig. Vielleicht ist das nur eine *Kinderkrankheit*, aber für Versandhäuser stellt es zur Zeit noch ein großes Problem dar, daß ein Großteil der *Online*-Bestellungen nicht angenommen oder die Gültigkeit der Bestellung abgestritten wird, mit der Konsequenz lästiger und Kundenbeziehungen insgesamt belastender Rechtsstreitigkeiten.

Ein Identitätsnachweis ist auch dann erforderlich, wenn der Zugang zu vertraulichen oder kostenpflichtigen Informationen nur denen gegeben werden soll, die dafür berechtigt sind. Kauftransaktionen können auch über Kreditkarten gesichert werden, da sie ja auch nur an Personen ab einem bestimmten Alter ausgegeben werden. Aber bislang wird das *elektronische* Bezahlen über Kreditkarten noch nicht durchgängig akzeptiert, zumal durch sie nicht die Identität und Legitimität der Transaktionen garantiert werden kann, und als Mittel zur Abschottung von nicht zugelassenen Informationen taugen sie ohnehin nicht. Kein Wunder, daß es bei diesem Bedarf nach Authentifizierung und Identifikation Marktanbieter gibt, die das sichern und zugleich die zuweilen erwünschte Anonymität von Transaktionen oder auch nur der Informationsaufnahme ermöglichen.

Als Beispiel für eine Absicherung von Authentizität durch kommerzielle Anbieter sei auf die Dienste von *VeriSign* verwiesen, ein *Spin-off* von *RSA Data Security*[41]. Seit 1997 bietet *VeriSign* drei Stufen der persönlichen Identifizierung an. Die erste Stufe bestätigt, daß die aktuelle *Email-ID* unik und korrekt ist. Die zweite Stufe verifiziert die persönliche Adresse und einige persönliche Details, und die dritte Stufe verlangt persönliche Präsenz und den Nachweis registrierter Glaubwürdigkeit.

Differenziert werden kann nach *Digital ID Browser, Digital ID Email Only, Server ID, Software Signing ID, Channel Signing ID, EDI IDs* oder *IDs* für alles. Die *IDs* werden den Kunden über übliche Verschlüsselungsverfahren ausgegeben. Die *ID* kann dann von Interessierten z. B. dafür genutzt werden, *Email* zu überprüfen, den Zugang zu *Web sites* und privaten Netzwerken zu gestatten oder die Herkunft von heruntergeladener Software zu überprüfen. Man kann sich dann sehr wohl Transaktionen vorstellen, die an den Grad der verfügbaren elektronischen *ID* gekoppelt sind. Anfang 1997 wurde von *VeriSign* angegeben, daß 500.000 solcher persönlicher *ID* ausgestellt wären und weitere 14.000 an *Web sites*. Es ist absehbar, daß nicht nur die Bandbreite der vertrauenswürdigen *IDs* sehr

41 www.verisign.com

groß sein kann, sondern auch der Grad des Vertrauens, der diesen die elektronische *ID* ausstellenden Firmen gegenübergebracht wird. *Browser* könnten dann entsprechend so eingestellt werden, daß nur Zertifizierungen akzeptiert werden, die von vertrauenswürdigen Firmen ausgestellt wurden.

Nicht zuletzt mit Blick auf in Streitfällen anfallende Zivilprozesse müssen Transaktionsdokumente als gültig bewiesen werden können. Heute sehen noch weit über 3800 Rechtsvorschriften die Schriftform als verbindlich vor. Es stellt sich heute neu das allgemeine Problem, inwieweit elektronische Dokumente als authentisch gesichert, also nicht unberechtigterweise (oder gar verdeckt) im Transaktionsprozeß oder zu einem anderen Zeitpunkt manipuliert werden können. Es muß gewährleistet werden, daß Unbefugten der Zugriff auf übertragene Daten und somit deren unberechtigte Manipulation verwehrt wird, zum anderen muß eindeutig feststellbar sein, daß übertragene Daten auch tatsächlich von einem berechtigten Absender stammen.
Diese Authentizität soll nach dem jetzigen Stand der Technik durch digitale Signaturen zu den zu sichernden Dokumenten garantiert werden. Die elektronische Signatur soll die wesentlichen Merkmale einer *normalen* Unterschrift (Echtheit, Identität, Rechtskräftigkeit) in elektronischer Form umsetzen. Üblicherweise wird die Verschlüsselung, die zur Erzeugung der digitalen Signatur führt, entsprechend dem *Public-private-key*-Verfahren durchgeführt. Das zu sendende Dokument wird vom Sender mit dem öffentlichen Schlüssel des Empfängers kodiert. Der Empfänger, und nur er alleine, kann das empfangene Dokument mit seinem privaten Schlüssel dekodieren. Im Anhang des Dokuments befindet sich ein vom Absender mit seinem privaten Schlüssel erzeugter und als *Hash*-Wert kodierter *Message authentification code*. Dieser Wert ändert sich natürlich, wenn an dem Dokument nur die geringste Veränderung vorgenommen wird. Der Wert kann vom Empfänger mit dem öffentlichen Schlüssel des Senders dechiffriert werden. Der so ermittelte Wert muß mit der Neuberechnung der Nachricht verglichen werden. Stimmen Neuberechnung und gesendeter *Hash*-Wert überein, ist sicher, daß verschicktes und angekommenes Dokument identisch sind, also weder Änderungen vorgenommen wurden noch Übertragungsfehler aufgetreten sind. Identität und Authentizität des Absenders sind nachgewiesen.
Die Verfahren für digitale Signaturen sind natürlich nur dann

sicher, wenn jeder Teilnehmer seinen geheimen Schlüssel geheimhält. Ansonsten könnte ein Unbefugter im Namen des Teilnehmers signieren. Für den Schutz seines privaten Schlüssels ist jeder Teilnehmer selbst verantwortlich. Der Teilnehmer muß aber auch sicher sein können, beispielsweise bei der Verschlüsselung der für den Kommunikationspartner bestimmten Daten, einen authentischen öffentlichen Schlüssel zu verwenden, der also wirklich dem Empfänger gehört. Dem Teilnehmer könnte ein falscher öffentlicher Schlüssel untergeschoben und das Dokument von nicht legitimierter Seite entschlüsselt werden. Die Authentizität des öffentlichen Schlüssels muß deshalb von einer neutralen und vertrauenswürdigen Instanz, der sogenannten Zertifizierungsstelle – auch *Trust center* genannt –, durch ein Zertifikat bestätigt werden (vgl. Abschnitt 7.5.6).

Der gesamte Bereich der Authentizitätssicherung über digitale Signaturen, einschließlich der Aufgabe der Zertifizierungsstellen, wird in Deutschland durch die Vorschriften des am 1.7.1997 in Kraft getretenen Gesetzes zur Regelung der Rahmenbedingungen für Informations- und Kommunikationsdienste (IuKDG) geregelt[42]. Im sogenannten Signaturgesetz (SigG), das im Rahmen des IuKDG (Artikel 3) verabschiedet und im Oktober 1997 durch die Verordnung zur Digitalen Signatur (SigV) ergänzt wurde, wird in § 2 des SigG die digitale Signatur definiert als ein mit einem privaten Schlüssel erzeugtes Siegel zu digitalen Daten, das mit Hilfe eines dazugehörigen öffentlichen Schlüssels und der Verifikation durch eine Zertifizierungsstelle den Inhaber des Signaturschlüssels und die Unverfälschtheit der Daten erkennen läßt.

Auf der Grundlage von SigG und SigV erstellte die Regulierungsbehörde für Telekommunikation und Post nach Angaben des Bundesamtes für Sicherheit in der Informationstechnik im November 1997 einen konkreten *Maßnahmenkatalog für digitale Signaturen* (BSI 1997)[43]. Die Gesetze SigG und SigV sind somit als Vorstufen zur Anerkennung digitaler Dokumente allgemein anzusehen – für manche sogar schon als verbindliche Grundlage

42 In Europa müssen die dazu eingesetzten Verfahren nach dem europäischen Normensystem IT-SEC (*Information Technology Security Evaluation Criteria*) zertifiziert sein.

43 Entwurf unter www.bsi.bund.de

(Roßnagel 1998)[44]. Die *deutsche Regulierungsbehörde für Post und Telekommunikation* hat am 24-9-1998 die digitale Signatur für den Gebrauch digitaler Dokumente freigegeben[45]. Allerdings bedeutet das noch nicht, daß die elektronische Unterschrift der handschriftlichen eigenhändigen Unterschrift rechtlich gleichgestellt ist. Die gesetzlichen Regelungen dafür sind aber unterwegs, so daß die volle Anerkennung der elektronischen Unterschrift sehr bald Realität sein dürfte, mit erheblichen Potentialen der Kostenreduzierung im Geschäftsverkehr von Wirtschaft und Verwaltung.
Das klassische Anwendungsbeispiel für durch Zertifikation bestätigte sichere Transaktionen sind sicherlich die elektronischen Zahlungsformen selber, bei denen sich der SET-Standard (*Secure Electronic Transactions*) durchzusetzen scheint[46]. SET ist ein offener Standard für sichere Kreditkartenzahlung auch im Internet, der von VISA, MasterCard, *Microsoft* und IBM entwickelt wurde und der inzwischen in verschiedenen Implementierungen auf elektronischen Marktplätzen[47] angewendet wird (vgl. auch Wolf 1998)[48]. SET wird auf den meisten WWW-*Browsern* verfügbar sein. Wegen Kryptographiebeschränkungen in den USA kann SET zur Zeit nur einen 56-Bit-Schlüssel verwenden, der allerdings mit einem (sicheren) 1024-Bit-RSA-öffentlichen Schlüssel des Empfängers kombiniert wird. Ansonsten kommen die asymme-

44 Alexander Roßnagel, selber maßgeblich an den Formulierungen zum Signaturgesetz beteiligt, diskutiert die Reichweite der digitalen Signatur zur Authentifizierung digitaler Dokumente und verneint die Frage der Sicherheitsvermutung, ob in Zukunft noch ein eigener elektronischer Dokumentenbeweis nötig sei (Roßnagel 1998). Aus dieser juristischen und technischen Sicht kann das Problem der Authentifizierung elektronischer Dokumente als gelöst angesehen werden: »Das Signaturgesetz ist kein *Torso*, auch kein *zahnloser Tiger*, sondern – insbesondere hinsichtlich des Beweisrechts – eine geglückte Regelung« (a.a.O., S. 3320). Sehr viel skeptischer dagegen Geis (1997) und – unter spezieller Diskussion der Vertrauensproblematik bei digitalen Signaturen – Hoeren (1998).

45 Südddeutsche Zeitung 25.9.1998

46 Beispiele weiterer Zahlungsformen: *Geldkarte* (www.gmd.de); *CyberCash* (www.cybercash.com); *Ecash:* www.digicash.com; *MilliCent:* www.millicent.com; *NetBill:* www.ini.cmv.edi/netbill; *Mini-Pay:* www.ibm.net.il/ibm_il/int-lab/mypay.

47 *Electronic Mall Bodensee*: www.emb.net

48 SET-Information z. B. unter www.mastercard.com

trischen Verschlüsselungstechniken zum Einsatz. Die Zertifizierung soll auch hier von einer (neutralen) Zertifizierungsstelle gewährleistet werden, die bislang allerdings meistens im Auftrag der involvierten Bank tätig wird[49]. Auch hier stellt sich die Frage der institutionellen Vertrauensabsicherung, wenn die Unabhängigkeit des (SET-)*Trust center* durch kommerzielle Verflechtung nicht so ohne weiteres ersichtlich ist.

### 7.5.4 Private Transaktionen

Die Aufgabe des Schutzes von Transaktionen hat auf elektronischen Märkten aber eine noch größere Dimension als nur die ökonomische. Entsprechend unserer Ausdifferenzierung der elektronischen Märkte sind davon alle Typen betroffen, die Fach-/Wissenschaftskommunikation, die Geschäfts- und Verwaltungskommunikation, die allgemeinen Publikums- und Medienmärkte sowie natürlich auch die private Individualkommunikation. Auf allen diesen Ausprägungen von Märkten entsteht Bedarf nach Vertrauenssicherung von Transaktionen. Die Formen privater Transaktionen, der einfache Austausch von elektronischer Post oder der Versand privater Dokumente, müssen in elektronischen Netzwerken genauso geschützt werden wie die kommerziellen oder administrativen Transaktionen mit finanziellen oder rechtlichen Konsequenzen. Neben den Fragen der Sicherheit von Geschäftsvorgängen sind durch die Verschlüsselungsverfahren auf elektronischen Märkten auch allgemeine Fragen der Integrität persönlicher Daten und persönlicher Information (*Privacy*) angesprochen. Durch die Verwendung von Kryptographie und durch die damit verbundene Authentifizierung können eine Vielzahl bislang offener Probleme in der Nutzung elektronischer Netzwerke gelöst werden, die alle direkt oder indirekt mit dem Schutz individueller Daten zusammenhängen. Grossman (1997, S. 64f.) verweist auf die Beispiele, daß über Kryptographie z. B. dem Interesse entsprochen werden kann, in Kommunikationsforen den Austausch von Positionen nur mit den Personen oder Grup-

49 Als erstes deutsches *Trust center* für die Zertifizierung von SET-Vorgängen ist die *Buchungszentrale der westfälisch-lippischen Sparkassen GmbH* (BWS) tätig geworden und auch online präsent.

pen einzugehen, die dafür vorgesehen sind (z. B. in Frauenforen), oder über die Speicherung von verschlüsselten persönlichen Daten auf *Smart Cards* nur die Daten freigegeben werden, die z. B. bei einer öffentlichen Kontrolle durch die Verkehrspolizei erforderlich sind[50]. Ähnliche Anwendungen sind bei fast allen privaten, kommerziellen und öffentlichen Situationen sinnvoll, bei denen zwar die volle Information vorhanden ist, aber nur jeweils eine definierte Teilmenge je nach Situation – beim Arzt, beim Finanzamt, bei der Versicherung, beim Autoverleih, in der Bibliothek, ... – zugänglich gemacht werden soll.

In der *Privatkommunikation* wird die Geheimhaltung, die Vertraulichkeit gegenüber der Forderung der Authentizität dominieren. Kryptographie ist hier ein wesentliches Mittel der Bewahrung von Grundrechten, vergleichbar dem Briefgeheimnis und der Unverletzlichkeit des privaten Kommunikationsraums der eigenen Wohnung. Wir wollen die Bedeutung der Kryptographie für den privaten Bereich nur durch ein längeres Zitat von Philip R. Zimmermann belegen, der mit der Software-Entwicklung und der öffentlichen Verteilung des Kryptographieverfahrens PGP (*Pretty Good Privacy*) die Kryptographiedebatte seit 1991 entscheidend mitbestimmt hatte:

»It's personal. It's private. And it's no one's business but yours. You may be planning a political campaign, discussing your taxes, or having an illicit affair. Or you may be doing something that you feel shouldn't be illegal, but is. Whatever it is, you don't want your private electronic mail (e-mail) or confidential documents read by anyone else. There's nothing wrong with asserting your privacy. Privacy is as apple-pie as the Constitution.
Perhaps you think your e-mail is legitimate enough that encryption is unwarranted. If you really are a law-abiding citizen with nothing to hide,

50 Dies zu Ende gedacht, brauchte z. B. bei einer Verkehrskontrolle im Grunde nur geprüft werden, ob der Führerschein gültig ist und daß eindeutig die Referenzierung des Führerscheins auf die den Besitz des Führerscheins reklamierende Person möglich ist. Den Namen braucht die kontrollierende Polizei nicht zu erfahren. Ob das als Gewinn bürgerlicher Freiheit oder als Verlust staatlicher Autorität verstanden wird, ist wohl auch Bestandteil der Vertrauenssicherungsdebatte. In der alternativen *anarchistischen* Literatur der *Cypherpunks* wird das unter dem Thema des Ende des nationalstaatlichen Prinzips der Regierungskontrolle zugunsten einer globalen Netzdemokratie diskutiert (vgl. Katz 1997a und b).

then why don't you always send your paper mail on postcards? ... What if everyone believed that law-abiding citzens should use postcards for their mail? If some brave soul tried to assert his privacy by using an envelope for his mail, it would draw suspicion. Perhaps the authorities would open his mail to see what he's hiding. Fortunately, we don't live in that kind of world, because everyone protects most of their mail with envelopes. So no one draws suspicion by asserting their privacy with an envelope. There's safety in numbers. Analogously, it would be nice if everyone routinely used encryption for all their e-mail, innocent or not, so that no one drew suspicion by asserting their e-mail privacy with encryption. Think of it as a form of solidarity. ...
More and more of our private communications are being routed through electronic channels. Electronic mail is gradually replacing conventional paper mail. E-mail messages are just too easy to intercept and scan for interesting keywords. This can be done easily, routinely, automatically, and undetectable on a grand scale. ...
If privacy is outlawed (wenn also die freie Verfügung über Kryptographie von staatlicher Seite unterbunden bzw. an das Recht gekoppelt wird, staatlichen Organen nach rechtlicher Autorisierung den Zugriff zu den privaten Schlüsseln zu ermöglichen), only outlaws will have privacy. Intelligence agencies have access to good cryptographic technology. So do the big arms and drug traffickers. So do defense contractors,oil companies, and other corporate giants. But ordinary people and grassroots political organizations mostly have not had access to affordable ›military grade‹ public-key cryptographic technology.« (Und deshalb, so Zimmermann, habe er PGP entwickelt und öffentlich gemacht.) (Zimmermann 1996, 182-184, passim)

Mit diesem längeren Zitat ist die politische Dimension der Verschlüsselungen bzw. der sicheren Transaktionen und damit auch von *Privacy* angesprochen.

### 7.5.5 Zur politischen Dimension in der Kryptographiedebatte

Die in den letzten Jahren, zunächst vor allem in den USA (vgl. z. B. Blaze 1997; Kuner 1998), dann aber auch in Europa geführte Kryptographieauseinandersetzung ist im Kontext einer allgemeineren politischen Debatte zu sehen. Je nach politischem Standpunkt wird dabei Vertrauen in staatliche Organe in Frage gestellt und soll durch Vertrauen in speziell beauftragte Institutionen (*Trust center*) bzw. durch Vertrauensnetze (*Webs of trust*) ersetzt werden, oder – das wäre der andere Standpunkt –soll aus Gründen der Verläßlichkeit, Fürsorge und Verhältnismäßigkeit/Aufgabengemäßheit das Vertrauen in die Rolle des Staates noch verstärkt werden. Letzteres bedeutete in diesem Kontext, daß der Staat das Kryptographiemonopol, die letzte Kontrolle über die Verfahren und vor allem über die ausgegebenen privaten Schlüssel behalten solle. Damit steht diese Debatte natürlich auch in dem allgemeinen Zusammenhang von Regulierungs- und Deregulierungspolitik unter den Bedingungen der global sich organisierenden Informationswirtschaft.

Die öffentliche Kryptographie-Diskussion in den USA wurde vermutlich durch technisch-methodische Defizite angestoßen. Bis Mitte der 80er Jahre wurde der ursprünglich von IBM entwikkelte und dann von der NSA (*National Security Agency*) angepaßte[51] *Data Encryption Standard* (DES) breit angewendet, vor allem auch von den Banken für deren Geschäftsverkehr, weil damit der Nachweis der Gültigkeit des Verfahrens auf die Regierungsseite, d.h. der Vertrauensnachweis auf die Expertise von NSA abgeschoben werden konnte. DES war ein symmetrisches Verfahren (beide Partner benutzen den gleichen Schlüssel), wurde aber 1987 wegen veralteter und damit nicht sicherer Technik nicht mehr von NSA offiziell unterstützt (wenn auch in der Praxis weiter verwendet). Da längere Zeit keine Alternative für den Handel angeboten wurde, wurde die Vertrauensbasis für kryptographische Verfahren (vor allem für die Industrie) unsicher. Die Vertrauen sichernde Zuversicht, daß, ganz im Sinne des Giddensschen Vertrauens in abstrakte Systeme, das Wissen der Zeit von den Experten tatsächlich zur Anwendung kam, war nicht mehr gegeben und auch nicht mehr angebracht.

Zur gleichen Zeit verlor der Staat das traditionell aus militärischen Gründen von ihm bzw. von in staatlichen Diensten beschäftigten Experten gehaltene Wissensmonopol über kryptographische Techniken. In der Wissenschaft, vor allem in der Mathematik, wurde ab Mitte der sechziger Jahre intensiv auf diesem Gebiet geforscht[52]. Der Durchbruch wurde erzielt durch die Entwicklung

51 Der ursprünglich offene Schlüssel wurde von NSA auf 56 bit-Länge gekürzt.

52 Vorarbeiten wurden bereits in den 70er Jahren von Whitfield Diffie und Martin Hellman (Stanford) auf der Basis einer früheren Arbeit von David Kahn (*The Codebreaker*, 1967) geleistet.

von Algorithmen durch die MIT-Wissenschaftler Ronald Rivest, Adi Shamir und Leonard Adleman (daher RSA-Algorithmus genannt). RSA wurde später als Patent angemeldet und von der Firma *RSA Data Security* zur kommerziellen Nutzung lizensiert. Folgenreich für die öffentliche Auseinandersetzung wurden die Entwicklungen von Phil Zimmermann auf der Basis von RSA. - Dies geschah unabhängig von der kommerziellen Verwertung des RSA-Algorithmus und des *Public-key*-Ansatzes (vgl. Levy 1996, S. 190 ff.; Grossman 1997, S. 45 ff.; Zimmermann 1996). Aber erst 1991 konnte Zimmermann seine Software unter dem Namen PGP, *Pretty Good Privacy*, öffentlich machen.

Diese Freigabe mußte zum Konflikt führen. Lange Zeit hatte die NSA versucht, trotz der inzwischen erfolgten öffentlichen wissenschaftlichen Diskussion, die Kontrolle über Kryptographie zu behalten, wobei es vor allem um die Länge des Schlüssels und um den Zugang zur Anwendung ging. Noch in der Tradition des *kalten Krieges* war die NSA bestrebt, aus nationalen Sicherheitsgründen die Kryptographie-Information für geheim zu erklären[53]. Kryptographie wurde sogar als Waffe deklariert, so daß kryptographische Hard- und Software unter die Regelungen von AECA (*The Arms Export Control Act*) bzw. von ITAR (*International Traffic in Arms Regulation*) subsumiert und Kryptographie-Exportverbote erlassen werden konnten, vor allem mit Blick auf starke Kryptographie (oberhalb 40 bits)[54]. Auch auf Grund des

53 NSA versuchte die Kryptographie-Forschung auch dadurch zu beeinflussen, daß von der staatlichen Forschungsförderungsinstitution NSF (*National Science Foundation*) keine Forschungsgelder dazu vergeben werden bzw. daß alle Kryptographie-Forscher NSF direkt berichten sollten. Die NSF willigte nur hinsichtlich einer Berichtspflicht ein, mit der Möglichkeit von NSA, das dann für geheim (*classified*) zu erklären. Ursprünglich sollten sogar alle Publikationen zu Kryptographie verboten werden. Das wurde vom Justizministerium (DoJ) für verfassungswidrig erklärt.

54 Die rechtliche Lage, Kryptographie unter *Waffen* zu subsumieren, ist in den USA nicht eindeutig. Nach einem kalifornischen Urteil von 1996 falle Kryptographiesoftware unter Redefreiheit, könne also nicht als Waffe klassifiziert werden. Andere Urteile bestätigen wiederum die Gültigkeit von ITAR bzw. Nachfolgeregelungen für Kryptographie. Leicht grotesk ist es, daß danach die Quellcodes von Kryptographie in gedruckter Form exportiert werden dürfen, nicht aber ihre Entsprechungen auf Datenträgern wie Disketten (Kieper 1997, S. 216 f.).

COCOM-Abkommens (*Coordinating Committee for Multilateral Export Controls*), auf das sich die meisten westlichen Staaten geeinigt hatten, war der Export kryptographischer Hard- und Software in Länder, die auf einer *schwarzen Liste* verzeichnet waren, nicht möglich.[55] Hinzu kam das Interesse des FBI, alle elektronische Kommunikation im Klartext zugänglich zu erhalten, wenn dies durch gesetzliche Mechanismen für notwendig erklärt wurde (Phillips 1997, S. 263).
Eine entsprechende Gesetzesvorlage (Senate Bill 266, 1991) wurde allerdings in gemeinsamer Anstrengung von Computerindustrie, Informatikern und privaten Aktivisten, unter Anführung von *Electronic Frontier Foundation*, zu Fall gebracht. In diesem öffentlichen Klima ist auch die Auseinandersetzung um die Kryptographiekontrolle zu sehen und das schwindende Vertrauen großer Teile der amerikanischen Internet-Öffentlichkeit in die entsprechenden Aktionen der US-Regierung, auch der Clinton-Administration, zu verstehen, die sich an sich, weitgehend über den Vize-Präsidenten Al Gore, in vielen öffentlichen Verlautbarungen für die Freizügigkeit auf den *Superhighways* der Information eingesetzt hatten[56].

55 COCOM wurde 1995 von der *Wassenaar Vereinbarung* abgelöst, der auch osteuropäische Länder beigetreten sind. Danach betrifft das Exportverbot nach wie vor Länder wie Iran, Irak, Lybien und Nordkorea. Wir weisen auf eine Dokumentation von Koops hin, aus der die verschiedenen nationalen Regelungen für Exportkontrollen und -lizenzen zu entnehmen sind: cwis.kub.nl/~frw/people/koops/lawsurvy.htm. In Frankreich muß aufgrund einer gesetzlichen Bestimmung von 1990 jede Verschlüsselungsanwendung über den *Service Central de la Securité des Systemès d'Informatique* (SCSSI) beantragt werden. Ebenso obliegt in Rußland die Kryptographieüberwachung einem *Bundesamt für Kommunikation und Information* (FAPSI ist ein Nachfolgeorgan des KGB). Aber das sind einige der wenigen Beispiele für gesetzmäßig verankerte Kryptographierestriktionen (vgl. auch die Referenzen in U. Möller; www.thur.de/ulf/krypto/verbot.html). Über die historische Entwicklung der Exportkontrolle für Verschlüsselungsprodukte und den gegenwärtigen Stand der Verschlüsselungsvorschriften in Notebooks, Internet *Browsern* und *Handys* informiert Roth (1998).

56 Der Vorgang wiederholte sich dann noch einmal 1996/97 in der Auseinandersetzung um den *Communications Decency Act* (CDA), der im Versuch, die rechtswidrige Verbreitung von Materialien (wie z. B. Kinderpornographie) durch gesetzliche Maßnahme in den Griff zu be-

Diese Erfahrung in der Clipper-Auseinandersetzung ist durchaus zu verallgemeinern. In der Ablehnung der Schutzfunktion des Staates für die Informationsbelange in den Netzwelten, sei es nun aus Gründen eines grundlegenden Mißtrauens gegenüber Staatsautoritäten oder aus Gründen der angenommenen Ineffizienz, treffen sich die basisdemokratischen Netzbürger mit den neoliberalen Vertretern der Informationswirtschaft oder der Wirtschaft insgesamt. Daß ein solcher Widerstand von Wirtschaftsseite aus artikuliert wird, überrascht nicht, daß sich aber auch, zumindest in der amerikanischen netzausgerichteten Bürgerrechtsbewegung, eine anti-etatistische Grundeinstellung durchgesetzt hat, war nicht unbedingt zu erwarten (wenn auch, in den USA, aus den Erfahrungen mit Vietnam und Watergate erklärbar).

- Dieses gleichsam *neo-liberale* Marktverhalten auch der *Netizens* kann mit einigen Ergebnissen aus einer neueren Studie belegt werden, die u. a. auch die Wertvorstellungen der *digitalen Bürger* (in den USA), also der intensiven Nutzer des Internets, untersucht hat[57]. Aus dieser Studie ist deutlich erkennbar, daß die *digitalen Bürger* zwar insgesamt einem Wertesystem eines aufgeklärten Humanismus mit ausgeprägtem Bewußtsein für soziale Toleranz und damit eher traditionell *linken* politischen Positionen verpflichtet sind. Aber daraus folgt keineswegs, daß

kommen, letztlich, durch eine Entscheidung eines *Supreme Court* für verfassungwidrig erklärt, von der Clinton-Administration zurückgezogen werden mußte.

57 Gemeint ist die zusammen von dem *Journal Wired* und *Merrill Lynch Forum* 1997 durchgeführte Studie, durch die empirische Belege für die von Jon Katz in Wired 5.4, (1997, S. 49) vorgetragene These gefunden werden sollten, daß sich durch das Internet eine neue postpolitische Gemeinschaft einer digitalen Nation (*Digital nation*) entwickeln werde (diese These ausführlicher entwickelt in Katz 1997, S. 50 ff.). Für die Studie wurden 1444 Amerikaner befragt, die entsprechend ihrer Kommunikationsausstattung in vier Gruppen aufgeteilt wurden: (1) *The Superconnected* (SuC), an mindestens 3 Tagen *Email*, *Laptop*, *cell phone, a beeper, and a home computer* (2%); (2) *The Connected* (C): an mindestens 3 Tagen *Email* und 3 von den 4 Technologien (7%); (3) *The Semiconnected* (SeC) : benutzt mindestens eine, aber nicht mehr als die 4 Technologien (62%); (4) *The Unconnected* (UC): benutzt keine der Technologie (29%).Die wesentlichen Ergebnisse dieser Studie wurden von Jon Katz im Dezember 97-Heft von *Wired* vorgestellt (Katz 1997b).

sie, wie es ebenfalls für eher *linke* Positionen typisch wäre/war, dem Staat eine hohe Gestaltungspotenz zutrauen. Sie sind nicht in dem Sinne liberal, wie man abschätzig in den USA die Vertreter der demokratischen Partei bezeichnet, die dafürhalten, daß die Regierung bzw. der Staat für die Lösung sozialer Probleme zuständig sein sollte. Die Umfrage zeigt: das Setzen auf persönliche Verantwortung dominiert, und 90% glauben an die Gestaltungskräfte des Marktes. Insgesamt werden Unternehmer und Unternehmungen als effektivere Agenten der Zukunftsgestaltung angesehen als Politiker. Damit verhalten sich die *digitalen Bürger liberal* im Sinne einer konservativen Wirtschaftstheorie:
»Digital Citizens' political values draw heavily from the humanism and social tolerance of the left... Their passion for individual responsibility and market forces suggests the ideology of the right« (Katz 1997b, 80).
Geht es alleine um Vertrauen in die Effizienz der Netzwerkkommunikation mit ihren heterogenen auf die verschiedenen Bereiche elektronischer Märkte bezogenen Anwendungen, so gibt es keine Unterschiede zwischen der liberal-konservativen Grundhaltung (deregulieren wo immer und soweit wie möglich) und der eher basisdemokratischen, von den Wertvorstellungen des gänzlich freien Zugangs zur Information geprägten Gründergeneration des Internet bzw. der von Katz so bezeichneten digitalen Bürger, die das Netz als ihren Gestaltungsraum ansehen und nicht in erster das nationalstaatliche politische System. Zurück zur Kryptographiedebatte.

Die öffentliche Nutzung von *starker* Kryptographie war allerdings nicht mehr aufzuhalten, nachdem Zimmermann, wie erwähnt, 1991, ob nun aus kommerzieller Absicht oder aus Sorge wegen sich abzeichnender eingeschränkter kryptographischer Möglichkeiten, den Weg zur weltweiten Distribution von PGP (mit Einsicht in die Quellcodes) dadurch freigegeben hatte, daß es in verschiedene Kommunikationsforen des Internet (*Bulletin boards* und *Newsgroups*) eingespeist wurde. Die Einzelheiten der darauf folgenden privatrechtlichen Auseinandersetzung mit der Firma *RSA Data Security Incorporation* (RSADSI), die ihre Patent-/Lizenzrechte beeinträchtigt sah, und mit den staatlichen Organen (vor allem dem *Department of Justice*) wegen Verstoßes gegen Exportgesetze brauchen uns hier nicht zu interessieren (Phillipps 1997, S. 265 f.). 1995 wurde der Streit u. a. dadurch beendet, daß sich eine öffentlich anerkannte Institution, nämlich das *M. I. T.* bereit erklärte, für PGP eine neue Software-Lösung vorzulegen. Das geschah dann auch in der Zusammenarbeit von Zimmermann und anderen Experten vom *M. I. T.* Das *M. I. T.* sah die öffentliche

Verantwortung der Wissenschaft, kryptographische Verfahren einer breiten Öffentlichkeit offenzuhalten, und engagierte sich entsprechend.

»The M. I. T. had the strong belief that heavy-duty cryptography, or the ability to encrypt something so that it remains private, needed to be in the hands of the general public«[58].

Die staatlichen Institutionen reagierten auf die im Prinzip öffentliche, aber juristisch immer noch nicht geklärte Situation, die vor allem für die Wirtschaft, die auf legale Kryptographieverfahren angewiesen ist, nicht erträglich war, mit der Neuentwicklung eines neuen Standards für Verschlüsselung. Der unter dem Namen Clipper entwickelte, geheim gehaltene Algorithmus war auf einem verschlossenen Chip untergebracht. Die Vergabe und die letzte Zugriffskontrolle zu den Benutzerschlüsseln sollten unter der Aufsicht der Regierung bleiben[59]. Die Verwendung von Clipper setzte voraus, daß alle Benutzer Vertrauen in die Kryptographie-Kompetenz des staatlichen Entwicklers (NSA) haben und daß die überwachenden Regierungsinstitutionen richtig arbeiten. D.h. alle Geheimhaltung läge auf der Seite des Staates:

»The government trusts non one to act as its agent, and requires everyone to trust« (Phillipps 1997, S. 263).

1993 erklärte die Clinton-Regierung über einen Verwaltungsakt (d.i. keine legislative Maßnahme) EES zum *Federal Information Processing Standard* (FIPS). Damit war EES, und im Gefolge sollte es Clipper sein, zwar im Prinzip nur gültig für Bundesverwaltungen, sollte aber durch Zugzwang für private Unternehmen zum de facto Standard werden, die in großem Umfang Auftragnehmer für die Bundesverwaltungen sind. AT&T erklärte sich bereit, alle

58 James Bruce, *MIT-Vice-President of Information Systems*, zit. Phillips (1997, S. 265) mit Referenz auf Garfinkel (1995, S. 106)

59 Auf dem Chip war die Chip-Seriennummer und sein Master-Schlüssel. Zu den beiden Nummern hatte der Besitzer des Chips/Telefons keinen Zugang. Bei der Produktion der Chips wurden zwei Datenbanken angelegt, einmal für die Chip-Seriennummern und für die Master-Schlüssel. Jede Datenbank wurde von einer getrennten US-Regierungsagentur verwaltet. Die Kontrolle ausüben sollten gemeinsam das *Department of Commerce* (bzw. das dem *Department* zugeordnete *National Institute of Standards and Technology*) und das *Treasury Department*.

Sicherheitstelefone mit Clipper auszustatten. Von seiten der (nicht-staatlichen) Experten wurden allerdings Zweifel an der Sicherheit von Clipper angemeldet – an der Letztkontrolle sowieso –, und es wurden Mitte 1994 von Matt Blaze (Forscher bei AT&T Bell Labs) Fehler in der Clipper-Produktion veröffentlicht. Das somit begründete Mißtrauen legitimierte das bald einsetzende Anti-*Lobbying*, das dann, wiederum gemeinsam von Computerfachleuten, Industrie und Internet-Interessenorganisationen betrieben, erneut erfolgreich war. Im Juli 1994 wurde Clipper vom Vizepräsidenten der USA als Regierungsstandard zurückgezogen, da es, obgleich für Telefon erfolgreich, nicht allgemein für Computer- oder Video-Netzwerke einsetzbar sei. Al Gore forderte die Industrie auf, ein *Key-escrow*-Verfahren zu entwickeln[60], das exportfähig ist, also von der Wirtschaft auch im globalen Maßstab eingesetzt, und bei dem vor allem dem Interesse der staatlichen Organe, die Entschlüsselungsgewalt direkt oder indirekt zu behalten, entsprochen werden könnte (vgl. Phillips 1997, S. 264).
So ist bis heute (Anfang 1999) die Situation im Kryptographiebereich und in ihren Anwendungen in der Politik/Verwaltung bzw. ihren staatlichen Organen, in der Wirtschaft und in der Privatkommunikation in den USA noch nicht endgültig geklärt. Die offizielle Politik von NSA beruht weiterhin darauf, daß sie geschützte, sichere Verfahren für elektronischen Datenverkehr in der Regierung und im Militär bereithält, und es zeichnet sich auch nicht ab, daß die Sicherheitsverfahren bezüglich Schlüsselkontrolle durch staatliche Organe gelockert werden[61]. Allerdings wer-

60 Mit *Key-escrow*-Verfahren bezeichnet man das Vorgehen, das Hinterlegen der geheimen, privaten Schlüssel bei staatlichen oder quasi-staatlichen Stellen zu erzwingen, damit im Konfliktfall, bei richterlicher Anweisung, die Entschlüsselung von verschlüsselten Botschaften durch autorisierte Organe (in der Regel sind darunter staatliche Stellen zu verstehen) möglich ist. *Key-escrow* wird in erster Linie mit der Notwendigkeit einer zeitgemäßen, effizienten Verbrechensbekämpfung begründet. Wirksam wird die Bekämpfung natürlich eher durch die Abschreckungsfunktion, also durch die Gefahr aufzufallen, wenn Verschlüsselungsverfahren benutzt werden, die nicht hinterlegt worden sind, weniger durch eine Aufklärungsleistung. Kein Krimineller wird ein Verschlüsselungsverfahren verwenden, für das der private Schlüssel bei einer autorisierten Stelle hinterlegt ist.

61 Allerdings sind zur Zeit wohl keine Maßnahmen, wie sie mit dem

den heute kryptographische Verfahren nicht mehr als Kriegswaffen aufgefaßt. Kryptographie wird heute in erster Linie als Angelegenheit der Wirtschaft angesehen. Von seiten der Wirtschaft wird als wesentliche Behinderung empfunden, daß die

»Ausfuhr von Verschlüsselungsprodukten mit Schlüsseln, die länger als 40 Bits sind, … nur genehmigt (wird), wenn der Exporteur ›key recovery agents‹ nennt, die im Falle einer gerichtlichen Anordnung den Zugriff auf die entschlüsselten Daten haben würden« (Kuner 1997, S. 222).

Diese *agents* können im Prinzip auch im Ausland angesiedelt sein, faktisch müssen sie sich dann aber äußerst aufwendigen Anerkennungsprozeduren unterziehen. Aus technischer Sicht wird weiter beanstandet, daß das Hinterlegungsverfahren für die Schlüssel mit dem Internet Sicherheitsstandard SSL (*Security Sokkets Layer*) nicht verträglich (a.a.O., S. 223) und angesichts der vielen Millionen Schlüssel, die bei Internet-Transaktionen täglich anfallen, auch nicht praktikabel sei[62]. Für die Wirtschaft zählen in erster Linie die Nachteile durch die Exportbeschränkungen[63] und die Kosten für ein *Key-escrow*-Verfahren mit Schlüsselhinterlegung, die Mitte 1998 von der *Business Software Association* insgesamt auf $7,7 Mrd. geschätzt wurden[64].
Auch in Deutschland gibt es bislang keine gesetzliche Regelung zum Einsatz kryptographischer Verfahren. Ein Verbot bestimmter

Clipper-Standard getroffen werden sollten, vorgesehen. Vielmehr unternahm es die US-Regierung, die alten Ausfuhrbestimmungen entsprechend ITAR im sogenannten *Provisional Regulations Act* Ende 1996 (gültig zunächst 2 Jahre) neu zu formulieren. Um diese Regelung auch bei anderen Ländern zu propagieren, wurde eine spezielle US-Botschaft bei der OECD eingerichtet (*Special Envoy for Cryptography*) (Kuner 1997).

62 Über die mit *Key-Recovery* bzw. *-Escrow* verbundenen Probleme informiert ausführlich und differenziert ein DuD-Bericht von 1997 (DuD 1997). Hierin wird auch bezweifelt, ob der Aufbau einer *Key-recovery*-Infrastruktur überhaupt und dann unter Kostengesichtspunkten realistisch ist (vgl. dazu allerdings die Entwicklung des Aufbaus von *Trust centern* in der Bundesrepublik nach den gesetzlichen Vorgaben des IuKDG bzw. von SigG und SigV; vgl. Abschnitt 7.5.6).

63 Kuner (1998, 7) beschreibt im einzelnen die Verfahren, die zu einer Ausfuhrgenehmigung führen sollen.

64 Vgl. *Computer Zeitung* Nr. 25, 18. 6. 1998, S. 4

Kryptographieverfahren ist nicht vorgesehen[65]. Die Aussage gilt zunächst nur für den innerstaatlichen Einsatz von Kryptographie und für deren Import, wo die Bundesrepublik freie Handhabe hat. Es kann jede Kryptographiesoftware aus dem Ausland oder dem Internet bezogen werden, z. B. die neuesten PGP-Versionen mit starker Verschlüsselung, und innerhalb Deutschlands, z. B. für die Erstellung von digitalen Signaturen durch *Trust center*, verwendet werden. Anders ist es bei dem Export, wo z. B. die EU-Vorschriften (wie die *Dual-use*-Verordnung von Mitte 1995) zur Anwendung kommen, aber auch die vielen Vorschriften der jeweiligen Exportländer[66].

Trotz der bislang eher freizügigen Kryptographiepraxis in der Bundesrepublik gibt es immer wieder, in erster Linie vom Innenministerium ausgehende Bestrebungen, für kryptographische Verfahren einen Genehmigungsvorbehalt vorzusehen. Der Einsatz von kryptographischen Verfahren bedürfte dann der speziellen Erlaubnis und/oder einer Schlüsselhinterlegung (bei staatlichen oder staatlich autorisierten Institutionen), damit anläßlich einer Strafverfolgungsmaßnahme verdächtige Daten entschlüsselt werden können. Zur Zeit wird im wesentlichen die folgende Diskussion geführt:

- Aus juristischer Sicht scheint eine Beschränkung kryptographischer Verfahren verfassungsrechtlich problematisch zu sein. Eine staatliche Beschränkung der Herstellung, des Angebots und der Verwendung kryptographischer Verfahren, die zum Schutz der Vertraulichkeit von Informationen und Nachrichten in Kommunikationssystemen eingesetzt werden, würde die Grundrechte der (wirtschaftlichen) Entfaltungsfreiheit aus Art. 12 Abs. 1, Art. 2 Abs. 1 GG, der Vertraulichkeit der Kommunikation aus Art. 10 GG sowie des informationellen Selbstbestimmungsrechtes aus Art. 2 Abs. 1 in Verbindung mit Art. 1 Abs. 1

65 Vgl. aber die Regelungen im IuKDG von 1997

66 Exportbeschränkungen werden in erster Linie aus sicherheitspolitischen Gründen erlassen (vgl. Roth 1998), wobei das wesentliche Kontrollinstrument die Aufstellung von Ausfuhrlisten ist. Da Kryptographieverfahren heute weniger militärische Bereiche, aber vor allem Belange der inneren Sicherheit betreffen, sind Verschlüsselungsprodukte meistens in einer solchen Liste erfaßt. Sie müssen dann gesondert genehmigt werden. Das geschieht über die allgemeine Zollprüfung bzw. in Zweifelsfällen mit einer Freigabe durch das Bundesausfuhramt (BAFA).

GG verletzen. Anwender von Kryptographieverfahren, insbesondere wenn sie zur Wahrung von Berufsgeheimnissen verpflichtet sind, haben ein verfassungsrechtlich geschütztes Interesse, vertraulich kommunizieren zu können.

- Die gesetzlichen Möglichkeiten der Fernmeldeverkehrsverordnung, nach der alle Betreiber von Fernmeldeanlagen verschlüsselte Daten den abhörenden Behörden im Klartext zur Verfügung stellen müssen, greifen offenbar nicht für kryptographische Verfahren im Rahmen der Datenübertragung, da Verschlüsselungsverfahren keine Daten übertragen, sondern nur die Daten vor der Übertragung modifizieren (vgl. Bizer 1995)[67]. Weitergehende rechtliche Möglichkeiten, von denen Krypto-

67 Die Frage des staatlichen Zugriffs auf verschlüsselte Daten steht so im größeren Zusammenhang der Überwachung von Telefon- und Datenverkehr insgesamt. Und das hat durchaus eine globale Dimension. Nach Ulfkotte (1998) gibt es gegenwärtig »nicht ein Telefongespräch, ein Fax, eine *Email*, Internet-Verbindung oder sonstige Datenübertragung«, die nicht von dem ECHELON-System, weitgehend aus den Kommunikationssatelliten Intelsat, automatisch mitgeschnitten und, bei Unverschlüsselung oder Verwendung schwacher Kryptographie, auch ausgewertet werden kann. (ECHELON wird von den Geheimdiensten der sogenannten UKUSA-Staaten – USA, UK, Kanada, Australien, Neuseeland – betrieben und genutzt.) Technisch können stündlich zwei Millionen Nachrichten aus der weltweiten Kommunikation abgefangen und unter Verwendung von ähnlichen Filter- und Selektionsverfahren ausgewertet werden, wie sie bei kommerziellen Ausfilterverfahren im Internet, z. B. zum Abblocken von Pornographie, eingesetzt werden. Mit den automatischen Techniken werden aus den Millionen Nachrichten stündlich ca. 2000 als, entsprechend den Selektionskriterien, einschlägig erkannt, die dann allerdings zur endgültigen Verifikation von Menschen durchgesehen werden müssen. Davon sollen ca. 20 von wirklichem Interesse für die Überwacher sein, und 2 davon erreichen dann tatsächlich das Weiße Haus. Diese Überwachung hat nicht nur, wie unsprünglich vorgesehen, eine politische Dimension, sondern heute vor allem auch eine wirtschaftliche, wenn die amerikanischen Geheimdienste (*National Reconnaissance Office*=NRO – oder *National Security Agency*=NSA) in Verhandlungen z. B. über wirtschaftliche Kooperationen Einblick nehmen können. Wirtschaftsspionage steht also im Vordergrund, allerdings wird, ohne Bestätigung von offizieller Seite, davon ausgegangen, daß z. B. auch deutsche Politiker abgehört werden, ebenso Menschenrechtsorganisationen wie *Amnesty International*. Die einzelnen Nationalstaaten und in Europa die EU-Kommission haben keine Möglichkeit, Auskünfte über die Reichweite und den tatsächlichen Einsatz von

graphieverfahren und die Überwachung der Telekommunikation von staatlicher Seite aus möglich werden, werden sowohl in einer Entschließung des Europäischen Rates unter dem Namen ENFOPOL 98 diskutiert[68] als auch in der Bundesrepublik mit dem Telekommunikationsüberwachungsgesetz (TKÜG).

- Aus der Sicht der Wirtschaft wird angeführt, daß eine den Kryptographieeinsatz einschränkende Gesetzesinitiative dazu beitragen würde, den Standort Deutschland für Neue Technologien unattraktiv zu machen. Entsprechend wird eine offensive Politik von Wirtschaftsverbänden und Interessenvertretern der Wirtschaft geführt[69] mit dem Ziel, sich dem amerikanischen Druck nach Kryptographie-Reglementierungen zu widersetzen und sich in der Bundesrepublik »für einen freien Einsatz von Verschlüsselungsverfahren einzusetzen« (Kuner 1977). Daß solche Verfahren überhaupt zum Einsatz kommen müssen, steht für Lambsdorff ohnehin außer Frage. Wie sich Lambsdorff dann allerdings Zertifizierungs- und Identitätssicherungsverfahren bei der Durchführung verschlüsselter Transaktionen überhaupt vorstellt, bleibt offen.
- Unbeschadet der Verfassungs- oder Wirtschaftsprobleme wird aus pragmatischer Sicht bezweifelt, ob gesetzliche Regelungen zur Kontrolle von Kryptographieverfahren und zur Hinterlegung der privaten Schlüssel

Echelon zu bekommen. Von seiten Englands, das an ECHELON beteiligt ist, gehen allerdings Initiativen aus, das Vorgehen stärker publik zu machen: »Es gibt Zeiten, in denen die Technologie die Demokratie unterstützt, und Zeiten, in denen sie die Zentralisierung der Macht fördert. Gegenwärtig befinden wir uns in einer Zeit der Zentralisierung.« (Britischer Europa-Abgeordneter Glyn Ford, nach Ulfkotte 1998). Angesichts dieser Dimension möglichen Abhörens und Mitschneidens/Auswertens bekommt die Debatte um die Öffnung von starker, nicht-entschlüsselbarer Kryptographie eine umfassendere Dimension.

In der EU wird zur Zeit eine Entschließung des Rates unter dem Namen ENFOPOL 98 diskutiert, durch die die rechtmäßige Überwachung des Telekommunikationsverkehrs in bezug auf neue Technologien geregelt werden soll. Nicht zuletzt soll dadurch eine Kompatibilität mit dem oben erwähnten Telekommunikationsabhörsystem ECHELON hergestellt und auch auf die satellitengestützten Mobilfunktelefonsysteme ausgedehnt werden. Der Text zu ENFOPOL findet sich unter: www.heise.de/tp/deutsch/special/enfo/default.html.

68 www.heise.de/tp/deutsch/special/enfo/default.html.

69 Vgl. auch DuD (1997); Hamm (1997); Blaze (1997); Kelm/Kossakowski (1997) und Bizer/Rieß/Roßnagel (1997) mit einer strikten Ablehnung von staatlichen Kryptographiereglementierungen, vor allem deshalb, weil wirtschaftliche Aktivitäten dadurch stark behindert würden.

überhaupt greifen können. Verschlüsselungsverfahren wie PGP sind im Internet ohne größeren Aufwand frei erhältlich. Fortgeschrittene Steganographie (Verstecken der verschlüsselten Nachrichten in unverschlüsselte, z. B. in Graphiken) macht den Nachweis der Anwendung von (illegaler) Kryptographie fast unmöglich. Kontrollverfahren seien also zum wirksamen Schutz der inneren Sicherheit ungeeignet[70]. Die im Vergleich zur gesamten Öffentlichkeit, die sich nicht des Rechts zur vertraulichen Kommunikation berauben lassen will, kleine (kriminelle) Zielgruppe, auf die ja nur Kontrollverfahren abzielen können, ist jederzeit in der Lage, sich den Zugang zu nicht-entzifferbaren Verschlüsselungsverfahren zu besorgen, ohne daß dies wirksam verhindert werden könnte.

Im Verhältnis USA/Bundesrepublik zeichnet sich in der Kryptographie-Frage insofern eine Kompromißlösung ab, als die Schlüssel für kryptographische Verfahren bei vertrauenswürdigen dritten Stellen hinterlegt werden – ausdrücklich nicht mehr bei Behörden oder regierungsnahen Organisationen[71]. Damit wurde offenbar auch den deutschen Interessen Rechnung getragen, nach denen es nicht für zumutbar gehalten wird, daß deutsche Kryptographie-Nutzer in den USA einen Schlüssel hinterlegen. Die Rot-Grüne Regierung hält bislang eine weitergehende Kryptographieregulierung für nicht wünschenswert, vor allem keine Hinterlegungspflicht bei staatlichen Stellen. Die Leitlinien einer deutschen Kryp-

70 In einem Artikel in der *Frankfurter Allgemeinen Zeitung*, die sich auch sonst durchweg gegen eine Schlüsselhinterlegungspolitik ausspricht, führt Hövel (1998) einige Belege dafür an, daß das von staatlicher Seite aus häufig vorgebrachte Argument, ohne die Möglichkeit der Schlüsseloffenlegung (Key-escrow-Verfahren) sei eine effiziente Verbrechensbekämpfung nicht mehr möglich, empirisch nicht haltbar sei (vgl. auch Kuner 1997, S. 223 mit Verweis auf den Direktor des FBI). Die Zahl der Kriminalfälle, bei denen Verschlüsselungstechniken eine Rolle spielen, steige zwar mit Raten zwischen 50 und 100% pro Jahr an, sei aber mit etwa 500 Fällen im Jahr absolut sehr gering, und in fast allen Fällen war der Einsatz der Verschlüsselung für die Aufklärung der Fälle nicht restriktiv. Organisierte Kriminalität, so wird geschätzt, stützt sich bei Verbrechen weltweit in etwa 10.000 bis 20.000 Fällen auf PC-Verfahren ab, davon nur 5% auf Verschlüsselungsverfahren. In der Gegenwart scheint Kryptographie aus quantitativer Sicht kein wirkliches Problem der Verbrechensbekämpfung zu sein.

71 Vgl. *Computer Zeitung* Nr. 43, 22. 10. 1998, S. 1 und das Interview mit Siegmar Mosdorf, S. 8

tographiepolitik werden sich, nach Auskunft des SPD-Wirtschaftspolitikers Siegmar Mosdorf[72], wohl an den *Crypto Guide Lines* der OECD orientieren, die ebenfalls nicht-staatlichen Stellen die letzte Kryptographiekontrolle einräumen wollen. Dieses entsprechende OECD-Dokument von 1996 ist in der strikten Vertretung der persönlichen Freiheitsrechte so bemerkenswert, daß wir es hier wiedergeben möchten[73]:

RESOLUTION IN SUPPORT OF THE FREEDOM TO USE CRYPTOGRAPHY
25 SEPTEMBER 1996, PARIS, FRANCE
WHEREAS the Organization for Economic Cooperation and Development (OECD) is now considering the development of an international policy for the use of cryptography;
WHEREAS the use of cryptography implicates human rights and matters of personal liberty that affect individuals around the world;
WHEREAS national governments have already taken steps to detain and to harass user and developers of cryptography technology;
WHEREAS cryptography is already in use by human rights advocates who face persecution by their national governments;
WHEREAS the privacy of communication is explicitly protected by Article 12 of the Universal Declaration of Human Rights, Article 17 of the International Covenant on Civil and Political Rights, and national law;
WHEREAS cryptography will play an increasingly important role in the ability of citizens to protect their privacy in the Information Society;
RECOGNIZING that the OECD has made substantial contributions to the preservation of human rights and the protection of privacy;
FURTHER RECOGNIZING that decisions about cryptography policy may give rise to communication networks that favor privacy or favor surveillance;
FURTHER RECOGNIZING that the promotion of key escrow encryption by government poses a direct threat to the privacy rights of citizens;
THE FOLLOWING NATIONAL AND INTERNATIONAL ORGANIZATIONS, concerned with matters of human rights, civil liberty, and personal freedom, have joined together to
URGE the OECD to base its cryptography policies on the fundamental right of citizens to engage in private communication;
FURTHER URGE the OECD to resist policies that would encourage the development of communication networks *design*ed for surveillance; and
RECOMMEND that the OECD turn its attention to growing public concerns about the widespread use of surveillance technologies and the

72 Ebda.

73 www.gilc.org/gilc/resolution.html; vgl. www.epic.org/crypto/OECD/

implications for Democratic Society and Personal Liberty around the world.

Welche Position auch immer eingenommen wird – die juristisch-verfassungsrechtliche, die bürgerrechtliche, die liberal-wirtschaftliche oder die pragmatische –, offensichtlich stehen hier verschiedene Rechte und Prinzipien im Konflikt zueinander. Abstrakt gesehen konfligiert beim durchgängigen und uneingeschränkten Einsatz von Kryptographie das Recht auf *Privacy* sogar mit dem Recht auf den Zugriff auf Information[74]. Weiterhin konfligiert die uneingeschränkte Freigabe von Kryptographie, wie sie von seiten der Wirtschaft aus ökonomischen Gründen und den Bürgerbewegungen als Grundrecht gefordert wird, mit dem Recht bzw. der Pflicht des Staates, die Bürger vor gesetzeswidrigen Handlungen zu

74 Brin (1998) ist mit seinem Ansatz der reziproken Transparenz Exponent der Vertreter, die dafür plädieren, Kommunikations- und Transaktionsprozesse weitgehend offen, d. h. ohne den durchgängigen Einsatz von Kryptographie, sich organisieren zu lassen. Ein Beispiel für die Aufgabe von Kryptographieverfahren selbst bei Internetzahlungssystemen war *First Virtual* (www.firstvirtual.com; jetzt – Anfang 1999 – geändert als www.messagemedia.com/). Als Begründung dafür wurde angegeben, daß bislang kein Verschlüsselungsverfahren absolut sicher sei. *First Virtual* wird dadurch sicher, einfach genug, daß eben keine vertraulichen Daten über das Netz verschickt werden. Zur Anwendung kommt hier eine monatlich neu zugestellte *virtualPIN*, mit der Kunden Transaktionen abwickeln können. Allerdings ist das Verfahren so nicht anonym, da der PIN-Kode aus Kreditkartendaten, Anschrift und *Email*-Adresse berechnet wird. *First Virtual* verwendet die Daten auch explizit dafür, um mit dem erstellten Profil *Email*-Werbung zu betreiben. Brin kritisiert Kryptographie als das Mittel, *Privacy* zu sichern, vor allem wegen seiner theoretischen Annahme, daß eine weitgehende Transparenz (informationelle Symmetrie), natürlich unter der Bedingung der Wechselseitigkeit (vgl. die Matrix von Brin zu Beginn von Kap. 7), die Herausbildung einer offenen und auf Vertrauen beruhenden Gesellschaft eher begünstigen könnte als eine Gesellschaft der Geheimhaltung wegen durchgängigen Mißtrauens. Wenn alle Parteien gleichermaßen ihre Informationen offenlegen würden, entstünde nur noch in wenigen Situationen der intimen Privatheit der Bedarf nach *Privacy* und Kryptographie. Daß Brin dabei auch die Position vertritt, daß nur ein starker Staat letztlich die Rechte seiner Bürger schützen könne, macht es ihm leichter, den staatlichen Organen die Letztkontrolle auf Kryptographie zuzugestehen, eine Position, die vehement aus der Welt der *Netizens* kritisiert wurde.

schützen. Dies könne er nur tun, so die etatistische Sicht, wenn er zu ihrer Aufklärung Zugriff auf Informationen hat, die die Gesetzwidrigkeit belegen oder im Vorfeld be- oder verhindern. Angesichts der heutigen technischen Möglichkeiten gibt es allerdings Gründe, daran zu zweifeln (s. oben), daß die Kryptographiekontrolle so effizient sein kann, daß der Eingriff in die freie Verfügung in die Verschlüsselungsverfahren gerechtfertigt ist. Ob die Regulierung, wenn sie denn sein muß, zudem darin bestehen muß, daß der staatliche Zugriff zu den privaten Schlüsseln gesichert werden muß oder ob das nicht eher über neutrale Instanzen geschehen kann, ist genauso nicht entschieden, wie der Optimismus nicht gerechtfertigt ist, daß durch durchgängige Kryptographie Vertraulichkeit und Privatheit der Bürger gesichert werden kann – zu vielfältig sind die Möglichkeiten, auch mathematisch an sich sichere Verschlüsselungsverfahren auszuhebeln, die in sozialen Kontexten Anwendung finden und dort organisiert werden müssen.

### 7.5.6 *Trusted third parties – Trust center* oder Vertrauensnetzwerke

Wird der Staat in seinen Institutionen nicht als der selbstverständliche Partner für die Vertrauensbildung in Funktionstüchtigkeit, Freizügigkeit und Sicherheit der Netzkommunikation angesehen, so stellt sich schon die Frage, wer und mit welcher Legitimation an die Stelle der staatlichen oder vom Staat eingesetzten Kontrollinstanzen treten soll. Daß es einen solchen Bedarf nach Kontrollinstanzen, z. B. in Form von Zertifizierungsstellen gibt, haben wir bei der Diskussion der Sicherung von Authentizität gesehen und ihm wurde ja auch durch die Maßnahmen im IuKDG Rechnung getragen. Welchen Institutionen kann man in diesen heiklen Fragen trauen?

Das Problem der Absicherung von sensiblen Bereichen ist natürlich nicht neu. In der Wirtschaft, die in den letzten Jahrzehnten zunehmend mehr auf *Just-in-time*-Produktion und, damit verbunden, auf die Zulieferung durch externe Partner gesetzt hat, ist Vertrauen in die Qualitätsarbeit entscheidend wichtig, weil die Einzelüberprüfung der angelieferten Teile in der *Just-in-time*-Produktion kaum noch möglich ist. Wer aber leistet die Qualitätsüberprüfung (*Audit*), und welcher Institution trauen die betroffenen Parteien, sowohl diejenigen, die die Überprüfung in Auftrag geben, als auch diejenigen, die überprüft werden[75]? Machen die Überprüfung die großen Firmen selber, sind dafür private (große oder kleine) Unternehmen zuständig, oder übernimmt es doch wieder der Staat? In welcher Form das institutionelle Problem der Zertifizierung, der Durchführung des *Quality audit*, gelöst wird, ist sicherlich auch in hohem Maße von der jeweiligen nationalen Kultur abhängig. Staaten mit langer etatistischer Tradition, wie z. B. Frankreich oder Rußland, behandeln das Problem anders als Staaten mit langer Marktorientierung wie eher in den angelsächsischen Ländern (vgl. Anm. 15). Vertrauen wird, wie wir gesehen haben, auch durch Übertragung der vergangenen guten Erfahrung auf gegenwärtige, neue Prozesse etabliert. Davon meinen die etablierten Kreditinstitute, wie große Banken oder Kreditkarteneinrichtungen wie MasterCard und VISA, profitieren zu können, in der Erwartung, daß ihnen bei der Organisation elektronischer Zahlungsformen ebenso vertrauensvoll gefolgt wird, wie das bislang bei Finanz- bzw. Kreditkartengeschäften der Fall ist. Auch die Größe der Institution kann eine Rolle spielen. Grossman (1997) merkt an dem Beispiel der Kryptographiekontrolle an, daß

75 (Hancké 1996) weist auf eine interessante Mischform in Frankreich hin, wo die Aufgabe der Qualitätssicherung von zuliefernden Firmen, die nach den ISO 9000 Normen übermäßig an eine private Agentur delegiert wurde, an die *Association Française pour l'Assurance de la Qualité* (AFAQ). AFAQ hat sich Vertrauen bei den meisten Unternehmen dadurch erworben, daß sie hohen professionellen Standard ihrer Mitarbeiter nachweisen konnte, aber auch dadurch, daß die quasi-staatliche Institution, die für die Zertifizierung der Produktqualität zuständig ist, die *Agence Française de Normalisation* (AFNOR), die AFAQ-Zertifikate ebenfalls zertifiziert. D.h. die private Agentur wird noch einmal selber von einer staatlichen Organisation quasi zertifiziert. Das scheint in einem Land wie Frankreich, das nach wie vor in vielen Bereichen auf staatliche Autorität setzt, vertrauensfördernd zu sein. Der Erfolg dieser Organisationsform zeigt sich darin, daß mehr als die Hälfte aller großen Firmen in Frankreich ihre eigenen *Audit*-Maßnahmen mit Blick auf die Zulieferfirmen aufgegeben haben und auf die Zertifizierung durch AFAQ vertrauen. Hancké weist aber darauf hin, daß interessanterweise einige der großen Unternehmen, die in Staatsbesitz sind, wie PSA, Renault oder die Energieunternehmen EDF und GDF, auf ihrem eigenen *Audit* beharren, also nicht an AFAQ delegieren (a.a.O. 17).

von staatlicher Seite aus eher Großorganisationen Vertrauen mit Blick auf anfallende Entschlüsselung (*Key-escrow*) geschenkt wird. Sicherlich spielt auch eine Rolle, daß größere Organisationen eher in die Lage sind, die kostenaufwendigen Sicherheitsauflagen zur Organisation elektronischer Transaktionen und Zertifizierungsvorgänge zu erbringen. Grossman hingegen führt eher soziale Argumente an und geht, entsprechend dem Denkansatz der *digitalen Bürger* (*netizens*), die jedem Zentralismus mißtrauen, davon aus, daß es der verteilten Struktur globaler Netzwerke und der Vertrauenspraxis im alltäglichen Leben eher entgegenkommt, wenn vertrauenssichernde Kontrollinstanzen ebenfalls verteilt und möglichst klein gehalten werden:

»Government may trust banks and large corporations to manage keys; the rest of us are more likely to trust individuals or organizations we have chosen ourselves, be they friends with well-secured computer systems, relatives who live in another country, our own local lawyers or accountants, a safe depositit box under our personal control, or in some cases even the Internet service providers we use, who can verify our attached identity as they're already billing us and providing our email addresses.« (Grossman 1997, S. 68)

Vertrauen in eine Institution ist offensichtlich abhängig von ihrem Typ und ihrer Größe:

»in a small community, *online* or real, you assume that everyone you meet is trustworthy unless proven otherwise, in a large one, you assume the reverse« (ebda).

Je kleiner Systeme sind, desto näher, so die Argumentation, sind sie an den ursprünglich Vertrauen stiftenden persönlichen Beziehungen. Größere Systeme müssen entsprechend mit Kompensationsleistungen aufwarten, in der Regel durch die Einführung von Personen, die stellvertretend für die großen Systeme mit dem Publikum zum Gewinnen von Vertrauen in Kontakt treten. Wenn es nicht direkt Personen sind, die die Kompensation leisten, so können stellvertretend auch kleinere, überschaubare und zudem neutrale Organisationen diese Vertrauenstransformation leisten, zumal dann, wenn sie zur Kompensationssicherung untereinander vernetzt sind[76].

76 Grossman zitiert hier aus einem Telefoninterview mit John Brimacombe von 1996: »One of the essences of trust is that it's a personal relationship. The bigger the organization the more impersonal it is. The

Wenn es auch noch nicht durchgängig Praxis ist, so spricht einiges dafür, daß Kontrollinstanzen unter dem Gesichtspunkt der Vertrauensbildung in erster Linie in die Hände *neutraler Dritter* (*Trusted third parties*) gelegt werden sollen; vgl. Froomkin (1996); Grossman (1997). Dies sind die neuen Broker, die Vermittler (*middlemen*) in Netzwerken und elektronischen Diensten. Sie übernehmen u. a. klassische Notarfunktionen für das Netz, wie Identifikation, Authentifikation, Verifikation, oder Kryptographie-Kontrolle bzw. Überwachung der elektronischen Unterschrift. Sie sollen vertrauenswürdige Antworten auf die Fragen geben, auf welche Dienste und Vermittlungsleistungen, auf welche Suchdienste, auf welche Qualitätseinschätzungen oder überhaupt auf welche elektronischen Transaktionsformen auf welcher Kryptographie-Grundlage man sich verlassen kann.
Mittler sollen, ganz generell gesehen, die Vertrauenslücke schließen, die zwischen den (oft anonymen) elektronischen (staatlichen oder kommerziellen) Organisationen und Diensten im Netz und den Endkunden besteht:

»It's middlemen who will fill the gap and sell our trust back to us. They will be the brokers in the new power structure that is already forming on and around the Net« (Grossman 1997, 183).

Und sicherlich sollen es auch die Mittler sein, die die Vertrauensbasis im Austausch zwischen Organisationen legen, sei es zwischen staatlichen und privaten Organisationen oder bei jeder Art von Transaktionen zwischen kommerziellen Partnern und selbstverständlich auch für Transaktionen auf den Publikumsmärkten und in der Privatkommunikation. Vertrauen wird auch wieder zentral, weil die Vorgänge, die mit Verschlüsselung und Zertifizierung zusammenhängen, für die meisten Nutzer nicht nachvollziehbar sind, und daher auch an neutrale vertrauensvolle Mittler delegiert wird:

desire to understand the organization you've trusted with your secrets is a reason for having smaller escrow providers« (zit. Grossman 1997, 186). Mit *Escrow providers* sind Firmen gemeint, die anstelle staatlicher Einrichtungen Funktionen wie Authentifizierung oder Verifikation für andere übernehmen, sich aber verpflichten müssen, die privaten Schlüssel den staatlichen Organen zugänglich zu machen, wenn ein Rechtsinteresse geltend gemacht werden kann.

»Users of a cryptographic system are willing to place trust in agents, and to rely on these agents to manage the parts of the system that the users themselves, because of lack of time, energy, desire, or expertise, are no able to manage. They want to trust the agents' knowledge and expertise in the face of their own ignorance and incompetence. They do not want constantly to oversee and negotiate with their agents. Rather, they would like to bestow and cultivate ›system trust‹ (Verweis auf Luhmann 1979, S. 22). They would like to go confidently into uncertainty.
However, this desire for trust is conditional. Users wish, if necessary, to have recourse to certainty regarding the trustworthiness of their agents. They wish to be assured that agents are in fact competent, knowledgeable, and acting in the user's interest. Moreover, they seek not to be fully known to their agents – to retain a degree of privacy in their actions, intentions, and desires. They wish to require that their agents trust them.« (Phillipps 1997, S. 272)

Hier eröffnet sich ein breites Feld für neue Aktivitäten einer Vielzahl von Organisationen, deren Hauptzweck es ist, Transaktionen in Netzwerken nachvollziehbar und vertrauenswürdig zu machen. Wer diese Mittler sein werden, ist im einzelnen unentschieden. Sicherlich wird es keine einzelne institutionelle Lösung geben, sondern vielfältige Organisationen – kleine, mittlere und große Unternehmen, Banken, Industrie- und Handelskammern, Gewerbeaufsichten, Überwachungsvereine, wissenschaftliche Gesellschaften, Interessenverbände, Unternehmensberatungen, Forschungsinstitute, Bürgerinitiativen, ... – werden hier aktiv werden und werden versuchen, sich für ihre Kunden durch vertrauensbildende Maßnahmen zu legitimieren. Dies sind neue Ausprägungen institutioneller Informationsassistenten, bei denen abzuwarten ist, inwieweit deren Aufgaben auch durch technische Vertrauensassistenten übernommen werden (können/sollen).
Möglicherweise wird es beim Umgang mit solchen Instanzen darauf ankommen, Situationen des Vertrauens (sozusagen auf der Basis von Vorschußvertrauen) schrittweise in Situationen der Verläßlichkeit (auf der Basis von kalkulierbarer Sicherheit) zu transformieren. Dafür gibt es verschiedene Möglichkeiten. Phillips (1997) faßt diese unter Paraphrasierung einer Arbeit von Shapiro (1987) zusammen. Wir zitieren diese Passage:

»Principals (die Auftraggeber an vertrauenssichernde Instanzen/Agenten/Assistenten) may act in various ways to avoid or to alleviate this risk (sich auf unsichere Situationen einzulassen). They may opt out of the agency relationship altogether, spread the risk between various agents, or ›personalize the agency relationship by embedding it in structures of social relations ... based on familiarity, interdependence, and continuity‹ (Shapiro 1987, S. 631). They may also rely on ›trustees‹ – ›guardians of trust, a supporting social-control framework of procedural norms, organizational forms, and social-control specialists, which institutionalize distrust‹ (a.a.O., S. 635). These social control frameworks may include ›ethic codes, standards of practice, regulatory statutes, and judical decisions [that] prescribe disinterestedness, full and honest disclosure, role competence, ... or performance consistent with that expected of a ›reasonable person‹ under the circumstances‹ (a.a.O., S. 637). They may also include gatekeeping restrictions on agency, such as professional accrediting associations. A critical analysis of this system of trust relationships can serve as a point of entry into the analysis of structures of social power.« (Phillips 1997, S. 244).

Man erkennt aus der bisherigen Diskussion, daß es eine eindeutige institutionelle Lösung für die Delegation von Problemen, die mit Kryptographie, Zertifizierung oder Identitätssicherung allgemein zusammenhängen, nicht gibt. Man kann jedoch zwei grundsätzlich verschiedene Denkansätze zur Lösung des Problems ausmachen. Aus der einen Richtung wird auf die Herausbildung von privaten Vertrauensnetzen (*Webs of trust*), aus der anderen mehr auf professionelle Instanzen, die allerdings, wie oben angedeutet, sich auf vielfältige Weise institutionell realisieren können. Das ist die Idee der *Trust center*.

Für beide Formen ist das Ziel letztlich gleich. Irgend jemand muß damit beauftragt werden zu sichern, daß das, was geschehen soll, tatsächlich von den Personen geschieht, die dafür vorgesehen sind und daß die durchgeführten Transaktionen vertraulich bleiben und nicht manipuliert werden können. Entsprechend wird es für *Trust center* oder für Vertrauensnetzwerke darauf ankommen, ein solch überzeugendes Sicherheitskonzept vorzulegen, daß die in den internen Datenbanken der beauftragten Personen oder Organisationen hinterlegten Informationen zu den Schlüsseln und Identitäten nicht über unautorisierten fremden Zugriff mißbraucht (entweder geraubt oder manipuliert) werden. Das Vertrauen darin, daß sensible Daten mit absoluter Sicherheit vor fremdem Zugriff geschützt werden können, ist – dank oder wegen – entwickelter Hacker-Kultur kaum als gegeben anzunehmen. Nicht zuletzt deshalb, aber wegen der mit Sicherungs- und *Key*-escrow-Verfahren verbundenen Kosten, lehnen es viele Kryptographieexperten ab, Verfahren, und zumal international gültige, zur Hinterlegung von geheimen Schlüsseln, bei wem auch immer, zu entwickeln (vgl. Hövel 1998).

### 7.5.6.1 Trust Center

Der Bedarf, vor allem der Wirtschaft, nach Zertifizierungs- bzw. Identitätssicherungsverfahren ist so groß, daß, wie erwähnt, der Gesetzgeber in Deutschland 1997 im Rahmen des IuKDG-Gesetzes, vor allem im Rahmen von SigG und SigV, die Möglichkeit der Einrichtung von *Trust centern* vorgesehen hat, die diese Aufgaben übernehmen sollen. *Trust center* werden auch *Zertifizierungsstellen*, *Zertifizierungsinstanzen*, *Key Distribution Center (KDCs)*, *Certification Authorities (CAs)* oder *Trusted Third Parties (TTPs)* genannt (vgl. Gör/Meinel/Engel 1997). Der Begriff *Zertifizierungsstelle* wird auch in ganz anderen Zusammenhängen verwendet (z. B. bei der Baustoffprüfung)[77]. Funktional kann man bei den *Trust centern* unterscheiden zwischen *Zertifizierungsstellen*, die öffentliche Schlüssel zur Verifizierung digitaler Signaturen speichern bzw. mitteilen, *Schlüssel-Management-Centern* zur Generierung und Verteilung von Schlüsseln und *Schlüssel-Archiven* als Instanzen zur Archivierung von Schlüsseln und Dokumenten und zur Bereitstellung der archivierten Schlüssel/Dokumente, falls eine Berechtigung für sie nachgewiesen wird. Die rechtlichen Rahmenbedingungen für *Trust center* sind in Artikel 3 des IuKDG, dem Signaturgesetz geregelt. In Art. 3 § 1 IuKDG heißt es:

> Zweck des Gesetzes ist es, Rahmenbedingungen für digitale Signaturen zu schaffen, unter denen diese als sicher gelten und Fälschungen digitaler Signaturen oder Verfälschungen von signierten Daten zuverlässig festgestellt werden können.

Die im Kryptographieverfahren erforderliche Schlüsselpaarerzeugung soll in sicherer Umgebung vor sich gehen. Sicher bedeutet vor allem, daß kein unautorisierter Zugriff auf das *Trust center* erfolgen kann. Für die Ausgestaltung ist der vom Bundesamt für

77 Www.digsigtrust.com; für eine Liste von weltweiten Zertifizierungsstellen vgl. www.pca.dfu.de/eng/team/ske/pem-dok.html#CA; der Begriff *trust* wird in diesem Kontext auch in anderen Ländern entsprechend gebraucht, z. B. *Digital Signature Trust Company.*

Sicherheit in der Informationstechnik erstellte und im Bundesanzeiger veröffentlichte Maßnahmenkatalog wichtig[78]. Durch diesen Maßnahmenkatalog wird ein Überblick über den Aufbau und die Aufgaben bzw. Dienstleistungen von Zertifizierungsstellen gegeben, z. B. Schlüsselgenerierung für die Zertifizierungsstelle, Identitätsfeststellung und Registrierung der Teilnehmer, Zertifizierung öffentlicher Teilnehmerschlüssel.

Im Katalog sind auch allgemeine Empfehlungen zum Aufbau von Zertifikaten und Inhalt von Signaturen. Dann werden umfangreiche Maßnahmenkataloge gemäß § 12 (2) SigV (Sicherheitsanforderungen und Empfehlungen bzgl. Registrierungsstelle, Sperrmanagement, Personal etc.; Lösungsvorschläge; eigentlicher Maßnahmenkatalog) und § 16 (6) SigV (Kryptoalgorithmen; Schlüsselerzeugung und Schlüsselzertifizierung; Personalisierung; Verzeichnisdienst; Zeitstempeldienst; Anwenderinfrastruktur; Signaturkomponente) vorgeschlagen. In einem weiteren Kapitel des Katalogs wird auf die Erteilung von Genehmigungen für Zertifizierungsstellen eingegangen.

Für die Akzeptanz eines *Trust center* ist es entscheidend, daß durch organisatorische, bauliche und technische Maßnahmen der Zugriff auf sensitive Informationen verhindert und dies auch transparent gemacht wird. Dies sind im wesentlichen Zutrittskontrolle, sicherheitsüberprüftes Personal, unabhängige Überprüfung und Qualitätskontrolle nach ISO 900X (Qualitätsmanagement- und Sicherungsnormen der International Organisation for Standardisation), abstrahlsichere Räume und Evaluierungsverfahren nach ITSEC (*Information Technology Security Evaluation Criteria*)[79].
Zu den Aufgaben von *Trust centern* im einzelnen (vgl. Gör/Meinel/Engel 1997):

- **Schlüsselgenerierung für die Zertifizierungsstelle:** Das *Trust center* muß für sich selbst ein eigenes Schlüsselpaar erzeugen. Dieses Paar wird von der zuständigen Regulierungsbehörde als Wurzelinstanz für die Zertifizierungsstelle zertifiziert. Das *Trust center* benötigt das Schlüsselpaar für die Zertifizierung der öffentlichen Schlüssel der Teilnehmer am Verfahren für digitale Signaturen.
- **Teilnehmeridentifizierung und -registrierung**: Jeder Teilnehmer am Verfahren für digitale Signaturen muß sich gegenüber dem *Trust center* ausweisen. Ihm wird ein eindeutiger Name zugewiesen, unter dem er

78 Vgl. die Kommentierung der Maßnahmenkataloge zu §§ 12 und 16 SigV: www.secunet.de/Kommentar/bsikatalog.htm
79 Vgl. www.telesec.de/trust.htm

digitale Signaturen erzeugen kann. Der Name kann auch in Form eines Pseudonyms zugeteilt werden. Der identifizierte Teilnehmer ist anschließend zu registrieren.

- **Schlüsselerzeugung für die Teilnehmer**: Für den Fall, daß ein Teilnehmer nicht über ein selbst generiertes Schlüsselpaar verfügt, ist vom *Trust center* ein Schlüsselpaar zu erzeugen. Der private Schlüssel ist nach der Übergabe an den Teilnehmer zu vernichten.
- **Zertifikatserstellung**: Für jeden Teilnehmer ist vom *Trust center* ein Zertifikat zu erzeugen, das ein Identifizierungsmerkmal für diesen Teilnehmer, den öffentlichen Schlüssel des Teilnehmers und einen Gültigkeitszeitraum enthalten muß. Diese Inhalte werden authentisch und unverfälschbar durch eine digitale Signatur, die mittels des privaten Schlüssels des *Trust centers* gebildet wird, miteinander verknüpft. Das Zertifikat wird softwaremäßig, in der Regel aber in Form einer Chipkarte ausgegeben, das durch das digitale Siegel des *Trust center* autorisiert ist. Auf dem Chip, der über eine vom Benutzer veränderbare Pin-Nummer zugriffsgeschützt ist, sind der private und der öffentliche Schlüssel des Benutzers untergebracht.
- **Personalisierung des Trägermediums**: Bei der Personalisierung werden Teilnehmerdaten, Zertifikat des öffentlichen Schlüssels des Teilnehmers, privater Schlüssel des Teilnehmers, öffentlicher Schlüssel der Zertifizierungsstelle und Möglichkeit zur Aktivierung des Benutzer-Authentifizierungsverfahrens des Trägermediums (z. B. über Paßwort) auf einem geeigneten Trägermedium gespeichert.
- **Verzeichnisdienst**: In einem Verzeichnis sind authentisch und integer alle Schlüsselzertifikate aller Teilnehmer der Zertifizierungsstelle festzuhalten und aufzubewahren. Gesperrte Zertifikate sind darüber hinaus in eine Sperrliste einzutragen, die Auskunft über den Zeitpunkt des Eintretens der Sperrung enthält. Die Sperrinformationen sind für jeden verfügbar zu machen, im Gegensatz zu den Zertifikaten (nur bei Erlaubnis des Teilnehmers).
- **Zeitstempeldienst**: Manchmal kann es notwendig sein, digitale Daten authentisch mit einem bestimmten Zeitpunkt zu verknüpfen, um später nachvollziehen zu können, zu welchem Zeitpunkt ein Dokument digital signiert wurde. Die Dokumente werden hierzu mit der vom Zeitstempeldienst anzubietenden vertrauenswürdigen Zeit verknüpft und das Ergebnis anschließend von diesem digital signiert. Anschließend werden die so unterschriebenen Daten an den Teilnehmer zurückgeschickt.

Der Bedarf nach Vertrauenssicherung auf elektronischen Märkten und ihren Transaktionen ist groß. Er bezieht sich auf wirtschaftliche Handlungen, amtliche Vorgänge und private Angelegenheiten gleichzeitig. In Deutschland wird für die Authentifizierungsdienstleistung eines *Trust center* bis zum Jahr 2002 ein Markt von

40 bis 50 Millionen DM erwartet (Hoffmann 1998), wobei die Investitionskosten zur Einrichtung von *Trust Centern* auf bis zu 20 Millionen DM geschätzt werden (Lufthansa 1998, S. 25). Trotz dieses wegen der Sicherheitsauflagen hohen Aufwandes gibt es genug (auch private) Institutionen, die sich nach den Vorgaben von IuKDG bzw. SigG und SigV an diesem Sicherungsmarkt beteiligen wollen (Reisen 1997)[80]. Die Frage, wer diese Institutionen sein sollen, ist natürlich auch aus technischer Sicht und aus der Sicht der Finanzkraft zu beantworten, aber die ist auch daran gekoppelt, welcher Institution das größere Vertrauen geschenkt wird[81]. Es zeichnen sich parallele Entwicklungen von öffentlichen staatlichen Einrichtungen und privaten Unternehmen ab. Beispiele sind:

- Die Bundesdruckerei GmbH (Berlin), die sich auch bislang schon wegen der Sensibilität mancher ihrer Auftragsbereiche (Ausweise etc.) durch besondere Sicherheitsmaßnahmen legitimieren mußte und daher Erfahrungen mit Vertrauensfragen hat, hat zusammen mit debis Systemhaus *Information Security Services* GmbH die entsprechende Hardware (Terminals, Chipkarte) und die Software (zur Schlüsselausgabe und Identitätsprüfung) entwickelt. Auf dieser Grundlage soll ein sogenanntes *D-Trust*-Zentrum ein hochwertiges Dienstleistungsspektrum anbieten, das rechtsverbindlichen Dokumentenaustausch unter Einsatz der digitalen Signatur ermöglicht. So autorisierte Dokumente eignen sich einerseits für amtliche Vorgänge wie die Übermittlung von Personendaten über öffentliche Telefonnetze, aber auch für gesicherte private Geschäfte und bargeldlosen Zahlungsverkehr im Internet. Zum potentiellen Kundenkreis der neuen Gesellschaft zählen daher Behörden und Unternehmen, deren Kommunikation höchsten Sicherheitsanforderungen genügen muß. D-Trust wird als ein staatlich lizensiertes *Trust center* unter anderem Signierschlüssel für identitätsgeprüfte Antragsteller generieren und diese eindeutig zuordnen. Dazu werden personenbezogene Chip-

80 Mit Stand Anfang 1998 hatten schon 20 Organisationen bei der Regulierungsbehörde (vorsorglich) einen Antrag auf Einrichtung eines *Trust center* gestellt.

81 Hoeren (1998, S. 2854) sieht Vertrauensprobleme vor allem dann entstehen, wenn privat-rechtlich organisierte Stellen, zumal wenn sie mit den zu *Kontrollierenden* bzw. zu Zertifizierenden interessenmäßig verflochten sind, quasi Notarfunktionen übernehmen sollen. Ingesamt ist Hoeren skeptisch bezüglich der Vertrauenswürdigkeit sicherheitstechnischer Verfahren: »Technik kann niemals Technik legitimieren. Deshalb erweist sich die Frage nach *Trust*, dem Vertrauen in die Integrität und Authentizität elektronischer Texte, als fast unlösbar.« (ebda.)

karten mit gespeichertem Schlüssel zur Erzeugung digitaler Signaturen ausgegeben. Die Überprüfung der Echtheit eines solchen Schlüssels erfolgt mit Hilfe eines Chipkarten-Lesegerätes – etwa in der Tastatur des PCs. Der Empfänger einer so unterschriebenen elektronischen Nachricht kann die Echtheit der Signatur zweifelsfrei anhand des mitgelieferten D-Trust-Zertifikates feststellen. Die Gültigkeit der Zertifikate selbst kann *online* bei D-Trust abgefragt werden. Die D-Trust-Karte gewährleistet eine vielfach höhere Sicherheit als zum Beispiel eine herkömmliche Kundenkarte.

- Andere zentrale Dienstleister, wie die Telekom[82], das Deutsche Forschungsnetz (DFN)[83], Einrichtungen der Krankenversicherung[84] oder die DATEV werden ebenfalls auf dem Markt der *Trust center* aktiv, ergänzt um eine Vielzahl kleiner privatwirtschaftlicher Unternehmen, wie z. B. INNOVA Pirmasens, Institut für Telematik[85], Competence Center Informatik GmbH[86], PGP *Key Certificate Authority*[87], Euregio-Kolleg[88], Information Kommunikation Systeme (IKS)[89], TeleTrust Deutschland e. V.[90] und viele andere.
- *Trust center* werden als spezielle Organisationseinheiten auch innerbetrieblich aufgebaut werden. Auch hier wird sich ein neuer Markt an Dienstleistern entwickeln.

### 7.5.6.2 Vertrauensnetzwerke

Gehen wir zum Abschluß der Diskussion um die Möglichkeiten der Vertrauenssicherung noch auf die Idee der Vertrauensnetzwerke (*Webs of trust*) ein. Sie stammt ursprünglich wohl aus der

82 Deutsche Telekom AG, *Telesec Trust Center*, www.telesec.de/trust.htm
83 DFN, *Policy Certification Autority* (PCA), www.cert.dfn.de/dfnpca
84 Informationstechnische *Service*-Stelle der Gesetzlichen Krankenversicherung GmbH (ITSG), *ITSG Trust-Center*, www.itsg.de/tc/main.htm
85 Institut für Telematik, www.trier.itwm.fhg.de/noframe/presse-innova6_97.de.htm
86 *Competence Center Informatik* GmbH (CCI), *Trust Center CCI*, www.cci.de/cci/its/trustc.htm
87 PGP *Key Certification Authority*, www.heise.de/ct/pgpCA
88 Euregio-Kolleg, CA Public-Key Zertifizierung, www-users.informatik.rwth-aachen.de/~senderek/certify
89 Information Kommunikation Systeme (IKS), IKS Zertifizierungsinstanz, www.iks-jena.de/produkte/ca
90 TeleTrust Deutschland e. V., www.teletrust.de

Internet-*Cypherpunk*-Szene, wobei mit den Netzen die anonymen *Remailer*-Systeme gemeint waren[91], die für das Einhalten von vertraulicher privater Kommunikation in elektronischen Netzen und für entsprechende Authentifizierungsverfahren beim Einsatz von Kryptographieverfahren sorgen sollten (Grossman 1997, S. 187)[92]. Das Konzept des *Web of trust* ist dann aber auch eng mit der Entwicklung und der Verbreitung von PGP und des Gebrauchs von Verschlüsselungsverfahren allgemein verbunden, welches ja gerade angesichts des Mißtrauens gegenüber staatlichen oder zentralen Kontrollinstanzen bzw. allgemein gegen Institutionen entstanden ist und in der Internet-Bürgerrechtsbewegung propagiert wurde (vgl. Creuzig 1995).

Bei dem für die Vertraulichkeit von Verschlüsselungsverfahren gebildeten *Web of trust* ist jeder daran Beteiligte im Besitz eines eigenen Schlüsselpaares, das er an ihm persönlich bekannte Personen weitergibt, denen er vertraut. Von dieser Person bekommt er die Bestätigung, daß der bekannt gemachte öffentliche Schlüssel auch zur richtigen Person gehört. Durch das Erzeugen des bestätigten Schlüssels entsteht zwischen den beiden Personen eine vertrauenswürdige Beziehung. Wenn nun zwischen zwei Personen, die sich nicht kennen, elektronische Transaktionen abgewickelt werden sollen, müssen sie zur Sicherung versuchen, eine sogenannte *Vertrauenskette* aufzubauen, die sie miteinander verbindet. Die Sicherheit der Verbindung nimmt mit der Anzahl der Vertrauensketten zu, die aufgebaut werden konnten. Allerdings steigen auch die Fehlermöglichkeiten, je länger diese Ketten werden, und die Vertrauenskette bricht, wenn ein Nutzer im System die Anforderungen nicht versteht oder nicht erfüllt. Letztlich sind auch Abfangmöglichkeiten im Internet gegeben, wenn zwei Partner im Vertrauensnetzwerk sich entsprechend austauschen. Von seiten der Wirtschaft wird dieses (außerstaatliche, außerinstitutionelle, private) Modell der Vertrauenssicherung durch ein *Web of trust* wegen seines Auf-

91 Für eine radikale Sicht auf die Möglichkeiten anonymer *Remailer* zum Aufbau eines *BlackNet* vgl. May (1996b)

92 Die Entwicklung von *Remailer*-Systemen wurde vor allem unter der anti-institutionellen Annahme vorangetrieben, daß Kryptographiekontrolle ein entscheidender Machtfaktor in der zukünftigen Gesellschaftsstruktur sein werde und daß es nicht erwünscht sei, wenn diese Macht von seiten des Staates ausgeübt werde. Die Fragen, die auf Existenz und Akzeptanz solcher *Remailer* abzielen, nämlich wie sie zu finanzieren sind und auf welcher Basis den anonymen Dienstleistern selbst wiederum vertraut werden kann, sind bislang nicht zufriedenstellend beantwortet.

wandes und der Fehleranfälligkeit nicht als mögliche Alternative zur institutionalisierten Kryptographiesicherung bzw. zu Signaturverfahren angesehen.

Die Idee der Vertrauensnetzwerke kann aber auch losgelöst von der spezielleren Aufgabe der Anonymitäts-/Schlüsselsicherung auf Verfahren zur Vertrauenssicherung auf elektronischen Märkten allgemein übertragen werden. Wir erinnern noch einmal an einige Aufgaben, die wir im Verlaufe dieser Darstellung behandelt haben:

- Die Leistungen von Anbietern klassischer *Online-* und Vermittlungsdienste müssen genauso wie die Leistungen gegenwärtiger Mehrwert- und Metainformationsanbieter (z. B. Suchmaschinen) für Nutzer transparent sein. Genauso wie für Produkte der traditionellen Warenwirtschaft müssen Verfahren der Qualitätssicherung entwickelt sein, die über die reine Verfahrensbewertung, wie sie nach der ISO-9000-Zertifizierung vorgesehen ist, hinausgehen und auch auf semantische und pragmatische Kriterien (wie Wahrheitswert und Handlungsrelevanz) eingehen können.
- Auf elektronischen Märkten muß gewährleistet sein, daß eine faire Informationssammlungspolitik von den Unternehmen der Informationswirtschaft betrieben wird. Mißtrauen bei wiederholtem Mißbrauch persönlicher Interaktionsdaten läßt eine pathologische Kunden-/Anbieter-Beziehung entstehen, mit der sich elektronische Publikumsmärkte nicht werden aufbauen lassen.
- Angesichts der eher noch ansteigenden Informationsüberflutung auf elektronischen Märkten ist zu erwarten, daß immer mehr Filter- und Abblockverfahren entwickelt und angeboten werden. Für die Nutzer muß nachvollziehbar sein, nach welchen Kriterien diese Software-Assistenten entwickelt werden und ob sie so eingesetzt werden, wie es sich die Nutzer wünschen. Es sind Instanzen nötig, die dieses weitgehend kommerzialisierte Vertrauens*geschäft* übernehmen können.
- Es ist zu erwarten, daß in der näheren Zukunft auf immer mehr Gebieten mobile und autonome Software-Assistenten über die bloßen *Shopping-/* Preisvergleich-Assistenten hinaus von der Informationswirtschaft entwickelt und eingesetzt werden. Deren Eingriff in unsere Informationsautonomie wird weitergehend sein, als wir es jetzt schon von den personalen und technischen Informationsassistenten gewohnt sind. Auch hier kann die Aufgabe der Vertrauenssicherung und der Qualitätseinschätzung sicherlich nicht den Anbietern selber, vermutlich aber auch nicht staatlichen Instanzen übertragen werden.
- Zuletzt haben wir diskutiert, daß alle Transaktionen auf elektronischen Märkten in hohem Maße vertrauensabhängig sind und entsprechend

über Verschlüsselungs- und Zertifizierungsverfahren abgesichert werden müssen, für deren Einhaltung neutrale Instanzen sorgen sollten.

Wie auch immer Vertrauensnetzwerke sich organisieren, sie sind aus dem Gedanken entstanden, daß Vertrauenssicherung bei solch zentral wichtigen Aufgaben, wie sie im weiteren Verständnis von Informationsarbeit anfallen, interessenneutral und unter Vermeidung von Einseitigkeiten geleistet werden sollte. Vertrauenssicherung kann nicht überzeugend als Selbsthilfemaßnahme der Wirtschaft selber betrieben werden, auch wenn dieses Konzept derzeit in der Informationswirtschaft durchweg favorisiert und damit plausibel gemacht wird, daß es im ureigenen Interesse der Wirtschaft liegt, daß durch faire und nachvollziehbare Verfahren ein Vertrauensklima entsteht, in dem vernünftige Geschäftsbeziehungen sich realisieren lassen. Auch die Delegation dieser Aufgabe an neutrale Instanzen, die aber diese Aufgabe selber wieder in der Regel in kommerzieller Absicht betreiben, löst das Problem der ökonomischen Interessenverflechtung nicht grundsätzlich.

Daß staatliche Institutionen die Aufgabe der Vertrauens- und Qualitätssicherungen nicht übernehmen können und auch nicht sollen – darüber herrscht weitgehend Übereinstimmung. Wir haben dieses Problem ausführlich am Beispiel der Verschlüsselungskontrolle bzw. der Zertifizierung diskutiert und gesehen, daß der Staat in Deutschland von sich aus durch rechtliche Regelung (IuKDG) diese Aufgabe (auch an Private) delegiert (allerdings mit der Aufsicht der Letztzertifizierung). Dieses Problem stellt sich erst recht bei den anderen angesprochenen Bereichen wie der Qualität und Vertrauenswürdigkeit von informationeller Assistenzleistung.

Vertrauensnetzwerke dienen dazu, Expertise zu bündeln, die von einzelnen Personen und Institutionen nicht für sich erbracht werden kann. Vertrauensnetzwerke wollen sich unabhängig von institutionalisierter Kompetenz und institutionalisierten Interessen machen. So wie viele Probleme des Alltags dadurch gelöst werden, daß Personen des persönlichen Vertrauens zu Rate gezogen werden, die sich wiederum selber auf andere Personen ihres Vertrauens verlassen, so sollen auch die oben skizzierten Aufgaben der Vertrauens- und Qualitätssicherung von Vorgängen auf elektronischen Märkten durch solche persönlich initiierten und persönlich vertrauten Vertrauensketten, Vertrauensteilnetze, abgesichert werden.

Nicht in allen Fällen wird es möglich und sinnvoll sein, daß die Vertrauensbindung auf der direkten persönlichen Erfahrung beruht. Vertrauen kann ja durchaus, wie wir gesehen haben, auf vielfältigen Transformationsprozessen beruhen. In jedem Fall wird es aber erforderlich sein, daß der Expertise der einzelnen *Knoten* in den Netzwerken nicht blind geglaubt wird, sondern daß diese nachgewiesen, transparent gemacht werden muß. Dies kann durch quasi objektive Kriterien erfolgen, wie z. B. durch anerkannte Publikationen, wenn es sich bei dem Experten um einen Wissenschaftler oder Journalisten handelt, oder durch institutionelle Referenz, wenn es sich um eine Institution handelt, die allgemein hohe Reputation genießt, z. B. eine wissenschaftliche Einrichtung wie das *M. I. T.* oder eine Organisation wie die UNESCO. Vertrauensnetzwerke können aber auch quasi selbstreferentielle Systeme sein, indem die Berechtigung, Mitglied eines Vertrauensnetzwerkes zu sein, durch *Bürgen* nachgewiesen wird, die für die Expertise und Vertrauenswürdigkeit eines anderen Mitglieds eintreten und die auch selber wieder durch andere *Bürgen* vertrauenswürdig gemacht werden müssen.
Vertrauensnetzwerke können spontane, privat initiierte und betriebene Verbundsysteme sein, die sich einzelne Personen zur Absicherung ihrer Aktivitäten auf elektronischen Märkten einrichten. Vertrauensnetzwerke können von Institutionen aufgebaut werden, denen für sich schon eine gewisse Interessenneutralität zugebilligt wird. Netzwerke können auch dadurch Vertrauen für sich reklamieren, indem heterogene Interessen in ihnen vertreten sind und so sich quasi neutralisieren. Der Einwand des zu hohen Aufwandes der Absicherung durch Vertrauensnetzwerke muß nicht stichhaltig sein, da die gesamten dabei beteiligten Vorgänge elektronisch über intensiv vernetzte Expertendatenbanken/-hypertexte abgewickelt werden können.
Sicherlich setzt auch diese Form der vernetzten Vertrauensabsicherung ein ausreichendes Maß an informationeller Kompetenz voraus. In der Lage zu sein, sich aktiv an Aufbau und Betrieb von Vertrauensnetzwerken zu beteiligen, ist ebenfalls Teilziel informationeller Bildung. Auch hierdurch werden sich die Teilnehmer in den elektronischen Informationsräumen unterscheiden, inwieweit sie sich aus effizienzorientierten Rationalitätsüberlegungen auf einfache handhabbare institutionelle Lösungen der Vertrauenssicherung verlassen, bei denen sie einen Gutteil ihrer infor-

mationellen Autonomie abgeben, oder inwieweit sie die für ihre Autonomie insgesamt entscheidende Herausforderung an die Bildung von Vertrauen in elektronischen Informationsräumen in die eigene Hand nehmen und sich an entsprechenden, gewiß komplizierten Vertrauensnetzwerken beteiligen wollen.

# 8 Was sind die Konsequenzen?

Zwei Themen – so hatten wir zu Beginn in Aussicht gestellt – haben wir in dieser Darstellung behandelt. Das eine war das Thema der informationellen Autonomie, inwieweit wir dabei gewinnen oder verlieren, wenn wir uns, unausweichlich in der fortschreitenden Informationsgesellschaft, immer mehr auf die Informationsassistenten einlassen und unter ihnen immer mehr auf die technischen Informationsassistenten. Das andere Thema war die Rolle von Vertrauen, die dieses, ambivalent genug wie wir gesehen haben, zur Entlastung von informationeller Unsicherheit, aber wohl auch zur Beschwichtigung unserer ansteigenden Beunruhigung im Umgang mit technischer Assistenz und Dienstleistungen elektronischer Märkte spielen kann.

## 8.1 Die Konsequenzen delegierter technischer Assistenz

Bezüglich des ersten Themenkomplexes wissen wir, daß es ohne Assistenz nicht gehen wird. Aber das ist ja nur zu normal. Bei so gut wie jeder anderen Arbeit brauchen wir Assistenz, warum nicht auch bei Informationsarbeit, sei es, weil wir keine Zeit für sie haben, sie uns nicht so sehr interessiert oder sei es, weil sie uns überfordert, da wir nicht dafür ausgebildet sind. Die Gewißheit, sich auf technische Assistenz einlassen zu müssen, heißt nicht, nicht nach den Konsequenzen dieser Delegation fragen zu sollen. Entsprechende Fragen, inwieweit technische Assistenten entlasten, Handlungsspielräume erweitern oder eher belasten und einengen, haben wir zu Beginn des vorigen Kapitels gestellt. Nun, fast am Ende, können wir uns den Antworten nicht mehr ganz entziehen, auch wenn sie eher nur die Richtung andeuten, in die sich die Symbiose oder die Konkurrenz *Mensch/technische Assistenten* entwickeln werden.

*Zur Frage der Entlastung*: Ja, die Assistenten haben zweifellos entlastende und handlungsspielraumerweiternde Funktion, so wie es an vorderster Front Autoren und Entwickler wie Negroponte und Maes annehmen. Macht der Assistent sie für uns, und macht er sie gut, dann müssen wir sie nicht selber machen bzw. können in der Zeit, in der er arbeitet, anderes tun. Sicher geht bislang manches dabei noch (vielleicht prinzipiell) zu Lasten von Qualität, wie z. B. die automatische, auf einfacher Textinvertierung beruhende *Inhaltserschließung* bei den Suchassistenten im Internet im Vergleich zu der hochqualitativen (aber sehr teuren) intellektuellen Inhaltserschließung (Indexieren, Klassifizieren, Referieren) durch personale Assistenten. Aber wir leisten es uns auch nicht mehr als Regelfall, mit dem Passagierschiff nach New York zu reisen.

Elektronische Informationsräume können nicht mehr ohne technische Assistenten betrieben, erschlossen und genutzt werden. Ob nun Suche und Orientierung, Gewährleistung von Sicherheit und Qualität, Initiierung und *Monitoring* von Kommunikation – die Funktionen in elektronischen Informationsräumen sind ohne technische Assistenz nicht mehr zu bewältigen. Insofern geht es gar nicht mehr alleine um Entlastung, sondern ums informationelle Überleben. Wobei immer wieder die Frage aufkommt, was denn eigentlich der Grund für die Unverzichtbarkeit der Assistenz ist: der wirkliche Bedarf oder die Notwendigkeit der Reparatur der Schäden anderer technischer Assistenz? Auf die Wirkungen der Kompensation von Nebenfolgen informationeller Leistungen haben wir bei der Diskussion der Beckschen reflexiven Modernisierung hingewiesen.

*Zur Frage der Überschätzung*: Nicht zuletzt die hier nur knapp skizzierten Arbeiten von Nass/Reeves haben uns eine psychologisch fundierte Erklärung dafür geliefert, warum wir den Maschinen genausoviel (an intellektueller oder sogar emotionaler Leistung) zutrauen wie anderen Menschen. Vielleicht ist es angesichts dieses grundsätzlich anthropologischen Befundes naiv, hier einfach auf Aufklärung zu setzen. Wir halten jedoch dafür, daß eine umfassende informationelle Bildung bei jedem einzelnen so viel Urteilskraft entwickeln dürfte, daß Leistungen von Informationsmaschinen und speziell von technischen Informationsassistenten nüchterner und realistischer eingeschätzt würden. *Verblüffungsfestigkeit* hat Hermann Lübbe immer wieder als kritische Grundbefindlichkeit angemahnt. Ein skeptisches *na ja* bei jeder Messeneuheit, bei jedem *Software-Release* oder bei jedem neu angekündigten *Software*-Agenten wäre nicht verkehrt. Jeder, der in der Lage ist, hinter die Kulissen zu schauen, wird der These der Überschätzung zustimmen. Ob daraus etwas für die vertrauensvolle Einschätzung der Assistenten folgt, steht auf einem anderen Blatt.

*Zur Frage der Steigerung von Unsicherheit*: Unsicherheit breitet sich aus, wo doch Reduktion von Unsicherheit, zumindest Kompensation von Unsicherheit durch Vertrauen, angesagt war. Wir müssen hier die Antwort schuldig bleiben, da empirisch gesicherte Daten speziell für die Einschätzung der Arbeit von technischen Informationsassistenten fehlen. Eine allgemeine Verunsicherung auf den elektronischen Geschäfts-, Verwaltungs- und Publikumsmärkten (wohl weniger auf den Wissenschaftsmärkten) scheint bezüglich der Sicherheit von elektronischen Transaktionen zu bestehen (obgleich elektronische Zahlungsformen wie *SET* oder *Ecash* objektiv sicherer sind als die breit akzeptierten Kreditkartenverfahren). Hier handelt es sich eher um eine Unterschätzung der real möglichen Leistungen bzw. um eine Unsicherheit bezüglich der möglichen Nebenfolgen.

Weiter besteht eine allgemeine Verunsicherung auf den Publikumsmärkten bezüglich des Schutzes und der Vertraulichkeit der in der elektronischen Kommunikation unvermeidlich abgegebenen persönlichen Interaktionsdaten. Die ganze Kryptographiedebatte hat gezeigt, wie verunsichert wir sind, ob und wie und in welchem Ausmaß *Privacy* gesichert bleiben kann und welche Rolle dabei staatliche Institutionen, Selbsthilfeorganisationen der Wirtschaft, Bürgerbewegungen oder einfach wir selber in unseren privaten Verflechtungen spielen können/sollen.

Es geht aber nicht alleine um Transaktionssicherheit, um den Gebrauch oder Mißbrauch der persönlichen Daten und auch nicht um Schutz vor Pornographie und politisch radikalem Material – so wichtig diese Fragen sind. Vertrauen in die Validität von Information, also in die Qualität, den Wahrheitswert und die Handlungsrelevanz des zugrundeliegenden Wissens ist die Grundvoraussetzung für die Delegation von Informationsarbeit an personale oder technische Assistenten. Hier besteht große Unsicherheit gegenüber den Leistungen informationeller Assistenz (im Verständnis der Unterstützung von Informationsarbeit). Ganz sicher ist für die meisten der Überblick über die im Prinzip auf den Märkten zur Verfügung stehenden Ressourcen und über die vielfältigen Assistenzleistungen nicht zu gewinnen. Jeder scheint sich seine Nutzungsnischen zu schaffen: den bevorzugten Datenbankanbieter, die favorisierte Datenbank, der eine elektronische Marktplatz, die eine Internet-Suchmaschine, vielleicht der eine kollaborative Filteragent für den Einkauf der CDs. Es fehlen, obgleich schon eine breite Medienwelt mit vielfältigen Internet-Zeitschriften davon lebt, die anerkannten Orientierungs-, Bewertungs- und Empfehlungsinstitutionen. Diese Form von Assistenz ist bislang kaum gegeben. Wenn Unsicherheit Intransparenz bedeutet, dann werden die elektronischen Informationsräume und die Formen technischer Assistenz zweifelsfrei als unsicher erfahren.

*Zur Frage des Verlustes von Kompetenz*: Wir hatten die provokative Frage gestellt, ob die Spezies *Mensch* mit ihrem bislang behaupteten Intelligenzprivileg dabei ist, sich mit der Freisetzung von intelligenten technischen Assistenten quasi zu verabschieden. Auch hier müßten wir eher spekulieren, als daß wir mit verläßlichen Antworten aufwarten könnten. Der Anreiz, die Reproduktion von Leben und von Intelligenz auch über Technik leisten zu können, ist wohl unwiderstehbar. Wir wissen nicht, ob der Weg zur Produktion des Schafes *Dollie* komplizierter war als der zur Herstellung von *Kyoko Date*. Wir sind uns dabei aber sicher, daß die Informationsassistenten, wenn sie auch nur annähernd die Leistung erbringen, wie sie jetzt aus den Labors angekündigt werden (Dertouzos 1998), für Menschen folgenreicher sein werden als die labormäßige Züchtung von menschlichen Organen, wie sie jetzt angegangen wird. Aber damit hat es wohl noch etwas Zeit.

Es sieht so aus, als ob sich der Substitutionseffekt zumindest noch eine Weile verzögert und daß sich vermutlich noch in mittlerer Perspektive und bei weiter verbesserten Zugangs- und Zugriffsmöglichkeiten eine Symbiose von selbst vollzogener, also Endnutzer-Informationsarbeit, von delegierter Informationsarbeit an personale Informationsassistenten, die allerdings selber verstärkt auf technische Informationsassistenten zurückgreifen werden, und von direkt an technische Informationsassistenten delegierter Informationsarbeit ergeben wird. Dieses informationelle Geflecht in kompetenter Informationsarbeit souverän beherrschen zu können, ist Herausforderung an informationelle Bildung und Voraussetzung informationeller Autonomie. Wir haben dafür das Konzept des Vertrauensnetzwerkes (*Web of trust*) vorgeschlagen, das, ursprünglich auf die Absicherung des Einsatzes kryptographischer Verfahren beschränkt, auf allen vertrauenskritischen Bereichen in elektronischen Informationsräumen Verwendung finden könnte, jenseits der staatliche Fürsorge und jenseits der Selbsthilfeangebote der Wirtschaft. Damit sind wir bei dem zweiten Thema.

## 8.2 Vertrauenskonsequenzen

Informationsarbeit wird immer mehr zu delegierter Arbeit. Delegation, darauf haben wir hingewiesen, ist immer eine Sache des Vertrauens. In der einfachen Form delegieren wir nur das, was wir an sich selber können, an andere, weil wir selber mit anderem, uns Wichtigerem, beschäftigt sind. Da müssen wir nur darauf vertrauen, daß der andere das so macht, wie wir es an sich auch selber tun würden. Der kompliziertere Fall ist der, daß anderen etwas übertragen wird, was wir prinzipiell nicht oder bislang jedenfalls nicht selber machen können. Heikel wird es zumal dann, wenn wir von den Folgen der Übertragung selber betroffen sind.
Die Mechanismen, die Vertrauensbildung möglich machen, haben wir mit Rückgriff auf Giddens besprochen. Sie beruhen weitgehend auf (oft mehrfach gestaffelten) Übertragungs- bzw. Referenzierungsformen. Ihre Leistung ist Kompensation von Unsicherheit. Wir können uns den Systemen anvertrauen, z. B. den Flugzeugen, ohne uns ihrer Wissens-/Informationsgrundlage zu vergewissern, also ohne flugtechnisches Detailwissen zu haben, wenn wir zu solchen Personen Vertrauen haben aufbauen bzw. wenn wir auf solche Systeme verweisen können, die uns vergewissern, daß die Systeme sicher sind. Ersatzhandlungen werden es gewiß sein, aber es sollten solche sein, die wir selber bestimmen können. Vertrauensbildung sollte nicht Angelegenheit von erfolgreicher Werbung und manipulativem Marketing sein.
Nicht umsonst spielt das Thema des Vertrauens auf den elektronischen Märkten der Gegenwart eine wichtige Rolle. Konsequent haben sich auch im kommerziellen Bereich der Informationswirtschaft so etwas wie Vertrauensmanagement und Vertrauenssicherungssysteme entwickelt. Die Anstrengungen der Informationswirtschaft sind beträchtlich, Vertrauen aufzubauen, in erster Linie mit Blick auf die Sicherheit der elektronisch duchgeführten Transaktionen, dann aber auch mit Blick auf eine offene Informationssammlungspolitik bzw. auf den Schutz der in den elektronischen Interaktionen abgegebenen persönlichen Daten. Denn ist Ver-

trauen in die Leistungen nicht vorhanden, wird das Publikum mißtrauisch die Produkte verweigern. War Vertrauensmanagement erfolgreich, dann ist auf den Märkten die Grundeinstellung vertrauensvoller Akzeptanz vorhanden.
Der Begriff des Vertrauensmanagements zeigt, daß ein Begriff, der der privatesten persönlichen und ethischen Sphäre entstammt, auch als ökonomische Kategorie Karriere machen kann, mit der unvermeidbaren Konsequenz, daß seine Bildung und Sicherung konform mit ökonomischen Interessen gehen muß. Daher sollten wir uns mit der kompensierenden Funktion von Vertrauen im Geschäft der Informationswirtschaft nicht vorschnell zufriedengeben. Zu groß ist die Versuchung für die Informationswirtschaft, die Vertrauenssicherungen dann nicht einzuhalten, wenn aus dem *Vertrauensbruch* ein anderes und vielleicht noch größeres Geschäft gemacht werden, als es mit der Vertrauensbewahrung geschehen kann. Beispiele für Konflikte zwischen quasi moralischem Vertrauen und Wirtschaftsinteressen haben wir genug aufgezeichnet. Sie werden zunehmen.
Diese Konflikte wiederum haben für uns, die wir den Zusicherungen der Informationswirtschaft vertrauensvoll Glauben schenken sollen, zur Konsequenz, daß Vertrauen gegenwärtig nicht mehr das leistet, was es eigentlich leisten sollte, nämlich die Kompensation informationeller Unsicherheit oder informationeller Unterbestimmtheit. Bloßen Vertrauenszusicherungen und bloßen Vertrauensappellen können wir nicht vertrauen.
Auch stellt sich die Frage, so haben wir im Zusammenhang der Kryptographiedebatte gesehen, inwieweit der Staat der Vertrauensgarant für Aktionen und Transaktionen in elektronischen Räumen sein kann. Nicht nur im Gefolge einer neo-liberalen Wirtschafts- und Staatsauffassung ist zur Zeit die Meinung vorherrschend, daß sich der Staat aus jedweder Reglementierung des Austausches von Information und der Organisation von Transaktionen in den Räumen des Internet heraushalten sollte, weil das die Wirtschaft oder die Netzbürger, die verantwortungsbewußten Eltern oder die aufgeklärten Verbraucher schon selber in die Hand nehmen wollen und können. Er solle sich auch deshalb heraushalten, weil jede erweiterte legalistische Reglementierung nur unkontrollierbare Nebenfolgen für den freien Umgang mit Information nach sich ziehen werde, die gravierender sind als z. B. die Vorteile des Schutzes der Kinder vor Pornographie.

Auch hier ist die Diskussion durchaus noch offen. Die Ende der neunziger Jahre, auch im Gefolge der Wechsel zu sozialdemokratisch geprägten Regierungen, vorliegenden neuen Informationspolitiken von Ländern wie England, Frankreich oder Deutschland zeigen, daß der Staat dabei ist, seine Rolle in der *neuen Moderne* (in der *Informationsmoderne*?) neu zu formulieren. Ob dabei konstruktive Gesetze wie das IuKDG oder die in der EU geplante ENFOPOL-Initiative oder das in der Bundesrepublik vorgesehene Telekommunikationsüberwachungsgesetz (TKÜG) (oder gar der *Große Lauschangriff*) herauskommen werden, das wird auch davon abhängen, inwieweit informationell aufgeklärte Bürger sich an dieser Debatte beteiligen.

## 8.3 Informationsarbeit in der Informationsgesellschaft

Unsicherheit und Unterbestimmtheit beim Umgang mit technischer Informationsassistenz werden wir nicht entgehen können. Die Informationsmoderne ist nicht weniger komplex geworden, als es die Moderne mit ihren allgemeinen technischen und abstrakten Systemen gewesen ist. Je fortgeschrittener die Leistungen der technischen Assistenten werden, desto weniger verstehen wir, wie sie funktionieren. Und dies wird paradoxerweise nicht leichter dadurch, daß die Assistenzleistungen immer endnutzerfreundlicher werden. Jeder kann im Internet navigieren, und jeder kann die verschiedenen Ausprägungen der Agententechnologie in Anspruch nehmen. Der absolute Computerlaie kann heute mit Programmen und Systemen umgehen, wie es noch vor wenigen Jahren unvorstellbar war. Die Welt des *World Wide Web*, die multimedialen CD-ROM-Produkte und natürlich erst recht das neue Universum der elektronischen Spiele und Unterhaltungsprodukte gaukeln eine informationelle Autonomie vor, die offensichtlich aber eher nur eine Manipulationsautonomie ist. Wir werden uns um unsere Informationsarbeit schon selber kümmern müssen.
Informationsarbeit wird auch in der Informationsgesellschaft für jeden Menschen notwendig und selbstverständlich sein, nachdem es eine Weile so schien, als ob in der Informationsgesellschaft, in einem rosigen Informationszeitalter, harte Informationsarbeit nicht mehr nötig sei, da jeder auf der Welt die Mittel und die Fähigkeit habe, sich die Information mühelos zu besorgen, die

er für seine privaten, öffentlichen und professionellen Geschäfte braucht. Aber wie es mit den Utopien so ist. Sie werden entweder nie Realität oder werden in das Gegenteil von dem verzerrt, was eigentlich erwartet war. Die Welt ohne Informationsprobleme hat sich nicht verwirklicht, und wir werden wohl auch keine solche bauen und erleben können. Der Informationsgesellschaft wird die Informationsarbeit nicht ausgehen, und diese wird nicht vollständig und nicht vertrauensvoll an die technischen Assistenten delegiert werden können.

Entsprechend wissen wir, daß es kein informationelles Schlaraffenland geben wird, in dem die Informationen, uns angemessen aufbereitet, direkt in unsere Gehirne fliegen und dort zu Wissen werden. Information muß erarbeitet werden. Die Voraussetzungen dafür, daß Information später genutzt werden kann, müssen gegeben sein. Das leistet *konstruktive Informationsarbeit*. Ebenso müssen die Informationen, wenn sie denn einmal in den vielfältigen Ressourcen auf den Informationsmärkten als potentiell zu Informationen werdende Daten gespeichert sind, erarbeitet werden. Das haben wir *redaptive Informationsarbeit* genannt. Informationen können nicht einfach per Knopfdruck aus den jeweiligen Schubläden gezogen werden. Und schließlich bedeutet *Information erarbeiten*, sie in ihrem Wahrheitswert, ihrer Handlungsrelevanz einschätzen und in der aktuellen Situation effizient einsetzen zu können. Dies hat nur als Basisvoraussetzung etwas mit Technik zu tun, erfordert vielmehr neben der informationsmethodischen auch noch soziale und kommunikative Kompetenz. Ohne eigene Informationsarbeit wird es also nicht gehen. Wir haben die Vermutung geäußert, daß informationelle Urteilskraft dann riskiert, defizitär zu werden, wenn die Fähigkeit, eine Information einschätzen zu können, sich nicht mehr durch die Fähigkeit schulen läßt, die Information überhaupt erst zu erarbeiten.

Wir schließen uns keineswegs den Erwartungen an, die viele an die Entwicklung der Informationsgesellschaft hegen, daß nämlich die Verfügung über Information nicht mehr differenzierend wirken müsse, da alle auf dem gleichen Stand der Verfügung und Nutzung seien. Information wäre dann kein Wettbewerbsvorteil mehr für Unternehmen. Information wäre kein Karrieremittel mehr im persönlichen Fortkommen, und Unterschiede zwischen informationsarmen und informationsreichen Ländern gäbe es nicht mehr, bzw. wäre nicht mehr der Mangel an Information der Grund für

weiterbestehende Differenzen. Verfügung über Information und erworbenes Wissen werden weiter differenzierend wirken.
Wie schon nicht alle informationell oder gar materiell oder im Einfluß gleich geworden sind, weil ihnen im Prinzip alle Bücher und Zeitschriften direkt zur Verfügung standen, so wird es auch informationelle Gleichheit selbst dann nicht geben, wenn im Sinne einer informationellen Grundversorgung der Zugriff zu den elektronischen Speichern des Wissens im Prinzip genauso von der Öffentlichkeit garantiert ist, wie es heute der Fall mit den Bibliotheken ist. Die Vielfalt der Informationsprodukte wird sich immer stärker ausprägen, sowohl der primären Dienste als auch der Metainformationsdienste, die über die primären Dienste informieren bzw. sie aufbereiten, veredeln, anpassen. Unterschiedliche Leistungen werden mit unterschiedlichem Aufwand produziert, und es muß für sie differenziert bezahlt werden. Informationelle Nullversorgung wird es nicht geben, aber informationelle Grundversorgung – so schwierig diese auch zu definieren ist – muß gewährleistet sein. So wie jeder in unserer Gesellschaft Formen findet, mit denen er seine Bedürfnisse der physischen Mobilität befriedigen kann – nur bekommt nicht jeder seinen privaten Helikopter oder seine S-Klasse –, so muß auch jeder seine Informationsprobleme lösen können. Die Informationsgesellschaft, besser die Informationswirtschaft, beruht nicht auf einer grundsätzlichen anderen Wirtschaftsordnung, und es sieht auch nicht so aus, als ob der in den letzten 30 Jahren ausgefaltete Warenbegriff der Information noch einmal grundsätzlich in Frage gestellt werden kann.
Die Herausforderung an die Gesellschaft besteht nicht darin, den Informationszugang für alle gleich zu machen, sondern die Voraussetzungen dafür zu schaffen, daß jeder die Chance hat, die Vorteile der möglichen Informationsleistungen zu nutzen. Chancen geben heißt nichts anderes, als Bildung möglich zu machen. Informationelle Chancengleichheit beruht auf informationeller Bildung, deren wesentliches Ziel, wie wir es formuliert haben, informationelle Autonomie ist, nicht in dem Sinne, alles schon selber zu wissen, sondern in der Lage zu sein, sich der vorhandenen Ressourcen auf gewinnbringende Weise zu vergewissern. Ein Mensch in der Informationsgesellschaft hat Chancen, ein autonomes, d. h. selbstbestimmtes Individuum zu werden, wenn er informationskompetent ist. Dieser braucht vor den Konsequenzen der technischen Informationsassistenten nicht bange zu sein.

# Literaturverzeichnis


Agre (1997) P. E. Agre: Introduction to Agre/Rotenberg (1997), 1-28

Agre/Rotenberg (1997) P. E. Agre; M. Rotenberg (eds.): Technology and privacy: The new landscape. The MIT Press: Cambridge, MA, London, UK, 1997

Albach (1980) H. Albach: Vertrauen in der ökonomischen Theorie. Zeitschrift für die gesamte Staatswissenschaft 136, 1980, 2-11

Appelrath et al. (1998) J. Appelrath; D. Boles; V. Claus; I. Wegener: Starthilfe Informatik. B. G. Teubner: Stuttgart, Leipzig 1998

Arens/Hammwöhner (1995) S. Arens; R. Hammwöhner: Ein graphischer Browser für das Konstanzer Hypertext System. In: Hypertext – Information Retrieval – Multimedia. Proceedings HIM'95. Schriften zur Informationswissenschaft 20. Universitätsverlag Konstanz: Konstanz 1995, 175-189

Arrow (1975) K. J. Arrow: Gifts and exchanges. In. E. Phelps (ed.): Altruism, morality, and economic theory. Russell Sage Foundation: New York, 1975, 13-28

Bachmann/Lane (1997) R. Bachmann; C. Lane: Vertrauen und Macht in zwischenbetrieblichen Kooperationen – Zur Rolle von Wirtschaftsrecht und Wirtschaftsverbänden in Deutschland und Großbritannien. In: Schreyögg/Sydow 1997, 79-110

Bailey/Bakos (1997) J. P. Bailey; Y. Bakos: An exploratory study of the emerging role of electronic intermediaries. International Journal of Electronic Commerce 1, 1997, 3 (http://www.gsm.uci.edu/~bakos/roles-of-elec-interm.pdf)

Barber (1988) B. Barber: The logic and limits of trust. Rutgers University Press: New Brunswick 1988

Bates (1994) J. Bates: The role of emotion in believable characters. *Communications of the ACM* 37, 1994, 122 ff.

Beck (1986) U. Beck: Risikogesellschaft: Auf dem Weg in eine andere Moderne. Suhrkamp: Frankfurt 1986

Beck (1987) U. Beck: The anthropological shock: Chernobyl and the contours of the risk society. *Berkeley Journal of Sociology 32*, 1987, 153-165

Beck (1996a) U. Beck: Das Zeitalter der Nebenfolgen und die Politisierung der Moderne. In: Beck/Giddens/Lash (1996), 19-112

Beck (1996b) U. Beck: Wissen oder Nicht-Wissen? Zwei Perspektiven »reflexiver Modernisierung«. In: Beck/Giddens/Lash (1996), 289-315

Beck (1997) U. Beck: Weltrisikogesellschaft, Weltöffentlichkeit und globale Subpolitik. Picus Verlag: Wien 1997

Beck (1998) U. Beck (Hrsg.): Politik der Globalisierung. Suhrkamp: Frankfurt 1998

Beck/Giddens/Lash (1996) U. Beck; A. Giddens; S. Lash: Reflexive Modernisierung. Eine Kontroverse. Edition suhrkamp 1705, NF 705. Suhrkamp: Frankfurt 1996

Becker et al. (1995) G. S. Becker; G. Schulmeyer; H.-J. Warnecke u. a.: Mehrwert Information. Kommunikationsformen, Märkte und Arbeitsweisen in der Informationsgesellschaft. Schäffer-Poeschel: Stuttgart 1995

Becker/Paetau (1997) B. Becker; M. Paetau: Virtualisierung des Sozialen: die Informationsgesellschaft zwischen Fragmentierung und Globalisierung. Campus Verlag: Frankfurt/Main; New York: 1997

Behringer (1998) A. Behringer: Serviceroboter erklimmen Wolkenkratzer und durchwühlen im Untergrund Kanäle. *Computer Zeitung* 23, 4. 6. 1998, 36

Bekavac (1996) B. Bekavac: Suchverfahren und Suchdienste des World Wide Web. *Nachrichten für Dokumentation* 47, 1996, 4, 195-213

Bekavac (1999) B. Bekavac: Technische Medienassistenten als prototypische Werkzeuge zur Orientierung in komplexen Medienmärkten. In: Szyperski, N. (Hg.) Entwicklung zukunftsträchtiger Mediendienste. Erscheint 1999

Bekavac/Rittberger (1997) B. Bekavac; M. Rittberger: Kontextsensitive Visualisierung von Suchergebnissen. In: Hypertext – Information Retrieval – Multimedia '97: Theorien, Modelle und Implementierung integrierter elektronischer Informationssysteme. Schriften zur Informationswissenschaft 30. Universitätsverlag Konstanz: Konstanz 1997, 307-321

Bekavac/Rittberger (1998) B. Bekavac; M. Rittberger: Ein Navigationsassistent für das World Wide Web. In: Knowledge Management und Kommunikationssysteme. Proceedings des 6. Internationalen Symposiums für Informationswissenschaft (ISI'98). Prag, 3.-7. Nov. 1998. Schriften zur Informationswissenschaft Nr. 34. Universitätsverlag Konstanz: Konstanz 1998, 438-452

Belkin/Croft (1992) N. J. Belkin; W. B. Croft: Information filtering and information retrieval: Two sides of the same coin? *Communications of the ACM* 35, 1992, 12., 29-38

Belkin/Oddy/Brooks (1982) N. J. Belkin; R. N. Oddy; H. M. Brooks: ASK for information retrieval: Part I. Background and theory. *Journal of Documentation* 38, 1982, 2, 61-71

Bell (1973; 1989) D. Bell: The coming of post-industrial society. Basic Books: New York 1973; Die nach-industrielle Gesellschaft. Campus: Frankfurt 1989

Bellotti (1997) V. Bellotti: Design for privacy in multimedia communications environments. In: Agre-Rotenberg (1997), 63-98

Bentele (1993) G. Bentele: Immer weniger öffentliches Vertrauen. *Bertelsmann-Briefe* 129, 1993, 39-43

Biervert et al. (1991) B. Biervert; K. Monse; E. Behrendt; M. Hilbig: Informatisierung von Dienstleistungen. Westdeutscher Verlag: Opladen 1991

Binswanger (1992) M. Binswanger: Information und Entropie. Ökologische Perspektiven des Übergangs zu einer Informationswirtschaft. Campus Verlag: Frankfurt/New York 1992

Bischoff/Graefe/Grassnick (1998) R. Bischoff; V. Graefe; R. Graßnick: Serviceroboter der Zukunft. *Spektrum der Wissenschaft*. Dossier: Roboter erobern den Alltag 4/1998, 66-71

Bizer (1997) J. Bizer: Rechtliche Bedeutung der Kryptographie. *DuD – Datenschutz und Datensicherheit* 21, 1997, 4, 203-208

Blair (1998) T. Blair: Our information age. The government's vision (http://www.number-10.gov.uk)

Blaze (1997) Blaze Technologies Inc.: Avatar Peripherals Selects Blaze Technologies Barking Cards for Inclusion with Shark 250 Removable Storage Devices. Press Release March 18, 1997. (http://www.barkingcards.com)

BMWI (1995) Bundesministerium für Wirtschaft (Hrsg.): Die Informationsgesellschaft. Fakten, Analysen, Trends. Bonn 1995

Böhm/Wehner (1990) W. Böhm; J. Wehner: Der symbolische Gehalt einer Technologie. Zur soziokulturellen Rahmung des Computers. In: Rammert (1990), 105-129

Böhme (1997) G. Böhme: The structures and prospects of knowledge society. Social Science Information sur les Sciences Sociales 36, 1997, 3, 447-468

Böttger/Mettler-Meibom (1990) B. Böttger; B. Mettler-Meibom: Das Private und die Technik. Frauen zu den neuen Informations- und Kommunikationstechniken. Westdeutscher Verlag: Opladen 1990

Bradshaw (1997a) J. M. Bradshaw: Software agents. AAAI/The MIT Press: Menlo Park, CA; Cambridge, MA; London, UK 1997

Bradshaw (1997b) J. M. Bradshaw: An introduction to software agents. In: Bradshaw (1997a), 3-46

Bredemeier (1995) W. Bredemeier: Der Strukturwandel zur Informationsgesellschaft. In: Becker et al. (1995), 43-59

Brennan et al (1994) S. Brennan et al.: Effect of message style on user's attributions toward agents. In: Proceedings of Conference Companion Human Factors in Computing Systems. Addison Wesley: Reading, MA, 1994, 281-282

Brenner/Zarnekow/Wittig (1998) W. Brenner; R. Zarnekow; H. Wittig: Intelligente Softwareagenten. Grundlagen und Anwendungen. Springer: Berlin etc. 1998

Bressand/Distler/Nicolaidis (1989) A. Bressand; C. Distler; K. Nicolaidis: Networks at the heart of the service economy. In: A. Bressand; K. Nicolaidis (eds.): Strategic Trends in services. Harper & Row: New York, 1989, 17-32

Brin (1998) D. Brin: The transparent society. Will Technology force us to choose between privacy and freedom? Addison-Wesley: Reading, MA, 1998

BSI (1997) Bundesamt für Sicherheit in der Informationstechnik (BSI) (Hg.): Angaben zum Maßnahmenkatalog zur digitalen Signatur gem. SigV § 12 und § 16. Stand: 19. 11. 1997. (Die Dokumente sind im Format Winword 2.0, Winword 6.0, Winword 97 bzw. im PDF-Format abgelegt über: http://www.bsi.bund.de/aktuell/index.htm)

Bud-Frierman (1994) L. Bud-Frierman (ed.): Information Acumen: The understanding and use of knowledge in modern business. Routledge: London and New York 1994

Bühl (1997) A. Bühl: Die virtuelle Gesellschaft. Ökonomie, Kultur und Politik im Zeichen des Cyberspace. Westdeutscher Verlag: Opladen 1997

Burkert (1997) H. Burkert: Privacy-enhancing technologies: Typology, critique, vision. In: Agre/Rotenberg (1997), 125-142

Canada (1997) Preparing Canada for a digital world. Final report of the information highway advisory council. Sept. 1997 (http://strategies.ic.gc.ca)

Capurro (1978) R. Capurro: Information. Ein Beitrag zur etymologischen und ideengeschichtlichen Begründung des Informationsbegriffs. Saur: München 1978

Catledge/Pitkow (1995) L. D. Catledge; J. E: Pitkow: Characterizing browsing strategies in the World-Wide Web. *Computer Networks and ISDN Systems* 27, 1995, 6, 1065-1073

Chavez et al. (1997) A. Chavez; D. Dreilinger; R. Guttman; P. Maes: A real-life experiment in creating an agent marketplace. In: Proceedings of the Second International Conference on the Practical Application of Intelligent Agents and Multi-Agent Technology (PAAM 97). London, April 1997.

Cheong (1996) F.-C. Cheong: Internet agents: spiders, wanderers, brokers, and bots. New Riders Publishing: Indianapolis, IN, 1996

Chorafas (1998) D. N. Chorafas: Agent technology handbook. McGraw-Hill: New York etc. 1998

Cockayne/Zyda (1998) W. R. Cockayne; M. Zyda: Mobile agents. Manning: Greenwich, CT, 1998

Coleman (1990) J. S. Coleman: Foundations of social theory. Cambridge: Belknap Press 1990

Computer Zeitung (1999) Intelligenz macht autonom. *Computer Zeitung* 4, 28. 1. 1999, 28

Corsten (1982) H. Corsten: Der nationale Technologietransfer. Formen – Elemente – Gestaltungsmöglichkeiten – Probleme. E. Schmidt: Berlin 1982

Creutzig (1995) C. Creutzig: Trust Center und Anderes: Warum Sie ihre

Privatsphäre (nicht) aufgeben sollten. 12. Chaos Communication Congress '95. (http://www.foebud.org/texte/ccc/ccc95/ankund/t_trust.htm)
Cronin/Davenport (1988) B. Cronin; E. Davenport (eds.): Postprofessionalism: Transforming the information heartland. Taylor Graham: London, Los Angeles 1988
Crook et al. (1992) S. J. Crook; M. Pakulski; M. Waters: Postmodernization – Change in advanced society. Sage Publications: London 1992
Crowley/Mitchell (1994) D. Crowley; D. Mitchell (eds.): Communication theory today. Stanford University Press: Stanford 1994
Damer (1998) B. Damer: Avatars. Exploring and building virtual worlds on the Internet. Peachpit Press: Berkeley, CA, 1998
Dasgupta (1988) P. Dasgupta: Trust as a commodity. In: Gambetta (1988), 49-72
Davies (1998) S. Davies: The new frontiers of privacy. In: Proceedings INFOethics 2, Oct. 1998 Monte Carlo (http://www.unesco.org/webworld/infoethics_2/eng/papers/paper_12.htm)
Deacon (1997) T. W. Deacon: The symbolic species. The co-evolution of language and the brain. W. W. Norton: New York; London 1997
Dederichs (1997) A. M. Dederichs: Vertrauen als affektive Handlungsdimension: Ein emotionssoziologischer Bericht. In: Schweer (1997b), 62-77
Deibert (1997) R. J. Deibert: Parchment, printing, and hypermedia. Communication in world order transformation. Columbia University Press: New York 1997
Dertouzos (1998) M. Dertouzos: What will be. How the new world of information will change our lives. HarperEdge, HarperCollins: New York, NY, 1998
Deutsch (1983) K. W. Deutsch: Die Zukunft der Informationsgesellschaft. Schriften zur interdisziplinären Ökonomie, Kap. Soziale und politische Aspekte der Informationsgesellschaft. Haag & Herchen: Frankfurt 1983, 68-88
Drucker (1968) P. Drucker: The age of discontinuity. Harper & Row: New York 1968
Drucker (1993) P. Drucker: Die postkapitalistische Gesellschaft. Econ: Düsseldorf 1993
DuD (1998) Bericht 27. 5. 1997: Risiken von Key Recovery, Key Escrow und Trusted Third Party-Verschlüsselung. *Datenschutz und Datensicherheit* 22,1, 1998, 14-23 (http://www.crypto.com/key_study)
EC (1997) European Commission (Unit V/B-4): Building the European information society for us all. Directorate-General for employment, industrial relations and social affairs. April 1997 (www.ispo.cec.be/hleg/Building.html)
Eisenmann/Rittberger (1999) M. Eisenmann; M. Rittberger: Social filte-

ring of news using the Konstanz Hypertext System. Informationswissenschaft Universität Konstanz: Konstanz 1999
Enquete Kommission (1997) Enquete Kommission Zukunft der Medien in Wirtschaft und Gesellschaft. Deutschlands Weg in die Informationsgesellschaft. Deutscher Bundestag (Hrsg.): Zur Ökonomie der Informationsgesellschaft. Perspektiven, Prognosen, Visionen. ZV Zeitungs-Verlag: Bonn 1997
Erikson (1953) E. H. Erikson: Wachstum und Krisen der gesunden Persönlichkeit. Klett: Stuttgart 1953
Fink (1998) O. Fink: Zukunftsweisende Architektur von elektronischen Marktplätzen: Anforderungen, Konzepte und prototypische Implementierungen. Diplomarbeit. Universität Konstanz, Informationswissenschaft. August 1998
Flaherty (1997) D. H. Flaherty: Controlling surveillance: Can privacy protection be made effective? In: Agre-Rotenberg (1997), 167-192
Flusser (1990) V. Flusser: Ins Universum der technischen Bilder. European Photography: Göttingen 3. Auflage 1990 (1. Auflage 1985)
Foner (1993) L. Foner: What's an agent, anyway? A sociological case study. Agents Memo 93-01. MIT Media Lab: Cambridge, MA, 1993 E15-305 (war auch über das WWW erreichbar: (http://www.media.mit/edu/people/foner/Julia/Julia.html)
Froomkin (1996) M. Froomkin: The essential role of trusted third parties in electronic commerce. Oregon Law Review 75, 1996, 1, 75-115 (http://www.law.miami.edu/~froomkin)
Fukuyama (1992) F. Fukuyama: Das Ende der Geschichte. Wo stehen wir? Kindler: München 1992
Fukuyama (1995) F. Fukuyama: Trust: Social virtues and the creation of prosperity. Cambridge University Press: Cambridge 1995
Fukuyama (1995) F. Fukuyama: Trust – the social virtues and the creation of prosperity. Free Press: New York 1995
Furnas (1986) G. W. Furnas: Generalized fisheye views. In: Proceedings of the ACM CHI'86 Conference on Human Factors in Computing Systems. Boston, MA, 13.-17. April 1986. ACM: New York 1986, 16-23
Gambetta (1988) D. Gambetta (ed.): Trust: Making and breaking cooperative relations. Blackwell: New York 1988
Garfinkel (1993) H. Garfinkel: A conception of, and experiences with, »trust« as a condition of stable concerted actions. In: O. J. Harvey (ed.): Motivation and social interaction. Ronald Press: New York 1963, 187-238
Geis (1997) I. Geis: Die digitale Signatur. *Neue Juristische Wochenschrift* 50, 1997, 45, 3000-3004
Genesereth/Ketchpel R: Genesereth; S. R: Ketchpel: Software agents. *Communications of the ACM* 37, 1994, 48 ff.

Giddens (1990) A. Giddens: The consequences of modernity. Stanford University Press, Stanford, CA: 1990
Giddens (1991) A. Giddens: Modernity and self-identity. Self and society in the late modern age. Stanford University Press: Stanford, CA, 1991
Giddens (1996a) A. Giddens: Leben in einer posttraditionalen Gesellschaft. In: Beck/Giddens/Lash (1996), 113-194
Giddens (1996b) A. Giddens: Risiko, Vertrauen und Reflexivität. In: Beck/Giddens/Lash (1996), 316-337
Goldberg et al. (1992) D. Goldberg; D. Nichols; B. M. Oki; D. Terry: Using collaborative filtering to weave an information tapestry. *Communications of the ACM* 35, 1992, 12, 61-70
Goldberg/Listowsky (1994) R. Goldberg; P. Listowsky: Critical factors for emergency vehicle routing expert systems. Expert systems with applications 7, 4, 1994, 589-602
Gör/Meinel/Engel (1997) H.-J. Gör; C. Meinel; T. Engel. Trust Center – Konzeption einer Zertifizierungsstelle nach Signaturgesetz u. Signaturverordnung. Preprint. Trier 1997. (Über http://www.trier.itwm.fhg.de/noframe/bericht9704_de.html)
Green et al. (1997) S. Green; L. Hurst; B. Nangle; P. Cunningham; F. Somers; R. Evans: Software agents: a review. Report der »Intelligent Agent Group« am Trinity College Dublin, IE (1997). (http://www.cs.tcd.ie/research_groups/aig/iag/pubreview.zip)
Grossmann (1997) W. M. Grossman: Networks of trust. In: net.wars. New York University Press: New York; London 1997, 182-191
Guha/Lenat (1994) R. V. Guha; D. B. Lenat: Enabling agents to work together. *Communications of the ACM* 37, 1994, 7., 126 ff.
Guttman/Moukas/Maes (1998) R. H. Guttman; A. G. Moukas; P. Maes: Agents as mediators in electronic commerce. em 8, 1998, 1, 22 ff.
Haefner (1980) K. Haefner: Der große Bruder. Chancen und Gefahren für eine informierte Gesellschaft. Econ: Düsseldorf, Wien 1980
Haefner (1995) K. Haefner: Multimedia im Jahre 2000plus – Kosequenzen für das Bildungswesen. In: Issing (Hrsg.): Information und Lernen mit Multimedia. Beltz Verlag: Weinheim 1995, 463-474
Hamm (1997) R. Hamm: Kryptokontroverse. *DuD – Datenschutz und Datensicherheit* 21, 1997, 4, 186-191
Hancké (1996) B. Hancké: Industrial reorganisations in France. Changing relationships between large and small firms. Discussion Paper FS I 96-301. Wissenschaftszentrum Berlin für Sozialforschung: Berlin 1996
Handy (1995) Ch. Handy: Trust and the virtual organization. Harvard Business Review, May/June 1995, 40-50
Hansen (1996) H. R. Hansen: Klare Sicht am Info-Highway. Geschäfte via Internet & Co. Verlag Orac: Wien 1996
Harnad (1990) S. Harnad: Scholarly skywriting and the prepublication continuum of scientific enquiry. Psychological Science 1, 1990, 6, 342-

343 (http://soton.ac.uk/~harnad/Papers/Harnad/harnad90.skywriting.html)
Hayashi (1969) Y. Hayashi: Johoka Shakai. Tokio 1969
Heinrich (1992) L. J. Heinrich: Informationsmanagement. Oldenbourg: München, Wien 1992
Hensel (1990b) M. Hensel: Die Informationsgesellschaft. Neuere Ansätze zur Analyse eines Schlagwortes. Medien Skripten 8. Fischer: München 1990
Herget (1992) J. Herget: Erfolgsfaktoren beim Management von Informationsvermittlungsstellen. Ergebnisse einer empirischen Studie. In: Neubauer, W./Meier, K. (Hg.) Information und Dokumentation in den 90er Jahren. Deutscher Dokumentartag 1991. Deutsche Gesellschaft für Dokumentation (DGD): Frankfurt 1991, 545-564
Herget/Grossmann/Bekavac (1998) J. Herget; S. Grossmann, B. Bekavac: Empirische Untersuchung des Bedarfs nach intelligenten Werkzeugen für die Orientierung von Nutzern in komplexen Medienmärkten. DeMeS-Projekt Medienassistenten, Arbeitsbericht 4.1.2. Universität Konstanz, Informationswissenschaft: Konstanz Mai 1998
Herget/Klein/Bekavac (1998) J. Herget; A. Klein; B. Bekavac: Konzeption und Erstellung einer VRML-Welt als Orientierungsinstrument innerhalb elektronischer Marktplätze. Arbeitsbericht 4.2.3. Projekt Development of Media Services (DeMeS) – Medienassistenten. Steinbeis Transferzentrum IMAC, Konstanz 1998
Hesselbein et al. (1998) F. Hesselbein; M. Goldsmith; P. Beckhard; R. E. Schubert (eds.): The community of the future. Drucker Foundation Future Series. Jossey-Bass Publisher: San Francisco 1998
Heyer (1988) P. Heyer: Communications and history: Theories of media, knowledge, and civilization. Greenwood Press: New York 1988
Hoch (1998) A. Hoch: Alarm vom Kühlschrank. Das Geschäft mit der Haustechnik kommt in Gang. Süddeutsche Zeitung 18. 3. 98, Nr. 64, XV
Hoeren (1998) T. Hoeren: Internet und Recht – Neue Paraddigmen des Informationsrechts. *Neue Juristische Wochenschrift* 51, 1998, 39, 2849-2854
Hortmann (1997) B. M. Hortmann. Kryptoregulierung weltweit – Überblick. Datenschutz und Datensicherheit 21, 4, 1997, 214-215
Hoschka (1996) P. Hoschka (Hrsg.): Computers as assistants. A new generation of support systems. Lawrence Erlbaum: Mahwah, NJ. 1996
Hövel (1998) J. auf dem Hövel: Nur ein bißchen Verschlüsseln ist schwierig. *Frankfurter Allgemeine Zeitung* Nr. 40, 17. 2. 98, T5
Huhns/Singh (1998a) M. N. Huhns; M. P. Singh (eds.): Readings in agents. Morgan Kaufmann: San Francisco, CA, 1997
Huhns/Singh (1998b) M. N. Huhns; M. P. Singh: Agents and multiagent systems: Themes, approaches, and challenges. In: Huhns/Singh (1997a), 1-23

IBM (1994) Interview mit J. Schröder (IBM Deutschland): Vertrauen ist die Basis des Geschäfts. *IBM Nachrichten* 44, Heft 318, 1994, 52-55
Innis (1950) H. A. Innis: Empire and communications. Oxford University Press: Oxford 1950
Innis (1951) H. A. Innis: The bias of communication. University of Toronto Press: Toronto 1951
Isbister (1995) K. Isbister: Perceived intelligence and the design of computer characters. M. A. thesis, presented at the Lifelike Computer Characters conference, Snowbird, Utah 1995 (http://www.cyborganic.com/People/kath/lccpaper.html)
Jagoda (1998) B. Jagoda: Internet – Medium für neue Berufe und Arbeitsplätze? *Spektrum der Wissenschaft*. Dossier: Die Welt im Internet 1/1998, 86-89
Janes/Rosenfeld (1996) J. W. Janes; L. B. Rosenfeld: Networked information retrieval and organization: issues and question. Journal of the American Society of Information Science (JASIS) 49, 1996, 9, 711-715
Jennings/Woolridge (1995) N. Jennings; M. Woolridge: Software agents. *IEEE Review* 42, 1995, 1, 17 ff. (http://www.doc.mmu.ac.uk/STAFF/mike/iee-review96.ps)
Jörn (1998) F. Jörn: Trotz aller Verschlüsselung muß man Vertrauen haben. *Frankfurter Allgemeine Zeitung* Nr. 40, 17. 2. 98, T5
Jospin (1998) L. Jospin: Vorbereitung Frankreichs auf den Eintritt in die Inform@tionsgesellschaft. Aktionsprogramm der Regierung (http://www.internet.gouv.fr)
Katz (1997) J. Katz: Media rants. Postpolitics in the digital nation. HotWired: San Francisco 1997
Katz (1997b) J. Katz: The digital citizen. Wired Dez. 1997, 68-82, 274-275
Kedzie (1997) C. Kedzie: Communication and democracy – coincident revolutions and the emergent dictator's dilemma. Rand: Santa Monica, CA, 1997
Kelm/Kossakowski (1997) S. Kelm; K.-P. Kossakowski: Zur Notwendigkeit der Kryptographie. *IuD – Datenschutz und Datensicherheit* 21, 1997, 4, 192-195
Kieper (1997) M. Kieper: Der Fall Bernstein. Krypto-Programme unter dem Schutz der Redefreiheit. *Datenschutz und Datensicherheit* 21, 4, 1997, 216-217
King/Ohya (1996) W. J. King; J. Ohya: The representation of agents: Anthropomorphism, agency, and intelligence (http://info.acm.org/sigchi/chi96/proceedings/shortpap/King/kw_text.htm)
Klute (1995) R. Klute: Verschlußsache: Sicherheit im World Wide Web. *Banken und Versicherungen* 2, 1996, 132 ff.
Koch (1999) U. Koch: Zur Rolle von Vertrauen in Unternehmensnetzwerken. Diplomarbeit. Universität Konstanz, Verwaltungswissenschaft. Januar 1999

Koda (1996) T. Koda: Agents with faces: A study on the effects of personification of software agents. (http://tomoko/www.media.mit.edu/people/tomoko)
Koda/Maes (o.J.) T. Koda; P. Maes: Agents with faces: The effects of personification of agents. MIT, Media Laboratory: Boston, MA.
Koda/Maes (o.J.) T. Koda; P. Maes: Agents with faces: The effects of personification of agents. (http://tomoko/www.media.mit.edu/people/tomoko)
Kroschel (1996) A. Kroschel: Das World Wide Web als Medium im Investitionsgütermarketing. Diplomarbeit. Universität Konstanz, Informationswissenschaft, September 1996
Krystek/Zumbrock (1993) U. Krystek; S. Zumbrock: Planung und Vertrauen. Schäffer-Poeschel: Stuttgart 1993
Kubicek/Seeger (1993) H. Kubicek, P. Seeger: Perspektive Techniksteuerung. Interdisziplinäre Sichtweisen eines Schlüsselproblems entwickelter Industriegesellschaften. edition sigma: Berlin, 1993
Kuhlen (1991) R. Kuhlen: Hypertext – ein nicht lineares Medium zwischen Buch und Wissensbank. Heidelberg: Springer 1991.
Kuhlen (1995) R. Kuhlen: Informationsmarkt. Chancen und Risiken der Kommerzialisierung von Wissen. Schriften zur Informationswissenschaft Bd. 15. Universitätsverlag Konstanz: Konstanz 1995
Kuhlen (1996) R. Kuhlen: Elektronische Marktplätze als Standortfaktoren von Regionen. In: T. Ellwein; J. Mittelstraß (Hrsg.): Regionen, Regionalismus, Regionalentwicklung. Isensee Verlag: Oldenburg 1996, 114-124
Kuhlen (1997) R. Kuhlen: Informationswissenschaft – heute (und morgen?). In: H. Reiterer; T. Mann (Hrsg.): Informationssysteme als Schlüssel zur Unternehmensführung – Anspruch und Wirklichkeit. Proceedings des 3. Konstanzer Informationswissenschaftlichen Kolloquiums (KIK 97). Universitätsverlag Konstanz: Konstanz 1997, 277-294
Kuhlen (1998a) R. Kuhlen: Zuckerguß von Multimedia. Die Bedeutung der Telemediatisierung für die Wissenschaft. *Forschung & Lehre* 3/98, 119-121
Kuhlen (1998b) R. Kuhlen: Die Mondlandung des Internet. Die Bundestagswahl 1998 in den elektronischen Kommunikationsforen. Universitätsverlag Konstanz: Konstanz 1998
Kuhlen (1998c) R. Kuhlen: Trust – a principle for ethics and economics in the global information society. In: Proceedings INFOethics 2, Oct. 1998 Monte Carlo (www.unesco.org/webworld/infoethics_2/eng/papers/paper_29.htm); auch in: R. Kuhlen: Trust – Vertrauen. Informationsethische Basis elektronischen Marktgeschehens. Bericht Information 86-98. Universität Konstanz, Informationswissenschaft: Konstanz 1998, 35-48
Kuhlen (1998d) R. Kuhlen: Informationsethik im Umfeld der UNESCO. - Bericht Informationswissenschaft 87-98. Universität Konstanz, Informationswissenschaft. Oktober 1998

Kuhlen (1998e) R. Kuhlen: Organisationsformen und Mehrwertleistungen elektronischer Märkte. In: G. Meyer/C. Wolff (Hrsg.): Linguistik und neue Medien. Deutscher Universitätsverlag (DUV): Wiesbaden 1998, 5-13

Kuhlen (1998 f.) R. Kuhlen: Empirische Erhebung des Standes einschlägiger Ausbildung. Arbeitsbericht 1.1 im Projekt DeMeS (Development of Media Services). Universität Konstanz, Informationswissenschaft. April 1998 (http://www.medienassistent.org)

Kuhlen (2000) R. Kuhlen: Forum – Zeitung zu Zeiten elektronischer Kommunikation (erscheint 2000)

Kuhlen/Rittberger (1998) R. Kuhlen; M. Rittberger: Verteilte Informationsräume: Suche in elektronischen Marktplätzen. Konstanz Informationswissenschaft 1998 (http://www.inf-wiss.uni-konstanz.de)

Kuner (1997) C. Kuner: Die neuen »Crypto Regulations« der USA und die deutsche »Kryptopolitik«. *NJW-CoR* 4, 1997, 221-223

Kuner (1998) C. Kuner: Die Kryptodebatte in den USA. *Datenschutz und Datensicherheit* 22, 1, 1998, 5-7

Lane/Bachmann (1996) C. Lane; R. Bachmann: The social constitution of trust: Supplier relations in Britain and Germany. *Organizational Studies* 17, 1996, 365-395

Langenheder/Pordesch (1996) W. Langenheder; U. Pordesch: Sicherheit und Vertrauen in der Kommunikationstechnik. it+ti *Informationstechnik und Technische Informatik* 38, 1996, 4, 42-46

Lash (1996a) S. Lash: Reflexivität und ihre Doppelungen: Struktur, Ästhetik und Gemeinschaft. In: Beck/Giddens/Lash (1996), 195-286

Lash (1996b) S. Lash: Expertenwissen oder Situationsdeutung? Kultur und Institutionen im desorganisierten Kapitalismus. In: Beck/Giddens/Lash (1996), 338-364

Lashkari et al. (1994) Y. Lashkari et al.: Collaborative interface agents. In: Proceedings of the National Conference on Artificial Intelligence. MIT Press: Cambridge 1994

Laurel (1990) B. Laurel (ed.): The art of human-computer interface design. Addison Wesley: Reading 1990

Laurel (1997) B. Laurel: Interface agents: Metaphors with character. In: Bradshaw (1997), 67-77

Lee (1998) J. H. Lee: Combining the evidence of different relevance feedback methods for information retrieval. *Information Processing & Management* 34, 1998, 6, 681-691

Leggewie (1996): C. Leggewie: Netizens oder: der gut informierte Bürger heute. Ein neuer Strukturwandel der Öffentlichkeit? Vortrag auf der Konferenz *Macht Information*. Bonn, 6. 9. 1996 [URL:http://www.iid.de/macht/beitraege/leggewie.html]

Leonard (1997a) A. Leonard: Office97 – or Office 1984? Move into Microsoft's suite and big brother paper clip will be watching you. *Salon*

*Online Magazine*, Mai 1997. (http://www.salonmagazine.com/may97/21st/office970501.html)
Leonard (1997b) A. Leonard: Bots. The origin of new species. HardWired: San Francisco 1997
Lepman-Blumen (1996) J. Lepman-Blumen: Connectivity edge. Leading in an interdependent world. Jossey-Bass Publisher: San Francisco 1996
Levinson (1997) P. Levinson: The soft edge: A natural history and future of the information revolution. Routledge: London and New York 1997
Levy (1996) S. Levy: Crypto rebels. In: Ludlow (1996), 185-205
Liu (1996) H. Liu: Privacy-implicated system design in the virtual marketplace. Ph.D. dissertation, Ohio State University 1996
Löwenstein (1999) R. Löwenstein: Lust auf Monster, Sex und Action. *Computer & Co.* Das Multimedia Magazin der Süddeutschen Zeitung 1/99, 8-13
Loyall/Bates (1997) A. B. Loyall; J. Bates: Personality-rich believable agents that use language. Agents'97 Marina del Rey, CA 1997 (http://www.cs.cmu.edu/afs/cs.cmu.edu/project/oz/web/papers.html)
Ludlow (1996) P. Ludlow (ed.): High noon on the electronic frontier. Conceptual issues in cyberspace. The MIT Press: Cambridge, MA, London, UK, 1996
Lufthansa (1998) Lufthansa AirPlus Servicekarten GmbH; Dr. Böhmer & Partner Beratungsgesellschaft für Prozeß- und Informationsmanagement mbH: Vernetzung zum Wettbewerbsvorteil machen – Electronic Commerce im Business-to-Business-Bereich. 4. 12. 1998
Luhmann (1968) N. Luhmann: Vertrauen. Ein Mechanismus der Reduktion sozialer Komplexität. Ferdinand Enke Verlag: Stuttgart 1968
Luhmann (1973) N. Luhmann: Vertrauen. Ein Mechanismus der Reduktion sozialer Komplexität. Enke: Stuttgart 1973
Luhmann (1988) N. Luhmann: Familiarity, confidence, trust: Problems and alternatives. In: Gambetta (1988), 94-107
Lusti (1990) M. Lusti: Wissensbasierte Systeme. Algorithmen, Datenstrukturen und Werkzeuge. Reihe Informatik Bd. 77. BI Wissenschaftsverlag: Mannheim/Wien/Zürich 1990
Lynch (1995) C. A. Lynch: Networked information resource discovery: An overview of current issues. *IEEE Journal on Selected Areas in Communications* 13, 1995, 8, 1505-1522
Lyotard (1986) J.-F. Lyotard: Das postmoderne Wissen. Boehlau: Graz 1986
Machlup (1962) F. Machlup: The production and distribution of knowledge in the United States. Princeton University Press: Princeton, N. J. 1962
Macredie (1998) R. D. Macredie: Mediating buyer-seller interactions: The role of agents in web commerce. *em – Electronic Markets* 8, 1998, 3, 40-43

Maes (1994) P. Maes: Agents that reduce work and information overload. Communications of the ACM 37, 1994, 7., 31-40 (http://www.media.mit.edu/people/pattie/CACM-94/CACM-94.p1.html)

MAF (1997) o.A.: Mobile agent facility specification. Final Draft. (http://www.genmagic.com/agents/MAF/)

Maier (1998) F. Maier: Auswirkungen informationstechnologischer Entwicklungen auf die Branchenstruktur des Musikmarktes. Diplomarbeit. Universität Konstanz, Verwaltungswissenschaft. Juni 1998

Malone et al. (1987) T. W. Malone; K. R. Grant; F. A. Turbak; S. A. Brobst und M. D. Cohen: Intelligent information-sharing systems. *Communications of the ACM* 30, 1987, 5, 390-402

Malone et al. (1998) T. W. Malone; K. R. Grant; K.-Y. Lai: Agents for information sharing and coordination: A history and some reflections. In: Bradshaw (1997), 109-143

Marchand (1990) D. A. Marchand: Infotrends: A 1990s outlook on strategic information management. *Information Management Review* 5, 4, 1990, 23-32

Marchand/Horton (1986) D. A: Marchand; F. W. Horton: Infotrends. Profiting from your information resources. John Wiley & Sons: New York etc. 1986

Martin/Schumann (1997) H.-P. Martin; H. Schumann: Die Globalisierungsfalle. Der Angriff auf Demokratie und Wohlstand. Rowohlt: Reinbek bei Hamburg 1997

Maslow (1998) A. H. Maslow: Management. John Wiley & Sons: New York etc. 1998

Mayer/Davis/Schoorman (1995) R. C. Mayer; J. H. Davis; F. D. Schoorman: An integrative model of organizational trust. *Academy of Management Review* 20, 1995, 3, 709-734

Mayer-Schönberger (1997) V. Mayer-Schönberger: Generational development of data protection in Europe. In: Agre/Rotenberg (1997), 219-241

McCreadie/Rice (1999a) M. McCreadie; R. E. Rice: Trends in analyzing access to information. Part I Cross-disciplinary conceptualizations of access. *Information Processing & Management* 35, 1999, 46-76

McCreadie/Rice (1999b) M. McCreadie; R. E. Rice: Trends in analyzing access to information. Part II: Unique and integrating conceptualizations. *Information Processing & Management* 35, 1999, 77-99

McLuhan (1962) M. McLuhan: The Gutenberg galaxy. University of Toronto Press: Toronto 1962

McLuhan (1964) M. McLuhan: Understanding media: The extension of man. McGraw-Hill: New York 1964

McLuhan/Fiore (1967) M. McLuhan; Q. Fiore: The medium is the message. Simon and Schuster: New York 1967

Mettler-Meibom (1987) B. Mettler-Meibom: Soziale Kosten in der Informationsgesellschaft. Fischer: Frankfurt 1987

Miedl (1999) W. Miedl: Inkognito. *Internet World* 2/99, 24-26
Miller (1995) G. A. Miller: WordNnet: A lexical database for English. *Communications of the ACM* 38, 1995,11, 39-41
Mittelstraß (1992) J. Mittelstraß: Leonardo-Welt. Über Wissenschaft, Forschung und Verantwortung. stw 1042. Suhrkamp: Frankfurt 1992
Mittelstraß (1998) J. Mittelstraß: Begrüßung zur SEL-Stiftungsfeier 1998. Stiftungs-Reihe Alcatel SEL Stiftung: Stuttgart 1998, 5-8
Mock (1996a) K. J. Mock: Hybrid hill-climbing and knowlege-based techniques for intelligent news filtering. In: Proceedings of the 13th National Conference on Artificial Intelligence, from Portland/Oregon
Mock (1996b) K. J. Mock: Intelligent Information Filtering via Hybrid Techniques: Hill Climbing and Genetic Algorithms and Index Patterns. Ph. D. thesis, University of California 1996
Möller (1990) R. Möller: Der Weg zum »User«. Probleme von EDV-Novizen bei der Aneignung des Phänomens Computer. In: Rammert (1990), 144-161
Mötsch (1997) B. Mötsch: Informationelle Bildung in der Schule unter besonderer Berücksichtigung des Internet – Aspekte und Grundlagen curricularer Konzeptionen. Diplomarbeit im Diplomaufbaustudium Informationswissenschaft, Universität Konstanz. Konstanz 1997
Moravec (1988) H. Moravec: Mind children. The future of robot and human intelligence. Harvard University Press: Cambridge, MA; London 1988
Mosdorf (1998) S. Mosdorf: Bausteine für einen Masterplan für Deutschlands Weg in die Informationsgesellschaft. Friedrich-Ebert-Stiftung: Bonn 1998
Moulder (1998) D. Moulder: Software agents for the Internet and NFACT (News filtering agent communication tool). Thesis Monash University, Australia (http://: //yoyo.cc.monash.edu.au/~damou.thesis_draft/thesis_draft.html)
Mukherjee/Samarajiva (1993) R. Mukherjee; R. Samarajiva: The customer web: Transaction generated information and telecommunication. *Media Information Australia* 67, 1993, Feb., 51-61
Müller/Weber (1998) S. Müller; K.-H. Weber: Roboter – Basis der industriellen Produktionstechnik. *Spektrum der Wissenschaft*. Dossier: Roboter erobern den Alltag 4/1998, 12-15
Nass el al. (1995) C. Nass; Y. Moon; B. J. Fogg; B. Reeves; D. C. Dryer: Can computer personalities be human personalities? *International Journal Human-Computer Studies* 43, 1995, 23-239
Negroponte (1997) N. Negroponte: Agents: From direct manipulation to delegation. In: Bradshaw (1997), 57-66
Neubauer (1997) S. Neubauer: Interdivisional information sharing – the strategic advantage of knowing nothing. Wissenschaftszentrum Berlin: Berlin 1997

Neumann (1997) B. Neumann: Natürliche und künstliche Intelligenz. *Spektrum der Wissenschaft*. Dossier: Kopf oder Computer 4/1997, 6-10
Newell/Simon (1962) A. Newell; H. A. Simon: Computer simulation of human thinking and problem solving. In: M. Greenberger (ed.): Management and the computer of the future. Wiley: New York 1962, 94-133
Nieder (1997) P. Nieder: Erfolg durch Vertrauen: Abschied vom Management des Mißtrauens. Gabler: Wiesbaden 1997
Nora/Minc (1979) S. Nora; A. Minc: Die Informatisierung der Gesellschaft. Campus: Frankfurt, New York 1979
Nwana (1996) H. S. Nwana: Software agents: An overview. *Knowledge Engineering Review* 11, 1996, 3. 205 f. (http://www.sce.carleton.ca/netmanage/docs/AgentsOverview/ao.html)
Ogilvy (1995) J. Ogilvy: The economics of trust. *Harvard Business Review*, Nov., Dec. 1995, 46-47
Oren et al. (1990) T. Oren et al.: Guides: Characterizing the interface. In: (Laurel 1990a), 367-381
Orwant (1994) C. J. Orwant: Eper ethics. In: J. M. Kizza: Ethics in the computer age. Conference Proceedings. ACM: New York 1994, 105-108
Paice (1989) C. D. Paice: Automatic generation and evaluation of back-of book indexes. In: *Prospects for Intelligent Retrieval*. Infomatics 10. Cambridge MA
Pauk (1997) A. Pauk: Technologie und Anwendung Intelligenter Agenten als Mittler in Elektronischen Märkten. Diplomarbeit. Universität Konstanz, Informationswissenschaft. September 1997
Petermann (1985) F. Petermann: Psychologie des Vertrauens. Salzburg 1985
Petras/Bank (1998) V. Petras; M. Bank: Vergleich der Suchmaschinen AltaVista und HotBot bezüglich Treffermengen und Aktualität. *Nachrichten für Dokumentation* 49, 1998, 453-458
Pfeiffer (1999) S. Pfeiffer: Dem Spürsinn auf der Spur. Subjektivierendes Arbeitshandeln an Internet-Arbeitsplätzen am Beispiel Information-Brokering. Rainer Hampp Verlag: München und Mering 1999
Phillips (1997) D. J. Phillips: Cryptography, secrets, and the structuring of trust. In: Agre/Rotenberg (1997), 243-276
Pine (1993) J. B. Pine II: Mass customization: The new frontier in business competition. Harvard Business School Press: Boston 1993
Pinker (1997) S. Pinker: How the mind works. W. W. Norton: New York, London 1997
Popper (1945/1992) K. Popper: The Open society and its enemies, Vol. I: The spell of Plato. Routledge & Kegan Paul: London 1945 (Die offene Gesellschaft und ihre Feinde. 2 Bde. UTB 1724/25. J. C. B. Mohr (Paul Siebeck): Tübingen 1992)
Porat (1976) M. U. Porat: The information economy. Vol. 1. Institute for

Communication Research (Report No. 27. Ph.D.) Stanford, CA: Stanford University 1976
Porat/Rubin (1977) M. U. Porat; M. R. Rubin (eds.) The information economy, Vol. 1-9. Office of Telecommunications Special Publications. Government Printing Office: Washington, D. C. 1977
Postman (1992) N. Postman: Das Technopol – die Macht der Technologien und die Entmündigung der Gesellschaft. Fischer: Frankfurt 1992
Preisendörfer (1995) P. Preisendörfer: Vertrauen als soziologische Kategorie. Möglichkeiten und Grenzen einer entscheidungstheoretischen Fundierung des Vertrauenskonzeptes. *Zeitschrift für Soziologie* 24, 1995, 4. 263-272
Rammert (1990) W. Rammert (Hrsg.) Computerwelten – Alltagswelten: wie verändert der Computer die soziale Wirklichkeit? Westdeutscher Verlag: Opladen 1990
Rauch (1994) W. Rauch: Informationsdynamik und Informationspragmatik. In: W. Rauch et al. (Hg.): Mehrwert von Information – Professionalisierung von Informationsarbeit. Proceedings des 4. Internationalen Symposiums für Informationswissenschaft, 2.-4. Nov. 1994 in Graz. Universitätsverlag Konstanz: Konstanz 1994, 15-18
Reeves/Nass (1996) B. Reeves; C. Nass: The media equation. How people treat computers, television, and new media like real people and places. Cambridge University Press 1996
Reimann (1992) H. Reimann (Hrsg.): Transkulturelle Kommunikation und Weltgesellschaft: zur Theorie und Pragmatik globaler Interaktion. Westdeutscher Verlag: Opladen 1992
Reimer (1991) U. Reimer: Einführung in die Wissensrepräsentation. Netzartige und schema-basierte Repräsentationsformate. Leitfäden der praktischen Informatik. B. G. Teubner: Stuttgart 1991
Reisen (1997) A. Reisen: Anforderungen an sichere Trust Center vor dem Hintergrund des Signaturgesetzes. Bonn 1997. (http://www.bsi.bund.de/literat/tagungsb/reisen.htm)
Resnick/Zeckhauser/Avery (1995) P. Resnick; R. Zeckhauser; C. Avery: Roles for electronic brokers. In: G. W. Brock, G. W. (eds.): Toward a competitive telecommunication industry: Selected Papers from the 1994 Telecommunications Policy Research Conference. Lawrence Erlbaum Associates: Mahwah, NJ 1995, 289 ff.
Riordan/Hoddeson (1997) M. Riordan; L. Hoddeson: Crystal Fire – The birth of the information age. Norton. Sloan Technology Series 1997
Rohbeck (1993) J. Rohbeck: Technologische Urteilskraft. Zu einer Ethik technischen Handelns. stw 1112. Suhrkamp: Frankfurt 1993
Roßnagel (1998) A. Roßnagel: Die Sicherheitsvermutung des Signaturgesetzes. *Neue Juristische Wochenschrift* 51, 1998, 45, 3312-3320
Roßnagel et al. (1989) A. Roßnagel; P. Wedde; V. Hammer; U. Pordesch:

Die Verletzlichkeit der Informationsgesellschaft. Westdeutscher Verlag: Opladen 1989
Roßnagel et al. (1990) A. Roßnagel; P. Wedde; V. Hammer; U. Pordesch: Digitalisierung der Grundrechte? Zur Verfassungsverträglichkeit der Informations- und Kommunikationstechnik. Westdeutscher Verlag: Opladen 1990
Roszak (1994) T. Roszak: The cult of information. A neo-luddite treatise on high-tech, artificial intelligence, and the true art of thinking. University of California Press: Berkeley etc. 1994
Rotenberg (1998) M. Rotenberg: Preserving privacy in the information society. In: Proceedings INFOethics 2, Oct. 1998 Monte Carlo (http://www.unesco.org/webworld/infoethics_2/eng/papers/paper_10.htm)
Roth (1998) H. Roth: Exportkontrollen für Verschlüsselungsprodukte. *Datenschutz und Datensicherheit* 22,1, 1998, 8-13
Rotter (1980) J. B. Rotter: Interpersonal trust, trustworthiness, and gullibility. *American Psychologist* 35, 1980, 1, 1-7
Salton/McGill (1983) G. Salton; M. J. McGill: Introduction to modern information retrieval. McGraw-Hill: New York 1983 (deutsch 1987)
Samarajiva (1997) R. Samarajiva: Interactivity as though privacy mattered. In: Agre/Rotenberg (1997), 277-309
Samarajiva (1998) R. Samarajiva: Trust and privacy in cyberspace: A view from an Asian vantage point. In: Proceedings INFOethics 2, Oct. 1998 Monte Carlo (http://www.unesco.org/webworld/infoethics_2/eng/papers/paper_11.htm)
Sardar/Ravetz (1996) Z. Sardar; J. R. Ravetz (eds): Cyberfutures. Culture and politics on the information superhighway. New York University Press: New York 1996
Sarkar/Butler/Steinfield (1995) M. B. Sarkar; B. Butler; C. Steinfield: Intermediaries and cybermediaries: A continuing role for mediating players in the electronic marketplace. In: C. Steinfield: Special Issue on Electronic Commerce. *Journal of Computer-Mediated Communication* 1, 1995, 3 (http://207.161.120/jcmc/vol1/issue3/sarkar.html)
Schiller (1996) H. Schiller: Information inequality – the deepening social crisis in America. Routledge: New York, London 1996
Schiller (1998) J. I. Schiller: Sicherheit im Daten-Nahverkehr. Abschnitt Internet und Sicherheit in: *Dossier: Die Welt im Internet. Spektrum der Wissenschaft* 1, 1998, 52-57
Schmid (1995) B. Schmid: Electronic Mall – Banking und Shopping in globalen Netzen. Teubner: Stuttgart 1995
Schmidt (1992) R. Schmidt: Modelle der Informationsvermittlung. Analyse und Bewertung eines experimentellen Programms. Physica-Verlag: Heidelberg 1992
Schmidt (1998) A. P. Schmidt: ENDO-Management. Nichtlineare Len-

kung komplexer Systeme und Interfaces. Verlag Paul Haupt. Bern, Stuttgart, Wien 1998
Schottländer (1957) R. Schottländer: Theorie des Vertrauens. de Gruyter: Berlin 1957
Schreyögg/Sydow (1997) G. Schreyögg; J. Sydow (Hrsg.): Gestaltung von Organisationsgrenzen. Managementforschung 7. de Gruyter: Berlin, New York 1997
Schweer (1997a) M. K. Schweer: Interpersonales Vertrauen: Theorien und empirische Befunde. Westdeutscher Verlag: Opladen 1997
Schweer (1997b) M. K. Schweer (Hrsg.): Vertrauen und soziales Handeln: Facetten eines alltäglichen Phänomens. Luchterhand: Neuwied 1997
Seligman (1997) A. B. Seligman: The problem of trust. Princeton University Press. Princeton, NJ, 1997
Shannon/Weaver (1976) C. E. Shannon; W. Weaver: Mathematische Grundlagen der Informationstheorie (Original 1949). Oldenbourg: München, Wien 1976
Shenk (1998) D. Shenk: Data smog. Surviving the information glut. HarperEdge: San Francisco 1998
Shneiderman (1995) B. Shneiderman: Looking for the bright side of user interface agents. In: Interactions, vol. II. I. ACM Press: New York 1995, 13-15
Shneiderman (1998) B. Shneiderman: Designing the user interface. Strategies for effective human-computer interaction. Addison-Wesley: Reading, MA etc. 1998
Shneiderman/Maes (1998) B. Shneiderman; P. Maes: Direct manipulation vs. Interface agents. Excerpts from debates at IUI 97 and CHI 97. Interactions. New Visions of Human-computer Interaction Vol. IV, 6, Nov., Dec. 1997, 42-61
Short/Clarke (1992) J. F. Short, Jr.; L. Clarke (eds): Organization, uncertainties, and risk. Boulder: Westview Press 1992
Silver (1985) A. Silver: Trust in social and political theory. In: G. D. Suttles: M. N. Zald (eds.): The challenge of social control. Ablex: Norwood, NJ, 1985, 52-67
Sloman (1996) A. Sloman: What sort of architecture is required for a human-like agent? Cognitive Modeling Workshop, AAAI96, Portland, Oregon 1996 (http://www.cs.bham.ac.uk/~axs/misc/agent.architecture/agent.architecture.html)
Smith (1998) R. E. Smith: Dirty business is stealing our trust. *Los Angeles Times*, 17. 2. 1998, B5
Sonntag (1993) P. Sonntag: Die Zukunft der Informationsgesellschaft. Haag und Herchen: Frankfurt 1983
Spektrum der Wissenschaft (1997) Dossier: Kopf oder Computer. *Spektrum der Wissenschaft* 4/1997

Spektrum der Wissenschaft (1998a) Dossier: Die Welt im Internet. *Spektrum der Wissenschaft* 1/1998
Spektrum der Wissenschaft (1998b) Dossier: Roboter erobern den Alltag. *Spektrum der Wissenschaft* 4/1998
Spinner (1998) H. F. Spinner: Die Architektur der Informationsgesellschaft. Philo Verlagsgesellschaft: Bodenheim 1998
Stehr (1994) N. Stehr: Arbeit, Eigentum und Wissen. Zur Theorie von Wissensgesellschaften. Suhrkamp: Frankfurt 1994
Steinbuch (1970) K. Steinbuch: Programm zweitausend. Deutsche Verlags-Anstalt: Stuttgart 1970
Steinbuch (1989) K. Steinbuch: Die desinformierte Gesellschaft. Busse Seewald: Herford 1989
Steinmüller (1993) W. Steinmüller: Informationswissenschaftliche und technische Voraussetzungen einer neuen Informationsordnung. *Nachrichten für Dokumentation* 44, 1993, 5, 215-226
Stock et al. (1998) J. Stock; H. Wolff; H. Kuwan; E. Waschbüsch: Potentiale und Dimensionen der Wissensgesellschaft – Auswirkungen auf Bildungsprozesse und Bildungsstrukturen. Delphi-Befragung 1997/1998 im Auftrag des Bundesministeriums für Bildung, Wissenschaft, Forschung und Technologie, vorgelegt von Prognos AG, Basel, und Infratest Burke Sozialforschung GmbH & Co, München: März 1998
Sydow/Windeler (1994) J. Sydow; A. Windeler: Management interorganisationeller Beziehungen. Vertrauen, Kontrolle und Informationstechnik. Westdeutscher Verlag: Opladen 1994
Szyperski (1995) N. Szyperski: Verantwortung und Vertrauen in einer wissenschaftlich technischen Natur. In: Becker et al. (1995), 149-158
Takeuchi et al. (1995) A. Takeuchi et al.: Situated facial displays:Towards social interaction. In: Proceedings of CHI'95 Human Factors in Computing Systems. Addison Wesley: Reading 1995, 450-454
Tauss/Kollbeck/Mönikes (1996) J. Tauss; J. Kollbeck; J. Mönikes (Hrsg.): Deutschlands Weg in die Informationsgesellschaft. Herausforderungen und Perspektiven für Wirtschaft, Wissenschaft, Recht und Politik. Nomos Verlagsgesellschaft: Baden-Baden 1996
Terveen et al. (1997) L. Terveen; W. Hill; B. Amento; D. McDonald and J. Creter: PHOAKS: a system for sharing recommendations. *Communications of the ACM* 40, 1997, 59-62
Teufel et al. (1995) S. Teufel; C. Sauter; T. Mühlherr; K. Bauknecht: Computerunterstützung für die Gruppenarbeit. Addison-Wesley: Bonn 1995
Thompson (1995) J. B. Thompson: The media and modernity. A social theory of the media. Stanford University Press, Stanford, CA: 1995
Tietel (1995) E. Tietel: Das Zwischending. Die Anthropomorphisierung und Personifizierung eines Computers. S. Roderer Verlag: Regensburg 1995

Toffler (1990) A. Toffler: Machtbeben. Wissen, Wohlstand und Macht im 21. Jahrhundert. Econ: Düsseldorf 1990

Tsichritzis (1995) D. Tsichritzis: Daten, Informationen, Wissen – Aspekte von Produkten in der Informationsgesellschaft. In: Becker et al. (1995), 105-114

Uebelacker/Kurz (1996) H. Uebelacker; M. Kurz: Globale Lösungen statt Einzelbausteine: Sicherheitsarchitektur in Unternehmen. *LANline* 6, 1996, 166 ff.

Uehlecke/Hoffmann (1998) J. Uehlecke; J. Hoffmann 1998: Diebe müssen draußen bleiben. Elektronische Zugangssysteme ersetzen den Mann an der Pforte. *Süddeutsche Zeitung* 18. 3. 1998, Nr. 64, XVI

Ulfkotte (1998) U. Ulfkotte: Im Visier der Datenjäger. Das amerikanisch-britische Echelon-System überwacht die weltweite Kommunikation. *Frankfurter Allgemeine Zeitung* Nr. 125, 2. 6. 1998, 16

Vogts/Tauss (1998) U. Vogts; J. Tauss: Modernes Datenschutzrecht für die (globale) Wissens- und Informationsgesellschaft. Entwurf für ein Eckwerte-Papier der SPD-Bundestagsfraktion. Bonn 1998 (zu beziehen von der Dokumentation des Bundestages)

Wahlster (1997) W. Wahlster: Verbmobil: Erkennung, Analyse, Transfer, Generierung und Synthese von Spontansprache. *Spektrum der Wissenschaft*. Dossier: Kopf oder Computer 4/1997, 52-56

Walker et al. (1994) J. Walker et al.: Using a human face in an interface. In: Proceedings of CHI'94 Human Factors in Computing Systems. Addison Wesley: Reading 1994, 85-91

Wehner/Rammert (1990) J. Wehner; W. Rammert: Zum Stand der Dinge: Die Computerwelt und ihre wissenschaftliche Beobachtung. In: Rammert (1990), 225-238

Weizenbaum (1977) J. Weizenbaum: Die Macht der Computer und die Ohnmacht der Vernunft. Suhrkamp: Frankfurt 1977

Wendeln-Münchow (1998) D. Wendeln-Münchow: Netzwerke für den Hausgebrauch. Das Intranet hält Einzug ins tägliche Leben. *Süddeutsche Zeitung* 16. 3. 98, Nr. 64, XVII

Wersig (1996) G. Wersig: Die Komplexität der Informationsgesellschaft. Schriften zur Informationswissenschaft 26. Universitätsverlag Konstanz: Konstanz 1996

Weyer (1997) J. Weyer: Die Risiken der Automationsarbeit. Mensch-Maschine-Interaktion und Störfallmanagement in hochautomatisierten Verkehrsflugzeugen. In: *Zeitschrift für Soziologie (ZfS)* 26, 1997, 239-257

Whitney (1995) J. O. Whitney: The economics of trust. McGraw-Hill: New York 1995

Wienand/Nathusius (1998) U. Wienand; K. Nathusius: Unternehmensnetzwerke und virtuelle Organisationen. Schäffer-Poeschel: Stuttgart 1998

Williams (1999) M. E. Williams: The State of Databases Today – 1999. In:

Kumar, L. (ed.) Gale Directory of Databases. Volume 1. The Gale Corporation: Detroit, 1999, xvii-xxix

Williamson (1975) O. Williamson: Calculativeness, trust and economic organization. *Journal of Law and Economics* 36, 1975, 453-486

Wittgenstein (1963) L. Wittgenstein: Tractatus logico-philosophicus. Logisch-philosophische Abhandlung. Edition suhrkamp 12. Suhrkamp: Frankfurt 1963

Wolf (1998) A. Wolf: Eine Software-Plattform für elektronische Zahlungssysteme im Internet unter Berücksichtigung der speziellen Anforderungen einer Mall. Diplomarbeit. Universität Konstanz, Informationswissenschaft. April 1998

Wurche (1994) S. Wurche: Vertrauen und ökonomische Rationalität in kooperativen Interorganisationsbeziehungen. In: Sydow/Windeler (1994), 142-159

Zbornik (1996) S. Zbornik: Elektronische Märkte, elektronische Hierarchien und elektronische Netzwerke. Universitätsverlag Konstanz: Konstanz 1996

Zeppelin (1998) J. Zeppelin: Die Gates-Company hat sich mit ihrem unnachgiebigen Verhalten sehr geschadet. *Computer Zeitung* 17, 23.4.1998, S. 8

Zimmer (1995) J. Zimmer: Online-Dienste für ein Massenpublikum? Die Expansion des Online-Marktes in Deutschland. *Media Perspektiven* 10, 1995, 476-488

Zimmermann (1996) P. R. Zimmermann: How PGP works/Why do you need PGP? In: (Ludlow 1996), 179-184

Zimmermann/Kuhn (1995) H.-D. Zimmermann; C. Kuhn: Grundlegende Konzepte einer Electronic Mall. In: Schmid (1995), 33-94

Zündorf (1986) L. Zündorf: Macht, Einfluß, Vertrauen und Verständigung. Zum Problem der Handlungskoordinierung in Organisationen. In: R. Seltz u. a. (Hrsg.): Organisation als soziales System. edition sigma: Berlin 1986, 33-56

# Glossar

*Abstracting, Abstracts*

Verfahren der Zusammenfassung von Texten. In der Dokumentationspraxis wird im wesentlichen zwischen indikativen und informativen *Abstracts* unterschieden. Erstere haben eine Referenzfunktion, sollen also zu relevanten Texten hinführen; letztere können auch eine substitutive Funktion haben, indem sie über die wesentlichen Inhalte im Detail tatsächlich informieren. Automatische Verfahren des *Abstracting* benutzen weitgehend statistische Textinformation, fortgeschrittenere Verfahren greifen auf linguistische und wissensbasierte Methoden zurück.

*AOL*

*America Online*, der weltweit führende elektronische universale Mehrwertdienst, der sich auf ein eigenes (proprietäres) Netzwerk abstützt, gegenüber dem Internet aber durchlässig ist. *AOL* arbeitet in Deutschland mit *Bertelsmann* zusammen.

*Asynchron*

In der Regel zusammen in der Verbindung *asynchrone Kommunikation* verwendet; bedeutet zeitversetzte Kommunikation, bei der Sender und Empfänger nicht zur gleichen Zeit miteinander verbunden sind. *Email*, auch Kommunikationsforen sind gewöhnlich asynchrone Kommunikationsformen (letztere in Form von *Chat boards* aber auch quasi-synchrone).

*Authentizität, Authentifizierung*

Bei Transaktionen im Internet, speziell bei allen Transaktionen mit finanziellen oder rechtlichen Konsequenzen, müssen Objekt- und Subjektidentität gesichert sein. Das heißt Sender und Empfänger müssen für die jeweiligen Partner eindeutig referenzierbar sei. Auszutauschende Objekte (Dokumente jeder Art) müssen in genau dem Zustand ankommen, wie sie abgeschickt worden sind. Zu den Verfahren der Authentifizierung in Transaktionen gehören neben den digitalen Signaturen auch Zeitstempel und biometrische Verfahren, aber natürlich auch klassische Absicherungsverfahren wie Paßwörter.

*Avatare*

Kunstfiguren vor allem in der elektronischen Unterhaltungsbranche, wodurch die Möglichkeit gegeben wird, anonymisierte Rollen über sogenannte *Avatare* (Stellvertreterfiguren) einzunehmen.

*Benutzermodell, Benutzerprofil*

Die Abbildung von (Interessen-)Profilen von Benutzern auf ein formales, in der Regel über Wissensrepräsentationssprachen dargestelltes Modell. Mit Hilfe dieses Modells sollen vor allem bei den in der Künstlichen Intelligenz zum Einsatz kommenden wissensbasierten Systemen die Systemmöglichkeiten mit den Profilen vergleichen und die gewünschten, darauf zugeschnittenen Informationen liefern bzw. gewünschte Aktionen durchführen können.

*Boolesche Operatoren*

Sind syntaktische Mittel, um bei maschinellen Suchverfahren (im *Information Retrieval*) Suchbegriffe logisch miteinander zu verknüpfen. Die meisten Suchmaschinen bieten die Operatoren AND und OR, zuweilen auch AND NOT an. Durch die Operatoren werden Teil-/Schnittmengen von Dokumenten selektiert, die für die Suchanfrage passend sind.

*Bots*

Abkürzung für Software-Roboter, die informationelle Serviceleistungen in elektronischen Räumen erbringen, damit mobilen Agenten vergleichbar. *Bots* sollen allerdings immer menschliche bzw. Avatar-Züge vorweisen, sei es im Aussehen oder sei es in ihrem Verhalten bzw. ihren Leistungen. *Bots* sind nicht auf Informationsarbeit beschränkt, sondern zeichnen sich auch durch spielerische, emotionale, ästhetisierende, auf Unterhaltung und Kommunikation abzielende Eigenschaften aus.

*Browser*

Die Software auf der Seite der Benutzer (des Client-Rechners), durch die die eingehenden Bitströme zu sichtbaren und manipulierbaren Objekten auf der Bildschirmoberfläche werden können.

*Browsing-Paradigma*

Ein Ausdruck der Hypertextmethodologie; bezeichnet das für Hypertext typische Navigationsverhalten in umfänglichen Hypertextsystemen, vergleichbar dem Herumstöbern in systematisch geordneten Buchbeständen einer Bibliothek (umgangssprachlich und auf das WWW bezogen, spricht man auch von »Surfen«).

*Chats, Chat boards (IRC Chat)*

Elektronische Räume für den »Schwatz« mit mehreren Benutzern, die zur gleichen Zeit anwesend sind; die Eingabe erfolgt zeilenweise über ein Eingabefeld. Chats sind ein überaus beliebtes Kommunikationsmedium und dienen vor allem dem Zeitvertreib mit anderen, dem Austausch von Ideen und der Kontaktanbahnung. Herrschte früher der IRC vor, sind heute *Web chats* mehr und mehr im Kommen.

*Client-Server-Architektur*

Aufgabenverteilung in Computernetzwerken auf (mehrere) Server- und Clients, die je nach Betriebssystem auch gleichzeitig auf einem Rechner existieren können. Server verwalten Ressourcen in Form von Daten und Programmen und stellen diese den Clients zur Verfügung, welche die eigentlichen Arbeitsstationen der Benutzer sind. Der große Vorteil dieser Architektur liegt in der Dezentralisierung. Der Ausfall eines Servers hat nur Auswirkungen auf dessen Ressourcen, das restliche Netzwerk bleibt intakt. Ein bekanntes Beispiel sind WWW-Server und -Browser (Clients).

*Content Provider (Inhalte-Lieferant)*

Liefern informative Inhalte. Dazu zählen beispielsweise News-Server, elektronische Marktplätze, Mehrwertdiensteproduzenten, Nachrichten-/Medien-*Sites*.

*Cookies*

sind die einzige Möglichkeit für WWW-Server, über den *Web-Browser* auf dem lokalen Rechner (*Client*) des Benutzers interne Informationen abzulegen. Anfangs war dieser Mechanismus dafür gedacht, aktuelle Zustände bei dem Besuch einer *Web site* zu merken (z. B. Paßwort, Konfiguration usw.), so daß ein Benutzer bei einem späteren Besuch sofort die gleiche Umgebung vorfindet. Die Meinung über die Verwendung von *Cookies* ist jedoch nicht einhellig, da diese als einfache Textdateien gespeichert werden und so bei Benutzung eines Rechners ohne Benutzerkontrolle auch durch andere Personen eingesehen werden können. Aber auch *Web-Server* legen längst nicht mehr nur Zustandsdaten ab, sondern versuchen über *Cookies* das Benutzerverhalten auszuspionieren.

*Defizitäre Urteilskraft*

Defizitär wird Urteilskraft dann, wenn die Fähigkeit, eine Information einschätzen zu können, sich nicht mehr durch die Fähigkeit schulen läßt, die Information überhaupt erst zu erarbeiten.

*Database-Marketing*

Grundlage des *1-to-1-Marketing*, das im großen Stil auf elektronischen Märkten betriebene Ausrichten von Produkten/Dienstleistungen auf individuelle Bedürfnisse (*Mass customization*). Aus den in den Datenbanken gespeicherten Kunden- und Produktdaten können flexible Marketingmaßnahmen abgeleitet werden.

*Digitale Signatur*

Verfahren, um mittels kryptographischer Methoden die Authentifizierung des Absenders einer Nachricht sicherzustellen. Als digitale Signatur bezeichnet man einen kurzen Datenblock (*Hash*-Wert), der mit dem privaten

Schlüssel des Absenders verschlüsselt ist und so die Authentizität der Nachricht bezeugt. Die Überprüfung der digitalen Signatur erfolgt mit dem öffentlichen Schlüssel des Absenders. Die digitale Signatur sichert Objekt- und Personenidentität. In Deutschland ist die digitale Signatur durch das Signaturgesetz als Teil des IuKDG (Art. 3) geregelt.

*Direkte Manipulation*

Eine Bezeichnung aus dem Gebiet der Mensch-Maschine-Kommunikation, wodurch die in Hypertexten/*Web sites* übliche Operation bezeichnet wird, durch Anklicken eines Objektes mit der Maus unmittelbar Aktionen anzustoßen; direkte Manipulation beläßt die Kontrolle über die Aktionen bei den menschlichen Benutzern.

*Electronic Commerce*

Jede Art von geschäftlichen Transaktionen (z. B. Bestellen, Bezahlen), bei denen die Beteiligten auf elektronischem Weg miteinander verkehren, und nicht in direktem physischen Kontakt stehen. Grob werden die beiden Hauptbereiche des *Electronic Shopping* und des *Business-to-Business* unterschieden.

*Electronic Shopping*

Einkaufen im Internet. Ist ein Teil des *Electronic Commerce*, der sich auf die Beziehung zwischen Unternehmen und Verbrauchern bezieht, also auf die *Retail*-Märkte abzielt.

*Elektronische Märkte*

Realisierungen klassischer Märkte unter den Bedingungen der Telemediatisierung. Es wird unterschieden zwischen Märkten der Fach-, Geschäfts-, Verwaltungs-, Publikums-, Privatkommunikation sowie Märkten der Freizeit- und Unterhaltungsindustrie.

*Elektronische Marktplätze*

Die realen organisationellen und institutionellen Ausprägungen der Prinzipien elektronischer Märkte; Marktplätze können nach topologischen Prinzipien (Städte, Regionen, Nationen, global), nach Angebotstypen (branchen-, leistungsspezifisch, umfassend), Betreibern (öffentliche Träger, privatwirtschaftliche, Mischformen) bzw. Funktionsleistungen (Information/Präsentation, Interaktion, Transaktion, Kommunikation, Unterhaltung) unterschieden werden.

*Eliza-Syndrom*

Die auf die Erfahrung Weizenbaums mit seinem frühen Künstliche-Intelligenz-System *Eliza* zurückgehende Beobachtung, daß Menschen dazu neigen, oft gegen besseres Wissen Computern eine solche Intelligenz zuzugestehen, daß diese sich auch in komplizierten Kontexten wie einem psychiatrischen Gespräch zurechtfinden könnten.

### *Email*

Die Elektronische Post (*Electronic Mail*, kurz *Email*, auch *E-mail*) stellt den einfachsten und populärsten Kommunikationsdienst des Internet dar, über den Nachrichten empfangen und gesendet werden können. Der Erfolg von *Email* liegt nicht zuletzt an den diversen Funktionen komfortabler Mail-Tools, die z. B. die Übermittlung von Nachrichten an mehrere Teilnehmer gleichzeitig, die Weiterleitung von Nachrichten, das Anhängen von Dateien oder automatisches Antworten auf empfangene *Emails* während einer längeren Abwesenheit wie Urlaub ermöglichen.

### *Fachinformation, -kommunikation*

der Teil der Information, der in professionellen, bevorzugt wissenschaftlich-technischen, medizinischen und wirtschaftlichen Bereichen produziert und vor allem benötigt wird, zum andern auch das professionelle Gebiet, das dabei beteiligt ist; traditionell Archiv-, Bibliotheks- und Dokumentationswesen, neuer die Informationwissenschaft und Informatik/Wirtschaftsinformatik, soweit letztere Methoden zur Erstellung und Verbreitung von Informationsprodukten entwickeln und dem Fachinformationsgebiet zur Verfügung stellen.

### *Filter, Filtering*

Ein u. a. in der *Web*-Welt angewendetes Verfahren, um – positiv – nur gewünschte Information zuliefern zu lassen oder – negativ – um den Zugang zu nicht-erwünschter Information zu erschweren oder sogar abzublocken. Zur Anwendung kommen in der Regel einfache Stichwort-Vergleichsverfahren, an intelligenteren Techniken wird gearbeitet.

### *Frame*

Die für das Design von *Web*-Seiten verwendete Technik, eine Seite in autonom ansprechbare Teilbereiche einzuteilen (in der Künstlichen Intelligenz auch eine spezielle Ausprägung einer Form der Wissensrepräsentation).

### *Gewichtung*

Aus dem *Information Retrieval* stammende Technik, die Bedeutungsstärke von Suchausdrücken in der Regel durch Zuweisung numerischer Werte zu definieren, damit im *Retrieval* Suchobjekte mit Treffern zu höher gewichteten Ausdrücken in der Reihenfolge des Nachweises (*Ranking*) eher angezeigt werden.

*Homepage*

Startseite eines WWW-Angebotes im Internet. In der Regel beinhaltet die *Homepage* eine Übersicht des Angebotes, dessen weiterer Inhalte dann über die *Links* zu erreichen sind. Der Begriff wird auch für Seiten von Privatpersonen verwendet, die sich und ihre Interessen im WWW präsentieren.

*HTML*

Die *HyperText Markup Language* (HTML) ist eine standardisierte (ISO-Norm 8879) Seitenbeschreibungssprache für das WWW und beschreibt die logische Struktur von *Web*-Seiten. Mit HTML werden Elemente wie Überschriften, Bilder, *Frames* usw. einer WWW-Seite definiert, ohne dabei das *Layout* festzulegen. Hauptmerkmal dieser Sprache ist die Möglichkeit für die einzelnen Elemente, Referenzen, sogenannte *Links*, auf andere HTML-Dokumente anzugeben. Der HTML-Text wird im Internet über das HTTP-Protokoll übertragen und vom *Web-Browser* interpretiert und entsprechend angezeigt.

*HTTP*

Das *HyperText Transfer Protocol* (HTTP) ist die gemeinsame »Sprache« von WWW-Servern und *-Browsern*, die zur Übertragung von HTML-Dokumenten über Internet verwendet wird.

*Hypermedia*

Wird synonym mit *Hypertext* verwendet; die Bezeichnung betont allerdings den multimedialen Anteil in Hypertexten.

*Hypertext*

Nichtlineare Organisationsform zur Darstellung von Wissen und zur Erarbeitung von Information. Hypertext beruht entscheidend auf der Idee der Verknüpfung heterogener, atomisierter Objekte.

*Hypertextifizierung*

Die Atomisierung von Wissenseinheiten und ihre damit einhergehende Vernetzung in Informationsräumen, auch im globalen Ausmaß.

*Indexing*

Verfahren der Inhaltserschließung von Texten durch Zuweisung von inhaltskennzeichnenden Wörtern. Diese werden Stichwörter (*Key words*) genannt, wenn sie den Texten direkt entnommen werden, Schlagwörter, wenn sie einer Schlagwortliste entnommen sind, und Deskriptoren, wenn sie einem geordneten und strukturierten Vokabular (Thesaurus) entstammen. Automatische Verfahren des Indexing benutzen im wesentlichen statistische Textinformation, fortgeschrittenere Verfahren greifen auch auf linguistische Methoden zurück, seltener auf wissensbasierte.

*Information*

Die Teilmenge von Wissen, die aktuell in Handlungssituationen benötigt wird und vor der Informationserarbeitung nicht vorhanden ist. Information ist demnach entscheidend von den Kontextfaktoren der Benutzer und der Nutzungssituation abhängig.

*Information Retrieval (Online-Retrieval)*

Die zentrale Disziplin der Informationswissenschaft, die sich mit dem Aufbau (Indexierung) und der Nutzung (Retrieval) von elektronischen Suchdiensten beschäftigt. Die Prinzipien des Information Retrieval kommen in der *Web*-Welt bei den Suchmaschinen zum Einsatz.

*Informationelle Autonomie (informationelle Selbstbestimmung)*

Informationelle Autonomie ist die Voraussetzung dafür, nicht absolut, aber mit Rücksicht auf aktuelle Situationen wissensautonom zu werden. Informationelle Autonomie bedeutet nicht, alles schon selber zu wissen, sondern in der Lage sein, sich der (auf den Informationsmärkten vorhandenen) Ressourcen auf gewinnbringende Weise zu vergewissern.

*Informationelle Entfremdung*

Der Verlust, den Wahrheitsgehalt und die Handlungsrelevanz von Informationen bei autonom operierenden Informationsmaschinen (Assistenten, Agenten) nicht mehr selber bestimmen zu können und damit nicht mehr informationell autonom zu sein.

*Informationelle Mehrwerte*

Die Eigenschaften von Informationsprodukten bzw. -dienstleistungen, die sich dadurch ergeben, daß ursprüngliche Wissensobjekte durch unterschiedliche Verfahren von Informationsarbeit veredelt/aufbereitet werden. Informationelle Mehrwerte entscheiden sich aus der Nutzerperspektive, sind aber von den Systemeigenschaften, die die Mehrwerte erzeugen, abhängig.

*Informationelle Symmetrie/n*

Situationen in elektronischen Informationsräumen, bei denen die Informationen, die zur Durchführung von Aktionen und Transaktionen benötigt werden, bei beiden dabei beteiligten Interaktionspartnern/-gruppen gleichermaßen beteiligt sind. Wird quasi-synonym mit *reziproker Transparenz* verwendet.

*Informationelle Unsicherheit*

Für Theoretiker der Moderne die Grundbefindlichkeit beim Umgang mit technischen und abstrakten Systemen der Moderne, spezieller die informationelle Unterbestimmtheit bei der Inanspruchnahme informationeller technischer Leistungen, z. B. Informationsassistenten/Agenten, auf allgemeinen Publikumsmärkten.

*Informationelle Urteilskraft*

Die Fähigkeit, Wahrheitswert und Handlungsrelevanz von aus Informationsräumen erarbeiteter Information selber bzw. auf der Grundlage der Bewertung vertrauenswürdiger personaler Assistenten einschätzen zu können.

*Informationsarbeit*

Die Arbeit, die nötig ist, Informationsräume produktiv zu erschließen. Aus Sicht der Hersteller/Anbieter von Informationsprodukten spricht man von konstruktiver Informationsarbeit, aus der Sicht der Anwender/Nutzer von redaptiver (rezeptiver, adaptiver) Informationsarbeit.

*Informationsassistenten*

Oberbegriff für personale Informationsassistenten (z. B. *Information Broker*, Dokumentare, *Informationsmanager*) und technische Informationsassistenten (z. B. Suchmaschinen, die verschiedenen Typen von Software-Agenten, Bots), deren Aufgabe darin besteht, für ihre Auftraggeber Informationsarbeit zu leisten.

*Informationsbroker, Informationsvermittler*

Weitgehend synonym mit den Bezeichnungen Informationsvermittler oder personaler Informationsassistent. Informationsbroker erstellen aus vorhandenen Ressourcen Informationsleistungen für Dritte, die selber nicht in der Lage sind (oder es nicht wollen), Information aus komplexen Informationsräumen zu erarbeiten.

*Informationsdilemma*

Im wesentlichen die paradoxe Situation, daß Informationsleistungen, z. B. von Informationsassistenten, an sich dafür konzipiert, Informationsarbeit zu erleichtern, diese zuweilen ohne weitere Assistenz komplizierter machen, wobei diese neue Assistenz neben der Reparatur oft neue Probleme aufwirft, die wiederum repariert werden müssen.

*Informationsmarkt, Informationsmärkte*

Der/die Ort/e der Produktion, Aufbereitung, Verteilung und Nutzung von Wissens- und Informationsprodukten jeder Art, heute bevorzugt unter Nutzung elektronischer Möglichkeiten.

*Informationsmaschinen*
Allgemeine Bezeichnung für elektronische Maschinen, deren Zweck darin besteht, Information zu verarbeiten. Es kann zwischen sekundären und primären Informationsmaschinen unterschieden werden. Sekundäre verarbeiten, z. B. als Produktions- oder Service-Roboter, Information, um damit nicht-informationelle Leistungen zu erbringen. Bei primären Informationsmaschinen ist Mittel und Zweck gleichermaßen Information, sie erbringen entsprechend Informationsleistungen.

*Informationsprodukte*
Der Ausdruck *Informationsprodukte* wird synonym mit Informationsgüter gebraucht. Darunter werden sowohl materielle und immaterielle Produkte (z. B. Bücher, Software) als auch (in der Regel immaterielle) Dienstleistungen (z. B. Nachweis von Rechercheleistungen oder informationelle Beratung) verstanden. Mit Informationsprodukten sind auch die überwiegend auf Kommunikation bezogenen Produkte gemeint, z. B. elektronische Post, Konferenzsysteme oder elektronische Diskussions-/ Besprechungs-Foren. Auch ihr Zweck ist Austausch von Information.

*Informationsräume*
Die (elektronischen, oft schon virtuellen) Orte des Austausches von Information zwischen Informationsanbietern und Informationsnutzern, in der Regel assistiert durch personale und technische Mittler (Informationsassistenten). Informationsräume realisieren sich in der Gegenwart durch elektronische Märkte bzw. Marktplätze.

*Informationssektor*
In der allgemeinen Makroökonomie der Teil der Volkswirtschaft, durch den Informationsleistungen erbracht werden. Geschieht dies auf den offenen Märkten, spricht man vom primären Informationssektor, findet die Informationsverarbeitung innerorganisationell statt, so spricht man vom sekundären Informationssektor. Informationssektoren (gemessen am Beitrag zum Bruttosozialprodukt und am Anteil am Arbeitsmarkt) machen in fortgeschrittenen Gesellschaften über 50% der Gesamtökonomie aus (dies ist allerdings abhängig von der Definition und damit der Extension des zugrundeliegenden Informationsbegriffs).

*Informationswirtschaft*
Der Teil der Volkswirtschaft, durch den auf elektronischen Märkten Informationsprodukte (Mehrwertdienste, Metainformationsdienste, elektronische Marktplätze) erstellt und gehandelt werden. Im weiteren Sinn spricht man auch von innerorganisationeller Informationswirtschaft.

*Informationswissenschaft*

Wissenschaftliche Disziplin, die Information als ganzheitliches Phänomen ins Zentrum der Behandlung rückt. Information wird nicht nur als technisches Problem gesehen, vielmehr sollen alle den Informationserfolg bestimmenden Kontextbedingungen mit berücksichtigt werden (sprachliche, ökonomische, organisationelle, kognitive, ästhetische, soziale, politische, ...). Für die Informationswissenschaft ist der pragmatische Primat (Situiertheit und Handlungsrelevanz von Information) und die daraus abgeleitete Theorie informationeller Mehrwerte grundlegend.

*Interaktion*

Das in der Mensch-Maschine-Kommunikation übliche Dialogverhalten, bei dem beide Teile, Mensch und Computer(programm), die Initiative ergreifen können.

*Internet*

Das Internet ist ein weltweites Computer-Netzwerk, das Computer aller Arten auf der Basis des Übertragungsprotokolls TCP/IP verbindet.

*IuKDG*

Das 1997 in Deutschland in Kraft getretene Gesetz zur Regelung der Rahmenbedingungen für Informations- und Kommunikationsdienste (*Multimedia-Gesetz*), das viele Teilbereiche auf elektronischen Märkten (z. B. die digitale Signatur und die Einrichtung von *Trust centern*) auf gesetzlich geregelte Grundlage gestellt hat.

*Kollaboratives Filtern*

Spezielle (positive) Filtertechnik, bei der Erfahrungen früherer Nutzer, z. B. bei ihrer Navigation im Internet oder bei ihrem Einkauf auf elektronischen Martkplätzen, für neue Such- oder Einkaufsprobleme ausgenutzt werden, so daß das angeboten wird, was sich entsprechend den Erfahrungen anderer bewährt hat.

*Kommunikationsforen*

Der Typ von Foren, bei dem der Austausch von Information über asynchrone Kommunikation im Vordergrund steht. Zu den Kommunikationsforen werden oft auch die eher textbasierten Angebote wie die (quasi synchronen) *Chats* etc. gezählt, im Vordergrund stehen aber in der Gegenwart die *web*-basierten Diskussionsangebote

*Konstruktive Informationsarbeit*

Der Teil der Informationsarbeit, die benötigt wird, um Informationsprodukte aufzubauen.

*Kryptographie*

Die Anwendung mathematischer Theorien und Verfahren (Algorithmen) zur Verschlüsselung von Nachrichten oder Daten, um die Vertraulichkeit, Unversehrtheit und Authentizität zu gewährleisten.

*Künstliche Intelligenz*

Der Informatik und Kognitiven Psychologie nahestehende wissenschaftliche Disziplin, die sich in der kognitiven simulativen Ausrichtung damit beschäftigt, auf Rechnern menschliche Intelligenzleistungen zu simulieren (um Rechner leistungsfähiger zu machen oder um menschliche Intelligenz besser verstehen zu können), und die sich in der konstruktiven performativen Ausrichtung zum Ziel setzt, von Rechnern intelligente Handlungen durchführen zu lassen (entweder in Analogie zur menschlichen Leistung oder durch ganz neue Tätigkeiten, die Menschen bislang nicht möglich waren).

*Link*

Englische, auch im Deutschen gebräuchliche Bezeichnung für *Verknüpfung* (zwischen beliebigen Objekten, z. B. *Web*-Seiten).

*ListServer*

sind eine Form von *Email*. Der springende Punkt ist, daß eine *Email* alle Personen erreicht, die sich in eine Liste eingetragen haben. Auf diese Weise kann man eigene Beiträge öffentlich machen oder von den Beiträgen anderer profitieren.

*Lost in hyperspace*

Amerikanischer Ausdruck, um die Situation der Orientierungslosigkeit in komplexen Hypertexträumen bzw. beim Navigieren durch die offenen Hypertexte des WWW zu kennzeichnen.

*Mailing Lists/MailServer*

Elektronische Abonnement-/Verteildienste, die, in der Regel auf bestimmte Interessenprofile ausgerichtet, das Verteilen von Nachrichten an die eingeschriebenen Mitglieder des Dienstes erlauben.

*Matching-Paradigma*

Das für Suchmaschinen bzw. für das Information Retrieval allgemein typische Verfahren, die formal bestimmten Suchanfragen in Übereinstimmung mit den Systemmöglichkeiten zu bringen, damit relevante Objekte, z. B. *Web*-Seiten, nachgewiesen werden können.

*Media equation*

Die von Reeves/Nass vertretene These, daß wir uns gegenüber Informationsmaschinen in sozialer Hinsicht genauso verhalten wie gegenüber Menschen.

*Mehrwerteffekte*

Auswirkungen der Bereitstellung von Systemeigenschaften mit informationellen Mehrwerten.

*Mentale Mobilität*

Die Fähigkeit durch Ausnutzung der Informationsressourcen und -dienste der elektronischen Märkte seine geistigen Fähigkeiten auszuweiten bzw. zu flexibilisieren.

*Metainformationen*

Wörtlich Information über Information; dienen in der Regel der Orientierung in komplexen Informationssystemangeboten wie Hypertexten oder Web sites.

*Moderne*

Die Ausprägung der bürgerlichen Gesellschaft, in der das öffentliche Leben durch rationale Organisationsformen in allen gesellschaftlichen Teilbereichen wie Politik, Wirtschaft, Verwaltung oder Wissenschaft und durch den umfassenden und auf immer weiteren Fortschritt ausgelegten Einsatz von Technik als in Handlung umgesetzte Wissenschaft bestimmt ist. In der Gegenwart wird von *Informationsmoderne* gesprochen, in der Transformation dieser Prinzipien auf die Möglichkeiten der Informations- und Kommunikationstechnologie.

*Multimedia*

Verwendung von heterogenen medialen Materialien; häufig bestimmt durch das Vorkommen von mindestens einem *stillen* und mindestens einem temporalen Medium.

*Navigationsformen*

Möglichkeiten des Herumwanderns/Browsing/Surfen in komplexen Hypertextsystemen, Mehrwertdiensten bzw. Web-Angeboten des Internet.

*Netizen*

Bezeichnung für die aktiven Internetnutzer aus den basisdemokratischen Bewegungen, die ihren sozialen und politischen Bezugsrahmen weniger im nationalstaatlichen Umfeld als in der globalen Netzwelt des Internet sehen.

*Online-Datenbanken*

Aus dem Gebiet der Fachinformation stammende Informationsdienstleistung, durch die seit Mitte der 60er Jahre im Prinzip das gesamte Fachwissen der Welt in gut 10 000 Datenbanken von einigen hundert Datenbankanbietern, in erster Linie aus USA und Europa, in elektronischer Form computerverarbeitbar gespeichert und online, in der Regel auf Vertragsbasis, zur Verfügung gestellt wird. Man unterscheidet grob zwischen Volltext-, Fakten-, statistischen und bibliographischen Datenbanken. In Online-Datenbanken wurde in der Vergangenheit ausschließlich mit formalen Kommandosprachen recherchiert, heute setzen sich auch menü- und graphikorientierte Abfragesprachen durch. Online-Datenbanken werden zunehmend in das allgemeine Internet-Angebot integriert.

*Orientierungsformen*

Metainformationsformen, wie Gliederungen, Graphiken, Suchformen, die das Navigieren in komplexen Informationssystemen erleichtern.

*Parental control*

Anwendung von elektronischen Filterverfahren, durch die Eltern ihre Kinder von der Einsicht ungewünschter Materialien im WWW abhalten können.

*Paßwort*

Das Verfahren, durch das der Zugriff zu elektronischen Datenbeständen geschützt werden kann. Paßwörter sollten Zeichenkombinationen enthalten, die nicht durch Vergleich mit Wortlisten, Lexika etc. »erraten« werden können. Die Übermittlung von Paßwörtern über Netzwerke wird in der Regel durch kryptographische Verfahren geschützt.

*PGP*

Pretty Good Privacy – das von Zimmermann entwickelte und dann über das Internet öffentlich zugänglich gemachte asymmetrische Verschlüsselungsverfahren auf der Grundlage des RSA-Algorithmus.

*Portals*

Zugriffs-/Einstiegspunkte zu den globalen Informationsräumen, vor allem des World Wide Web, d. h. attraktive *Web sites*, von denen aus leicht weiter navigiert werden. Zu den Portals zählen z. B. die Suchmaschinen, aber auch bekannte elektronische Marktplätze oder elektronische Bibliotheken.

*Postkoordination, Präkoordination*

Prinzipien aus dem Information Retrieval. Bei der Postkoordination werden die Suchargumente einer Frageformulierung erst zur Fragezeit zusammengestellt (verknüpft über Operatoren); bei der Präkoordination werden zusammengehörende sprachliche Ausdrücke (z. B. in Normal- bzw. Präpositionalphrasen) schon bei der Inhaltserschließung festgelegt.

*Precision*

Maß aus dem Gebiet des *Information Retrieval*, das die Genauigkeit des Ergebnisses von Recherchen in elektronischen Diensten mißt.

*Privacy*

Das im Amerikanischen gebräuchliche Wort für Datenschutz. Privacy bedeutet aber mehr als das Recht, *to be let alone*, sondern das aktive Recht, darüber zu bestimmen, welche Daten über sich, auch solche, die beim Online-Navigieren in Web-Angeboten Spuren hinterlassen, von anderen gebraucht werden und welche Daten auf einen selber einwirken dürfen.

*Push-Technologie*

Ermöglicht das Senden von Informationen vom Server zum Client ohne direkte Mitwirkung oder Anforderung eines Nutzers. Push-Technologie wird vor allem von News-Diensten angeboten, um Benutzer bei Neuigkeiten sofort benachrichtigen zu können (z. B. der Dienst *PointCast*).

*Ranking*

Aus dem *Information Retrieval* stammende, statistisch basierte Technik, die Darstellung von Suchergebnissen nach vorgegebenen Kriterien (in der Regel aufgrund von gewichteten Suchausdrücken) zu ordnen, meistens dadurch, daß die wichtigsten Objekte zuerst nachgewiesen werden.

*Rating*

Bewertungsverfahren zur Einschätzung der Qualität von *Web*-Angeboten. Das Ergebnis wird häufig durch Anbringen eines Qualitätssiegels an der *Web site* dokumentiert (*Labelling*).

*Recall*

Maß aus dem Gebiet des *Information Retrieval*, das die Vollständigkeit des Ergebnisses von Recherchen in elektronischen Diensten mißt.

*Redaptive Informationsarbeit*

Kunstwort, geprägt aus der Zusammenstellung von rezeptiver und adaptiver Informationsarbeit. Durch redaptive Informationsarbeit wird Information erarbeitet und zwar, entsprechend der pragmatischen Forderung, in der Ausrichtung auf die speziellen aktuellen Bedürfnisse eines Nutzers.

*Referenzinformation*

Nicht die Information selber, sondern der Verweis auf eine Information. Bibliographische Datenbanken sind Beispiele für Referenzinformation.

*Reziproke Transparenz*

Quasi-Synonym zu *informationeller Symmetrie*. Das Geschehen auf elektronischen Märkten soll nicht für die eine Seite, z. B. die Anbieter oder staatliche Organe, sondern auch für die andere Seite, die Kunden oder die Bürger schlechthin, durchsichtig sein.

*Server (Web-Server)*

Rechner, die innerhalb eines Netzwerkes Speicher und Ressourcen wie Informationen, Datenbestände, Programme, Peripheriegeräte usw. verwalten und diese auf Anfrage anderen Rechnern (Clients) zur Verfügung stellen. Server müssen in der Regel sowohl von der Hardware-Seite als auch vom Betriebssystem her, welches die parallele Nutzung der Ressourcen verwalten muß (*multitasking*), sehr gut ausgestattet sein. Server, die WWW-Angebote zur Verfügung stellen, werden als *Web-Server* bezeichnet.

*Software-Agenten, Software-Roboter*

Software-Dienstleistungen, die im Auftrag von Nutzern auf elektronischen Marktplätzen oder in der offenen Internet-Welt selbständig, alleine oder in Kooperation mit anderen Agenten, Informations-, Transaktions- oder Kommunikationsfunktionen übernehmen. Beispiele sind Suchmaschinen, Browsing-/Navigations-/Blocking- oder Kommunikationsagenten.

*Suchmaschinen*

Suchdienst für WWW-Seiten im Internet auf der Basis einer Stichwortsuche (z. B. AltaVista, Fireball). Der Inhalt der zugrundeliegenden Datenbank wird durch ein spezielles Programm (Roboter) erzeugt, das automatisch *Web*-Seiten lädt (daher »Maschine«) und daraus inhaltsbedeutende Begriffe extrahiert. Neben Suchmaschinen existieren noch andere Suchdienste wie *Web*-Kataloge (z. B. Yahoo!, Dino), Verzeichnisse mit E-Mail-Adressen oder lokale, auf den jeweiligen Server beschränkte, Suchhilfen.

*Suchroboter*

Software, die zum automatischen Erstellen von Suchindizes der Suchdienste im Internet entwickelt wird. Roboter suchen z. B. die *Web sites* nach definierten Kriterien ab und indexieren den Inhalt der Seiten entsprechend den verfügbaren Techniken (z. B. Selektion von inhaltskennzeichnenden Wörtern).

*Surfen*

Synonym mit Browsing, Navigieren als das typische Verhalten in Hypertextsystemen bzw. *Web*-Räumen.

*Surfmaschine*

In Analogie zu den *Suchmaschinen* geprägter Ausdruck. Die Leistung von Surfmaschinen beruht nicht auf dem *Matching*-Paradigma, d. h. nicht auf dem Nachweis von Zielobjekten, die einer Frageformulierung ähnlich sind, sondern darauf, daß im Ausgang von einer Fundstelle (z. B. einer *Web*-Seite) weitere (zum *Surfen*) angeboten werden, zu denen früher schon andere Nutzer gesprungen sind.

*Synchron*

Gegensatz zu asynchron, die parallele, zeitgleiche Präsenz in elektronischen Diensten.

*T-Online*

Elektronischer Online-Dienst der Deutschen Telekom, oft auch als Portal zum Internet genutzt.

*TCP/IP*

*Transmission Control Protocol/Internet Protocol* (TCP/IP) ist die Bezeichnung für eine Kombination von Protokollen zur sicheren Übertragung von Daten, die sich vor allem für große Netzwerke bzw. Distanzen (Internet, Intranet) eignet. IP regelt die Verpackung von Daten in einzelne Datenpakete, TCP sorgt für den Verbindungsaufbau und die sichere Zustellung. Die darüberliegenden Protokolle der einzelnen Dienste (http, telnet, ftp usw.) sind die eigentlichen Sender und Empfänger der Daten.

*Telemediatisierung*

Zusammenfassung der durch Telekommunikation, Informatik und Multi-/Hypermedia verursachten Prozesse.

*Telnet*

Bezeichnet sowohl die plattformunabhängige Terminal-Emulation als auch das dazugehörige Übertragungsprotokoll und ist einer der ältesten Dienste in TCP/IP-Netzen (z. B. Internet). Über Telnet hat der Anwender die Möglichkeit, sich über Netz in einen entfernten Rechner einzuloggen (*Remote login*) und mit diesem zu arbeiten, als ob er direkt an diesem sitzen würde.

*Transaktionen*

Gesamtheit der reale Prozesse durchführenden Aktivitäten auf (elektronischen) Märkten.

*Trust center vgl. Zertifizierungsstelle*

*URL*

*Uniform Resource Locator* (URL) ist ein Adressierungsformat (kurz Adresse) eines Internet-Angebotes, welches das zu verwendende Protokoll, den Server bzw. Host und evtl. die genaue Position spezifiziert. Der Aufbau von URL sieht folgendermaßen aus: *Protokoll://Host/Position* (z. B. http://www.de/pfad1/pfad2/index.html, ftp://ftp.de/pub/, telnet://rechner1.de). Da die URL meist nur mit WWW-Adressen in Verbindung gebracht wird, wird die Protokollspezifikation »http://« oft auch ganz weggelassen.

*Urteilskraft*

Unabhängig von der philosophischen Tradition die Fähigkeit, den Wahrheitswert und die Handlungsrelevanz von selbst erarbeiteten oder durch Informationsassistenten zugelieferten Informationen beurteilen zu können bzw. so weit informationell autonom zu sein, daß die Beurteilung von vertrauenswürdigen Instanzen geleistet werden kann. Im letzteren Fall handelt es sich um delegierte Urteilskraft.

*USENET-Newsgroup*

Newsgroups sind eine Form von Diskussionsforen, die noch aus der Zeit vor dem WWW stammt. Es gibt über 50000 Newsgruppen weltweit. Wer als Software einen Newsreader hat, kann an den Newsgruppen teilnehmen, d. h. selbst Artikel in den Newsgruppen veröffentlichen und Antworten auf eigene Fragen hier abrufen.

*Vertrauen*

Möglichkeit der Kompensation für Unsicherheit in informationell unterbestimmten und nicht gänzlich kontrollierbaren Situationen.

*Vertrauensmanagement*

Die Gesamtheit der Maßnahmen, die nötig sind, damit – vorbeugend – Vertrauen erfolgreich aufgebaut bzw. – reparierend – Vertrauen in problematischen Situationen wieder neu erworben werden kann.

*Vertrauensnetzwerk s. Web of trust*

*Virtualisierung*

Die Organisation von Prozessen und Institutionen auf virtueller (elektronischer) Basis, die entsprechend keine festen Ordnungsstrukturen und Vereinbarungen erforderlich macht. Virtualisierung bedeutet somit die Vernetzung heterogener Objekte für in der Regel zeitlich befristete Aufgaben.

*VRML*

In Analogie bzw. Fortschreibung von HTML entwickelte Auszeichnungssprache, durch die dreidimensionale (virtuelle) Räume dargestellt werden können.

*Web of trust (Vertrauensnetzwerk)*

Ursprünglich in der Kryptographiedebatte im Umfeld der *Netizens* entwickelte Form der Absicherung sensibler Vorgänge durch gesicherten Kryptographieeinsatz, indem die nötige Vertrauensabsicherung/Zertifizierung durch persönliche organisierte Vertrauensketten geleistet wird und nicht durch eine speziell dafür beauftragte Institution (s. *Trust center*). Die Konzeption des Vertrauensnetzwerks kann allgemein auf Aufgaben der Qualitäts- und Vertrauensabsicherung elektronischer Leistungen übertragen werden.

*Web site*

WWW-Angebot im Internet, oft auch nur als »Site« bezeichnet. Meist hierarchisch aufgebaut beginnend mit einer Übersichtsseite (Homepage). Der Gesamtinhalt besteht aus mehreren miteinander über Links verbundenen WWW-Seiten, wobei »WWW-Seite« eine einzelne WWW- bzw. HTML-Seite bezeichnet. Eine *Web site* ist in der Regel einem einzigen Server bzw. Host zugeordnet, kann sich bei größeren Organisationen (z. B. internationale Unternehmen) auch über mehrere Hosts verteilen.

*Wissensautonomie*

Möglicherweise nicht einlösbares Bildungsziel in der bürgerlichen Gesellschaft; in der Lage sein, aus eigener Wissenskompetenz die anstehenden Probleme selber lösen zu können. Realistischeres Ziel ist heute informationelle Autonomie. Das Ergebnis der in informationeller Autonomie erzielten Informationsarbeit läßt aktuell Wissensautonomie entstehen, d. h. die erforderlichen Informationen sind dann vorhanden.

*World Wide Web (WWW, Web)*

Teil des Internet, der Multimedia- und Hyperlinktechnik miteinander kombiniert. Das WWW oder noch kürzer W3 hat wesentlich zum Erfolg des Internet in den vergangenen Jahren beigetragen. In der Literatur wird es immer häufiger (fälschlich) als Synonym für das Internet benutzt. Adressen im *World Wide Web* beginnen in der Regel mit: http://www...

*Zertifikat*

Ein Zertifikat ist ein öffentlicher Schlüssel, der von einer Certification Authority beglaubigt und unterschrieben ist. Ein Zertifikat belegt, daß der Schlüssel wirklich zu derjenigen Person gehört, die in der Benutzerkennung des Schlüssels angegeben ist. Es ist deshalb vergleichbar mit einem elektronischen Ausweis. Die am weitesten verbreiteten Zertifikat-Formate sind derzeit PGP und X.509.

*Zertifizierungsstelle (Certification authority)*

Übergeordnete Instanz, welche die Identität von Antragstellern prüft und ihnen Zertifikate ausstellt. Zertifizierungsstellen sind allgemein anerkannt und vertrauenswürdig. Auch als *Trust-Center* oder *Certification authority* bezeichnet.

# Register

(die halbfett gekennzeichneten Zahlen verweisen auf Glossareinträge)